本书系国家社会科学基金艺术学一般项目"日本文化艺术振兴基本法研究"(批准号:18BH154)的最终成果之一

重大法学文库

日本文化艺术法律资料汇编

周 超 ◎ 编译

中国社会科学出版社

图书在版编目（CIP）数据

日本文化艺术法律资料汇编 / 周超编译. -- 北京：中国社会科学出版社, 2024. 7. -- （重大法学文库）.
ISBN 978-7-5227-3850-5

Ⅰ. D931.321.6

中国国家版本馆 CIP 数据核字第 2024PT4042 号

出 版 人	赵剑英
责任编辑	梁剑琴
责任校对	季　静
责任印制	郝美娜

出　　版	中国社会科学出版社
社　　址	北京鼓楼西大街甲 158 号
邮　　编	100720
网　　址	http://www.csspw.cn
发 行 部	010-84083685
门 市 部	010-84029450
经　　销	新华书店及其他书店
印刷装订	北京市十月印刷有限公司
版　　次	2024 年 7 月第 1 版
印　　次	2024 年 7 月第 1 次印刷
开　　本	710×1000　1/16
印　　张	43
插　　页	2
字　　数	727 千字
定　　价	238.00 元

凡购买中国社会科学出版社图书，如有质量问题请与本社营销中心联系调换
电话：010-84083683
版权所有　侵权必究

《重大法学文库》编委会

顾　问：陈德敏　陈忠林
主　任：黄锡生
副主任：靳文辉
成　员：陈伯礼　陈　锐　胡光志　黄锡生
　　　　靳文辉　刘西蓉　李晓秋　秦　鹏
　　　　王本存　吴如巧　宋宗宇　曾文革
　　　　张　舫　张晓蓓

出版寄语

《重大法学文库》是在重庆大学法学院恢复成立十周年之际隆重面世的,首批于2012年6月推出了10部著作,约请重庆大学出版社编辑发行。2015年6月在追思纪念重庆大学法学院创建七十年时推出了第二批12部著作,约请法律出版社编辑发行。本次为第三批,推出了20本著作,约请中国社会科学出版社编辑发行。作为改革开放以来重庆大学法学教学及学科建设的亲历者,我应邀结合本丛书一、二批的作序感言,在此寄语表达对第三批丛书出版的祝贺和期许之意。

随着本套丛书的逐本翻开,蕴于文字中的法学研究思想花蕾徐徐展现在我们面前。它是近年来重庆大学法学学者治学的心血与奉献的累累成果之一。或许学界的评价会智者见智,但对我们而言,仍是辛勤劳作、潜心探求的学术结晶,依然值得珍视。

掩卷回眸,再次审视重大法学学科发展与水平提升的历程,油然而生的依然是"映日荷花别样红"的浓浓感怀。

1945年抗日战争刚胜利之际,当时的国立重庆大学即成立了法学院。新中国成立之后的1952年院系调整期间,重庆大学法学院教师服从调配,成为创建西南政法学院的骨干师资力量。其后的40余年时间内,重庆大学法学专业和师资几乎为空白。

在1976年结束"文化大革命"并经过拨乱反正,国家进入了以经济建设为中心的改革开放新时期,我校于1983年在经济管理学科中首先开设了"经济法"课程,这成为我校法学学科的新发端。

1995年,经学校筹备申请并获得教育部批准,重庆大学正式开设了经济法学本科专业并开始招生;1998年教育部新颁布的专业目录将多个部门法学专业统一为"法学"本科专业名称至今。

1999年我校即申报"环境与资源保护法学"硕士点,并于2001年获准设立并招生,这是我校历史上第一个可以培养硕士的法学学科。

值得特别强调的是,在校领导班子正确决策和法学界同人大力支持下,经过校内法学专业教师们近三年的筹备,重庆大学于2002年6月16日恢复成立了法学院,并提出了立足校情求实开拓的近中期办院目标和发展规划。这为重庆大学法学学科奠定了坚实根基和发展土壤,具有我校法学学科建设的里程碑意义。

2005年,我校适应国家经济社会发展与生态文明建设的需求,积极申报"环境与资源保护法学"博士学位授权点,成功获得国务院学位委员会批准。为此成就了如下第一:西部十二个省区市中当批次唯一申报成功的法学博士点;西部十二个省区市中第一个环境资源法博士学科;重庆大学博士学科中首次有了法学门类。

正是有以上的学术积淀和基础,随着重庆大学"985工程"建设的推进,2010年我校获准设立法学一级学科博士点,除已设立的环境与资源保护法学二级学科外,随即逐步开始在法学理论、宪法与行政法学、刑法学、民商法学、经济法学、国际法学、刑事诉讼法学、知识产权法学、法律史学等二级学科领域持续培养博士研究生。

抚今追昔,近二十年来,重庆大学法学学者心无旁骛地潜心教书育人,脚踏实地地钻研探索、团结互助、艰辛创业的桩桩场景和教学科研的累累硕果,仍然历历在目。它正孕育形成重大法学人的治学精神与求学风气,鼓舞和感召着一代又一代莘莘学子坚定地向前跋涉,去创造更多的闪光业绩。

眺望未来,重庆大学法学学者正在中国全面推进依法治国的时代使命召唤下,投身其中,锐意改革,持续创新,用智慧和汗水谱写努力创建一流法学学科、一流法学院的辉煌乐章,为培养高素质法律法学人才,建设社会主义法治国家继续踏实奋斗和奉献。

随着岁月流逝,本套丛书的幽幽书香会逐渐淡去,但是它承载的重庆大学法学学者的思想结晶会持续发光、完善和拓展开去,化作中国法学前进路上又一轮坚固的铺路石。

陈德敏

2017年4月

前　言

自党的十八大明确将"建立健全文化法律制度"纳入"依法治国"以来,我国在文化艺术领域的法律制度建设也进入了一个快速成长期。国家在原有《中华人民共和国文物保护法》(1982)、《中华人民共和国文物保护法实施条例》(2003)、《中华人民共和国著作权法》(1990)、《中华人民共和国著作权法实施条例》(2002)、《传统工艺美术保护条例》(1997)、《长城保护条例》(2006)以及《中华人民共和国非物质文化遗产法》(2011)的基础上,又相继出台了《博物馆条例》(2015)、《中华人民共和国公共文化服务保障法》(2016)、《中华人民共和国电影产业促进法》(2016)、《中华人民共和国公共图书馆法》(2017)等,并着手对既存的文化艺术法律进行适时修改。除此之外,已列入国家立法计划中的《中华人民共和国文化产业促进法》也在紧锣密鼓地审议中。这些法律条例虽不能涵盖文化艺术领域的全部,却也勾勒出中国文化艺术法律制度体系的大致轮廓。在独具中国特色的文化艺术法律体系基本形成并在不断完善的过程中,文化艺术相关管理部门和学界不仅收集整理出版了国内不同历史时期、不同文化艺术领域的法律文件汇编,也完成了一些发达国家或发展中国家的文化艺术领域的法律的翻译、整理、汇编工作,这不仅为加强我国文化艺术立法的体系化建设奠定了基础,也为文化艺术法律领域的比较法研究提供了丰富的参考资料。

根据掌握的资料,已出版发行的文化艺术法律法规汇编(或法律文件选编),有国内法、国际法以及外国法三大类。

有关国内法的法律法规汇编有十余部,以涉及内容的不同大致有以下几种:(1)以我国文物保护法为核心的法律法规汇编,如《建国以来文物法令汇编(1950—1981)》[①]《新中国文物法规选编》[②],使用"文化遗产"一词、

[①] 国家文物事业管理局研究室、南开大学历史系博物馆专业编印:《建国以来文物法令汇编(1950—1981)》,1982年油印本。

[②] 国家文物事业管理局编:《新中国文物法规选编》,文物出版社1987年版。

但主要内容为文物保护法的《中华人民共和国文化遗产保护法律文件选编》[1]《文化遗产保护地方法律文件选编》[2]以及《中国文化遗产事业法规文件汇编(1949—2009)》(上下册)[3];(2)涉及中国的世界遗产保护的国家和地方的《世界文化遗产法律文件选编》[4];(3)以非物质文化遗产为保护对象的国家相关法律与部门、地方性法律文件的《非物质文化遗产保护法律法规资料汇编》[5];(4)以规范历史文化名城名镇名村以及传统村落的《中国历史文化名城名镇名村法律法规和文件选编》[6]与《历史文化名城名镇名村和传统村落保护法律法规文件选编》[7];(5)有关文化产业法、娱乐法以及宣传文化的法律文件汇编,如《文化产业法律解读与应用》[8]《娱乐法律法规汇编》(上下册)[9]、《与宣传文化相关的法律法规条文汇编》[10]以及《宣传文化法规汇编》(2017年版)[11];(6)有关文化旅游的《中华人民共和国文化和旅游法律法规全书(含相关政策)》[12];(7)与艺术教育相关的《中国近现代艺术教育法规汇编(1840—1949)》[13]与《中国当代艺术教育法规文献汇编

---

[1] 国家文物局编:《中华人民共和国文化遗产保护法律文件选编》,文物出版社2007年版。

[2] 国家文物局编:《文化遗产保护地方法律文件选编》,文物出版社2008年版。

[3] 国家文物局编:《中国文化遗产事业法规文件汇编(1949—2009)》(上下册),文物出版社2009年版。

[4] 彭跃辉编:《世界文化遗产法律文件选编》,文物出版社2014年版。

[5] 文化部非物质文化遗产司主编:《非物质文化遗产保护法律法规资料汇编》,文化艺术出版社2013年版。

[6] 中国城市科学研究历史文化名城委员会编:《中国历史文化名城名镇名村法律法规和文件选编》,中国城市科学研究历史文化名城委员会,2011年。

[7] 曹昌智、邱跃主编:《历史文化名城名镇名村和传统村落保护法律法规文件选编》,中国建筑工业出版社2015年版。

[8] 郑宁主编:《文化产业法律解读与应用》,中国国际广播出版社2021年版。

[9] 武玉辉、刘承韪、刘毅编:《娱乐法律法规汇编》(上下册),中国电影出版社2018年版。

[10] 中共中央宣传部政策法规研究室、国务院法制办公室教科文卫司编:《与宣传文化相关的法律法规条文汇编》,学习出版社2013年版。

[11] 中共中央宣传部政策法规研究室编:《宣传文化法规汇编》(2017年版),学习出版社2017年版。

[12] 法律出版社法规中心编:《中华人民共和国文化和旅游法律法规全书(含相关政策)》,法律出版社2020年版。

[13] 张援、章咸编:《中国近现代艺术教育法规汇编(1840—1949)》,上海教育出版社2011年版。

（1990—2010）》（上下册）①等。

有关国际法的法律文件汇编主要以联合国教科文组织的《世界遗产公约》《保护非物质文化遗产公约》等国际法规与文件为核心的法律文件汇编。如《世界遗产相关文件选编》②《国际文化遗产保护文件选编》③《联合国教科文组织〈保护非物质文化遗产公约〉基础文件汇编》④《国际文化遗产保护文件选编（2006—2017）》（上下册）⑤以及《自然与文化遗产保护相关国际文件选编》（英汉对照）⑥等。

关于外国法的文化艺术法律法规汇编，主要选取了一些有代表性国家的文化法律法规，经过翻译后汇编成册。具有代表性的有《外国保护文化遗产法律文件选编》⑦《外国文化法律汇编（第一卷 文化基本法、文化产业振兴法）》⑧《外国文化法律汇编（第二卷 公共文化服务法律）》（上下）⑨、《外国促进文化艺术繁荣政策法规读本》⑩以及《文物进出境外国法律文件选编与评述》⑪等。这些法律法规均由世界主要国家文化艺术领域的个别比较重要法律法规所构成，无法体现一个国家文化艺术法律的体系性。除

---

① 张援编：《中国当代艺术教育法规文献汇编（1990—2010）》（上下册），上海教育出版社2011年版。
② 北京大学世界遗产研究中心编：《世界遗产相关文件选编》，北京大学出版社2004年版。
③ 联合国教科文组织世界遗产中心、国际古迹遗址理事会、国际文物保护与修复研究中心、中国国家文物局：《国际文化遗产保护文件选编》，文物出版社2007年版。
④ 文化部对外文化联络局编：《联合国教科文组织〈保护非物质文化遗产公约〉基础文件汇编》，外文出版社2012年版。
⑤ 西安市文物保护考古研究院、联合国教科文组织世界遗产中心、国际古迹遗址理事会、国际古迹遗址理事会西安国际保护中心编译：《国际文化遗产保护文件选编（2006—2017）》（上下册），文物出版社2020年版。
⑥ 曹新编译：《自然与文化遗产保护相关国际文件选编》（英汉对照），中国林业出版社2021年版。
⑦ 国家文物局法制处编：《外国保护文化遗产法律文件选编》，紫禁城出版社1995年版。
⑧ 中共中央宣传部政策法规研究室编：《外国文化法律汇编（第一卷 文化基本法、文化产业振兴法）》，中国国际广播电台对外交流中心、新华社世界问题研究中心译，学习出版社2015年版。
⑨ 中共中央宣传部政策法规研究室编：《外国文化法律汇编（第二卷 公共文化服务法律）》（上下），中国国际广播电台对外交流中心、新华社世界问题研究中心译，学习出版社2015年版。
⑩ 李竞爽、李妍主编：《外国促进文化艺术繁荣政策法规读本》，中国文联出版社2016年版。
⑪ 彭蕾编著：《文物进出境外国法律文件选编与评述》，文物出版社2019年版。

此之外,《文化教育法》①和《日本旅游法律法规》②则分别全面、系统地再现了日本文化教育和旅游观光领域的法律体系全貌。

以上由国家文化行政机关、研究机构以及各领域的学者收集、整理、翻译、出版发行的各类法律法规汇编从一个侧面反映出文化艺术领域的法律所涵盖的范围十分宽泛,不仅难用一部法律汇编将国内文化艺术法律法规全部纳入其中,更是很难梳理某一个国家文化艺术领域的法律。在此情况下,一部内容完备、体系完整的外国文化艺术法律法规汇编不仅对文化艺术法的学习研究不可或缺,而且也会对我国文化艺术领域法律的体系化建设形成参考和助力。

本书是对日本现行(截至2023年5月1日为最新)的文化艺术法律法令的汇编,主要根据日本文化艺术行政中枢——文化厅以及文部科学省的职权范围、所负责实施的法律,参照学界对文化艺术法覆盖范围的一般理解,收集、整理和翻译了日本文化艺术领域四十六部法律和两部法令,以所规范对象的类别不同将其划分为以下七个部分,即"第一部分基本法令""第二部分文化遗产保护利用法群""第三部分著作权法群""第四部分艺术文化法群""第五部分公共文化设施及独立行政法人法群""第六部分民族及宗教事务法群"以及"第七部分与文化艺术相关的其他法律"。每一部分的排列顺序一般依照法律的重要程度、覆盖的广度以及先国内后国际、同等重要的依照公布的先后顺序进行排列。

"第一部分基本法令"由《文化艺术基本法》(2001)和《文化审议会令》(2000)构成。前者为文化艺术领域的"部门宪法"、统领着日本文化艺术法体系,是日本政府在文化艺术各领域内依法推动文化行政的直接法律依据和重要保障;后者则是规范了文部科学大臣与文化厅长官的政策咨询议事机构,明确了设置文化审议会的目的在于对日本政府文化艺术政策的制定、实施等进行调查、审议提供专业的意见和建议。

"第二部分文化遗产保护利用法群"则以《文化遗产保护法》(1950)为核心,由保护古都、历史环境的《古都保护法》(1966)、《地域历史风貌维护法》(2008)、《明日香村历史环境保存法》(1980)以及《飞鸟地区历史环境保存之明信片发行特例法》(1971),规范传统手工艺等非物质文化遗产保

---

① 满达人译:《文化教育法》,林台校,兰州大学出版社1990年版。
② 殷作恒译:《日本旅游法律法规》,社会科学文献出版社2005年版。

护和利用的《传统工艺品产业振兴法》(1974)和《利用地域传统艺能振兴观光产业及特定地域工商业之法律》(1992),促进文化遗产保护国际协作、规制文化遗产非法进出口以及武装冲突中的文化遗产保护的《海外文化遗产保护国际协作促进法》(2006)、《文化遗产非法进出口规制法》(2002)、《武装冲突中的文化遗产保护法》(2007),促进自然环境可持续利用的《地域自然资产区自然环境保存及可持续利用促进法》(2014)以及针对战后盟军最高司令部收缴日本民间收藏刀剑的返还等历史遗留问题的《收缴刀剑的返还处置法》(1995)十二部法律构成。

"第三部分著作权法群"则由具有"半个文化法"之称的《著作权法》(1970)、规范计算机软件著作权登记行为以及著作权集体管理的《计算机软件著作权登记法》(1986)和《著作权等管理事业法》(2000)、为保护同盟国及其国民著作权和日本实施世界版权公约的《同盟国及其国民著作权特别法》(1952)与《世界版权公约实施之特别法》(1956)以及专门针对电影的偷拍行为的《电影的偷拍防止法》(2007)六部法律构成。

"第四部分艺术文化法群"则由鼓励和推动向民众公开国内外艺术品的《美术品公开促进法》(1998)、《海外美术品公开促进法》(2011)以及补偿因公开展览而造成艺术品损害的《美术品损害补偿法》(2011);促进残疾人参与文化艺术活动的《残疾人文化艺术活动促进法》(2018),完善音乐文化的学习之环境的《为振兴音乐文化的学习环境整备法》(1994),振兴文字与出版文化的《文字、活字文化振兴法》(2005),加深国民对文学、美术、音乐、曲艺、传统艺能等古典理解与认识的《古典日法》(2012)以及促进文化艺术国际交流活动的《国际文化交流盛典促进法》(2018)八部法律组成。

"第五部分公共文化设施及独立行政法人法群",由规范图书馆、博物馆以及充分利用剧场和音乐厅等公共文化设施的《图书馆法》(1950)、《国立国会图书馆法》(1948)、《国立国会图书馆支部图书馆法》(1949)、《学校图书馆法》(1953)、《博物馆法》(1951)以及《剧场法》(2012);与文化艺术相关独立机构的《独立行政法人国立美术馆法》(1999)、《独立行政法人国立文化财机构法》(1999)、《独立行政法人日本艺术文化振兴会法》(2002)以及规范艺术家荣誉机构的《日本艺术院令》(1949)十部法律法令构成。

"第六部分民族及宗教事务法群"由明确日本原住民阿伊努人法律地位、振兴阿伊努文化的《阿伊努民族支援法》(2019)和规范宗教法人组织的《宗教法人法》(1951)两部法律组成。

"第七部分与文化艺术相关的其他法律"的构成比较复杂,分别由利用地域文化资源、促进地域文化旅游的《以文化旅游基地为核心的地域文化旅游促进法》(2020)以及文化产业发展的《内容产业促进法》(2004)、促进针对外国人日本语教育的《日本语教育促进法》(2019)、促进儿童读书的《儿童读书活动推进法》(2001)以及完善视障者读书环境的《无障碍阅读环境整备法》(2019)、为禁止和预防特定表演门票的"黄牛"行为的《特定公演入场券的倒卖禁止法》(2018)、规范国民节假日的《国民祝日法》(1948)以及针对文化艺术领域有突出贡献者的《文化功劳者年金法》(1951)构成,共计八部法律。

以上这些法律不仅形成了一套完备的国家文化艺术行政法律体系,也是日本成为世界文化强国的重要保障。就法律的内容而言,其不仅有统领整个文化艺术领域的部门宪法,也有文化艺术各主要行业的部门法,更是不乏针对单一具体法律行为或财产权利的特别法,这使得日本文化艺术法体系更加具象化,但有些立法的细枝末节现象,也造成了国家立法资源的浪费,更是从一个侧面验证了日本立法存在的"泡沫化"。另外,立法作为各方政治利益的博弈,日本文化艺术领域诸多议案却常常由跨党派议员联盟提起并在审议中高票通过,体现了其在文化艺术领域的共同诉求。对此,我们应有一个清醒的认识,并在学习和借鉴时有所选择和批判。尽管如此,对日本已经体系化的文化艺术法律进行系统的整理、翻译,希望以此作为他山之石,助力于中国文化艺术法律制度的体系化建设、实现从文化大国向文化强国的转变。

目　　录

第一部分　基本法令

一　文化艺术基本法…………………………………………（3）
二　文化审议会令……………………………………………（13）

第二部分　文化遗产保护法群

三　文化遗产保护法…………………………………………（19）
四　古都保护法………………………………………………（129）
五　明日香村历史环境保存法………………………………（142）
六　飞鸟地区历史环境保存之明信片发行特例法…………（155）
七　地域历史风貌维护法……………………………………（157）
八　地域自然资产区自然环境保存及可持续利用促进法…（186）
九　利用地域传统艺能振兴观光产业及特定地域工商业之法律…（193）
十　传统工艺品产业振兴法…………………………………（203）
十一　文化遗产非法进出口规制法…………………………（219）
十二　海外文化遗产保护国际协作促进法…………………（222）
十三　武装冲突中的文化遗产保护法………………………（226）
十四　收缴刀剑的返还处置法………………………………（232）

第三部分　著作权法群

十五　著作权法………………………………………………（237）
十六　计算机软件著作权登记法……………………………（367）

十七	著作权等管理事业法	(377)
十八	同盟国及其国民著作权特别法	(394)
十九	世界版权公约实施之特别法	(397)
二十	电影的偷拍防止法	(402)

第四部分　艺术文化法群

二十一	美术品公开促进法	(407)
二十二	海外美术品公开促进法	(412)
二十三	美术品损害补偿法	(414)
二十四	为振兴音乐文化的学习环境整备法	(418)
二十五	文字、活字文化振兴法	(421)
二十六	残疾人文化艺术活动促进法	(424)
二十七	古典日法	(429)
二十八	国际文化交流盛典促进法	(430)

第五部分　公共文化设施及独立行政法人法群

二十九	图书馆法	(437)
三十	国立国会图书馆法	(455)
三十一	国立国会图书馆支部图书馆法	(476)
三十二	学校图书馆法	(483)
三十三	博物馆法	(488)
三十四	剧场法	(511)
三十五	独立行政法人国立美术馆法	(517)
三十六	独立行政法人国立文化财机构法	(529)
三十七	独立行政法人日本艺术文化振兴会法	(545)
三十八	日本艺术院令	(555)

第六部分　民族及宗教事务法群

| 三十九 | 阿伊努民族支援法 | (561) |

四十　宗教法人法……………………………………………………（577）

第七部分　与文化艺术相关的其他法律

四十一　内容产业促进法………………………………………………（623）
四十二　以文化旅游基地为核心的地域文化旅游促进法……………（631）
四十三　日本语教育促进法……………………………………………（643）
四十四　儿童读书活动推进法…………………………………………（651）
四十五　无障碍阅读环境整备法………………………………………（654）
四十六　特定公演入场券的倒卖禁止法………………………………（659）
四十七　文化功劳者年金法……………………………………………（663）
四十八　国民祝日法……………………………………………………（666）

后　记

…………………………………………………………………………（671）

第一部分
基本法令

一 文化艺术基本法[1]

2001年（平成13年）12月7日法律第148号［制定］
2017年（平成29年）6月23日法律第73号［第一次修改］
2018年（平成30年）6月8日法律第42号
　［根据文化遗产保护法修改法第1条之修改］
2018年（平成30年）6月13日法律第47号
　［根据残疾人文化艺术活动促进法附则第2项之修改］
2019年（令和1年）6月7日法律第26号
　［根据提高地域自主性的相关法律整备法附则第7项之修改］

目　录

序言
第一章　总则（第一条至第六条）
第二章　文化艺术推进基本计划等（第七条、第七条之二）
第二章　有关文化艺术的基本措施（第八条至第三十五条）
第四章　文化艺术推进体制的整备（第三十六条、第三十七条）

---

[1] 该法2001年出台时的名称为《文化艺术振兴基本法》，2017年6月23日改名为《文化艺术基本法》，其作为一部重要的日本法律，目前国内有五部汉译版本，其中四部均为2001年版《文化艺术振兴基本法》的译本，分别为李竞爽、李妍译本（载李竞爽、李妍主编《国外促进文化艺术繁荣政策法规读本》，中国文联出版社2010年版，第440—447页）、李胡兴译本（李胡兴：《日本〈文化艺术振兴基本法〉》，《经济法研究》2014年第1期）、王秀明译本（王秀明：《〈文化艺术振兴基本法〉等的翻译报告》，硕士学位论文，对外经济贸易大学，2015年，第5—12页）以及陈博译本（傅颖审校）（载中共中央宣传部政策法规研究室编《外国文化法律汇编》（第一卷），学习出版社2015年版，第11—16页）；第五个译本为2019年版《文化艺术基本法》译本，由笔者完成（载周超《日本文化艺术法研究》，中国社会科学出版社2023年版，第236—247页）。

附则

序　言

　　创造并享受文化艺术、在文化环境中发现生活的喜悦，是每位国民不变的愿望。文化艺术不仅是国民创造力的源泉，也是提高国民表现力、促进民众心灵交流、相互理解与尊重的基础，更是会对多样性社会的形成以及世界和平作出贡献。文化艺术除其固有的意义和价值外，也意味着不同国家、不同时代所具有的国民共性，特别是在国际化的进程中，文化艺术更是成为一个民族自我认识以及尊重文化传统的基础。

　　对此，我们确信文化艺术的这种作用在未来不会改变，而且对丰富国民之心灵并使社会充满活力具有不可替代的重要意义。

　　然而，在经济持续繁荣的背景下，让文化艺术最大限度地发挥其作用的基础条件及环境尚不充分。在已经进入 21 世纪的今天，如何在继承和发扬我们已有的传统文化艺术的同时，创造出具独创性的、新的文化艺术则成为我们面临的更为急迫的课题。

　　为应对上述情况，实现国家文化艺术的振兴，（我们）需要在继续尊重文化艺术活动者自主性的同时，推进尊重、珍惜以及更加亲民的文化艺术政策。

　　在此，为明确文化艺术振兴的基本理念及其方向、综合地推进文化艺术振兴政策，特制定本法。

第一章　总则

【立法目的】

　　第一条　有鉴于文化艺术惠泽万民，本法以促进文化艺术活动（以下称"文化艺术活动"）者（包括文化艺术活动团体，以下同）的自主性文化艺术活动为宗旨，确定文化艺术振兴的基本理念、规定国家及地方公共团体的责任与义务、文化艺术振兴的基本事项，推进和实施文化艺术振兴综合性措施，促进国民生活的丰富与繁荣，恢复和实现社会活力为目的。

【基本理念】

　　第二条　在推进文化艺术振兴之措施时，必须充分尊重文化艺术活动者的自主性。

2. 在推进文化艺术振兴之措施时，应在充分尊重文化艺术活动者之创造性的同时，必须考虑提升其社会地位、使其能力得到充分发挥。

3. 有鉴于创造并享受文化艺术是人类的天赋人权，因此在推进文化艺术振兴之措施时，必须考虑整备社会环境，使国民无论身居何处，都能够有机会参加、鉴赏以及创造文化艺术。

4. 在推进文化艺术振兴之措施时，必须考虑营造一个文化艺术活动蓬勃发展的环境、以谋求国家文化艺术发展为宗旨，为文化艺术事业发展作出贡献。

5. 在推进文化艺术振兴之措施时，必须以保护和发展文化艺术多样性为目的。

6. 在推进文化艺术振兴之措施时，必须在考量以区域民众为主体的文化艺术活动的同时，还应谋求反映具有区域历史风土人情及特色的文化艺术之发展。

7. 在推进文化艺术振兴之措施时，应谋求向世界传播我国文化艺术、推动国际文化艺术交流与贡献。

8. 有鉴于文化艺术教育对婴儿、儿童、学生等的重要性，在推进文化艺术振兴之措施时，必须考虑学校等教育机构、文化艺术活动团体、家庭以及社区之间的合作与提携。

9. 在推进文化艺术振兴之措施时，必须充分考虑和反映文化艺术活动者以及广大国民的意见。

10. 有鉴于由文化艺术所创造的多元价值在文化艺术的继承、发展以及创造中的重要性，在推进文化艺术振兴之措施时，必须尊重文化艺术固有意义与价值的同时，以谋求与观光、城镇再建、国际交流、社会福祉、教育、产业以及其他各领域的政策相协调。

【国家的责任与义务】

第三条　国家根据前条基本理念（以下简称"基本理念"），制定国家文化艺术振兴的综合性措施，并承担实施该措施的责任与义务。

【地方公共团体的责任与义务】

第四条　地方公共团体根据前条基本理念，在配合国家实施文化艺术振兴综合措施的同时，自主制定适合地域特点的地域文化艺术振兴措施，并承担实施该措施的责任与义务。

【国民的关心与理解】

第五条 为了现在及未来国民能够创造并享受文化艺术、促进文化艺术的未来发展，国家必须不断努力强化国民对文化艺术的关心及理解。

【文化艺术团体的作用】

第五条之二 文化艺术团体应根据自身的实际情况，自主且主动地从事文化艺术活动的同时，必须积极努力地发挥继承、发展以及创造文化艺术的作用。

【相关者之间的提携与协作】

第五条之三 为了基本理念的实现，国家、独立行政法人、地方公共团体、文化艺术团体、民间业者以及其他相关人等必须努力相互提携、共同协作。

【法律制度上的措施等】

第六条 为了实施文化艺术的振兴措施，政府必须采取必要的法律及财政上的相关措施。

第二章　文化艺术推进基本计划等

【文化艺术推进基本计划】

第七条 为了有计划地推进国家文化艺术综合政策的实施，政府应当制订国家文化艺术基本计划（以下简称"文化艺术推进基本计划"）。

2. 文化艺术推进基本计划应包括为有计划地推进文化艺术综合政策的基本事项及其他必要事项。

3. 文部科学大臣应在听取文化审议会意见的基础上制订文化艺术推进基本计划。

4. 文部科学大臣应在制订文化艺术推进基本计划之前，应在第三十六条规定的文化艺术推进会议上协调与其他相关行政机关施政措施之间的关系。

5. 文化艺术推进基本计划一经确定，文部科学大臣必须立刻公布，不得延迟。

6. 文化艺术推进基本计划变更时，准用前三款之规定。

【地方文化艺术推进基本计划】

第七条之二 都、道、府、县以及市（包含特别区。第三十七条中相同）、町、村的教育委员会根据《地方教育行政组织即运营法》① 第二十三条第一款规定的条例之规定，其负责人管理的、除与文化遗产保护相关事务之外的其他文化事务，若为执行相关事务的地方公共团体的，则为其负责人（以下简称"特定地方公共团体"）应在参考、斟酌文化艺术推进基本计划的基础上，努力制订符合辖区情况的地方文化艺术推进基本计划（在本项以及第三十条中称为"地方文化艺术推进基本计划"）。

2. 特定地方公共团体的长官在制订、变更地方文化艺术推进基本计划时，必须听取特定地方公共团体教育委员会的意见。

第三章 有关文化艺术的基本措施

【艺术的振兴】

第八条 为了实现文学、音乐、美术、摄影、戏剧、舞蹈以及其他艺术（除下一条规定的影视艺术外）的振兴，国家应主办艺术节以及采取其他必要措施等，支持艺术的公演与展示等、支持与艺术创作相关物品的保存以及与艺术创作相关知识与技能的继承。

【影视艺术的振兴】

第九条 为了实现电影、漫画、动漫及利用电脑及其他电子设备等创作艺术（以下简称"影视艺术"）的振兴，国家应主办艺术节以及采取其他必要措施等，支持影视艺术的创作、公演与展示，支持与影视艺术创作相关物品的保存以及相关知识与技能的继承。

【传统艺能的继承与发扬】

第十条 为了继承和发扬雅乐、能乐、文乐、歌舞伎、组舞以及我国自古以来的传统艺能（以下简称"传统艺能"），国家应制定必要措施，支持传统艺能的公演以及与传统艺能相关物品的保存等。

【艺能的振兴】

第十一条 为了振兴讲谈（评书）、落语（单口相声）、浪曲、漫谈、漫才（对口相声）、歌唱以及其他艺能（除传统艺能外），国家应制定必要措施，支持艺能的公演、与艺能相关物品的保存以及与艺能相关知识与技能的继承。

---

① 1956年（昭和31年）法律第162号。

【生活文化的振兴以及国民娱乐、出版物等的普及】

第十二条　为了振兴生活文化（如茶道、花道、书道、食文化以及其他与生活相关之文化）和国民娱乐（如围棋、将棋以及其他国民娱乐等）、普及出版物与唱片等，国家应采取必要措施以支持其相关活动。

【文化遗产等的保护及利用】

第十三条　为了保存和利用有形、无形文化遗产及其保存技术（以下简称"文化遗产等"），国家应制定必要措施，以支持文化遗产等的修复、公开、防灾等。

【地域文化艺术之振兴等】

第十四条　为振兴地域文化艺术，国家应采取必要措施，支持各地文化艺术的公演、展示、艺术节以及地域传统艺能和民俗艺能（由地域民众举办的民俗艺能）活动等。

【推进国际交流等】

第十五条　为了通过推进文化艺术国际交流、实现我国及世界文化艺术活动发展，国家应采取必要措施，协助从事文化艺术活动的个人或团体积极主办或参加文化艺术国际交流、举办艺术节和其他文化艺术国际活动；支持在海外用当地语言展示、公开以及推广我国文化艺术等交流活动；协力海外文化遗产修复工作；协助海外国家或地区完善著作权制度；培育并派遣能够在文化艺术国际机构中工作的专业人才等。

2. 国家在实施前款措施时，必须努力向世界宣传我国的文化艺术。

【艺术家等的培育与确保】

第十六条　为了培育并确保文化艺术的创造者、传统艺能的传承者、保存利用文化遗产的专门技能持有者、文化艺术活动的策划者、与文化艺术相关的技术人员、文化设施的管理运营者及其他文化艺术人才等（以下称为"艺术家等"），国家应采取必要措施，支持其参加国内外的培训与研修、教育与训练等；保障研修成果的发表机会；促进文化艺术作品的流通；完善艺术家等文化艺术创作及活动之环境等。

【与文化艺术相关的教育研究机构之完善等】

第十七条　为了艺术家等的培育、充实与文化艺术相关的调查研究，国家应采取必要措施，完善与文化艺术相关的大学及其他教育研究机构等。

【对国语的理解】

第十八条　鉴于国语作为文化艺术之基础，为了加深对国语的正确理解，国家应采取必要措施，充实国语教育、进行国语调查研究以及国语知识的普及等。

【日本语教育的充实】

第十九条 为了加深外国人对我国文化艺术的理解、充实针对外国人的日本语教学，国家应采取必要措施，完善日本语师资力量的培训及研修体制；开发日本语教材、提高日本语教育机构的教育水平等。

【著作权等的保护与利用】

第二十条 为了确保作为文化艺术振兴之基础的著作权及著作邻接权（以下称为"著作权等"）能够得到保护和被公平利用，国家应结合国内外著作权等的发展动向，采取必要措施，完善著作权制度、维护作品公正合理的交易环境；推进著作权保护制度完善；推动著作权等的调查研究和普及宣传等。

【国民鉴赏机会的充实等】

第二十一条 为了使国民能广泛、自主地参与文化艺术鉴赏，进而有机会参与文化艺术创造，国家应采取必要措施，支持各地文化艺术公演、展示等，并向民众提供相关情报信息。

【高龄者、残疾人等的文化艺术活动之充实】

第二十二条 为了高龄者、残疾人等能有充实的机会从事文化艺术活动，国家应采取必要措施，支援其从事文化艺术创作、公演等，并完善环境条件促使其积极参与文化艺术活动。

【青少年文化艺术活动的充实】

第二十三条 为了青少年能够参与充实的文化艺术活动，国家应采取必要措施，支持以青少年为对象的文化艺术公演、展示等，支持青少年从事文化艺术活动等。

【学校教育中的文化艺术活动之充实】

第二十四条 为了充实学校教育中的文化艺术活动，国家应采取必要措施，在学校教育活动中充实文化艺术的体验学习，支持艺术家以及文化艺术活动团体等协助学校展开丰富的文化艺术活动。

【剧场、音乐厅等的充实】

第二十五条 为了充实和完善剧场、音乐厅等公共文化艺术设施，国家应采取必要措施，完善剧场、音乐厅等设施设备、支持公演等、完善艺术家等的配置、提供相关情报与信息等。

【美术馆、博物馆、图书馆等公共文化设施的充实】

第二十六条　为了充实美术馆、博物馆、图书馆等公共文化设施，国家应采取必要措施，促进这些公共文化设施设备的完善，支持其文化艺术的展示活动、完善艺术家等的配置、支持文化艺术作品的记录与保存等。

【地域文化艺术活动场所的充实】

第二十七条　为了充实国民身边的文化艺术活动场所，国家应采取必要措施，使地域民众能够方便利用身边的文化设施、学校设施、社会教育设施等。

【建设公共建筑时的注意事项】

第二十八条　在建设公共建筑时，国家应努力使所建公共建筑的外观与周边自然环境、地域历史以及文化等保持协调。

2. 国家应努力在公共建筑上展示文化艺术作品，以推进文化艺术的振兴。

【推动信息通信技术之利用】

第二十九条　为了能在文化艺术活动中推进信息通信技术的运用，国家应采取必要措施，构建文化艺术活动的情报信息网络，支持美术馆等公共文化设施利用信息通信技术展示文化艺术、支持利用信息通信技术记录并公开文化艺术相关作品等。

【调查研究等】

第二十九条之二　为了推进文化艺术相关措施的实施，国家应采取必要措施，进行文化艺术振兴的必要调查研究，收集、整理以及提供国内外相关情报信息等。

【向地方公共团体以及民间团体等提供情报信息等】

第三十条　为了促进地方公共团体以及民间团体积极参与振兴地域文化艺术，国家应采取必要措施，向其提供（与文化艺术振兴相关的）情报信息等。

【民间的支援活动的激活等】

第三十一条　为了鼓励个人、民间团体积极支援文化艺术活动，同时也为了支援文化艺术活动本身，国家努力采取优惠的财政措施，使文化艺术团体比较容易获得来自个人或民间团体的捐赠，支援文化艺术团体从事文化艺术活动等。

【相关机构的协作等】

第三十二条　国家在实施本法第八条至前条所采取的相关措施时，必须考虑艺术家等个人、文化艺术团体、学校等、文化设施、社会教育设施、民间相关业者以及其他相关机构之间的协作关系。

2. 国家必须努力促进艺术家、文化艺术团体等与学校、文化设施、社会教育设施以及其他相关机构之间的协作，并努力向地域民众提供鉴赏、参与以及创造文化艺术的机会。

【表彰】

第三十三条　对于在文化艺术活动中有显著成就以及为文化艺术振兴作出突出贡献的，国家应给予表彰。

【政策形成过程的民意反映等】

第三十四条　为了确保文化艺术振兴政策的形成过程能够反映民意、确保整个过程的公正性与透明性，国家应在广泛征求艺术家等、学者以及广大国民的意见，并在充分考虑这些意见的基础上，将其体现在所制定的文化艺术政策上。

【地方公共团体的措施】

第三十五条　地方公共团体应根据本法第八条至前条确定的国家文化艺术振兴措施，努力推进适合本地域特点的文化艺术振兴措施。

第四章　文化艺术推进体制的整备

【文化艺术推进会议】

第三十六条　为了统合性、一体化、有效地推进文化艺术政策，政府应设置文化艺术推进会议，以联络、协调文部科学省、内阁府、总务省、外务省、厚生劳动省、农林水产省、经济产业省、国土交通省以及其他相关行政机关之间的关系。

【都、道、府、县及市、町、村文化艺术推进会议等】

第三十七条　为了调查审议地方文化艺术推进基本计划以及其他与推进文化艺术相关的重要事项，都、道、府、县及市、町、村可通过制定条例，设置审议会以及其他合议制性质的机构。

附则 抄

【施行日期】
第一条 本法自公布之日起施行。

附则 2017年（平成29年）9月23日法律第73号 抄

【施行日期】
第一条 本法自公布之日起施行。
【为统合推进文化艺术政策扩大文化厅作用的探讨】
第二条 为了统合地推进文化艺术政策，政府应采取必要措施通过与各相关行政机构协商，扩大和充实文化厅的机能等。

附则 2018年（平成30年）6月8日法律第42号 抄

【施行日期】
第一条 本法自2019年（平成31年）4月1日起施行。

附则 2019年（令和元年）6月7日法律第26号 抄

【施行日期】
第一条 本法自公布之日起施行。

二　文化审议会令

2000年（平成12年）6月7日政令第281号［制定］
2001年（平成13年）6月29日政令第220号
　　［根据著作权管理事业法实施令的政令整备令第2条规定之修改］
2004年（平成16年）12月27日政令第422号
　　［根据文化遗产保护法实施令的政令整备令第7条规定之修改］
2018年（平成30年）9月27日政令第266号
　　［根据文化科学省组织令修改令附则第2条规定之修改］

内阁根据《文部科学省设置法》①第二十九条第二项及第三项之规定，制定本政令。

【组织】

第一条　文化审议会（以下称为"审议会"）由三十名以内的委员组成。

2. 必要时，可就特别事项的调查审议，设置临时委员。

3. 必要时，为专业事项之调查，可以设置专业委员。

【委员等的任命】

第二条　审议会委员由文部科学大臣从有学识经验者中任命。

2. 临时委员由文部科学大臣从该临时事项相关有学识经验者中任命。

3. 专业委员由文部科学大臣从相关事项的学识经验者中任命。

【委员的任期等】

第三条　委员的任期为一年，但补缺委员的任期为前任的剩余任期。

2. 委员可连选连任。

3. 临时委员的任期为与任命相关特别事项调查审议终了时，解任。

4. 专业委员的任期为与任命相关专业事项调查终了时，解任。

---

① 1999年（平成11年）法律第96号。

5. 委员、临时委员以及专业委员不占人员编制。

【会长】

第四条 审议会设会长一名，由委员选举产生。

2. 会长主持审议会会务，并代表审议会。

3. 会长因故不能主持会务时，可提前指名其他委员代理其职务。

【分科委员会】

第五条 审议会下设下表中的各分科委员会，负责各分科事务。

名称	主管事务
国语分科会	国语改革以及普及的相关事项的调查审议
著作权分科会	（一）作者权利、版权以及著作邻接权的保护和利用等相关重要事项的调查审议； （二）根据《著作权法》①、《著作权特例法》② 第五条第四款以及《著作权等管理业法》③ 第二十四条第四款规定的属于审议会权限的各种事项
文化遗产分科会	（一）有关文化遗产保护和利用相关的重要调查审议事项； （二）根据《文化遗产保护法》④ 第一百五十三条规定，属于审议会权限的各种事项
文化功劳者遴选分科会	根据《文化功劳者年金法》⑤ 第二条第二款规定，属于审议会权限的各种事项

2. 分属前款表格中分科会委员、临时委员以及专业委员，由文部科学大臣任命。

3. 分科会设分科会会长一名，由该分科会的委员选举产生。

4. 分科会会长主持该分科会事务。

5. 分科会会长因故不能主持会务时，可提前指名其他委员代理其职务。

6. 审议会可以根据规定，视分科会的决议为审议会之决议。

【部会】

第六条 审议会及分科会，可以根据规定设置部会。

---

① 1970 年（昭和 45 年）法律第 48 号。
② 1956 年（昭和 31 年）法律第 86 号。
③ 2000 年（平成 12 年）法律第 131 号。
④ 1950 年（昭和 25 年）法律第 214 号。
⑤ 1951 年（昭和 26 年）法律第 125 号。

2. 分属部会的委员、临时委员以及专业委员,由会长(若分科会设置部会则由分科会长)任命。

3. 部会设部会长一名,由隶属该部会的委员选举产生。

4. 部会长主持部会事务。

5. 部会长因故不能主持会务时,可提前指名其他委员或临时委员代理其职务。

6. 审议会(在分科会设置部会的、为分科会)根据规定,可视部会的决议为审议会决议。

【议事】

第七条 审议会议事必须有过半数委员以及相关的临时委员参加,方可有效。

2. 审议会的议事决议由参加议事的委员以及相关的临时委员,过半数决定,当赞成票与反对票选相同时,由会长决定之。

3. 分科会及部会议事,准用前两款之规定。

【资料提出等要求】

第八条 为完成所主持的事务,审议会认为必要时,可以要求相关行政机关长官提供资料、陈述意见、说明以及其他必要之协助。

【总务】

第九条 审议会的总务由文化厅长官官房政策科负责处理。但国语分科会的相关事务由文化厅文化部国语科负责,著作权分科会的相关事务由文化厅长官官房著作权科负责,文化遗产分科会的相关事务由文化厅文化遗产部传统文化科负责,文化功劳者遴选分科会的相关事务由文部科学省大臣官房人事科负责。

【杂则】

第十条 本政令规定以外的议事程序以及其他审议会的相关必要事项,由会长在咨询审议会意见后确定之。

附　则

第一条 本政令自2001年(平成13年)1月6日起施行。

第二条 本法第五条第一款规定的文化遗产分科会之事务,根据《文化遗产保护法》附则第四条第二款之规定,在一定时期内由审议会处理。

附则 2001年（平成13年）6月29日政令第220号

本政令自2001年（平成13年）10月1日起施行。

附则 2004年（平成16年）12月27日政令第422号

本政令自2005年（平成17年）4月1日起施行。

附则 2018年（平成30年）9月27日政令第266号

【施行日期】
第一条 本政令自2018年（平成30年）10月1日起施行。

第二部分
文化遗产保护法群

三　文化遗产保护法*

1950年（昭和25年）5月30日法律第214号［制定］
1951年（昭和26年）12月24日法律第318号［第一次修改］
1952年（昭和27年）7月31日法律第272号［第二次修改］
1953年（昭和28年）8月10日法律第194号
　［根据国有财产法修改法附则第2条的修改］
1953年（昭和28年）8月15日法律第213号
　［根据实施地方自治法的相关法律整备法第6条的修改］
1954年（昭和29年）5月29日法律第131号［第三次修改］
1956年（昭和31年）6月12日法律第148号
　［根据实施地方自治法的相关法律整备法第47条的修改］
1956年（昭和31年）6月30日法律第163号
　［根据实施地方教育组织法的相关法律整备法第9条的修改］
1958年（昭和33年）4月25日法律第86号
　［根据特别职位职员工资法修改法第5条的修改］
1959年（昭和34年）4月20日法律第148号
　［根据实施国税征收法的相关法律整备法第58条的修改］
1961年（昭和36年）6月2日法律第111号
　［根据国家行政组织法修改法第19条的修改］
1962年（昭和37年）5月16日法律第140号
　［根据实施行政诉讼法的相关法律整备法第29条的修改］

---

* 根据掌握的资料，该法目前有五部汉译版本，分别是1975年版法律译本两个（载国家文物局法制处编《外国保护文化遗产法律文件选编》，紫禁城出版社1995年版，第210—229页；王军：《日本文化财保护法》，文物出版社1997年版，第186—259页），2014年版法律（第69号）译本（载周超《日本文化遗产保护法律制度及中日比较研究》，中国社会科学出版社2017年版，第206—284页）；2018年版法律译本（载彭蕾编著《文物进出境外国法律文件选编与述评》，文物出版社2019年版，周超译，第193—302页）以及2021年版法律译本（载周超《日本文化艺术法研究》，中国社会科学出版社2023年版，第248—366页）。

1962年（昭和37年）9月15日法律第161号
 ［根据实施行政不服审查法的相关法律整备法第67条的修改］
1965年（昭和40年）3月31日法律第36号
 ［根据实施所得税法的相关法律整备法第38条的修改］
1968年（昭和43年）6月15日法律第99号
 ［根据行政机关简政之总理府设置法修改法第17条的修改］
1971年（昭和46年）5月31日法律第88号
 ［根据环境厅设置法附则第15条的修改］
1971年（昭和46年）6月1日法律第96号
 ［根据许可、认可等整备法第14条的修改］
1972年（昭和47年）6月3日法律第52号
 ［根据公害等调整委员会法附则第9条的修改］
1975年（昭和50年）7月1日法律第49号［第四次修改］
1983年（昭和58年）12月2日法律第78号
 ［根据实施国家行政组织法的相关法律整备法第68条的修改］
1993年（平成5年）11月12日法律第89号
 ［根据实施行政手续法的相关法律整备法第78条的修改］
1994年（平成6年）6月29日法律第49号
 ［根据实施地方自治法相关法律整备法第13条的修改］
1994年（平成6年）11月11日法律第97号
 ［根据许可、认可等整备法第4条的修改］
1996年（平成8年）6月12日法律第66号［第五次修改］
1999年（平成11年）7月16日法律第87号
 ［根据推进地方分权的相关法律整备法第135条的修改］
1999年（平成11年）7月16日法律第102号
 ［根据中央省厅改革的律整备法第69条的修改］
1999年（平成11年）12月22日法律第160号
 ［根据中央省厅改革关系法实施法第522条的修改］
1999年（平成11年）12月22日法律第178号
 ［根据独立行政法人国立博物馆法附则第9条的修改］
1999年（平成11年）12月22日法律第179号
 ［根据独立行政法人文化财研究所法附则第8条的修改］
2000年（平成12年）5月19日法律第73号
 ［根据城市规划以及建筑基准法修改法附则第11条的修改］
2002年（平成14年）2月8日法律第1号

［根据社会资本整备特别措施法修改法第 20 条的修改］
2002 年（平成 14 年）7 月 3 日法律第 82 号［第六次修改］
2004 年（平成 16 年）5 月 28 日法律第 61 号［第七次修改］
2004 年（平成 16 年）6 月 9 日法律第 84 号
　　［根据行政事件诉讼法修改法附则第 17 条的修改］
2006 年（平成 18 年）5 月 31 法律第 46 号
　　［根据城市规划法修改法附则第 13 条的修改］
2006 年（平成 18 年）6 月 15 日法律第 73 号
　　［根据遗失物法附则第 5 条的修改］
2007 年（平成 19 年）3 月 30 日法律第 7 号
　　［根据独立行政法人国立博物馆法附则第 10 条的修改］
2011 年（平成 23 年）5 月 2 日法律第 37 号
　　［根据提高地方自主性的相关法律整备法第 10 条的修改］
2014 年（平成 26 年）6 月 4 日法律第 51 号
　　［根据提高地方自主性的相关法律整备法第 5 条的修改］
2014 年（平成 26 年）6 月 13 日法律第 69 号
　　［根据实施行政不服审查法的相关法律整备法第 108 条的修改］
2018 年（平成 30 年）6 月 8 日法律第 42 号
　　［根据文化遗产保护法修改法第 1 条的修改］
2020 年（令和 2 年）4 月 17 日法律第 18 号
　　［根据地域文化旅游促进法附则第 3 条的修改］
2020 年（令和 2 年）6 月 10 日法律第 41 号
　　［根据提高地方自主性相关法律整备法附则第 8 条的修改］
2021 年（令和 3 年）4 月 23 日法律第 22 号［第八次修改］
2022 年（令和 4 年）6 月 17 日法律第 68 号
　　［根据刑法修改法的法律整备法第 214 条之修改］

目　录

第一章　总则（第一条至第四条）
第二章　删除
第三章　有形文化遗产
　第一节　重要文化遗产
　　第一小节　指定（第二十七条至第二十九条）

第二小节　管理（第三十条至第三十四条）

第三小节　保护（第三十四条之二至第四十七条）

第四小节　公开（第四十七条之二至第五十三条）

第五小节　重要文化遗产保护利用计划（第五十三条之二至第五十三条之八）

第六小节　调查（第五十四条、第五十五条）

第七小节　杂则（第五十六条）

第二节　登录有形文化遗产（第五十七条至第六十九条）

第三节　重要文化遗产以及登录有形文化遗产以外的有形文化遗产（第七十条）

第四章　无形文化遗产（第七十一条至第七十七条）

第一节　重要无形文化遗产（第七十一条至第七十六条之六）

第二节　登录无形文化遗产（第七十六条之七至第七十六条之十七）

第三节　重要、登录无形文化遗产以外的无形文化遗产（第七十七条）

第五章　民俗文化遗产（第七十八条至第九十一条）

第六章　埋藏文化遗产（第九十二条至第一百零八条）

第七章　史迹名胜天然纪念物（第一百零九条至第一百三十三条之四）

第八章　重要文化景观（第一百三十四条至第一百四十一条）

第九章　传统建筑物群保护区（第一百四十二条至第一百四十六条）

第十章　文化遗产保护技术的保护（第一百四十七条至第一百五十二条）

第十一章　文化审议会的咨询（第一百五十三条）

第十二章　补则

第一节　听证、意见听取及异议申请（第一百五十四条至第一百六十一条）

第二节　有关国家的特例（第一百六十二条至第一百八十一条）

第三节　地方公共团体及教育委员会（第一百八十二条至第一百九十二条）

第四节　文化遗产保护利用支援团体（第一百九十二条之二至第

一百九十二条之六）

第十三章　罚则（第一百九十三条至第二百零三条）

附则

第一章　总则

【立法目的】

第一条　为了保护文化遗产并促使其得到充分利用，为了提高国民的文化素质，同时也为了对世界文化的进步有所贡献，特制定本法。

【文化遗产定义】

第二条　本法中的"文化遗产"包括以下各项内容：

（一）在我国历史上或艺术方面具有较高价值的建筑物、绘画、雕刻、工艺品、书法、典籍、古文书以及其他有形文化成果（包括与其形成一个整体而具有价值的土地和其他物件）、考古资料和其他具有较高学术价值的历史资料（以下称为"有形文化遗产"）。

（二）在我国历史上或艺术方面具有较高价值的戏剧、音乐、工艺技术及其他无形的文化成果（以下称为"无形文化遗产"）。

（三）为理解我国国民生活的变迁与发展，与民众衣食住行、生产、信仰、节假日等风俗习惯、民俗技艺以及再现其所不可或缺的服饰、器具、房屋和其他物品（以下称为"民俗文化遗产"）。

（四）在我国历史上或学术方面具有较高价值的贝冢、古墓、都城遗址、城址、旧民居及其他遗迹；在我国艺术或观赏方面具有较高价值的庭园、桥梁、峡谷、海滨、山岳及其他名胜地以及具有较高学术研究价值的动物（包括其栖息地、繁殖地及迁徙地）、植物（包括其生长地）及地质矿物（包括产生特殊自然现象的土地）等（以下称为"纪念物"）。

（五）为理解我国国民生活、生产所不可或缺的地域民众的生活、生产以及由该地域风土所形成的景观地等（以下称为"文化景观"）。

（六）与周围环境风貌共同形成具有历史风格和很高价值的传统建造物群（以下称为"传统建造物群"）。

2. 本法规定（除第二十七至二十九条、第三十七条、第五十五条第一款第四项、第一百五十三条第一款第一项、第一百六十五条、第一百七十一条以及附则第三条外）的"重要文化遗产"包括"国宝"。

3. 本法规定（除第一百零九条、第一百条、第一百一十二条、第一百二十二条、第一百三十一条第一款第四项、第一百五十三条第一款第十项及第十一项、第一百六十五条以及第一百七十一条外）的"史迹名胜天然纪念物"包括"特别史迹名胜天然纪念物"。

【政府及地方公共团体之任务】

第三条 政府及地方公共团体不仅要充分认识到文化遗产是我国历史、文化的重要组成部分，同时也要认识到文化遗产是文化发展之基础，为了使文化遗产得到真正之保护，必须为切实执行本法的具体规定而付出努力。

【国民、所有人等的责任】

第四条 为实现本法之立法目的，政府及地方公共团体所实施的各项行政措施，一般国民必须诚实地予以协助。

2. 文化遗产所有人及其他关系人应该自觉地认识到文化遗产是全体国民的贵重财产，为了全体国民的共同利益不仅应妥善保护文化遗产，同时也应该尽可能地公开展示文化遗产以实现其文化价值的充分利用。

3. 在本法的实施过程中，政府及地方公共团体必须尊重文化遗产关系人的所有权及其他财产权。

第二章 删除①

第三章 有形文化遗产

第一节 重要文化遗产

第一小节 指定

【指定】

第二十七条 文部科学大臣可将有形文化遗产中的重要者指定为

---

① 本章原为"文化遗产保护委员会"组织法。"文化遗产保护委员会"是在文部省之外设置的专门负责文化遗产保护的国家组织，1968年因行政机构简化与文部省文化局统合为现在的"文化厅"。——译者注。

"重要文化遗产"。

2. 从世界文化的角度考虑，文部科学大臣可将重要文化遗产中那些具有很高价值且无与伦比的国民之宝指定为国宝。

【公告、通知及指定证书之交付】

第二十八条　根据前条之规定的指定，文部科学大臣不仅要在官报上公告，还要将指定结果通知国宝或重要文化遗产的所有人。

2. 根据前条之规定的指定，自上款规定的公告之日起生效；但对国宝或重要文化遗产所有人而言，指定自收到上款规定的通知之日起生效。

3. 根据前条之规定的指定，文部科学大臣应当向被指定国宝或重要文化遗产的所有人交付指定证书。

4. 指定证书上所应记载之事项以及其他涉及指定证书的必要之事项，均由文部科学省政令规定之。

5. 根据第三款规定收到国宝指定证书的国宝所有人，必须在收到证书之日起三十日内将被指定为国宝的原重要文化遗产指定证书返还给文部科学大臣。

【撤销】

第二十九条　当国宝或重要文化遗产失去其作为国宝或重要文化遗产的价值或者发生其他特殊事由时，文部科学大臣可以撤销国宝或重要文化遗产之指定。

2. 根据前款规定的指定之撤销，除在《官报》上发布公告外，还须将撤销指定通知国宝或重要文化遗产的所有人。

3. 根据第一款规定的指定之撤销，准用前条第二款之规定。

4. 所有人在收到第二款规定的通知后，必须在三十日内将被撤销的指定证书返还给文部科学大臣。

5. 根据第一款规定撤销的国宝之指定、但未撤销重要文化遗产之指定的，文部科学大臣应当立刻向文化遗产所有人交付重要文化遗产指定之证书。

第二小节　管理

【管理方法之指示】

第三十条　在重要文化遗产的管理上，文化厅长官可以指示重要文化遗产所有人实施必要之管理方法。

【所有人的管理义务及管理责任人】

第三十一条　重要文化遗产的所有人必须根据本法、文部科学省政令以及文化厅长官的指示等，对重要文化遗产进行妥善管理。

2. 为妥善管理该重要文化遗产，重要文化遗产所有人认为必要时，可选任第一百九十二条之二第一款所规定的文化遗产保护利用支援团体或其他适当人选、代替自己承担管理重要文化遗产之责任（在本节及第一百八十七条第一款第一项中称为"管理责任人"）。

3. 根据前款规定选任管理责任人后，重要文化遗产所有人与被选任的管理责任人必须在二十日内上报文化厅长官提交连署的文部科学省政令所规定的、记载必要事项的书面文件。解任管理责任人时也同样适用之。

4. 前条及本条第一款之规定，准用于管理责任人。

【所有人或管理责任人之变更】

第三十二条　当重要文化遗产所有人发生变更时，新所有人必须在二十日内向文化厅长官提交文部科学省政令所规定的变更所有人申报表，并添附原所有人的指定证书。

2. 重要文化遗产所有人在变更管理责任人时，必须在二十日内向文化厅长官提交与新管理责任人联署的由文部科学省政令所规定的变更管理责任人申报表。该情况不适用前条第三款之规定。

3. 重要文化遗产的所有人或管理责任人的姓名、名称或住所发生变更时，必须在二十日内向文化厅长官提交文部科学省政令所规定的变更所有人或管理人的名称或住所申请表。如果姓名、名称或住所的变更涉及重要文化遗产所有人的，变更申请材料中必须添附指定证书。

【管理团体的管理】

第三十二条之二　在难以判明重要文化遗产所有人或者认为所有人、管理责任人对重要文化遗产的管理陷入困难或明显管理不当时，为保存该重要文化遗产，文化厅长官可以指定适当的地方公共团体或其他法人对该重要文化遗产实施必要管理（包括对那些由该重要文化遗产所有人所有或者管理人管理的、为保存该重要文化遗产所必需的设施、设备及其他物品等的管理）。

2. 在实施前款规定的指定时，文化厅长官必须事先征得该重要文化遗产所有人（无法判明所有人的除外）、合法占有人以及被指定管理团体的同意。

3. 根据第一款规定的指定，文化厅长官不仅应在《官报》上公告，还要将指定结果通知该重要文化遗产所有人、占有人以及被指定团体。

4. 根据第一款规定的指定，准用第二十八条第二款。

5. 重要文化遗产的所有人或者占用人，若无正当理由不得拒绝、妨碍或规避接受第一款指定的地方公共团体及其他法人（本节以下及第一百八十七条第一款第一项中称为"管理团体"）对重要文化遗产的管理以及为管理而实施的必要措施。

6. 对于管理团体，准用第三十条及第三十一条第一款之规定。

第三十二条之三　当前条第一款规定的事由已经消灭或又出现其他特殊事由时，文化厅长官可撤销对管理团体的指定。

2. 前款规定的指定撤销，准用前条第三款以及第二十八条第二款之规定。

第三十二条之四　除本法有特别规定外，管理团体实施管理工作所需费用由管理团体承担。

2. 前款之规定并不妨碍管理团体与所有人通过协议的方式约定在所有人受益的范围内由所有人承担部分管理费用。

【灭失、损毁等】

第三十三条　当重要文化遗产全部或一部灭失、损毁、丢失、被盗时，重要文化遗产所有人（包括管理责任人、管理团体等）必须自发现之日起十日内，用文部科学省政令所规定的书面材料上报至文化厅长官。

【所在地之变更】

第三十四条　重要文化遗产的所有人（包括管理责任人、管理团体等）试图变更重要文化遗产所在地时，必须在准备变更之日的前二十日内，准备文部科学省政令所规定的文件材料并添附指定证书上报至文化厅长官；但若文部科学省政令有特别规定无须上报、添附制定证书或者可以在变更所在地之后上报的，则不在此限。

第三小节　保护

【修缮】

第三十四条之二　重要文化遗产的修缮由所有人实施，但有管理团体的则由该管理团体实施。

【管理团体的修缮】

第三十四条之三　管理团体在修缮重要文化遗产时，必须将修缮日期及修缮方法事先告知重要文化遗产的所有人（除难以判明所有人外）或合法占用人，并听取其意见。

2. 管理团体进行修缮时，准用第三十二条之二第五款、第三十二条之四的规定。

【管理或修缮之补贴】

第三十五条　当重要文化遗产所有人或管理团体无法承担重要文化遗产的巨额管理费、修缮费以及出现其他特殊情况时，政府应当对重要文化遗产所有人或管理团体给予适当的财政补贴以保证其有充足的管理费或修缮费。

2. 在交付前款财政补贴时，文化厅长官可对管理或修缮工作适时地作出必要指示，并可将该指示作为财政补贴之条件。

3. 文化厅长官认为必要时，可以指挥和监督依据第一款之规定获得财政补贴之重要文化遗产的管理或修缮。

【管理的命令或建议】

第三十六条　因不能胜任管理工作或因管理失误可能造成重要文化遗产灭失、损毁或存在失盗之虞的，文化厅长官可以命令或建议该重要文化遗产所有人、管理责任人或管理团体等选任或变更重要文化遗产管理人、改善管理方法、设置必要的防火设施或其他保护性设施。

2. 前款命令或建议中的措施之实施费用，文部科学省可通过政令形式决定由国家承担其全部或一部分。

3. 前款规定的由国家承担的全部或一部分之费用，准用前条第三款之规定。

【修缮的命令或建议】

第三十七条　对于国宝有损毁之迹象，文化厅长官认为有保存之必要时，可命令或建议所有人或管理团体对该国宝进行修缮。

2. 对于除国宝外的重要文化遗产有损毁之迹象，文化厅长官认为有保存之必要时，可建议所有人或管理团体对该重要文化遗产进行修缮。

3. 前二款中的修缮之费用，可由文部科学省以政令形式决定由国家承担全部或一部分。

4. 对于前款所规定的由国家承担的全部或一部分之费用，准用第三十五条第三款之规定。

【由文化厅长官实施的国宝修缮等措施】

第三十八条　有下列情况之一者，文化厅长官可决定亲自对国宝进行修缮，或者采取措施防止国宝灭失、损毁或被盗等：

（一）所有人、管理责任人或管理团体不服从依据前两条之命令的。

（二）当国宝正在损毁或者存在灭失、损毁或被盗之虞，所有人、管理责任人或管理团体被认为拒不采取措施防止国宝灭失、损毁或被盗的。

2. 根据前款之规定，文化厅长官在准备修缮国宝或采取其他保护措施时，必须事先将载有该国宝之名称、修缮或采取保护措施之内容、修缮日期及其他认为必要事项的政令告知国宝所有人、管理责任人或管理团体，并通知该国宝的合法占有人。

第三十九条 实施前条第一款规定的修缮或保护措施时，文化厅长官必须在文化厅职员中任命有能力实施修缮或保护措施者为该国宝之修缮的管理责任人。

2. 根据前款规定所选择的责任人，在修缮国宝或采取其他保护措施时，必须携带身份证明，应国宝相关人员之要求出示其身份证明，并必须尊重相关人员的正当意见。

3. 前条第一款规定的修缮或实施其他保护措施，准用第三十二条之二第五款之规定。

第四十条 第三十八第一款规定的修缮或实施其他保护措施所需费用由国家承担。

2. 根据文部科学省政令之规定，文化厅长官可向国宝所有人（若为管理团体时，则向管理团体）征收部分费用用于承担第三十八条第一款规定的修缮或实施其他保护措施所需之费用；但该费用的征收仅限于该条第一款第二项所规定的国宝所有人、管理责任人、管理团体等对国宝的修缮或实施其他保护措施等负有责任，而且国宝所有人和管理团体有承担该部分费用的能力。

3. 前款规定的费用之征收，准用《行政代执行法》[①] 第五条、第六条之规定。

第四十一条 因第三十八条第一款所规定的国宝修缮或实施其他保护措施给相关人造成损害的，由国家对所产生的损害进行补偿。

2. 前款规定的补偿之额度，由文化厅长官决定之。

3. 不服前款决定的补偿额度的，可通过诉讼方式要求增加补偿，但仅限于自收到前款补偿决定通知之日起六个月内行使。

[①] 1948 年（昭和 23 年）法律第 43 号。

4. 前款之诉的被告为国家。

【重要文化遗产转让时补助金等的返还】

第四十二条 已接受国家根据第三十五条第一款、第三十六条第二款、第三十七条第三款及第四十条第一款规定的实施修缮或实施防止灭失、损毁及被盗等措施（以下本条中为"修缮等"）交付补助金、保护措施实施费、修缮费的重要文化遗产所有人、继承人、受遗赠人、受赠人（包括再继承的继承人、再遗赠的受遗赠人、再赠与的受赠人。以下本条同，称为"所有人等"），有偿转让重要文化遗产时，可通过文部科学省政令要求所有人等向国家返还国家承担的补助金及修缮费（第四十条第一款规定的相关费用中应扣除该条第二款向所有人征收的部分，以下本条同），但应扣除国家在实施修缮等措施之后所有人等自己又进行修缮而支出之费用（以下本条中称为"返还金"）。

2. 前款中的"补助金及修缮费"，是指该维修补助金及修缮费的总金额除以文化厅长官决定实施修缮等后该文化遗产的耐用年数、再乘以耐用年数减去自实施修缮等后至转让时的所剩年数（不足一年的舍去）的金额。

3. 在利用"补助金及修缮费"实施修缮等行为后，因非所有人等之责任造成重要文化遗产之价值明显降低或所有人等将重要文化遗产让渡给国家的，文化厅长官可决定免除所有人等应返还的全部或部分返还金。

4. 未在文化厅长官指定的期限内返还上述金额的，可按国税滞纳标准征收滞纳金。征收滞纳金的先取特权顺位为先国税、后地税。

5. 当返还金交纳人为继承人、受遗赠人或受赠人时，其返还金的金额总数应扣除下列第一项所规定的继承税额或赠与税额与第二项所规定金额之差、除以第三项所规定的年限、再乘以第四项所规定之年限。

（一）取得该重要文化遗产时已交纳或应交纳的继承税额或赠与税额。

（二）当前项税额之课税基础的课税价格中包括该重要文化遗产继承、赠与行为发生前、已获得第一款之国家补助金的应扣除该补助金之后的、该重要文化遗产全部或部分所应缴纳的继承税税额或赠与税税额。

（三）第二款所规定的由文化厅长官确定的该重要文化遗产全部或部分的耐用年限中减去修缮等后至继承、赠与时的年限后所获年数（不足一年的舍去)。

（四）第二款所规定的有关该重要文化遗产全部或部分之剩余耐用年数。

6. 前款第二项中所列举的第一款中的修缮费、补助金等，准用本条第二款之规定，此时该款中的"转让时"替换为"继承、遗赠或赠与时"。

7. 在计算第一款规定的返还金缴纳人因转让该重要文化遗产之所得税时，针对依据《所得税法》①第三十三条第一款规定的转让所得金额之计算，依据第一款规定的返还金作为该条第三款规定的资产转让所需之费用。

【现状变更等的限制】

第四十三条　变更重要文化遗产现状或实施某种对该重要文化遗产的保存环境有影响之行为的，必须事先取得文化厅长官的许可；但变更现状是重要文化遗产的维持措施、避免自然灾害给其造成破坏而采取的应急之措施且对保存环境的影响轻微的，则不在此限。

2. 前款但书中的"维持措施"之范围，由文部科学省政令规定之。

3. 文化厅长官在下达第一款之许可时，可对该款所规定的现状变更及对保存环境有影响之行为作出必要指示，并以此作为许可的条件。

4. 若接受第一款许可的被许可人不服从前款规定的必要指示，文化厅长官可以命令停止变更现状以及停止实施对保存环境有影响的行为，或者撤销该许可。

5. 因未能获得第一款规定之许可或者因被要求服从第三款所规定的许可条件而遭受一般性损失的，由国家给予补偿。

6. 前款中的国家补偿，准用本法第四十一条第二款至第四款之规定。

【修缮之申请】

第四十三条之二　当重要文化遗产需要修缮时，其所有人或管理团体必须在预定修缮开工日之前三十日向文化厅长官提出修缮申请，但前条第一款所规定必须获得许可并由文部科学省政令规定的，则不在此限。

2. 对于前款修缮申请，文化厅长官认为必要时，可就重要文化遗产之修缮提出技术性指导或建议。

---

① 1985年（昭和40年）法律第33号。

【出境禁止】

第四十四条 禁止重要文化遗产出境；但因国际文化交流或其他事由等获得文化厅长官特别许可的，则不在此限。

【环境保护】

第四十五条 就重要文化遗产的保护问题，文化厅长官认为必要时，可以命令在一定地域内限制或禁止某种行为，或者命令建设必要的保护设施。

2. 因前款之命令而使相关人受到财产损失的，由国家对所产生的一般性损失给予补偿。

3. 前款的损失补偿，准用本法第四十一条第二款至第四款之规定。

【向国家出让之申请】

第四十六条 有偿转让重要文化遗产时，出让人必须事先将受让人、预定价格（若预定价格为金钱以外的其他物品的，则按时价标准确定金额，以下同）及其他文部科学省政令所规定的事项，以书面形式首先向文化厅长官提出对国家出让之申请。

2. 在前款规定的书面申请中，可记载希望让渡给对方的理由。

3. 文化厅长官认为前款书面申请中的让渡给对方之理由充分时，应在收到该申请后三十日内通知出让人国家不予购买的决定。

4. 在出让人提出第一款让与国家之申请三十日内，若文化厅长官就该重要文化遗产由国家购买之决定通知出让人的，则视为国家以相当于申请书所载之价格购买该重要文化遗产之买卖合同成立。

5. 在前款所规定的期限（该期限的截止日期为文化厅长官作出不购买决定的通知之日）内，第一款中的出让人不得转让该重要文化遗产。

【管理团体购买的财政补贴】

第四十六条之二 为保护重要文化遗产特别是作为重要文化遗产管理团体的地方公共团体或其他法人有必要购买其所管理的重要文化遗产（仅限于建筑物、土地附着物以及与之被指定为重要文化遗产的土地）时，国家认为必要可以对其购买所需经费给予适当补贴。

2. 前款国家补贴，准用本法第三十五条第二款、第三款及第四十二条之规定。

【管理、修缮的委托或技术指导】

第四十七条 在文化厅长官规定的条件下，重要文化遗产所有人

（若为管理团体的则为该管理团体）可向文化厅长官提出重要文化遗产的管理（除管理团体外）或修缮之委托。

2. 文化厅长官认为有必要时，可以在明示一定条件的情况下，向重要文化遗产所有人建议其（若为管理团体的则为该团体）向文化厅长官提出该重要文化遗产的委托管理（除管理团体外）或委托修缮。

3. 前两款规定的文化厅长官接受的委托管理或委托修缮，准用本法第三十九条第一款、第二款之规定。

4. 重要文化遗产所有人、管理责任人及管理团体可根据文部科学省政令之规定，请求文化厅长官对重要文化遗产的管理、修缮等进行技术性指导。

第四小节　公开展示

【公开展示】

第四十七条之二　重要文化遗产的公开展示由所有人实施；但若为管理团体的则由管理团体实施。

2. 前款之规定并不妨碍重要文化遗产所有人及管理团体之外的其他人依据本法之规定对该重要文化遗产进行公开展示。

3. 管理团体在公开展示其管理的重要文化遗产时，可对参观者收取一定费用。

【由文化厅长官实施的公开展示】

第四十八条　文化厅长官可以建议所有人（若为管理团体的则为该团体）提供其重要文化遗产，由文化厅长官主持在国立博物馆（独立行政法人国立文化遗产机构设立的博物馆，本条以下同）或其他机构内，实施为期一年以内的公开展示。

2. 文化厅长官可以命令由国家承担全部或部分费用，或接受补助金进行管理、修缮的重要文化遗产之所有人，提供其重要文化遗产，由文化厅长官主持在国立博物馆或其他机构内实施为期一年以内的公开展示。

3. 文化厅长官认为必要时，可以决定延长前款规定的一年以内公开展示期，但连续不得超过五年。

4. 在作出第二款之命令、前款的公开展示期间更新之决定后，重要文化遗产所有人（若为管理团体的则为该团体）必须提供该项重要文化遗产以便公开展示。

5. 在前四款规定的情形之外，文化厅长官认为重要文化遗产所有人（若为管理团体的则为该团体）申请希望在国立博物馆或其他机构、由文化厅长官主持实施重要文化遗产公开展示的理由合理时，可允许其公开展示。

第四十九条　文化厅长官根据前条之规定公开展示重要文化遗产时，除本法第一百八十五条规定的情形外，必须任命文化厅的工作人员承担公开展示该重要文化遗产期间的管理之责任。

第五十条　根据第四十八条规定的公开展示所需费用由国家承担，其费用标准由文部科学省以政令形式规定之。

2. 政府根据文部科学省政令规定的费用标准，向根据第四十八条之规定出展重要文化遗产的所有人或管理团体支付相关出展费。

【所有人等的公开展示】

第五十一条　文化厅长官可以建议重要文化遗产所有人或管理团体实施为期三个月以内的重要文化遗产之公开展示。

2. 文化厅长官可以命令由国家承担全部或部分费用，或接受补助金进行重要文化遗产管理、修缮的重要文化遗产之所有人实施为期三个月以内的公开展示。

3. 前款公开展示，准用第四十八条第四款之规定。

4. 文化厅长官可以对重要文化遗产所有人或管理团体根据前三款之规定公开展示以及与公开展示相关的管理事宜等给予必要指示。

5. 重要文化遗产所有人或管理责任人不服从前款之指示的，文化厅长官可以命令停止或中止该公开展示。

6. 根据文部科学省政令的相关规定，本条第二款及第三款的公开展示所需费用的全部或一部可由国家承担。

7. 除前款规定的情形外，根据文部科学省的政令之规定，重要文化遗产所有人或管理团体公开展示其所有或管理的重要文化遗产所需费用的全部或一部分也可由国家承担。

第五十一条之二　除前条规定的公开展示外，为便于重要文化遗产向公众公开展示而根据第三十四条之规定提出变更重要文化遗产所在地之申请的，可准用前条第四款、第五款之规定。

【损失的补偿】

第五十二条　对于因第四十八条、第五十一条第一款、第二款以及第三款规定的出展、公开展示等引起的重要文化遗产灭失、损毁的，国家应对该重要文化遗产所有人的合理损失给予补偿；但如果是因重要文化遗产所有人、管理责任人或管理团体的原因引起的，则不在此限。

2. 前款所规定的情形，准用本法第四十一条第二款至第四款之规定。

【所有人等以外的其他人之公开展示】

第五十三条　重要文化遗产所有人、管理团体等以外的其他人在其主办的展览会或其他展览中公开展示重要文化遗产时，必须获得文化厅长官的许可；但如果文化厅长官以外的其他国家机关、地方公共团体等在已经获得文化厅长官承认的博物馆或其他机构（以下称为"承认的公开展示之机构"）主办的展览上进行公开展示的，则不在此限。

2. 在前款但书中，公开展示的主办人（除文化厅长官外）应在公开展示结束之日的次日起二十日内，填写文部科学省政令所规定的书面材料，向文化厅长官作出汇报。

3. 文化厅长官在进行第一款规定之许可时，作为许可条件，可对该重要文化遗产公开展示或与之有关的管理工作给予必要指示。

4. 获得第一款许可而不服从前款之指示的，文化厅长官可以命令停止公开展示或撤销许可。

第五小节　重要文化遗产保护利用计划

【重要文化遗产保护利用计划的认定】

第五十三条之二　重要文化遗产的所有者（若为管理团体则为该管理团体）可根据文部科学省政令之规定，制订重要文化遗产保护利用计划（以下称为"重要文化遗产保护利用计划"），并向文化厅长官申请予以认定。

2. 前款重要文化遗产保护利用计划应记载以下事项：

（一）该项重要文化遗产的名称、所在地；

（二）为保护和利用该项重要文化遗产而实施的具体措施之内容；

（三）计划实施周期；

（四）文部科学省政令规定的其他事项。

3. 前款第二项中的具体措施内容，应记载以下事项：

（一）对该重要文化遗产的现状变更或保存产生影响的相关行为事项；

（二）对该重要文化遗产的维修事项；

（三）以公开该重要文化遗产（除建造物之外。下一款第六项同）为目的的委托管理合同事项。

4. 本条第一款的重要文化遗产保护利用计划的认定之申请，符合以下条件的，文化厅长官可以予以认定。

（一）该重要文化遗产的保护利用计划的实施，有利于该重要文化遗产的保护与利用；

（二）该重要文化遗产的保护利用计划被认为能够得到确实、可行、顺利地实施；

（三）若存在本法第一百八十三条之二第一款规定的文化遗产保护利用大纲或者第一百八十三条之五第一款规定的文化遗产保护利用区域规划，该保护利用计划应符合大纲或规划之要求；

（四）该重要文化遗产保护利用计划中可能影响该重要文化遗产的现状变更或保存的、前款第一项所规定的相关行为之内容，应符合文部科学省政令规定之基准；

（五）该重要文化遗产保护利用计划所列举的、前款第二项所载重要文化遗产维修事项，应符合文部科学省政令所规定之基准；

（六）该重要文化遗产保护利用计划所列举的、以公开重要文化遗产为目的的委托管理合同内容，应当符合文部科学省政令所规定的标准。

5. 文化厅长官作出前款认定后，应立刻将认定结果通知申请人、不得延迟。

【获得认定的重要文化遗产保护利用计划之变更】

第五十三条之三　获得前条第四款认定的重要文化遗产所有者或者管理团体，若要变更（除文部科学省政令规定轻微变更外）其重要文化遗产保护利用计划，必须获得文化厅长官之认定。

2. 前款之认定，准用前条第四款、第五款之规定。

【现状变更等的许可之特例】

第五十三条之四　本法第五十三条之二第三款第一项所规定的、影响该重要文化遗产的现状变更或保存的行为事项，在获得第四款之认定（包含前条第一款的变更之认定。本款以及第一百五十三条第二款第六项同）的情况下，实施影响重要文化遗产的现状变更或保存之行为时，可无视第四十三条第一款必须获得许可之规定、只需在影响重要文化遗产的现状变更或保存之行为终了后，立刻根据文部科学省政令的规定、向文化厅长官书面报告即可。

【维修申报之特例】

第五十三条之五　在实施第五十三条之二第三款第二项所记载的、获得第四款认定的重要文化遗产维修事项时，可无视第四十三条之二第一款必须获得许可之规定，只需在该维修行为终了后，立刻根据文部科学省政令之规定、向文化厅长官书面报告即可。

【被认定的重要文化遗产保护利用计划之实施状况的报告】

第五十三条之六　文化厅长官可以要求获得本法第五十三条之二第四款认定的重要文化遗产的所有者或管理团体，报告其已获认定的重要文化遗产保护利用计划（如有变更则为变更后的计划。在下一条以及第五十三条之八中称为"认定的重要文化遗产保护利用计划"）的实施情况。

【认定的撤销】

第五十三条之七　文化厅长官认为被认定的重要文化遗产保护利用计划不再符合第五十三条之二第四款所规定的各项条件时，可以撤销该认定。

2. 文化厅长官根据前款之规定撤销认定的，应立刻将认定撤销之决定通知被认定人，不得延迟。

【对所有者等的指导或建议】

第五十三条之八　根据重要文化遗产所有者或者管理团体之请求，都、道、府、县以及市（含特别行政区，以下同）、町、村教育委员会［根据《地方教育行政组织法》①第二十三条第一款的条例之规定，负责管理和执行文化遗产保护事务的地方公共团体（以下称为"特定地方公共团体"）及其负责人。除本法第一百四十三条第三款、第一百八十三条之八第四款、第一百九十条第一款以及第一百九十一条第一款外，以下同］可以就重要文化遗产保护利用计划的制订，所制订的保护利用计划能够得到确实、顺利实施等，提供必要的指导和建议。

2. 根据重要文化遗产所有者或管理团体之请求，文化厅长官必须努力就重要文化遗产保护利用计划的制订、所认定的重要文化遗产保护利用计划能够得到确实、顺利实施等，提供必要的指导和建议。

---

① 1956年（昭和31年）法律第162号。

第六小节　调查

【为保护而实施的调查】

第五十四条　文化厅长官认为必要时，可要求重要文化遗产所有人、管理责任人或管理团体报告重要文化遗产的现状、管理、修缮及保存环境等。

第五十五条　发生下列情形之一的，根据前条之报告无法确定重要文化遗产现状也无其他方法进行确认时，文化厅长官可以指派调查人员进入重要文化遗产所在地对该重要文化遗产的现状、管理、修缮及保存环境等进行实地调查。

（一）已申请改变重要文化遗产之现状或实施了影响重要文化遗产保存环境之行为的；

（二）重要文化遗产正在被损毁或其现状、所在场所等已发生变更的；

（三）重要文化遗产存在灭失、损毁以及被盗之虞的；

（四）因特别事由有必要对国宝或重要文化遗产的价值重新鉴定的。

2. 根据前款之规定，调查人员在进行实地调查时，应携带其身份证明，向相关人员出示，并当充分尊重相关人员的正当意见。

3. 对于因第一款之调查所造成的正常损失，由国家给予适当补偿。

4. 前款之补偿，准用本法第四十一条第二款至第四款之规定。

第七小节　其他事项

【所有人等变更后权利义务的继承】

第五十六条　重要文化遗产所有人变更后，文化厅长官依据本法所作出的命令、建议、指示及其他处分等方式赋予原所有人在该重要文化遗产上的所有权利与义务由新所有人继承。

2. 原所有人移交重要文化遗产给新所有人时，必须同时移交该重要文化遗产的指定证书。

3. 针对管理团体的指定或指定解除等准用第一款之规定，但当管理团体被指定时，属于原所有人的权利义务则不在此限。

第二节　登录有形文化遗产

【有形文化遗产的登录】

第五十七条　鉴于重要文化遗产以外的其他有形文化遗产（除本法

第一百八十二条第二款规定的由地方公共团体指定的有形文化遗产外）的文化价值以及对其保护和利用之必要等，文部科学大臣可将其登录在"文化遗产名录"上。

2. 文部科学大臣在实施前款之登录时，应事先听取相关地方公共团体的意见，但当该登录的有形文化遗产为第一百八十三条之五第一款规定或《地域文化观光促进法》①第十六条第一款规定之提案登录之有形文化遗产的，则不在此限。

3. "文化遗产名录"的应登载事项由文部科学省政令规定之。

【公告、通知以及登录证的交付】

第五十八条 在进行前条第一款之登录后，应迅速在《官报》上公告并就所登录的有形文化遗产（以下称为"登录有形文化遗产"）之结果通知该有形文化遗产所有人。

2. 前条第一款所规定之登录自前款《官报》公告之日起生效，但对该登录有形文化遗产所有人而言则自其收到前款通知之日起生效。

3. 进行前条第一款登录时，文部科学大臣应向该有形文化遗产所有人交付登录证书。

4. 登录证书上所记载内容以及其他与登录证书相关事项等，由文部科学省政令规定之。

【有形文化遗产的登录注销】

第五十九条 根据本法第二十七条第一款之规定，当登录的有形文化遗产被文部科学大臣指定为重要有形文化遗产时，原有形文化遗产之登录应予注销。

2. 根据本法第一百八十二条第二款之规定，当登录的有形文化遗产被地方公共团体指定时，文部科学大臣则应注销该登录；但当文部科学大臣认为有必要对登录的有形文化遗产采取保护和利用措施且所有人同意的，则可以不予注销。

3. 当有形文化遗产所采取的措施之必要性丧失或者发生其他特殊事由时，文部科学大臣可以注销该登录。

4. 根据前三款之规定注销登录的，应迅速在《官报》上公告并将注销登录之结果通知该登录有形文化遗产所有人。

---

① 2020年（令和2年）法律第18号。

5. 根据第一款至第三款的登录注销准用前条第二款之规定。

6. 登录有形文化遗产的所有人在收到第四款之通知后，必须三十日内将登录证书上缴文部科学大臣。

【登录有形文化遗产的管理】

第六十条 登录有形文化遗产所有人必须根据本法以及基于本法的文部科学省政令管理登录有形文化遗产。

2. 为适当管理登录有形文化遗产，登录有形文化遗产的所有人可以选择本法第一百九十二条之二第一款规定的文化遗产保护利用支援团体或者其他适当管理团体（本节中称为"管理责任人"）代自己管理登录有形文化遗产、承担管理责任。

3. 当登录有形文化遗产所有人无法判明或者所有人、管理责任人的管理陷入困境或管理明显不当时，为保护和利用该登录有形文化遗产，登录有形文化遗产所在地地方公共团体提出申请的，文化厅长官可以在征求相关地方公共团体的意见之基础上，指定适当的地方公共团体或其他法人实施必要管理（包括由登录有形文化遗产所有人所有或管理的、为保护和利用该登录有形文化遗产的必要设施、设备以及其他物件等。本节以下称为"管理团体"）。

4. 对登录有形文化遗产的管理，准用本法第三十一条第三款、第三十二条、第三十二条之二第二款至第五款、第三十二条之三、第三十二条之四的规定。

5. 有关登录有形文化遗产的管理责任人以及管理团体，准用第一款之规定。

【登录有形文化遗产的灭失、损毁等】

第六十一条 登录有形文化遗产全部或部分灭失、损毁或丢失以及被盗的，所有人（若是管理责任人或管理团体的则为该管理责任人或管理团体）应当根据文部科学省政令之规定，自知道上述事实发生的次日起，十日内向文化厅长官书面报告。

【登录有形文化遗产所在地之变更】

第六十二条 登录有形文化遗产所有人（若为管理责任人或管理团体的则为该管理责任人或管理团体）若要变更登录有形文化遗产所在地，应当在决定变更之日前二十日内，依据文部科学省政令之规定、添附登录证书向文化厅长官提交书面报告。若文部科学省政令有特别规定无须报告、添附登录证书或者可以在变更所在地之后报告的，则不在此限。

【登录有形文化遗产的修缮】

第六十三条　登录有形文化遗产之修缮由所有人实施，但若为管理团体的则由该团体实施。

2. 管理团体对登录有形文化遗产的修缮，准用本法第三十二条之二第五款、第三十二条之四以及第三十四条之三第一款之规定。

【登录有形文化遗产的现状变更之申请】

第六十四条　试图改变登录有形文化遗产现状者，必须根据文部科学省政令之规定在改变现状之日前三十日内，向文化厅长官提出申报；但若改变现状仅是为实施修缮、防止灾害等的必要应急措施或者为实施依据其他政令的改变现状之命令而采取措施的，则不在此限。

2. 前款但书中的"修缮"措施范围，由文部科学省政令规定之。

3. 为保护登录有形文化遗产，文化厅长官认为有必要时，可对第一款所规定的、登录有形文化遗产的现状之变更予以指导、提出意见或给予建议。

【登录有形文化遗产的出境之申请】

第六十五条　根据文部科学省政令之规定，试图将登录有形文化遗产运出境外者，必须在运出境外之日起、提前三十日向文化厅长官提出出境申请。

2. 文化厅长官如果认为必要，为保护登录有形文化遗产可对前款登录有形文化遗产之出境予以指导、提出意见或给予建议。

【登录有形文化遗产的管理或修缮的技术性指导】

第六十六条　根据文部科学省政令之规定，登录有形文化遗产的所有人、管理责任人或管理团体可以请求文化厅长官就登录有形文化遗产的管理或修缮给予技术性指导。

【登录有形文化遗产的公开展示】

第六十七条　登录有形文化遗产的公开展示由所有人实施；但若为管理团体的则由管理团体实施。

2. 前款之规定并不妨碍登录有形文化遗产所有人、管理团体之外的其他人在取得所有人（若为管理团体的则为该管理团体）同意的情况下，公开展示该登录有形文化遗产。

3. 管理团体公开展示其管理的登录有形文化遗产，准用本法第四十七条之二第三款之规定。

4. 为合理利用登录有形文化遗产，文化厅长官认为有必要可对所有人或者管理团体进行登录有形文化遗产的公开展示以及与公开展示相关的管理等，予以必要指导或提供建议。

【登录有形文化遗产保护利用计划的认定】

第六十七条之二　登录文化遗产的所有者（如为管理团体则为该管理团体）可根据文部科学省政令之规定，制定登录有形文化遗产保护利用计划（以下称为"登录有形文化遗产保护利用计划"），并申请文化厅长官予以认定。

2. 登录有形文化遗产保护利用计划应记载以下事项：

（一）该登录有形文化遗产的名称、所在地；

（二）为保护和利用该登录有形文化遗产而实施的具体措施之内容；

（三）计划的实施周期；

（四）文部科学省政令规定的其他事项。

3. 前款第二项中的具体措施之内容，应该记载以下事项：

（一）登录有形文化遗产的现状变更事项；

（二）在世界文化范围内具有历史、艺术以及学术价值的登录有形文化遗产（除建造物之外。下一款第五项同）的公开展出委托合同所载事项；

（三）以公开该登录有形文化遗产（除建造物之外。下一款第六项同）为目的的委托保管合同事项。

4. 符合以下条件的第一款登录有形文化遗产保护利用计划之认定申请，文化厅长官应予以认定。

（一）登录有形文化遗产保护利用计划的实施，有利于该登录有形文化遗产的保护与利用；

（二）登录有形文化遗产保护利用计划的实施被认为可以顺利且能够得到确实实施的；

（三）若存在第一百八十三条之二第一款规定的文化遗产保护利用大纲或者第一百八十三条之五第一款规定的文化遗产保护利用区域规划时，该保护利用计划应符合大纲或规划之要求。

（四）登录有形文化遗产保护利用计划中列举的前款第一项所载的变更现状之事项，应当适合登录有形文化遗产的现状变更，并符合文部科学省政令所规定之标准；

（五）登录有形文化遗产保护利用计划中列举的前款第二项所载的委托保管合同之事项，其内容应能够保障登录有形文化遗产之公开展示，并符合文部科学省政令所规定之标准。

5. 文化厅长官作出前款认定后，应立刻将认定结果通知申请人，不得延迟。

【被认定的登录有形文化遗产保护利用计划之变更】

第六十七条之三　获得前条第四款认定的登录有形文化遗产之所有者或管理团体，若要变更已获认定的登录有形文化遗产保护利用计划（以下称为"登录文化遗产保护利用计划"），必须获得文化厅长官的认定。

2. 前款之认定准用前条第四款、第五款之规定。

【现状变更的报告之特例】

第六十七条之四　本法第六十七条之二第三款第一项所记载的登录有形文化遗产保护利用计划，在获得同条第四款之认定（包含前条第一款的变更之认定。本节以及本法第一百五十三条第二款第七项中，相同）的情况下，实施被认定的影响登录有形文化遗产现状变更或保存之行为时，可忽略依据本法第六十四条第一款规定的必须提交报告之规定，只需在登录有形文化遗产的现状变更结束后，根据文部科学省政令之规定、立刻向文化厅长官报告即可。

【被认定的登录有形文化遗产保护利用计划之实施状况的报告】

第六十七条之五　文化厅长官可要求获得本法第六十七条之二第四款认定的登录有形文化遗产的所有者或管理团体，报告其已获认定的登录有形文化遗产保护利用计划（如有变更则为变更后的计划。在下一条第一款以及第六十七条之七中称为"被认定的登录有形文化遗产保护利用计划"）的实施情况。

【认定的撤销】

第六十七条之六　文化厅长官认为被认定的登录有形文化遗产保护利用计划不再符合本法第六十七条之二第四款规定的各项条件时，可撤销该认定。

2. 根据前款之规定撤销认定的，文化厅长官应立刻将认定撤销之决定通知被认定人，不得延迟。

【对所有者等的指导或建议】

第六十七条之七　根据登录有形文化遗产所有者或者管理团体之请求，都、道、府、县以及市、町、村教育委员会可就登录有形文化遗产保护利用计划的制订、所认定的保护利用计划能够得到确实、顺利实施等，向登录有形文化遗产所有者或者管理团体提供必要的指导或建议。

2. 根据登录有形文化遗产所有者或管理团体之请求，文化厅长官必须努力就登录有形文化遗产保护利用计划的制订，所认定的登录有形文化遗产保护利用计划能够得到确实、顺利实施等，向登录有形文化遗产所有者或者管理团体提供必要的指导或建议。

【登录有形文化遗产之现状等的报告】

第六十八条　文化厅长官认为必要时，可要求登录有形文化遗产所有人或管理团体报告其所有或管理的登录有形文化遗产的管理或修缮等现状。

【伴随所有人变更的登录证书之移交】

第六十九条　登录有形文化遗产的所有人发生变更后，旧所有人必须在向新所有人移交该登录有形文化遗产的同时移交该登录有形文化遗产的登录证书。

第三节　重要文化遗产及登录有形文化遗产之外的其他有形文化遗产

第七十条　重要文化遗产及登录有形文化遗产之外的其他有形文化遗产之所有人，可请求文化厅长官在该有形文化遗产的管理或修缮上给予技术性指导。

第四章　无形文化遗产

第一节　重要无形文化遗产

【重要无形文化遗产的指定等】

第七十一条　文部科学大臣可以指定无形文化遗产中的重要者为重要无形文化遗产。

2. 根据前款规定，文部科学大臣指定重要无形文化遗产时，必须同时认定该重要无形文化遗产的保持者或保持团体（若由无形文化遗产保持者构成之团体的则为其代表者，以下同）。

3. 依据第一款之指定及前款之认定，应在《官报》上公告并通知被认定的重要无形文化遗产的保持者或保持团体（若为保持团体的则为其代表者）。

4. 根据第一款之规定，文部科学大臣在指定了重要无形文化遗产后，若认为某人或某团体仍可作为根据第二款之认定的重要无形文化遗产的保持者或保持团体的，可视为追加认定其为保持者或保持团体。

【重要无形文化遗产之指定等的撤销】

第七十二条 当重要无形文化遗产丧失其作为重要无形文化遗产之价值或存在其他特别事由时，文部科学大臣可以撤销该重要无形文化遗产之指定。

2. 文部科学大臣认为保持者因身心障碍不再适合作为保持者、保持团体因成员变动而不宜再作为适当保持团体或存在其他特别事由时，可以撤销对保持者或保持团体之认定。

3. 第一款规定的指定撤销或第二款规定的认定撤销，应在《官报》上公告并应将撤销结果通知该重要无形文化遗产的保持者或保持团体的代表者。

4. 保持者死亡或保持团体解散（包括不复存在的情形，本条以下同）的，视为保持者或保持团体的认定被撤销；所有保持者死亡或所有保持团体解散的，则视为该重要无形文化遗产的指定被撤销。对于上述撤销，文部科学大臣应在《官报》上公告之。

【保持者姓名等的变更】

第七十三条 保持者的姓名、住所发生变更或者死亡，或者发生文部科学省政令规定事由的，保持者或其继承人应当依据文部科学省政令所规定的书面格式，在该事由发生之日起二十日内向文化厅长官提交书面报告。保持团体的名称、所在地或其代表者发生变更，或其构成人员发生变动，或者团体解散等，保持团体代表者（保持团体解散时，则为其代表者）也应按前述规定上报。

【重要无形文化遗产的保存】

第七十四条 文化厅长官认为重要无形文化遗产有保存之必要时，可亲自记录该重要无形文化遗产、培育或采取其他适当保护措施；国家对重要无形文化遗产保持者、保持团体或地方公共团体以及其他与该重要无形文化遗产保存有关的单位和适当个人（本节以下称为"保持者等"）实施保存措施时所需费用给予部分财政补贴。

2. 前款财政补贴之交付，准用本法第三十五条第二款、第三款之规定。

【重要无形文化遗产的公开展示】

第七十五条　文化厅长官可建议重要无形文化遗产保持者或保持团体公开展示其重要无形文化遗产，也可建议重要无形文化遗产记录的所有人公开其记录。

2. 重要无形文化遗产保持者或保持团体公开展示其重要无形文化遗产时，可准用本法第五十一条第七款之规定。

3. 重要无形文化遗产记录的所有人公开其记录的，国家对其公开记录所需经费给予部分财政补贴。

【重要无形文化遗产保存的意见和建议】

第七十六条　文化厅长官可就重要无形文化遗产之保存，向重要无形文化遗产保持者等给予必要意见与建议。

【重要无形文化遗产保护利用计划的认定】

第七十六条之二　重要无形文化遗产的保持者可根据文部科学省政令之规定，制订重要无形文化遗产保护利用计划（本节以及第一百五十三条第二款第八项以下称为"重要文化遗产保护利用计划"），并申请文化厅长官予以认定。

2. 前款重要无形文化遗产保护利用计划应记载以下事项：

（一）该重要无形文化遗产的名称、保持者或保持团体；

（二）为保护和利用该重要无形文化遗产而实施的具体措施之内容；

（三）计划的实施周期；

（四）文部科学省政令规定的其他事项。

3. 根据第一款之规定的重要无形文化遗产保护利用计划的认定之申请，符合以下条件的，文化厅长官应予以认定。

（一）重要无形文化遗产保护利用计划的实施，有利于该重要无形文化遗产的保护与利用；

（二）该重要无形文化遗产保护利用计划被认为能够得以确实、顺利地实施；

（三）若存在第一百八十三条之二第一款规定的文化遗产保护利用大纲或者第一百八十三条之五第一款规定的文化遗产保护利用区域规划时，该保护利用计划应符合大纲或规划之要求。

4. 文化厅长官作出前款之认定后，应立刻将认定结果通知申请人、不得延迟。

【被认定的重要无形文化遗产保护利用计划之变更】

第七十六条之三　获得前条第三款认定的重要无形文化遗产保持者，若要变更（除文部科学省政令规定轻微变更外）重要无形文化遗产保护利用计划，必须获得文化厅长官的认定。

2. 前款之认定，准用前条第三款、第四款之规定。

【被认定的重要无形文化遗产保护利用计划的实施状况之报告】

第七十六条之四　文化厅长官可要求获得本法第七十六条之二第三款之认定的重要无形文化遗产保持者，报告其已获认定（包括前条第一款变更之认定。在下一条以及第一百五十三条第二款第八项中，相同）的重要无形文化遗产保护利用计划（如有变更的则为变更后的计划。在下一条以及第七十六条之六中称为"被认定的重要无形文化遗产保护利用计划"）的实施情况。

【认定的撤销】

第七十六条之五　文化厅长官认为被认定的重要无形文化遗产保护利用计划不再符合本法第七十六条之二第三款所规定的各项条件时，可以撤销该认定。

2. 根据前款之规定的撤销之认定，文化厅长官应立刻将认定撤销之决定通知被认定人，不得延迟。

【对保持者等的指导或建议】

第七十六条之六　根据重要无形文化遗产保持者等的请求，都、道、府、县以及市、町、村教育委员会可就其重要无形文化遗产保护利用计划的制订、所认定的保护利用计划能够得到确实、顺利实施等，提供必要的指导和建议。

2. 根据重要无形文化遗产保持者的请求，文化厅长官必须努力就重要无形文化遗产保护利用计划的制订、所认定的保护利用计划能够得到确实、顺利实施等，提供必要的指导和建议。

第二节　登录无形文化遗产

【无形文化遗产之登录】

第七十六条之七　重要无形文化遗产以外的其他无形文化遗产（除本法第一百八十二条第二款规定的由地方公共团体指定的无形文化遗产外），有文化价值以及对其保护和利用之必要的，文部科学大臣可将其登录在"文化遗产名录"上。

2. 根据前款之登录，准用第五十七条第二款、第三款之规定。

3. 文部科学大臣根据第一款之规定登录无形文化遗产时，必须就所登录之无形文化遗产认定保持者或保持团体。

4. 根据前款之规定，进行登录和认定后，应迅速在《官报》上公告并就无形文化遗产登录一事，通知该无形文化遗产的保持者或保持团体（团体代表）。

5. 文部科学大臣根据第一款规定进行登录后，当认为所登录之无形文化遗产（以下称为"登录无形文化遗产"）的保持者或保持团体符合第三款认定之条件时，可追加认定。

【登录无形文化遗产的登录之注销】

第七十六条之八　当文部科学大臣根据第七十一条第一款之规定指定登录无形文化遗产为重要无形文化遗产时，可注销其登录。

2. 根据第一百八十二条第二款规定，当登录无形文化遗产由地方公共团体指定时，文部科学大臣应注销其登录，但为保护和利用该登录无形文化遗产而采取必要措施且保持者或保持团体同意的，文部科学大臣可以不予注销。

3. 文部科学大臣认为前款保护、利用登录无形文化遗产所采取的措施之必要性丧失或发生其他特殊事由时，文部科学大臣可注销其登录。

4. 当保持者因身心障碍不再适合成为保持者、保持团体因成员变动不再适合成为保持团体或出现其他特别事由时，文部科学大臣可解除保持者或保持团体之认定。

5. 根据第一款至第三款之规定的登录注销以及根据前款的认定解除，应迅速在《官报》上公告并将登录注销、认定解除之结果通知该登录无形文化遗产持有人或持有团体。

6. 保持者死亡或保持团体解散（含消灭。以下本款及次条同）后，保持者之认定或保持团体之认定应解除；当所有保持者死亡或所有保持团体解散的，该登录无形文化遗产之登录应被注销。对此结果，文部科学大臣必须在《官报》上公告之。

【保持者的变更等】

第七十六条之九　当保持者的姓名或住址变更、保持者死亡或发生文部科学省政令规定的其他事由时，保持者或其继承人必须在（知道保持者死亡之日起）二十个工作日内，向文化厅长官书面报告。当保持团体的名称、事务所所在地、团体代表人等发生变更，团体成员变动或者保持团体解散的，团体代表人（保持团体解散的，该团体代表人）必须在二十个工作日内，向文化厅长官书面报告。

【登录无形文化遗产的保护】

第七十六条之十　文化厅长官认为有必要保护登录无形文化遗产时，可采取必要措施亲自记录登录文化遗产、培育传承人或采取其他必要保存措施。国家认为可以就保持者、保持团体以及其他被认为采取了适当措施者（以下简称"保持者等"），应向其提供必要的经费补贴。

2. 根据前款之规定，交付辅助金时，应准用本法第三十五条第二款、第三款之规定。

【登录无形文化遗产的公开】

第七十六条之十一　对于登录无形文化遗产保持者或保持团体公开登录无形文化遗产、登录无形文化遗产的记录之所有人公开其记录，文化厅长官可予以必要指导或建议。

2. 登录无形文化遗产保持者或保持团体公开时，准用本法第五十一条第七款之规定。登录无形文化遗产的记录之所有人公开其记录时，准用本法第七十五条第三款之规定。

【对登录无形文化遗产保存之指导和建议】

第七十六条之十二　为保护登录无形文化遗产，文化厅长官可向登录无形文化遗产保持者等提供指导和建议。

【登录无形文化遗产保护利用计划的认定】

第七十六条之十三　根据文部科学省政令之规定，登录无形文化遗产的保持者等可制订登录无形文化遗产保护利用计划（在本节及第一百五十三条第二款第九项中称为"登录无形文化遗产保护利用计划"），并申请文化厅长官予以认定。

2. 登录无形文化遗产保护利用计划应记载以下事项：

（一）该登录无形文化遗产的名称、保持者或保持团体；

（二）为保护和利用该登录无形文化遗产而实施的具体措施之内容；

（三）保护利用计划的实施周期；

（四）文部科学省政令规定的其他事项。

3. 文化厅长官对符合以下条件的第一款之认定申请，可予以认定。

（一）登录无形文化遗产保护利用计划的实施有利于该登录无形文化遗产的保护与利用；

（二）登录无形文化遗产保护利用计划被认为可以顺利且能够得到确实实施；

（三）保护利用计划符合第一百八十三条之二第一款规定的文化遗产保护利用大纲或第一百八十三条之五第一款规定的文化遗产保护利用区域规划之要求的；

4. 文化厅长官作出前款之认定后，应立刻将认定结果通知申请人，不得延迟。

【被认定之登录无形文化遗产保护利用计划的变更】

第七十六条之十四 获得前条第三款认定的登录无形文化遗产之保持者，若要变更已获认定的登录无形文化遗产保护利用计划（除文部科学省政令规定的轻微变更情形之外），必须获得文化厅长官的认定。

2. 前款之认定准用前条第三款、第四款之规定。

【被认定之保护利用计划的实施报告】

第七十六条之十五 文化厅长官可要求获得本法第七十六条之十三第三款之认定的登录无形文化遗产的保持者等，报告其获得认定（包括前款第一款变更之认定。在下一条和第一百五十三条第二款第九项中同）保护利用计划（若计划有变更则为变更后的计划。在下一条第一款以及第七十六条之十七中称为"被认定的登录无形文化遗产保护利用计划"）的实施情况。

【认定的撤销】

第七十六条之十六 文化厅长官认为被认定的登录无形文化遗产保护利用计划不再符合本法第七十六条之十三第三款规定的各项条件时，可撤销该认定。

2. 文化厅长官根据前款之规定撤销认定后应立刻将认定撤销之决定

通知被认定人，不得延迟。

【对保持者等的指导或建议】

第七十六条之十六　根据登录无形文化遗产保持者等之请求，都、道、府、县以及市、町、村教育委员会可就登录无形文化遗产保护利用计划的制订、所认定的保护利用计划能够得到确实、顺利实施等，向其提供必要的指导或建议。

2. 根据登录无形文化遗产保持者等之请求，文化厅长官必须努力就登录无形文化遗产保护利用计划的制订、所认定的登录无形文化遗产保护利用计划能够得到确实、顺利实施等，向其提供必要的指导或建议。

第三节　重要、登录无形文化遗产以外的无形文化遗产

第七十七条　文化厅长官可选择重要和登录无形文化遗产以外的无形文化遗产中特别有必要的，亲自对其进行记录、保存或者公开展示；国家对适合保存的保存者记录、保存及公开展示无形文化遗产的，给予部分财政补贴。

2. 前款规定的部分经费之财政补助，准用本法第三十五条第二款、第三款之规定。

第五章　民俗文化遗产

【重要有形民俗文化遗产及重要无形民俗文化遗产的指定】

第七十八条　文部科学大臣可以指定有形民俗文化遗产中特别重要者为重要有形民俗文化遗产；可以指定无形民俗文化遗产中特别重要者为重要无形民俗文化遗产。

2. 前款重要有形民俗文化遗产的指定，准用本法第二十八条第一款至第四款之规定。

3. 根据第一款规定的重要无形民俗文化遗产之指定，应在《官报》上公告之。

【重要有形民俗文化遗产及重要无形民俗文化遗产的指定之撤销】

第七十九条　重要有形民俗文化遗产或重要无形民俗文化遗产在失去其作为重要有形民俗文化遗产或重要无形民俗文化遗产之价值或者存在其他特别事由时，文部科学大臣可以撤销对该重要有形民俗文化遗产或重要

无形民俗文化遗产的指定。

2. 前款规定的重要有形民俗文化遗产的指定之撤销，准用本法第二十九条第二款至第四款之规定。

3. 根据第一款规定的重要无形民俗文化遗产的指定之撤销，应在《官报》上公告之。

【重要有形民俗文化遗产的管理】

第八十条 重要有形民俗文化遗产的管理，准用本法第三十条至第三十四条之规定。

【重要有形民俗文化遗产的保护】

第八十一条 试图变更重要有形民俗文化遗产现状、实施对其保存环境造成影响之行为的，必须在上述行为实施之日的前二十日以内，根据文部科学省政令所规定的格式要求、向文化厅长官提出书面申请。但文部科学省政令另有规定的除外。

2. 文化厅长官认为必要时，可对前款中的重要有形民俗文化遗产现状之改变、实施对重要有形民俗文化遗产保存环境造成影响的行为之申请，给予必要指示。

第八十二条 试图将重要有形民俗文化遗产运出国境的，必须获得文化厅长官的许可。

第八十三条 有关重要有形民俗文化遗产的保护，准用本法第三十四条之二至第三十六条、第三十七条第二款至第四款、第四十二条、第四十六条以及第四十七条之规定。

【重要有形民俗文化遗产的公开展示】

第八十四条 重要有形民俗文化遗产的所有人或管理团体［本法第八十条中准用第三十二条之二条第一款接受指定的地方公共团体及其他法人，本章（除第九十条之二第一款外）以下及第一百八十七条第一款第二项］以外的其他人在其主办的展览会或以其他方式向公众公开展示该重要有形民俗文化遗产时，必须在其公开展示之日前三十日内，根据文部科学省政令所规定的格式向文化厅长官提出书面申请。但文化厅长官之外的其他国家机关或地方公共团体以及事先取得文化厅长官许可无须事前申请的博物馆及其他机构（以下称为"事先免除公开展示申请的机构"）主办展览会或以其他方式公开展示的，在其公开展示结束前二十日内向文化厅长官报告即可。

2. 前款主文中的申请，准用本法第五十一条第四款以及第五款之规定。

第八十五条 重要有形民俗文化遗产的公开展示，准用本法第四十七条之二至第五十二条之规定。

【重要有形民俗文化遗产保护利用计划的认定】

第八十五条之二 重要有形民俗文化遗产的所有者（若为管理团体的则为管理团体）可根据文部科学省政令之规定，制订重要有形民俗文化遗产的保护利用计划（以下称为"重要有形民俗文化遗产保护利用计划"），并申请文化厅长官予以认定。

2. 前款重要有形民俗文化遗产保护利用计划应记载以下事项：

（一）该项重要有形民俗文化遗产的名称及其所在场所；

（二）为保护和利用该项重要有形民俗文化遗产而实施的具体措施之内容；

（三）计划的实施周期；

（四）文部科学省政令规定的其他事项。

3. 前款第二项中的具体措施之内容，可记载影响该重要有形民俗文化遗产现状的变更或保存的相关行为事项。

4. 根据本条第一款规定的重要有形民俗文化遗产保护利用计划的认定之申请，符合以下条件的，文化厅长官应当予以认定。

（一）该重要有形民俗文化遗产保护利用计划的实施，有利于该重要有形民俗文化遗产的保护与利用；

（二）该重要有形民俗文化遗产保护利用计划被认为能够得以确实、顺利实施；

（三）若存在第一百八十三条之二第一款规定的文化遗产保护利用大纲或者第一百八十三条之五第一款规定的文化遗产保护利用区域规划时，该保护利用计划应符合该大纲或规划之要求。

（四）当该重要有形民俗文化遗产保护利用计划中列举前款所载事项时，其行为内容应适当并符合文部科学省政令所规定之标准。

5. 文化厅长官作出前款之认定后，必须立刻将认定结果通知申请人、不得延迟。

【现状变更等的报告之特例】

第八十五条之三 前条第三款所规定的、记载影响该重要有形民俗文化遗产现状的变更或保存的行为，在获得前条第四款认定（包括下一条中准用本法第五十三条之三的变更认定。在本法第一百五十三条第二款第十三项中相同）的情况下，根据认定实施影响重要有形民俗文化遗产的现状变更或保存之行为必须获得本法第八十一条第一款之报告时，可忽略本款之规定，只需在影响重要有形民俗文化遗产的现状变更或保存之行为结束后，立刻根据文部科学省政令之规定向文化厅长官书面报告即可。

【准用】

第八十五条之四 重要有形民俗文化遗产保护利用计划，准用本法第五十三条之三以及第五十三条之六至第五十三条之八之规定。准用时，第五十三条之三第一款中的"前条第四款"应替换为"第八十五条之二第四款"、同条第二款中的"前条第四款、第五款"应替换为"第八十五条之二第四款、第五款"、第五十三条之六中的"第五十三条之二第四款"应替换为"第八十五条之二第四款"、第五十三条之七中的"第五十三条之二第四款"替换为"第八十五条之二第四款"。

【重要有形民俗文化遗产调查、所有人变更后的权利义务继承】

第八十六条 为保存重要有形民俗文化遗产而实施的调查，准用本法第五十四条之规定；重要有形民俗文化遗产的所有人变更、管理团体的指定以及指定撤销，准用本法第五十六条之规定。

【重要无形民俗文化遗产的保存】

第八十七条 文化厅长官认为重要无形民俗文化遗产有保存之必要的，可亲自记录该重要无形民俗文化遗产或实施其他适当的保存之措施，国家对地方公共团体或其他被认为适当的保存者（第八十九条以及第八十九条之二第一款中称为"保存地方公共团体等"）保存重要无形民俗文化遗产所需费用给予部分财政补贴。

2. 前款财政补贴的交付，准用本法第三十五条第二款以及第三款之规定。

【重要无形民俗文化遗产之记录的公开】

第八十八条 文化厅长官可劝告重要无形民俗文化遗产记录的所有人公开其记录。

2. 重要无形民俗文化遗产记录的所有人公开其记录的，准用本法第七十五条第三款之规定。

【有关重要无形民俗文化遗产保存的意见、建议】

第八十九条 为保存重要无形民俗文化遗产，文化厅长官可对保存地方公共团体等提供必要意见或建议。

【重要无形民俗文化遗产保护利用计划之认定】

第八十九条之二 根据文部科学省政令之规定，保存地方公共团体等可制订重要无形民俗文化遗产的保护利用计划（在本章以及第一百五十三条第二款第十四项中称为"重要无形民俗文化遗产保护利用计划"），并申请文化厅长官予以认定。

2. 前款重要无形民俗文化遗产保护利用计划应记载以下事项：

（一）该项重要无形民俗文化遗产的名称；

（二）为保护和利用该项重要无形民俗文化遗产而实施的具体措施的内容；

（三）计划的实施周期；

（四）文部科学省政令规定的其他事项。

3. 符合以下条件的重要无形民俗文化遗产保护利用计划的认定之申请，文化厅长官应予以认定。

（一）该重要无形民俗文化遗产保护利用计划的实施，有利于该重要无形民俗文化遗产的保护与利用；

（二）该重要无形民俗文化遗产保护利用计划被认为能够得以确实、顺利实施；

（三）若存在第一百八十三条之二第一款规定的文化遗产保护利用大纲或者第一百八十三条之五第一款规定的文化遗产保护利用区域规划时，该保护利用计划应符合大纲或规划之要求。

4. 文化厅长官作出前款之认定后，应立刻将认定结果通知申请人、不得延迟。

【准用】

第八十九条之三 重要无形民俗文化遗产保护利用计划，准用本法第七十六条之三至第七十六条之六的规定。准用时，第七十六条之三第一款中的"前条第三款"应替换为"第八十六条之二第三款"，同条第二款中的"前条第三款、第四款"应替换为"第八十九条之二第三款、第四款"，第七十六条之四款中的"第七十六条之二第三款"应替换为"第八十九条之二第三款"、"下一条以及第一百五十三条第二款第八项"应替换为"下一条",第七十六条之五第一款中的"第七十六条之二第三款各项"应替换为"第八十九条之二第三款各项"。

【登录有形民俗文化遗产】

第九十条 文部科学大臣对重要有形民俗文化遗产以外的有形民俗文化遗产（本法第一百八十二条规定由地方公共团体指定的除外）中、具有文化价值并有保存与利用之必要的，可以在文化遗产名录上予以登录。

2. 前款之登录，准用本法第五十七条第二款、第三款之规定。

3. 根据前两款规定的登录有形民俗文化遗产（以下称为"登录有形民俗文化遗产"），准用本法第三章第二节（除第五十七条以及第六十七条之二至第六十七条之七外）之规定。在准用中，第六十四条第一款与第六十五条第一款中的"三十日内"应替换为"二十日内"；第六十四条第一款但书中的"实施修缮措施、非常灾害的必要应急措施或者为实施依据其他政令的现状改变之命令而采取措施的"应替换为"文部科学省政令所规定的情况"。

【登录有形民俗文化遗产保护利用计划的认定】

第九十条之二 根据文部科学省政令之规定，登录有形民俗文化遗产的所有者（或管理团体）可制订登录有形民俗文化遗产的保护利用计划（以下称为"登录有形民俗文化遗产保护利用计划"），并申请文化厅长官予以认定。

2. 前款登录有形民俗文化遗产保护利用计划应记载以下事项：

（一）该项登录有形民俗文化遗产的名称及其所在场所；

（二）为保护和利用该项登录有形民俗文化遗产而实施的具体措施之内容；

（三）计划的实施周期；

（四）文部科学省政令规定的其他事项。

3. 前款第二项中的具体措施之内容，可记载影响该登录有形民俗文化遗产的现状变更的相关事项。

4. 登录有形民俗文化遗产保护利用计划的认定之申请，符合以下条件的，文化厅长官应当予以认定。

（一）该登录有形民俗文化遗产保护利用计划的实施，有利于该登录有形民俗文化遗产的保护与利用；

（二）该登录有形民俗文化遗产保护利用计划被认为能够得以确实、

顺利实施；

（三）若存在第一百八十三条之二第一款规定的文化遗产保护利用大纲或者第一百八十三条之五第一款规定的文化遗产保护利用区域规划时，该保护利用计划应符合大纲或规划之要求；

（四）当该登录有形民俗文化遗产保护利用计划中列举有前款所载事项时，其行为内容应适当并符合文部科学省政令所规定的标准。

5. 文化厅长官作出前款之认定后，应立刻将认定结果通知申请人、不得延迟。

【现状变更的报告之特例】

第九十条之三　前条第三款所规定的、记载影响该登录有形民俗文化遗产现状的变更或保存的行为，在获得前条第四款认定（包含下一条中准用本法第六十七条之三第一款的变更认定。在本法第一百五十三条第二款第十五项中相同）的情况下，根据认定实施影响登录有形民俗文化遗产的现状变更或保存之行为必须获得本法第九十条第三款中准用第六十四条第一款规定之报告时，可忽略本款之规定，只需在影响登录有形民俗文化遗产的现状变更或保存之行为结束后，立刻根据文部科学省政令之规定向文化厅长官书面报告即可。

【准用】

第九十条之四　登录有形民俗文化遗产保护利用计划，准用本法第六十七条之三、第六十七条之五至第六十七条之七的规定。准用时，第六十七条之三第一款中的"前条第四款"应替换为"第九十条之二第四款"、同条第二款中的"前条第四款、第五款"应替换为"第九十条之二第四款、第五款"、第六十七条之五中的"第六十七条之二第四款"应替换为"第九十条之二第四款"、第六十七条之六第一款中的"第六十七条之二第四款各项"应替换为"第九十条之二第四款各项"。

【无形民俗文化遗产之登录】

第九十条之五　重要无形民俗文化遗产以外的其他无形民俗文化遗产（除本法第一百八十二条第二款规定的由地方公共团体指定的无形民俗文化遗产外），有文化遗产价值以及对其保护和利用之必要的，文部科学大臣可将其登录在"文化遗产名录"上。

2. 根据前款之登录，准用第五十七条第二款、第三款以及第七十八条第三款之规定。

【登录无形民俗文化遗产的登录之注销】

第九十条之六 当文部科学大臣根据前条第一款之规定指定登录无形民俗文化遗产（以下称为"登录无形民俗文化遗产"）为重要无形民俗文化遗产时，可注销其登录无形民俗文化遗产之登录。

2. 根据第一百八十二条第二款规定，当登录无形民俗文化遗产由地方公共团体指定时，文部科学大臣应注销其登录，但为保护和利用该登录无形民俗文化遗产而采取必要措施的，则不在此限。

3. 文部科学大臣认为前款保护、利用登录无形民俗文化遗产所采取的措施之必要性丧失或发生其他特殊事由时，可注销其登录。

4. 前三款之登录注销应在《官报》上公告之。

【登录无形民俗文化遗产的保护】

第九十条之七 文化厅长官认为有必要保护登录民俗无形文化遗产时，可采取必要措施亲自记录登录民俗无形文化遗产或采取其他必要保存措施。当认为地方公共团体或者其他组织（在第九十条之九以及第九十条之十第一款中称为"地方保护公共团体等"）更适合采取必要保护措施的，国家应向其保存提供必要经费补贴。

2. 根据前款之规定，对于经费补贴之交付准用本法第三十五条第二款、第三款之规定。

【登录无形民俗文化遗产之记录的公开】

第九十条之八 对于登录无形民俗文化遗产之记录的公开，文化厅长官应向登录无形民俗文化遗产之记录的所有者给予必要的指导或建议。

2. 登录无形民俗文化遗产之记录的所有人公开其记录，准用本法第七十五条第三款之规定。

【对登录无形民俗文化遗产保存之指导和建议】

第九十条之九 为保护登录无形民俗文化遗产，文化厅长官可向地方保护公共团体等提供必要指导和建议。

【登录无形民俗文化遗产保护利用计划的认定】

第九十条之十 根据文部科学省政令之规定，登录无形民俗文化遗产的地方保护公共团体等可制订登录无形民俗文化遗产保护利用计划（在本章及第一百五十三条第二款第十六项中称为"登录无形民俗文化遗产保护利用计划"），并申请文化厅长官予以认定。

2. 登录无形民俗文化遗产保护利用计划应记载以下事项：

（一）该登录无形民俗文化遗产的名称；

（二）为保护和利用该登录无形民俗文化遗产而实施的具体措施之内容；

（三）保护利用计划的实施周期；

（四）文部科学省政令规定的其他事项。

3. 文化厅长官对符合以下条件的本条第一款之认定申请，可予以认定。

（一）登录无形民俗文化遗产保护利用计划的实施有利于该登录无形民俗文化遗产的保护与利用；

（二）登录无形民俗文化遗产保护利用计划被认为可以顺利且能够得到确实实施的；

（三）保护利用计划符合第一百八十三条之二第一款规定的文化遗产保护利用大纲或第一百八十三条之五第一款规定的文化遗产保护利用区域规划之要求的；

4. 文化厅长官作出前款之认定后，应立刻将认定结果通知申请人，不得延迟。

【准用】

第九十条之十一 登录无形民俗文化遗产保护利用计划，准用本法第七十六条之十四至第七十六条之十七之规定。准用时，第七十六条之十四第一款中的"前条第三款"替换为"第九十条之十第三款"、同条第二款中的"前条第三款、第四款"替换为"第九十条之十第三款、第四款"、第七十六条之十五中的"第七十六条之十三第三款"替换为"第九十条之十第三款"、"次条及第一百五十三条第二款第九项"替换为"次条"、第七十六条之十六第一款中的"第七十六条之十三第三款各项"替换为"第九十条之十第三款各项"。

【重要、登录无形民俗文化遗产之外的无形民俗文化遗产之记录的制作】

第九十一条 重要无形民俗文化遗产以及登录无形民俗文化遗产以外的无形民俗文化遗产等，准用本法第七十七条之规定。

第六章 埋藏文化遗产

【为调查的发掘申请、指示及命令】

第九十二条 调查或发掘埋藏地下的文化遗产（以下称为"埋藏文

化遗产"）的调查者或发掘者，必须根据文部科学省政令之规定，在决定发掘之日的前三十日内向文化厅长官提出书面申请；但文部科学省政令另有规定的，则不在此限。

2. 文化厅长官认为在埋藏文化遗产的保护上有特别必要时，可就与前款申请相关的必要发掘事项及申请报告等作出指示，或者命令禁止、停止或中止发掘。

【因土木工程等埋藏文化遗产的发掘之申请及指示】

第九十三条　因土木工程以及其他调查埋藏文化遗产以外目的、要发掘贝冢、古墓等周知的文化遗产埋藏地（以下称为"周知的文化遗产埋藏地"）的，准用前条第一款之规定；准用时，该款中的"三十日内"应替换为"六十日内"。

2. 文化厅长官认为对埋藏文化遗产有特别保护之必要时，可就前款的准用前条第一款的相关发掘之申请、在该发掘实施前为记录埋藏文化遗产而进行的发掘之调查以及其他相关事项等，给予必要指示。

【国家机关等发掘之特例】

第九十四条　国家机关、地方公共团体或者国家或地方公共团体根据政令规定设立的法人等（本条以下及第九十七条中称为"国家机关等"），根据前条第一款之规定，在周知的文化遗产埋藏地发掘埋藏文化遗产时，不适用该条之规定；国家机关等决定前述发掘时，必须事先向文化厅长官报告其发掘实施计划。

2. 文化厅长官在收到前款报告后，如果认为有特别保护之必要，可通知国家机关等就其制订发掘实施计划等进行磋商。

3. 国家机关等在接到前款磋商之要求后，必须就其发掘实施计划等与文化厅长官进行磋商。

4. 除第二款规定的情形外，文化厅长官在收到第一款报告后，可对其发掘实施计划中的埋藏文化遗产之保护，给予必要建议。

5. 当前各款中的国家机关等为各省、厅长官（《国有财产法》[①] 第四条第二款规定的各省、厅长官，以下同）时，各款中的报告、磋商或建议等应通过文部科学大臣实施。

【文化遗产埋藏地的周知】

第九十五条　为了全社会能够了解文化遗产埋藏地，国家及地方公共

[①] 1948年（昭和23年）法律第73号。

团体必须努力收集整理相关资料并采取必要宣传措施。

2. 地方公共团体实施前款各项措施，国家可给予指导、建议及其他必要援助。

【有关遗址发现的报告、停止命令等】

第九十六条　除本法第九十二条第一款调查中发现的情形之外，土地所有人或占用人因遗物出土等发现贝冢、古墓、旧居或其他遗址时，不改变遗址现状、不得延迟，必须根据文部科学省政令所规定的格式书面向文化厅长官报告。但如果是为防止灾害发生而采取应急措施的，可以在一定限度内对遗址现状进行必要变更。

2. 文化厅长官接到前款报告后，如认为所报告的遗址重要、为保护有实施调查之必要的，可禁止该土地的所有人或占用人在一定期限内在划定的区域内，实施任何改变现状之行为，但所限定的期限不得超过三个月。

3. 文化厅长官在作出前款禁止命令前，必须事先听取相关地方公共团体的意见。

4. 第二款之禁止命令必须在第一款的报告之日起一个月内作出。

5. 若第二款中的调查未能在规定期限内完成且有继续调查之必要的，文化厅长官可命令延长调查期限，但只能延长一次且整个调查期限累计不得超过六个月。

6. 第二款及前款的期间计算，包含从第一款报告之日起到第二款命令发布之日的期间。

7. 文化厅长官未收到第一款之报告的，也可采取第二款及第五款所规定的措施。

8. 除第二款措施外，文化厅长官收到第一款报告时，可就遗址之保护作出必要指示。除前款规定的采取第二款措施外，即便是未收到第一款规定之报告，文化厅长官也可就遗址之保护作出必要指示。

9. 对于因第二款之命令所遭受的一般性损失，国家应该给予补偿。

10. 前款之国家补偿，准用本法第四十一条第二款至第四款之规定。

【国家机关等发现遗址的特别规定】

第九十七条　国家机关等发现前条第一款之遗址的，可不适用该条之规定；除第九十二条第一款或第九十九第一款规定的因调查发现的遗址外，不得改变其现状，并立刻报告文化厅长官，不得迟延。但为防止灾害发生而采取应急措施的，则可以在一定限度内对遗址现状进行必要变更。

2. 文化厅长官在收到前款之报告后，认为所发现的遗址特别重要且为保护有调查之必要的，可要求国家机关等就该遗址的调查、保存等事项与文化厅进行磋商。

3. 收到前款磋商要求的国家机关等必须与文化厅长官进行磋商。

4. 文化厅长官在接到第一款之报告后，除前两款规定的情形外，可就该遗址之保护提供必要建议。

5. 前各款规定的情形，准用本法第九十四条第五款之规定。

【文化厅长官实施的发掘】

第九十八条 文化厅长官认为埋藏文化遗产具有特别高的历史和学术价值、对其调查在技术上存在难度且有必要由国家实施调查的，可对其实施土地发掘调查。

2. 实施前款土地发掘时，文化厅长官必须事先就实施发掘之目的、发掘方法以及发掘开始日期等书面通知文化遗产埋藏地的所有人或者合法占有人。

3. 第一款调查之实施，准用第三十九条（包括该条第三款中准用第三十二条之二第五款之规定）及第四十一条之规定。

【由地方公共团体实施的发掘】

第九十九条 除文化厅长官根据前条第一款规定实施的发掘外，地方公共团体认为有调查埋藏文化遗产之必要的，可对可能埋藏文化遗产的土地进行发掘调查。

2. 地方公共团体可以要求相关单位或机构就本条第一款之发掘等，提供协助。

3. 由地方公共团体实施之发掘，文化厅长官可提供必要的指导与建议。

4. 由地方公共团体实施之发掘，国家可以给予部分财政补贴。

【返还或通知等】

第一百条 对于根据第九十八条第一款规定发掘的埋藏文化遗产，在判明所有人时，文化厅长官应将其返还给该所有人；在无法判明所有人的情况下，可不受《遗失物法》①第四条第一款之规定的约束，直接通知警

---

① 2006 年（平成 18 年）法律第 73 号。

察署长即可。

2. 如果根据前条第一款之规定，都、道、府、县或《地方自治法》①第二百五十二条之十九第一款的指定都市（以下称为"指定都市"）或第二百五十二条之二十二第一款所规定的中心城市（以下称为"指定城市等"）的教育委员会通过发掘发现埋藏文化遗产时，准用前款之规定。

3. 警察署长在收到第一款（包括前款准用）通知时，必须根据《遗失物法》第七条第一款之规定，立刻公告之。

【提交】

第一百零一条 根据《遗失物法》第四条第一款之规定，如果所提交的埋藏物属于文化遗产，警察署长必须立刻将埋藏物提交给被发现所在地都、道、府、县的教育委员会（若为指定都市等则是该指定都市等的教育委员会，以下同），但若能判明所有人的，则不受此限。

【鉴定】

第一百零二条 都、道、府、县教育委员会必须对前条中所提交的埋藏物是否属于文化遗产进行鉴定。

2. 经过鉴定，都、道、府、县教育委员会认为该埋藏物为文化遗产的，必须将这一结果通知警察署长。如果都、道、府、县教育委员会认为该埋藏物不属于文化遗产，则必须将其返还给警察署长。

【移交】

第一百零三条 当第一百条第一款、第二款以及前条第二款所规定的文化遗产所有人请求警察署长返还其文化遗产时，文化厅长官、都、道、府、县教育委员会或指定都市教育委员会等必须将该文化遗产移交给警察署长。

【国家归属与褒赏金】

第一百零四条 在无法判明第一百条第一款、第一百零二条第二款所规定的文化遗产（仅限于国家机关或独立行政法人国立文化遗产机构因调查而发现的埋藏文化遗产）所有人的情况下，其所有权归国家所有；但文化厅长官应将埋藏文化遗产的发现情况通告土地所有人，并向其支付埋藏文化遗产价格二分之一的金钱作为褒赏金。

---

① 1947年（昭和22年）法律第67号。

2. 前款褒赏金的金额确定及其支付等，准用本法第四十一条第二款至第四款之规定。

【所有权的都、道、府、县归属与褒赏金】

第一百零五条 在无法判明第一百条第二款、第一百零二条第二款规定的文化遗产（除前条第一款规定的文化遗产外）所有人的情况下，其所有权归发现地都、道、府、县所有；但都、道、府、县教育委员会应将该文化遗产的发现通告发现人或发现地的土地所有人，并向其支付与其价格相当的金钱作为褒赏金。

2. 前款规定的发现人与土地所有人不是同一人时，所支付的褒赏金一人一半。

3. 第一款中的褒赏金金额，由都、道、府、县教育委员会决定之。

4. 关于前款褒赏金的金额，准用第四十一条第三款之规定。

5. 因准用第四十一条第三款之规定而提起的诉讼，都、道、府、县为被告。

【让与等】

第一百零六条 除有必要由国家有效保护的、第一百零四条第一款所规定的、归属于国家所有的文化遗产外，政府可以在相当于发现该文化遗产所支付褒赏金的价格范围内，将该文化遗产让与文化遗产发现地的土地所有人。

2. 前款中的让与价格为扣除第一百零四条规定的褒赏金金额后的余额。

3. 除有必要由国家有效保护的、第一百零四条第一款所规定的、归属于国家所有的文化遗产外，独立行政法人国立文化遗产机构或发现地的地方公共团体，可以通过申请以低于市场价格获得该文化遗产的政府让与。

第一百零七条 除有必要由都、道、府、县有效保护的，第一百零五条第一款所规定的，归属于都、道、府、县所有的文化遗产外，都、道、府、县教育委员会可以在相当于发现该文化遗产所支付褒赏金的价格内，将该文化遗产让与文化遗产发现地的土地所有人。

2. 前款中的让与价格为扣除第一百零五条规定的褒赏金金额后的余额。

【遗失物法的适用】

第一百零八条 除本法有特别规定外，埋藏文化遗产适用《遗失物法》之规定。

第七章　史迹名胜天然纪念物

【指定】

第一百零九条　文部科学大臣可以指定纪念物中的重要者为史迹、名胜地及天然纪念物（以下称为"史迹名胜天然纪念物"）。

2. 文部科学大臣可以在被指定的史迹名胜天然纪念物中指定特别重要者为特别史迹、特别名胜及特别天然纪念物（以下称为"特别史迹名胜天然纪念物"）。

3. 前两款之指定应在《官报》上公告之，并将指定之结果通知史迹名胜天然纪念物和特别史迹名胜天然纪念物的所有人或合法占有人。

4. 因前款通知人数众多而不宜个别通知的，文部科学大臣可将该通知内容在该特别史迹名胜天然纪念物或史迹名胜天然纪念物所在地的市、町、村办公场所的公告栏中公告，公告两周后则视为通知送达。

5. 第一款、第二款之指定自第三款所规定的公告之日起生效。但对该特别史迹名胜天然纪念物及史迹名胜天然纪念物所有人或合法占有人，则自第三款所规定的通知送达之日起生效。

6. 在名胜或天然纪念物指定前，如果所指定的名胜或天然纪念物具有很高环境保护价值的，文部科学大臣必须与环境大臣进行磋商。

【临时指定】

第一百一十条　在前条第一款的指定之前，都、道、府、县教育委员会（如果所指定的纪念物在指定都市区域内的，则为该指定都市教育委员会。除第一百三十三条外，以下本章同）认为存在紧急事由的，可以对史迹名胜天然纪念物进行临时指定。

2. 都、道、府、县教育委员会在进行前款临时指定后，必须直接向文部科学大臣报告。

3. 根据第一款的临时指定，准用前条第三款至第五款之规定。

【所有权等的尊重与其他公共利益的协调】

第一百一十一条　文部科学大臣或都、道、府、县教育委员会在根据第一百零九条第一款、第二款或前条第一款的规定进行指定或临时指定时，不仅要特别注意尊重关系人的所有权、矿业权及其他财产权，同时也必须特别注意其与国土开发及其他公共事业相关部门之间关系的协调。

2. 当文部科学大臣或文化厅长官认为有必要保护和整备与名胜或天然纪念物相关的自然之环境的，可以向环境大臣陈述自己的意见。文化厅长官在陈述上述意见时，应通过文部科学大臣为之。

3. 从自然环境保护出发，对有较高价值的名胜或天然纪念物，环境大臣认为有保护和利用之必要时，可向文部科学大臣或通过文部科学大臣向文化厅长官陈述意见。

【指定或临时指定的撤销】

第一百一十二条 当特别史迹名胜天然纪念物或史迹名胜天然纪念物失去其价值或出现其他特别事由时，文部科学大臣或都、道、府、县教育委员会可以撤销其指定或临时指定。

2. 当第一百一十条第一款规定的临时指定被第一百零九条第一款规定的指定取代或者临时指定自被指定后两年内未被正式指定的，该临时指定的效力丧失。

3. 当文部科学大臣认为第一百一十条第一款的临时指定不当时，可以撤销该临时指定。

4. 第一款或前款的指定及临时指定之撤销，准用第一百零九条第三款至第五款之规定。

【由管理团体实施的管理或修复】

第一百一十三条 在史迹名胜天然纪念物的所有人或根据第一百一十九条第二款规定选任的管理人之管理陷入困难或者管理明显不当甚至无法判明所有人等情况下，为保存该史迹名胜天然纪念物，文化厅长官可以指定适当的地方公共团体或其他法人对其进行必要的管理或修复（包括为保存该史迹名胜天然纪念物的必要设施、设备以及其他物件中属于该史迹名胜天然纪念物所有人所有或管理的设施、设备以及其他物件的管理与修复）。

2. 对于前款中的指定，文化厅长官必须事先征得被指定地方公共团体或其他法人的同意。

3. 第一款之指定，除应在《官报》上公告外，还应通知该史迹名胜天然纪念物所有人、合法占有人以及被指定的地方公共团体或其他法人。

4. 第一款之指定，准用第一百零九条第四款、第五款之规定。

第一百一十四条 当前条第一款规定的事由已经消灭或出现其他新事

由时，文化厅长官可以撤销对管理团体的指定。

2. 前款规定的指定撤销，准用前条第三款、第一百零九条第四款、第五款之规定。

第一百一十五条 根据第一百一十三条第一款规定，接受管理团体指定的地方公共团体或其他法人（除第一百三十三条之二第一款外，本章以及第一百八十七条第一款第三项中称为"管理团体"）必须依据文部科学省政令所规定的标准，设置管理所需的必要标识、说明板、界标、围栏以及其他设施。

2. 被指定为史迹名胜天然纪念物的地域内土地所在、地名及面积等发生变化时，管理团体必须根据文部科学省政令之规定，向文化厅长官报告。

3. 管理团体在修复史迹名胜天然纪念物时，必须事前就修复方法、修复日期等事项听取该史迹名胜天然纪念物所有人（除所有人不明外）或合法占有人的意见。

4. 史迹名胜天然纪念物的所有人或占有人无正当理由，不得拒绝、妨碍或回避管理团体实施的管理或修复以及与之相关的其他必要之措施。

第一百一十六条 除本法有特别规定外，管理团体实施管理或修复所需费用由管理团体承担。

2. 前款之规定并不妨碍所有人与管理团体通过协商，由所有人在管理团体实施管理或修复措施而受益的范围内承担部分管理或修复之费用。

3. 管理团体可以对参观其所管理的史迹名胜天然纪念物之民众，征收参观费。

第一百一十七条 对于因管理团体实施管理或修复措施而遭受经济损失的关系人，管理团体必须给予适当补偿。

2. 前款的补偿之额度由管理团体（管理团体为地方公共团体时则为该地方公共团体的教育委员会）决定之。

3. 根据前款之规定的补偿额度，准用第四十一条第三款之规定。

4. 因前款准用第四十一条第三款之规定而提起的诉讼，管理团体为被告。

第一百一十八条 管理团体实施的管理，准用第三十条、第三十一条第一款及第三十三条之规定；管理团体实施的管理与修复，准用第三十五条、第四十七条之规定；管理团体的指定或者指定的撤销，准用第五十六条第三款之规定。

【由所有人实施的管理或修复】

第一百一十九条 除管理团体外，史迹名胜天然纪念物的所有人也可以对史迹名胜天然纪念物进行管理或修复。

2. 为了该史迹名胜天然纪念物的必要且适当之管理，前款规定的管理史迹名胜天然纪念物的所有人可以选任本法第一百九十二条第一款规定的文化遗产保护支援团体以及其他合适人选代替自己承担对该史迹名胜天然纪念物的管理责任（在本章及第一百八十七条第一款第三项中称为"管理责任人"）。管理责任人的选任，准用第三十一条第三款之规定。

第一百二十条 所有人实施的管理，准用第三十条、第三十一条第一款、第三十二条、第三十三条、第一百一十五条第一款及第二款（除该条第二款有管理责任人外）之规定；所有人实施的管理与修复，准用第三十五条及第四十七条之规定；伴随所有人变更而产生的权利义务之继承，准用第五十六条第一款之规定；由所有人选任的管理责任人实施的管理，准用第三十条、第三十一条第一款、第三十二条第三款、第三十三条、第四十七条第四款及第一百一十五条第二款之规定。

【有关管理的命令或建议】

第一百二十一条 因管理不当使史迹名胜天然纪念物有灭失、损毁、消亡或被盗之虞的，文化厅长官可命令或建议管理团体、所有人或管理责任人改善其管理方法、设置保护设施或采取其他适当管理之措施等。

2. 前款命令或建议，准用第三十六条第二款及第三款之规定。

【有关修复的命令或建议】

第一百二十二条 当特别史迹名胜天然纪念物存在损毁或消亡之现象时，文化厅长官认为有保护必要的，可命令或建议该特别史迹名胜天然纪念物的管理团体或所有人对其进行修复。

2. 当特别史迹名胜天然纪念物以外的史迹名胜天然纪念物存在损毁或消亡现象时，文化厅长官认为有保护之必要的，可建议该管理团体或所有人实施必要修复措施。

3. 前二款的管理或修复，准用第三十七条第三款及第四款之规定。

【由文化厅长官实施的修复等】

第一百二十三条 发生下列情形之一的，文化厅长官可亲自对特别史迹名胜天然纪念物进行修复，实施防止其灭失、损毁、消亡及被盗之措施。

（一）管理团体、所有人或管理责任者不服从前两条之命令的。

（二）特别史迹名胜天然纪念物正在发生损毁、消亡或者有灭失、损毁、消亡或被盗之虞，管理团体、所有人或管理责任人采取的修复或防止灭失、损毁、消亡及被盗等措施不当的。

2. 前款中的相关措施，准用第三十八条第二款、第三十九条至第四十一条之规定。

【史迹名胜天然纪念物让渡时补助金的返还】

第一百二十四条　根据第一百一十八条及第一百二十条中准用第三十五条第一款之规定，国家对采取修复或防止史迹名胜天然纪念物灭失、损毁、消亡或失盗之措施的管理团体给予资金补助；根据第一百二十一条第二款中准用第三十六条第二款、根据第一百二十二条第三款中准用第三十七条第三款或根据前条第二款中准用第四十条第一款之规定，国家承担了与史迹名胜天然纪念物相关费用的，准用第四十二条之规定。

【限制改变现状以及恢复原状等命令】

第一百二十五条　改变史迹名胜天然纪念物的现状或为保护史迹名胜天然纪念物实施对其有影响之行为时，必须获得文化厅长官的许可。但若现状的改变是为维护史迹名胜天然纪念物或为预防非常灾害而实施的对其保存影响轻微之措施的，则不在此限。

2. 前款但书中的维护措施之范围，由文部科学省政令规定之。

3. 第一款中的许可，准用第四十三条第三款之规定；接受第一款之许可者，准用第四十三条第四款之规定。

4. 根据第一款规定，在处理相关利益关系时，准用第一百一十一条第一款之规定。

5. 对于未获第一款之许可或因第三款中准用第四十三条第三款规定实施许可之条件而遭受经济损失的，国家应予适当经济补偿。

6. 有关前款的经济补偿，准用第四十一条第二款至第四款之规定。

7. 对于未获第一款之许可或者不服从第三款中准用第四十三条第三款所规定的许可之条件的，文化厅长官可命令其恢复原状，并可就该恢复给予必要指示。

【相关行政机构的通知】

第一百二十六条　根据前条第一款规定，对于实施必须获得许可之行为，在其他政令所规定的许可或必须接受其他政令之处分的情况下，拥有相关职权的行政机关或其受托人，应该依据政令之规定，将其相关之决定通告文化厅长官（由第一百八十四条第一款规定，当前条第一款中的许可由都、道、府、县教育委员会或市教育委员会做出时，则为该都、道、府、县教育委员会或市教育委员会）。

【修复之申请等】

第一百二十七条　根据文部科学省政令之规定，管理团体或所有人修复史迹名胜天然纪念物时，必须在修复开始前三十日向文化厅长官提出修复申请。但根据第一百二十五条第一款规定必须获得许可或文部科学省政令规定的其他情形的，则不在此限。

2. 文化厅长官认为史迹名胜天然纪念物有保护之必要时，可以对前款申请的史迹名胜天然纪念物之修复，给予技术性指导或修复意见。

【环境保全】

第一百二十八条　为保护史迹名胜天然纪念物，文化厅长官可以命令划定一定范围，并在该范围内限制或禁止一定行为，或者设置其他必要保护性设施。

2. 因前款行政命令遭受经济损失的，国家给予适当经济补偿。

3. 违反第一款限制或禁止之规定的，准用第一百二十五条第七款之规定；前款经济补偿，准用第四十一条第二款至第四款之规定。

【由管理团体收购的财政补贴】

第一百二十九条　作为管理团体的地方公共团体或其他法人认为为保护所管理的史迹名胜天然纪念物而有必要收购与该史迹名胜天然纪念物相关的土地、建造物或其他地上定着物的，国家可以对其收购所需费用给予部分财政补贴。

2. 关于前款财政补贴，准用第三十五条第二款、第三款以及第四十二条之规定。

【史迹名胜天然纪念物保护利用计划的认定】

第一百二十九条之二　史迹名胜天然纪念物的管理团体或所有者，可以根据文部科学省政令之规定，制订史迹名胜天然纪念物保护利用计划（以下称为"史迹名胜天然纪念物保护利用计划"），并申请文化厅长官予以认定。

2. 史迹名胜天然纪念物保护利用计划应记载以下事项：

（一）该史迹名胜天然纪念物的名称以及所在地；

（二）为保护和利用该史迹名胜天然纪念物而实施的具体措施之内容；

（三）计划的实施周期；

（四）文部科学省政令规定的其他事项。

3. 前款第二项中的具体措施之内容，可记载影响该史迹名胜天然纪念物现状的变更或保存的相关行为事项；

4. 根据本条第一款规定的史迹名胜天然纪念物保护利用计划的认定之申请，符合以下条件的，文化厅长官应予认定。

（一）史迹名胜天然纪念物保护利用计划的实施，有利于该史迹名胜天然纪念物的保护与利用；

（二）史迹名胜天然纪念物保护利用计划被认为是能够得到确实、顺利实施的；

（三）若存在第一百八十三条之二第一款规定的文化遗产保护利用大纲或者第一百八十三条之五第一款规定的文化遗产保护利用区域规划时，该保护利用计划符合大纲或规划之要求；

（四）史迹名胜天然纪念物保护利用计划中列举的前款所载的现状变更之事项，应当适合史迹名胜天然纪念物的现状变更，并符合文部科学省政令所规定之标准；

5. 文化厅长官作出前款之认定后，应立刻将认定结果通知申请人，不得延迟。

【被认定的史迹名胜天然纪念物保护利用计划之变更】

第一百二十九条之三 获得前条第四款之认定的史迹名胜天然纪念物的管理团体或所有者，若要变更已获认定的史迹名胜天然纪念物保护利用计划（除文部省政令规定的轻微变更外），必须获得文化厅长官的认定。

2. 前款之认定，准用前条第四款、第五款之规定。

【现状变更报告之特例】

第一百二十九条之四 本法第一百二十九条之二第三款所载事项，在获得该条第四款之认定（含前条第一款的变更之认定。本章以及本法第一百五十三条第二款第二十五项中相同）的情况下，实施所许可的影响史迹名胜天然纪念物现状变更或保存之行为时，可忽略依据本法第一百二十五条第一款所规定的必须提交报告之规定，只需在史迹名胜天然纪念物的现状变更结束后，根据文部科学省政令之规定立刻向文化厅长官书面报告即可。

【被认定的史迹名胜天然纪念物保护利用计划之实施状况的报告】

第一百二十九条之五　文化厅长官可以要求获得本法第一百二十九条之二第四款认定的史迹名胜天然纪念物的管理团体或所有者，报告其已获认定的史迹名胜天然纪念物保护利用计划（如有变更则为变更后的计划。在下一条第一款以及第一百二十九条之七中称为"被认定的史迹名胜天然纪念物保护利用计划"）的实施情况。

【认定的撤销】

第一百二十九条之六　文化厅长官认为被认定的史迹名胜天然纪念物保护利用计划不再符合本法第一百二十九条之二第四款所规定的各项条件时，可以撤销该认定。

2. 根据前款之规定撤销认定的，文化厅长官应立刻将认定撤销之决定通知被认定人，不得延迟。

【对管理团体等的指导或建议】

第一百二十九条之七　根据史迹名胜天然纪念物的管理团体或所有人的请求，都、道、府、县以及市、町、村教育委员会可以就史迹名胜天然纪念物保护利用计划的制订、所认定的保护利用计划能够得到确实、顺利实施等，提供必要的指导与建议。

2. 根据史迹名胜天然纪念物管理团体或所有者的请求，文化厅长官必须努力就史迹名胜天然纪念物保护利用计划的制订，所认定的史迹名胜天然纪念物保护利用计划能够得到确实、顺利实施等，提供必要的指导和建议。

【为保护而实施的调查】

第一百三十条　文化厅长官认为必要时，可以要求管理团体、所有人或管理责任人，报告史迹名胜天然纪念物的现状、史迹名胜天然纪念物的管理、修复或者环境保全的状况等。

第一百三十一条　存在下列情形之一，且文化厅长官根据前条报告不能确认史迹名胜天然纪念物的现状也无其他确认方法的，可指派调查员进入该史迹名胜天然纪念物所在地或其邻接地，对其现状、管理、修复或者环境保全等进行实地调查，并可以就相关土地的开发、障碍物的清除或为实现调查而采取必要之措施，但所采取的措施不得明显危害相关土地所有人、占有人及其他关系人的利益。

（一）申请改变史迹名胜天然纪念物之现状或实施影响其保护环境之行为的；

（二）史迹名胜天然纪念物有损毁或消亡迹象的；

（三）史迹名胜天然纪念物有灭失、损毁、消亡或被盗之虞的；

（四）因特别事由，有必要重新调查特别史迹名胜天然纪念物或史迹名胜天然纪念物之价值的。

2. 因前款调查或实施的措施遭受经济损失的，国家给予适当经济补偿。

3. 第一款之调查，准用第五十五条第二款之规定；前款之补偿，准用第四十一条第二款至第四款之规定。

【登录纪念物】

第一百三十二条　文部科学大臣对史迹名胜天然纪念物（包含都、道、府、县教育委员会根据第一百一十条之规定临时指定的）以外的纪念物（除地方公共团体根据第一百八十二条第二款规定指定的纪念物外）中具有文化遗产价值并有必要加以保存与利用的，可以登录在文化遗产名录上。

2. 前款登录，准用第五十七条第二款及第三款、第一百零九条第三款至第五款、第一百一十一条第一款之规定。

第一百三十三条　根据前条规定登录的纪念物（以下称为"登录纪念物"），准用第五十九条第一款至第五款、第六十四条、第六十八条、第一百一十一条第二款和第三款以及第一百一十三条至第一百二十条之规定。准用时，第五十九条第一款中的"根据第二十七条第一款被指定为重要文化遗产"应替换为"根据第一百零九条第一款指定的史迹名胜天然纪念物（包括根据第一百一十条第一款规定由都、道、府、县教育委员会临时指定的史迹名胜天然纪念物）"、该条第四款中的"通知所有人"应替换为"通知所有人及合法占有人，但若被通知方人数明显过多不宜逐一通知的，文部科学大臣可以在该登录纪念物所在地的市、町、村办公地公告栏公告，公告两周后视为通知送达"；该条第五款中的"关于撤销，准用前条第二款之规定"应替换为"根据前款之规定，撤销自在《官报》上公告之日起生效。但根据前款之规定，自通知送达或视为送达该登录纪念物所有人或合法占有人起生效"；第一百一十三条第一款中的

"被认为明显不当时"应替换为"因明显不当相关地方团体提出申请时，应该听取相关地方公共团体的意见"；第一百一十八条及第一百二十条中的"第三十条、第三十一条第一款"应替换为"第三十一条第一款"、"准用"应替换为"准用，在这种情况下，第三十一条第一款中'服从文部科学省政令及文化厅长官指示'应替换为'服从文部科学省政令'"；第一百一十八条中的"准用第三十五条、第四十七条之规定；关于管理团体的指定或者指定的撤销，准用第五十六条第三款之规定"应替换为"第四十七条第四款"；第一百二十条中的"准用第三十五条、第四十七条之规定；所有人变更后权利义务继承，准用第五十六条第一款之规定"应替换为"第四十七条第四款"。

【登录纪念物保护利用计划的认定】

第一百三十三条之二　登录纪念物的管理团体（前条准用第一百一十三条第一款的被指定的地方公共团体以及其他法人）或所有人可根据文部科学省政令之规定，制订登录纪念物的保护利用计划（以下称为"登录纪念物保护利用计划"），并申请文化厅长官予以认定。

2. 前款登录纪念物保护利用计划应记载以下事项：

（一）该登录纪念物的名称及其所在场所；

（二）为保护和利用该登录纪念物而实施的具体措施之内容；

（三）计划的实施周期；

（四）文部科学省政令规定的其他事项。

3. 前款第二项中的具体措施之内容，可记载影响该登录纪念物的现状变更的相关事项；

4. 根据前款规定的登录纪念物保护利用计划的认定之申请，符合以下条件的，文化厅长官应当予以认定。

（一）该登录纪念物保护利用计划的实施，有利于该登录纪念物的保护与利用；

（二）该登录纪念物保护利用计划被认为能够得以确实、顺利实施；

（三）若存在第一百八十三条之二第一款规定的文化遗产保护利用大纲或者第一百八十三条之五第一款规定的文化遗产保护利用区域规划时，该保护利用计划应符合大纲或规划的要求。

（四）当该登录纪念物保护利用计划中列举有前款所载事项时，其内容应适当并符合文部科学省政令所规定的标准。

5. 文化厅长官作出前款之认定后，必须立刻将认定结果通知申请人、不得延迟。

【现状变更之报告的特例】

第一百三十三条之三　前条第三款所规定的、记载影响该登录纪念物现状的变更或保存的行为，在获得前条第四款认定（包含下一条中准用本法第六十七条之三第一款的变更认定。在本法第一百五十三条第二款第二十六项中相同）的情况下，根据认定实施影响登录纪念物的现状变更或保存之行为必须获得本法第一百三十三条中准用第六十四条第一款规定之报告时，可忽略本款之规定，只需在影响登录纪念物的现状变更或保存之行为结束后，立刻根据文部科学省政令之规定向文化厅长官书面报告即可。

【准用】

第一百三十三条之四　登录纪念物保护利用计划，准用本法第六十七条之三、第六十七条之五至第六十七条之七的规定。准用时，第六十七条之三第一款中的"前条第四款"应替换为"第一百三十三条之二第四款"、同条第二款中的"前条第四款、第五款"应替换为"第一百三十三条之二第四款、第五款"、第六十七条之五中的"第六十七条之二第四款"应替换为"第一百三十三条之二第四款"、第六十七条之六第一款中的"第六十七条之二第四款各项"应替换为"第一百三十三条之二第四款各项"。

第八章　重要文化景观

【重要文化景观的选定】

第一百三十四条　根据都、道、府、县或市、町、村的申请，文部科学大臣在参照文部科学省政令规定的标准之基础上，可以选定都、道、府、县或市、町、村根据《景观法》[①] 第八条第一款第一项、第六十一条第一款规定的景观规划区或景观区中，那些采取必要保护措施且特别重要的文化景观为重要文化景观。

2. 前款之选定，准用第一百零九条第三款至第五款之规定。在准用时，第三款中的"合法占有人"替换为"合法占有人及根据第一百三十四条第一款之规定提出申请的都、道、府、县及市、町、村"。

[①]　2004 年（平成 16 年）法律第 100 号。

【重要文化景观选定的撤销】

第一百三十五条　当重要文化景观失去其价值或出现其他特殊事由时，文部科学大臣可以撤销其选定。

2. 前款撤销，准用前条第二款之规定。

【灭失或损毁】

第一百三十六条　重要文化景观全部或部分灭失或损毁的，所有人或合法占有人（以下称为"所有人等"）必须在知道上述事实之日起十日内，按照文部科学省政令所规定的记载事项，书面向文化厅长官报告。但文部科学省政令规定的、明显不会对重要文化景观保存产生重大影响的，则不在此限。

【有关管理之建议或命令】

第一百三十七条　因管理不当，文化厅长官认为重要文化景观有灭失、损毁之虞的，可以对该重要文化景观所有人等，就管理方法的改善或采取其他管理措施等提出建议。

2. 收到前款建议的所有人等，无正当理由不实施相关建议或与建议相关的、被认为必要之措施的，文化厅长官可以命令其实施之。

3. 文化厅长官在做出第一款建议或第二款命令时，必须事前听取根据第一百三十四条第一款规定提出重要文化景观选定之申请的都、道、府、县或市、町、村的意见。

4. 第一款建议及第二款命令的相关费用之承担，准用第三十六条第二款、第三款之规定。

【让渡重要文化景观时补助金的退还】

第一百三十八条　根据前条第四款中准用第三十六条第二款之规定，国家承担了为防止重要文化景观灭失、损毁而实施必要措施所需之费用，准用第四十二条之规定。

【现状变更之申请】

第一百三十九条　试图改变重要文化景观现状或实施影响重要文化景观保存之行为的行为人，根据文部科学省政令之规定，必须在实施前述行为的前三十日向文化厅长官申请。但如果重要文化景观的现状改变、维持措施等是为防止自然灾害发生而采取的必要应急措施，或是根据政令被命令变更且对重要文化景观的保存影响轻微的，则不在此限。

2. 前款但书所规定的维持措施的范围，由文部科学省政令规定之。

3. 在重要文化景观的保护上，文化厅长官认为必要时可以就与第一款之申请相关的现状改变或影响其保存之行为，给予指导、建议或意见。

【现状之报告等】

第一百四十条　文化厅长官认为必要时，可以要求重要文化景观所有人等，报告其重要文化景观的现状、管理或修复等状况。

【与其他公益的协调】

第一百四十一条　文部科学大臣根据第一百三十四条第一款之规定，选定重要文化景观时，必须尊重相关主体的所有权、采矿权以及其他财产权，还应注意与国土开发及其他公益间的关系协调以及与农林水产业及其他领域产业间的利益关系协调。

2. 有鉴于重要文化景观的特性，文化厅长官在根据第一百三十七条第一款、第二款以及第一百三十九条第三款之规定提出建议或发布命令时，必须考虑与国土开发及其他公益间的协调，同时也必须从协调农林水产业及其他领域产业的协调发展出发，根据相关政令之规定，事先与各相关省厅长官进行协商。

3. 都、道、府、县或市、町、村为保存重要文化景观、特别是那些为保存重要文化景观所必需之物件的管理、维修，景观的维护与修复等所需经费，国家应给予部分财政补贴。

第九章　传统建造物群保存地区

【传统建造物群保存地区】

第一百四十二条　本章"传统建造物群保存地区"是指，市、町、村根据第一百四十三条规定，决定有保存必要的传统建造物群以及与之形成一体的、具有保存价值的区域。

【传统建造物群保存地区的决定及其保护】

第一百四十三条　根据《城市规划法》① 第五条或第五条之二的规定，市、町、村可以在被指定的城市规划区域或准城市规划区域内，确定传统建造物群保存地区。在这种情况下，为保存该区域，市、町、村根据政令所规定的标准，可以通过制定条例规制变更地区现状的行为或实施其

---

① 1968 年（昭和 43 年）法律第 100 号。

他必要保存之措施。

2. 市、町、村可根据自己制定的条例，在前款规定的城市规划区域及准城市规划区域外，确定传统建造物群保存地区。该确定，准用前款后段之规定。

3. 都、道、府、县知事根据《城市规划法》第十九条第三款之规定，在同意第一款的传统建造物群保存地区之规划的，必须事先听取都、道、府、县教育委员会的意见，但该都、道、府、县为特定地方公共团体时则不在此限。

4. 市、町、村在确定或撤销传统建造物群保存地区、制定或废除传统建造物群保存地区之条例时，必须向文化厅长官报告。

5. 文化厅长官及都、道、府、县教育委员会可以对市、町、村保存传统建造物群保存地区等，给予必要指导或建议。

【重要传统建造物群保存地区的选定】

第一百四十四条　根据市、町、村的申请，文部科学大臣可以在传统建造物保存地区的区域内，选定具有特别价值的为"重要传统建造物群保存地区"。

2. 前款的选定结果，要在《官报》公告并通知提出申请的市、町、村。

【选定的撤销】

第一百四十五条　在重要传统建造物群保存地区失去其特别价值或存在其他特别事由时，文部科学大臣可撤销该选定。

2. 前款选定的撤销，准用前条第二款之规定。

【有关管理等的财政补助】

第一百四十六条　为保护重要传统建造物群保存地区，国家对于都、道、府、县或市、町、村管理、维护、修复该地区内的建造物以及与传统建造物群等形成一体环境的其他必要之物件等所需经费，可以给予部分财政补贴。

第十章　文化遗产的保存技术之保护

【保存技术的选定等】

第一百四十七条　文部科学大臣可以选定保存文化遗产所不可或缺且

有必要采取保护措施的传统保存技术或技能为"选定保存技术"。

2. 根据前款之规定，文部科学大臣在选定所要保护的文化遗产保存技术的同时，必须认定选定保存技术的保持者或保存团体（包括以保存选定保护技术为目的的组织、含财团的代表者或管理人所确定的主体，以下同）。

3. 第一款选定保存技术的前款之认定，可以并列认定保持者与保存团体。

4. 根据第一款的选定以及根据第二款的认定，准用第七十一条第三款及第四款之规定。

【选定等的撤销】

第一百四十八条　当文部科学大臣认为所选定的保存技术没有必要再予以保存或存在其他特别事由时，可撤销该选定。

2. 当选定的保存技术的保持者因身心障碍不再适合作为保持者或保持团体不再适合作为保持团体以及存在其他特别事由时，文部科学大臣可以撤销保持者或保持团体的认定。

3. 前二款之撤销，准用第七十二条第三款之规定。

4. 根据前条第二款之规定，只认定了保持者而所认定的保持者全部死亡、只认定了保持团体而所认定的保持团体解散（包括终止、以下同），或者既认定了保持者又认定了保持团体但所有被认定的保持者死亡且保持团体也解散的，文部科学大臣可以撤销对该选定保存技术的选定。对于该选定的撤销，文部科学大臣必须在《官报》上公告之。

【保持者姓名的变更等】

第一百四十九条　当保持者的姓名、保持团体的名称等发生变更的，准用第七十三条之规定。准用时，该条后段中的"代表人"应替换为"代表人或管理人"。

【选定保存技术的保存】

第一百五十条　文化厅长官认为选定保存技术有保存之必要时，可以亲自记录选定的保存技术、培育传承人或采取适当的被认为必要的其他保护措施。

【选定保存技术之记录的公开】

第一百五十一条　选定保存技术之记录的所有人公开其记录的，准用第八十八条之规定。

【选定保存技术之保存的援助】

第一百五十二条 对于选定保存技术的保持者、保持团体、地方公共团体或其他被认为适当的保存者，国家可以给予必要指导、意见或其他被认为必要的援助。

第十一章 向文化审议会咨询

第一百五十三条 文部科学大臣必须事先就下列事项咨询文化审议会。

（一）国宝或重要文化遗产的指定以及指定撤销；

（二）登录有形文化遗产的登录及登录注销（除第五十九条第一款、第二款所规定的登录之注销外）；

（三）重要无形文化遗产的指定及指定撤销；

（四）重要无形文化遗产保持者及保持团体的认定及认定撤销；

（五）登录无形文化遗产的登录及登录注销（除第七十六条之八第一款或第二款所规定的登录注销外）；

（六）登录无形文化遗产的保持者或保持团体的认定及认定撤销；

（七）重要有形民俗文化遗产或重要无形民俗文化遗产的指定及其指定撤销；

（八）登录有形民俗文化遗产的登录及登录注销（除第九十条第三款准用第五十九条第一款、第二款所规定的登录注销外）；

（九）登录无形民俗文化遗产的登录及登录注销（除根据第九十条之六第一款、第二款规定的登录注销外）；

（十）特别史迹名胜天然纪念物、史迹名胜天然纪念物的指定及指定的解除；

（十一）史迹名胜天然纪念物之暂时指定的解除；

（十二）登录纪念物的登录及登录的注销（除第一百三十三条准用第五十九条第一款、第二款所规定的登录注销外）；

（十三）重要文化景观的选定及选定撤销；

（十四）重要传统建造物群保存地区的选定以选定撤销；

（十五）选定保存技术的选定及选定撤销；

（十六）选定保存技术的保持者或保持团体的认定及认定撤销。

2. 文化厅长官必须事先就以下所列事项咨询文化审议会。

（一）重要文化遗产的管理或国宝修缮之命令；

（二）文化厅长官实施的国宝修缮或为防止国宝灭失、损毁或被盗而实施的相关措施；

（三）重要文化遗产的现状改变之许可或实施影响重要文化遗产保存之行为的许可；

（四）为保全重要文化遗产之环境，而限制、禁止或建设必要设施之命令；

（五）国家收购重要文化遗产；

（六）重要文化遗产保护利用计划的第五十三条之二第四款之认定；

（七）登录有形文化遗产保护利用计划的第六十七条之二第四款之认定；

（八）重要无形文化遗产保护利用计划的第七十六条之二第三款之认定；

（九）登录无形文化遗产保护利用计划的第七十六条之十三第三款之认定；

（十）在重要无形文化遗产以及登录无形文化遗产之外的无形文化遗产中，由文化厅长官选择记录或给予记录财政补助的；

（十一）重要有形民俗文化遗产的管理之命令；

（十二）收购重要有形民俗文化遗产；

（十三）重要有形民俗文化遗产保护利用计划的第八十五条之二第四款之认定；

（十四）重要无形民俗文化遗产保护利用计划的第八十九条之二第三款之认定（含第八十九条之三中准用第七十六条之三第一款的变更之认定）；

（十五）登录有形民俗文化遗产保护利用计划的第九十条之二第四款之认定；

（十六）登录无形民俗文化遗产保护利用计划的第九十条之十第三款之认定（包括第九十条之十一中准用第七十六条之十四第一款的变更之认定）；

（十七）在重要无形民俗文化遗产以及登录无形民俗文化遗产之外的无形民俗文化遗产中，由文化厅记录或给予记录财政补助的；

（十八）命令停止改变史迹现状之行为或延长禁止命令期间的；

（十九）为调查埋藏文化遗产，由文化厅长官施行发掘的；

（二十）有关史迹名胜天然纪念物的管理或特别史迹名胜天然纪念物的修复之命令；

（二十一）由文化厅长官修复特别史迹名胜天然纪念物或实施为防止其灭失、损毁、消亡及被盗之措施的；

（二十二）许可改变史迹名胜天然纪念物之现状或实施影响其保存之行为的；

（二十三）为保全史迹名胜天然纪念物之环境，限制、禁止或建设必要设施之命令；

（二十四）未获得改变史迹名胜天然纪念物的现状或实施影响其保存环境的行为之许可，或者因不符上述许可之条件或为保存史迹名胜天然纪念物的环境，违反限制或禁止性规定时恢复现状之命令；

（二十五）史迹名胜天然纪念物保护利用计划的第一百二十九条之二第四款之认定；

（二十六）登录纪念物保护利用计划的第一百三十三条之二第四款之认定；

（二十七）有关重要文化景观管理之命令；

（二十八）第一百八十三条之三第一款规定的文化遗产保护利用地域计划的该条第五款之认定（包含第一百八十三条之四第一款的变更之认定）。

（二十九）第一百八十四条第一款之政令（仅限于该款第二号、第一百八十四条第一款第二项所列举的与事务相关的事项）的制定、修改与废止的草案。

第十二章　补则

第一节　听证、意见听取及异议申请

【听证之特例】

第一百五十四条　文化厅长官（根据第一百八十四条第一款之规定，当都、道、府、县或市教育委员会行使属于文化厅长官之权限时则为该

都、道、府、县或市教育委员会）在实施以下各项行政行为时，无论是否适用《行政手续法》①第十三条第一款所规定的意见听取程序，都必须举行听证。

（一）根据第四十五条第一款或第一百二十八条第一款之规定的，针对特定对象的限制、禁止或命令；

（二）根据第五十一条第五款（包括第五十一条之二、第八十四条第二款以及第八十五条中的准用）之规定的公开展出中止之命令；

（三）根据第九十二条第二款之规定的禁止或中止发掘之命令；

（四）根据第九十六条第二款之规定的停止或禁止调查之命令或者根据该条第五款的延长期间之命令；

（五）根据第一百二十五条第七款（包括第一百二十八第三款中的准用）之规定的恢复原状之命令。

2. 文化厅长官（根据第一百八十四条第一款、第一百八十四条之二第一款规定，文化厅长官的权限由都、道、府、县或市、町、村教育委员会行使时，则为该都、道、府、县或市、町、村教育委员会。下一条同）在举行前款之听证以及第四十三条第四款（包括第一百二十五第三款中的准用）或第五十三条第四款规定许可撤销之听证时，必须提前十日根据《行政手续法》第十五条第一款之规定通知听证参与人，并公告听证内容、听证日期以及听证地点。

3. 前款听证的审理，必须公开进行。

【意见听取】

第一百五十五条 文化厅长官在采取以下措施时，必须公开听取相关关系人及其代理人的意见。

（一）根据第三十八条第一款或第一百二十三条第一款之规定，采取修缮或修复措施时；

（二）根据第五十五条第一款或第一百三十一条第一款之规定，进行实地调查或为实地调查实施其他必要之措施时；

（三）根据第九十八条第一款之规定，进行发掘时；

2. 文化厅长官在听取前款意见时，必须提前十日将实施各项措施的理由、所采取措施的内容以及听取意见的日期以及场所等，通知各相关关

---

① 1993年（平成5年）法律第88号。

系人，且公告所实施措施之内容以及听取意见的日期及场所。

3. 在听取相关关系人及其代理人的第一款之意见时，相关关系人及其代理人可以陈述并说明自己的意见，而且也可以提供相关证据材料。

4. 相关关系人及其代理人无正当理由，不回应第一款所规定的意见之听取的，文化厅长官可以在未听取相关各方意见的情况下，实施第一款所规定的各项措施。

【异议审查申请中的意见听取】

第一百五十六条 根据《行政不服审查法》① 第二十四条规定，第一款中的处分或者不作为、第二款中的处分异议审查请求等的裁决等（除裁决或决定驳回审查请求外），审查员（该法第十一条规定的审查员）或审查厅（该法第九条第一款规定的都、道、府、县或市、町、村教育委员会的则为审查厅）必须在受理审查请求或异议申请之日（根据该法第二十三条规定，若有被要求补充材料的则为补充材料补充之日）起三十日以内，公开听取审查请求人以及参加人（根据该法第十三条第四款规定的参加人，以下同）、异议申请人以及代理人的意见后才能作出裁决或决定。

（一）根据第四十三条第一款或第一百二十五条第一款规定的现状改变或实施影响保存环境之行为的许可或不许可；

（二）根据第一百一十三条第一款（包括第三十三条中的准用）规定的管理团体之指定。

2. 前款意见听取的实施者，必须提前十日，就该意见听取的日期以及听取场所，通知审查请求人、参加人、异议申请人以及相关参与人，和公告被审查或异议的事项内容以及听取意见的日期及场所等。

3. 第一款中的审查请求，不适用《行政不服审查法》第三十一条之规定；该款中的意见听取，准用《行政不服审查法》第三十一条第二款至第五款（包含根据《行政不服审查法》第九条第三款规定的替换适用的情况）之规定。

【参加】

第一百五十七条 除审查请求人、异议申请人、参加人及代理人外的其他利害关系人，要在前条第一款的意见听取中陈述自己意见者，必须按

---

① 2014 年（平成 26 年）法律第 68 号。

照文部科学省政令所规定的格式，向文化厅长官提出书面申请并获得许可后方可参加。

【证据的提示等】

第一百五十八条 在第一百五十六条第一款规定的听取意见的过程中，文化厅长官必须向审查请求人、异议申请人、参加人、前条的意见听取的参加人以及各自的代理人提示相关证据，并给予其充分陈述意见的机会。

【裁决或决定前的协商等】

第一百五十九条 在协调与矿业及采石业者之间关系的审查请求、异议申请的裁决或决定（除裁决或决定驳回外），必须在事先与公害等调整委员会磋商后才能做出。

2. 相关行政机关长官可以对相关审查请求或异议申请的事项，陈述自己的意见。

【程序】

第一百六十条 除第一百五十六条至前条以及《行政不服审查法》的规定外，有关审查请求以及异议申请之程序，由文部科学省政令规定之。

第一百六十一条　删除

第二节　有关国家的特例

【有关国家的特例】

第一百六十二条 对国家或国家机关适用本法时，若本节有特别规定的则依该规定。

【有关重要文化遗产的国家之特例】

第一百六十三条 当重要文化遗产、重要有形民俗文化遗产、史迹名胜天然纪念物或重要文化景观等为《国有财产法》所规定的国有财产时，由文部科学大臣管理之。但根据《国有财产法》第三条第二款之规定，以上物件为文部科学大臣之外的其他人管理的行政财产，也有特别必要应由文部科学大臣之外的其他人管理时，文部科学大臣、相关省厅长官及财务大臣应该通过协商决定这些物件由相关省厅长官管理还是由文部科学大臣管理。

第一百六十四条 根据前条规定，由于重要文化遗产、重要有形民俗文化、史迹名胜天然纪念物以及重要文化景观由文部科学大臣管理，其所属或所管发生变动时，会计上的变更可以无偿进行，不受《国有财产法》第十五条的规定影响。

第一百六十五条 当指定国家所有的有形文化遗产、有形民俗文化遗产为国宝或为重要文化遗产或重要有形民俗文化时，根据第二十八条第一款、第三款（包括第七十八条第二款中的准用）之规定，所应该通知及交付指定证书的对象为管理该有形文化遗产、有形民俗文化遗产的各省各厅之长官。其中收到国宝指定证书的各省各厅之长官，必须立刻将被指定为国宝的重要文化遗产的指定证书上交文部科学大臣。

2. 在国家所有的国宝、重要文化遗产或重要有形民俗文化遗产之指定被撤销后，根据第二十九条第二款（包括第七十九条第二款中的准用）、第五款之规定，所应该通知及交付指定证书的对象为管理该国宝、重要文化遗产或重要有形民俗文化遗产的各省各厅之长官。此时各省各厅之长官必须立刻将指定证书上交文部科学大臣。

3. 根据第一百零九条第三款（包括第一百一十第三款、第一百一十二条第四款中的准用）之规定，将国家所有或占有的指定、临时指定为特别史迹名胜天然纪念物或史迹名胜天然纪念物时，应以所有人或占有人为通知对象；当撤销制定或临时指定时，则以管理该特别史迹名胜天然纪念物或史迹名胜天然纪念物的各省各厅长官为通知对象。

4. 在国家所有或占有的重要文化景观被选定或选定被撤销后，根据第一百三十四条第二款（包括第一百三十五条第二款中的准用）中准用第一百零九条第三款之规定，对其所有人或占有人的通知之对象为管理该重要文化景观的各省各厅之长官。

第一百六十六条 管理重要文化遗产、重要有形民俗文化、史迹名胜天然纪念物以及重要文化景观的各省各厅之长官，必须根据本法以及根据本法制定的文部科学省政令以及文化厅长官的建议，对重要文化遗产、重要有形民俗文化、史迹名胜天然纪念物以及重要文化景观进行管理。

第一百六十七条 下列各项通知，相关各省各厅之长官必须通过文部科学大臣通知文化厅长官。

（一）取得重要文化遗产、重要有形民俗文化遗产或史迹名胜天然纪念物时；

（二）接受重要文化遗产、重要有形民俗文化遗产或史迹名胜天然纪念物的管理或转移所属时；

（三）所管理的重要文化遗产、重要有形民俗文化遗产、史迹名胜天然纪念物以及重要文化景观全部或部分灭失、损毁或者消亡、遗失及被盗时；

（四）变更所管理的重要文化遗产或重要有形民俗文化遗产的管理场所时；

（五）修缮或修复所管理的重要文化遗产、史迹名胜天然纪念物时（除根据下一条第一款第一项之规定，必须获得文化厅长官同意或者文部科学省政令规定的其他情形外）；

（六）变更所管理的重要有形民俗文化遗产、重要文化景观之现状或者实施对其保存有影响之行为时；

（七）所管理的史迹名胜天然纪念物的指定地域土地之登记（所在地、登记号码、土地用途以及土地面积）发生变更时。

2. 前款第一项、第二项中的通知，准用第三十二条第一款（包括第八十条以及第一百二十条中的准用）之规定；前款第三项中的通知，准用第三十三条（包括第八十条以及第一百二十条中的准用）以及第一百三十六条之规定；前款第四项中的通知，准用第三十四条（包括第八十条中的准用）之规定；前款第五项中的通知，准用第四十三条之二第一款、第一百二十七条第一款之规定；前款第六项中的通知，准用第八十一条第一款、第一百三十九条第一款之规定；前款第七项中的通知，准用第一百一十五条第二款之规定。

3. 有关第一款第五项、第六项的通知相关的事项，文化厅长官可以给予必要之建议。

第一百六十八条　相关各省各厅之长官必须事前就以下事项，通过文部科学大臣获得文化厅长官之同意。

（一）变更重要文化遗产、史迹名胜天然纪念物之现状或者实施对其保存有影响之行为时；

（二）出口所管理的重要文化遗产、重要有形民俗文化遗产时；

（三）出租、交换、出售、让与或以其他方式处分所管理的重要文化遗产、重要有形民俗文化遗产、史迹名胜天然纪念物时；

2. 各省各厅长官之外的国家机关变更重要文化遗产、史迹名胜天然纪念物之现状或实施对其有影响之行为时，必须事先征得文化厅长官之同意。

3. 第一款第一项以及前款之同意，准用第四十三条第一款但书以及第二款、第一百二十五条第一款但书以及第二款之规定。

4. 文化厅长官在同意第一款第一项、第二项所规定的相关措施，作为同意实施相关措施之条件可以给予必要之建议。

5. 相关各省各厅之长官以及其他国家机关，必须充分尊重前款文化厅长官的建议。

第一百六十九条 文化厅长官认为必要时，可以就以下所列事项通过文部科学大臣对各省各厅之长官给予必要建议。

（一）所管理的重要文化遗产、重要有形民俗文化遗产、史迹名胜天然纪念物的管理方法；

（二）所管理的重要文化遗产、重要有形民俗文化遗产、史迹名胜天然纪念物以及重要文化景观的修缮、修复或者采取防止其灭失、损毁、消亡以及被盗之措施；

（三）重要文化遗产以及史迹名胜天然纪念物的环境必要保全之设施；

（四）展出或公开所管理的重要文化遗产、重要有形民俗文化遗产。

2. 前款之建议，准用前条第五款之规定。

3. 根据第一款之规定，基于文化厅长官之建议而实施的第二项、第三项之行为所需费用的承担，由文部科学大臣与各省各厅之长官协商。

第一百七十条 有下列情形之一的，文化厅长官可以亲自修缮或修复国宝、特别史迹名胜天然纪念物，或者采取防止其灭失、损毁、消亡以及被盗之措施。当该文化遗产由文部科学大臣以外的其他各省各厅之长官管理时，文化厅长官必须事先就修缮、修复的内容、时间以及其他必要之事项等，通过文部科学大臣与管理该文化遗产的相关各省各厅长官协商；当该文化遗产由文部科学大臣管理时，除文部科学大臣规定的情形外，必须获得文化厅长官的承认。

（一）相关各省各厅之长官不听从文化厅长官根据前条第一款第二项之规定的修缮、修复之建议的；

（二）对于国宝、特别史迹名胜天然纪念物的损毁、消亡或者存在灭失、损毁、消亡或被盗之虞，而相关各省各厅之长官实施的修缮、修复等措施被认为不当的。

第一百七十条之二 根据文部科学省政令之规定，管理国家所有的重要文化遗产、重要有形民俗文化遗产以及史迹名胜天然纪念物的各省各厅长官可制订重要文化遗产保护利用计划、重要有形民俗文化遗产保护利用计划以及史迹名胜天然纪念物保护利用计划，并通过文部科学大臣、请求文化厅长官同意。

2. 对于根据前款规定的同意之请求，当重要文化遗产保护利用计划、重要有形民俗文化遗产保护利用计划以及史迹名胜天然纪念物保护利用计划，分别符合第五十三条之二第四款各项、第八十五条之二第四款各项或第一百二十九条之二第四款各项之规定的，文化厅长官应当同意其计划。

第一百七十条之三 获得前条第二款同意的各省各厅长官，若要变更其获得同意的重要文化遗产保护利用计划、重要有形民俗文化遗产保护利用计划以及史迹名胜天然纪念物保护利用计划（除文部科学省政令规定轻微变更外）时，必须通过文部科学大臣获得文化厅长官的同意。

2. 前款之同意，准用前条第二款之规定。

第一百七十条之四 本法第五十三条之二第三款第一项规定的影响重要文化遗产保护利用计划、第八十五条之二第三款规定的影响重要有形民俗文化遗产保护利用计划以及第一百二十九条之二第三款规定的影响史迹名胜天然纪念物保护利用计划的行为，在获得第一百七十条之二第二款同意（包含前条第一款的同意变更。在下一条以及第一百七十条之六中相同）的情况下，实施影响重要文化遗产、重要有形民俗文化遗产以及史迹名胜天然纪念物等现状之行为时，可忽略第一百六十七条第一款（仅限于第六项相关部分）所要求的必须通知以及第一百六十八条第一款（仅限于第一项相关部分）所要求的必须同意之规定，只需在影响其现状变更或保存之行为结束后，根据文部科学省政令之规定，通过文部科学大臣向文化厅长官书面通告即可。

第一百七十条之五 第五十三条之二第三款第二项所记载的重要文化遗产保护利用计划在获得第一百七十条之二第二款同意的情况下，实施该重要文化遗产的维修以及所记载事项之行为的，可忽略本法第一百六十七条第一款（仅限于第五项相关部分）必须通知之规定，只需在该影响重要文化遗产的现状变更或保存之行为结束后，根据文部科学省政令之规定，通过文部科学大臣向文化厅长官书面通告即可。

第一百七十条之六 文化厅长官可以要求获得本法第一百七十条之二

第二款同意的各省各厅长官报告其已获同意的重要文化遗产保护利用计划、重要有形民俗文化遗产保护利用计划以及史迹名胜天然纪念物保护利用计划（如有变更则为变更后的计划）的实施情况。

第一百七十一条 在指定或选定国家所有的文化遗产为国宝、重要文化遗产、重要有形民俗文化遗产、特别史迹名胜天然纪念物、史迹名胜天然物或重要文化景观时，文部科学大臣认为有必要确认前述文化遗产之现状的，可以要求相关各省各厅之长官报告相关情况；除重要有形民俗文化遗产及重要文化景观外，文部科学大臣可以指派调查人员进行实地调查。

第一百七十二条 文化厅长官认为国家所有的重要文化遗产、重要有形民俗文化遗产有保存之必要时，可以指定适当的地方公共团体或其他法人对该文化遗产的保存进行必要管理（包括属于国家所有或管理的保存文化遗产的必要设施、设备及其他物件）。

2. 根据前款之指定，文化厅长官必须事先通过文部科学大臣征得管理该文化遗产的各省各厅之长官的同意，同时也必须征得被指定地方公共团体或其他法人的同意。

3. 第一款之指定，准用第三十二条之二第三款、第四款之规定。

4. 因第一款之管理而产生的收益，归该地方公共团体或其他法人所有。

5. 地方公共团体或其他法人根据第一款之规定，管理重要文化遗产或重要有形民俗文化遗产时，准用第三十条、第三十一条第一款、第三十二条之四第一款、第三十三条、第三十四条、第三十五条、第三十六条、第四十七条之二第三款、第五十四条之规定；管理史迹名胜天然纪念物时，准用第三十条、第三十一条第一款、第三十三条、第三十五条、第一百一十五条第一款及第二款、第一百一十六条第一款及第三款、第一百二十一条、第一百三十条之规定。

第一百七十三条 前条第一款所规定的指定撤销，准用第三十二条之三的规定。

第一百七十四条 当文化厅长官认为重要文化遗产、重要有形民俗文化遗产或史迹名胜天然纪念物有特别必要之保护时，可以促使接受第一百七十二条第一款规定之指定的地方公共团体或其他法人修缮或修复该文化遗产。

2. 根据前款规定实施的修缮或修复，准用第一百七十二条第二款之规定。

3. 地方公共团体或其他法人根据第一项规定进行修缮或修复时，若为重要文化遗产或重要有形民俗文化遗产，准用第三十二条之四第一项及三十五条之规定；若为史迹名胜天然纪念物，则准用第三十五条、第一百一十六条第一款以及第一百一十七条之规定。

第一百七十四条之二 获得第一百七十二条第一款指定的地方公共团体或者其他法人制订的重要文化遗产保护利用计划、重要有形民俗文化遗产保护利用计划以及史迹名胜天然纪念物保护利用计划，分别准用第五十三条之二至第五十三条之八、第八十五条之二至第八十五条之四以及第一百九十二条之二至第一百九十二条之七。

2. 在根据前款准用第五十三条之二第四款、第八十五条之二第四款以及第一百九十二条之二第四款规定，进行认定（包含前款准用第五十三条之三第一款①以及第一百九十二条之三第一款的变更认定）时，应该事先通过文部科学大臣与管理重要文化遗产、重要有形民俗文化遗产以及史迹名胜天然纪念物的各省各厅长官进行协商。当该各省各厅长官为文部科学大臣时，即获得其承认。

第一百七十五条 根据第一百七十二条第一款之规定接受指定的地方公共团体可以在管理的必要限度内，可以无偿地使用其所管理的、属国家所有的重要文化遗产、重要有形民俗文化遗产、史迹名胜天然纪念物以及与之相关的土地及建造物。

2. 前款中的土地及建造物之使用，准用《国有财产法》第二十二条第二款、第三款之规定。

第一百七十六条 根据第九十八条第一款之规定进行发掘时，如果所发掘区域的土地属国家所有或由国家机关占有，文化厅长官必须事先将发掘的目的、方法、发掘时间及其他事项，通过文部科学大臣与相关各省各厅之长官进行协调。但当该各省各厅的长官为文部科学大臣时，应视为接受其承认。

第一百七十七条 根据第一百零四条第一款之规定，归属于国家的文化遗产由文化厅厅长管理之。但是如果为了其保存或有效地利用，有必要由其他国家机关进行管理时，则必须将该文化遗产移交给该机关管理。

---

① 包含前款中准用第五十八条之四中的准用。

【有关登录有形文化遗产等的国家之特例】

第一百七十八条 根据第五十七条第一款、第九十一条第一款之规定，登录国家所有的有形文化遗产、有形民俗文化遗产后，第五十八条第一款、第三款（包括第九十条第三款中的准用）所规定的登录证书或通知的交付对象为管理该登录有形文化遗产、有形民俗文化遗产的相关各省各厅之长官。

2. 根据第五十九条第一款至第三款（包括第九十条第三款中的准用）之规定，撤销属国家所有的登录有形文化遗产、有形民俗文化遗产之登录后，应该将第五十九条第四款（包括第九十条第三款中的准用）所规定的撤销决定之通知对象为管理该登录有形文化遗产、登录有形民俗文化遗产的相关各省各厅之长官。在这种情况下，相关各省各厅之长官必须立刻将登录证书上交给文部科学大臣。

3. 根据第一百三十二条第一款、第一百三十三条第一款，或者第一百三十三条中准用第五十九条第一款至第三款之规定，由国家所有或占有的纪念物登录之撤销，根据第一百三十二条第二款中准用第一百零九条第三款或者第一百三十三条中准用第五十九条第四款的规定向所有人或占有人通知的，应为管理该登录纪念物的相关各省各厅之长官。

第一百七十九条 相关各省各厅之长官必须就以下各项事项通过文部科学大臣通知文化厅长官。

（一）有形文化遗产、有形民俗文化遗产及纪念物取得登录时；

（二）登录有形文化遗产、登录有形民俗文化遗产及登录纪念物的所管或所属发生变更时；

（三）属自己所管理的登录有形文化遗产、登录有形民俗文化遗产及登录纪念物等全部或部分灭失、损毁或者消亡、遗失、被盗时；

（四）属自己所管理的登录有形文化遗产、登录有形民俗文化遗产的所在地发生变更时；

（五）登录有形文化遗产、登录有形民俗文化遗产及登录纪念物的现状变更时；

（六）属自己所管理的登录有形文化遗产、登录有形民俗文化遗产出境时；

（七）所管理的登录纪念物的所在土地之登记（所在地、登记号码、土地用途以及土地面积）变更时。

2. 各省各厅之长官以外的国家机关试图变更登录有形文化遗产、登录有形民俗文化遗产及登录纪念物之现状时，必须通知文化厅长官。

3. 第一款第一项、第二项之通知，准用本法三十二条第一款之规定；第一款第三项之通知，准用本法三十三条、第六十一条（包括第九十条第三款中的准用）之规定；第一款第四项之通知，准用六十二条（包括第九十条第三款中的准用）之规定；第一款第五项及前款之通知，准用六十四条第一款（包括第九十条第三款及第一百三十三条中的准用）之规定；第一款第六项之通知，准用六十五条第一款（包括第九十条第三款中的准用）之规定；第一款第七项之通知，准用一百一十五条第二款之规定。

4. 第一款第五项及第二款的现状变更，准用六十四条第一款但书及第二款之规定；

5. 文化厅长官认为登录有形文化遗产、登录有形民俗文化遗产及登录纪念物有保护之必要的，可以就第一款第五项、第二款所规定的现状变更，通过文部科学大臣向相关各省各厅之长官以及各省各厅之长官以外的其他国家机关陈述意见。

第一百七十九条之二 根据文部科学省政令之规定，管理国家所有的登录有形文化遗产、登录有形民俗文化遗产以及登录纪念物的各省各厅长官，可以制订登录有形文化遗产保护利用计划、登录有形民俗文化遗产保护利用计划以及登录纪念物保护利用计划，并通过文部科学大臣请求文化厅长官同意该计划。

2. 对于根据前款规定的同意之请求，当登录有形文化遗产保护利用计划、登录有形民俗文化遗产保护利用计划以及登录纪念物保护利用计划分别符合本法第六十七条之二第四款各项、第九十条之二第四款各项以及第一百三十三条之二第四款各项之规定的，文化厅长官应当同意其计划。

第一百七十九条之三 获得前条第二款同意的各省各厅长官，若要变更其获得同意的登录有形文化遗产保护利用计划、登录有形民俗文化遗产保护利用计划以及登录纪念物保护利用计划（除文部科学省政令规定轻微变更外）时，必须通过文部科学大臣、获得文化厅长官的同意。

2. 前款之同意，准用前条第二款之规定。

第一百七十九条之四 本法第六十七条之二第三款第一项、第九十条之二第三款以及第一百三十三条之二第三款规定的影响登录有形文化遗产保护利用计划、登录有形民俗文化遗产保护利用计划以及登录纪念物保护利用计划、在获得第一百七十条之二第二款之同意（包含前条第一款的变更之同意。在下一条相同）的情况下，实施的变更登录有形文化遗产、登录有形民俗文化遗产以及登录纪念物的行为应所同意的事项，可忽略第一百七十九条第一款（仅限于第五项相关部分）所要求的必须通知之规定，只需在现状变更行为结束后，根据文部科学省政令之规定，通过文部科学大臣书面通告文化厅长官即可。

第一百七十九条之五　文化厅长官可以要求获得本法第一百七十九条之二第二款同意的各省各厅长官报告其已获同意的登录有形文化遗产保护利用计划、登录有形民俗文化遗产保护利用计划以及登录纪念物保护利用计划（如有变更则为变更后的计划）的实施情况。

第一百八十条　文部科学大臣认为必要时，可以要求各省各厅之长官报告其管理的、属国家所有的登录有形文化遗产、登录有形民俗文化遗产及登录纪念物的基本现状。

第一百八十一条　有关国家所属的登录有形文化遗产、登录有形民俗文化遗产及登录纪念物，不适用第六十条第三款至第五款、第六十三条第二款及第六十七条第三款（包括第九十条第三款中的准用）之规定。

2. 有关国家所有的登录纪念物，不适用第一百三十三条中准用第一百一十三条至第一百一十八条之规定。

第三节　地方公共团体及教育委员会

【地方公共团体的事务】

第一百八十二条　地方公共团体可以对文化遗产的管理、修缮、修复、公开及其他保存和利用所需经费给予补贴。

2. 地方公共团体可以通过制定地方条例，指定所辖地区重要文化遗产、重要无形文化遗产、重要有形民俗文化遗产、重要无形民俗文化遗产及史迹名胜天然纪念物之外的重要的文化遗产，并采取必要的保存与利用之措施。

3. 地方公共团体可以通过制定地方条例，将辖区内重要文化遗产、登录文化遗产、重要无形文化遗产、登录无形文化遗产、重要有形民俗文化遗产、重要无形民俗文化遗产、登录有形民俗文化遗产、登录无形民俗文化遗产、史迹名胜天然纪念物以及登录纪念物之外的文化遗产（除前款规定已指定的文化遗产外）中具有价值并有保护和利用之必要的，可将其登录在地方公共团体的"文化遗产名录"中，并采取必要保护利用措施。

4. 在制定、改废第二款之条例，指定或撤销前款文化遗产之指定时，教育委员会必须根据文部科学省政令之规定，向文化厅长官报告。

【地方公共团体的事务】

第一百八十二条之二　根据文部科学省政令之规定，都、道、府、县或市、町、村（仅限设置地方文化遗产审议会的）教育委员会认为前条第三款规定的已登录文化遗产或者根据第五十七条第一款、第七十六条之七条第一款、第九十条第一款、第九十条之五条第一款以及第一百三十二条第一款规定，适合登录于文化遗产名录的，可建议文部科学大臣予以登录。

2. 都、道、府、县或市、町、村教育委员会提出前款之建议时，必须事前听取地方文化遗产审议会的意见。

3. 针对第一款之建议，文部科学大臣决定不予登录的，应立刻通知都、道、府、县或市、町、村教育委员会并告知理由，不得延迟。

【地方债的发行】

第一百八十三条　为保证区域文化遗产的保存与利用事业有充足资金，在法令规定的范围内，结合保存和利用文化遗产的资金情况以及地方财政状况等，地方公共团体可适当发行地方债券。

【文化遗产保护利用大纲】

第一百八十三条之二　都、道、府、县教育委员会可以制定本辖区文化遗产保护利用的综合性施政大纲（在下一款及下一条中称为"文化遗产保护利用大纲"）。

2. 都、道、府、县教育委员会制定或变更文化遗产保护利用大纲后，必须及时公布并送达文化厅长官以及相关市、町、村。

【文化遗产保护利用区域规划之认定】

第一百八十三条之三　根据文部科学省政令之规定，市、町、村教育委员会（仅限于设有地方文化遗产保护审议会）在考量所制定的文化遗产保护利用大纲的基础上，单独或共同制定市、町、村文化遗产保护利用区域性规划（本节以及第一百九十二条之六第一款中称为"文化遗产保护利用区域性计划"），并可申请文化厅长官予以认定。

2. 文化遗产保护利用区域性计划应该包含以下各项内容：

（一）有关市、町、村文化遗产区域性保护利用的基本方针；

（二）为实现市、町、村文化遗产区域性保护利用而采取的具体措施；

（三）为掌握市、町、村现状而实施的文化遗产调查；

（四）规划的实施周期；

（五）文部科学省政令规定的其他事项。

3. 市、町、村教育委员会在制订文化遗产保护利用区域性计划时，必须举行听证或采取其他措施以保障听取住民意见，而且还必须听取地方文化遗产保护审议会（若组建本法第一百八十三条之九第一款规定的协议会的，则为该地方文化遗产保护审议会以及协议会。第一百八十三条之五第二款中相同）的意见。

4. 如果存在《保持改善地域历史风貌法》① 第五条第一款规定的地域历史风貌保持改善计划，文化遗产保护利用区域性计划必须与其保持协调关系。

5. 根据第一款规定的文化遗产保护利用区域性计划的认定之申请，符合以下条件的，文化厅长官应当予以认定。

（一）该文化遗产保护利用区域性计划的实施，有利于市、町、村区域文化遗产保护利用区域性计划；

（二）该文化遗产保护利用区域性计划被认为能够得以确实、顺利实施；

（三）若有文化遗产保护利用大纲，文化遗产保护利用区域性计划必须与其相符且内容适当。

6. 文化厅长官作出前款认定时，必须事先通过文部科学大臣与相关行政机关负责人进行协商。

7. 文化厅长官作出第五款之认定后，必须立刻将认定结果通知提出申请的市、町、村教育委员会，不得延迟。

8. 市、町、村教育委员会在收到前款认定通知后，必须向住民公告被认定的文化遗产保护利用区域性计划规划。

【获认定的文化遗产保护利用区域性计划的变更】

第一百八十三条之四 获前条第五款认定的市、町、村（在本节以

---

① 2008年（平成20年）法律第40号。

及第一百九十二条之六第二款中称为"获认定市、町、村")教育委员会,若要变更(除文部科学省政令规定轻微变更外)其文化遗产保护利用区域性计划,必须获得文化厅长官的认定。

2. 前款之认定,准用前条第三款至第八款之规定。

【认定市、町、村之教育委员会的文化遗产登录之建议】

第一百八十三条之五　获认定的市、町、村教育委员会在第一百八十三条之三第五款认定(包含前条第一款的变更之认定。第一百八十三条之七第一款、第二款中相同)的文化遗产保护利用区域性计划(若有变更则为变更后的计划。在本节以及第一百九十二条之六中称为"认定的文化遗产保护利用区域性计划")实施期间,如果认为其辖区内有文化遗产符合本法第五十七条第一款、第七十六条之七条第一款、第九十条第一款、第九十条之五条第一款以及第一百三十二条第一款之规定、适合登录的,可根据文部科学省政令之规定,向文部科学大臣建议将其登录在文化遗产登录簿上。

2. 获认定的市、町、村教育委员会根据前款之规定,提起登录之建议时,必须事前听取地方文化遗产保护审议会的意见。

3. 针对第一款之建议,如果文部科学大臣认为不符合第五十七条第一款、第七十六条之七条第一款、第九十条第一款、第九十条之五条第一款以及第一百三十二条第一款规定登录条件、决定不予登录的,必须立刻将不予登录之决定以及理由,告知提起建议的市、町、村教育委员会,不得延迟。

【被认定文化遗产保护利用区域规划实施状况之报告】

第一百八十三条之六　文化厅长官可要求获认定的市、町、村教育委员会,报告其已获认定的文化遗产保护利用区域规划的实施情况。

【认定的撤销】

第一百八十三条之七　文化厅长官认为被认定的文化遗产保护利用区域规划不再符合本法第一百八十三条之三第五款所规定的各项条件时,可以撤销该认定。

2. 根据前款规定的认定之撤销,文化厅长官应立刻将认定撤销之决定通知文化遗产保护利用区域性计划,不得延迟。

3. 文化遗产保护利用区域性计划在收到前款认定撤销之决定后必须向住民公告,不得延迟。

【对市、町、村的建议】

第一百八十三条之八　都、道、府、县教育委员会可对市、町、村制定文化遗产保护利用区域规划，确实、顺利实施被认定的文化遗产保护利用区域规划等，提供必要建议。

2. 国家必须努力对市、町、村制定文化遗产保护利用区域规划，确实、顺利实施被认定的文化遗产保护利用区域规划等，提供必要信息以及适当建议。

3. 除前两款规定外，国家，都、道、府、县以及市、町、村必须就促进文化遗产保护利用区域规划得到确实、顺利实施而相互协作。

4. 市、町、村责任人以及教育委员会，必须就促进文化遗产保护利用区域规划得到确实、顺利实施而紧密协作。

【协议会】

第一百八十三条之九　市、町、村的教育委员会可单独或共同组建有关文化遗产保护利用区域规划的制定、变更以及被认定的文化遗产保护利用区域规划的实施等进行协商的协议会（本条中称为"协议会"）。

2. 协议会由以下机构组成：

（一）该市、町、村；

（二）包含该市、町、村的都、道、府、县；

（三）第一百九十二条之二第一款规定的市、町、村教育委员会指定的文化遗产保护利用支援团体；

（四）文化遗产的所有人、学者、工商业者、旅游业者以及市、町、村教育委员会认为的其他关系者。

3. 协议会认为必要时可要求相关行政机关提供资料、表明意见、说明情况以及其他必要之协助等。

4. 协议会的成员必须尊重协议会的协议结果。

5. 除上述各款规定外，有关协议会运营的其他必要事项由协议会决定之。

【都、道、府、县或市的教育委员会处理的事务】

第一百八十四条　文化厅长官以下各项权限的全部或一部，可通过政令之规定，由都、道、府、县或市教育委员会行使。

（一）根据第三十五条第三款（包括第三十六条第三款以及第八十三条、第一百二十一条第二款、第一百七十二条第五款中的准用，第三十七条第四款以及第一百二十二条第三款的准用，第四十六条之二第二款、第七十四条第二款、第七十六条之十第二款、第七十七条第二款以及第九十一条中的准用，第八十三条、第八十七条第二款、第九十条之七第二款、第一百一十八条、第一百二十条、第一百二十九条第二款、第一百七十二条第二款、第一百七十四条第三款中的准用）的指挥与监督；

（二）根据第四十三条或第一百二十五条规定的文化遗产现状变更或者实施影响其保存之行为的许可、撤销许可以及命令停止相关（除现状重大变更、实施重大影响之行为的许可、撤销许可外）权限；

（三）根据第五十一条第五款（包括第八十五条中准用第五十一条之二、第八十四条第二款、第八十五条中的准用）规定的公开停止之命令；

（四）根据第五十三条第一款、第三款、第四款规定的公开展示许可、许可撤销、停止公开之命令；

（五）根据第五十四条（包括第八十六条、第一百七十二条第五款中的准用）、第五十五条、第一百三十条（包括第一百七十二条第五款中的准用）、第一百三十一条规定的调查或为调查的必要措施之实施；

（六）根据第九十二条第一款（包括第九十三条第一款中的准用）规定的申请受理，第九十二条第二款规定的指示或命令，第九十三条第二款规定的指示，第九十四条第一款规定的通知受理、第二款规定的通知、第三款规定的协议、第四款规定的建议，第九十六条第一款规定的申请受理、第二款或第七款规定的命令、第三款规定的意见听取、第五款或第七款规定的期限延长、第八款规定的指示，第九十七条第一款规定的通知受理、第二款规定的通知、第三款规定的协议以及第四款规定的建议。

2. 对于都、道、府、县或市的教育委员会根据前款规定实施前款第五项所列举的第五十五条、第一百三十一条所规定的实地调查或为调查而采取的必要措施等，不得根据《行政不服审查法》提起不服申请。

3. 都、道、府、县或市的教育委员会根据第一款之规定，处理该款第六项所列举的第九十四条第一款至第四款、第九十七条第一款至第四款所规定的事务时，不适用第九十四条第五款、第九十七条第五款规定。

4. 都、道、府、县或市的教育委员会根据本第一款规定，处理以下各项事务（仅限于《地方自治法》①第二条第八款规定的自治性事

---

① 1947年（昭和22年）法律第67号。

务）给他人造成经济损失的，由都、道、府、县或市给予适当补偿，不受下列各项括号内所列条款规定之限制。

（一）第一款第二项列举的第四十三条、第一百二十五条规定的现状变更或实施影响其保存之行为的许可（第四十三条第五款及第一百二十五条第五款）；

（二）根据第一款第五项所列举的第五十五条、第一百三十一条之规定的调查或为调查而采取的必要之措施（第五十五条第三款及第一百三十一条第二款）；

（三）根据第一款第六项所列举的第九十六条第二款之规定的命令（该条第九款）。

5. 前款的补偿额度，由该都、道、府、县或市的教育委员会决定之。

6. 根据前款规定的补偿额度，准用第四十一条第三款之规定。

7. 在依据前款准用第四十一条第三款规定而提起的行政诉讼中，都、道、府、县或市为被告。

8. 都、道、府、县或市的教育委员会根据第一款规定实施的，与《地方自治法》第二条第九款第一项的法定受托事务相关的处分及行使其他公权力之行为的审查之请求，以文化厅长官为对象。

第一百八十四条之二 前条第二款第二项、第四项以及第五项中所列举的，与被认定市、町、村辖区相关的属于文化厅长官各项权限的全部或者一部，在被认定文化遗产保护利用区域规划的实施期间内，根据政令之规定，可由该市、町、村教育委员会行使。

2. 根据前款规定，市、町、村教育委员会行使相关权限时，准用前条第二款、第四款（除第三项相关部分）以及第五款至第八款之规定。

3. 根据第一款规定，被认定的市、町、村教育委员会开始实施该款确定的相关事项前完成的许可等行政处分行为（本条以下称为"处分行为"）或者许可申请等行为（本条以下称为"申请等行为"），视为被认定的市、町、村教育委员会行使的处分行为或对被认定的市、町、村教育委员会的申请行为。

4. 在被认定的文化遗产保护利用区域规划实施期间终了后，因其他原因被认定的市、町、村教育委员会根据第一款规定的事务终了日之前的处分行为或申请行为，视为终了后的处分行为或申请行为。

【出展的重要文化遗产等的管理】

第一百八十五条 根据政令规定，文化厅长官可以将第四十八条

（包括第八十五条中的准用）所规定的全部或部分出展的重要文化遗产或重要有形民俗文化遗产的管理事务，交由都、道、府、县或指定市等的教育委员会行使。

2. 根据前款之规定，都、道、府、县或指定市等的教育委员会在实施前款管理事务时，都、道、府、县或指定市等的教育委员会必须在其职员中确定管理该重要文化遗产或重要有形民俗文化遗产的责任人。

【修缮等的委托实施】

第一百八十六条 文化厅长官认为必要时，可以将第三十八条第一款、第一百七十条的国宝修缮或者实施防止国宝灭失、损毁、被盗等措施，第九十八条第一款的实施发掘、第一百二十三条第一款或第一百七十条的特别史迹名胜天然纪念物的修复或者实施防止其灭失、损毁、消亡、被盗等措施的全部或一部分委托都、道、府、县教育委员会实施。

2. 基于前款规定的委托，都、道、府、县教育委员会在实施第三十八条第一款所规定的修缮的全部或一部分、第九十八条第一款所规定的发掘的全部或一部分以及第一百二十三条第一款所规定的修复的全部或一部分，准用第三十九条之规定。

【重要文化遗产等管理的委托或技术性指导】

第一百八十七条 都、道、府、县或指定市的教育委员会可接受以下所列人员的请求，就其相应的文化遗产之委托管理、维修或修复等给予技术性指导。

（一）重要文化遗产的所有人（若为管理团体的则为该管理团体）或者管理责任人；

（二）重要有形民俗文化遗产的所有人（若为管理团体的则为该管理团体）或者管理责任人（承担本法第八十条中准用第三十一条第二款所选任的承担管理责任的人员）；

（三）史迹名胜天然纪念物的所有人（若为管理团体的则为该管理团体）或者管理责任人。

2. 根据前款之规定，都、道、府、县或指定市的教育委员会接受管理、修缮、修复之委托的，准用第三十九条第一款、第二款之规定。

【文书等的递交】

第一百八十八条 根据本法之规定，所有向文部科学大臣或文化厅长官提交的与文化遗产相关的书面申请以及其他书面文件及物件等，必须经由都、道、府、县教育委员会（当该文化遗产在指定都市的则为该指定都市教育委员会，以下同）递交。

2. 都、道、府、县教育委员会收到前款规定的文书及物件后，必须附上自己的意见，一并送交文部科学大臣或文化厅长官。

3. 根据本法之规定，文部科学大臣或文化厅长官发出的所有与文化遗产相关的命令、建议、指示及其他通知等，必须经由都、道、府、县教育委员会下达。但情况特别紧急的，则不受此限。

【向文部科学大臣或文化厅长官呈报意见】

第一百八十九条　都、道、府、县及市、町、村的教育委员会，可以向文部科学大臣或文化厅长官呈报有关其辖区内文化遗产的保存和利用等意见。

【地方文化遗产保护审议会】

第一百九十条　都、道、府、县及市、町、村的教育委员会（除特定地方公共团体外）可通过制定相关条例，设置由文化遗产保护杰出人士构成的地方文化遗产保护审议会。

2. 特定地方公共团体可根据条例之规定设置地方文化遗产保护审议会。

3. 地方文化遗产保护审议会向都、道、府、县及市、町、村的教育委员会提供咨询、调查并审议与文化遗产保存和利用相关的重要事项，并就相关事项向都、道、府、县及市、町、村的教育委员会提供相关建议。

4. 有关地方文化遗产保护审议会的组织机构以及运用等必要事项，由条例规定之。

【文化遗产保护指导委员】

第一百九十一条　都、道、府、县及市、町、村的教育委员会（当该都、道、府、县及市、町、村为特定地方公共团体时则为该特定地方公共团体）可设置文化遗产保护指导委员。

2. 文化遗产保护指导委员可随时巡视文化遗产，并对文化遗产所有人以及其他关系人就文化遗产之保护给予指导并提供意见。同时，也可普及和提高地域住民对文化遗产的保护意识。

3. 文化遗产保护指导委员为聘任制。

【事务的区分】

第一百九十二条　根据第一百一十条第一款第二款、第一百一十二条第一款以及第一百一十条第三款、第一百一十二条第四款中准用第一百零九条第三款、第四款之规定，都、道、府、县实施的临时指定、临时指定的撤销以及相关通知等事务为《地方自治法》第二条第九款第一项所规定的法定受托事务。

第四节　文化遗产保护利用支援团体

【文化遗产保护利用支援团体的指定】

第一百九十二条之二　由文部科学省政令规定的法人团体或其他相当于法人之组织，若有能力确实、顺利地实施下一条规定的各项事务，可向市、町、村教育委员会申请，指定其为文化遗产保护利用支援团体（本节称为"支援团体"）。

2. 市、町、村教育委员会指定了前款支援团体后，必须公示被指定支援团体的名称、住所以及主要事务所所在地等。

3. 支援团体变更其名称、住所以及主要事务所所在地时，必须事前向市、町、村教育委员会报告。

4. 市、町、村教育委员会收到前款报告后，必须公示该变更事项。

【支援团体的事务】

第一百九十二条之三　支援团体主要从事以下各项事务。

（一）在该市、町、村辖区内保护利用该市、町、村的文化遗产；

（二）向以保护利用该市、町、村文化遗产为目的的组织个人提供资料情报、咨询等支援活动；

（三）根据文化遗产所有人之请求，接受委托从事管理、维护、修复以及其他为保护该文化遗产的必要措施；

（四）有关保护利用文化遗产的相关调查；

（五）除以上各项事务外，保护利用该市、町、村文化遗产的其他必要事务。

【监督等】

第一百九十二条之四　为确保前条各项事务能够得到适当、确实实施，市、町、村教育委员会认为必要，可要求支援团体报告其业务实施情况。

2. 市、町、村教育委员会认为支援团体未适当、确实实施前条各项业务时，可命令其采取必要措施改善业务实施情况。

3. 支援团体违反前款命令，市、町、村教育委员会可撤销根据第一百九十二条之二第一款规定的支援团体之认定。

4. 市、町、村教育委员会根据前款规定取消支援团体认定的，必须将取消认定之决定公告之。

【资讯的提供等】

第一百九十二条之五　国家及地方公共团体应向支援团体就其各项业务的实施等进行指导、提供资讯以及必要建议。

【文化遗产保护利用区域规划的议案】

第一百九十二条之六　支援团体可就文化遗产保护利用区域规划的制定、被认定文化遗产保护利用区域规划的变更等，向市、町、村教育委员提出议案。

2. 在被认定文化遗产保护利用区域规划的实施期间内，支援团体根据文部科学省政令之规定，就市、町、村辖区内的文化遗产符合第五十七条第一款、第七十六条之七第一款、第九十条第一款、第九十条之五第一款以及第一百三十二条第一款规定而登录的，可建议市、町、村教育委员会提起第一百八十三条之五第一款规定的登录之建议。

第十三章　罚则

第一百九十三条　违反第四十四条之规定，未经文化厅长官许可将重要文化遗产运出境外的，处五年以下有期徒刑或监禁或处一百万日元以下罚金。

第一百九十四条　违反第八十二条之规定，未经文化厅长官许可将重要有形民俗文化遗产运出境外的，处三年以下有期徒刑或监禁或处五十万日元以下罚金。

第一百九十五条　损坏、毁弃或藏匿重要文化遗产的，处以五年以下有期徒刑或监禁或处一百万日元以下罚金或者二者并罚。

2. 前款损坏、毁弃或藏匿人为该重要文化遗产所有人的，处二年以下有期徒刑或监禁或处五十万日元以下罚金。

第一百九十六条　变更史迹名胜天然纪念物现状或实施的行为影响其保存环境，造成该史迹名胜天然纪念物灭失、损毁或消亡的，处五年以下有期徒刑或监禁或处一百万日元以下罚金。

2. 造成前款史迹名胜天然纪念物灭失、损毁或消亡的为该史迹名胜天然纪念物所有人的，处两年以下有期徒刑或监禁或处五十万日元以下罚金。

第一百九十七条 有下列行为之一的，处五十万日元以下罚金。

（一）违反第四十三条或第一百二十五条之规定，未经许可或未满足许可之条件改变重要文化遗产、史迹名胜天然纪念物之现状，或者实施影响其保存之行为，或者不服从停止改变其现状或停止实施影响保存行为之命令的；

（二）违反第九十六条第二项之规定，不服从停止或禁止改变文化遗产现状之命令的。

第一百九十八条 有下列行为之一的，处三十万日元以下罚金。

（一）违反第三十九条第三款（包括第一百八十六条第二款）中准用第三十二条之二第五款之规定，拒绝或者妨碍国宝修缮，拒绝或者妨碍实施防止其灭失、损毁及被盗之措施的。

（二）违反第九十八条第三款（包括第一百八十六条第二款）中准用第三十九条第三款中准用第三十二条之二第五款之规定，拒绝或妨碍实施发掘的。

（三）违反第一百二十三条第二款（包括第一百八十六条第二款）中准用第三十九条第三款中准用第三十二条之二第五款之规定，拒绝或妨碍修复特别史迹天然纪念物，拒绝或妨碍实施防止其灭失、损毁、消亡及被盗之措施的。

第一百九十九条 法人代表人、法人或法人代表人的代理人、使用人（职员）以及其他从业人员，就其相关业务或财产的管理，实施了违反第一百九十三条至前条所规定之行为的，除处罚相关行为人外，对法人或法人代表人处以各条规定的相应罚金。

第二百条 负有第三十九条第一款（包括第四十七条第三款、第八十六条、第一百二十三条第二款、第一百八十六条第二款、第一百八十七条第二款中的准用）、第四十九条（包括第八十五条中的准用）、第一百八十五条第二款所规定的管理、修缮或修复重要文化遗产、重要有形民俗文化遗产及史迹名胜天然纪念物之责任的，如果因怠慢或重大过失造成所管理、修缮、修复的重要文化遗产、重要有形民俗文化遗产及史迹名胜天然纪念物灭失、损毁、消亡或被盗的，处三十万日元以下罚款。

第二百零一条 有下列行为之一的，处三十万日元以下罚款。

（一）无正当理由不服从文化厅长官根据第三十六条第一款（包括第八十三条、第一百七十二条第五款中的准用）或第三十七条第一款之规定发布的重要文化遗产、重要有形民俗文化遗产的管理或者国宝的修缮等命令的。

（二）无正当理由不服从文化厅长官根据第一百二十一条第一款（包括第一百七十二条第五款中的准用）、第一百二十二条第一款之规定发布的史迹名胜天然纪念物的管理或特别史迹名胜天然纪念物的修复之命令的。

（三）无正当理由不服从文化厅长官根据第一百三十七条第二款之规定发布的重要文化景观的管理或实施相关措施的建议之命令的。

第二百零二条 有下列行为之一的，处十万日元以下罚款。

（一）无正当理由违反第四十五条第一款规定的限制、禁止或者建设必要设施之命令的。

（二）违反第四十六条（包括第八十三条中的准用）之规定，未向文化厅长官提出其出让给国家之申请；或者虽提出了申请但在该条第五款（包括第八十三条中的准用）所规定的期限内，又将该重要文化遗产转让给国家以外其他人，或者提起前述出让给国家之申请但有虚假之内容的。

（三）违反第四十八条第四款（包括第五十一条第三款以及第八十五条中的准用）之规定拒不出展或公开展示，或者违反第五十条第五款（包括第五十一条之二、第八十四条第二款、第八十五条中的准用）之规定，不服从停止或中止公开展示之命令的。

（四）违反第五十三条第一款、第三款以及第四款之规定，未获得许可或者未满足获得许可之条件公开展示重要文化遗产，或者不服从停止公开展示之命令的。

（五）违反第五十三条之六（包括第八十五条之四以及第一百七十四条之二第一款中的准用）、第一百七十四条之二第一款中的准用以及第五十四条（包括第八十六条以及第一百七十二条第五款中的准用）、第五十五条、第六十七条之五（包含第九十条之四以及第一百三十三条之四中的准用）、第六十八条（包括第九十条第三款以及第一百三十三条中的准用）、第七十六条之四（包含第八十九条之三中的准用）、第七十六条之十五（包含第九十条之十一中的准用）、第一百二十九条之五（包含第一百七十四条之二第一款中的准用）、第一百三十条（包括第一百七十二条第五款中的准用）、第一百三十一条或第一百四十条之规定，不报告或虚假报告，或者拒绝、妨碍、回避公务员进行实地调查或为调查实施必要之措施的。

（六）违反第九十二条第二款之规定，不服从禁止、停止或中止发掘之命令的。

（七）无正当理由违反第一百二十八条第一款所规定的限制或禁止，或者建设相关设施之命令的。

第二百零三条 有下列行为之一的，处五万日元以下罚款。

（一）违反第二十八条第五款、第二十九条第四款（包括第七十九条第二款中的准用）、第五十六条第二款（包括第八十六条中的准用）、第五十九条第六款以及第六十九条（包括第九十条第三款中的准用）之规定，未向文部科学大臣或新所有人上交或移交重要文化遗产、重要有形民俗文化遗产指定证书或者登录有形文化遗产、登录有形民俗文化遗产之登录证书的。

（二）违反第三十一条第三款（包括第六十四条第四款、第九十条第三款、第八十条、第一百一十九条第二款、第一百三十三条中的准用）、第三十二条（包括第六十条第四款、第九十条第三款、第八十条以及第一百二十条、第一百三十三条中的准用）、第三十三条（包括第八十条、第一百一十八条以及第一百二十条、第一百三十三条和第一百七十二条第五款中的准用）、第三十四条（第八十条以及第一百七十二条第五款中的准用）、第四十三条之二第一款、第五十三条之四或第五十三条之五（包含该规定在第一百七十四条之二第一款中的准用）、第六十一条或第六十二条（包括第九十条第三款中的准用）、第六十四条第一款（包括第九十条第三款及第一百三十三条中的准用）、第六十五条（包括第九十条第三款中的准用）、第六十七条之四、第七十三条、第七十六条之九、第八十一条第一款、第八十四条第一款主文、第八十五条之三（包含第一百七十四条之二第一款中的准用）、第九十条之三、第九十二条第一款、第九十六条第一款、第一百一十五条第二款（包括第一百二十条、第一百三十三条、第一百七十二条第五款中的准用）、第一百二十七条第一项、第一百二十九条之四（包含第一百七十四条之二第一款中的准用）、第一百三十三条之三、第一百三十六条、第一百三十九条第一款之规定，未申请或提出虚假申请的。

（三）违反第三十二条之二第五款（包括第三十四条之三第二款、第八十三条、第六十条第四款、第六十三条第二款、第九十条第三款、第八十条、第一百一十五条第四款、第一百三十三条中的准用）之规定，拒绝、妨碍或回避管理、修缮、修复以及拒绝、妨碍或回避为管理、修缮、复原而采取必要措施的。

附则　抄

【施行日期】

第一条　本法施行日期自公布之日起三个月之内由政令决定之。

【相关法律的废止】

第二条　废止以下法律、敕令及政令。

《国宝保存法》［1929年（昭和4年）法律第17号］；

《重要美术品保存法》［1933年（昭和8年）法律第43号］；

《史迹名胜天然纪念物保存法》［1919年（大正8年）法律第44号］；

《国宝保存法施行令》［1929年（昭和4年）敕令第210号］；

《史迹名胜天然纪念物保存法施行令》［1919年（大正8年）敕令第499号］；

《国宝保存会官制》［1929年（昭和4年）敕令第211号］；

《重要美术品等调查审议会令》［1949年（昭和24年）政令第251号］；

《史迹名胜天然纪念物调查会令》［1949年（昭和24年）政令第252号］。

【伴随法令废止的其他规定】

第三条　根据本法施行前的《国宝保存法》第一条之规定的"国宝之指定"（除根据同法第十一条第一款之规定指定撤销外）视为根据本法第二十七条第一款之规定的"重要文化遗产之指定"；根据《国宝保存法》第三条、第四条之"许可"视为根据本法第四十三条、第四十四条之规定的"许可"。

2. 关于本法施行前的国宝之灭失、损毁以及根据《国宝保存法》第七条第一款的命令、第十五条前段的补助金交付等,同法第七条至第十条、第十五条后段之规定的效力依然有效。这种情况下,第九条第二款中的"主管大臣"替换为"文化遗产保护委员会"。

3. 除《国宝保存法》第六条、第二十三条外,有关本法施行前的违法行为的处罚依然有效。

4. 在本法施行时,根据《国宝保存法》第一条所规定的国宝之所有人,必须根据委员会规则所规定的记载事项,在本法施行后三个月内书面向委员会报告。

5. 根据前款之规定提交报告的,根据本法第二十八条之规定,委员会必须向该所有人交付重要文化遗产指定证书。

6. 违反第四款规定,未报告或虚假报告的,处五千日元以下罚款。

7. 本法施行时,管理《国宝保存法》第一条所规定的国家国宝的各省各厅之长官,必须根据委员会规则所规定的记载事项,在本法施行后三个月内书面通知委员会,但委员会规则另有规定的,则不在此限。

8. 根据前款之规定通知后,委员会必须根据第二十条之规定向各省各厅之长官交付重要文化遗产指定证书。

第四条 本法施行时,之前根据《重要美术品保存法》第二条第一款被认定的物件,其效力在一定期间内依然存在。此间有关《重要美术品保存法》适用的相关事务由文化厅长官负责,该法中的"国宝"替换为"根据《文化遗产保护法》所规定的重要文化遗产"、"主务大臣"替换为"文化厅长官"、"根据《国宝保存法》第一条之规定指定的国宝及前条"替换为"前条"。

2. 在一定期间内,根据《重要美术品保存法》第二条第一款所规定的与认定撤销相关之事项,由文化遗产审议会调查审议,并就相关必要事项向文化厅长官提供咨询意见和建议。

3. 有关《重要美术品保存法》的施行,在一定期间内,准用本法第一百八十八条之规定。

第五条 本法施行前《史迹名胜天然纪念物保存法》第一条第一款之指定(除指定撤销外)可视为本法第一百零九条第一款之指定、第一条第二款之临时指定(除临时指定撤销外)为本法第一百一十条第一款之临时指定、第三条之许可为本法第一百二十五条第一款之许可。

2. 对于本法施行前根据《史迹名胜天然纪念物保存法》第四条第一

款之规定发出的命令及处分，同法第四条及《史迹名胜天然纪念物保存法施行令》第四条之规定继续有效。此时，该施行令第四条中的"文部大臣"替换为"文化遗产保护委员会"。

3. 有关本法施行前的相关行为之处罚，《史迹名胜天然纪念物保存法》中的相关规定依然有效。

【从前的国立博物馆】

第六条 除法律（包括基于法律的命令）有特别规定外，从前的国立博物馆及其职员（除美术研究所及所属职员外）视为基于本法的国立博物馆及其职员；从前国立博物馆下设的美术研究所及所属职员则成为基于本法的研究所及其职员，其前后存在持续同一性。

2. 基于本法成立的东京国立文化遗产研究所承担从前国立博物馆下设的美术研究所所主持的调查研究工作，其在名称上可以使用"美术研究所"。

【国家的无息借贷等】

第七条 本法第三十五条第一款所规定的给予经费补助的重要文化遗产，属于《利用 NTT 之股份的销售收入促进社会资本之整顿的特别措施法》（昭和 62 年法律第 86 号）第二条第一款第二项所规定的补助之对象的，国家在预算的范围内，对其所需的部分经费给予一定期间的无息借贷。

2. 前款无息借贷款的偿还期间在五年（包括两年以内的存放期间）以内由政令决定之。

3. 除前款由政令决定的事项外，第一款中的无息借贷款的偿还方法、提前偿还以及其他与还款相关之必要事项等由政令规定之。

4. 根据第一款之规定，国家就重要文化遗产之管理借贷款给重要文化遗产所有人或管理团体时，其补助金额相当于该借贷款之金额；该补助金交付时间为该借贷款偿还时、所交付补偿金之金额为该借贷款的偿还之金额。

5. 根据第一款之规定获得无息借贷款后，重要文化遗产所有人或管理团体在根据第二款、第三款所确定的偿还期间内，提前偿还上述借贷款（除政令另有规定外）涉及前款之适用时，该提前偿还视为该借贷款偿还。

6. 根据第一款之规定，国家实施无息借贷行为时，本法第三十五条第二款中的"交付"改为"借贷"、"补助的"改为"借贷的"、"管理或维修"改为"管理";第三十五条第 3 款中的"交付"改为"借贷"、"管理或维修"改为"管理",并适用这些规定。

附则　1951 年（昭和 26 年）12 月 24 日法律第 318 号　抄

第一条　本法自公布之日起施行。但第二十条、第二十三条、第二十三条及第一百二十四条第二款的修改规定以及附则第三款之规定,自 1952 年（昭和 27 年）4 月 1 日起施行。

第二条　对本法施行前行为的罚则之适用,修改前的《文化遗产保护法》第三十四条之规定仍然有效。

附则　1952 年（昭和 27 年）7 月 31 日法律第 272 号　抄

【施行日期】

第一条　本法自 1953 年（昭和 28 年）8 月 1 日起施行。但附则第三款之规定,自公布之日施行。

【有关东京国立博物馆分馆职员的规定】

第二条　本法施行时,除另有委任外,原东京国立博物馆分馆的职员,按同一工作之条件成为奈良国立博物馆的职员。

附则　1953 年（昭和 28 年）8 月 10 日法律第 194 号　抄

第一条　本法自公布之日起施行。

附则　1953 年（昭和 28 年）8 月 15 日法律第 213 号　抄

第一条　本法自 1953 年（昭和 28 年）9 月 1 日起施行。

第二条　本法施行前根据从前之法令所作出的许可、认可以及其他行政处置、申请、报告及其手续等,可视为根据修改后相应之规定所作出的行政行为或手续。

附则 1954年（昭和29年）5月29日法律第131号 抄

1. 本法自1954年（昭和29年）7月1日起施行。

2. 对于本法施行前临时指定的史迹名胜天然纪念物，除根据修改后的《文化遗产保护法》（以下称为"新法"）第六十九条第一款之规定进行指定外，自本法施行之日起三年之内未根据该条该款之规定进行指定的，其效力自动失效。该规定不受新法第七十一条第二款之规定的限制。

3. 对于在本法施行前六个月内、根据修改前的《文化遗产保护法》第四十三条第一款或第八十条第一款、第四十五条第一款或第八十一条第一款之规定的现状变更之许可或不许可、限制或禁止及命令等处分不服的，可以在本法施行之日起三十日内向委员会提出异议申请。此时可以准用第八十五条之二第二款、第三款及第八十五条之三至第八十五条之九的规定。

4. 对在本法施行前行为的罚则之适用，根据从前之规定。

5. 废止1983年（昭和28年）政令第289号《有关史迹名胜天然纪念物的管理团体之指定等政令》。

6. 根据旧《有关史迹名胜天然纪念物的管理团体之指定等政令》第一条第一款之规定，接受指定的地方公共团体、其他团体以及根据该法令附则第二款之规定接受指定的地方公共团体及其他团体，则被视为根据新法第七十一条之二第一款、第九十五条第一款之规定接受指定的地方公共团体及其他法人。

7. 前款所指定的团体为非法人的，在本法施行后一年内，可根据新法第七十一条之二第一款、第九十五条第一款及第九十五条之三第一款之规定进行管理或修缮。该非法人可准用新法第七十一条之二第一款、第九十五条第一款及第九十五条之三第一款中有关接受指定的法人之规定。

附则 1956年（昭和31年）6月12日法律第148号 抄

第一条 本法自《〈地方自治法〉部分修改之法律》[1956年（昭和31年）法律第147号]施行之日起施行。

附则　1956年（昭和31年）6月30日法律第163号　抄

【施行日期】
第一条　本法自1956年（昭和31年）10月1日起施行。

附则　1958年（昭和33年）4月25日法律第86号　抄

第一条　本法自公布之日起施行，除《有关特别职位职员的工资之法律》第四条、第九条及第十四条第一款的修改之规定、《文化遗产保护法》第十三条之后增加的修改之规定、《自治厅设置法》第十六条之后增加的修改之规定以及附则第二款规定外，自1958年（昭和33年）4月1日起适用。

附则　1959（昭和34）年4月20日法律第148号　抄

【施行日期】
第一条　本法自《国税征收法》［1959年（昭和34年）法律第147号］施行之日起施行。

【公共课税的先取特权之顺位的修改】
第七条　根据第二章规定的修改后各法令（仅限与征收金的先取特权之顺位相关部分）之规定，在本法施行后，适用于《国税征收法》第二条第（十二）项所规定的通过强制换价手续开始的分配手续，本法施行前已开始的该分配手续，在征收金的先取特权之顺位上依照旧法之规定。

附则　1961年（昭和36年）6月2日法律第111号　抄

【施行日期】
第一条　本法自公布之日起施行，自1961年（昭和36年）4月1日起适用。

【《行政机关职员定编法》废止】
第二条　《行政机关职员定编法》［1949年（昭和24年）法律第126

号］废止。

【对全职职员的暂定措施】

第三条 1961年（昭和36年）4月1日起，两个月内所雇佣的全职职员，可以在一定期间内将其置于《国家行政组织法》第十九条第一款、第二款以及第二十一条第二款所确定人员编制之外。

附则　1962年（昭和37年）5月16日法律第140号　抄

1. 本法自1962年（昭和37年）10月1日起施行。
2. 除本法附则中有特别规定外，本法修改后的规定适用于本法施行前所发生的事项，但并不影响修改前已实施行为的法律效力。
3. 本法实施时仍在进行的诉讼，不受修改后新法不得提起诉讼之规定的限制，仍依旧法之规定。
4. 本法实施时正在进行的管辖权之诉，不受修改后新法的专属管辖规定的限制，仍依旧法之规定。
5. 本法施行时有关根据旧法之规定所作出的、有关起诉期间的决定或裁决，依旧法之规定，但此规定仅限于新法所规定的起诉期间比旧法短的情形。
6. 本法施行前与当事人诉讼相关的决定或裁决，新法有规定起诉期间的，其起诉期间从新法施行之日起计算。
7. 本法施行前提起、正在进行的撤销决定或裁决之诉，依照旧法之规定进行，不受新法所确定的该法律关系当事人一方为被告的限制。但如果原告申请，允许法院可以作出变更该诉讼的诉讼当事人之决定。
8. 前款之但书，准用《行政诉讼法》第十八条后段以及第二十一条第二款至第五款之规定。

附则　1962年（昭和37年）9月15日法律第161号　抄

1. 本法自1962年（昭和37年）10月1日起施行。
2. 除本法附则有特别规定外，修改后的新法之规定也适用于本法施行前的行政行为、与申请相关的行政机关的不作为以及本法施行前发生的其他事项等。但根据本法修改前规定已经发生效力的则不受影响。

3. 本法施行前提出的诉讼、审查请求、异议申请及其他不服申请（以下称为"诉愿等"），在本法施行后仍按旧法之规定处理。对于本法施行前提起的诉愿等的裁决、决定以及其他处分（以下称为"裁决等"）或者本法施行前提起的、在本法施行后作出的裁决等的不服之诉愿等，也按旧法规定处理之。

4. 本法施行后，有关前项诉愿等可根据《行政不服审查法》提起的不服之申请，在适用《行政不服审查法》以外之法律的，则视为根据《行政不服审查法》提起的不服申请。

5. 根据附则第三款之规定，针对本法施行后提出的审查申请、异议申请及其他不服之申请的裁决等，不可作为根据《行政不服审查法》之规定的不服申请来对待。

6. 根据本法之规定，对于本法施行前的行政行为可依据修改前的规定提出诉愿且未确定起诉期间的，其可依据《行政不服审查法》提起不服申请的期间从本法施行之日起计算。

8. 对于本法施行前实施的处罚，适用旧法之规定。

9. 除前八款规定的事项外，有关本法施行的必要经过措置由政令规定之。

10. 若某一法律上的相关规定因本法及《有关〈行政诉讼法〉施行与相关法律的协调之法律》[1962年（昭和37年）法律第140号] 的施行需要修改时，首先根据本法之规定进行修改，其次根据《有关〈行政诉讼法〉施行与相关法律的协调之法律》的规定进行修改。

附则　1965年（昭和40年）3月31日法律第36号　抄

【施行日期】
第一条　本法自1965年（昭和40年）4月1日起施行。
【伴随其他法令部分修改的原则】
第五条　除另有规定外，根据第二章之规定，修改后的法令规定适用于1965年（昭和40年）以后的所得税及法人税；1964年（昭和39年）以前的所得税及法人税仍按以前之规定处理。

附则　1968年（昭和43年）6月15日法律第99号　抄

【施行日期】

1. 本法自公布之日起施行。

【过渡措施】

2. 本法施行后，如果没有其他委任状，那么原文部省文化局、文化遗产保护委员会事务局、文部省附属机关（仅限于相当本法所规定的附属于文化厅的机关）及文化遗产保护委员会的附属机关（除文化遗产审议会外）的职员在同一工作条件下成为文化厅职员。

3. 在本法施行后，文化遗产保护委员会、文部大臣根据修改前的《文化遗产保护法》《著作权法》《有关著作权居间业务之法律》《有关加入〈世界版权公约〉的著作权法的特例之法律》《枪炮刀剑等持有取缔法》及《国立剧场法》的规定作出的许可、认可、指定、通知及其他行政行为，视为文部大臣、文化厅长官根据修改后的法律之规定所作出的许可、认可、指定、通知及其他行政行为。

4. 在本法施行后，根据修改前的《文化遗产保护法》《著作权法》《有关著作权居间业务之法律》《有关加入〈世界版权公约〉的著作权法的特例之法律》《枪炮刀剑等持有取缔法》及《国立剧场法》的规定，向文化遗产保护委员会、文部大臣提出的申请、报告及其他请求，视为根据修改后的法律之规定向文部大臣、文化厅长官提出的申请、报告及其他请求。

5. 本法施行后，原有《文化遗产保护委员会规则》作为文部省的政令，依然有效。

附则　1971年（昭和46年）5月31日法律第88号　抄

【施行日期】

第一条　本法自1971年（昭和46年）7月1日起施行。

附则　1971年（昭和46年）6月1日法律第96号　抄

【施行日期】

第一条　本法自公布之日起施行。

附则　1972年（昭和47年）6月3日法律第52号　抄

【施行日期】

第一条　在本法公布之日起三十日的范围内，由政令决定施行日期。

【有关土地调整委员会以及中央公害审查委员会的行政行为的对应措施】

第十六条　本法施行前，土地调整委员会或中央公害审查委员会根据修改前的法律规定实施的相关行政行为，除政令另有规定外，视为公害等调整委员会根据修改后的相关法律实施的行政行为。

附则　1975年（昭和50年）7月1日法律第49号　抄

【施行日期】

1. 本法自公布之日起三个月之后施行。

【发现遗迹时的停止命令等特例】

2. 自本法施行之日起五年内，修改后的《文化遗产保护法》（以下称为"新法"）第五十七条之五第二款但书中的"三个月"改为"六个月"、第五款但书中的"六个月"改为"九个月"。在该情况下，有关自本法施行之日起五年内实施了该条第二款所规定之措施的，即便是五年后，也依然以五年前的规定来处理。

【过渡性措施】

3. 本法施行后，在根据修改前的《文化遗产保护法》（以下称为"旧法"）第五十六条之三第一款之规定所指定的重要无形文化遗产中，文部大臣认为有必要将根据旧法第五十六条之三第二款认定的"保持者"改换为根据新法第五十六条之三第二款认定的"保持团体"的，其必须在本法施行后一年内，根据旧法第五十六条之三第二款之规定撤销保持者认定的同时，根据新法第五十六条之三第二项之规定认定为保持团体。对于这种情况，准用新法第五十六条之三第三款及第五十六条之四第三款之规定。

4. 本法施行后，根据旧法第五十六条之十第一款之规定指定的"重要民俗资料"视为根据新法第五十六条之十第一款规定指定的"重要有形民俗文化遗产"；同时根据旧法第五十六条之十第二款中准用旧法第二十八条第三款规定所交付的"重要民俗资料指定证书"视为根据新法第五十六条之十第二款中准用新法第二十八条第三款规定所交付的"重要有形民俗文化遗产指定证书"。

5. 在本法施行前，与旧法第五十七条之二第一款规定的发掘相关之申请，根据旧法第五十七条之二的规定来处理，不受新法第五十七条之二、第五十七条之三规定的限制。

6. 在本法施行前，有关对制定了新法第五十七条之三第一款所规定事业计划的国家机关等（除就该事业计划之实施根据旧法第五十七条之二第一款之规定已经提出申请外）适用新法第五十七条之三的规定，该条第一款中的"在制定该发掘计划时，事先……"改为"本法施行后不得延迟"。

7. 对于本法施行前，根据旧法第八十四条第一款规定已报告的遗迹，旧法第八十四条之规定依然有效，并不受新法第五十七条之五（与旧法第八十七条所规定的各省各厅之长官不对应的新法第五十七条之三第一款规定的国家机关等，新法第五十七条之六）规定的影响。

8. 有关本法施行前旧法第八十七条所规定的各省各厅之长官根据旧法第九十条第一款第八项之规定所认可的、与已通知相关之遗迹，旧法第九十条第一款第八项通知相关的旧法第九十条第三款之规定依然有效，不受新法第五十七条之六规定的影响。

9. 有关本法施行前行为的罚则之适用，依据旧法之规定。

10. 除前七款中的规定外，与本法施行相关的必要措施，由政令规定之。

附则　1983 年（昭和 58 年）12 月 2 日法律第 78 号　抄

1. 本法（除第一条外）自 1983 年（昭和 59 年）7 月 1 日起施行。
2. 在本法施行前，根据法律之规定所设置的机关与本法施行后《国家行政组织法》以及基于本法修改后相关法律所规定的政令（以下称为"相关政令"）设置的机关之间，可通过政令规范必要过渡性措施以及伴随其他法律的施行，制定、修改或废止相关政令。

附则　1993年（平成5年）11月12日法律第89号　抄

【施行日期】

1. 本法自《行政手续法》[1993年（平成5年）法律第88号]施行之日起施行。

【有关咨询等不利处分的对应措施】

2. 根据《行政手续法》第十三条之规定，对于向依据本法施行前之法令而设立的审议会及其他合议制机关等提起听证、申辩及其他说明程序等而受到不利益之处分的，依照从前的规定处理，不受本法修改后的相关法律规定的影响。

【有关罚则的对应措施】

第十三条　有关本法施行前行为的罚则，依照从前之规定。

【有关协调听证之规定的过渡性措施】

第十四条　本法施行前，根据法律规定实施的听证、意见听取、听证会（除与不利处罚相关行为外）以及与之相关的程序等，视为根据修改后相关对应法律之规定实施的行为。

【委任立法】

第十五条　除附则第二条至前条规定的事项外，有关本法施行的其他必要措施由政令规定之。

附则　1994年（平成6年）6月29日法律第49号　抄

【施行日期】

1. 本法第一章及次款之规定，自《地方自治法部分修改之法律》[1994年（平成6年）法律第48号]中《地方自治法》第二编第十二章的修改规定施行之日起施行；本法第二章之规定自《地方自治法部分修改之法律》中《地方自治法》第三编第三章的修改规定施行之日起施行。

附则　1994年（平成6年）11月11日法律第97号　抄

【施行日期】

第一条　本法自公布之日起施行。

【伴随《文化遗产保护法》部分修改的对应措施】

第四条　有关第四条规定施行前,根据修改前《文化遗产保护法》第四十六条第一款(包括第五十六条之十四中的准用)之规定的"出让申请"以及修改前该条第一款但书(包括第五十六条之十四中的准用)之规定的"承认申请"等,依照从前的规定处理,不受根据第四条之规定修改后《文化遗产保护法》之规定的影响。

【有关罚则的对应措施】

第二十条　对于本法(附则第一条各项所列举之规定)施行前完成的行为以及依据附则第二条、第四条、第七条第二款、第八条、第十一条、第十二条第二款、第十三条及第十五条第四款规定遵照从前第一条、第四条、第八条、第九条、第十三条、第二十七条、第二十八条及第三十条之规定施行之后的行为之处罚,仍然遵照从前之规定。

【委任立法】

第二十一条　除附则第二条至前条所规定的内容外,有关本法施行所应该采取的其他必要对应措施(包括罚则的过渡措施),由政令规定之。

附则　1996年(平成8年)6月12日法律第66号　抄

【施行日期】

1. 在本法公布后九个月内,由政令决定开始施行日。

【有关重要文化遗产公开展出申请的过渡措施】

2. 本法施行时,修改前的《文化遗产保护法》(以下称为"旧法")第五十三条第一款所规定的获得许可,或提出申请后,修改后的《文化遗产保护法》(以下称为"新法")第五十三条第一款但书所规定的、由公开承认设施的设置者在其公开设施所举办的展览会上的公开,视为根据该条第二款之规定的许可或公开。

3. 在本法实施之前,根据旧法第五十三条第一款但书之规定提出了公开申请的,文化厅长官以外的国家机关或地方公共团体,在主办新法第五十三条第一款但书所规定的公开承认设施举办展览会或其他展览等,视为根据该条第二款之规定的公开展出之申请。

4. 文化厅长官以外的国家机关或地方公共团体实施新法第五十六条之十五第一款但书规定、在免除事先公开申请的设施主办展览会或其他展览，或者免除事先公开申请的设施设置者在其免除事先公开申请的设施上实施公开的，根据本法施行前旧法第五十六条之十五第一款之规定提出的公开之申请，视为根据新法第五十六条之十五第一款但书之规定提出的公开之申请。

【有关罚则的过渡措施】

5. 对于本法施行前行为的处罚，适用旧法之规定。

【验证】

6. 在本法施行十年后，政府必须总结本法的适用状况、应保护的文化遗产之保护状况，研究有形文化遗产登录的相关制度等，并在此基础上制定适合发展的所需措施。

附则　1999 年（平成 11 年）7 月 16 日法律第 87 号　抄

【施行日期】

第一条　本法自 2000 年（平成 12 年）4 月 1 日起施行。但以下各项之规定自该各项规定的日期开始施行。

（一）第一条中有关《地方自治法》第二百五十条以下五条、节名以及两款及款名的修改之规定（仅限于与该法第二百五十条之九第一款相关、即获得参众两院同意的部分）、第四十条中《自然公园法》附则第九条、第十条的修改之规定（仅限与附则第十条相关部分）、第二百四十四条之规定（除《农业改良促进法》第十四条之三的修改规定相关部分外）、第四百二十七条之规定（除与《市、町、村合并特例法》第六条、第八条以及第十七条的修改规定相关部分外）以及附则第七条、第十条、第十二条、第五十九条但书、第六十条第四款及第五款、第七十三条、第七十七条、第一百五十七条第四款至第六款、第一百六十条、第一百六十三条、第一百六十四条以及第二百零二条之规定的公布日。

【《文化遗产保护法》部分修改的对应措施】

第五十八条　施行日之前发现的文化遗产、在本法施行时未判明所有人的，其所有权的归属以及相关褒赏金等，根据第一百三十五条规定，修改前的《文化遗产保护法》（以下称为"旧《文化遗产保护法》"）第五十九条第一款所规定的文化遗产以及根据旧《文化遗产保护法》第六十一条第二款所规定的文化遗产中，属国家机关在调查埋藏文化遗产发掘时发现的文化遗产的，根据第一百三十五条之规定，适用修改后的《文化遗产保护法》（以下称为"新《文化遗产保护法》"）第六十三条之规定，对于其他文化遗产则适用新《文化遗产保护法》第六十三条之二之规定。

第五十九条 在由旧《文化遗产保护法》第六十三条第一款规定的、归属国家的文化遗产中，在本法施行时由地方公共团体保管（除与《物品管理法》第八条第三款或第六条所规定的物品管理官管理相关外）的文化遗产之所有权，自本法施行之日起归属于保管该文化遗产的地方公共团体所有。但截至本法施行日之前，文部省政令规定该地方公共团体已经另行提出申请的，则不受此限。

【国家等的事务】
第一百五十九条 除本法修改前各项法律所规定的事项外，地方公共团体机关根据法律或法令，管理或实施国家、其他地方公共团体之事务（附则第一百六十一条中称为"国家等的事务"），视为本法施行后，地方公共团体根据法律或法令，作为该地方公共团体之事务来处理。

【有关处分、申请的过渡性措施】
第一百六十条 本法（附则第一条各项所列举的规定。在本条以及附则第一百六十三条中相同）施行前，根据修改前各项法律之规定的许可等具体行政行为（以下称为"具体的行政行为"）或者根据修改前的各项法律规定的许可申请等行为（以下称为"申请等行为"），在本法施行之日，与该行为相关的行政事务处理者不同的，除附则第二条至前条之规定或修改后的相关法律（包括根据该法律的相关行政命令）所规定对应措施外，就本法施行后各项法律的适用问题，视为根据修改后各项法律规定所作出的具体行政行为或申请等。

2. 本法施行前，根据修改前的各相关法律规定，必须向国家机关或地方公共团体机关报告、申请或提出等其他手续之事项，在本法实施日之前未提出的，除本法及政令有特别规定外，视为根据修改后的相关法律规定的必须向国家机关或地方公共团体机关的报告、申请或提出等其他手续，适用本法修改后的相关法律规定。

【有关不服申请的过渡性措施】
第一百六十一条 针对本法施行前的相关行政机关（以下本条称为"行政厅"）之具体行政行为的不服申请，上级行政机关（以下称为"上级行政厅"）在本法施行后尚未作出复议裁决的，则视该具体行政行为为上级行政厅机关的行政行为、本法施行前的上级行政厅为行政厅，适用《行政不服审查法》之规定。

2. 当前款被视为行政厅的上级行政厅为地方公共团体之机关时，该机关根据《行政不服审查法》处理的行政事务则为新《地方自治法》第二条第九款第一项规定的第一项法定受托事务。

【有关手续费的过渡性措施】

第一百六十二条　在施行前，根据修改前的各项法律（包含政令）应交纳的手续费，除本法以及基于本法的政令另有规定外，仍然依据从前之规定。

【有关罚则的过渡性规定】

第一百六十三条　对本法施行前行为的处罚，适用施行前之法律。

【其他政令委托的过渡性措施】

第一百六十四条　除附则的规定外，伴随本法施行的其他必要的过渡性措施（包括罚则的过渡性措施），由政令规定之。

2. 有关适用附则第十八条、第五十一条以及第一百八十四条之规定的必要事项，由政令规定之。

【验证】

第二百五十条　有关新《地方自治法》第二条第九款第一项所规定的"第一项法定受托事务"，在尽可能不设定新事务的同时，从推动地方分权的观点出发，适当、确实地重新思考新《地方自治法》附表（一）中所列举的事务以及基于新《地方自治法》之政令所表明的事务。

第二百五十一条　为促进地方公共团体自主、独立执行地方行政事务，政府应该根据国家与地方公共团体间公共事务的分担情况，充分考虑并研究经济情势的变化、采取相应的必要措施，以确保地方拥有充足财源。

附则　1999 年（平成 11 年）7 月 16 日法律第 102 号　抄

【施行日期】

第一条　本法自《内阁法部分修改之法律》[1999 年（平成 11 年）法律第 88 号] 施行之日起施行。但以下各项之规定，自各项所定之日起施行。

（二）附则第十条第一款及第五款、第十四条第三款、第二十三条、第二十八条以及第三十条，自公布之日起施行。

【其他过渡性措施】

第三十条　除第二条至前条的规定外，伴随本法施行的必要过渡性措施，由其他法律规定之。

附则　1999年（平成11年）12月22日法律第160号　抄

【施行日期】

第一条　本法（除第二条、第三条外）自2001年（平成13年）1月6日起施行。

附则　1999年（平成11年）12月22日法律第178号　抄

【施行日期】

第一条　本法自2001年（平成13年）1月6日起施行，但附则第九条，由政令在本法施行之日起不超过六个月的范围内决定施行日。

附则　1999年（平成11年）12月22日法律第179号　抄

【施行日期】

第一条　本法自2001年（平成13年）1月6日起施行，但附则第八条之规定，由政令在本法施行之日起不超过六个月的范围内决定施行日。

附则　2000年（平成12年）5月19日法律第73号　抄

【施行日期】

第一条　本法在其公布之日起不超过一年的范围内由政令决定施行日。

附则 2002年（平成14年）2月8日法律第1号 抄

【施行日期】
第一条 本法自公布之日起施行。

附则 2002年（平成14年）7月3日法律第82号 抄

本法自日本加入的《禁止、防止文化遗产非法进出口及所有权转移国家公约》生效之日起施行。

附则 2004年（平成16年）5月28日法律第61号 抄

【施行日期】
第一条 本法自2005年（平成17年）4月1日起施行。

附则 2004年（平成16年）6月9日法律第84号 抄

【施行日期】
第一条 本法在其公布之日起不超过一年的范围内，由政令决定施行日。

附则 2006年（平成18年）5月31日法律第46号 抄

【施行日期】
第一条 本法在其公布之日起不超过一年六个月的范围内由政令决定施行日，但以下各项之规定自该项所规定之日起施行。

（三）第一条中的《都市规划法》第五条之二第一款及第二款、第六条、第八条第二款及第三款、第十三条第三款、第十五条第一款、第十九条第三款及第五款的修改，该条第六款的删除规定以及该法第二十一条、第二十二条第一款、第八十七条之二的修改之规定，第二条中的《建筑基准法》第六条第一款的修改规定、第三条、第六条、第七条中《都市再生特别措置法》

第五十一条第四款的修改规定以及附则第三条、第四条第一款、第五条、第八条及第十三条之规定等，自其公布之日起六个月内由政令规定施行日。

附则 2006年（平成18年）6月15日法律第73号 抄

【施行日期】

第一条 本法在其公布之日起一年六个月内，由政令决定施行日。

附则 2007年（平成19年）3月30日法律第7号 抄

【施行日期】

第一条 本法自2007年（平成19年）4月1日起施行。

【文化遗产保护法部分修改的过渡性措施】

第十一条 根据前条之规定，有关修改后《文化遗产保护法》第一百零四条第一款之规定的适用，施行日之前研究所实施发掘埋藏文化遗产（该法第九十二条第一款规定的埋藏文化遗产）调查发现的，该法第一百零二条第二款所规定的文化遗产，视为机构发现的文化遗产。

附则 2011年（平成23年）5月2日法律第37号 抄

【施行日期】

第一条 本法自公布之日起施行。

【有关罚则的过渡性措施】

第二十三条 对于本法（附则第一条所列各项规定，在该规定）施行前行为的罚则，适用从前之法律。

【法令委任】

第二十四条 除附则第二条至前条以及附则第三十六条中规定的过渡性措施外，有关本法实施的过渡性措施，由政令规定之。

附则 2014年（平成26年）6月4日法律第51号 抄

【施行日期】

第一条 本法自2015年（平成27年）4月1日起施行。

【有关罚则的过渡性措施】

第八条　对于本法施行前实施行为的罚则，适用从前之法律。

【法令委任】

第九条　除附则第二条至前条规定的过渡性措施外，有关本法施行的过渡性措施（包括罚则的过渡性措施），由政令规定之。

附则　2014年（平成26年）6月13日法律第69号　抄

【施行日期】

第一条　本法自《行政不服审查法》[2014年（平成26年）法律第68号]的施行日起施行。

附则　2018年（平成30年）6月8日法律第42号　抄

【施行日期】

第一条　本法自2019年（平成31年）4月1日起施行。

【有关罚则的过渡性措施】

第二条　对于本法施行前实施行为的罚则，适用从前之法律。

【法令委任】

第三条　除前条规定外，有关本法施行的必要过渡性措施，由政令规定之。

附则　2020年（令和2年）4月17日法律第18号　抄

【施行日期】

第一条　本法在其公布之日起一个月内，由政令决定施行日。

附则　2020年（令和2年）6月10日法律第41号　抄

【施行日期】

第一条　本法在其公布之日起三个月后施行，但以下各项则由其各自规定之日起施行。

（一）第三条、第七条、第十条以及附则第四条、第六条、第八条、第十一条、第十三条、第十五条以及第十六条之规定自公布之日起施行。

附则　2021年（令和3年）4月23日法律第22号　抄

【施行日期】

第一条　本法在其公布之日起三个月内、由政令决定施行日，但第五十七条第二款的但书修改规定、第一百八十二条的修改以及增加规定，自2022年（令和4年）4月1日起施行。

附则　2022年（令和4年）6月17日法律第68号　抄

【施行日期】

第一条　本法自《刑法修改法》施行之日起施行。但以下各项规定，则自其各自规定的施行日施行。

（一）第五百零九条，自公布之日起施行。

四　古都保护法*

1966年（昭和41年）1月13日法律第1号[制定]
1966年（昭和41年）4月28日法律第60号
　　[根据地方交付税法修改法附则第2款之修改]
1968年（昭和43年）6月15日法律第101号
　　[根据都市规划法施行法第60条之修改]
1971年（昭和46年）5月31日法律第88号
　　[根据环境厅设置法附则第40条之修改]
1980年（昭和55年）5月26日法律第60号
　　[根据明日香村历史环境保存法附则第8条之修改]
1983年（昭和58年）12月2日法律第80号
　　[根据总理府设置法修改法第31条之修改]
1993年（平成5年）11月12日法律第89号
　　[根据行政手续法施行相关法律整备法第339条之修改]
1999年（平成11年）7月16日法律第87号
　　[根据为推进地方分权的法律整备法第4条之修改]
1999年（平成11年）7月16日法律第102号
　　[根据中央组织机构改革关系法律整备法第170条之修改]
1999年（平成11年）12月22日法律第160号
　　[根据中央组织机构改革关系法律整备法施行法第1157条之修改]
2011年（平成23年）8月30日法律第105号
　　[根据提高地方自主性、自立性的改革推进法第113条之修改]
2022年（令和4年）6月17日法律第68号
　　[根据伴随刑法修改法施行的相关法律整备法第383条之修改]

---

* 该法的日文名称为『古都における歴史的風土の保存に関する特別措置法』，在日本通常简称为『古都法』或『古都保存法』。根据掌握的资料，该法已有汉译版本为1999年版法律（第160号）的殷作恒译本（载殷作恒译《日本旅游法律法规》，社会科学文献出版社2005年版，第71—80页）。

【目的】

第一条 为了保护作为我国固有文化资产、被国民传承的古都的历史环境，使国民能平等地享有其恩惠、明确国家等所应采取的特别措施，以提高国民的爱国热情和促进文化事业的广泛发展，特制定本法。

【定义】

第二条 本法中的"古都"是指在我国历史上具有重要地位的政治、文化中心——京都市、奈良市、镰仓市及其他由政令规定的市、町、村。

2. 本法中的"历史环境"是指我国具有历史意义的建筑、遗迹等以及与其周边自然环境一体化后的古都传统与文化的体现及其形成的历史环境状况。

【国家及地方公共团体的责任】

第三条 为了使古都的历史环境得以良好保存，国家及地方公共团体必须积极贯彻本法立法宗旨并努力公正地执行本法。

2. 国民必须理解本法的立法宗旨，在不得违反本法的立法目的的同时，还必须积极协助国家及公共团体为实现本法之目的而采取必要措施。

【历史环境保护区之指定】

第四条 为保护古都的历史环境，国土交通大臣可在听取相关地方公共团体及社会资本整备审议会意见的同时，与相关行政机构长官进行协商，指定一定土地区域为古都历史环境保护区。在此情况下，地方公共团体向国土交通大臣提出意见的，国土交通大臣应及时给予回应、不得延迟。

2. 国土交通大臣指定历史环境保存区后，必须在《官报》上公告指定宗旨以及指定区域。

3. 前两项之规定准用于历史环境保护区之变更。

【历史环境保护规划】

第五条 国土交通大臣在指定历史环境保护区时，必须听取相关地方公共团体及社会资本整备审议会意见，并就该历史环境保存区与相关行政机构长官协商、制定历史环境保护规划（以下称为"历史环境保护规划"）。在此情况下，地方公共团体向国土交通大臣提出意见的，国土交通大臣应及时给予回应、不得延迟。

2. 历史环境保存计划应该包括以下各项内容。

（一）历史环境保护区内的行为规范及其他维持保存历史环境的相关

事项；

（二）历史环境保护区内的，与历史环境保存相关的必要设施的整备事项；

（三）历史环境特别保护区的指定标准之事项；

（四）第十一条规定的购买土地之相关事项。

3. 国土交通大臣在制定历史环境保护规划后，必须抄送相关行政机构长官以及相关地方公共团体，同时还必须在《官报》上公告之。

4. 前三款之规定准用于历史环境保护规划的变更。

【历史环境特别保护区的城市规划】

第六条　基于历史环境保护规划，可就历史环境保护区内构成历史环境之核心部分的保护区域、在城市规划中划定历史环境保护特别区域（以下称为"特别保护区"）。

2. 府、县在城市规划中划定特别保护区时，必须通过在特定区域内设置标识以及采取其他适当方法，明示该区域为特别保护区的范围与宗旨。

3. 特别保护区内的土地之所有人或占有人，无正当理由，不得拒绝或妨碍设置前款之标识。

【历史环境保护区内的行为之申请】

第七条　根据政令之规定，在历史环境保护区（除特别保护区）内实施以下各项行为的，必须事先向府、县知事申请登记备案。但若为日常管理行为或轻微行为、由政令规定的其他行为以及严重灾害的应急之行为的，则不在此限。

（一）建筑物或其他辅助建筑的新建、改建或扩建行为；

（二）营造住宅用地、开垦土地以及其他改变土地性质的行为；

（三）采伐林木行为；

（四）采石取土行为；

（五）除以上各项行为外，由政令规定的、有可能影响历史环境保护的其他行为。

2. 前款登记备案申请提出后，为保护历史环境，府、县知事认为必要的，可对申请人提供必要意见或建议。

3. 国家机关根据第一款之规定申请登记备案的，必须事先将登记备案之要旨通知府、县知事。

【特别保护区的特例】

第七条之二 市、町、村在良好地维护其辖区内第二条第一款所确定的古都、全部区域的历史环境，特别是有必要在其城市规划中将该区域全部纳入第六条第一款所规定的特别保护区的市、町、村，可根据其他法律之规定，制定有别于本法第四条至前条的特别规定。在此情况下，该城市规划中所确定之地区应视为第六条第一款规定的特别保护区、适用本法之规定（除第四条至前条外）。

【特别保护区内的行为限制】

第八条 在特别保护区内，未经府、县知事许可，以下各项行为不得为之。但若为日常管理行为或轻微行为、由政令规定的其他行为、严重灾害的应急行为以及在城市规划中确定特别保护区时已经实施的行为，则不受此限。

（一）建筑物或其他辅助建筑的新建、改建或扩建行为；

（二）营造住宅用地、开垦土地以及其他改变土地性质的行为；

（三）采伐林木行为；

（四）采石取土行为；

（五）建筑物或其他辅助建筑的色彩变更行为；

（六）屋外广告招牌的张贴或悬挂行为；

（七）除以上各项行为外，由政令规定的、有可能影响历史环境保护的其他行为。

2. 前款各项行为，不符合政令规定之标准的，府、县知事不得许可。

3. 根据前条规定，市、町、村的区域规划有两个以上特别保护区的，可根据其区分之目的，在前二款的政令中确定各自的特别保护区。

4. 国土交通大臣在制定、修改或废除第一款或第二款中的政令时，必须事先听取社会资本整备审议会的意见。

5. 为保护历史环境，可在必要限度内，在第一款规定的许可中附加期限或其他条件。

6. 为保护历史环境，府、县知事认为必要时可命令第一款规定的违反者或前款附加条件的违反者，在必要限度内恢复原状，或恢复原状明显困难的采取其他替代措施。对于不履行前述之命令的，可根据《行政代执行法》的规定处理。

7. 在试图作出前款前段的恢复原状或其他替代措施（以下称为"恢

复原状等"）之命令时，若无法确知被命令者的情况下，府、县知事可亲自代替其恢复原状等，或由命令者或委任者进行。在此情况下，当在规定的相应期限内恢复原状或未恢复原状时，府、县知事、命令者或委托人必须事先公告之。

8. 国家机关实施第一款之行为的、无须获得许可，但必须事先与府、县知事协商。

【损失的补偿】

第九条 因未能取得前条第一款之许可而遭受损失的，府、县必须对其直接损失予以补偿，但满足以下任何一项的，则不在此限。

（一）与前条第一款许可申请相关之行为，根据第十条所规定的法律（包括基于该法律之命令。以下同）之规定有许可之必要的，但根据该法决定不予许可的。

（二）与前条第一款许可申请相关之行为，在社会一般观念上被认为与城市规划中规划特别保护区的理念明显相悖的。

2. 前款规定的损失补偿，府、县知事必须与受损者进行协商。

3. 当前款之协商不成时，府、县知事或受损者均可根据政令之规定，向征收委员会提起依据《土地征收法》① 第九十四条的裁决之申请。

【禁止或限制行为的其他法律之适用】

第十条 第七条、第八条之规定不妨碍在历史环境保护区内禁止或限制新建、改建或扩建辅助建筑以及改变土地性质的《城市规划法》②《建筑基准法》③《文化遗产保护法》④《奈良国际文化观光城市建设法》⑤《京都国际文化观光城市建设法》⑥ 及其他法律（包括基于这些法律的命令）的适用。

【土地的收购】

第十一条 特别保护区内的土地所有人，因不能获得第八条第一款之许可而明显影响其有效利用该土地而向府、县提出由府、县收购之申请

---

① 1951 年（昭和 26 年）法律第 219 号。
② 1968 年（昭和 43 年）法律第 100 号。
③ 1950 年（昭和 25 年）法律第 201 号。
④ 1950 年（昭和 25 年）法律第 214 号。
⑤ 1950 年（昭和 25 年）法律第 250 号。
⑥ 1950 年（昭和 25 年）法律第 251 号。

的，为保护历史环境，府、县认为必要的应予以购买。

2. 根据前项规定的土地收购之价格应以时价，必须根据政令规定、基于评价基准算定。

【已收购的土地之管理】

第十二条 根据前条规定已收购的土地，府、县必须以符合本法律之目的予以管理。

【实施历史环境保护规划所需经费】

第十三条 国家必须确保历史环境保护规划的实施有必要的资金且在国家财政允许的范围内促进保护规划的实施。

【费用的负担及补助】

第十四条 对于第九条规定的损失补偿以及第十一条规定的收购土地所需费用，国家应根据政令之规定承担其中一部分。

2. 地方公共团体根据历史环境保护规划、整备历史环境保存维护设施所需费用，国家可根据政令之规定、在预算范围内对其予以一定补助。

第十五条 删除

【社会资本整备审议会的调查审议等】

第十六条 针对国土交通大臣或其他相关各大臣的咨询，社会资本整备审议会应调查审议与历史环境保护相关的重要事项。

2. 社会资本整备审议会可就前款规定事项向国土交通大臣或其他相关各大臣陈述意见。

3. 根据本法以及《明日香村历史环境保存法》① 的规定，社会资本整备审议会可就其认为有必要加以处理的、属于其法定权限内的相关事项，请求相关行政机构长官、地方公共团体长官或相关团体提供资料、陈述意见、予以说明及其他必要之协助。

第十七条 删除

【报告、实地调查等】

第十八条 为保护历史环境，府、县知事认为必要时，可在必要限度内要求特别保护区内的土地所有者或其他关系人，报告第八条第一款各项行为的事实状况以及其他必要事项。

---

① 1980 年（昭和 55 年）法律第 60 号。

2. 为行使根据第八条第一款、第五款或第六款前段规定的各项权限，府、县知事认为必要时，可在必要的限度内，派遣其职员进入特别保护区内进行实地调查，或检查该条第一款各项行为的实施状况。

3. 前款规定的职员应携带身份证明、并在关系人要求时必须出示。

4. 根据第二款规定的实地调查以及调查权限，不得理解为刑事犯罪的搜查。

【大都市的例外】

第十九条 本法中由府、县处理的相关事务，在根据《地方自治法》① 第二百五十二条之十九第一款规定的指定城市（以下称为"指定城市"）情况下，则视为由指定城市处理的相关事务。本法有关府、县的相关规定可适用于指定市。

【罚则】

第二十条 违反第八条第六款前段规定之命令的，处一年以下有期徒刑或十万日元以下罚金。

第二十一条 以下各项，处六个月以下有期徒刑或五万日元以下罚金。

（一）违反第八条第一款之规定的；

（二）违反根据第八条第五款之许可所附条件的。

第二十二条 以下各项中任何一项的，处一万日元以下罚金。

（一）移动、污染、或损坏根据第六条第二款之规定所设置的标识的；

（二）违反第十八条第一款规定，未报告或虚假报告的；

（三）违反第十八条第二项规定，拒绝、妨碍或回避实地调查或检查的。

第二十三条 违反第七条第一款之规定，未申请或虚假申请的，处一万日元以下罚款。

第二十四条 法人、法人代表或其代理人、使用人以及其他从业人员违反法人有关业务或财产相关的第二十条至第二十二条之规定的，除对行为人给予处罚外，可对该法人或个人处于各条规定的罚金刑。

---

① 1947 年（昭和 22 年）法律第 67 号。

附则　抄

【施行日期】

本法自公布之日起,在不超过六个月的范围内由政令规定施行日期。

附则　1966 年（昭和 41 年）4 月 28 日法律第 60 号　抄

本法自公布之日起施行、自 1966 年（昭和 41 年）度地方税交付时起适用。

附则　1968 年（昭和 43 年）6 月 15 日法律第 101 号　抄

本法（除第一条外）自新法施行之日起施行。

附则　1971 年（昭和 46 年）5 月 31 日法律第 88 号　抄

【施行日期】

第一条　本法自 1971 年（昭和 46 年）7 月 1 日起施行。

附则　1980 年（昭和 55 年）5 月 26 日法律第 60 号　抄

【施行日期】

第一条　本法自公布之日起施行。

【过渡措施】

第二条　本法施行时,根据《古都保护法》第五条第一款所确定的历史环境保护规划中与明日香村的区域相关部分,在第二条第三款之规定的明日香村历史环境保护规划的公示之日以后,失效。

第三条　本法施行时,根据《古都保护法》第四条第一款的明日香村区域内的历史环境保护区之指定,在第三条第一款的城市规划之《城市规划法》① 第二十条第一款规定的公告日（以下称为"公告日"）以

---

① 1968 年（昭和 43 年）法律第 100 号。

后，失效。

2. 前款规定的有关明日香村区域内的历史环境保护区，截至公告日适用《古都保护法》第七条之规定。

第四条　本法施行时，根据《古都保护法》第六条第一款规定所确定的明日香村区域内的历史环境特别保护区的城市规划，截至公告日依然有效。

第五条　针对公告日前已违反《古都保护法》或基于该法之命令的处罚，适用旧法。

第六条　第五条之规定，自1980年（昭和55年）年度预算中国家负担之费用以及补助金发放之日起适用，且1979年（昭和54年）年度以前的国家负担之费用以及补助金在1980年（昭和55年）以后发放的，参照旧法处理。

附则　1993年（平成5年）11月12日法律第89号　抄

【施行日期】

第一条　本法自《行政手续法》①施行之日起施行。

【与谘问等相关之不利处罚的过渡措施】

第二条　本法施行前，有关咨问或请求根据《行政手续法》第十三条规定向基于法令的审议会以及其他合议制机构申请听证、申诉等不利处分之手续，不受本法修改后相关法律规定的影响，仍然参照旧法处理。

【关于罚则的过渡措施】

第十三条　对于本法施行前的行为之处罚，适用旧法。

【关于听证规定的过渡措施】

第十四条　本法施行前根据法律规定实施的听证、申诉（除与不利处分相关的部分外）或其他手续，视为根据本法修改后相关法律规定的听证、申诉或其他手续。

【委托立法】

第十五条　除附则第二条至前条的规定外，有关本法施行的相关过渡措施由政令规定之。

---

① 1993年（平成5年）法律第88号。

附则　1999年（平成11年）7月16日法律第87号　抄

【施行日期】

第一条　本法自2000年（平成12年）4月1日起施行，但以下各项规定则由其各自规定的日期起施行。

（一）第一条中《地方自治法》第二百五十条以下新增的五条、节名、两款及款名的改正规定（仅限于第二百五十条之九第一款中获得参众两院同意的相关部分）；第四十条中《自然公园法》附则第九款及第十款的修改规定（仅限于附则第十款的相关部分）、第二百四十四条之规定（除《农业改良助长法》第十四条之三相关修改部分外），第四百七十二条之规定（除《市、町、村合并特别法》第六条、第八条以及第十七条的相关修改部分外）以及附则第七条、第十条、第十二条、第五十九条但书、第六十条第四款及第五款、第七十三条、第七十七条、第一百五十七条第四款至第六款、第一百六十条、第一百六十三条、第一百六十四条与第二百零二条的规定，自公布之日起施行。

【国家的事务等】

第一百五十九条　在本法施行前（除本法修改前各相关法律规定的事项外），地方公共团体根据法律或政令管理或执行国家、地方公共团体或其他公共团体之事务（附则第一百六十一条中称为"国家的事务等"），在本法施行后，视为地方公共团体根据法律或政令管理的事务。

【与处分、申请等相关的过渡措施】

第一百六十条　对于本法（有关附则第一条各项规定，该各项规定在本条及附则第一百六十三条中同）施行前根据修改前各相关法律的许可等处分及其他行为（以下称为"处分行为"）或在本法施行时根据修改前的各相关法律的许可等申请及其他行为（以下称为"申请行为"），在本法施行日应有不同主体完成这些行政事务的，除附则第二条至前条或改正后各自法律所规定（包括基于本法律的命令）的过渡措施外，视为本法施行后根据修改后各相关法律的处分或申请行为。

2. 对于本法施行前根据修改前各相关法律规定必须向国家或地方公共团体等机构报告、备案、申请以及其他手续的事项，在本法施行日之前尚未实施的，除本法或基于本法之政令有特别规定外，必须向国家或地方公共团体等机构报告、备案、申请以及其他手续，适用修改后的各相关法律。

【不服申诉的过渡措施】

第一百六十一条　对本法施行日之前被确定的、与国家事务相关的行政处分（以下称为"处分厅"）决定不服，根据《行政不服审查法》规定向上级行政机关（以下称为"上级行政厅"）提起的申诉，视为本法施行日之后提起之申诉、适用《行政不服审查法》。在此情况下，被视为该处分厅的上级行政机关应为施行日前的处分厅的上级行政机关。

2. 当前款中被视为上级行政厅的行政机关为地方公共团体时，该团体根据《行政不服审议法》规定所处理的事务，应为新《地方自治法》第二条第九款第一项规定的法定受托事务。

【罚则的过渡措施】

第一百六十三条　对本法律施行前实施的行为之处罚，适用旧法。

【其他过渡措施的委托立法】

第一百六十四条　除本附则规定事项外，伴随本法施行的其他必要过渡措施（包含罚则的过渡措施），由政令规定之。

【研究评估】

第二百五十条　有关新《地方自治法》第二条第九款第一项规定的第一项法定委托事务，应尽可能不设定新内容，同时对新《地方自治法》附表一中所列事项以及基于新《地方自治法》的政令所示事项，应从推进地方分权的角度重新研讨更适当、合理的制度设计。

第二百五十一条　为保障地方公共团体能独立、自主地执行各项事务，政府应采取必要措施与方法，充分确保国家与地方公共团体分担其各自职责所需的地方税财源。

附则　1999年（平成11年）7月16日法律第102号　抄

【施行日期】

第一条　本法自《内阁法修改法》①的施行之日起施行，但以下各项则按其各自规定的日期起施行。

---

① 1999年（平成11年）法律第88号。

（一）略

（二）附则第十条第一款及第五款、第十四条第三款、第二十三条、第二十八条与第三十条之规定，自公布之日起施行。

【委员任期等的过渡措施】

第二十八条 以下所列审议会以及其他机构的会长、委员以及其他职员（除未规定任期者外）的任期，无论规定其各自任期的法律如何规定，本法施行日的前一日为其任期届满日。

（一）至（五十五） 略

（五十六）历史环境审议会

【其他过渡措施】

第三十条 除第二条至前条规定的事项外，伴随本法施行的过渡措施，由其他法律规定之。

附则 1999 年（平成 11 年）12 月 22 日
法律第 160 号 抄

【施行日期】

第一条 本法（除第二条、第三条外）自 2001 年（平成 13 年）1 月 6 日起施行，但以下各项则按其各自规定的日期起施行。

（一）第九百九十五条（仅限于《核原料、核燃料以及核反应堆规制法之修改法》附则修改规定相关事项）、第一千三百零五条、第一千三百零六条、第一千三百二十四条第二款、第一千三百二十六条第二款及第一千三百四十四条之规定，自公布之日起施行。

附则 2011 年（平成 23 年）8 月 30 日
法律第 105 号 抄

【施行日期】

第一条 本法自公布之日起施行。

【罚则的过渡措施】

第八十一条 在本法（附则第一条各项所列规定的，当该规定。以下同）施行前实施的行为以及根据本附则规定仍然适用旧法的情况下，针对本法施行后的行为之处罚仍依照旧法处理。

【委托立法】

第八十二条　除本法附则规定的事项外，与本法施行相关的其他必要过渡措施（包括罚则的过渡措施），由政令规定之。

附则　2022年（令和4年）6月17日　法律第68号　抄

【施行日期】

第一条　本法自《刑法修订法》施行之日起施行。但以下各项则依其各自规定日期起施行。

（一）第五百零九条之规定，自公布之日起施行。

五　明日香村历史环境保存法*

1980年（昭和55年）5月26日法律第60号［制定］
1985年（昭和60年）5月18日法律第37号
　　［根据国家补助金等临时特例法第10条之修改］
1986年（昭和61年）5月8日法律第46号
　　［根据国家补助金等临时特例法第9条之修改］
1987年（昭和62年）3月31日法律第11号
　　［根据防砂法修改法附则第9款之修改］
1989年（平成1年）4月10日法律第22号
　　［根据国家补助金等临时特例法第9条之修改］
1990年（平成2年）3月31日法律第19号［第一次修改］
1990年（平成2年）6月27日法律第50号
　　［根据简易生命保险法修改法附则第12条之修改］
1991年（平成3年）3月30日法律第15号
　　［根据国家补助金等临时特例法第8条之修改］
1993年（平成5年）3月31日法律第8号
　　［根据国家补助金等临时特例法第8条、附则第4款之修改］
1999年（平成11年）7月16日法律第87号
　　［根据推进地方分权的相关法律整备法第7条之修改］
1999年（平成11年）12月22日法律第160号
　　［根据中央省厅改革关系法施行法第1215条之修改］
2000年（平成12年）3月31日法律第30号［第二次修改］
2000年（平成12年）5月31日法律第98号
　　［根据邮政储蓄法修改法附则第15条之修改］
2000年（平成12年）5月31日法律第99号

---

* 该法的日文名称为『明日香村における歴史的風土の保存及び生活環境の整備等に関する特別措置法』，在日本通常简称为『明日香保存法』『明日香村特别措置法』或『明日香法』。

[根据资金运营部资金法等修改法附则第 10 条之修改]
2002 年（平成 14 年）7 月 31 日法律第 98 号
[根据日本邮政会社法施行法第 177 条之修改]
2005 年（平成 17 年）4 月 1 日法律第 25 号
[根据国家补助金等临时特例法修改法附则第 17 条之修改]
2005 年（平成 17 年）10 月 21 日法律第 102 号
[根据邮政民营化法等相关法律整备法附则第 17 条之修改]
2011 年（平成 23 年）8 月 30 日法律第 105 号
[根据为提高地方自主性、自立性改革的相关法律整备法第 135 条之修改]
2018 年（平成 30 年）6 月 8 日法律第 41 号
[根据独立法人邮政储蓄、简易生命保险管理机构法修改法附则第 11 条之修改]

【目的】

第一条 有鉴于飞鸟地区①是我国律令国家体制初始形成时期的政治、文化中心，遗迹等历史文化遗产与其周边环境浑然一体，特别是明日香村全境内的历史环境得到了良好的维护，为加深住民对历史环境保护的历史认知、理解与协作，在《古都历史环境保护特别措施法》（以下称为"古都保护法"）之外，国家应采取特别措施，特制定本法。

【明日香村历史环境保护规划】

第二条 国土交通大臣应在听取奈良县、明日香村（指奈良县高市郡明日香村，以下同）以及社会资本整备审议会意见的基础上，与相关行政机关长官协商，根据《古都保护法》第五条第一款之规定，制定明日香村全域的历史环境保护规划（以下称为"明日香村历史环境保护规划"）。在此情况下，奈良县、明日香村向国土交通大臣提出意见的，国土交通大臣应及时给予回应、不得延迟。

2. 明日香村历史环境保存计划应该包括以下各项内容。

（一）第一类历史环境保护区和第二类历史环境保护区的区别标准事项；

（二）第一类历史环境保护区和第二类历史环境保护区区域内的行为规制事项；

（三）有利于历史环境保护的土地利用事项；

---

① "飞鸟地区"位于日本奈良县的中央地区，是古代日本国家的诞生地。——译者注

（四）保护历史环境所必要的设施整备事项；

（五）根据《古都保护法》第十一条第一款规定的土地购买事项；

（六）除以上各项外，维持保护历史环境的其他必要事项。

3. 国土交通大臣制定明日香村历史环境保护规划时，必须通知各相关行政机构长官和奈良县、明日香村，并在《官报》上公示。

4. 变更明日香村历史环境保护规划时，准用前三款之规定。

【第一类、第二类历史环境保护区的城市规划】

第三条　明日香村的区域划分应基于明日香村历史环境保护规划、区分第一类历史环境保护区和第二类历史环境保护区。

2. 第一类历史环境保护区是指需要保护的历史环境的重要部分，在该区域内严格限制变更现状之行为、以实现原有历史环境的维持和保存；在第二类历史环境保护区内限制显著的变更现状之行为，以维持和保存该区域的历史环境。

3. 第一类历史环境保护区和第二类历史环境保护区，均为《古都保护法》第七条第二项后段所规定的特别保护区。

【明日香村基础设施整备基本方针】

第四条　国土交通大臣应在听取奈良县、明日香村以及社会资本整备审议会意见的基础上，与相关行政机关长官协商，为实现明日香村历史环境保护与住民生活和谐发展，制定明日香村生活环境和产业基础设施整备基本方针（以下称为"明日香村整备基本方针"），并通知奈良县知事。在此情况下，奈良县或明日香村向国土交通大臣提出意见的，国土交通大臣应及时给予回应、不得延迟。

2. 奈良县知事可根据前款明日香村整备基本方针，听取明日香村的意见，制订明日香村的生活环境及产业基础设施整备计划。奈良县知事制订该计划时，必须事先与国土交通大臣协商并征得同意。

3. 前项规定的整备规划应包括以下事项。

（一）道路的整备事项；

（二）河流水道的整备事项；

（三）下水道的整备事项；

（四）城市公园的整备事项；

（五）住宅的整备事项；

（六）教育设施的整备事项；

（七）福利设施的整备事项；

（八）消防设施的整备事项；

（九）农地及农业设施、林业设施的整备事项；

（十）文化遗产保护的相关事项；

（十一）除以上各项事项外，其他能够保持明日香村的生活环境及产业基础设施整备与历史环境的协调的必要事项。

4. 国土交通大臣认为第二项规定的整备计划适当时，应予同意。此时，国土交通大臣必须听取社会资本整备审议会的意见、并与行政机构长官进行协商。

5. 明日香村整备计划（指获得第二款同意的整备计划。以下同）的变更，准用前三款之规定。

【国家负担或补助的比例之特例】

第五条 根据明日香村整备计划，明日香村从1980年（昭和55年）到2009年（平成21年）各年度获得国家或奈良县的负担金、补助金所从事的事业（仅限于奈良县或国家负担相关费用的部分）中，以下各项（除因灾修复、国家或奈良县全额承担费用或明日香村不承担费用的事项外）通过政令规定国家负担或补助之比例的（以下称为"特定事业"），根据《首都圈、近畿圈以及中部圈的近郊地带整备国家财政特别措施法》[①] 第五条规定处理。

（一）以下各项设施的整备事业；

①道路；

②下水道；

③城市公园；

④教育设施；

⑤福利设施；

⑥政令规定的农地、农业设施及林业设施。

（二）除前项各目规定的事项外，由政令规定的、为整备生活环境和产业基础设施的其他事业。

2. 根据前款规定，有关由国家负担的超出国家负担之比例或补助的金额等的必要事项，由政令规定之。

---

① 1966年（昭和41年）法律第114号。

3. 基于明日香村整备计划实施的《道路法》① 第二条第一款规定的道路改建费用的国家负担比例，不受规定该事业之政令的影响，在四分之三（若为国土区划整备的则为三分之二）的范围内由政令规定之。

4. 基于明日香村整备计划实施的《河川法》② 第四条第一款规定的在一级河流的指定区域内的、改良工程所需费用的国家负担比例为三分之二，不受《河川法》规定影响。

5. 基于明日香村整备计划，实施以下各项事业超出所需费用的国家负担或补助比例的，超范围的分担比例，由政令规定之。

（一）《下水道法》③ 第二条第二项规定的下水道建设与改建。

（二）《土地改良法》④ 第二条第二款规定的土地改良。

第五条之二　为保障特定事业有充足经费，国家通过政令规定承担经费的，若该经费适用前条之规定，则由国家参考承担或补助比例，确定具体的承担金额。

【地方债的相关条款】

第六条　为保障明日香村整备计划的实施有充足经费，国家应尽可能考虑允许奈良县或明日香村在其财政或资金状况允许的情况下发行地方债、并利用财政融资资金承担起整备计划实施的所需费用。

【财政及技术上的关照】

第七条　除前三条规定事项外，为了能使明日香村整备计划得以顺利实施，国家必须在财政及技术上予以关照。

【明日香村整备基金】

第八条　为支付以下事项（除特定事项外）所需经费的全部或一部分，明日香村根据《地方自治法》⑤ 第二百四十一条规定设立明日香村整备基金。为确保基金财源充足，国家应对明日香村给予部分补助，但以二十四亿日元为限。

（一）为实现历史环境之保护而实施的事项；

（二）为促进土地形态或建筑风格、创意及形态等与历史环境相协调

---

① 1952年（昭和27年）法律第180号。
② 1964年（昭和39年）法律第167号。
③ 1958年（昭和33年）法律第79号。
④ 1949年（昭和24年）法律第195号。
⑤ 1947年（昭和22年）法律第67号。

而实施的事项；

（三）为住民生活的安定及增进居民的生活便利而实施的，与历史环境保护相关的必要事项。

附则　抄

【施行日期】

第一条　本法自公布之日起施行。

【过渡措施】

第二条　本法施行时，根据现行《古都保护法》第五条第一款规定制定的历史环境保护规划中涉及明日香村地区的部分，自第二条第三款规定的明日香村历史环境保护规划公示之日起失效。

第三条　本法施行时，根据现行《古都保护法》第四条第一款规定，在明日香村地区内的历史环境保护地区之指定，自第三条第一款规定的城市规划的根据《城市规划法》① 第二十条第一项规定公告之日（以下称为"公告日"）起失效。

2. 前款规定的涉及明日香村区域内的历史环境保护地区的，截至公告日的前一日，适用《古都保护法》第七条之规定。

第四条　本法施行时，根据《古都保护法》第六条第一款之规定制定的、与明日香村区域内的历史环境保护相关的城市规划，截至公告日的前一日依旧有效。

第五条　对违反公告日之前《古都保护法》或基于《古都保护法》之命令的行为之处罚，适用旧法。

第六条　第五条的规定自1980年度（昭和55年）国家预算补贴开始适用，1979年度（昭和54年）前的国家预算补贴、1980年度（昭和55年）后转拨的依然按旧法处理。

【1985年至1992年的特例】

第七条　基于明日香村整备计划实施的以下各项事项的国家负担金或补助的比例，不适用其各自法律之规定。

---

① 1968年（昭和43年）法律第100号。

（一）道路改建（除政府命令外的），不适用《道路整备紧急措施法》①附则第四项至第六项的规定；

（二）河道改良工程，不适用《河川法》附则第二项至第四项的规定。

2. 根据明日香村整备计划的前款第一项中的国家负担或补助比例，在《道路整备紧急措施法》附则第五项中规定"十分之六（1986年度、1987年度的土地规划整备相关的事项负担比例为十分之五点五；1991年度、1992年度则为十分之五点七）"、附则第六项中规定"建设大臣实施的改建为十分之六（与土地规划整备相关的事项为十分之五点五）、其他改建为十分之五点七五（与土地规划整备相关的事项为十分之五点五）"，统一为"十分之六"。

3. 除前两款规定外，基于明日香村整备计划的相关事项，根据其他法律、法令规定1985年度（昭和60年）至1993年度（平成4年）的国家负担比例下降的，可通过政令的方式排除该规定的适用或制定其他特别规定。

附则　1985年（昭和60年）5月18日法律第37号　抄

【施行日期】

第一条　本法自公布之日起施行。

附则　1986年（昭和61年）5月8日法律第46号　抄

第一条　本法自公布之日起施行。

第二条　根据本法（除第十一条、第十二条及第三十四条规定外）的修订后法律的1986年（昭和61年）至1988年（昭和63年）各年度预算中国家的负担或预算以及1986年（昭和61年）至1988年（昭和63年）度实施、1989年（昭和64年）以后拨付相关费用、补助或国库债务的负担行为，适用本法（除第十一条、第十二条以及第三十四条的规定外）修改后的1986年（昭和61年）至1988年（昭和63年）各

---

① 1958年（昭和33年）法律第34号。

年度的相关特例规定。1985年（昭和60年）以前实施、1986年（昭和61年）以后逐年拨付的国家负担或补助，适用旧法。

附则　1987年（昭和62年）3月31日法律第11号　抄

【施行日期】
第一条　本法自1987年（昭和62年）4月1日起施行。

附则　1989年（平成元年）4月10日法律第22号　抄

【施行日期】
第一条　本法自公布之日起施行。
第二条　根据本法（除第十一条、第十二条及第三十四条规定外）的修订后法律的1989年（平成元年）及1990年（平成2年）年度预算中国家的负担或补助以及1989年（平成元年）及1990年（平成2年）度实施、1991年（平成2年）以后拨付相关费用、补助或国库债务的负担行为，适用根据本法（除第十一条、第十二条以及第三十四条的规定外）修改后的1989年（平成元年）、1990年（平成2年）年度的相关特例规定以及1989年（平成元年）年度的相关特例规定。1988年（昭和63年）以前实施、1989年（平成元年）以后逐年拨付的国家负担或补助，适用旧法。

附则　1990年（平成2年）3月31日法律第19号　抄

本法自1990年（平成2年）4月1日起施行。

附则　1990年（平成2年）6月27日法律第50号　抄

【施行日期】
第一条　本法自1991年（平成3年）4月1日起施行。

附则　1991年（平成3年）3月30日法律第15号　抄

第一条　本法自1991年（平成3年）4月1日起施行。

第二条　根据本法（除第十一条及第十五条规定外）的修订后法律的1991年（平成3年）及1990年度（平成2年）预算中国家的负担或补助以及1991年（平成3年）及1992年度（平成4年）实施、1993年（平成5年）以后拨付相关费用、补助或国库债务的负担行为，适用根据本法（除第十一条、第十九条的规定外）修改后的1991年（平成3年）、1992年度（平成4年）的相关特例规定以及1991年（平成3年）年度的特例规定。1990年（平成2年）以前实施、1991年（平成3年）以后逐年拨付的国家负担或补助，适用旧法。

附则　1993年（平成5年）3月31日法律第8号　抄

【施行日期】

第一条　本法自1993年（平成5年）4月1日起施行。

第二条　根据本法（除第十一条及第二十条规定外）的修订后法律的1993年（平成5年）以后年度预算中国家的负担（包括都、道、府、县或市、町、村的负担。以下同）或补助（除1992年以前实施、1993年以后拨付的相关费用、补助或国库债务的负担行为），适用根据本法（除第十一条、第二十条规定外）修改后的法律规定。1992年（平成4年）以前实施、1993年（平成5年）以后逐年拨付的国家负担或补助，适用旧法。

附则　1999年（平成11年）7月16日法律第87号　抄

【施行日期】

第一条　本法自2000年（平成12年）4月1日起施行，但以下各项规定则自其各自规定之日起施行。

（一）第一条中的《地方自治法》第二百五十条以下五条、节名以及增加的二款款名的改正规定（仅限于获得参众两院同意的、与本法第二百五十条之九第一项相关部分），第四十条中的《自然公园法》附则第九项及第十项的改正规定（仅限于本法附则第十项相关部分），第二百四十四条的规定（除《农业改良助长法》第十四条之三改正规定的相关部分外），第四百七十二条的规定（除《市、町、村合并特例法》第六条、第八条、第十七条的改正规定的相关部分外），附则第七条、第十条、第十二条、第五十九条但书、第六十条第四款第五款、第七十三条、第七十七条、第一百五十七条第四款至第六款、第一百六十条、第一百六十三条、第一百六十四条以及第二百零二条之规定，自公布之日起施行。

【国家等事务】

第一百五十九条　除根据本法修改前各自法律规定的事项外，本法施行前地方公共团体根据法律或政令管理、执行的国家及其他地方公共团体事务（在附则第一百六十一条中称作"国家等事务"），视为本法案实施后地方公共团体根据法律或政令管理、执行国家及其他地方公共团体事务。

【与处分、申请等相关的过渡措施】

第一百六十条　对于本法（附则第一条各项规定的，则为该各项规定。在本条及附则第一百六十三条中同）施行前根据修改前各相关法律的许可等处分及其他行为（以下称为"处分行为"）或在本法施行时根据修改前的各相关法律的许可等申请及其他行为（以下称为"申请行为"），在本法施行日应由不同主体完成这些行政事务的，除附则第二条至前条或改正后各自法律所规定（包括基于本法律的命令）的过渡措施外，视为本法施行后根据修改后各相关法律的处分行为或申请行为。

2. 对于本法施行前根据修改前各相关法律规定必须向国家或地方公共团体等机构报告、备案、申请以及其他手续的事项，在本法施行日之前尚未实施的，除本法或基于本法之政令有特别规定外，必须向国家或地方公共团体等机构报告、备案、申请以及其他手续，适用修改后的各相关法律。

【不服申诉的过渡措施】

第一百六十一条　对本法施行日之前被确定的、与国家事务相关的行政处分（以下称为"处分厅"）决定不服，根据《行政不服审查法》规定向上级行政机关（以下称为"上级行政厅"）提起的申诉，视为本法施行日之后提起之申诉、适用《行政不服审查法》。在此情况下，被视为该处分厅的上级行政机关应为施行日前的处分厅的上级行政机关。

2. 当前款中被视为上级行政厅的行政机关为地方公共团体时，该团体根据《行政不服审议法》规定处理的事务，应为新《地方自治法》第二条第九款第一项规定的法定受托事务。

【其他过渡措施的委托立法】

第一百六十四条 除本附则规定事项外，伴随本法施行的其他必要过渡措施（包含罚则的过渡措施），由政令规定之。

【研究评估】

第二百五十条 有关新《地方自治法》第二条第九款第一项规定的第一项法定委托事务，应尽可能不设定新内容，同时对新《地方自治法》附表一中所列事项以及基于新《地方自治法》的政令所示事项，应从推进地方分权的角度重新研讨更适当、合理的制度设计。

第二百五十一条 为保障地方公共团体能独立、自主地执行各项事务，政府应采取必要措施与方法，充分确保国家与地方公共团体分担其各自职责所需的地方税财源。

附则 1999年（平成11年）12月22日法律第160号 抄

【施行日期】

第一条 本法（除第二条、第三条外）自2001年（平成13年）1月6日起施行，但以下各项则按其各自规定的日期起施行。

（一）第九百九十五条（仅限于《核原料、核燃料以及核反应堆规制法之修改法》附则修改规定相关事项）、第一千三百零五条、第一千三百零六条、第一千三百二十四条第二款、第一千三百二十六条第二款及第一千三百四十四条之规定，自公布之日起施行。

附则 2000年（平成12年）3月31日法律第30号 抄

本法自2000年（平成12年）4月1日起施行。

附则 2000年（平成12年）5月31日法律第98号 抄

【施行日期】

第一条 本法自2001年（平成13年）4月1日起施行。

附则　2000年（平成12年）5月31日法律第99号　抄

【施行日期】
第一条　本法自2001年（平成13年）4月1日起施行。

附则　2002年（平成14年）7月31日法律第98号　抄

【施行日期】
第一条　本法自《公司法》施行之日起施行，但以下各项则按其各自规定的日期起施行。

（一）第一章第一节（包含附表一至附表四）以及附则第二十八条第二款、第三十三条第二款和第三款、第三十九条的规定，自公布之日起施行。

【其他过渡措施的委托立法】
第三十九条　除本附则规定事项外，伴随《公司法》施行的必要过渡措施（包含罚则的过渡措施），由政令规定之。

附则　2005年（平成17年）4月1日法律第25号　抄

【施行日期】
第一条　本法自2005年（平成17年）4月1日起施行。

附则　2005年（平成17年）10月21日法律第102号　抄

【施行日期】
第一条　本法自《邮政民营化法》施行日起施行。

附则　2011年（平成23年）8月30日法律第105号　抄

【施行日期】
第一条　本法自公布之日起施行。

【委托立法】

第八十二条 除附则规定的事项外,伴随本法施行的其他必要过渡措施(包含罚则的过渡措施),由政令规定之。

六 飞鸟地区历史环境保存之明信片发行特例法*

1972年（昭和47年）6月26日法律第107号［制定］
1985年（昭和60年）5月1日法律第32号
　　［根据销售附捐款功能新年明信片之捐款处理法修改法附则第2款之修改］
1987年（昭和62年）6月2日法律第54号
　　［根据邮递法与销售附捐款功能新年明信片之捐款处理法修改法附则第3款之修改］
2006年（平成18年）6月2日法律第50号
　　［根据社团法人、财团法人认定法之相关法律整备法第217条之修改］
2011年（平成23年）6月24日法律第74号
　　［根据对应情报信息高度化的刑法修改法附则第35款之修改］

【立法目的】
第一条 鉴于飞鸟地区（即飞鸟京和藤原京所在的奈良县高市郡明日香村以及周边地区，以下同）的历史风貌以及文化遗产是我国古代重要历史文化遗产，为促进对其保存事业之发展，制定本法以确定发行附捐款邮政明信片筹集资金之必要事项。

【发行附捐款邮政明信片之特例】
第二条 《有奖贺年卡法》① 第五条第一款规定的附捐款邮政明信片等，除该条第二款规定事项外，飞鸟地区保存财团［1971年（昭和46年）4月1日成立的财团法人飞鸟地区保存财团，以下同］在从事保存飞鸟地区历史风土、风貌以及文化遗产事业中，可以根据政令发行附捐款邮政明信片，以筹集必要资金。在此情况下，"飞鸟地区保存财团"视为该

---

* 该法的日文名称为『飛鳥地方における歴史的風土及び文化財の保存等に必要な資金に充てるための寄附金つき郵便葉書等の発行の特例に関する法律』。

① 1949年（昭和24年）法律第224号。

款中的"团体",适用该法之规定。

附则

本法自公布之日起施行。

附则 1985年（昭和60年）5月1日法律第32号 抄

【施行日期】
第一条 本法自公布之日起施行。

附则 1987年（昭和62年）6月2日法律第54号 抄

【施行日期】
第一条 本法自1987年（昭和62年）7月1日起施行。但第一条中《邮政法》第二十七条之三、第三十八条第三项以及第九十五条的修改规定自同年10月1日起施行；第二条以及附则第三款之规定则自1988年（昭和63年）4月1日起施行。

附则 2006年（平成18年）6月2日法律第50号 抄

本法自《一般社团、财团法人法》施行日起施行。

附则 2011年（平成23年）6月24日法律第74号 抄

【施行日期】
第一条 本法自公布之日起经过二十日后施行。

七　地域历史风貌维护法[*]

2008年（平成20年）5月23日法律第40号［制定］
2011年（平成23年）5月2日法律第35号
　［根据地方自治法修改法附则第53条之修改］
2011年（平成23年）8月30日法律第105号
　［根据提高地方自主性的相关法律整备法第165条之修改］
2014年（平成26年）5月30日法律第42号
　［根据地方自治法修改法附则第72条之修改］
2014年（平成26年）6月13日法律第69号
　［根据行政不服审查法相关法律整备法第319条之修改］
2017年（平成29年）5月12日法律第26号
　［根据城市绿地法修改法附则第18条之修改］
2018年（平成30年）6月8日法律第42号
　［根据文化遗产保护法之修改法附则第7条之修改］
2021年（令和3年）4月23日法律第22号
　［根据文化遗产保护法之修改法附则第2款之修改］

目　　录

第一章　总则（第一条至第三条）
第二章　历史风貌维护提高基本方针（第四条）
第三章　历史风貌维护提高计划的认定等（第五条至第十一条）
第四章　历史风貌维护提高计划的特别措施（第十二条至第三十条）
　第一节　作为历史风貌维护的建造物（第十二条至第二十一条）

---

[*] 该法的日文名称为『地域における歴史的風致の維持及び向上に関する法律』，在日本通常简称为『歴史まちづくり法』。

第二节　历史风貌维护计划之基础设施的整备之特例（第二十二条至第三十条）

第五章　历史风貌维护提高之地区计划（第三十一条至第三十三条）

第六章　历史风貌维护提高之支援法人（第三十四条至第三十七条）

第七章　杂则（第三十八条至第三十九条）

第八章　罚则（第四十条至第四十一条）

附则

第一章　总则

【立法目的】

第一条　本法以维护和提升能够反映地域的固有历史与传统的民众生产、生活活动以及所形成的、具有较高历史价值的、建造物及其周边街区所构成的良好市井环境（以下称为"历史风貌"）为目的，由文部科学大臣、农林水产大臣和国土交通大臣制定历史风貌维护提高基本方针，认定市、町、村制订的历史风貌维护提高计划并制定相关措施，以促进城镇的健康发展和文化进步、彰显地域社会的丰富个性。

【定义】

第二条　本法中的"公共设施"是指道路、停车场、公园、水路以及政令规定的其他公用设施。

2. 本法中的"重点区域"是指符合下列要件的土地区域。

（一）符合以下第①目或第②目中任意一项的区域及其周边地区。

①根据《文化遗产保护法》[①] 第二十七条第一款、第七十八条第一款或第一百零九条第一款的规定，被认定为重要文化遗产、重要有形民俗文化遗产或史迹名胜天然纪念物的建造物（以下称为"重要文化遗产建造物等"）的用地；

②根据《文化遗产保护法》第一百四十四条第一项规定所选定的重要传统建造物群（以下称为"重要传统建造物群保存地区"）内的土地。

（二）为维护和提高该区域历史风貌、实施整体性措施的土地区域。

【国家及地方公共团体的努力之义务】

第三条　为了维持地区的历史风貌、提高其水准，国家及地方公共团

---

① 1950年（昭和25年）法律第214号。

体必须努力采取必要措施，确定第三十一条第一项规定的地域历史风貌的维护提高计划以及其他城市规划、制定《景观法》第八条第一项规定的景观规划、整备维持和提高地域历史风貌的公共设施以及其他设施（以下称为"历史风貌的维护提高之设施"）。

第二章　历史风貌维护提高基本方针

[历史风貌维护提高基本方针]

第四条　必须制定地域历史风貌维护提高基本方针（以下称为"历史风貌维护提高基本方针"）。

2. 历史风貌维护提高基本方针必须规定以下事项。

（一）区域历史风貌维护提高的意义；

（二）设置重点区域的基本事项；

（三）维护提高地域历史风貌之文化遗产的保护与利用事项；

（四）历史风貌的维护提高之设施的整备、管理事项；

（五）形成良好景观的对策与协作事项；

（六）次条第一款第八项规定的历史风貌的维护提高计划的认定事项；

（七）除以上各项外，地域历史风貌维护提高的其他重要事项。

3. 在制定历史风貌维护提高基本方针时，主务大臣必须与相关行政机关协商。

4. 主务大臣在制定历史风貌维护提高基本方针后，必须立刻公布、不得延迟。

5. 变更历史风貌维护提高基本方针时，准用前二款之规定。

第三章　历史风貌维护提高计划的认定等

【历史风貌维护提高计划之认定】

第五条　根据历史风貌维护提高基本方针，市、町、村可制订其辖区内的区域历史风貌维护提高计划（以下称为"历史风貌维护提高计划"），并向主务大臣提起认定申请。

2. 历史风貌维护提高计划，应包括以下各项内容。

（一）市、町、村区域历史风貌维护提高之方针；

（二）重点区域的位置与区域范围；

（三）为维护提高市、町、村区域历史风貌，以下各项中的必要事项；

①保存或有效地利用文化遗产之事项；

②历史风貌的维护提高之设施的整备或管理之事项。

（四）根据第十二条第一款规定，构成历史风貌的建造物的指定方针；

（五）根据第十二条第一款规定，被指定的、构成历史风貌之建造物的管理指南；

（六）计划实施周期；

（七）主管省政令规定的其他事项。

3. 前款第三项第②目中的事项，可包括以下内容。

（一）以下两项中任何以维持和提高具有较高历史价值的农业灌溉用水路、其他农用排水设施以及保全或利用该设施而耕作的土地所形成的历史风貌为目的，有管理之必要的事项。

①根据《土地改良法》① 第八十五条第一款规定，因改良都、道、府、县土地而建成的农用排水设施；

②根据《农业振兴区域整备法》② 第八条第二款规定，在农业振兴区域整备计划中明确的、该款第一项规定的农地区域（第二十三条中称为"农地区域"）内的农用排水设施。

（二）在维持《都市公园法》③ 第二条第一项规定的城市公园（以下称为"城市公园"）或该条第二款规定的新建、增设或改建公园设施（以下称为"公园设施"）时，与作为公园设施的旧城遗址修复相关的工程以及维护提高其他区域历史风貌的政令规定之事项中，由该市、町、村以外的地方公共团体作为公园管理者（该法第五条第一款规定的公园管理者。以下同）所管理的重点区域内的城市公园之管理事项。

（三）《停车场法》④ 第三条第一款规定的停车场整备区域内所应整

---

① 1949年（昭和24年）法律第195号。
② 1969年（昭和44年）法律第58号。
③ 1956年（昭和31年）法律第79号。
④ 1957年（昭和32年）法律第106号。

备的该法第四条第二款第五项的主要路面停车场（除城市规划所规定的停车场外。以下称为"特定路面停车场"）之整备事项。

（四）在《城市规划法》① 第七条第一款规定的市街调整区域（以下称为"市街调整区域"）内的遗迹中具有较高历史价值、构成地域历史风貌的楼门（仅限于《建筑基准法》② 第二条第一项规定的建造物，以下称为"建造物"）以及以维持、提高乃至修复构成该市、町、村历史风貌的建造物为目的的开发行为（在《城市规划法》第四条第十款规定的开发行为中，主要以建筑建造物为目的行为。第二十八条第一款同）或建筑行为（称为"新建或改建建造物"。第二十八条第二款同）中，根据建造物的用途，在市街调整区域范围内的土地上实施的、被认为适当的行为事项。

（五）为维护提高重点区域的历史风貌，将电线等埋藏地下、拆除地上电线与电线杆或对电线设施加以必要限制的《道路法》③ 第二条第一款规定的、道路或其他部分等相关事项。

4. 市、町、村在历史风貌维护提高计划中列入以下事项（当该市、町、村为《地方自治法》④ 第二百五十二条之十九第一款规定的指定城市，或该法第二百五十二条之二十二第一款规定的核心城市时，则排除第四项）时，必须事先与以下各项所规定机构或负责人（在第一项、第二项及第五项中，市、町、村除外）协商、并获得其同意。

（一）第二款第三项第②目中所列事项，必须与该历史风貌维护提高的设施整备或管理者进行协商并获得同意。

（二）前款第一项中所列事项，必须与农用排水设施的不同区域的管理者进行协商并获得同意。

①前款第一项规定（仅限于该项①之规定）的农用排水设施，必须与都、道、府、县（根据《土地改良法》第九十四条之十第一款规定，若该都、道、府、县将该农用排水设施置于同法第九十四条之三第一款规定的土地改良区等进行管理的，则包含该土地改良区等）进行协议并获得同意。

---

① 1968 年（昭和43 年）法律第100 号。
② 1950 年（昭和25 年）法律第201 号。
③ 1952 年（昭和27 年）法律第180 号。
④ 1947 年（昭和22 年）法律第67 号。

②前款第一项规定（仅限于该项②之规定）的农用排水设施，必须与都、道、府、县知事进行协议并获得同意。

（三）前款第二项所列事项，必须与该城市公园的公园管理者进行协商并获得同意。

（四）前款第四项所列事项，必须与都、道、府、县知事进行协议并获得同意。

（五）前款第五项所列事项，必须与该道路或部分道路的管理者（《道路法》第十八条第一款规定的道路管理者）进行协议并获得同意。

5. 当市、町、村在将第二款第三项第①目所列事项载入历史风貌维护提高基本计划时，必须事先听取该文化遗产的所有人（所有人为两人以上的，则为其全体人员。包括《文化遗产保护法》第三十二条之二第五款以及准用第八十条、第六十条第三款、第九十一条第三款、第一百五十条第一款以及第一百三十三条的情况；如为管理团体则为，该管理团体）、占有者（除市、町、村外）或者保持者（《文化遗产保护法》第七十一条第一款规定的重要无形文化遗产以及根据第七十一条第二款规定被认定保持者或保持团体，在本法第十二条第一款中同）的意见。

6. 市、町、村在制订历史风貌维护提高计划时，必须努力采取措施，事先通过听证会听取居民的意见。同时，当根据第十一条第一款规定所组建的协议会，或根据《文化遗产保护法》第一百九十条第一款之规定在市、町、村教育委员会设置地方文化遗产保护审议会的情况下，必须听取协议会或地方文化遗产保护审议会的意见。

7. 历史风貌维护提高计划必须与《城市规划法》第六条之二第一款所规定的城市规划区域的整备、开发和保全之方针以及该法第十八条之二第一款所规定的市、町、村的城市规划基本方针相协调。

8. 主务大臣认为根据第一款之规定的历史风貌维护提高计划之认定申请，符合以下基准的，应予认定。

（一）符合历史风貌维护提高基本方针；

（二）所实施的历史风貌维护提高计划，被认为有助于市、町、村区域内的历史风貌的维持与提高；

（三）被认为能够得到顺利实施。

9. 主务大臣在作出前款认定之决定时，必须事先与相关行政机关负责人进行协议。

10. 主务大臣在作出第八款之认定决定后，必须及时通知市、町、村，不得延迟。

11. 市、町、村在收到前款通知后，必须采取必要措施努力向民众公示被认定的历史风貌维护提高计划，并同时通知都、道、府、县，不得延迟。

【申请的认定期间】

第六条　主务大臣自收到前条第一款规定的认定申请之日起，必须三个月内就第八款之认定迅速作出是否予以认定之决定。

【被认定历史风貌维护提高计划的变更】

第七条　获得第五条第八款之认定的市、町、村（以下称为"获认定的市、町、村"）要变更被认定的历史风貌维护提高计划的（除政令规定的轻微变更外），必须获得主务大臣认定。

2. 前款之认定，准用第五条第四款至第十一款以及前条之规定。

【被认定历史风貌维护提高计划之实施状况的报告之征收】

第八条　主务大臣可要求获认定的市、町、村书面报告其被认定的历史风貌维护提高计划（包括前第一款的变更之认定。除第二十四条第一款外，以下同）的实施情况。

【认定的撤销】

第九条　主务大臣认为被认定的历史风貌维护提高计划不符合第五条第八款各项中任何一项时，可撤销该认定。

2. 根据前款之规定，主务大臣作出撤销认定之决定后，必须立刻通知市、町、村，不得延迟。

3. 市、町、村收到前款通知后，必须公示并通知都、道、府、县，不得延迟。

【向获认定的市、町、村提供建议、援助等】

第十条　为了能使被认定的历史风貌维护提高计划得到顺利、有效实施，都、道、府、县可向获认定的市、町、村提供必要建议。

2. 国家必须努力向获认定的市、町、村提供能够促使被认定的历史风貌维护提高计划得以顺利、有效实施的信息情报、建议或者其他帮助。

3. 除前款规定外，国家必须与获认定的市、町、村协作，以促进被认定历史风貌维护提高计划得到顺利、有效实施；

4. 获认定的市、町、村的长官及教育委员会，为了促进被认定历史风貌维护提高计划得到顺利、有效实施，必须互相提携和密切合作。

【协议会】

第十一条 市、町、村可组建协议会（以下称为"协议会"）讨论历史风貌维护提高计划的制订、变更等以及被认定历史风貌提高计划的实施相关的各方协调联络。

2. 协议会由以下机构及人员构成。

（一）该市、町、村；

（二）历史风貌维护提高计划中记载的相关设施设备的整备者或管理者；

（三）根据第三十四条第一款之规定，由市、町、村长官指定的历史风貌维护提高支援法人（次章中称为"支援法人"）；

（四）都、道、府、县，重要文化遗产的所有人、学者、有经验者及市、町、村认可的其他人员。

3. 协议会认为必要时，可请求相关行政机关提供资料、表明意见、说明情况以及提供其他必要协作。

4. 关于第一款规定的协议事项，协议会成员必须尊重协议结果。

5. 除以上各款规定外，有关协议会运营的其他必要事项由协议会决定之。

第四章 历史风貌维护提高计划的特别措施

第一节 作为历史风貌维护的建造物

【历史风貌之建造物的指定】

第十二条 仅在第五条第二款第六项规定的、被认定历史风貌维护提高计划的实施周期（以下称为"实施周期"），根据历史风貌维护提高计划中所载的第四款之指定方针，在被认定历史风貌维护提高计划中记载的重点区域（以下称为"被认定重点区域"）、通过具有很高历史价值的重要无形文化遗产或重要无形民俗文化遗产而形成的建造物以及其他地域性历史建造物（除重要文化遗产建造物以及构成重要传统建造物群保存区内的传统建造物群中的建造物外），构成该被认定重点地区的历史风貌，且被认为有保全之必要的（包括与之成为一体、构成历史风貌的土地及物件）的，市、町、村长官可作为历史风貌的建造物予以指定。

2. 根据前款之规定，市、町、村长官在指定历史风貌建造物时，必须事先听取建造物所有人（若为两人以上者，则必须全体人员）以及市、町、村教育委员会的意见，若该建造物为公共设施的，则必须与该公共设施管理者（除该市、町、村外）进行协商，并获得其同意。

3. 根据前款之规定，市、町、村教育委员会必须告知市、町、村长官，该建造物是否为《文化遗产保护法》第二条第一款第一项规定的有形文化遗产、第三项规定的民俗文化遗产或第四项归档的纪念物（以下称为"有形文化遗产等"）。

【历史风貌之建造物的指定之提议】

第十三条 仅在认定计划的实施周期内，被认定重点区域内的建造物所有人认为其建造物属于前条第一款规定的建造物时，可根据主管省政令之规定，向市、町、村长官提议将该建造物指定为历史风貌建造物，但必须事先获得全体所有人同意。

2. 仅在认定计划实施周期内，支援法人认为在被认定重点区域内的建造物符合前条第一款规定的建造物时，可根据主管省政令之规定，在事先获得该建造物所有人（所有人为两人以上的，则为全体人员）同意的情况下，向市、町、村长官提议将该建造物指定为历史风貌之建造物。

3. 根据前条第一款之规定，市、町、村长官在收到前两款之提案后，决定不予指定的，则必须立刻将不予指定之决定以及理由通知该提议者，不得延迟。

4. 根据前项的规定，市、町、村长官发出通知时，必须事先听取该市、町、村教育委员会的意见。

【指定的通知等】

第十四条 市、町、村长官根据第十二条第一款规定决定指定后，应将指定决定直接通知（若该历史风貌建造物为同条第三款规定的建造物的，则该历史风貌建造物包含其中的有形文化遗产内容）该历史风貌建造物的所有人（若有两人以上的，则为全体人员。若该历史风貌之建造物的指定是根据前条第二款规定之提案的，则包括提案的支援法人。在第十七条第三款中同）。

2. 根据第十二条第一款规定，市、町、村在决定予以指定后，必须根据条例或规则设置明显标志，不得延迟。

【增建等的申请以及劝告等】

第十五条 增建、改建、迁移或拆除历史风貌建造物时，必须根据主管省政令之规定，提前三十日，就行为种类、场所、开工日以及主管省政令规定的其他事项向市、町、村长官提出申请，但以下行为则不在此限。

（一）日常管理行为、轻微的行为以及其他由政令规定的行为；

（二）因紧急灾害而采取的应急措施；

（三）《城市规划法》第四条第十五款规定的城市规划措施或者与其相当的由政令规定的准行为；

（四）除前三项行为外，其他由政令规定的类似行为。

2. 前款中的申请人变更属于主管省政令规定的申请事项时，必须提前三十日向市、町、村长官报告。

3. 市、町、村长官认为第一款或前款申请事项可能影响到历史风貌建造物的，可参照被认定历史风貌维护提高计划中所载的第五条第二款第五项规定事项，可建议申请人变更其申请事项或采取其他必要措施。

4. 市、町、村长官在根据前款规定提出建议时，若该历史风貌建造物为第十二条第三款规定的建造物的，则必须事先听取该市、町、村教育委员会的意见。

5. 为保全历史风貌之建造物，获第三款之建议的申请人提出申请，市、町、村长官认为必要的，可以采取其他必要措施限制其对历史风貌建造物的相关权利。

6. 国家机关或地方公共团体之行为不适用前各款之规定。当根据第一款之规定的申请者为国家机关或地方公共团体时，该国家机关或地方公共团体必须事先通知市、町、村长官。

7. 为保全该历史风貌建造物，市、町、村长官收到前款通知后，可在必要限度请求国家机关或者地方公共团体就被认定的历史风貌维护提高计划中所载的第五条第二款第五项等事项给予协助。

【历史风貌建造物所有人等的管理义务】

第十六条 历史风貌建造物所有人以及其他历史风貌建造物管理权人必须适当管理，避免影响历史风貌建造物的保全。

【指定的撤销】

第十七条 当历史风貌建造物成为重要文化遗产建造物、重要传统建造群保存地区内的传统建造群中的建造物，或因灭失、毁损以及其他事由应撤销历史风貌建造物之指定时，市、町、村长官必须立刻撤销指定，不能延迟。

2. 市、町、村长官可以基于公共利益或其他特别之理由撤销历史风貌建造物之指定。若该撤销对象为第十二条第三款所规定的建造物时，必须事先听取市、町、村教育委员会的意见。

3. 根据前两款规定，市、町、村长官在做出撤销历史风貌建造物之指定的决定后，必须立刻通知该历史风貌建造物的所有人。

【所有权人的变更申请】
第十八条　当历史风貌建造物的所有人变更后，新所有人必须向市、町、村长官申请变更所有人，不得延迟。

【名录】
第十九条　市、町、村长官必须建立和管理历史风貌建造物名录。
2. 有关前款名录的制作以及保管等事项，由主管省政令规定之。

【有关历史风貌建造物现状报告的征收】
第二十条　市、町、村长官认为必要时可要求历史风貌建造物所有人报告其历史风貌建造物的现状。

【管理或维修的技术性指导等】
第二十一条　根据文部科学省政令之规定，第十四条第一款被通知（仅限于该历史风貌建造物属于有形文化遗产等之情形）的历史风貌建造物（除《文化遗产保护法》第二条第一款第一项规定的有形文化遗产、第九十条第三款规定的登录有形民俗文化遗产或第一百三十三条规定的登录纪念物外。以下同）之所有人以及历史风貌建造物的管理权人，可就历史风貌建造物的管理或维修等，请求文化厅长官给予技术性指导。

2. 除前款规定外，历史风貌建造物的所有人以及其他历史风貌建造物的管理权人，可就历史风貌建造物的管理或维修等，请求市、町、村长官或支援法人给予必要建议或其他必要援助。

第二节　历史风貌维护之基础设施的整备之特例

【用于改良土地的农业灌溉设施的管理之特例】
第二十二条　都、道、府、县可委托支援法人管理被认定历史风貌维护提高计划中记载的第五条第三款第一项规定的农业灌溉设施（仅限于该项第①目）的全部或一部分。

2. 前款中的农业灌溉设施及其委托管理事项，准用《土地改良法》第九十四条之六第二款之规定。在此情况下，其第二款中的"国营土地改良事业"替换为"都、道、府、县营土地改良事业"、"准用"替换为"准用的同时，也必须符合地域根据《地域历史风貌维护法》① 第八条规定、获认定的历史风貌维护提高计划中所载第五条第三款第一项规定的农业灌溉设施（仅限于该项第①目）的管理事项"。

【农地区域的开发许可之特例】

第二十三条　载有第五条第三款第一项所规定之内容（仅限于该项第②目的农业灌溉设施）的历史风貌维护提高计划，在获得第八款之认定后，对于在农业灌溉设施所在农地区域存在的根据《农业振兴区域整备法》第十五条之二第一款规定的开发之申请适用该条第四款之规定时，该款第三项中的"功能"改为"功能或维护提高因利用该农业灌溉设施而形成的历史风貌（指《地域历史风貌维护法》② 第一条规定的历史风貌）"。

【市、町、村教育委员会实施《文化遗产保护法》所规定之事务】

第二十四条　文化厅长官根据政令之规定，可将以下所列的、获得第五条第八款之认定的町、村（本条以下以及第二十九条称为"获认定町、村"）所在区域的重要文化遗产建造物等相关事项的全部或者一部分，在认定计划实施周期内，委托该获认定町、村的教育委员会（当该获认定町、村为特定公共团体时，则为该町、村的长官。在次款以及第四款中同）行使。

（一）根据《文化遗产保护法》第四十三条第一款至第四款或第一百二十五条第一款至第四款之规定，对现状变更或保存产生影响之行为的许可及撤销（除重大的现状变更或对保存造成重大影响的行为外）以及停止现状变更或影响保存之行为的命令；

（二）根据《文化遗产保护法》第五十四条（包括第八十六条以及第一百七十二条第五款中的准用）、第五十五条第一款、第一百三十条（包括第一百七十二条第五款中的准用）或第一百三十一条第一款的规定，要求汇报、现场调查以及为现场调查而采取的必要措施。

---

① 2008 年（平成 20 年）法律第 40 号。
② 2008 年（平成 20 年）法律第 40 号。

2. 根据前款规定，获认定町、村的教育委员会在撤销根据《文化遗产保护法》第四十三条第四款（包括第一百二十五条第三款中的准用）的文化遗产现状变更或保存产生影响之行为许可时，不仅必须征询利益相关方的意见，而且还应根据《行政程序法》① 第十五条第一款之规定、提前十日发出通知，并公告处理的内容以及听证日期及场所。在此情况下，准用《文化遗产保护法》第一百五十四条第三款之规定。

3. 根据第一款规定，获认定町、村的教育委员会依据《文化遗产保护法》第五十五条第一款或第一百三十一条第一款规定现场调查或为调查采取相关措施时，应要求相关人员或其代理人出面并听取公众意见。在此情况下，准用《文化遗产保护法》第一百五十五条第二款至第四款之规定。

4. 有关获认定町、村的教育委员会，准用《文化遗产保护法》第一百八十四条第二款、第四款（除第三项规定外）以及第五款至第八款之规定。

5. 在实施被认定历史风貌维护提高计划的过程中，获认定的市、町、村长官认为必要可通过其议会决议、请求文部科学大臣授权其行使本条第一款、《文化遗产保护法》第一百八十四条第一款规定之权限，或者根据本条第一款之规定授权获认定市、町、村的教育委员会行使。

6. 获认定市、町、村的议会在作出前款之决议时，必须事前听取该获认定市、町、村的教育委员会之意见。

【城市公园的管理之特例等】

第二十五条 在被认定的历史风貌维护提高计划的实施周期内，获认定的市、町、村不受《城市公园法》第二条之三规定的限制，可维护城市公园或新建、扩建或改建被认定历史风貌维护提高计划所载本法第五条第三款第二项规定的城市公园设施（以下称为"城市公园的维护"）。

2. 获认定市、町、村在实施城市公园的维护前以及完成维护后，根据国土交通省政令之规定必须公告之。

3. 获认定市、町、村根据第一款规定实施城市公园的维护措施时，视为根据政令之规定替代城市公园的管理者行使其管理之权限。

4. 根据第一款之规定，获认定市、町、村进行城市公园的维护等所

---

① 1993年（平成5年）法律第88号。

需费用，由该获认定市、町、村负担。

5. 根据第三款之规定，对获认定市、町、村代替公园管理者行使《都市公园法》第三十四条第一款各项权限的各种裁决、决定的不服之申诉，可向国土交通大臣提出。

6. 根据第三款之规定，视代替城市公园管理者行使管理权限的获认定市、町、村为城市公园管理者，适用《城市公园法》第六章之规定。

【道路之外停车场占用城市公园之特例等】

第二十六条　载有第五条第三款第三项所规定之事项的历史风貌维护提高计划在获得该条第八款认定时，获认定市、町、村可参照停车场整备计划（《停车场法》第四条第一款规定的停车场整备计划。以下同），制订包含停车场的大致位置、规模、整备主体以及整备年度目标等内容的特定道路外之停车场的整备计划。

2. 获认定市、町、村制定前款停车场整备计划，当该计划包含城市公园地下停车场整备计划概要（以下称为"地下停车场整备计划概要"）时，必须事先就地下停车场整备计划概要征得城市公园的管理者同意。

3. 根据《停车场法》第四条第四款（包括第五款中的准用）规定，在规定了地下停车场整备计划概要的停车场整备计划被公布两年内，基于地下停车场整备计划概要、根据《城市公园法》第六条第一款或第三款规定，仅在符合该法第七条第一款所明确的技术性标准的情况下，城市公园地下的占用许可视为公园管理者之许可。

【历史风貌建造物等的管理之特例】

第二十七条　获认定市、町、村或支援法人可基于与被认定重点区域内以下各项设施之所有人（若为两人以上的则为所有人）之间的契约，管理该设施。

（一）历史风貌建造物；

（二）由主管省政令规定的，被认定的历史风貌维护提高计划所记载的历史风貌维护提高的公共设施以及其他有利于地域历史风貌维持、提高的设施。

2. 当支援法人根据前款规定管理的设施内的林木属于《城市树木维护保存法》[①]第二条第一款规定的、被指定的保护树木时，则应适用该法

[①]　1962 年（昭和 37 年）法律第 142 号。

之规定。在适用时，该法第五条第一款中的"所有人"替换为"所有人以及历史风貌维护提高支援法人（《地域历史风貌维护法》第三十四条第一款规定的历史风貌维护提高支援法人，以下同）"；该第六条第二款以及第八款中的"所有人"替换为"历史风貌维护提高支援法人"；该法第九条中的"所有人"替换为"所有人或历史风貌维护提高支援法人"。

【市街调整区域的开发许可之特例】

第二十八条 在被载于历史风貌维护提高计划中的第五条第三款第四项所列事项得到同条第八项认定的情况下，结合所记载事项而实施的开发行为（除《城市规划法》第三十四条各项所列事项外）视为该法第三十四条第十四项所列的开发行为。

2. 针对在市街调整区内获得《城市规划法》第二十九条第一款之许可的开发区域（为该法第四条第十三款规定的开发区域）以外的区域、实施的集合被认定的历史风貌维护提高计划中的第五条第三款第四项所列事项的建筑行为，若出现根据该法第四十三条第一款规定的许可申请的，只要与申请相关的建筑行为符合该法第三十三条规定之标准，都、道、府、县知事或者指定城市或核心市的市长必须给予许可。

【町、村长官在特别绿地保护地区之行为的限制】

第二十九条 根据《城市绿地法》① 第十四条第一款至第八款、第十五条中准用第九条第一款及第二款、第十六条中准用第十条第二项和第七条第五款及第六款，第十七条第二款以及第十九条中准用第十一条第一款及第二款之规定，都、道、府、县知事在被认定重点区域的特别绿地保护地区（该法第十二条第一款规定的"特别绿地保全地区"）内行使的各项权限，在被认定计划的实施周期内，获认定的町、村之长官可根据政令规定行使。

2. 根据前款规定，获认定的町、村长官在行使前款规定的各项权限、适用《城市绿地法》时，该法第四条第二款第四项第②目中的"第十七条"替换为"第十七条（包括根据《地域历史风貌法》② 第二十九条第二款规定替换适用的情形）"；该条第六款中的"从该项第②目至第⑤目

---

① 1973年（昭和48年）法律第42号。

② 2008年（平成20年）法律第40号。

所列事项"替换为"从该项第②目至第⑤目所列事项（除根据《地域历史风貌法》第二十九条第二款规定替换适用该法第十七条规定的土地购买行为以及购买土地的管理事项外）"；该法第十六条中准用第十条第一款中的"都、道、府、县等"替换为"根据《地域历史风貌维护法》第二十四条第一款所认定的町、村（以下称为'获认定的町、村'）"；该法第十七条第一款以及第三十一条第一款中的"都、道、府、县等"替换为"获认定町、村"；该法第十七条第二款中的"町、村或根据第六十九条第一款规定所指定的绿地保全·绿化促进团体（仅限于第七十条第一项第③目中所列事项，以下称为'绿地保全·绿化促进团体'）、作为市长希望收购该土地的都、道、府、县或绿地保全·绿化促进团体"替换为"根据第六十九条第一款规定被指定的绿地保全·绿化促进团体（仅限于第七十条第一款第③目中所列事项，以下称为'绿地保全·绿化促进团体'）"；该条第三款中的"都、道、府、县，町、村或绿地保全·绿化促进团体"替换为"绿地保全·绿化促进团体"；该法第三十一条第一款中的"第十六条"替换为"根据《地域历史风貌维护法》第二十九条第二款规定替换适用第十六条"、"第十七条第一款"替换为"根据《地域历史风貌维护法》第二十九条第二款规定替换适用第十七条第一款"、"购入以及都、道、府、县或町、村实施该条第三款规定的土地购入"替换为"购入"。

【通信公共管线的指定之特例】

第三十条 对于被载于历史风貌维护提高计划中的第五条第三款第五项所列事项得到同条第八项之认定、适用《道路及其相关的电信线缆整备特别措施法》①第三条之规定时，该条第一款中的"安全且稳定"替换为"安全的"、"谋求"替换为"谋求的同时，参照《地域历史风貌维护法》②第八条所规定的被认定的地域历史风貌维护提高计划所记载的、该法第五条第三款第五项所列事项，以实现地域历史风貌维的维持与提高"、"特别必要"替换为"必要"；该条第二款中的"以及下一款之规定已提起请求"替换为"以及下一款规定市、町、村已提起请求，并记载于被认定的历史风貌维护提高计划"。

---

① 1995 年（平成 7 年）法律第 39 号。
② 2008 年（平成 20 年）法律第 40 号。

第五章　历史风貌维护提高之地区计划

【历史风貌维护提高之地区计划】

第三十一条　为维护和提高区域的历史风貌，在符合以下条件的土地之区域内，提高土地的合理、有效利用，有必要整备和保存符合其地区历史风貌的建造物（包括变更既存建造物的用途、使其符合历史风貌风格的建造物等，以下称为"建造物等"）以及地区内之街区的，可将历史风貌维护提高之地区计划列入城乡规划中。

（一）建造物等的建造风格或用途现在正在持续变化或者被认为已经确切发生了变化的区域。

（二）影响或被认为可能会影响区域历史风貌的维持与提高的土地之区域。

（三）该区域的历史风貌维护提高以及为合理和健全地利用其土地、对该城市的健全发展、文化水平的提高有所贡献的土地之区域。

（四）《城市规划法》第八条第一款第一项规定的特殊用途的土地之区域。

2. 除《城市规划法》第十二条之四第二款所规定的事项外，在将城市计划中以下第一项规定事项列入历史风貌维护提高的地区计划的同时，也应尽量将第二项至第四项所规定事项也列入其中。

（一）被主要街区的居住者、滞留者和其他人所利用的道路、公园、其他政令所规定的设施（除《城市规划法》第四条第六款规定的城市规划设施外，以下称为"地区设施"）以及建造物等的整备和土地利用计划（以下称为"历史风貌维护提高之地区整备计划"）。

（二）该历史风貌维护提高计划的目标。

（三）所在区域的土地利用的基本方针。

（四）该区域的整备及保全之方针。

3. 前款第三项的基本方针可规定以下事项。

（一）在以下建造物中，为维持和提高该区域历史风貌，在该区域所应整备的建造物等之用途及规模等事项。

①以销售利用地域传统技术或技能所制造的工艺品、食品以及其他物品为目的的店铺。

②主要以提供地域特有料理为目的的饮食店。

③主要以利用地域传统的技术或技能制造工艺品、食品等物品的工厂。

④以展示具有很高地区历史价值的美术品、利用地域传统技术或技能制造的工艺品以及其他与之类似的物品的展览场所、博物馆或美术馆等。

⑤其他由政令规定的、具有能够维护或提高地域历史风貌的建造物等。

（二）前项建造物的形态或色彩以及其他设计的限制等基本事项。

（三）第一项所规定的、应整备的建造物等（包括变更既存建造物之用途使其成为该项规定的建造物等）的土地之区域。

4. 历史风貌维护提高之地区整备计划，应确定以下事项。

（一）区域设施的配置及规模；

（二）建造物的用途限制、容积率（总面积的地基面积占比）的最高或最低限度、建筑率（建筑面积的地基面积占比）的最高限度、建造物的地基面积或建筑面积的最低限度、围墙的位置限制、围墙后退区域（墙面位置的限度线与地边界线之间的土地区域。以下同）中辅助建筑（除建造物外。以下同）的设置限制、建造物高度的最高限度或最低限度、建造物的形态或色彩以及其他设计限制、建造物的绿化率（《城市绿化法》第三十四条第二款规定的绿化率）的最低限度和其他由政令规定的事项等；

（三）利用现存的林地、草地以及其他绿地等，在维护提高历史风貌的同时，为确保良好的居住环境所需的必要保全事项；

（四）除前三项外，由政令规定的其他土地利用事项。

5. 在城市规划中确定历史风貌维护提高之地区计划时，必须遵守以下几点。

（一）土地利用的基本方针应以谋求维护提高该区域的历史风貌为原则。在此情况下，不得对《城市规划法》第八条第一款第一项规定的第Ⅰ类、第Ⅱ类低层居住专用地区，第Ⅰ类、第Ⅱ类中高层居住专用地区以及田园居住地域的良好周边居住环境的保护造成不良影响。

（二）区域设施应在必要的位置具有适当规模，并与该地区历史风貌维护提高之地区计划的区域及周边的城市规划相结合，以有益于区域历史风貌的维持与提高以及良好城市环境的形成。

（三）历史风貌维护提高之地区计划中的建造物等事项包括：在历史风貌维护提高之地区计划的区域内，通过整备与历史风貌相吻合的建造物（用途、容积、高度、分布以及形态等相吻合），以促进该地域土地的合理且健康地利用。

6. 在城市规划中规定历史风貌维护提高之地区计划时，若出现特别事由不能在该历史风貌维护提高之地区计划的区域中规定历史风貌维护提高地区整备计划的则可不规定。在此情况下，也必须在城市规划中规定历史风貌维护提高之地区计划之区域。

【符合区域特性的历史风貌维护提高之地区整备计划】

第三十二条　为适应历史风貌维护提高之地区整备计划的区域特征，确定建造物等的高度、布局以及形态并实现土地的合理利用，必要时可限制墙壁（包括面向道路的围墙的墙面）的位置、围墙后退区域中的辅助建筑的设置以及建造物的最高限度。

【实施行为的申请与建议等】

第三十三条　在历史风貌维护提高之地区计划的区域（仅限历史风貌维护提高地区整备计划所确定的区域）内，根据国土交通省政令之规定，变更土地的区划性质；新建、改建、扩建建造物等或实施政令规定的其他行为的行为者，必须在实施该行为前三十日，就其所实施行为之种类、实施场所、设计或实施方法、开工日期以及国土交通省政令规定的其他事项等向市、町、村长官提出申请。但以下行为不在此限。

（一）日常管理行为、轻微的行为以及和政令规定的其他行为；

（二）因紧急灾害而采取的应急措施等行为；

（三）国家机关或地方公共团体实施的行为；

（四）《城市规划法》第四条第十五款规定的城市规划的实施行为或由政令规定的相当于城市规划的实施行为；

（五）《城市规划法》第二十九条第一款的许可行为；

（六）与以上各项行为类似的、由政令规定的其他行为。

2. 根据前款规定的申请人变更其由国土交通省政令规定的申请事项时，必须在实施变更行为前三十日，向市、町、村长官提出变更申请。

3. 市、町、村长官收到第一款或前款规定的申请后，经审查认为所申请事项不适合历史风貌的维护提高之地区计划时，可建议申请人变更其申请事项或采取其他必要措施等。在此情况下，为维持和提高地域历史风貌，市、町、村长官认为必要时，应就历史风貌维护提高之地区计划中所规定的相关事项、采取必要措施等，并给予必要的建议和指导。

第六章　历史风貌维护提高之支援法人

【历史风貌维护提高之支援法人的指定】

第三十四　根据申请，市、町、村长官可指定能够适当且确实可靠地履行以下各项业务的一般社团法人、一般财团法人或《特定非营利活动促进法》① 第二条第二款规定的特定非营利法人，为历史风貌维护提高之支援法人（以下称为"支援法人"）。

2. 根据前款之规定，市、町、村长官在指定支援法人后，必须公示被指定的支援法人之名称、地址以及事务所的所在地。

3. 支援法人变更其名称、地址或事务所所在地时，必须事先向市、町、村长官提出备案。

4. 市、町、村长官在收到前款备案申请后，必须公示所申报本案之事项。

【支援法人的业务事项】

第三十五条　支援法人开展以下各项业务。

（一）向试图从事历史风貌维护提高之设施的整备工作的个人或组织派遣与其工作相关的专业人士、提供相关信息与咨询以及其他援助。

（二）在被认定的重点区域或历史风貌维护提高之地区计划的区域，实施或参与与历史风貌的维护提高的设施之整备相关的行为。

（三）根据政令规定，可在前款历史风貌维护提高的设施之整备的工作中，通过取得、管理及转让等方式有效地利用土地。

（四）对于历史风貌建造物等管理或修缮，给予必要建议或其他援助。

（五）管理第二十二条第一款规定的农业灌溉设施或第二十七条第一款规定的相关设施。

（六）对地域的历史风貌维护提高进行调查研究。

（七）除以上各项规定事项外，为维护提高地域历史风貌而实施的其

---

① 1998年（平成10年）法律第7号。

他必要业务。

【监督等】

第三十六条　为确保前条所列各项业务能够确实有效地得到实施，市、町、村长官认为必要时可要求支援法人报告其各项业务工作的实施情况。

2. 市、町、村长官认为支援法人未能够确实有效地实施前条各项规定的业务工作时，可命令支援法人采取必要措施改善其业务运营状况。

3. 支援法人违反前款之规定的，市、町、村长官可根据第三十四条第一款之规定撤销其指定。

4. 市、町、村长官根据前款之规定撤销指定时，必须公示。

【资讯提供等】

第三十七条　国家和相关地方公共团体应向支援法人提供与其业务相关的必要信息情报、指导或建议。

第七章　杂则

【主务大臣与主管省政令】

第三十八条　本法实施的主务大臣为文部科学大臣、农林水产大臣及国土交通大臣。

2. 本法中的主管省政令是文部科学省政令、国土交通省政令。但是，第五条第二款第七项和第七条第一款的主管省政令为文部科学省政令、农林水产省政令以及国土交通省政令。

【过渡措施】

第三十九条　在根据本法制定或废改政令时，该政令可在合理判断的范围内制定必要的过渡措施（包括罚则的过渡措施）。

第八章　罚则

第四十条　违反第三十三条第一款或第二款之规定未申请或虚假申请、实施第一款主文或第二款规定之行为者，处三十万日元以下罚金。

2. 法人、法人代表或其代理人、使用人及其从业者在实施法人或个人业务时违反前一项之规定的，除处罚行为人外，对法人或个人科以该款之罚金。

第四十一条　违反以下规定，处五万日元以下罚款。

（一）违反第十五条第一款或第二款规定未申请或虚假申请、实施第一款或第二款规定之行为的。

（二）违反第十八条规定未申请或虚假申请的。

附则　抄

【施行日期】

第一条　本法自公布之日起、在不超过六个月的期限内由政令规定施行日期。

【规定的调整】

第二条　若本法的施行日先于《一般社团法人及一般财团法人法》① 施行日的，本法施行前的第三十四条第一款之适用，该款中的"一般社团法人或一般财团法人"应为"根据《民法》② 第三十四条之规定所设立的法人"。

【调研】

第三条　本法施行五年后，政府应就本法的施行情况进行调研，并根据调研结果采取必要改进措施。

附则　2011年（平成23年）5月2日法律第35号　抄

【施行日期】

第一条　本法自公布之日起、在不超过三个月的期限内由政令规定施行日期。

附则　2011年（平成23年）6月22日法律第70号　抄

【施行日期】

第一条　本法自2012年（平成24年）4月1日起施行，但次条、附

---

① 2006年（平成18年）法律第48号。

② 1896年（明治29年）法律第89号。

则第十七条之规定则自《地域自主性改革促进法》① 于本法晚公布的公布之日起施行。

附则　2011 年（平成 23 年）8 月 30 日法律第 105 号　抄

【施行日期】

第一条　本法自公布之日起施行，但以下各款之规定则按各自规定日期起施行。

（一）省略

（二）第二条、第十条（仅限《构造改革特别区域法》第十八条的修改规定）、第十四条（仅限《地方自治法》第二百五十二条之十九，第二百六十条及附表一中的《噪声规制法》②《城市规划法》③《城市再开发法》④《环境基本法》⑤ 以及《集市街区防灾促进法》⑥ 相关事项和附表二中的《城市再开发法》⑦《公有土地扩展推进法》⑧《大城市的住宅及住宅用地供给促进特别法》⑨《集市街区防灾促进法》⑩《公寓改建协调法》⑪ 的相关改正规定）、第十七条至第十九条、第二十二条（仅限《儿童福利法》第二十一条之五、之六、之十五、之二十三，第二十四条之九、之十七、之二十八及之三十六的改正规定）、第二十三条至第二十七条、第二十九条至第三十三条、第三十四条（仅限《社会福祉法》第六十二条、第六十五条和第七十条的改正规定）、第三十五条、第三十七条、第三十八条（除《水道法》第四十六条、第四十八条之二、第五十条以及第五十条之二的改正规定）、第三十九条、第四十三条（仅限《职业能力开发促进法》第

---

①　2011 年（平成 23 年）法律第 105 号。
②　1968 年（昭和 43 年）法律第 98 号。
③　1968 年（昭和 43 年）法律第 100 号。
④　1969 年（昭和 44 年）法律第 38 号。
⑤　1993 年（平成 5 年）法律第 91 号。
⑥　1997 年（平成 9 年）法律第 49 号。
⑦　1969 年（昭和 44 年）法律第 38 号。
⑧　1972 年（昭和 47 年）法律第 66 号。
⑨　1975 年（昭和 50 年）法律第 67 号。
⑩　1997 年（平成 9 年）法律第 49 号。
⑪　2002 年（平成 14 年）法律第 78 号。

十九条、第二十三条、第二十八条以及第三十条之二的改正规定)、第五十一条(仅限《传染性疾病预防法》第六十四条的改正规定)、第五十四条(除《残疾人自立援助法》第八十八条和第八十九条的改正规定)、第六十五条(除《农地法》第三条第一款第九项、第四条、第五条及第五十七条的改正规定外)、第八十七条至第九十二条、第九十九条(仅限《道路法》第二十四条之三及第四十八条之三的改正规定)、第一百条(仅限《土地区划整理法》第七十六条的改正规定)、第一百零二条(仅限《道路整备特别措施法》第十八条至第二十一条、第二十七条、第四十九条和第五十条的改正规定)、第一百零三条、第一百零五条(除《停车场法》第四条的修改规定)、第一百零七条、第一百零八条、第一百一十五条(仅限《都市圈近郊绿地保护法》第十六条及第十八条的改正规定)、第一百一十六条(除《物流业务市街区整备法》第三条之二的改正规定)、第一百一十八条(仅限《近畿保护区域整备法》第十六条及第十八条的改正规定)、第一百二十条(除《城市规划法》第六条之二、第七条之二、第八条、第十条之二至第十二条之二、第十二条之四、第十二条之五、第十二条之十、第十四条、第二十条、第二十三条，第三十三条及第五十八条之二的改正规定外)、第一百二十一条(仅限《城市再开发法》第七条之四至第七条之七、第六十条至第六十二条、第六十六条、第九十八条、第九十九条之八、第一百三十九条之三、第一百四十一条之二及第一百四十二条的改正规定)、第一百二十五条(除《公有土地扩大促进法》第九条的改正规定)、第一百二十八条(除《城市绿地法》第二十条及第三十九条的改正规定)、第一百三十一条(仅限《大城市住宅及住宅用地供给促进法》第七条、第二十六条、第六十四条、第六十七条、第一百零四条及第一百零九条之二的改正规定)、第一百四十二条(仅限《地方城市的区域整备及产业设施再配置促进法》第十八条及第二十一条至第二十三条的改正规定)、第一百四十五条、第一百四十六条(除《受灾街区复兴特别措施法》第五条及第七条之三的改正规定)、第一百四十九条(仅限《集市街区防灾促进法》第二十条、第二十一条、第一百九十一条、第一百九十二条、第一百九十七条、第二百三十三条、第二百四十一条、第二百八十三条、第三百一十一条及第三百一十八条的改正规定)、第一百五十五条(仅限《城市再生特别措施法》第五十一条第四款的改正规定)、第一百五十六条(除《公寓改建协调法》第一百零二条的改正规定)、第一百五十七条、第一百五十八条(仅限《景观法》

第五十七条的改正规定)、第一百六十条(除《地域多元公租住宅整备特别措施法》第六条第五款的改正规定以及该法第十一条及第十三条的修改规定外)、第一百六十二条(仅限《高龄人、残疾人等运动促进法》第十条、第十二条、第十三条、第三十六条第二款及第五十六条的改正规定)、第一百六十五条(仅限《地域历史风貌维护提高法》第二十四条和第二十九条的改正规定)、第一百六十九条、第一百七十一条(仅限《废弃物处理及清洁法》第二十一条的改正规定)、第一百七十四条、第一百七十八条、第一百八十二条(仅限《环境基本法》第十六条及第四十条之二的改正规定)以及第一百八十七条(仅限《鸟兽保护及狩猎法》第十五条、第二十八条第九款的改正规定)及附则第十三条、第十五条至第二十四条、第二十五条第一款、第二十六条、第二十七条第一款至第三款、第三十条至第三十二条、第三十八条、第四十四条、第四十六条第一款及第四款、第四十七条至第四十九条、第五十一条至第五十三条、第五十五条、第五十八条、第五十九条、第六十一条至第六十九条、第七十一条、第七十二条第一款至第三款、第七十四条至第七十六条、第七十八条、第八十条第一款和第三款、第八十三条、第八十七条(除《地方税法》第五百八十七条之二及附则第十一条的改正规定)、第八十九条、第九十条、第九十二条(仅限《高速公路法》第二十五条的改正规定)、第一百零一条、第一百零二条、第一百零五条至第一百零七条、第一百一十二条、第一百一十七条(仅限《地域多样性保存促进法》第四条第八款的改正规定)、第一百一十九条、第一百二十一条之二以及第一百二十三条第二款的规定,自2012年(平成24年)4月1日起施行。

【罚则的过渡措施】

第八十一条 本法(附则第一条所列各项规定。以下同)施行前的违法行为,在本法施行后处罚的,适用先例。

【委托立法】

第八十二条 除附则规定事项外,伴随本法施行相关的其他必要过渡措施(包括罚则的过渡措施),可通过政令规定之。

附则 2011年(平成23年)1月14日法律第122号 抄

【施行日期】

第一条 本法自公布之日起、在不超过两个月的期限内由政令规定施行日期，但以下各项规定则按各自规定的日期起施行。

（一）附则第六条、第八条、第九条和第十三条之规定，自本法公布之日起施行。

附则　2014 年（平成 26 年）5 月 30 日法律第 42 号　抄

【施行日期】

第一条　本法自公布之日起、在不超过两年的期限内由政令规定施行日期，但以下各项规定则按各自规定的日期起施行。

（一）省略

（二）目录的改正规定（仅限将"第二节　核心城市的特例/第三节　特例城市的特例"改为"第二节　核心城市的特例"的部分）、第二百五十条之二十二第一款的改正规定、删除第二编第十二章第三节的改正规定、第二百六十条之三十八改为第二百六十条之四十的改正规定、在第二百六十条之三十七后增加两条的改正规定及次条、附则第三条、第三十三条、第三十四条、第四十条、第四十一条、第四十五条至第四十八条、第五十一条、第五十二条、第五十四条、第五十五条、第五十八条、第五十九条、第六十三条、第六十四条、第六十八条、第六十九条以及第七十一条至第七十五条的规定，则自 2015 年（平成 27 年）4 月 1 日起施行。

【《地域历史风貌维护法》部分修改的过渡措施】

第七十三条　根据施行时针对特例市的前条之规定，适用《地域历史风貌维护法》第五条第四款、第二十八条第二款之规定时，第五条第四款中的"或本法"改为"、本法"、将"核心市"改为"称为核心市或《地方自治法修改法》①附则第二条规定的施行时的特例市（第二十八条二款中的施行时特例市）"；第二十八条第二款中的"或核心市"改为"、中核市或施行时特例市"。

---

① 2014 年（平成 26 年）法律第 42 号。

附则　2014年（平成26年）6月13日法律第69号　抄

【施行日期】

第一条　本法自《行政不服审查法》①施行之日起施行。

【过渡措施之原则】

第五条　本法施行前针对行政处分以及其他行政作为或不作为提起的不服申诉之申请，在本法施行后尚未作出裁决的，除本法附则有特殊规定外，依照先例处理。

【诉讼的过渡措施】

第六条　对本法修改前的不服申诉的行政裁决、决定以及其他行政行为，未能提起诉讼的，以在本法施行前规定的诉讼时效内未提起诉讼为由而提起诉讼（包括在申诉的行政裁决、决定以及行政处分行为后未提起，且在本法施行前已超越期限）的，参照先例处理。

2. 根据本法规定，针对因修改前的规定（根据前条规定适用旧法的情况下）提出不服申请的处分以及其他行为，在本法修改后提起审查请求之裁决未能提起撤销诉讼，之后又提起撤销之诉的，参照先例处理。

3. 在本法施行前已经提起针对不服申请的行政裁决、决定以及其他行为的撤销之诉的，参照先例处理。

【罚则的过渡措施】

第九条　根据本法施行前实施的行为以及附则第五条和前两条之规定，在参照先例处理时，对于本法施行后的行为之罚则，依然参照先例处理。

【其他过渡措施的立法委托】

第十条　除附则第五条至前条所规定的事项外，本法施行所需的其他过渡措施（包括罚则的过渡措施）由政令规定之。

---

① 2014年（平成26年）法律第68号。

附则　2017 年（平成 29 年）5 月 12 日法律第 26 号　抄

【施行日期】

第一条　本法自公布之日起、在不超过两个月的期限内由政令规定施行日期，但以下各项规定则按各自规定的日期起施行。

（一）附则第二十五条，自本法公布之日起施行。

（二）第一条中的《都市绿地法》第四条、第三十四条、第三十五条以及第三十七条的改正规定，第二条中的《都市公园法》第三条第二款的改正规定以及增加的下一条的改正规定，第四条中的《生产绿地法》第三条中增加一款的改正规定、第八条中增加一款的改正规定、第十条的改正规定、该条之增加的五条的改正规定以及第十一条的改正规定、第五条和第六条的规定、下一条第一款第二款以及附则第三条第二款、第六条、第七条、第十条、第十三条、第十四条、第十八条（仅限《地域历史风貌维护法》[①] 第三十一条第五款第一项的改正规定）、第十九条、第二十条、第二十二条及第二十三条（仅限《国家战略特别区域法》[②] 第十五条的改正规定）等，自本法公布之日起在不超过一年的范围内由政令规定施行日期。

【罚则的过渡措施】

第四条　对于本法施行前的行为之罚则，参照先例处理。

【评估】

第五条　本法施行五年后，根据第一条、第二条及第四条至第六条规定修正后的规定实施情况进行评估，如有必要，可根据评估结果采取必要的改进措施。

【委托立法】

第二十五条　除附则规定的事项外，有关本法施行的其他必要过渡措施由政令规定之。

[①]　2008 年（平成 20 年）法律第 40 号。

[②]　2013 年（平成 25 年）法律第 107 号。

附则　2018 年（平成 30 年）6 月 8 日法律第 42 号　抄

【施行日期】

第一条　本法自 2019 年（平成 31 年）4 月 1 日起施行。

附则　2021 年（令和 3 年）4 月 23 日法律第 22 号　抄

【施行日期】

第一条　本法自公布之日起、在不超过三个月的期限内由政令规定施行日期。

八　地域自然资产区自然环境保存及可持续利用促进法*

2014年（平成26年）6月25日法律第85号［制定］
2019年（平成31年）4月26日法律第20号
［根据自然环境保全法修改法附则第8条之修改］

【目的】

第一条　为推动和实现地域自然资源区域的自然资源保护以及可持续性利用，以实现区域社会的健全发展，促进自然环境信托，制订自然环境的保护与可持续利用的基本方针和地区规划，特制定本法。

【定义】

第二条　本法中的"地域自然环境保全等事业"，是指为保护和持续利用《自然公园法》① 第二条第二项规定的国立公园（以下称为"国立公园"）、第三项规定的国立公园（以下称为"国立公园"）等自然风景地，与《文化遗产保护法》② 第二条第一款第四项规定的纪念物相关的名胜地以及其他重要自然资源地，都、道、府、县或市、町、村将其作为当地住民之资产、采取禁止进入或通过收费进入（在以下第二款第一项以及第四条第二款第一项中称为"门票费"）以弥补事业费不足的事业。

2. 本法中的"自然环境信托活动"，是指为推进保护以及可持续利用自然环境，一般社团法人、一般财团法人或《特定非营利活动促进法》③ 第二条第二款规定的非营利活动法人或由环境省政令、文部科学省

＊ 该法的日文名称为『地域自然資産区域における自然環境の保全及び持続可能な利用の推進に関する法律』，在日本通常简称为『地域自然資産法』。

① 1957年（昭和32年）法律第161号。
② 1950年（昭和25年）法律第214号。
③ 1998年（平成10年）法律第7号。

政令规定的法人组织（以下称为"一般社团法人等"）或都、道、府、县或市、町、村实施的以下自然环境信托活动。

（一）以推进保护或可持续利用自然环境为目的，取得前款规定区域内的土地（包括土地上的定着物。以下同）。

（二）除前项活动外，在前款规定的土地范围内，环境省、文部科学省政令规定的以保护和促进可持续利用自然环境为目的的土地利用活动。

3. 本法中的"自然环境信托活动的促进事业"，是指为保全和可持续利用作为地域住民资产的自然环境，都、道、府、县或市、町、村推行的自然环境利用活动。

4. 本法中的"地域自然资产区域"，是指实施地域自然环境保全事业、促进自然环境利用活动等事业的相关区域。

【基本方针】

第三条　环境大臣及文部科学大臣应制定自然资产地域保护和促进自然环境保存与可持续利用的基本方针（以下称为"基本方针"）。

2. 基本方针应规定以下事项：

（一）入场费的相关事项以及其他与区域自然环境保全相关的基本事项；

（二）自然环境信托活动的相关事项及其他自然环境信托活动促进事项；

（三）除前两项规定的事项外，自然环境的保护事业以及自然环境信托活动的促进事业等重要事项。

3. 环境大臣及文部科学大臣在制定基本方针时，应与农林水产大臣、国土交通大臣以及其他行政机构负责人协商。

4. 环境大臣及文部科学大臣在制定基本方针后，应立即公布，不得延迟。

5. 前两款之规定准用于基本方针政策之变更。

【区域规划的制定等】

第四条　都、道、府、县或市、町、村可根据基本方针单独或共同制定与其辖区相关的自然资产区域的自然环境保全以及可持续利用的推进计划（以下称为"区域规划"）。

2. 区域规划应根据以下各项不同分类，明确其各自所包含的事项。

（一）实施地域自然环境保全之事业的区域规划，应明确以下各项内容：

①自然环境保全等事业的实施区域；

②自然环境保全等事业的实施内容；

③入场费的相关事项；

④规划的实施期间；

⑤与实施地域自然环境保全之事业相关的其他必要事项。

（二）实施自然环境信托活动促进事业的区域规划，应包含以下事项：

①与自然环境信托活动的促进事业相关的自然环境信托活动的实施区域；

②前项的自然环境信托活动之内容；

③自然环境信托活动的促进事业的内容；

④规划的实施期间；

⑤与实施地域自然环境信托活动促进事业相关的其他必要事项。

3. 都、道、府、县或市、町、村在制定区域规划时，必须事先获得前款第二项第②目所列实施自然环境信托活动的，除都、道、府、县或市、町、村以外的其他当事人的同意。

4. 下列人员可建议都、道、府、县或市、町、村制定区域规划。

（一）都、道、府、县或市、町、村辖区内的土地所有人等（土地林木的所有人或以土地林木的利用、收益为目的的权利、捕鱼权人。以下同）。

（二）在都、道、府、县或市、町、村辖区内，实施自然环境信托活动的一般社团法人等。

5. 在收到前款建议后，都、道、府、县或市、町、村认为无制定区域规划之必要的，必须告知建议人此其结果及理由。

6. 根据环境省政令之规定，都、道、府、县或市、町、村在制定区域规划时，涉及第二款第一项第②目、第二项第②目或第③目所列以下各项行为的（以下称为"区域自然环境保全等事业相关行为"），应事先与环境大臣进行协商；属于第一项、第二项、第四项或第六项所列行为之一的，则必须征得其同意。

（一）在国立公园区域内的、《自然公园法》第二十条第三款、第二十一条第三款或第二十二条第三款规定的许可行为或该法第三十三条第一款规定的申报之行为。

（二）《自然环境保全法》① 第二十五条第四款、第二十七条第三款规定的许可行为或本法第二十八条第一款规定的申报之行为。

（三）根据《自然环境保全法》第三十条中准用第二十一条第一款后段（仅限与本法第二十五条第四款或第二十七条第三款相关部分）规定，需要协商的行为。

（四）《濒危野生动植物物种保护法》② 第三十七条第四款的许可之行为或第三十九条第一款规定的申报之行为。

（五）根据《濒危野生动植物物种保护法》第五十四条第二款（仅限于本法第三十七条第四款）规定，需要协商的行为。

（六）《鸟兽保护管理及狩猎法》③ 第二十九条第七款规定的、在国家指定特别保护区内实施的、需要获得许可之行为。

7. 根据环境省政令之规定，市、町、村在制定区域规划时，区域自然环境保全等事业相关行为属于下列任何行为之一的，必须事先与都、道、府、县知事协商，并征得其同意。但与都、道、府、县合作制定区域规划的则不受此限。

（一）在国家公园的区域内实施的、《自然公园法》第二十条第三款、第二十一条第三款或第二十二条第三款中的许可之行为或第三十三条第一款中的申报之行为。

（二）都、道、府、县指定的特别保护区区域内实施的、《鸟兽保护管理及狩猎法》第二十九条第七款规定的许可之行为。

8. 在都、道、府、县或市、町、村制定的区域规划中，需要通过环境省·文部科学省政令、利用《土地征用法》④ 第三条各项所列设施以及林道、林场等其他林业必要设施（以下称为"公共设施"）或者准备利用时，必须事先与该公共设施的管理人以及环境省·文部科学省政令规定的其他相关机构进行协商。

9. 都、道、府、县或市、町、村制定的区域规划中所记载之事项时，必须在下一条第一款中的协议会上进行讨论；若未组织协议会则必须与土

---

① 1972 年（昭和 47 年）法律第 85 号。
② 1992 年（平成 4 年）法律第 75 号。
③ 2002 年（平成 14 年）法律第 88 号。
④ 1951 年（昭和 26 年）法律第 219 号。

地所有人以及环境省·文部科学省政令规定的相关机构进行协商。

10. 都、道、府、县或市、町、村在制定区域规划后，必须立刻公布，不得延迟。

11. 第三款至前款之规定准用于区域规划的变更。

【协议会】

第五条 都、道、府、县或市、町、村在制定区域规划时，可组织为制定、协商区域规划的联络机构——协议会（以下称为"协议会"）。

2. 协议会由下列机构或人员组成。

（一）制定区域规划的都、道、府、县或市、町、村；

（二）预定在区域规划中实施自然环境信托活动的一般社团法人等；

（三）除前两款规定的组织外，土地所有人、相关住民、关系企业、学者及经验者、相关行政机关以及都、道、府、县或市、町、村认为的必要组织或个人。

3. 协议会认为有必要时，可要求除其成员以外的相关行政机构提供材料、陈述意见、解释说明或其他必要协作。

4. 在协议会的协商会议上协商相关事项时，协议会成员必须尊重协议会的协商结果。

5. 除前三款规定的事项外，协议会运行的相关必要事项由协议会决定之。

【《自然公园法》的特别规定】

第六条 根据区域规划，都、道、府、县或市、町、村以及本法第四条第二款第二项第①目中的一般社团法人等（以下称为"都、道、府、县等"）在国家公园或国立公园的领域内，实施需获得《自然公园法》第二十条第三款、第二十一条第三款或第二十二条第三款规定的许可之行为的，视为已获该许可。

2. 根据区域规划，都、道、府、县等在国家公园或国立公园的领域内实施的行为，不适用《自然公园法》第三十三条第一款、第二款之规定。

【《自然环境保全法》的特别规定】

第七条 根据区域规划，都、道、府、县等在《自然环境保全法》第二十二条第一款规定的自然环境保全区（在下一款中称为"自然环境保全区"）内，实施该法第二十五条第四款、第二十七条第三款规定的许可之行为的，应视为已获许可。

2. 根据区域规划，都、道、府、县等在自然环境保全区内实施的行为不适用《自然环境保全法》第二十八条第一款、第三十条中准用第二十一条第一款（仅限该法第二十五条第四款、第二十七条第三款相关部分）的后段之规定。

【《濒危野生动植物物种保护法》的特别规定】

第八条　根据区域规划，都、道、府、县等在《濒危野生动植物物种保护法》第三十六条第一款规定的、被指定的野生栖息地保护区（下一款称为"野生栖息地保护区"）内，实施第三十七条第四款规定需要许可之行为的，视为已获许可。

2. 根据区域规划，都、道、府、县等在野生栖息地保护区内的实施行为，不适用《濒危野生动植物物种保护法》第三十九条第一款、第五十四条第二款（仅限与该法第三十七条第四款相关部分）之规定。

【《鸟兽保护管理及狩猎法》的特别规定】

第九条　根据区域规划，都、道、府、县等在《鸟兽保护管理及狩猎法》第二十九条第一款规定的被指定特别保护区内，实施该条第七款规定需要获得许可之行为的，视为已获许可之行为。

【自然环境信托基金】

第十条　为支持自然环境信托活动事业等承担全部或部分经费，都、道、府、县或市、町、村可根据《地方自治法》①第二百四十一条规定，设立自然环境信托基金。

【国家援助】

第十一条　国家应努力对都、道、府、县或市、町、村制定区域规划给予必要建议、采取财政措施和其他措施。

2. 除前款规定外，为实现本法的立法目的，国家应努力采取必要措施，给予必要建议或税收措施等其他支援措施。

【土地的取得】

第十二条　国家及都、道、府、县认为，当地域自然资产区域内的土地纳入国立公园区域、对促进自然环境保全和持续利用等特别重要时，应努力收购该土地。

---

① 1947年（昭和22年）法律第67号。

【宣传活动等】

第十三条 国家、都、道、府、县或市、町、村应通过宣传活动等方式，努力加深公众对自然环境信托活动的了解。

【权限的委任】

第十四条 本法规定的环境大臣之权限，可通过环境省政令委任地方环境事务所所长行使。

附则

【施行日期】

第一条 本法自公布之日起一年内，由政令规定施行日期，但附则第三条规定自颁布之日起施行。

【规定调整】

第二条 若本法的施行日期早于《鸟兽保护管理及狩猎法修改法》[①] 的施行日期，本法实施前的第四条第六款第六项、第七款第二项以及第九条（包括标题）中的"《鸟兽保护管理及狩猎法修改法》"应替换为"《鸟兽保护及狩猎法》"。

【过渡措施】

第三条 在本法施行前，环境大臣及文部科学大臣可根据第三条第一款至第三款之规定，制定推进区域自然资产区保护及可持续利用的基本方针。

2. 环境大臣及文部科学大臣在制定前款基本方针后，必须立即公布、不得延迟。

3. 根据第一款规定制定的基本方针，视为本法施行时根据第三条第一款、第二款规定的基本方针。

附则 2019 年（平成 31 年）4 月 26 日法律第 20 号

【施行日期】

第一条 本法自公布之日起一年内，由政令规定施行日期。

[①] 2014 年（平成 26 年）法律第 46 号。

九　利用地域传统艺能振兴观光产业及特定地域工商业之法律*

1992年（平成4年）6月26日法律第88号［制定］
1993年（平成5年）11月12日法律第89号
　　［根据伴随行政程序法实施的相关法律整备法第296条之修改］
1999年（平成11年）12月22日法律第160号
　　［根据中央省厅关系改革法施行法第1240条之修改］
1999年（平成11年）12月22日法律第222号
　　［根据中小企业关系法修改法附则第24条之修改］
2001年（平成13年）12月7日法律第146号
　　［根据中小企业信用保险法修改法附则第5条之修改］
2002年（平成14年）5月15日法律第43号
　　［根据残疾人等法律资格的相关法律整备法第8条之修改］
2002年（平成14年）11月22日法律第109号
　　［根据中小企业信用保险法修改法附则第8条之修改］
2002年（平成14年）12月18日法律第181号
　　［根据独立行政法人国际旅游振兴机构法附则第9条之修改］
2005年（平成17年）6月10日法律第54号
　　［根据导游翻译业法修改法附则第13条之修改］
2006年（平成18年）6月2日法律第50号
　　［根据法人法及公益法人认定法的法律整备法第434条之修改］

＊　该法的日文名称为『地域伝統芸能等を活用した行事の実施による観光及び特定地域商工業の振興に関する法律』，在日本通常简称为『お祭り法』或『地域伝統芸能活用法』。根据掌握的资料，目前该法有三部不同译本，即1993年版法律的殷作恒译本（载殷作恒译《日本旅游法律法规》，社会科学文献出版社2005年版，第42—55页）、2011年版法律（第105号）的王玉华译本（刘睿核校，傅颖审校）（载中共中央宣传部政策法规研究室编《外国文化法律汇编（第一卷）》，学习出版社2015年版，第425—432页）以及2015年版法律的译本（载周超《日本文化遗产保护法律制度及中日比较研究》，中国社会科学出版社2017年版，第285—294页）。

2007年（平成19年）6月1日法律第70号

[根据中小企业信用保险法修改法附则第6条之修改]

2011年（平成23年）6月24日法律第74号

[根据为对应信息处理的刑法修改法附则第35条之修改]

2011年（平成23年）8月30日法律第105号

[根据为推动和提高地域自主性之改革的相关法律整备法第143条之修改]

2015年（平成27年）5月27日法律第29号

[根据中小企业信用保险法修改法附则第9条之修改]

目　　录

第一章　总则（第一条、第二条）
第二章　各种活动的实施等（第三条至第七条）
第三章　通过支援民间团体推动事业发展（第八条至第十一条）
第四章　杂则（第十二条至第十四条）
第五章　罚则（第十五条）
附则

第一章　总则

【立法目的】

第一条　为支持并采取确实有效之措施，利用具有地域特色的传统艺能等文化资源举行各种活动，促进观光多样化、增强吸引国民及外国游客之观光业的魅力，推动国际社会的相互理解；同时也为适应地域性消费生活的变化，实现特定地域工商业的活性化、振兴观光产业和特定地区工商业，以及为建设基于地域民俗文化的、具有丰富之个性的地域社会，促使国民生活更加丰富和整个国民经济健康持续、全面发展，特制定本法。

【定义】

第二条　本法中的"具有地域特色的传统艺能"，是指那些在地域民众的世俗生活中所传承的、能够反映该地域固有历史、文化传统的民俗艺能与风俗习惯等。

2. 本法中的"各种活动"是指，以振兴观光产业及特定地域工商业为目的而举行的各种定期性活动，亦即通过再现或展示地域传统艺能及所使用的服装、器具等，或以传统艺能等为主题，利用这些服饰、器具，有助于振兴国内或国际观光产业及特定地域工商业的各种商业或非商业性的活动。

3. 本法中的"特定事业等"，是指在实施各种活动时采取多种措施以确保传统艺能与风俗习惯的表演或演示之人才、表演或演示时的设施、表演或演示时所使用的器物等，以及提供与之相关的衍生制品、广告宣传、增进旅游者和顾客便利的相关事业，或者为了在与相关的事业中确实有效地利用传统艺能与风俗习惯而实施的相关经营活动等。

4. 本法中的所谓"特定地域工商业"，主要是指那些利用地域传统艺能等、举行各种活动的市、町、村（包括特别区）所辖区域的小商品零售业，同时也包括向这些小商品零售业提供与利用传统艺能和民俗文化相关之制品和商品的其他都、道、府、县所辖区域的批发业，以及生产传统艺能和民俗习惯所使用之服饰、器具等物品或具有地域传统艺能与民俗文化风格特征的相关制品的其他都、道、府、县所辖区域的制造业等。

5. 本法中的"相关制品或商品"，是指那些利用地域传统艺能和民俗文化的风格特征或其所使用之服饰、器具及其他物品的特征，提高地域传统艺能之效果、形象的制品或商品。

第二章　各种活动的实施等

【基本方针】

第三条　国土交通大臣、经济产业大臣、农林水产大臣、文部科学大臣和总务大臣（以下称为"主务大臣"）①，必须制定利用地域传统艺能等文化资源实施各种活动振兴观光产业及特定地域工商业之基本方针。

2. 前款基本方针，作为次条第一款基本计划之方针，其内容应该包括以下各项：

（一）有关开展各种利用地域传统艺能之活动振兴旅游观光产业和特

---

① 该法制定之初，其主务大臣为运输大臣、通商产业大臣、农林水产大臣、文部大臣以及自治大臣。之后，在2001年日本行政体制改革后，与该法有关的主务大臣即为国土交通大臣、经济产业大臣、农林水产大臣、文部科学大臣以及总务大臣。——译者注

定地区工商业的基本事项；

（二）有关开展各种利用地域传统艺能活动之事项；

（三）有关开展特定经营活动之事项；

（四）有关作为文化遗产的地域传统艺能的保护与利用之事项，振兴农村、山村、渔村的相关政策之事项以及其他利用地域传统艺能等文化资源、实施各种活动以振兴观光产业和特定地域工商业的重要事项。

3. 根据情势变化，主务大臣可以变更基本方针。

4. 主务大臣制定或变更"基本方针"时，须与其他相关行政机关长官进行协议。

5. 主务大臣制定或变更"基本方针"后，要及时公布、不得迟延。

【基本计划】

第四条 都、道、府、县应根据前条基本方针所要求的内容，结合本辖区具体情况，制定利用地域传统艺能等文化资源、实施各种活动以振兴观光产业及特定地域工商业的基本之计划。

2. 前款基本计划主要以确定利用地域传统艺能等文化资源展开各种活动的基本之事项。

3. 除前款规定的内容之外，基本计划中还应包括以下各项内容：

（一）有关都、道、府、县在自己辖区内利用传统艺能等文化资源，实施各种活动以振兴本地域观光产业和地域工商业的基本之方针；

（二）在实施各种活动时所要利用的传统艺能中涉及"文化遗产"保存的有关事项；

（三）与本地域的农村、山村、渔村等振兴相关联的事项；

（四）其他利用传统艺能等文化资源、实施各种活动振兴本地域观光产业和地域工商业之事项。

4. 基本计划必须是基本方针的具体化体现。

5. 都、道、府、县在制订或变更"基本计划"时，须与相关的市、町、村进行协商；

6. 都、道、府、县在制订或变更"基本计划"后，应立刻公布并向主务大臣备案，不得迟延。

第五条 删除

【中小企业信用保险法之特例】

第六条 当利用地域传统艺能从事各种活动的中小企业资金借贷涉及

《中小企业信用保险法》① 第三条第一款规定的普通借贷保险（以下称"普通借贷保险"）、第三条之二第一款规定的无担保借贷保险（以下称"无担保借贷保险"），或者第三条之三第一款规定的特别小额借贷保险的（以下称"特别小额借贷保险"，在根据该法第三条第一款、第三条之二第一款或第三条之三第一款规定的借贷担保中，为保证由经济产业省政令规定的，所在市、町、村长官认可的中小企业，基于基本计划实施各种活动时具备所需的必要资金。以下同），在适用该法相应条款时，其中的文字应作以下替换，即第三条第一款中的"保险价额的合计额"替换为"与《利用地域传统艺能振兴观光产业及特定地域工商业之法律》第六条第一款规定的地域传统艺能等关联保证（以下称为'地域传统艺能关联保证'）的保险价格合计额与其他保险关系的保险价格合计额"；第三条之二第一款以及第三条之三第一款中的"保险价额的合计额"替换为"与地域传统艺能等关联保证相关的保险价额的合计额与其他保险关系的保险价格合计额各自"；第三条之二第三款以及第三条之三第二款中的"当该借贷总额中"和"当该债务人"分别替换为"每项与地域传统艺能等关联保证以及其他保证的各自借贷总额中"和"每项与地域传统艺能等关联保证以及其他保证的债务人"。

2. 在普通借贷保险关系中，对与地域传统艺能等关联保证相关的中小企业适用《中小企业信用保险法》第三条第二款以及第五款规定时，该法第三条第二款中方的"百分之七十"以及第五款中的"百分之七十（无担保借贷保险、特别小额借贷保险、流动资产担保保险、公害防止保险、能源对策保险、海外投资关系保险、新业务开拓保险、事业再生保险以及特定公司债保险的为百分之八十）"修改为"百分之八十"。

3. 在普通借贷保险、无担保借贷保险或者特别小额借贷保险关系中，与地域传统艺能等关联保证相关的保险费额，不受《中小企业信用保险法》第四条之规定的影响，应为保险金额乘以百分之二以内（由政令确定）年利率所得之金额。

【国家等的援助】

第七条 国家以及地方公共团体必须努力地对根据基本计划实施的特

---

① 1950年（昭和25）法律第264号。

定经营活动等（以下称为"基于计划的特定经营活动等"）的实施主体提供必要意见和确实有效的指导以及其他之援助。

2. 为实现基本计划、保障实施的各种经营活动具备充足经费，地方公共团体必须在法律允许的范围内，根据资金状况并考虑地方公共团体的财政收支等，发行地方债。

3. 除前二款规定外，为了基本计划得以圆满实现，主务大臣、相关地方公共团体、相关团体以及相关经营者必须相互合作和相互提携。

第三章　通过支援民间团体推动事业发展

【支援实施机构的指定】

第八条　根据申请，主务大臣可以指定那些能够恰当且确实合理地利用传统艺能等文化资源，并以支援合理利用地域传统艺能等文化资源为目的而成立的一般社团法人或财团法人为"合理利用传统艺能等文化资源的支援实施机构"（以下简称"支援实施机构"）。

【支援实施机构的事业内容】

第九条　支援实施机构实施的事业内容，主要有以下各项：

（一）收集与计划实施相关的各种活动信息；

（二）为确实有效地实施各种活动，向实施主体提供相关信息；

（三）对计划实施的各项活动提供必要的建议、指导、资金支持及其他援助；

（四）帮助独立行政法人国际观光振兴机构在接待外国游客时提高效率及水平，向其提供相关信息；

（五）对利用地域传统艺能等文化资源振兴观光产业和特定地域工商业而实施的各种活动进行调查、研究，并展开宣传。

【改善之命令】

第十条　主务大臣认为支援事业实施机构在事业运营方面有提高或改善之必要的，可以命令其采取必要措施予以改善或提高。

【指定的撤销】

第十一条　当支援实施机构违反前款之命令的，主务大臣可以撤销其"支援实施机构"之指定。

第四章　杂则

【报告和检查】

第十二条　在本法实施的必要限度内，主务大臣可以要求支援实施机构报告其工作，或者派遣工作人员进入"支援实施机构"办公场所对其工作状态或者财产账簿、文件以及其他物件等进行检查，也可以询问相关人员。

2. 根据前款规定被派遣检查的工作人员，必须携带相关身份证件，当有关人员要求其出示证件时必须出示。

3. 根据第一款规定的进入检查之权限，不得解读为犯罪搜查之权限。

【过渡性规定】

第十三条　根据本法规定，制定、改废相关行政命令时，要在合理、必要的范围内对于制定、改废相关行政命令所产生的溯及既往问题，制定相关的过渡措施（包括罚则的相关过渡措施）。

【命令的委任】

第十四条　除本法规定外，为了实施本法所需的必要程序或其他事项，由国土交通省政令、经济产业省政令、农林水产省政令、文部科学省政令、总务省政令规定之。

第五章　罚则

第十五条　违反本法第十二条第一款之规定，支援实施机构工作人员不报告或虚假报告，拒绝、妨碍或回避检查，对质询不陈述或虚假陈述的，处以二十万日元以下罚金。

附则　抄

【施行日期】

第一条　本法自公布之日起三个月内，由政令规定施行日期。

附则 1993年（平成5年）11月12日法律第89号 抄

【施行日期】

第一条 本法自《行政程序法》① 施行之日起施行。

【因质询受到不利处分的过渡措施】

第二条 根据本法施行前的《行政程序法》第十三条之规定，在向审议会以及其他合议制机关的意见陈述、申辩、质询中，与该咨询相关、可能受到不利之处分的程序，不受本法修改后相关规定的影响，适用旧法之规定。

【有关罚则的过渡措施】

第十三条 对于本法实施前行为的罚则适用，依照旧法之规定。

【有关听证程序的过渡措施】

第十四条 对于根据本法实施前的法律而举行的听证（不包括不利处分的听证等）或者实施听证之程序等，视为根据改正后的法律规定举行的听证或依照新法实施听证之程序。

【委任立法】

第十五条 除附则第二条至前条规定的事项外，有关本法实施的其他必要过渡措施，均由政令规定之。

附则 1999年（平成11年）12月22日法律第160号 抄

【施行日期】

第一条 本法（除第二条、第三条外）自2001年（平成13年）1月6日起施行。

附则 1999年（平成11年）12月22日法律第222号 抄

【施行日期】

第一条 本法自公布之日起两个月内，由政令规定施行日期。

---

① 1993年（平成5年）法律第88号。

附则　2001年（平成13年）12月7日法律第146号　抄

【施行日期】
第一条　本法自公布之日起两个月内，由政令决定施行日期。

附则　2002年（平成14年）5月15日法律第43号　抄

【施行日期】
第一条　本法自公布之日起两个月内，由政令决定施行日期。
【有关罚则的过渡措施】
第二条　有关本法（前条但书之规定的，依照其规定）施行前行为的罚则，适用旧法之规定。

附则　2002年（平成14年）11月22日法律第109号　抄

【施行日期】
第一条　本法自公布之日起两个月内，由政令规定施行日期。

附则　2002年（平成14年）12月18日法律第181号　抄

【施行日期】
第一条　本法自2003年（平成15年）10月1日起施行。

附则　2005年（平成17年）6月10日法律第54号　抄

【施行日期】
第一条　本法自2006年（平成18年）4月1日起施行。

附则　2006年（平成18年）6月2日法律第50号　抄

【施行日期】
第一条　本法自《一般社团・财团法人法》施行之日起施行。

附则 2007年（平成19年）6月1日法律第70号 抄

【施行日期】

第一条 本法自公布之日起三个月内，由政令规定施行日期。

附则 2011年（平成23年）6月24日法律第74号 抄

【施行日期】

第一条 本法自公布之日起经过二十日后开始施行。

附则 2011年（平成23年）8月30日法律第105号 抄

【施行日期】

第一条 本法自公布之日起施行。

【有关罚则的过渡措施】

第八十一条 对于本法（附则第一条各款所规定事项，适用该规定，以下同）施行前行为以及根据附则规定适用旧法之行为的罚则，依照旧法之规定。

【委任立法】

第八十二条 除附则规定的事项外，有关本法实施的其他必要过渡措施，由政令规定之。

附则 2015年（平成27年）5月27日法律第29号 抄

【施行日期】

第一条 本法自公布之日起施行。但第二条（除《中小企业信用保险法》附则中增加的一款规定外）、附则第五条至第十二条、第十五条至第十九条的规定，自本法公布之日起在一年内，由政令规定施行日期。

十　传统工艺品产业振兴法*

1974 年（昭和 49 年）5 月 25 日法律第 57 号［制定］
1983 年（昭和 58 年）12 月 2 日法律第 78 号
　［根据国家行政组织法的相关法律整备法第 127 条之修改］
1992 年（平成 4 年）5 月 6 日法律第 41 号［第一次修改］
1994 年（平成 6 年）6 月 29 日法律第 49 号
　［根据地方自治法的相关法律整备法第 30 条之修改］
1995 年（平成 7 年）11 月 1 日法律第 128 号
　［根据促进新商业活动的相关法律整备法附则第 9 条之修改］
1996 年（平成 8 年）5 月 24 日法律第 49 号
　［根据产业转换临时措施法之废止法附则第 9 条的修改］
1999 年（平成 11 年）7 月 16 日法律第 87 号
　［根据推进地方分权的相关法律整备法第 337 条之修改］
1999 年（平成 11 年）7 月 16 日法律第 102 号
　［根据中央省厅改革的相关法律整备法第 140 条之修改］
1999 年（平成 11 年）12 月 22 日法律第 160 号
　［根据中央省厅改革关系法施行法第 952 条之修改］
1999 年（平成 11 年）12 月 22 日法律第 222 号
　［根据中小企业关系法之修改法附则第 19 条的修改］
1999 年（平成 11 年）12 月 22 日法律第 223 号
　［根据创新商业促进法的修改法附则第 8 条之修改］
2001 年（平成 13 年）4 月 18 日法律第 33 号［第二次修改］
2006 年（平成 18 年）6 月 2 日法律第 50 号

---

* 根据掌握的资料，该法目前汉译版本有三部，即 2011 年版法律的傅颖译本（王玉华核校，李轶豪审校）［载中共中央宣传部政策法规研究室编《外国文化法律汇编》（第一卷），学习出版社 2015 年版，第 407—414 页］、2013 年版法律（第 44 号）的王秀明译本（王秀明：《〈文化艺术振兴基本法〉等的翻译报告》，对外经济贸易大学，2015 年，第 12—21 页）和周超译本（载周超《日本文化艺术法研究》，中国社会科学出版社 2023 年版，第 367—383 页）。

［根据公益法人、社团法人认定的相关法律整备法第383条之修改］

2011年（平成23年）6月24日法律第74号

［根据信息处理高度化的刑法修正法附则第35条之修改］

2013年（平成25年）6月14日法律第44号

［根据提高地方自主性的相关法律整备法第49条之修改］

【立法目的】

第一条 有鉴于一定地域内的民众利用传统技术或技法所制造的传统工艺品在民众生活中孕育、传承至今甚至是未来的基础，为实现传统工艺品产业之振兴、丰富国民生活、促进区域经济繁荣，谋求国民经济的健全发展，特制定本法。

【传统工艺品的指定等】

第二条 在听取产业构造审议会意见的基础上，经济产业大臣可指定符合以下各项要件的工艺品为传统工艺品。

（一）主要被用于日常生活的工艺品；

（二）其制造过程的主要部分由手工完成；

（三）利用传统技术或技法制造的工艺品；

（四）主要使用传统的原材料所制作的工艺品；

（五）在一定地域内，有一定人数的从业人员从事该艺术品的制造。

2. 前款所规定的传统工艺品之指定，应明确与该传统工艺品制造相关的传统技术或技法、传统原材料以及该传统工艺品的制造地域。

3. 作为行业协会、商业联合会、商会或其他组织（以下简称"行业协会等"，仅限于依据政令规定、有协会章程的行业协会等）成员，直接或间接参与工艺品制造的企业或手工业者（以下简称"制造业者等"）在一定地域内，符合政令规定之要件、能够代表该地域工艺品制造业的制造业者等，若希望其制造的工艺品被指定为传统工艺品，可通过所在地域辖区都、道、府、县知事（若该地域在一个市、町、村的，则为该市、町、村负责人。包含特别区，以下同）向经济产业大臣提出指定之申请。

4. 经济产业大臣必须在指定传统工艺品后进行公告。

5. 如果根据第一款及第二款之规定指定的传统工艺品，存在情势变更或其他特别事由（除下一款规定的情形外）的情况下，经济产业大臣可在听取产业构造审议会意见的基础上，变更第二款所规定的指定之内容。

6. 当被指定的传统工艺品不再符合第一款所规定之要件时，经济产业大臣可在听取产业构造审议会意见的基础上，撤销该款之指定。

7. 根据第五款之规定的传统工艺品的指定内容之变更，准用第三款及第四款之规定；根据前款之规定的传统工艺品的指定之撤销，准用第四款之规定。

【基本方针】

第三条 经济产业大臣必须制定国家振兴传统工艺品产业的基本方针（以下称为"基本方针"）。

2. 基本方针应包括以下各项内容。

（一）振兴传统工艺品产业的基本方向；

（二）从业者以及后继者的确保与培育事项；

（三）传统技术或技法的传承与改善事项；

（四）传统工艺品市场的开拓事项；

（五）传统工艺品以及利用传统技术或技法的新商品研发与制造事项；

（六）振兴传统工艺品产业的其他事项。

3. 经济产业大臣在制定、变更基本方针时，必须听取产业构造审议会的意见。

4. 经济产业大臣在制定或变更基本方针后，必须立刻公布、不得延迟。

【振兴计划】

第四条 符合政令规定之要件、能够代表地域传统工艺品制造业的行业协会等，可制订该地域传统工艺品产业振兴计划（以下称为"振兴计划"），并经辖区都、道、府、县知事（当该地域在一个市、町、村辖区内的则为该市、町、村的长官。除第十三条第一款、第十四条第二款、第二十二条第三款及第二十七条外，以下称为"都、道、府、县知事"）向经济产业大臣提出振兴计划的内容适当之认定的申请。

2. 都、道、府、县知事在受理前款振兴计划后，可附上自己的意见、并将其提交给经济产业大臣。

【振兴计划的变更等】

第五条 获得前条第一款之认定的特定制造业行业协会等，试图变更其被认定的振兴计划的，必须获得经济产业大臣的认定。

2. 前款规定的认定之申请必须经由都、道、府、县知事进行。

3. 经济产业大臣认为获得前条第一款之认定的特定制造业协会等或其具体成员未实施获认定的振兴计划（根据第一款规定的变更之认定的为变更后的振兴计划，以下称为"被认定的振兴计划"）的，可撤销其认定。

4. 振兴计划之变更，准用前条第二款之规定。

【振兴计划的内容】

第六条 振兴计划应包括以下各项内容。

（一）从业者之后继者的确保和培育以及从业者的培训事项；

（二）传统技术或技法的传承与改善以及其他维持和改善品质的相关事项；

（三）原材料的确保以及原材料的研究等事项；

（四）传统工艺品需求市场的开拓事项；

（五）作业场所以及其他作业环境条件的改善事项；

（六）原材料的共同买入、制品的共同销售以及其他共同实施的事项；

（七）品质的标识以及其他向消费者提供准确信息之事项；

（八）老年从业者、熟练掌握技术的从业者以及其他从业者的社会福利等事项；

（九）为振兴传统工艺品产业的其他必要事项。

【共同振兴计划】

第七条 特定传统工艺品制造业的行业协会与销售业者以及销售业协会、联合会或工商业协会（以下称为"销售业行业协会等"）等，可就前条第四项、第六项或第七项所列事项［仅限于该条第（六）项所列举的共同销售事项、第七项所列举的向消费者提供准确信息事项］，制订共同的传统工艺品振兴计划（以下称为"共同振兴计划"），并经由都、道、府、县知事向经济产业大臣提出共同振兴计划的内容适当认定之申请。

2. 共同振兴计划，准用第四条第二款之规定。

【共同振兴计划的变更等】

第八条 获得前条第一款之认定的特定制造业行业协会、销售业者以及销售业行业协会等，变更其被认定的共同振兴计划的，必须获得经济产业大臣的认定。

2. 前款规定的认定之申请必须经由都、道、府、县知事进行。

3. 经济产业大臣认为获得前条第一款之认定的特定制造业协会、销售业者、销售业行业协会以及其具体成员未实施获认定的共同振兴计划（根据第一款规定的变更之认定为变更后的共同振兴计划，以下称为"被认定的共同振兴计划"）的，可撤销其认定。

4. 共同振兴计划之变更，准用第四条第二款之规定。

【活性化计划】

第九条 传统工艺品的制造业者或制造业协会等（除特定制造业协会外。本款及下一条同）可单独或共同制定有关传统工艺品等活性化事业（即有益于传统工艺品产业发展的、以下所列各项事业中的一项或两项以上事业，以下同）的相关计划（以下称为"活性化计划"），并经由都、道、府、县知事向经济产业大臣提出传统工艺品活性化计划的内容适当认定之申请。根据经济产业省政令之规定，制造业者或制造业协会等在制订了共同活性化计划后，必须确定传统工艺品等活性化事业的代表人，并经由都、道、府、县知事向经济产业大臣提出备案。

（一）从业者的培训事项；

（二）技术或技法的改善以及其他品质改善事业；

（三）原材料的研究事业；

（四）需求市场的开拓事业；

（五）原材料的共同采购、制品的共同销售及其他共同化事业；

（六）向消费者提供准确消费信息的事业；

（七）新商品的开发与制造事业。

2. 第四条第二款之规定准用于活性化计划。

【活性化计划的变更等】

第十条 获得前条第一款之认定的制造业者或制造业行业协会等变更其被认定的活性化计划的，必须获得经济产业大臣的认定。

2. 根据前款规定的认定之申请必须经由都、道、府、县知事提起。

3. 经济产业大臣认为获得前条第一款之认定的活性化计划（根据第一款规定的变更之认定为变更后的共同振兴计划的，以下称为"被认定的活性化计划"）的相关事业实施者（包括制造业行业协会的成员）未实施该计划的，可撤销该认定。

4. 活性化计划之变更，准用第四条第二款之规定。

【联合的活性化计划】

第十一条　制造业者或制造业行业协会等，可单独或共同与其他联合的制造业者（即其他传统工艺品的制造业者。以下同）或其他联合的制造业行业协会（即由其他联合的制造业者构成的联合的制造业行业协会等。以下同）进行传统工艺品的联合活性化事业（以下称为"联合活性化事业"）、制订传统工艺品的合作活性化计划（以下称为"联合的活性化计划"），根据经济产业省政令之规定确定负责人，并经由都、道、府、县知事向经济产业大臣提出传统工艺品的合作活性化计划的内容适当认定之申请。

2. 联合的活性化计划，准用第四条第二款之规定。

【合作活性化计划之变更等】

第十二条　获得前条第一款之认定的制造业者或制造业行业协会以及联合的制造业者或其他联合的制造业行业协会等变更其被认定的合作活性化计划的，必须获得经济产业大臣的认定。

2. 根据前款规定的认定之申请必须经由都、道、府、县知事进行。

3. 经济产业大臣认为获得前条第一款之认定的合作活性化计划（根据第一款规定的变更之认定为变更后的合作活性化计划，以下称为"被认定的合作活性化计划"）的相关事业实施者（包括制造业行业协会的成员）未实施该计划的，可撤销其认定。

4. 合作活性化计划之变更，准用第四条第二款之规定。

【援助计划】

第十三条　从事传统工艺品产业的援助事业（即传统工艺品产业从业者及后备力量的确保与培育、推进与消费者之间的交流以及其他援助传统工艺品产业振兴的事业，以下称为"援助事业"）的援助者，可制订相关援助计划（以下称为"援助计划"），并经由所在管辖区都、道、府、县知事向经济产业大臣提出援助计划的内容适当认定之申请。

2. 援助计划，准用第四条第二款之规定。

【援助计划的变更等】

第十四条　获得前条第一款之认定的援助者变更其被认定的援助计划的，必须获得经济产业大臣的认定。

2. 根据前款规定的认定之申请必须经由都、道、府、县知事进行。

3. 经济产业大臣认为获得前条第一款之认定的援助计划（根据第一款规定的变更之认定，为变更后的援助计划，以下称为"被认定的援助计划"）的实施者未实施该援助计划的，可撤销其认定。

3. 援助计划的变更，准用第四条第二款之规定。

【授权立法】

第十五条　除第四条至前条所规定的内容外，有关振兴计划、共同振兴计划、活性化计划、合作活性化计划、支援计划的认定或变更认定等相关必要事项，由经济产业省以政令规定之。

【经费的补助】

第十六条　对于依据被认定的振兴计划或共同振兴计划开展各项事业的特定制造业行业协会、销售者或销售业行业协会以及被认定的活性化计划或合作活性化计划的实施者等，国家及地方公共团体可给予其部分必要的经费补助。

【资金的确保等】

第十七条　国家及地方公共团体必须努力确保基于被认定的振兴计划、共同振兴计划、活性化计划、合作活性化计划以及援助计划的相关事业有必要的资金和良好的融资环境。

【中小企业信用保险法之特例】

第十八条　获得第十三条第一款之认定的一般社团法人或一般财团法人（"一般社团法人"是指在社员总会中拥有二分之一以上表决权、《中小企业信用保险法》[①]第二条第一款所规定的中小企业；"一般财团法人"则仅限于设立时承担出资财产价格二分之一以上的中小企业）应视为《中小企业信用保险法》第二条第一款所规定的中小企业，其基于被认定的援助计划的相关资金的《中小企业信用保险法》第三条第一款或第三条之二第一款所规定的债务担保，准用该法第三条、第三条之二和第四条至第八条之规定。在此情况下，《中小企业信用保险法》第三条第一款、第三条之二第一款中的"借款"应替换为"基于《传统工艺品产业振兴法》第十四条第三款所认定的援助计划而实施援助事业的必要借款资金"。

[①] 1950 年（昭和 25 年）法律第 264 号。

【税制措施】

第十九条　为了顺利推进基于被认定的振兴计划、实施传统工艺品产业振兴事业，国家及地方公共团体应当在税收制度上采取必要的优惠措施。

【标识】

第二十条　特定制造业行业协会等可制作特定标识，在其成员的制造业者所制造的、被指定的传统工艺品上使用。

【指导与建议】

第二十一条　经济产业大臣可就传统工艺品产业之振兴，向传统工艺品的制造业者或销售业者、传统工艺品的活性化事业或合作活性化事业的实施者以及援助事业的实施者，提供必要的指导与建议。

【报告的征收】

第二十二条　经济产业大臣或都、道、府、县知事可要求特定制造业行业协会、销售业者或销售业行业协会等，报告其基于被认定的振兴计划、共同振兴计划的传统工艺品产业振兴事业或基于被认定的活性化计划、合作活性化计划的传统工艺品的活性化事业等的实施情况。

2. 经济产业大臣或都、道、府、县知事认为特别必要时，可要求基于被认定的振兴计划的、构成特定制造业行业协会等的制造业者报告其传统工艺品产业振兴的事业实施情况。

3. 经济产业大臣或都、道、府、县知事，可要求基于被认定的援助计划的实施者报告其传统工艺品产业的援助事业实施情况。

【传统工艺品产业振兴协会的设立】

第二十三条　可在其名称中使用"传统工艺品产业振兴协会"的一般社团法人或一般财团法人，仅限于以振兴传统工艺产品产业为目的的传统工艺产品制造业行业协会等的成员或设立者。

2. 除前款一般社团法人或一般财团法人（以下称为"协会"）的设立登记申请书外，申请人还必须添附其作为传统工艺产品制造业行业协会等成员或设立者的经济大臣之证明书。

【成立的备案申请】

第二十三条之二　协会成立后，必须在两周内向经济产业大臣提出备案申请。备案申请材料中必须添附协会登记事项明书复印件和协会章程复印件。

【协会的各项业务】

第二十四条　为实现第二十三条第一款所规定的立法之目的，协会必须开展以下各项业务。

（一）对传统工艺品制造业的经营之改善、合理化以及其他稳健经营之方法等，进行调查、研究与指导；

（二）举办各种传统工艺品展览会，开拓消费、需求市场；

（三）向协会会员提供传统工艺品的市场需求、制造的技术或技法、原材料等信息；

（四）对振兴计划或共同振兴计划的制订、实施等给予指导或建议等；

（五）对传统工艺品的原材料、制造过程、品质等的改善等进行研究；

（六）对传统工艺品的品质标识的使用等进行指导或给予建议；

（七）收集并整理与传统工艺品相关的资料；

（八）对熟练掌握传统技术或技法的从事者予以认定；

（九）对传统工艺品的利用、合作利用以及援助等业务之实施等给予必要的信息；

（十）实现协会成立之目的的其他必要业务等。

【协会业务之监督】

第二十四条之二　协会所实施的各项业务由经济产业大臣监督之。

2. 在为确保协会的各项业务得到确实、适当的实施，经济产业大臣认为必要时，可随时对协会的业务实施以及财产状况进行检查，或下达必要的监督之命令。

【名称的使用之限制】

第二十五条　非协会者不得在其名称中使用"传统工艺品振兴协会"之文字。

【对协会的补助】

第二十六条　协会在实施第二十四条所规定的各项业务时，国家以及地方公共团体可以对其给予必要经费的部分补助。

【都、道、府、县或市、町、村的事务处理】

第二十七条　通过政令方式可将本法所规定的、属于经济产业大臣的部分权限由都、道、府、县知事或市、町、村长官行使。

【权限的委任】

第二十八条　通过政令方式可委任经济产业局长行使本法所规定的、

属于经济产业大臣的部分权限。

【事务的区分】

第二十九条　根据第二条第三款（包括该条第七款中的准用）、第四条第一款、第五条第二款、第七条第一款、第八条第二款、第九条第一款、第十条第二款、第十一条第一款、第十二条第二款、第十三条第一款以及第十四条第二款之规定，由都、道、府、县或市、町、村所处理的各项事务视为根据《地方自治法》[①] 第二条第九款第一项规定的第一号法定受托事务。

【罚则】

第三十条　违反第二十二条之规定未进行报告或伪造报告者，处以三十万日元以下的罚金。

2. 法人（包含非法人社团或财团但有代表人或管理人的"无人格之社团等"，以下称为"无人格之社团等"）的代表人、法人或自然人的代理人、使用人以及其他从业者，违反实施前款禁止之行为者，除应处罚行为人外，还应对法人或自然人科以前款相同之刑。

3. 对无人格之社团等适用前款之规定时，其代表人或管理人除代表无人格之社团等进行诉讼行为外，也作为代表法人的刑事被告人或嫌疑人准用刑事诉讼的相关规定。

第三十一条　协会的理事、监事或清算人违反以下各项中任何一项者，科以五十万日元以下罚金。

（一）违反第二十三条之二的规定，成立协会却未申报或虚假申报的；

（二）拒绝、妨碍或逃避第二十四条之二第二款规定之检查或违反该项规定的监督之命令的；

第三十二条　违反第二十五条规定的，科以十万日元以下罚金。

附则　抄

【施行日期】

第一条　本法自公布之日起实施。

[①] 1947 年（昭和 22 年）法律第 76 号。

附则　1983年（昭和58年）12月2日法律第78号

第一条　本法（除第一条外）自1983年（昭和58年）7月1日起施行。

第二条　在本法施行后，本法施行前根据法律设置的机构，基于《国家行政组织法》或因本法修改的相关法律的实施政令（以下称为"相关政令"）所规定的过渡措施，可通过政令规定确定其存废。

附则　1992年（平成4年）5月6日法律第41号　抄

【施行日期】

第一条　本法自公布之日起施行。

【罚则的过渡措施】

第二条　有关本法施行前的违法行为之罚则的适用，参照以往案例。

附则　1994年（平成6年）6月29日法律第49号　抄

【施行日期】

第一条　本法第一章以及下一款之规定，自《地方自治法部分修改法》[①] 第二编第十二章修改规定施行日开始施行；第二章之规定，自第三编第三章修改规定施行日开始施行。

附则　1995年（平成7年）11月1日法律第128号　抄

【施行日期】

第一条　本法自公布之日起一个月之内，由政令规定施行日期。

附则　1996年（平成8年）5月24日法律第49号　抄

【施行日期】

第一条　本法自1996年（平成8年）5月29日起施行。

---

① 1994年（平成6年）法律第49号。

附则　1999年（平成11年）7月16日法律第87号　抄

【施行日期】

第一条　本法自2000年（平成12年）4月1日起施行，但以下各项则自其各自规定的日期起施行。

（一）第一条中的《地方自治法》第二百五十条以下五条、节名以及第二项和款名修改规定（仅限本法第二百五十条之九第一款规定的获得参众两院同意部分），第四十条中的《自然公园法》附则第九项、第十项修改规定（仅限于本法附则第十款相关部分），第二百四十四条之规定（除《农业改良促进法》第十四条之三的修改部分外）以及第四百七十二条之规定（除《市、町、村合并特例法》第六条、第八条及第十七条的规定修改部分外）以及附则第七条、第十条、第十二条、第五十九条但书、第六十条第四款和第五款、第七十三条、第七十七条、第一百五十七条第四款至第六款、第一百六十条、第一百六十三条、第一百六十四条及第二百零二条的规定，自公布之日起施行。

【国家的事务】

第一百五十九条　除根据本法修改前的各项法律之规定外，本法施行前地方公共团体根据法律或政令管理的国家或其他地方公共团体管理之事务（附则第一百六十一条中称为"国家等事务"），在本法施行后，视为地方公共团体根据法律或政令之规定处理的地方公共团体之事务。

【与处分、申请等相关的过渡措施】

第一百六十条　在本法（附则第一条各项之规定根据其规定。在本条及附则第一百六十三条中相同）施行前，根据修改前各自法律规定的许可以及其他行为（以下本条中称"处分等行为"）或本法施行时根据修改前各自法律之规定的申请许可以及其他行为（以下本条中称"申请等行为"），在本法施行后实施的与该行为相关的行政事务不一致时，除附则第二条至前条规定或修改后各自法律（包括相关命令）的过渡措施外，应视为根据修改后本法的处分行为或申请行为。

2. 在本法施行前，针对根据各自修改前的法律必须向国家或地方公共团体提交报告、提出申请以及其他手续等事项未完成的，除本法以及其他法令有特别规定外，视为依据修改后的法律行为，适用修改后的各自之法律。

【不服申诉的过渡措施】

第一百六十一条 本法施行前，根据《行政不服审查法》之规定，针对与国家事务相关之处分的不服申诉，视为实施之后的不服之申诉，直接适用《行政不服审查法》的规定。在该情况中，视处分厅的上级行政复议机关为施行后该处分厅的上级行政机关。

2. 当前款被视为上级行政机关的为地方公共团体时，其根据《行政不服审查法》之规定所处理的事务，应为新《地方自治法》第二条第九款第一项所规定的法定受托事务。

【手续费的过渡措施】

第一百六十二条 在本法施行前，该根据修改前各项法律（包括基于法律的命令）所规定应纳手续费，除另有规定外，根据旧法规定缴纳之。

【罚则的过渡措施】

第一百六十三条 针对本法施行前行为的罚则适用，根据旧法规定处理之。

【其他过渡措施的立法授权】

第一百六十四条 除附则规定的事项外，伴随本法施行的必要过渡措施（包括罚则的过渡措施）由政令规定之。

2. 适用附则第十八条、第五十一条及第一百八十四条之规定的必要事项由政令规定之。

【研究探讨】

第二百五十条 对于新《地方自治法》第二条第九款第一项规定的法定受托事务，应尽量在不创建新事务同时，从推进地方分权的观点研究、完善新《地方自治法》附表（一）所列事项以及基于新《地方自治法》政令所示事项的适当性。

第二百五十一条 为了地方公共团体可以自主、自立地执行其业务或事业，政府应在持续考察国家经济形势走势的基础上采取必要措施，确保地方税财源充分。

第二百五十二条 伴随医疗保险制度、年金制度的改革，政府应从保障被保险者的便利性、事务处理的效率化的角度出发，采取必要措施以确保社会保险事业以及相关职员的配置等处于理想状态。

附则 1999年（平成11年）7月16日法律第102号 抄

【施行日期】

第一条 本法自《内阁法修改法》①施行之日起施行，但以下各项则自其各自确定的日期起施行。

（一）略

（二）附则第十条第一款及第五款、第十四条第三款、第二十三条、第二十八条以及第三十条之规定自公布之日起施行。

【委员等任期的过渡措施】

第二十八条 以下所列审议会、其他机构的会长、委员以及其他职员（除无任期者外）之任期，自本法施行之日届满、不再参照决定其各自任期的相关之法律的规定。

（一）至（四十五）省略

（四十六）传统工艺品产业审议会。

【其他过渡措施】

第三十条 除第二条至前条规定的内容外，伴随本法施行的其他过渡措施，由其他法律规定之。

附则 1999年（平成11年）12月22日法律第160号 抄

【施行日期】

第一条 本法（除第二条、第三条外）自2001年（平成13年）1月6日起施行，但以下各项之规定自其各自规定之日起施行。

（一）第九百九十五条（仅限于《核原料、燃料以及核反应堆规制法修改法》附则相关部分）、第一千三百零五条、第一千三百零六条、第一千三百二十四条第二款、第一千三百二十六条第二款及第一千三百四十四条自公布之日起施行。

---

① 1999年（平成11年）法律第88号。

附则　1999年（平成11年）12月22日法律第222号　抄

【施行日期】
第一条　本法自公布之日起两个月内，由政令规定施行日期。

附则　1999年（平成11年）12月22日法律第223号　抄

【施行日期】
第一条　本法自公布之日起三个月内，由政令规定施行日期。

附则　2001年（平成13年）4月18日法律第33号　抄

【施行日期】
第一条　本法自公布之日起施行。
【活性化计划认定的过渡措施】
第二条　根据修改前的《传统工艺品产业振兴法》第七条第一款之规定，获得认定的活性化计划之变更认定或认定撤销、传统工艺品的关联保证的报告征收等，适用旧法。
【罚则的过渡措施】
第三条　对本法施行前的行为以及前条规定的与报告征收相关行为之罚则，适用旧法。
【授权立法】
第四条　除前二条规定外，与本法施行相关的必要过渡措施由政令规定之。

附则　2006年（平成18年）6月2日法律第50号　抄

本法自《一般社团·财团法人法》施行之日起实施。

附则　2011年（平成23年）6月24日法律第74号　抄

【施行日期】
第一条　本法自公布之日起二十日后施行。

附则　2013年（平成25年）6月14日法律第44号　抄

【施行日期】
第一条　本法自公布之日起施行。
【罚则的过渡措施】
第十条　对于本法（若为附则第一条各项规定的，则为该规定）施行前的行为之处罚，适用旧法。
【授权立法】
第十一条　除附则规定的内容外，与本法施行相关的必要过渡措施（包括罚则的过渡措施）由政令规定之。

十一　文化遗产非法进出口规制法*

2002年（平成14年）7月3日法律第81号［制定］
2004年（平成16年）5月28日法律第61号
［根据文化遗产保护法修改法附则第13条的修改］

【目的】

第一条　为确保《禁止和防止文化遗产非法进出口及非法转让所有权的方法之公约》（以下简称《公约》）在国内的实施，采取必要措施限制或禁止被盗文化遗产的进出口以及返还等，特制定本法。

【定义】

第二条　本法中的"文化遗产"，是指国内文化遗产以及《公约》缔约国（以下简称"外国"）基于《公约》第一条之规定指定的物件。

2. 本法中的"国内文化遗产"，是指《公约》第一条第一项至第十一项所列举的各类物件中，基于《文化遗产保护法》①第二十七条第一款规定被指定的重要文化遗产、第七十八条第一款规定被指定的重要有形民俗文化遗产以及第一百零九条第一款被指定的史迹名胜天然纪念物等。

【特定的外国文化遗产】

第三条　外务大臣在获得《公约》第七条第二项、第九项所规定设施的文化遗产被盗通知后，立刻通告文部科学大臣，不得延迟。

2. 在收到外务大臣前款通知后，文部科学大臣根据文部科学省政令之规定，将该通知中的相关文化遗产指定为特定外国文化遗产。

---

*　该法的日文名称为『文化財の不法な輸出入等の規制等に関する法律』，在日本通常简称为『文化財不法輸出入等規制法』或『文化財不法輸出入規制法』。现有汉译版本为2014年版法律的周超译本（载彭蕾编著《文物进出境外国法律文件选编与述评》，文物出版社2019年版，第303—305页）。

①　1950年（昭和25年）法律第214号。

3. 根据前款规定，文部科学大臣在指定时，必须与经济产业大臣进行协商。

【进口许可】

第四条　根据《外汇及对外贸易法》①第五十二条之规定，特定外国文化遗产的进口者有义务在申请获得许可后才能进口。

【申请的公示等】

第五条　根据《文化遗产保护法》第三十三条（含第八十条、第一百一十八条及第一百二十条中的准用情形）规定，文化厅长官就国内文化遗产（仅限于被损毁、遗失或被盗等）的上报时，必须在《官报》上公告，同时，国内文化遗产发生《公约》第七条第二项、第九项规定情形时，必须通告外务大臣。

2. 外务大臣在获得前款通报后，应该将所获通告内容通告外国。

【特定外国文化遗产的善意取得规则】

第六条　特定外国文化遗产的占有人就特定外国文化遗产的占有具备《民法》②第一百九十二条规定之条件，当本法第三条第一款规定的被盗被害人根据第一百九十三条之规定请求返还的，即便从被盗时起已经经过两年但在十年期限内的，受害人依然可以请求占有人返还。但当该特定外国文化遗产进入我国境内后、依据本法第三条第二款规定已被指定的，则不在此限。

2. 前款主文中的情形，须以被害人已向占有人支付对价为前提。

【为加强国民理解等的措施】

第七条　国家必须努力通过教育、宣传活动等，加强国民对防止文化遗产的非法进出口和所有权非法转让的理解，并能积极协助国家防止文化遗产的非法进出口和所有权非法转让等。

附则

【施行日期】

1. 本法自《公约》在日本国生效之日起实施。

---

① 1949 年（昭和 24 年）法律第 228 号。

② 1896 年（明治 29 年）法律第 89 号。

【过渡措施】

2. 本法施行前的被盗文化遗产，不适用第三条之规定。

3. 本法施行前的被损毁、遗失或被盗文化遗产，不适用本法第五条之规定。

附　则　2004 年（平成 16 年）5 月 28 日法律第 61 号　抄

【施行日期】

第一条　本法自 2005 年（平成 17 年）4 月 1 日起施行。

十二　海外文化遗产保护国际协作促进法*

2006年（平成18年）6月23日法律第97号［制定］
2017年（平成29年）6月23日法律第73号
［根据文化艺术振兴基本法修改法附则第三条的修改］

【立法目的】

第一条　为保护海外文化遗产免遭损害、衰退、灭失以及破坏等；推动海外文化遗产保护国际协作（以下简称"文化遗产保护国际协作"）；确立文化遗产保护国际协作的基本理念；明确国家等的责任与义务；制定和实施文化遗产保护国际协作的基本措施；保护世界文化多样性以及提升我国国际地位，特制定本法。

【基本理念】

第二条　在文化遗产保护国际协作的过程中，充分利用我国所积累的知识、技术、经验等保护人类共有的文化遗产，以实现我国在国际社会中的主导地位，并在世界文化多样性中发挥积极作用，培育日本国民对异文化的尊重、提升国民涵养，以增强国际的相互理解。

2. 在文化遗产保护国际协作的过程中，必须考虑文化多样性的重要性，同时也必须以文化遗产所在国政府以及相关机构的自主努力为基础。

3. 制定和实施文化遗产保护国际协作的基本措施应当参考《文化艺术基本法》①的基本理念。

【国家的责任与义务】

第三条　基于前条的基本理念，国家有制定和实施文化遗产保护国际协作的基本措施的责任与义务。

＊　该法的日文名称为『海外の文化遺産の保護に係る国際的な協力の推進に関する法律』，在日本通常简称为『文化遺産国際協力推進法』。

①　2001年（平成13年）法律第148号。

【教育研究机构的责任与义务等】

第四条　与文化遗产保护国际协作相关的大学以及其他教育研究机构（以下简称"教育研究机构"）应当积极努力地培育与文化遗产保护国际协作相关的必要人才，研究和推广相关成果。

2. 教育研究机构应当努力确保研究者以及技术人员具有合适的待遇、充实和完善教育研究机构设施，并向与文化遗产保护国际协作相关的研究者以及技术人员提供适当的工作职务与工作环境。

3. 国家在推进文化遗产保护国际协作的相关措施、制定和实施与教育研究机构相关的政策时，必须注重研究者的自主性以及相关教育研究机构的特性。

【财政上的措施等】

第五条　为实施和推进文化遗产保护国际协作，政府应当努力采取必要的财政措施以及其他措施。

【基本方针】

第六条　为推进文化遗产保护国际协作，文部科学大臣以及外务大臣必须制定文化遗产保护国际协作基本方针（以下简称"基本方针"）。

2. 基本方针中应当规定为推进文化遗产保护国际协作的基本事项以及其他必要事项。

3. 文部科学大臣以及外务大臣在制定和变更基本方针的基本事项时，必须与相关行政机关的负责人进行协商。

4. 文部科学大臣以及外务大臣在制定和变更基本方针后应当立刻公布，不得延迟。

【协作关系的强化】

第七条　为有效地推进文化遗产保护的国际协作，国家应当采取必要措施，强化国家、与文化遗产保护国际协作相关的独立行政法人（即《独立行政法人通则法》[①] 第二条第一款规定的独立行政法人。以下同）、教育研究机构、民间团体等主体相互间的协作。

【相关行政机关间的密切协作】

第八条　在推进文化遗产保护的国际协作时，各相关行政机关必须密切协作，使所制定的推进文化遗产保护的国际协作之必要措施适当且可行。

---

① 1999 年（平成 11 年）法律第 103 号。

【对教育研究机构以及民间团体的支援】

第九条　为支援教育研究机构以及民间团体实施文化遗产保护国际协作活动，国家应向教育研究机构以及民间团体提供信息情报以及采取其他必要措施。

【人才的确保等】

第十条　为推进文化遗产保护的国际协作，国家应在与文化遗产保护国际协作相关的独立行政法人、教育研究机构、民间团体等主体紧密协作的同时，采取必要措施确保和培育拥有文化遗产保护专业知识的人才，并努力提高人才的质量。

【国际协调的措施】

第十一条　为协调国家间关系、推进文化遗产保护的国际协作，根据文化遗产保护诸多国际条约的基本精神，国家应努力采取必要且适当的措施与其他国家的政府、相关机构或者国际组织等进行文化遗产保护情报信息的交流。

【国内外情报信息的收集、整理以及利用】

第十二条　为了能使文化遗产保护国际协作得以适当且有效的实施，国家应当采取必要措施，收集、整理以及利用国内外的有关文化遗产保护国际协作的情报信息。

【意见的反映】

第十三条　为了保证所制定的文化遗产保护国际协作的推进政策适当且能够有效地实施，国家应采取必要措施、制定和完善相关制度，在文化遗产保护国际协作中，让保存、修复文化遗产的关系者等的意见能够体现在国家的政策中。

【加强国民的理解以及关心】

第十四条　为加强和提升国民对文化遗产保护的国际协作以及研究者、技术人员在文化遗产保护国际协作中的重要作用等的理解与关心，国家应采取必要措施加强文化遗产保护国际协作的宣传、充实以及振兴国民教育等。

附则

【施行日期】

本法自公布之日起施行。

附则　2017年（平成29年）6月23日法律第73号　抄

【施行日期】
第一条　本法自公布之日起施行。

十三　武装冲突中的文化遗产保护法*

2007年（平成19年）4月27日法律第32号［制定］
2015年（平成27年）9月30日法律第76号
　　［根据自卫队法修改法附则第6条之修改］
2022年（令和4年）6月17日法律第68号
　　［根据刑法修改法的相关法律整备法第219条之修改］

【目的】
第一条　为确保《武装冲突时保护文化遗产国际公约》（除附则第二款外，以下称为《公约》）、《武装冲突时保护文化遗产国际公约议定书》（以下称为《第一议定书》）以及1999年3月26日在海牙制定的《武装冲突时保护文化遗产1954年海牙公约第二议定书》（以下称为《第二议定书》）的正确实施，采取措施限制被占领地区文化遗产的进口，以保护现在乃至传递至未来的人类重要的文化遗产，特制定本法。

【定义】
第二条　在本法中，以下各项列举用语，由其各项定义之。
（一）国内文化遗产，即以下各目所列的文化遗产：
①《公约》第一条（a）所列举文化遗产为《文化遗产保护法》[①] 第二十七条第一款规定的重要文化遗产、第七十八条第一款规定的重要有形民俗文化遗产以及第一百零九条第一款规定的史迹名胜天然纪念物。
②特定文化遗产（根据下条第一款规定，由文部科学大臣指定的文化遗产）。

---

* 该法的日文名称为『武力紛争の際の文化財の保護に関する法律』，是日本加入联合国教科文组织1954年《武装冲突时保护文化遗产国际公约》及《第一议定书》《第二议定书》(1999)，将条约转化为国内法的产物。
① 1950年（昭和25年）法律第214号。

（二）《第一议定书》缔约国的文化遗产，是指《公约》第一条（a）、（b）或（c）项中所列举的、《议定书》缔约国承担保护义务的文化遗产。

（三）《第二议定书》缔约国的文化遗产，是指《公约》第一条（a）、（b）或（c）项中所列举的、《第二议定书》缔约国或《第二议定书》适用国（根据《第二议定书》第三条第二款规定接受《第二议定书》且适用《第二议定书》的非缔约国。以下同）的外国承担《第二议定书》所规定的保护义务的文化遗产。

（四）被占领地区流出的文化遗产，是根据第四条第二项的规定，文部科学大臣在《第一议定书》缔约国的文化遗产中指定的文化遗产。

（五）特别保护的文化遗产，是指根据《公约》第八条第六项的规定，由《公约》第一条（a）、（b）或（c）项中所列举的、登录的文化遗产。

（六）加强保护的文化遗产，是指在国内文化遗产或《第二议定书》缔约国的文化遗产中、登录于一览表（即《第二议定书》第一条（h）项规定的一览表。以下同）中的文化遗产［包括《第二议定书》第二十四条第一款规定的武装冲突时文化遗产保护委员会（在次条第二项中称为"委员会"），根据《第二议定书》第十一条第九款规定，决定给予临时特别保护的文化遗产，但《第二议定书》第十四条第一款规定的停止特别保护的文化遗产除外］。

（七）特殊标识，是指《公约》第十六条第一款规定的标识。

（八）身份证明书，是指《武装冲突时文物保护公约施行规则》（第六条第三项中称为《施行规则》）第二十一条第二款规定的身份证明书。

【特定文化遗产的指定等】

第三条 根据文部科学省政令所规定的标准，文部科学大臣可指定《公约》第一条（b）或（c）项所列（仅限于国内）的文化遗产为特定文化遗产。

2. 政府认为必要时，可向委员会提交《第二议定书》第十一条第一款规定的国内文化遗产清单，并请求将其登载于该条第二项规定的名录之上。

3. 根据第一款规定，文部科学大臣指定特定文化遗产后，依照前款规定将被指定的国内文化遗产载入名录或依照《第二议定书》第十条第九项规定决定给予特别保护时，必须在《官报》上公告之。

【被占领地区流失的文化遗产】

第四条　在收到议定书缔约国提出管理以下各项文化遗产之请求时，外务大臣应立刻通知文部科学大臣。

（一）该缔约国占领另一缔约国某一区域并从被占领区域出口议定书缔约国文化遗产。

（二）该缔约国的某一区域被其他缔约国占领并从被占领区域出口议定书缔约国文化遗产。

2. 在接收前款规定的外务大臣之通知时，文部科学大臣应根据文部科学省政令之规定，将与该通知相关的议定书缔约国的文化遗产指定为被占领地区的流出文化遗产。

3. 文部科学大臣在指定前项被占领地区流出文化遗产时，必须与经济产业大臣协商。

4. 文部科学大臣根据第二款规定指定被占领地区流出文化遗产后，必须在《官报》上公告之。

【进口之许可】

第五条　根据《外汇及对外贸易法》① 第五十二条规定，进口被占领地区流出文物的，有义务取得进口许可。

【特殊标识的使用等】

第六条　除下一款至第四款的规定外，任何人不得在武装冲突［仅限《在武装冲突、生存危机中保护国家和平、独立及国民安全之法律》② 第二条第二项规定的武装攻击事态（即受到公约缔约国或承诺接受公约约束的非缔约国武装攻击的事态）］中使用特殊标识（包括与特殊标识类似的标识。以下同）。

2. 在武装冲突中，为识别国内文化遗产或运输国内文化遗产（符合《公约》第十二条或第十三条规定之条件的文化遗产）的运输车辆及其他运输手段，国内文化遗产的管理者可根据文部科学省政令之规定，在国内文化遗产或其运输工具上使用特殊标识。但在不可移动的国内文化遗产上使用特殊标识时（除文部科学大臣管理的国内文化遗产外），必须获得文

---

① 1949 年（昭和 24 年）法律第 228 号。

② 2003 年（平成 15 年）法律第 79 号。

部科学大臣的许可（当国内文化遗产的管理者为《国有财产法》① 第四条第二款规定的各省厅长官时，则必须获得文部科学大臣的同意）。

3. 为了在武装冲突中能够识别履行保护国内文化遗产之职责的国家或地方公务员、利益保护国的代表（依据《施行规则》第三条规定的被任命者。以下同）、文化遗产管理者（依据《施行规则》第四条第一项与第二项规定被选定、被任命的管理者。以下同）、核查员（依据《施行规则》第七条第一项规定，文化遗产管理者向文物流失国推荐并得到承认后被任命者。以下同）以及专家（根据该条第二项规定利益保护国的代表、文化遗产管理者或核查员向流失国推荐并获得承认而被任命的人），根据文部科学省政令之规定，文部科学大臣应向其交付带有特殊标识的袖章和身份证明。

4. 根据前款规定获得带有特殊标识袖章、身份证明者在执行其职务时，应佩戴袖章并携带其身份证明。

5. 除前三款规定的事项外，特殊标识的使用程序以及其他必要事项，由文部科学省政令规定之。

【罚则】

第七条 在以下各种武装冲突中，无正当理由以战斗行为损毁国内文化遗产或《第二议定书》缔约国文化遗产（仅限特别保护的文化遗产或加强保护的文化遗产）者（《第二议定书》的缔约国、缔约国军队或与其类似的成员），处七年以下有期徒刑。

（一）《第二议定书》缔约国之间发生的武装冲突或《第二议定书》缔约国与接受《第二议定书》约束的非缔约国之间的武装冲突；

（二）《第二议定书》缔约国的领土被其他《第二议定书》缔约国所占领、《第二议定书》缔约国的领土被接受《第二议定书》约束的国家所占领或者接受《第二议定书》约束的国家之领土被《第二议定书》缔约国所占领；

（三）《第二议定书》第二十二条第一款规定的武装冲突。

2. 武装冲突中，无正当理由，以战斗行为损坏国内文化遗产或《第二议定书》缔约国文化遗产（除特别保护的文化遗产或加强保护的文化遗产外）者（《第二议定书》缔约国、接受《第二议定书》约束的国家

---

① 1948年（昭和23年）法律第73号。

军队或与之类似组织成员），处五年以下有期徒刑。

3. 前两款行为的未遂者，亦处罚之。

4. 当涉及《严重违反国际人道主义行为的处罚法》① 第三条规定之罪名时，则不适用第一款、第二款所规定之罪名。

第八条 在武装冲突中，无正当理由利用强化保护的文化遗产或其周边地区、而可能会造成强化保护的文化遗产受到敌方攻击而遭受损害的（仅限《第二议定书》缔约国、接受《第二议定书》约束的国家军队或与之类似组织之成员），处三年以下有期徒刑。

第九条 损坏、废弃进口的第四条第四款所公告的、被占领地区文化遗产者，处五年以下有期徒刑、监禁或三十万日元以下罚金。

2. 如前款规定者为被占领地区流出的文化遗产之所有人的，处两年以下有期徒刑、监禁或二十万日元以下罚金。

第十条 转让或购买进口第四条第四款所公告的被占领地区流出的文化遗产的，处一年以下有期徒刑或一百万日元以下罚金。但获得第四条第一款规定的缔约国请求或该缔约国指定人受让的，则不受此限。

第十一条 违反第六条第一款规定使用特殊标识的，处六个月以下有期徒刑或三十万日元以下罚金。

第十二条 第七条第一款至第三款、第八条之罪名，适用《刑法》② 第四条之二的规定。

附则

【施行日期】

第一条 本法自《公约》《第一议定书》及《第二议定书》在日本生效之日起施行。

【过渡措施】

第二条 第十二条之规定仅适用于本法施行后在日本领域外犯罪并应受处罚之行为。

---

① 2004 年（平成 16 年）法律第 115 号。

② 1907 年（明治 40 年）法律第 45 号。

附则　2015年（平成27年）9月30日法律第76号　抄

【施行日期】

第一条　本法自公布之日起六个月内，由政令规定施行日期。

附则　2022年（令和4年）6月17日法律第68号　抄

【施行日期】

第一条　本法自《刑法等修订法》施行之日起施行，但以下各项规定自其各自规定的日期起施行。

（一）第五百零九条自公布之日起施行。

十四　收缴刀剑的返还处置法*

1995年（平成7年）12月8日法律第133号［制定］

【宗旨】

第一条　为处置由盟军最高司令部收缴、现被东京国立博物馆保存的刀剑等（刀、剑、矛、长刀等，以下简称"收缴刀剑"），特制定本法。

【收缴刀剑的公示】

第二条　文化厅长官必须在《官报》上公示每件收缴刀剑的种类、形状以及其他文部省令所规定之事项。

【返还请求】

第三条　在前条公示之日起一年内，收缴刀剑的被收缴人（含其继承人）根据文部省令之规定，在提供记载有被收缴刀剑的种类、形状以及其他能够证明被收缴事实等事项的书面材料的情况下，可以向文化厅长官书面请求返还该收缴刀剑。

【返还程序等】

第四条　文化厅长官在收到前款之请求后，必须审查返还申请人是否属于真正的被收缴刀剑的返还请求人。

2. 经过前款审查，当认定返还请求人属于真正的被收缴刀剑返还请求人时，文化厅长官必须立刻书面通知返还请求人。同时将与该请求相关的收缴刀剑返还给返还请求人，不得延迟。

3. 当第一款审查结果不认为返还请求人属于真正的被收缴刀剑返还请求人时，文化厅长官必须就该结果书面通知申请人，不得延误。

---

* 该法的日文名称为『接収刀剣類の処理に関する法律』，针对的是盟军最高司令部收缴的、现保管于博物馆的民间武器（主要为刀、剑、矛、长刀等）的返还以及不能返还时的保存问题。

【无法返还收缴刀剑的归属问题】

第五条 根据前条第二款之规定，不能返还的刀剑，归国家所有。

2. 当返还请求人收到前条第二款之通知的次日起五年内未领取该收缴刀剑的，该收缴刀剑归国家所有。

3. 根据前两款之规定，归属国家的收缴刀剑的保管和处理，应在具有丰富刀剑知识和经验的专业人士的协助下，采取适当措施。

附则

自本法公布之日起一年内，由政令确定施行日期。

第三部分
著作权法群

十五　著作权法*

1970年（昭和45年）5月6日法律第48号
　[1899年（明治32年）法律第39号的全面修改]
1978年（昭和53年）5月18日法律第49号[第一次修改]
1981年（昭和56年）5月19日法律第45号
　[根据各种手续费修订法第4条之修改]
1983年（昭和58年）12月2日法律第78号
　[根据国家行政机构改革法的相关法律整备法第76条之修改]
1984年（昭和59年）5月4日法律第23号
　[根据各种手续费金额合理化法第5条之修改]
1984年（昭和59年）5月25日法律第46号[第二次修改]
1985年（昭和60年）6月14日法律第62号[第三次修改]
1986年（昭和61年）5月23日法律第64号[第四次修改]
1986年（昭和61年）5月23日法律第65号
　[根据计算机程序著作权登记特别法附则第3条之修改]
1988年（昭和63年）11月1日法律第87号[第五次修改]
1989年（平成1年）6月28日法律第43号[第六次修改]
1991年（平成3年）5月2日法律第63号[第七次修改]
1992年（平成4年）12月16日法律第106号[第八次修改]
1993年（平成5年）11月12日法律第89号
　[根据行政程序法的相关法律整备法第81条之修改]
1994年（平成6年）12月14日法律第112号
　[根据著作权法修改法第1条之修改]

---

* 根据掌握的资料，国内目前有日本《著作权法》的汉译版本共计五部，其中网络无名译本三部，分别为1970年版法律、1978年版法律以及1986年版法律（第64号）的译本，另外两部则分别是1999年版法律（第77号）的夏雨译本（载日本著作权信息中心《日本著作权法（续）》，2000年版）和2009年版法律（第53号）的李扬译本（载李扬译《日本著作权法》，知识产权出版社2011年版）。

1995年（平成7年）5月12日法律第91号

　　[根据刑法修改法附则第8条之修改]

1996年（平成8年）12月26日法律第117号[第九次修改]

1997年（平成9年）6月18日法律第86号[第十次修改]

1998年（平成10年）6月12日法律第101号

　　[根据学校教育法修改法附则第38条之修改]

1999年（平成11年）5月14日法律第43号

　　[根据行政机关信息公开法的相关法律整备法附则第11条之修改①]

1999年（平成11年）6月23日法律第77号[第十一次修改]

1999年（平成11年）12月22日法律第160号

　　[根据中央各部委关系改革法施行法第563条之修改]

1999年（平成11年）12月22日法律第220号

　　[根据独立行政法人业务正常化的相关法律整备法第15条之修改]

2000年（平成12年）5月8日法律第56号

　　[根据著作权法修改法第1条之修改]

2000年（平成12年）11月29日法律第131号

　　[根据著作权管理事业法附则第8条之修改]

2001年（平成13年）12月5日法律第140号

　　[根据独立行政法人信息公开法附则第6条之修改]

2002年（平成14年）6月19日法律第72号[第十二次修改]

2003年（平成15年）5月30日法律第61号

　　[根据行政机关信息公开法的相关法律整备法第18条之修改]

2003年（平成15年）6月18日法律第85号[第十三次修改]

2003年（平成15年）7月16日法律第119号

　　[根据地方独立行政法人法的相关法律整备法第35条之修改]

2004年（平成16年）6月9日法律第84号

　　[根据行政诉讼法修改法附则第8条之修改]

2004年（平成16年）6月9日法律第92号[第十四次修改]

2004年（平成16年）6月18日法律第120号

　　[根据法院组织法修改法第9条之修改②]

2004年（平成16年）12月1日法律第147号

---

① 该修改是根据1999年（平成11年）12月22日法律第220号附则第7条以及2000年（平成12年）11月29日法律第131号附则第9条的追加修改。

② 该修改是根据2004年（平成16年）6月9日法律第92号附则第5条的部分修改。

[根据民法修改法附则第 75 条之修改]

2005 年（平成 17 年）6 月 29 日法律第 75 号

[根据反不正当竞争法修改法第 6 条之修改]

2006 年（平成 18 年）6 月 2 日法律第 50 号

[根据社团法人法的相关法律整备法第 271 条之修改]

2006 年（平成 18 年）12 月 22 日法律第 121 号［第十五次修改］

2008 年（平成 20 年）6 月 18 日法律第 81 号

[根据残疾儿童、学生特定教学图书促进法附则第 4 条之修改]

2009 年（平成 21 年）6 月 19 日法律第 53 号［第十六次修改］

2009 年（平成 21 年）7 月 10 日法律第 73 号

[根据国立国会图书馆法修改法附则第 3 条之修改]

2010 年（平成 22 年）12 月 3 日法律第 65 号

[根据广播法等修改法附则第 30 条之修改]

2011 年（平成 23 年）6 月 24 日法律第 74 号

[根据刑法修改法附则第 31 条、第 35 条之修改]

2012 年（平成 24 年）6 月 22 日法律第 32 号

[根据国立国会图书馆法修改法附则第 4 条之修改]

2012 年（平成 24 年）6 月 27 日法律第 43 号［第十七次修改］

2013 年（平成 25 年）11 月 27 日法律第 84 号

[根据药事法修改法附则第 81 条之修改]

2013 年（平成 25 年）12 月 13 日法律第 103 号

[根据药事法及药剂师法修改法附则第 17 条之修改]

2014 年（平成 26 年）5 月 14 日法律第 35 号［第十八次修改］

2014 年（平成 26 年）6 月 13 日法律第 69 号

[根据行政不服审查法的相关法律整备法第 112 条之修改]

2015 年（平成 27 年）6 月 24 日法律第 46 号

[根据学校教育法修改法附则第 4 条之修改]

2016 年（平成 28 年）5 月 27 日法律第 51 号

[根据利用个人信息的相关法律整备法附则第 5 条之修改]

2016 年（平成 28 年）12 月 16 日法律第 108 号

[根据 TPP 缔结的相关法律整备法第 8 条、附则第 17 条之修改①]

2017 年（平成 29 年）6 月 2 日法律第 45 号

[根据民法修改法的相关法律整备法第 150 条之修改]

---

① 该修改是根据 2018 年（平成 30 年）7 月 6 日法律第 70 号的部分修改。

2017年（平成29年）6月16日法律第60号
　　［根据畜牧业价格安定法修改法附则第17条之修改］
2018年（平成30年）5月25日法律第30号［第十九次修改］
2018年（平成30年）6月1日法律第39号
　　［根据学校教育法修改法第3条、附则第6条之修改］
2018年（平成30年）7月6日法律第70号
　　［根据TPP缔结的相关法律整备法之修改法修改］
2018年（平成30年）7月13日法律第72号
　　［根据民法及家事事件程序法修改法附则第19条之修改］
2020年（令和2年）6月12日法律第48号
　　［根据著作权法修改法第1、2条及附则第14条之修改］
2021年（令和3年）5月19日法律第37号
　　［根据数字化社会之相关法律整备法附则第21条之修改］
2021年（令和3年）6月2日法律第52号［第二十次修改］
2022年（令和4年）5月25日法律第48号
　　［根据民事诉讼法修改法附则第61条之修改］
2022年（令和4年）6月17日法律第68号
　　［根据刑法修改法的相关法律整备法第217条之修改］

目　　录

第一章　总则
　第一节　通则（第一条至第五条）
　第二节　适用范围（第六条至第九条之二）
第二章　作者的权利
　第一节　作品（第十条至第十三条）
　第二节　作者（第十四条至第十六条）
　第三节　权利内容
　　第一小节　总则（第十七条）
　　第二小节　作者的人格权（第十八条至第二十条）
　　第三小节　著作权的权利种类（第二十一条至第二十八条）
　　第四小节　电影作品的著作权归属（第二十九条）
　　第五小节　著作权的限制（第三十条至第五十条）

第四节　保护期限（第五十一条至第五十八条）

第五节　作者人格权的人身专属性等（第五十九条、第六十条）

第六节　著作权的转让与消灭（第六十一条、第六十二条）

第七节　权利的行使（第六十三条至第六十六条）

第八节　根据裁定的著作作品之使用（第六十七条至第七十条）

第九节　补偿金等（第七十一条至第七十四条）

第十节　登记（第七十五条至第七十八条之二）

第三章　出版权（第七十九条至第八十八条）

第四章　著作邻接权

第一节　总则（第八十九条、第九十条）

第二节　表演者的权利（第九十条之二至第九十五之三）

第三节　录音制品制作者的权利（第九十六条至第九十七之三）

第四节　播送业者的权利（第九十八条至第一百条）

第五节　有线播送业者的权利（第一百条之二至第一百条之五）

第六节　保护期限（第一百零一条）

第七节　表演者的专属人格权等（第一百零一条之二、第一百零一条之三）

第八节　权利的限制、转让、行使及登记（第一百零二条至第一百零四条）

第五章　因著作权等的限制之使用补偿金

第一节　私人录音录像补偿金（第一百零四条之二至第一百零四条之十）

第二节　图书馆等的公共播送补偿金（第一百零四条之十之二至第一百零四条之十之八）

第三节　授课目的的公共播送补偿金（第一百零四条之十一至第一百零四条之十七）

第六章　纠纷处理（第一百零五条至第一百一十一条）

第七章　权利侵害（第一百一十二条至第一百一十八条）

第八章　罚则（第一百一十九条至第一百二十四条）

附则

第一章 总则

第一节 通则

【立法目的】

第一条 为确定（文学、艺术）作品的作者、表演者、录音制品制作者、广播电视传播业者的著作权及著作邻接权，注重公平公正合理地利用文化艺术成果，促进国家文化艺术事业的繁荣与发展，特制定本法。

【定义】

第二条 本法中的以下各项法律用语，依其各自定义。

（一）作品，是指文艺、学术、美术或音乐领域的，思想或情感的创作性表达。

（二）作者，是指作品的创作者。

（三）表演，是指将作品以表演、舞蹈、演奏、歌唱、曲艺、朗诵或其他方式演出的行为（包括虽无作品但有艺术性质的即兴表演）。

（四）表演者，是指演员、舞蹈演员、演奏者、歌手以及其他表演者和表演的指挥导演者。

（五）录音制品，是指留声机唱片、录音磁带以及其他固定声音的（不包括以再生影像为目的的）介质。

（六）录音制品制作者，是指将声音首次固定在录音制品上的人。

（七）商业录音制品，是指以市场销售为目的制作的录音制品之复制品。

（七）之二 公共传播，是指以公众直接受信为目的、通过无线或有线通信手段的播送（除同一区域内的部分设施向另一部分设施的播送、计算机程序著作权的传送以外的）行为。

（八）播送，是指在公共传播中以公众直接同时受信同一内容的无线传播行为。

（九）播送业者，是指从事广播事业的组织或个人。

（九）之二 有线播送，是指在公共传播中以公众直接同时受信同一内容的有线传播行为。

（九）之三 有线播送业者，是指从事有线广播事业的组织或个人。

（九）之四　自动公共传播，是指在公共传播中，应公众请求的自动播送（除播送和有线播送以外的）行为。

（九）之五　播送可能化，是指通过以下任何一种方式、自动向公众传播的可能之行为。

①通过公共电讯网络、链接自动公共传播服务器（通过连接公众电讯网络，在被自动公共传播的记录介质部分上载或输入至具有自动公共传播功能的服务器，以下同）的公共播送记录介质、上载情报信息，将该记录介质添加、转换或输入至自动公共播送服务器的行为。

②在公共传播的记录介质上所记录的情报信息或将情报信息输入自动公共传播服务器，并链接（即通过布线、自动公共传播服务器和传送接受程序的启动等联系动作）至公共电讯网络的行为。

（九）之六　积极输入型自动公共播送，是指在接受播送的同时、利用公共网络的自动公众信息传送设施，积极主动输入信息的自动公共播送（含为该自动公共播送而实施的播送可能化）行为。

（九）之七　播送并同时转播，是指播放节目或自动公共播送（含为该自动公共播送而实施的播送可能化）的同时具备以下三项条件的播送[除可能侵害著作权人、出版权人以及著作邻接权人（以下简称"著作权人等"）利益，或为让更大范围的国民视听、文化厅长官与总务大臣协商确定的播送以及特定积极型自动公共播送外]行为。

①在广播节目的播放或有线广播节目有线播放之日起一周内（当广播节目或有线广播节目以同一名称周期性连续广播或有线广播节目虽超过一周但在文化厅长官确定的期间）的转播（不包括在广播或有线广播之前的播送）。

②未改变广播节目或有线广播节目内容（除未标注未能获得著作权人等许可自动公共播送以及因不可抗力事由而变更的部分外）的转播。

③防止该自动公共播送的广播节目或有线播放的广播节目的数字化复制，或实施文部科学省政令确定的阻止性措施的转播。

（九）之八　播送并同时转播的业者，是指文化厅长官确定的、与人际与资本保持密切关系、接收广播节目或有线广播节目并进行转播的业者。

（十）电影制片人，是指发起电影作品的制作并承担责任的人。

（十）之二　计算机程序，是指为发挥电子计算机功能、得到某一结果的计算机指令构成的表现形式。

（十）之三　数据库，是指可通过计算机检索，由论文、数值、图形及其他情报信息构成的集合体。

（十一）二次作品，是指对作品进行翻译、编曲、改编、脚本化、摄制电影以及其他改编方式创作的作品。

（十二）合作作品，是指由两人以上共同创作完成，其无法分离各自创作部分进行单独使用的作品。

（十三）录音，是指将声音固定在某一介质并批量生产该固定介质的行为。

（十四）录像，是指将连续的影像固定在某一介质并批量生产该固定介质的行为。

（十五）复制，是指使用印刷、拍照、复印、录音、录像或其他方法进行有形再制作的行为，包括针对以下各项作品的行为。

①脚本及其他与之类似的戏剧化作品：该作品上演、广播或有线广播的录音录像行为。

录制或录制此类作品的表演、广播或有线广播。

②建筑作品：根据建筑设计图纸建设建筑的行为。

（十六）上演，是指演奏（含歌唱。以下同）以外的方法表演作品的行为。

（十七）上映，是指在银幕或其他介质上播放作品（除被公共传播的作品外）、包括播放同时被电影作品固定的声音的行为。

（十八）口述，是指以朗读或其他方法的口头传达（不包括表演）行为。

（十九）发行，是指将作品的复制品有偿或无偿转让或出租给公众的行为，包括通过向公众展示电影作品及其复制品、向公众转让或出租的行为。

（二十）技术性保护措施，是指为防止或抑制（即对侵害著作权的行为结果明显造成障碍，从而抑制该行为。在第三十条第一款第二项中同）侵害第十七条第一款规定的作者人格权、著作权、出版权或第八十九条第一款规定的表演者人格权以及第六款规定的著作邻接权（在本项、第三十条第一款第二项以及第一百二十条之二第一项中称为"著作权等"）的行为发生，通过电子、电磁以及其他知觉无法感知的方法（以下称为"电磁方法")在作品、表演、录音制品、广播电视的记录介质上，记录对所利用的机器有特有反应的信号（声音或影像）；或者记录变换的播送方式或变换有特有反应的信号；或者所依据的播送方式等措施。

（二十一）利用的技术性限制措施，是指利用电磁方法限制收听收看作品等的手段，即在（公众）收听收看作品时，在作品、表演、录音制品、广播电视的记录介质上，记录对所利用的机器有特有反应的信号（声音或影像）；或者记录变换的播送方式或变换有特有反应的信号；或者所依据的播送方式等措施。

（二十二）权利管理的信息，是指第十七条第一款规定的作者人格权、著作权以及第八十九条第一款至第四款规定的权利（以下称为"著作权等"）中，属以下任一利用电磁方法记录、播放作品、表演、录音制品、广播以及有线广播的相关情报信息（除无法把握作品现状、作品的使用许可以及仅限根据计算机的著作权管理外）。

①作品等、著作权人以及政令规定的特定事项。

②作品等的使用许可、使用方式及条件等。

③通过对照，可确定的前①②目所列的事项。

（二十三）著作权管理业者，是指《著作权管理事业法》① 第二条第三款规定的著作权等事业的管理业者。

（二十四）国内，是指本法的实施领域。

（二十五）国外，是指本法实施地以外的领域。

2. 本法中的美术作品，应包括工艺美术品。

3. 本法中的电影作品，应包括用类似电影的视觉或听觉效果的方法表现的且固定在介质上的作品。

4. 本法中的摄影作品，应包括用类似摄影照片的方法所表现的作品。

5. 本法中的公众，应包含特定且多数的自然人。

6. 本法中的法人，也包括不具备法人资格、有明确代表人或管理人的社团、财团。

7. 本法中的上演、演奏、口述等，应包括播放上演、演出或口述的录音、录像作品行为（不包括公共播放或上演情形）以及通过电器设备的上演、演出或口述的传播行为。

---

① 2000年（平成12年）法律第131号。

8. 本法中的出租，包括以任何名义或方法使他人取得使用权的行为。

9. 本法中的第一款第七项、第八项、第九项之二、第九项之四、第九项之五、第十三项至第十九项以及前两款列举的用语，应包括其作为动词所示之行为。

【作品的发行】

第三条 第二十一条的权利人、获得其许可（即第六十三条第一款规定的使用许可。除本款、次条第一款、第四条之二以及第六十三条外，本章及下一章同）的被许可人、第七十九条的出版权人以及复制许可（即第八十条第三款规定的复制许可。在第三十七条第三款但书及第三十七条之第三款但书中同），根据著作的性质复制一定数量作品并公开发行以满足公众需求时（仅限于不违反第二十六条、第二十六条之二规定的权利人权利之情形），即为作品的发行。

2. 根据第二十八条规定，享有与第二十一条规定的相同之权利的复制权人及其许可的被许可人，复制、发行二次作品的翻译作品（根据第二十八条规定，仅限于不违反第二十六条、第二十六条之二规定的权利人权利之情形）的，视为作品的发行。

3. 若作品受本法保护，则享有前两款之权利的权利人或获得其许可使用的被许可人，应视为前两款各自规定的权利人或被许可人、适用前两款规定。

【作品的发表】

第四条 作品被出版或由享有第二十二条至第二十六条规定的权利人以及获得其许可（即根据第六十三条第一款规定的利用许可）的被许可人、第七十九条规定的出版权人以及获得其许可的被许可人或公共播送许可（即第八十条第三款规定的公共传播许可。下一款、第三十七条第三款但书以及第三十七条之二第三款但书中同）的被许可人上演、演奏、上映、公共播送、口述或展览等方法向公众展示时（若为建筑作品，则为第二十一规定的权利人或获得其许可的被许可人的利用许可），应被视为作品的发表。

2. 作品被享有第二十三条第一款规定的权利人及其被许可人、第七十九条规定的获得出版权人许可、公共传播许可者传播可能时，应视为作品的发表。

3. 根据第二十八条规定，与享有第二十二条至第二十四条规定的权利相同的权利人及其被许可人，上演、演奏、上映、公共播送、口述等方法向公众展示，或者与享有第二十三条第一款规定的权利相同的权利人及其被许可人，使得（二次作品的）翻译作品传播可能化时，则应视为该作品的发表。

4. 美术作品或摄影作品，由第四十五条第一款规定的相关权利人举办该款规定的展览时，即视为作品的发表。

5. 若作品受本法保护，则应将享有第一款至第三款规定之权利的权利人以及作品许可适用的被许可人，视为第一款至第三款各自规定的权利人或获得许可的被许可人，适用第一款至第三款之规定。

【录音制品的发行】

第四条之二 享有第九十六条规定之权利的权利人或其许可（根据第一百零三条第一款规定，准用第六十三条第一款的使用许可。第四章第二节、第三节同）的被许可人，根据录音制品的性质制作一定数量录音制品并公开发行以满足公众需求的（仅限于不违反第九十七条之二第一款、第九十七条之三第一款规定的权利人权利之情形），即为已发行的录音制品。

【条约的效力】

第五条 对于作者权利及著作邻接权相关条约另有规定的，适用其规定。

第二节　适用范围

【受保护的作品】

第六条 符合下列条件之一的作品，受本法保护。

（一）日本国民（包括根据我国法令设立的法人以及主要事务所在国内的法人，以下同）的作品。

（二）在国内首次发行的作品（包括虽首次在国外发行，但自其发行之日起三十日内在国内发行的作品）。

（三）除前两款规定的作品外，我国承担条约上保护义务的作品。

【受保护的表演】

第七条 符合下列条件之一的表演，受本法保护。

（一）在国内进行的表演；

（二）固定在下一条第一款、第二款所列录音制品上的表演；

（三）第九条第一款、第二款所列播送中的表演（经表演者同意、播放前已录音录像的表演除外）；

（四）第九条之二各款规定的有线播送中所播放的表演（获得表演者同意，播放前预先录音或录像的表演除外）；

（五）除以上各项表演外，以下所列任意一项表演。

①在《保护表演者、录音制品制作者以及播送业者公约》（以下称为《保护表演者罗马公约》）缔约国的表演；

②下一条第三项所列的、为录制录音制品的表演；

③第九条第三项所列的、播送中的表演（获得表演者同意，播放前预先录音或录像的表演除外）。

（六）除以上各项表演外，以下所列任意一项表演。

①在《关于表演和录音制品的世界知识产权机构公约》（以下称为《表演和录音制品公约》）缔约国的表演；

②下一条第四项所列的、为录制录音制品的表演；

（七）除以上各项表演外，以下所列任一表演。

①在世界贸易组织成员方的表演；

②下一条第五项所列的、为录制录音制品的表演；

③第九条第四项所列的、在广播电视上播放的表演（除获得表演者同意、播放前预先录音或录像的表演）。

（八）除以上各项表演外，《视听表演北京条约》缔约国国民或在该公约缔约国有住所的表演者的表演。

【受保护的录音制品】

第八条　符合下列条件之一的录音制品，受本法保护。

（一）日本国民制作的录音制品。

（二）首次在国内被固定的录音制品。

（三）除前两项录音制品外，以下所列任一录音制品。

①《保护表演者罗马公约》缔约国国民（包括根据该缔约国法令设立的法人以及主营业地在缔约国的法人。以下同）录制的录音制品。

②在《保护表演者罗马公约》缔约国首次固定声音的录音制品。

（四）除前三项录音制品外，以下所列任一录音制品。

①《表演和录音制品公约》缔约国国民（包括根据该缔约国法令设立的法人以及主营业地在缔约国的法人。以下同）录制的录音制品。

②在《表演和录音制品公约》缔约国首次固定声音的录音制品。

（五）除以上各项录音制品外，以下所列任一录音制品。

①世界贸易组织成员方国民（包括根据该成员国法令设立的法人以及主营业地在缔约国的法人。以下同）录制的录音制品。

②在世界贸易组织成员方首次固定声音的录音制品。

（六）除以上各项录音制品外，根据《保护录音制品制作者防止未经许可复制其录音制品公约》（以下称为《保护录音制品制作者公约》），我国承担保护义务的录音制品。

【受保护的播送】

第九条　符合下列条件之一的播送，受本法保护。

（一）播送业者为日本国民的播送；

（二）利用国内的设备进行播送的播送；

（三）除前两项播送外，以下所列的任一播送。

①播送业者为《保护表演者罗马公约》缔约国国民的播送；

②利用在《保护表演者罗马公约》缔约国的播放设备进行的播送。

（四）除前三项播送外，以下所列任一播送。

①播送业者为世界贸易组织成员方国民的播送；

②利用世界贸易组织成员方的播送设备进行的播送。

【受保护的有线播送】

第九条之二　符合下列条件之一的有线播送，受本法保护。

（一）有线播送业者为日本国民的有线播送（除接受播送的有线播送外。下一项同）；

（二）利用国内的设备播送的有线播送。

第二章　作者的权利

第一节　作品

【作品的种类】

第十条　本法中的作品如下：

（一）小说、脚本、论文、讲演及其他文字作品；

（二）音乐作品；

（三）舞蹈作品或哑剧作品；

（四）绘画、版画、雕刻及其他美术作品；

（五）建筑作品；

（六）地图或具有学术性的图纸、图表、模型及其他图形作品；

（七）电影作品；

（八）摄影作品；

（九）计算机程序作品。

2. 不属前款第一项所列的、为传播事实的杂闻及时事之报道的文字作品。

3. 根据本法对第一款第九项计算机程序作品之保护，不包括为完成该作品所使用的计算机程序语言、规则和算法。其中用语的含义如下：

（一）计算机程序语言，是指以表现计算机程序的文字、其他符号及其体系；

（二）规则，是指特定计算机程序中的前项计算机程序语言用法的特别约定；

（三）算法，是指计算机程序中对电子计算机的指令组合之方法。

【二次作品】

第十一条　根据本法对二次作品的保护，不影响原作作者的权利。

【编辑作品】

第十二条　在选材或编排上有创造性的编辑物（除数据库外。以下同），可作为作品予以保护。

2. 前款之规定，不影响构成该编辑作品之作者的著作权。

【数据库作品】

第十二条之二　在信息的选择或体系构成上具有独创性的数据库，可作为作品予以保护。

2. 前款之规定，不影响构成该数据库的单独部分作品的作者之权利。

【不能为权利客体的作品】

第十三条　属下列作品之一的，不得成为本章规定的权利客体。

（一）宪法及其他法令；

（二）国家、地方公共团体机关、独立行政法人（《独立行政法人通则法》① 第二条第一款规定的独立行政法人。以下同）或地方独立行政法人（《地方独立行政法人通则法》② 第二条第一款规定的地方独立行政法人。以下同）发布的公告、训令、通知及其他与之类似的法律文书；

（三）法院的判决、裁定及命令，行政机关的裁定以及与之类似的决定；

（四）国家、地方公共团体、独立行政法人以及地方独立行政法人完成的前三项的翻译作品、编辑作品。

第二节　作者

【作者的推定】

第十四条　在向公众提供或展示作品时，该作品原作上所署姓名（以下称为"真名"）或雅号、笔名、简称等（以下称为"笔名"），一般推定为该作品的作者。

【职务作品的作者】

第十五条　基于法人及其使用人（以下本条中称为"法人等"）的提议，履行该法人等的业务的人在履行其职务时完成的作品（除计算机程序作品）并以该法人等之名义发表的，只要完成时的合同、工作规章中无特别规定，该法人等为作者。

2. 基于法人等的提议，履行该法人等的业务的人在履行其职务时完成的计算机程序作品，只要完成时的合同、工作规章中无特别规定，该法人等为计算机程序作品的作者。

【电影作品的作者】

第十六条　除经过改编或复制的小说、脚本、音乐以及其他作品的作者外，担任电影作品制作、导演、演出、摄影、美工等，对电影作品整体创作作出了贡献的贡献者，均为电影作品的作者。但适用前条之规定时，则不在此限。

---

① 1999年（平成11年）法律第103号。

② 2003年（平成15年）法律第118号。

第三节　权利内容

第一小节　总则

【作者的权利】

第十七条　作者享有下一条第一款、第十九条第一款、第二十条第一款规定的权利（以下称为"作者人格权"）以及第二十一条至第二十八条规定的权利（以下称为"著作权"）。

2. 作者享有作者人格权和著作权，无须履行任何手续。

第二小节　作者人格权

【发表权】

第十八条　作者享有向公众提供或提示其尚未发表作品（包括未经同意被发表的作品，下款同）的权利。当该作品为原作的二次作品的，亦同。

2. 对于下列各种情形，视为作者同意其各项所列之行为。

（一）转让尚未发表作品的著作权时：因著作权行使向公众提供或展示该作品。

（二）转让尚未发表美术作品、摄影作品原作时：通过展览原作之方法向公众提供或提示该作品。

（三）根据第二十九条规定，电影作品的著作权已归属电影制片人时：通过行使著作权，向公众提供或展示该作品。

3. 在下列各种情形下，视为作者同意各项所列之行为。

（一）将尚未发表的作品提供给行政机关（即《行政机关信息公开法》[①] 第二条第一款规定的行政机关。以下同）时（根据《行政机关信息公开法》第九条第一款规定决定公开时有特别意思表示的除外）；行政机关长官可根据《行政机关信息公开法》规定向公众提供或展示该作品[包括行政机关长官根据《公文档案管理法》[②] 第八条第一款规定，将与该作品相关的历史公文档案等（即《公文档案管理法》第二条第六款规定的公文档案。以下同）移交（根据《公文档案管理法》第十六条第一款规定、决定公开时有特别意思表示除外）至国立档案馆（即《公文档

---

① 1999年（平成11年）法律第42号。
② 2009年（平成21年）法律第66号。

案管理法》第二条第三款规定的国立档案馆。以下同），由国立档案馆馆长（即《公文档案管理法》第十五条第一款规定的国立档案馆馆长。以下同）根据《公文档案管理法》第十六条第一款规定，向公众提供或展示该作品]。

（二）将尚未发表的作品提供给独立行政法人（《独立行政法人信息公开法》① 第二条第一款规定的独立行政法人。以下同）时（根据《独立行政机关信息公开法》第九条第一款规定决定公开时有特别意思表示除外）；独立行政法人可根据《独立行政机关信息公开法》规定向公众提供或展示该作品（包括独立行政法人根据《公文档案管理法》第十一条第四款规定，将与该作品相关的历史公文等移交至国立公文档案馆，由国立公文档案馆馆长根据《公文档案管理法》第十六条第一款规定，向公众提供或展示该作品）。

（三）将尚未发表的作品提供给地方公共团体或地方独立行政法人时（除决定公开时有特别意思表示外）；地方公共团体或地方独立行政法人可根据信息公开条例（即规范住民要求地方公共团体或地方独立法人公开其持有信息的地方性条例。以下同）规定向公众提供或展示该作品［包括地方公共团体或地方独立行政法人根据公文档案管理条例（即规范保护和利用地方公共团体或地方独立法人所有的历史文书与档案的地方性条例。以下同）规定，将与该作品相关的历史公文档案等移交（根据公文档案管理条例决定提供给公众利用时，作者有特别意思表示的除外）至地方公文档案馆（即公文档案管理条例规定的保存、利用历史公文档案等的设施。以下同），由地方公文档案馆馆长（若地方公文档案馆等为地方公共团体的设施，其馆长则为地方公共团体长官；若地方公文档案馆等为地方独立行政法人，其馆长则为设立该设施的地方独立行政法人。以下同）向公众提供或展示该作品]。

（四）将尚未发表的作品提供给国立公文档案馆（除根据《公文档案管理法》第十一条第一款规定，决定公开时有特别意思表示外）；国立公文档案馆馆长可根据本款规定向公众提供或展示该作品。

（五）将尚未发表的作品提供给地方公文档案馆（除根据公文档案管

---

① 2001年（平成13年）法律第140号。

理条例规定，决定向公众公开时有特别意思表示外）；地方公文档案馆馆长可根据公文档案管理条例规定向公众提供或展示该作品。

4. 属下列行为之一的，不适用第一款之规定。

（一）根据《行政机关信息公开法》第五条，行政机关长官向公众提供、展示尚未发表且记录了该条第一项第②目、第③目或第二项但书规定信息的作品时；或者根据《行政机关信息公开法》第七条规定，行政机关长官向公众提供、展示尚未发表的作品时。

（二）根据《独立行政法人信息公开法》第五条，独立行政法人等向公众提供、展示尚未发表且记录了该条第一项第②目、第③目或第二项但书规定信息的作品时；或者根据《独立行政法人信息公开法》第七条规定，行政机关长官向公众提供、展示尚未发表的作品时。

（三）根据信息公开条例（仅限与《行政机关信息公开法》第十三条第二款及第三款类似的规定。在第五项中同），地方公共团体机关或地方独立行政法人向公众提供、展示尚未发表的作品（仅限记载《行政机关信息公开法》第五条第一项第②目或第二项但书规定的信息的作品）时。

（四）根据信息公开条例规定，地方公共团体机关或地方独立行政法人向公众提供、展示尚未发表的作品（仅限记载《行政机关信息公开法》第五条第一项第③目规定的信息的作品）时。

（五）根据信息公开条例中与《行政机关信息公开法》第七条规定类似之规定，地方公共团体机关或地方独立行政法人向公众提供、展示尚未发表的作品时。

（六）根据《公文档案管理法》第十六条第一款规定，国立公文档案馆馆长向公众提供、展示尚未发表且记录了《行政机关信息公开法》第五条第一项第②目、第二项但书或者《独立行政法人信息公开法》第五条第一项第②目、第二项但书规定信息的作品时。

（七）根据公文档案管理条例（仅限与《公文档案管理法》第十八条第二款及第四款类似的）规定，地方公文档案馆馆长向公众提供、展示尚未发表的作品（仅限记载《行政机关信息公开法》第五条第一项第②目或第二项但书规定的信息的作品）时。

（八）根据公文档案管理条例规定，地方公文档案馆馆长向公众提供、展示尚未发表的作品（仅限记载《行政机关信息公开法》第五条第一项第③目规定的信息的作品）时。

【署名权】

第十九条 作者享有在其作品的原作上或向公众提供或展示其作品时，署其真名、笔名或不署名的权利。在以该作品为原作的二次作品上、或向公众提供或展示其二次作品时，原作作品的署名权亦同。

2. 在作者无明确意思表示的情况下，作品的利用人可根据所使用作品上的署名表示作者的姓名。

3. 根据作品的使用目的以及使用方式，在不损害作品创作作者利益的情况下，只要不违反惯例，可省略作者的姓名。

4. 属下列行为之一的，不适用第一款之规定。

（一）根据《行政机关信息公开法》《独立行政法人信息公开法》以及信息公开条例规定，行政机关长官、独立行政法人及地方公共团体机关或者地方独立行政法人向公众提供、展示作品时，已表明了该作品上所署作者之姓名时；

（二）根据《行政机关信息公开法》第六条第二款、《独立行政法人信息公开法》第六条第二款以及信息公开条例的规定，行政机关长官、独立行政法人及地方公共团体机关或者地方独立行政法人向公众提供、展示作品时，已省略该作品的作者姓名时；

（三）根据《公文档案管理法》第十六条第一款或者公文档案管理条例的规定，国立公文档案馆长官或地方公文档案馆长官向公众提供、展示作品时，已表明了该作品上所署作者之姓名时。

【保护作品完整权】

第二十条 作者享有保持其作品与标题的完整性、不接受违背其意愿之变更、删减或其他改变的权利。

2. 前款之规定不适用于下列任一之改变：

（一）根据第三十三条第一款（包括该条第四款中的准用）、第三十三条之二第一款、第三十三条之三第一款以及第三十四条第一款的规定，为学校教育之目的而不得已使用作品时改变用语或其他改动；

（二）因建筑物的扩建、改建、修缮或更换图案的改动；

（三）为了使不能使用的计算机程序作品可在特定计算机上使用或为了使其能在计算机上发挥更好的功效，对计算机程序作品所做的必要改动；

（四）除以上三项外，根据作品的性质、使用目的以及使用形态所做的不得已改动。

第三小节 著作权的权利种类

【复制权】

第二十一条 作者享有复制其作品的专有权利。

【上演权与演奏权】

第二十二条 作者享有让公众直接观看、倾听所上演、演奏其作品的专有权利。

【上映权】

第二十二条之二 作者享有让公众直接观看、倾听所上映其作品的专有权利。

【公共传播权】

第二十三条 作者享有向公众传播（为自动公共播送时，包括播送的可能化情形）其作品的专有权利。

2. 作者享有利用公共播送的接受设备向公众传播其作品的专有权利。

【口述权】

第二十四条 作者享有以语言方法公开口述其作品的专有权利。

【展览权】

第二十五条 作者享有公开展示其美术作品或尚未发行之摄影作品的专有权利。

【发行权】

第二十六条 作者享有公开发行其电影作品之复制品的专有权利。

2. 作者享有通过复制其电影作品的方式，发行其电影作品的复制作品之发行权。

【转让权】

第二十六条之二 作者享有通过转让其作品原作（除电影作品外。以下同）或其复制品（除电影作品中被复制的复制品外。以下同）的方式，向公众提供其作品的权利。

2. 属以下情形的作品原作及其复制品，不适用前款之规定。

（一）享有前款权利的权利人或获得其许可的被许可人、已向公众转让作品原作或其复制品；

（二）根据第六十七条第一款、第六十九条规定的裁定或者《实施国际版权公约的著作权特别法》①第五条第一款规定的许可，已向公众转让的作品原作或其复制品；

（三）适用第六十七条之二第一款规定，已向公众转让的作品原作或其复制品；

（四）享有前款权利的权利人或获得其许可的被许可人，已向特定且少数人转让的作品原作或其复制品；

（五）在不损害前款权利人权利或获得权利人及其被许可人许可的情况下，在国外已转让的作品原作或其复制品。

【出租权】

第二十六条之三 作者享有向公众出租其作品（除电影作品）及其复制品（除电影作品中被复制电影作品的复制品）的专有权利。

【翻译权、改编权等】

第二十七条 作者享有对其作品进行翻译、编曲、改变形式、改编为脚本、改编为电影及其他改编的专有权利。

【与二次作品使用相关的原作作者之权利】

第二十八条 二次作品的原作作者，对其二次作品的使用，享有与该二次作品作者同一的、本节第三款规定的专有权利。

第四小节 电影作品的著作权归属

【电影作品的著作权归属】

第二十九条 当作者与电影制片人约定参与电影作品制作的，该电影作品（除第十五条第一款、第二十九条第二款及第三款规定的作品）的著作权由电影制片人享有。

2. 利用播送或播送并同时转播的技术性手段制作的电影作品（除第十五条第一款规定的作品）之著作权中的以下权利，由播送业者、以电影制作人的身份享有。

（一）对播送以及有线播送的作品，进行有线播送、实施特定输入型公共播送或利用接收设备公共播送该作品的权利；

（二）播送该作品并同时转播以及利用接收转播设备公开转播的权利；

（三）复制该作品或利用复制品向播送业者发行之权利。

---

① 1956年（昭和31年）法律第86号。

3. 利用有线播送或播送并同时转播的技术性手段制作的电影作品（除第十五条第一款规定的作品）之著作权中的以下权利，由有线播送业者、以电影制作人的身份享有。

（一）有线播送以及利用有线播送接收设备自动转播该作品的权利。

（二）播送该作品并同时转播以及利用接收转播设备的公开转播之权利。

（三）复制该作品或利用该作品之复制品向播送业者发行之权利。

第五小节　著作权的限制

【因个人使用的复制】

第三十条　除以下所列各种情形外，为了个人或在家庭内以及与之相应的范围内使用（以下称为"个人使用"）著作作品（以下本款称为"作品"）的、任何人皆可复制。

（一）以向公众提供为目的，利用自动复制设备（即具备自动复制功能或装置的全部或者主要部分具备自动实施复制的设备）的复制。

（二）可能规避技术性保护措施［即第二条第一款第二十项规定的信号消除、修改以及其他干扰规避信号效果之行为（除利用通过改变信号或送信方式所引起的技术性制约行为），或者该款规定的进行了特定必要变更的作品、表演、录音制品以及广播电视节目或者与有线播放相关的影像复原行为，并防止或阻滞该技术性保护措施而使得复制成为可能的行为（除著作权人同意）。在第一百一十三条第七款、第一百二十条之二第一项及第二项中同］的复制，或者明知会产生规避技术性保护措施之结果的复制。

（三）明知接收自动公共播送的作品为著作权侵权作品，并进行数字化录音录像的（以下称为"特定侵权之录音录像"）。

（四）明知接收自动公共播送（包含在国外的自动公开播放、若在国内实施则构成侵权）的为著作权侵权［除第二十八条规定的权利（仅限于通过翻译以外之方法创作的二次作品）。以下同］作品，并进行数字化复制［（除录音录像。以下同）（以下称为"特定侵权之复制"）除所复制的原作品占比轻微、根据受保护著作作品的种类和用途以及特定侵权之复制的方式等未构成侵权的特殊情形外］。

2. 不得以重大过失、不知情来解释前款第三项、第四项所规定的特定侵权之录音录像与特定侵权之复制。

3. 以个人使用为目的，利用由政令规定的数字化录音录像设备（除具有特别播放功能、个人使用中通常不用之功能的设备、附有录音功能的电话机以及其他与录音录像功能相关的设备），在政令规定的数字化记录介质上录音录像者，必须向著作权人支付一定数额的合理补偿金。

【附随对象之作品的使用】

第三十条之二　在利用照相、录音、录像、广播以及其他方法复制同样事物的影像或声音，或进行传播（以下称为"复制传播行为"）时，利用附随于被复制对象之影像或声音（以下称为"复制传播之对象"）的该影像或声音（包含构成复制传播之对象的影像或声音。以下称为"附随之对象"）作品（即通过复制传播行为制作或传播的作品。以下称为"制作传播作品"。根据其在复制传播之对象中的占比、作品的再创作程度以及其他要素等，制作传播作品仅限于与原作品相同占比极少的情况。以下称为"附随对象作品"），无论有无获益目的、将该附随对象作品从制作传播作品分离的困难程度，只要附随对象作品在该复制传播之对象所起作用的正常范围内、在该复制传播行为无论采用哪种方法，均可利用。但当附随对象作品的种类、用途以及利用形态对作者的著作权造成不当侵害的，则不在此限。

2. 在利用前款规定的附随对象之作品相关的传播物时，无论是何种利用方法，均可利用。但当附随对象作品的种类、用途以及利用形态等对作者的著作权造成不当侵害的，则不在此限。

【审查过程中的使用】

第三十条之三　经著作权人同意，或者根据第六十七条第一款、第六十八条第一款以及第六十九条裁定的作品使用者，在审查作品的利用用途以及目的的过程中，在认为必要的范围内，可以任何方式使用该作品。但若依照作品的类型、用途和使用形态等对作者的著作权造成不当侵害的，则不在此限。

【不以享受作品表达的思想、情感为目的的使用】

第三十条之四　在必要的限度内，以下不以享受作品表达的思想、情感为目的的，可以任何方式使用该作品。但若依照作品的类型、用途和使用形态等对作者的著作权造成不当侵害的，则不在此限。

（一）为了作品的录音、录像以及其他利用相关技术之开发或实验之目的的使用；

（二）为了分析信息（从大量作品及其他大量信息中抽出构成该信息的语言、声音、影像等要素，进行比较、分类及其他分析。在第四十七条之五第一款第二项中同）的使用；

（三）除前两项规定外，在不涉及人们对作品表达的感知、利用电子计算机处理（除在电子计算机上所进行的计算机程序作品的实施外）作品信息过程中的使用。

【图书馆的复制等】

第三十一条　在以下所列情形下，国立国会图书馆和以向公众提供图书、档案及其他资料为目的的图书馆以及由政令规定的其他设施（以下称为"图书馆等"），作为非营利性事业可复制图书馆等的馆藏图书、档案或其他资料（以下称为"图书馆馆藏资料"）复制作品。

（一）图书馆等应使用者请求，可为其调查研究提供一部已发表作品的副本（若是期刊则为经过一定期间的全部期刊作品。以下同）；

（二）为保存图书馆馆藏资料之需要；

（三）对于因绝版或准绝版等一般难于获取的图书资料（以下称为"绝版等资料"），其他图书馆等请求复制的。

2. 除前款规定的情形外，为避免因向公众提供而致图书馆资料原版灭失、损伤或污损而寻找替代向公众提供，或者根据下款规定自动公共播送（含播送可能化。以下同）绝版等资料而进行电磁记录（即通过电子、电磁以及其他人们可感知的方式，进行电子计算机信息的记录。以下同），图书馆等可在必要限度内，将该图书馆资料相关著作记录在记录介质之上。

3. 当图书馆等或外国类似机构根据政令向公众提示绝版等资料相关的作品时，国立国会图书馆根据前款规定，可向公众自动播送记录在记录介质上的该著作的复制品。此时，该图书馆等，在不以营利为目的的情况下，可实施以下行为。

（一）应图书馆等利用者的请求，可在必要限度内、为其自用复制向公众自动播送作品，并提供该复制品。

（二）使用接收设备向公众传播自动公共传播的作品［仅限未向该传播作品的接受者收取费用（即无论以何种名义，提供或提示作品所收取的对价。在第五款第二项以及第三十八条中同）的情形］。

4. 符合下列条件时，国立国会图书馆可以根据第二款规定，使用记录介质记录特定绝版作品的副本，并自动公共传播（仅限于通过采取文部科学省条例规定的措施进行的措施，作为通过接收自动公共传输来防止或阻止作品的数字复制的措施。以下同）该复制作品。

（一）该自动公共传播的目的是将事先在国立国会图书馆登记的该著作作品的姓名、联系方式以及文部科学省政令规定的其他信息等提供给利用者。

（二）在接收自动公共传播时，已采取措施将打算接收自动公共传输的人确定为事前登记者。

5. 前款规定的自动公共传播接受者可为以下行为。

（一）自动公共传播接受者为了自用，可在必要的范围内进行该著作作品的复制。

（二）对于以下第一目、第二目所列不同情况，根据其各自规定的不同条件，利用自动公共传播设备向公众传播该著作作品。

①在个人或家庭内阅览该著作作品时，其（字体）表示尺寸在政令规定的尺寸以下情况下，只要不以营利为目的且不得向该著作作品的接受者收取费用。

②除第一目规定的情形外，为正确执行自动公共播送著作作品的公共播送，国家、地方公共团体、一般社团法人及其他非营利一般财团法人所设置的公共设施，不仅应保持必要的、具备相关法律知识的相关职员，且不得以营利为目的，也不得向该著作作品的接受者收取费用。

6. 第四款中的"特定绝版等资料"，是指第二款规定的在与记录介质上录制的作品相关的绝版资料中，由著作权人及其许可人、第七十九条的出版权人或获得复制许可或公开传播许可人的申请，除国立国会图书馆馆长认为极有可能在该申请之日起三个月内不再属于绝版资料的资料。

7. 前款之申请应向国立国会图书馆馆长提出，并自与该申请相关的绝版资料申请日起三个月内，添附极有可能证明其并非绝版资料的证明。

【引用】

第三十二条　任何人可以引用已发表作品，但引用必须符合公平惯例，并在报道、评论、研究以及其他引用为目的的正当范围内进行。

2. 国家或地方公共团体、独立行政法人或地方独立行政法人以让公众周知为目的制作，且其以作者名义发布的宣传资料、调查统计资料、报告书以及其他与之类似的作品，可在报纸、杂志或其他刊物上转载，但声明禁止转载的除外。

【教科书上的使用】

第三十三条 为了学校教育之目的，在必要限度内，可将已发表作品登载于教科书［《学校教育法》① 第三十条第一款（包括该法第四十九条、第四十九条之八、第六十二条、第七十条第一款以及第八十二条中的准用）规定的教科书。以下同］上。

2. 根据前款规定，在教科用书上登载他人作品时，须在通知作者，同时考虑本款规定，登载作品的种类、用途、作品通常使用费金额以及其他事项的基础上，根据文化厅长官所确定的计算方法、算出补偿金金额，向著作权人支付。

3. 文化厅长官在确定前款中的补偿金计算方法后，应在网络上或利用其他适当方法予以公布。

4. 前三款之规定准用于高等学校（包括中等教育学校的后期课程）与函授教育教科书或教师用书（仅限于该教师用书发行者发行的教师用书）登载他人已发表作品时的情形。

【教科书之替代教材上的登载等】

第三十三条之二 以学校教育为目的，在必要的限度内，教科书上所载作品可使用于教科书之替代教材［根据《学校教育法》第三十四条第二款及第三款（包括该法第四十九条、第四十九条之八、第六十二条、第七十条第一款以及第八十二条中的准用。以下同）规定，可替代教科书而使用的第三十四条第二款规定的教材。以下同］上，而不受该替代教材使用方法的影响。

2. 根据前款规定，当决定将教科书上所载作品用于教科书之替代教材上时，必须事先告知该教科书的发行人，并根据前款规定的目的，同时考虑前款规定的作品利用形态以及利用状态的基础上，由文化厅长官所确定的计算方法、算出补偿金金额，向著作权人支付。

3. 文化厅长官在确定前款中的补偿金计算方法后，应在网络上或利用其他适当方法予以公布。

【为大字体等教科书之复制等】

第三十三条之三 当儿童或学生因视觉障碍、发育障碍或其他残疾而

---

① 1947 年（昭和 22 年）法律第 26 号。

难以使用登载于教科书上的作品时,可对登载于教科书上的作品进行文字、图形放大等必要方式的复制,以实现儿童、学生对该作品的使用。

2. 根据前款规定,复制教科书以及其他复制作品(除复制为盲文外,仅限于该登载教科书上作品的全部或部分复制该科目书籍中的全部或部分的作品。以下段落称为"大字体教科书等")的复制者必须事前告知教科书发行人,在以营利为目的发行该大字体教科书的,则应准用第三十三条第二款规定、依据文化厅长官确定的计算方法、算出补偿金金额并补偿给著作权人。

3. 文化厅长官在确定前款中的补偿金计算方法后,应在网络上或利用其他适当方法予以公布。

4. 根据《残疾儿童、学生用教科书普及促进法》① 第五条第一款、第二款规定,与教科书登载作品相关的电磁记录提供者,在必要限度内可以使用该作品。

【学校教育节目的播送等】

第三十四条 为了学校教育之目的,可在认为必要的限度内,根据学校教育法令规定的教育课程基准,向学校播送、有线播送、特定地域主动积极型自动公共播送[在特定积极主动型自动公共传播中,主要与该播放相关的播放地域(即《播送法》② 第九十一条第二款第二项规定的播放区域,其中未规定播送的则为《电波法》③ 第十四条第三款第二项规定的播放地域)]、播放且同时转播(仅限于播送业者、有线播送业者或者播送并同时转播的业者。在第三十八条第三款、第三十九条以及第四十条第二款第三款中同)中使用的播送节目或有线播送节目在教科书上予以登载。

2. 根据前款规定的作品使用人,须就使用作品告知作者,同时向著作权人支付一定金额的补偿金。

【学校及其他教育机构的复制等】

第三十五条 为保障学校及其他教育机构(不包括以营利为目的而设立的机构)的授课顺利进行,授课者与听课者可在认为必要的限度内复制、公共播放(含在自动公共传播的情况下的传播可能化。以下同)、

---

① 2008年(平成20年)法律第81号。
② 1950年(昭和25年)法律第132号。
③ 1950年(昭和25年)法律第131号。

利用接收装置转播（他人）已经公开发表之作品。但若依照作品的类型、用途、复制数量以及该复制、公共播放或者传播形态等对作者的著作权造成不当侵害的，则不在此限。

2. 根据前款规定，教育机构公共播送已公开发表之作品时，该教育机构的设立者应向著作权人支付一定金额的补偿金。

3. 在向听课者提供、出示或者本法第三十八条第一款规定的上演、演奏、上映或者口述该公开发表之作品的原作及复制品的情况下，前款之规定不适用于在第一款之教育机构的授课场所以外地方的授课或通过公共传播向听课者传播已公开发表之作品的情形。

【作为考试问题的复制等】

第三十六条　为了入学考试或其他技能检定考试之必要，可复制或公共传播（除播送或有线播送外，自动公众播放的包括播放可能化。以下同）已公开发表之作品作为入学考试或其他技能检定考试试题。但若依照作品的类型、用途以及该公共播放形态等对作者的著作权造成不当侵害的，则不在此限。

2. 以营利为目的的前款之复制，复制人必须向著作权人支付一定金额的补偿金。

【为视觉障碍者的复制等】

第三十七条　已公开发表之作品可被复制为盲文。

2. 对于已公开发表之作品，不仅可通过电子计算机进行盲文处理，并将其记录在记录介质上或进行公共传播（除播送或有线播送外，自动公众播放的包括播放可能化。以下同）。

3. 由政令规定的以视觉障碍或因其他残疾而引起视觉认知困难者（在本款及第一百零二条第四款中称为"视觉障碍者等"）为对象的福利机构，为了让视觉障碍者能够利用已向公众提供和展示、由已公开发表作品制作的视觉作品，可在必要限度内复制（包括该作品以外的其他作品，且所复制的以及其他与该作品相关的公共传播、提示等。以下称为"视觉作品"）或公共播放该视觉作品。但当该视觉作品的著作权人、被许可人或者第七十九条规定的出版权人或者复制许可以及公众播放许可获得者，以该方式向公众提供或展示的，则不在此限。

【为听觉障碍者的复制等】

第三十七条之二　由政令规定的、以听觉障碍者或其他听觉疾病引起表现认知障碍者（在本条以及下条第五款中称为"听觉障碍者等"）为对象的福利机构，为了让听觉障碍者等能够利用已向公众提供和展示、由已公开发表之作品制作的听觉作品（包括该作品以外的著作物，当该作品中所复制的作品以及其他与该作品相关的公共传播、展示等。在本项中称为"听觉作品"），可在必要限度内实施以下行为。但当该听觉作品的著作权人、被许可人或者第七十九条规定的出版权人或者复制许可以及公众播放许可获得者，以该方式向公众提供或展示的，则不在此限。

（一）将与视听作品相关的声音转化为文字，或者采取其他让听觉障碍者可利用的必要方式进行复制或自动公共播送（包含播送可能化）；

（二）为了出借给视听障碍者而进行的复制（仅限于将视听作品相关的声音转化为文字或者采取其他让听觉障碍者可利用的必要方式一并复制该声音）。

【非营利为目的的上演等】

第三十八条 在不以营利为目的且不收取听众或观众任何费用的情况下，可公开上演、演奏、上映或口述已公开发表的作品。但向上演、演奏、上映的表演者或口述者支付报酬的，则不在此限。

2. 不以营利为目的且不向观众或听众收取费用的，可有线播送或在一定区域内自动公共播放的被播放之作品。

3. 不以营利为目的且不向观众或听众收取费用的，可利用接收设备公共播送、有线播送、特定自动公共播送或播送并同时转播（除播送或有线播送终结后开始的情形）的作品。通常利用家庭普通接收设备的，亦同。

4. 不以营利为目的且未向复制品的租借者收取费用的，可通过向公众出租复制品（在电影作品中所复制的作品中不包括该电影作品的副本）为公众提供已公开发表的作品（电影作品除外）。

5. 由前条政令规定的、以向公众提供电影或其他视听资料为目的的视听教育机构（以营利为目的的除外）以及以视觉障碍者为对象的福利机构（仅限本条第二项规定的机构，以营利为目的的机构除外），在不向公开发行电影复制品的租借人收取任何费用的情况下，可通过出租电影复制品进行发行。但必须向该电影的著作权人或第二十六条所规定的该电影复制品的权利人（包括根据第二十八条规定的、与第二十六条规定相同权利的权利人）支付一定金额的补偿金。

【时事评论的转载等】

第三十九条 报纸、杂志上登载的政治、经济或社会时事评论（除学术性评论外），可被转载、播送或有线播送、在特定地域自动公共播送以及播送同时转播等，但声明禁止转载的除外。

2. 根据前款规定，对于播送、有线播送、特定地域自动公共播送以及播送同时转播的时事评论，可利用接收装置进行公共传播。

【政治性演讲等的使用】

第四十条 公开的政治性演讲或陈述、法院裁判程序（含行政裁定、复议等其他准诉讼程序。在第四十二条第一款中同）的公开陈述等，除将其编辑为同一著作人之著作外，无论采用任何方法，皆可利用。

2. 除前款规定外，出于正当报告之目的，将在国家或地方公共团体、独立行政法人或地方独立行政法人的机关进行的公开性演说或陈述等登载于报纸或杂志，亦可进行播送、有线播送、在特定地域自动公共播送或播送同时转播等。

3. 可使用接收设备公共播送前款规定的由播送、有线播送以及在特定地域自动公共播送和播送同时转播的演说或陈述。

【为了时事报道的使用】

第四十一条 在通过摄影、电影、播送或其他方法报道时事事件时，出于报告之目的、在正当的范围内，可对该事件的构成、过程中所见或所闻的作品进行复制并在报道该事件时加以利用。

【裁判程序等的复制】

第四十二条 基于裁判程序之必要以及立法或行政之目的，须将作品作为内部资料时，可在必要的限度内复制该作品。但若根据作品的类型、用途、复制数量以及使用形态等对作者的著作权造成不当侵害的，则不在此限。

2. 在认为必要的情况下，以下所列程序适用前款之规定。

（一）行政机关对专利、外观设计或商标进行的审查程序，对实用新型进行技术评估或国际申请（即《基于专利合作条约的国际申请法》）① 第二条第二款规定的"国际申请"）的国际审查或国际初步审查的程序；

---

① 1978 年（昭和 53 年）法律第 30 号。

（二）行政机关对植物品种（即《种苗法》①第二条第二款规定的植物"品种"）的审查或植物品种的登记（该法第二十条第一款规定的"登记品种"）的审查程序；

（三）行政机关对特定农林水产品等（即《特定农林水产品名称保护法》②第二条第二款规定的"特定农林水产品"，以下同）的、该法第六条规定登记程序，或该法第二十三条第一款规定的、外国特定农林水产品指定程序；

（四）行政机关或独立行政法人对药品事务［医疗器械（《药品及医疗器械的品质、有效性以及安全性确保法》③第二条第四款规定的"医疗器械"）以及循环利用医疗制品（该条第九款规定的"循环利用医疗制品"）的相关事项，以下同］的审查、调查程序或者向就药品事务向行政机关或独立行政法人的报告程序；

（五）除以上所列各项外，由政令规定的其他程序。

【根据《行政机关信息公开法》等的公开信息之使用】

第四十二条之二　为了信息公开之目的在认为必要的限度内，行政机构长官、独立行政法人、地方公共团体或地方独立行政法人，在向公众提供作品或者以公示为目的提供作品时，可根据《行政机关信息公开法》第十四条第一款（包括基于该款的政令）、《独立行政法人信息公开法》第十五条第一款（包括基于该款规定的、独立行政法人等指定的规则）以及信息公开条例所规定的方法（除基于《行政机关信息公开法》第十四条第一款规定的方法外）利用该作品。

【根据《档案管理法》的保存之使用】

第四十二条之三　为保存历史档案及公文书等，国立档案馆馆长、地方档案馆馆长根据《档案管理法》④第十五条第一款或档案管理条例（仅限类似该款规定）之规定，可在认为必要限度内，复制该历史档案和公文书。

2. 根据《档案管理法》第十六条第一款或档案管理条例（仅限类似该款规定）之规定，国立档案馆馆长、地方档案馆馆长在向公众提供作

---

① 1998年（平成10年）法律第83号。
② 2014年（平成26年）法律第84号。
③ 1960年（昭和35年）法律第145号。
④ 2009年（平成21年）法律第66号。

品或者以公示为目的提供作品时，可根据《档案管理法》第十九条（包括基于该条之规定的政令之规定。以下同）以及档案管理条例所规定的方法（除基于该条规定的方法以外），在认为必要的限度内可以利用该作品。

【根据《国立国会图书馆法》等为收集网上资料之复制】

第四十三条 为收集《国立国会图书馆法》[①] 第二十五条之三第一款规定的网络资料（以下称为"网络资料"）以及第二十五条之四第三款规定的线上资料，在公认的必要限度内，国立国会图书馆馆长可根据该法第二十五条之三第一款规定，将与该网络资料、线上资料相关的作品记录在国立国会图书馆所使用的记录介质上。

2. 为了向公众提供以下各款所列资料，其所列各项主体可在公认的必要限度内复制与所列相关材料相关的作品。

（一）《国立国会图书馆法》第二十四条、第二十四条之二规定的主体复制该法第二十五条之三第三款所规定的网络资料；

（二）《国立国会图书馆法》第二十四条、第二十四条之二规定的主体以外主体复制该法第二十五条之四第一款所规定的网络资料。

【播送业者的临时固定】

第四十四条 在不损害第二十三条第一款规定之权利的情况下，播送业者为了自己的播送或者播送并同时转播（包括与播送业者有密切关系的播送同时转播的业者接受播送节目的供给情形），可采取自己的手段对该作品的播送、播送并同时转播可能的其他播送业者的手段，对该播送之作品进行临时录音或录像。

2. 在不损害第二十三条第一款规定之权利的情况下，有线播放业者为了自己的有线播送（接受播送的除外）或者播送并同时转播（包括与播送业者有密切关系的播送同时转播的业者接受播送节目的情形），可采取自己的手段对该播送之作品进行临时录音或录像。

3. 在不损害第二十三条第一款规定之权利的情况下，播送同时转播的业者为了自己的播放与转播，可采取自己的手段或与自己密切相关的播送业者、有线播送业者的手段，对该播送之作品进行临时录音或录像。

4. 根据前三款规定临时录制的录音或录像之保存，自临时录音或录

[①] 1948 年（昭和 23 年）法律第 5 号。

像之日起保存期不得超过六个月（其间若该录音或录像存在被播放、有线播放、播放且同时转播的，则自该播放、有线播放或以及播放且同时转播后六个月）。但根据政令之规定，当该临时录音或录像被保存在公共记录保存场所的，则不受此限。

【美术作品等原作所有人的展出】

第四十五条　艺术作品或摄影作品的原作所有人或其许可人，可公开展出该作品。

2. 前款之规定不适用于在街道、公园、建筑物外墙等室外公共空间，常设的向普通民众开放的美术作品之原件。

【公开的美术作品之使用等】

第四十六条　除以下所列情形外，前条第二款规定的在街道、公园、建筑物外墙等室外公共空间、常设的向普通民众展示的美术作品之原件以及建筑作品，无论采取何种方法均可使用。

（一）增加的雕刻或者通过转让增加的雕刻向公众展示的情形；

（二）通过建造方式复制建筑作品或者通过转让其复制品向公众展示的情形；

（三）前条第二款规定的、为常设于室外的复制情形；

（四）以专门销售美术作品之复制品为目的而进行复制或者销售该复制品的情形。

【伴随美术作品展出的复制等】

第四十七条　为了公开展览美术作品或摄影作品，在不损害第二十五条规定之权利的情况下，展示美术作品或摄影作品的原件展览者（以下称为"原作品出展人"）可在制作展览介绍或说明的手册上使用所展的美术作品或摄影作品（以下及第四十七条之六第二款中称为"展示作品"），或者根据次款规定在必要限度内上映或自动公共播送（含播送可能化。以下同）该展示作品，或复制该展示作品。但若根据该展出作品的类型、用途、复制以及使公共播送的形态等，对作者的著作权造成不当侵害的，则不在此限。

2. 为了展出而介绍或说明展示作品时，原作品出展人在认为必要限度内，可上映或自动公共播送该展出作品。但若根据该展出作品的种类、用途、上映以及自动公共播送的形态等对作者的著作权造成不当侵害的，则不在此限。

3. 为向公众提供展出作品的相关信息，原作品出展人或由政令规定的准出展人在必要的限度内，可复制或向公共播送（若为自动公共播送的，则包括播送可能化）该展出作品。但若根据该展出作品的种类、用途以及复制或自动公共播送的形态等对作者的著作权造成不当侵害的，则不在此限。

【伴随美术作品转让申请的复制等】

第四十七条之二　在不损害第二十六条之二第一款、第二十六条之三规定之权利的情况下，为转让、出租美术作品或摄影作品的原作或复制品，该原作或复制品的相关权利人及其委托人可以复制或公共播送（若为自动公共播送的，则包括播送可能化）（仅限于采取政令规定之措施，利用该复制所完成之复制品的复制或公共播送，以防止或抑制侵害著作权人的利益）该作品。

【计算机程序著作的复制品所有人之复制等】

第四十七条之三　计算机程序著作作品的复制品所有人亲自在电子计算机中执行该程序作品时，在必要限度内可以复制该作品。但若与该执行相关的复制品之使用适用第一百一十三条第二款的，则不受此限。

2. 当前款规定的复制品所有人因灭失以外的其他任何事由丧失所有权的，除著作权人有特别意思表示外，不得保存其他任何该复制品（包括因本款规定所创作的复制品）。

【电子计算机上的著作作品之附随利用等】

第四十七条之四　为顺利且有效地利用在电子计算机上所使用（包括利用信息通信技术之方法。以下同）的著作作品，以下所列情况及其他与之同样的、附随利用于该电子计算机之目的的，在必要的限度内，可自由使用该著作作品。但若根据该著作作品的种类、用途以及该作品的利用形态等对作者的著作权造成不当侵害的，则不受此限。

（一）在电子计算机上使用受版权保护的著作作品之副本，或者利用无线、有线通信播送并接收利用著作作品等，进行信息处理的过程中，为顺利且有效地进行将该著作作品记录于该电子计算机介质时；

（二）以自动公共播送设备向他人播送为业的机构，为防止延迟或妨碍向他人自动公共播送，或者为有效地利用自动公共播送转播可播送化的著作作品，将该著作作品录入记录介质时；

（三）在通过信息通信技术之利用方法提供信息的情况下，为顺利且有效地利用电子计算机进行情报信息处理，在记录介质上进行著作作品的记录或复制时。

2. 为维持或恢复在电子计算机上所利用之著作作品，以下所列情况及其他与之同样的、用于该电子计算机之目的的，在必要的限度内，可自由使用该著作作品。但若根据该著作作品的种类、用途以及该作品的利用形态等对作者的著作权造成不当侵害的，则不受此限。

（一）为维护或修理记录介质的内置设备（以下称为"内置记录介质"），将内置记录介质中记录的著作作品临时记录至其他记录介质并在维护或修理后又记录至该内置记录介质时；

（二）为替换内置记录介质，将内置记录介质中记录的著作作品临时记录至其他记录介质时；

（三）以自动公共播送设备向他人播送为业的机构，为了因利用自动公共播送装置可播送化的著作作品复制品的灭失或损毁时的著作作品的复旧，将该著作作品录入记录介质时。

【通过电子计算机的信息处理以及处理结果的附随轻微使用等】

第四十七条之五　通过利用电子计算机信息处理创造出新的智慧或信息，促进著作作品的使用并实施以下所列各项行为的行为者（包括该行为的部分行为者，仅限于根据内阁政令之标准的行为者），在认为以下所列各项行为之目的的必要限度内，向公众提供（包括播送可能化。以下同）著作作品（以下本条以及第二款第二项中称为"向公众提供的作品等"）（仅限于已公开出版或可传播可能化的著作作品）时，可附随该行为自由使用（仅限于该向公众提供的作品中被使用部分的占比、被利用的数量、被利用时的表示精准度以及其他要素等轻微的。以下称为"轻微使用"）该作品。但当明知该向公众提供作品之行为侵害（在国外向公众提供等，若为国内实施的则构成著作权侵犯）作者著作权，进行轻微使用以及该著作作品的种类、用途以及该作品的利用形态等对作者的著作权造成不当侵害的，则不受此限。

（一）利用电子计算机检索情报信息（以下称为"检索信息"）所记录的作品名称、作者姓名、与可播送的检索信息相关的播送识别源代码（即用于标识自动公共传输的源代码、编号、符号或其他符号）和其他特定信息，以及提供相关检索结果的行为；

（二）利用电子计算机进行信息分析，并提供结果的行为；

（三）除前两款外，为提高民众生活的便利性，由内阁规定的利用电子计算机进行信息处理、创造出新的智慧或信息以及提供相关结果的行为。

2. 为准备实施前款规定的各项轻微使用，前款各项行为的行为者（仅限于根据政令规定基准的情报信息收集、整理以及提供的行为人），在必要限度内可以复制、公开传播（在自动公共传播的则包括可传播化。以下同），或向公众发行提供展示著作作品。但若根据该向公众提供展示著作作品的种类、用途、复制品的发行数量、公共播送或发行的形态等对作者的著作权造成不当侵害的，则不在此限。

【通过翻译、改编等的使用】

第四十七条之六　对于下列各项规定的著作作品之使用，可以其各自规定之方法加以使用。

（一）第三十条第一款、第三十三条第一款（包括该条第四款中的准用情形）、第三十四条第一款、第三十五条第一款以及前条第二款中的翻译、编曲、改编或其他表现形式的改变；

（二）第三十条第一款（仅限第一项相关情形）、第三款（仅限第一项相关情形）以及第五款（仅限第一项相关情形）、第三十二条、第三十六条第一款、第三十七条第一款或第二款、第三十九条第一款、第四十条第二款、第四十一条第一款或第四十二条中的翻译；

（三）第三十三条之二第一款、第三十三条之三第一款以及第四十七条中的改编以及其他表现形式的改变；

（四）第三十七条第三款中的翻译、改编以及其他表现形式的改变；

（五）第三十七条之二中的翻译、改编；

（六）第四十七条之三中的改编。

2. 若根据前款规定所创作的二次作品能够按照该款各项所列之规定（包括以下各项所列二次作品的相应规定。在本款及第四十八条第三款第二项中同）使用，在原作作者以及其他与该二次作品使用相关的第二十八条规定的权利人之间关系上，视为该二次作品为前款规定的各项作品，可按照其各项所列规定使用。

（一）根据第四十七条第一款规定，针对该条第二款规定的上映或为自动公共播送展示作品而进行复制的，前款规定所创作的二次作品、适用该条第二款之规定；

（二）根据前条第二款规定，在复制、公共传播向公众提供著作作品或发行向公众提供著作作品的复制品时，前款规定所创作的二次作品，适用该条第一款规定。

【根据复制权限制的复制品之转让】

第四十七条之七 根据第三十条之二第二款、第三十条之三、第三十条之四、第三十一条第一款（仅限与第一项规定相关内容。以下同）或第三款（仅限与第一项规定相关内容。以下同）、第三十二条、第三十三条第一款（包括该条第四款中的准用）、第三十三条之二第一款、第三十三条之三第一款或第四款、第三十四条第一款、第三十五条第一款、第三十六条第一款、第三十七条、第三十七条之二（除第二项外。以下同）、第三十九条第一款、第四十条第一款或第二款、第四十一条至第四十二条之二、第四十二条之三第二款、第四十六条、第四十七条第一款或第三款、第四十七条之二、第四十七条之四或第四十七条之五规定，可通过转让向公众提供所制作的复制品［除与第三十一条第一款或第三款、第三十六条第一款或第四十二条规定相关时电影作品的复制品（若为电影作品中的复制品的，则包括该电影作品的复制品。以下同）外］。但当根据第三十条之三、第三十一条第一款或第三款、第三十三条之二第一款、第三十三条之三第一款或第四款、第三十五条第一款、第三十七条第三款、第三十七条之二、第四十一条至第四十二条之二、第四十二条之三第二款、第四十七条第一款或第三款、第四十七条之二、第四十七条之四或第四十七条之五规定所制作的著作作品之复制品（在第三十一条第一款或第三款、第四十二条中，除电影作品的复制品外），不符合第三十条之三、第三十一条第一款或第三款、第三十三条之二第一款、第三十三条之三第一款或第四款、第三十五条第一款、第三十七条第三款、第三十七条之二、第四十一条至第四十二条之二、第四十二条之三第二款、第四十七条第一款或第三款、第四十七条之二、第四十七条之四或第四十七条之五规定的立法目的而向公众转让或者适用第三十条之四的规定、将著作作品的复制品转让给公众，以让自己或他人享受该著作作品所要表达的思想或情感的，则不在此限。

【注明出处】

第四十八条 以下所列各种情形，必须根据著作作品的复制、使用形态，采取公认的合理方法与程度，注明该作品的出处。

（一）根据第三十二条、第三十三条第一款（包括该条第四款中的准用)、第三十三条之二第一款、第三十三条之三第一款、第三十七条第一款、第四十二条或第四十七条第一款规定的复制著作作品时；

（二）根据第三十四条第一款、第三十七条第三款、第三十七条之二、第三十九条第一款、第四十条第一款或第二款、第四十七条第二款或第三款以及第四十七条之二的规定，使用著作作品时；

（三）根据第三十二条规定、利用复制以外的方法或者根据第三十五条第一款、第三十六条第一款、第三十八条第一款、第四十一条、第四十六条或者第四十七条之五第一款规定使用著作作品时，存在出处注明惯例的。

2. 在注明前款出处时，除非作品为无名作品、否则必须注明该作品上所显示的作者姓名。

3. 根据前两款规定，以下各项情形的二次作品之原著作作品，必须注明其出处。

（一）根据第四十条第一款、第四十六条、第四十七条之五第一款规定，使用二次作品的情形；

（二）根据第四十七条之六第一款规定所创作的二次作品，适用该条第二款规定并根据该条第一款规定进行使用的情形。

【复制品的目的外使用等】

第四十九条　以下各项所列人员视为第二十一条之复制的复制者。

（一）为了第三十条第一款、第三十条之三、第三十一条第一款第一项、第三款第一项或第五款第一项、第三十三条之二第一款、第三十三条之三第一款或第四款、第三十五条第一款、第三十七条第三款、第三十七条之二主文（若与该条第二项相关的，则为该项。以下同）、第四十一条至第四十二条之三、第四十三条第二款、第四十四条第一款至第三款、第四十七条第一款或第三款、第四十七条之二或第四十七条之五第一款规定的目的以外之目的，适用上述规定所完成的著作作品之复制品（除与次款第一项或第二项的复制品相当的复制品外）的发行人，或利用该复制品向公众展示（包括播送可能化的。以下同）该著作作品的行为人。

（二）为使他人享受或享受著作作品所表达的思想或情感，无论采用何种方法，利用第三十条之四规定的著作作品之复制品（除属于次款第三项之复制品外）的该著作作品的使用人。

（三）违反第四十四条第四款规定，保存该录音、录像制品的播送业者、有线播送业者或者播送并同时转播的业者。

（四）第四十七条之三第一款规定的著作作品之复制品（除属于次款第四项之复制品外）的发行人，或通过该复制品向公众展示该作品者。

（五）违反第四十七条之三第二款规定，该款所规定之复制品（不包括次款第四项复制品）的保存者。

（六）为了第四十七条之四或第四十七条之五第二款规定的目的以外之目的，以任何方式利用该规定所完成之著作作品的复制品（除次款第六项或第七项规定的复制品外）之利用者。

2. 视下列人员为对该二次作品原作进行第二十七条规定的翻译、编曲、修改或改编者或对该二次作品进行第二十一条之复制的复制者：

（一）为了第三十条第一款、第三十一条第一款第一项、第三款第一项或第五款第一项、第三十三条之二第一款、第三十三条之三第一款、第三十五条第一款、第三十七条第三款、第三十七条之二主文、第四十一条、第四十二条、第四十七条第一款或第三款规定的目的以外之目的，适用第四十七条之六第二款规定并根据该条第一款各项规定所完成的二次作品之复制品的发行者，或向公众展示根据该复制品的二次作品的展示者。

（二）为了第三十条之三或第四十七条之五第一款规定的目的以外之目的，适用上述规定发行所完成的二次作品之复制品的发行者，或利用该复制品向公众展示该二次作品的展示者。

（三）为享受或让他人享受根据第三十条之四规定所创作的二次作品所表达的思想或情感，无论采用何种方法利用该二次作品的利用者。

（四）适用第四十七条之六第二款规定，并根据第四十七条之三第一款规定所创作的二次作品之复制品的发行者，或向公众展示该二次作品之复制品的展示者。

（五）违反第四十七条之三第二款规定的前项复制品之保存者。

（六）为了第四十七条之四规定的目的以外之目的，以任何方式利用该规定所完成之二次作品之复制品的二次作品之利用者。

（七）为了第四十七条之五第二款规定的目的以外之目的，适用第四十七条之六第二款规定、以任何方式利用第四十七条之五第二款规定所创作的二次作品之复制品的二次作品利用者。

【与作者人格权的关系】

第五十条 对第三十条至四十九条规定之解释、不得影响作者人格权。

第四节　保护期间

【保护期限的原则】

第五十一条　著作权的存续期间始于作品创作之时。

2. 除本节有特别规定外，著作权的存续期间至作者（若为合作作品的则为最后一位作者。以下同）死亡后七十年。

【无名或假名作品的保护期限】

第五十二条　无名或假名作品的著作权存续期间为作品公开发表后七十年。但若在存续期限届满前，作者已死亡七十年的，该无名或假名作品的著作权自确认作者死亡已过七十年时即告消灭。

2. 有下列情形之一的，不适用前款之规定。

（一）假名作品上所之假名为众人周知的；

（二）在前款规定的期限内，进行了第七十五条第一款规定的实名登记的；

（三）在前款规定的期限内，以作者真名或周知假名署名公开发表的。

【集体作品的保护期限】

第五十三条　以法人或其他的团体之名义发表的作品的著作权存续期间为该作品公开发表之日起七十年（若该作品创作后七十年未公开发表的，则自创作之日起七十年）。

2. 以法人或者其他团体为署名的作品个人创作作者在前款规定的期限内，公开署其真名或周知假名并公开发表的，则不适用前款之规定。

3. 根据第十五条第二款规定，在法人或其他团体作为作者的其作品著作权的存续期限内，即使属于第一款规定的作品以外之作品，但仍视该法人或其他团体为著作作品的作者，并适用该款之规定。

【电影作品的保护期限】

第五十四条　电影作品的著作权存续期间为该电影作品公开发表后七十年（当电影作品创作后七十年未公开发表的，其著作权存续期间自创作完成后七十年）。

2. 电影作品著作权因存续期届满而消灭的，与使用该电影作品相关的原作作品著作权，亦与该电影作品的著作权同时消灭。

3. 前两条之规定不适用于电影作品著作权。

第五十五条　删除

【连续性刊物等的公开发表时间】

第五十六条　第五十二条第一款、第五十三条第一款以及第五十四条第一款中的著作作品公开发表时间，若为册、期、号或章回公开发表的著作作品的公开发表时间以每册、每期、每号、每章回的公开发表时间为准；若是分批陆续公开发表的作品，则以最终部分公开发表的时间为准。

2. 分批陆续公开发表的完成作品，在应连续公开发表的最近一期后经过三年仍未公开发表的，则之前已公开发表的各部分则视为前款规定的最终部分。

【保护期限的计算方法】

第五十七条　在第五十一条第二款、第五十二条第一款、第五十三条第一款或第五十四条第一款规定的情形中，作者死亡后七十年、作品公开发表后七十年或创作完成后七十年的计算期限，均自作者死亡之日或作品公开发表之日或创作完成之日的次年起算。

【保护期限的特例】

第五十八条　《保护文学和艺术作品伯尔尼公约》缔约国、《世界知识产权组织版权公约》缔约国或《世界贸易组织马拉喀什协定》成员国的著作作品应视为本国著作作品、予以保护（除第六条第一项所列作品外），若其本国法律规定的著作权存续期限短于第五十一条至第五十五条规定的著作权存续期限的，则以其本国法律规定的著作权存续期限为准。

第五节　作者人格权的人身专属性等

【作者人格权的人身专属性】

第五十九条　作者人格权由作者个人专享、不得转让。

【作者死亡后的人格权保护】

第六十条　在作者死亡后，向公众提供或提示著作作品的提供者或提示者也应同作者在世一样、不得实施侵害作者人格权之行为。但根据行为的性质、程度以及社会情势变迁等其他情况，认为其行为不损害作者意愿的，则不在此限。

第六节　著作权的转让与消灭

【著作权的转让】

第六十一条　著作权可以全部或部分转让。

2. 在著作权转让合同中，若未明示转让第二十七条、第二十八条规定之权利的，则推定上述权利由出让人保有。

【无继承人等情况下的著作权消灭】

第六十二条　在以下所列情况下，著作权即告消灭。

（一）著作权人死亡后，根据《民法》① 第九百五十九条规定（残余遗产归国家所有），其著作权归国家所有；

（二）享有著作权的法人解散后，根据《一般社团法人及一般财团法人法》② 第二百三十九条第三款规定（剩余财产归国库），其著作权归国家所有。

2. 根据前款规定，电影作品著作权消灭时，准用第五十四条第二款之规定。

第七节　权利的行使

【作品的使用许可】

第六十三条　著作权人可许可他人使用其著作作品。

2. 获前款作品使用之许可者，可在被许可的使用方法和条件的范围内使用该著作作品。

3. 与第一款使用许可相关的作品使用之权利，在未经著作权人许可的情况下、不得转让。

4. 与作品的播送或有线播送相关的第一项之许可，只要合同中无特别约定，该许可则应视为不包括作品的录音或录像之许可。

5. 作品的播送、有线播送以及播送同时转播的许可者（即第一款许可。以下同），对特定播送业者等（即为实施播送并同时转播等业务，播送业者、有线播送业者或者与之密切相关的播送并同时转播的业者向公众提供播送节目或有线播送节目，且为扩大宣传根据文化厅长官规定的方法

---

① 1896 年（明治 29 年）法律第 89 号。

② 2006 年（平成 18 年）法律第 48 号。

发布播送并同时转播的播送节目或有线播送节目的名称、播送或有线播送的时间以及其他播送并同时转播等信息。以下同),在其播送节目或有线播送节目中的著作权使用许可中,除另有明确许可外,则推定该许可中包括播送并同时转播(包括与该特定播送业者等有密切关系的、接受播送并同时转播的业者之播送节目或有线播送节目等的供给行为)著作作品之许可。

6. 作品播送可能化的第一款许可之获得者,在与该许可相关的使用方法及条件(不包括利用播送可能化的次数或播送可能化的自动公共传播的设备)的范围内反复进行或者使用其他自动公共播送装置进行的该作品的可播送化,则不适用第二十三条第一款之规定。

【使用权的对抗力】

第六十三条之二　在著作作品使用权问题上,著作权的取得者可对抗其他第三人。

【合作作品的作者人格权行使】

第六十四条　合作作品的作者之人格权,未经全体作者同意,不得行使。

2. 合作作品的合作作者,在达成前款合意时不得违反信义原则。

3. 合作作品的合作作者,可在合作作者中选定代表行使该著作之人格权。

4. 对前款代表行使人格权之限制,不得对抗善意第三人。

【共有著作权的行使】

第六十五条　合作作品的著作权或其他共有著作权(以下称为"共有著作权"),各共有者在未获其他共有者同意的情况下,不得转让、质押其所持有份额。

2. 共有著作权,未经全体共有作者合意,不得行使。

3. 对于前两款之情形,各共有者无正当理由,不得拒绝第一款之同意或不得妨碍前款合意的达成。

4. 前条第三款、第四款的规定,准用于共有著作权的行使。

【成为质押标的的著作权】

第六十六条　以著作权为标的设定质权时,若质权设定行为无特别约定的,该著作权由著作权人行使。

2. 即便著作权人通过转让、使用著作作品应获金钱或其他对价物

（含设定出版权的对价），依然可以该著作权为标的设置质权，但在金钱支付或对价物交付前，有必要予以冻结。

第八节 根据裁定的著作作品之使用

【著作权人不明等情况下的作品使用】

第六十七条 已发表的作品或一定期间内向公众提示、提供的作品，因著作权人不明及其他理由或政令规定的经努力查询但仍不能查明著作权人时，由文化厅长官裁定确定该作品的使用方法，并根据作品一般使用费标准裁定确定作品使用的补偿金，该补偿金由文化厅长官提存保管。

2. 国家、地方公共团体以及其他由政令规定的法人（以下称为"国家等"）根据前款之规定利用著作作品时，作品的使用补偿金无须提存。当能够联络著作权人时，由文化厅长官根据前款规定向著作权人支付作品使用补偿金。

3. 希望利用第一款之裁定使用作品的，必须向文化厅长官提出书面申请，申请书应记载著作作品的使用方法以及政令规定的其他事项，并添附经努力仍无法联系到著作权人的说明以及政令规定的其他资料。

4. 根据第一款规定完成著作作品之复制品时，必须明示与前款裁定相关复制的宗旨及裁定的年月日。

【裁定申请中的作品使用】

第六十七条之二 申请前条第一款之裁定（以下称为"裁定"）者，在所申请相关的作品使用方法、文化厅长官确定的补偿金金额作为担保金予以提存的情况下，（文化厅长官）作出裁定或不裁定决定期间（即在裁定或不裁定决定作出前与著作权人取得联络的，则截至该取得联络的期间）可采用与该申请相同的使用方法、使用该作品。但当该作品之作者有明确禁止出版该作品以及其他权利之意图的，则不在此限。

2. 国家等根据前款规定利用著作作品时，可不受前款规定影响、无须提存补偿金作为担保金。

3. 根据第一款规定完成著作作品的复制品时，必须明示接受该款之裁定所完成之复制品的宗旨及裁定申请的年月日。

4. 根据第一款规定，作品的使用者（以下称为"使用申请人"）（除国家等之外，以下同）在接受裁定时，可不受前条第一款规定的限制，无须提存该款规定的相当于补偿金的担保金（但当该担保金金额超出担保金金额的，则为该担保金金额）。

5. 根据第一款规定，收到（除在收到该处分前与著作权人取得联系的情况外）否定裁定之处分的使用申请人，在收到该处分之前，必须向文化厅长官交付文化厅长官所确定补偿金金额。在这种情况下，根据第一款规定，所交付提存的担保金金额与该补偿金金额（当该补偿金金额超出担保金金额的，则为该补偿金金额）相当的，则视为补偿金已提存。

6. 在收到不裁定之处分后查明著作权人的，收到该处分的无名作品的使用申请人（仅限国家等），必须向著作权人支付文化厅长官根据第一款规定确定的补偿金作为作品之使用费。

7. 在收到裁定或不裁定之处分期间，能够查明并联系到著作权人的，必须支付第一款规定确定的补偿金作为作品之使用费。

8. 在第四款、第五款或前款规定的情况下，著作权人享有获取前条第一款或本条第五款或前款规定补偿金之权利，并可从第一款规定提存的担保金中得到受偿。

9. 根据第一款规定，当担保金交存者所交存的担保金金额超出前款向著作权人交付的补偿金金额时，可根据政令规定收回其多交存金额的全部或一部分。

【作品的播放】

第六十八条 欲播送或播送并同时转播已发表作品的播送业者或有线播送业者未能与著作权人达成其作品使用许可协议或者许可协议不成立的，可通过接受文化厅长官裁定、向著作权人支付文化厅长官确定的补偿金额后，播送该作品。

2. 根据前款规定，可以以有线播送、与该播送相关的限定地域之特定输入型自动公共播送或者利用接收设备而实施的公共播放等方式，播送或播送并同时转播著作作品。此时，除适用第三十八条第二款及第三款规定的情形外，该有线播送、与该播送相关的限定地域之特定输入型自动公共播送的播送者必须向著作权人支付相当于普通使用费金额的补偿金。

【商业录音制品的录音】

第六十九条 在国内商业录音制品首次销售并自销售之日起经过3年的，欲获得著作权人许可将该商业录音制品所载音乐作品再录制成其他商业录音制品者，可请求与著作权人达成录音许可协议。若协议未达成或不能协议，可通过文化厅长官裁定、在向著作权人支付相当文化厅长官确定的通常著作权使用费金额的补偿金后进行该录音。

【裁定的程序及标准】

第七十条 第六十七条第一款、第六十八条第一款或前条规定裁定申请人，应根据实际费用缴纳政令规定的手续费。

2. 当根据前款规定的手续费缴纳者为国家时，则不适用前款之规定。

3. 当根据第六十八条第一款或前条规定申请裁定时，文化厅长官必须通知著作权人，著作权人应在指定期限内陈述意见。

4. 在根据第六十七条第一款、第六十八条第一款或前条规定申请裁定后，若存在以下各项情形之一的，（文化厅长官）则不得作出裁定。

（一）当作者明确表示停止该作品出版或禁止其他方式之使用的；

（二）当与第六十八条第一款之裁定申请相关的著作权人有不得已之事由、不许可播送或播送并同时转播其作品的。

5. 文化厅长官在作出不裁定决定前（除第七款之不裁定的情形外），须先告知申请人理由并给予其申辩和提出有利证据的机会；在作出不裁定决定后，必须书面通知申请人并告知理由。

6. 文化厅长官作出第六十七条第一款之裁定决定后，应在《官报》上公告并通知申请人；在作出第六十八条第一款或前条之裁定决定后，必须将裁定结果通知当事人。

7. 当（作品）利用申请人申请撤销第六十七条第一款裁定之申请的，文化厅长官应作出不裁定之决定。

8. 除上述各款规定外，与本节裁定相关的其他必要事项，由政令规定之。

第九节 补偿金等

【咨询文化审议会】

第七十一条 针对以下所列各项，文化厅长官必须咨询文化审议会的意见。

（一）第三十三条第二款（包括该条第四款中的准用情形）、第三十三条之二第二款或第三十三条之三第二款的计算方法；

（二）第六十七条第一款、第六十七条之二第五款第六款、第六十八条第一款或第六十九条所规定的补偿金金额。

【补偿金金额之诉】

第七十二条 对于第六十七条第一款、第六十七条之二第五款第六款、第六十八条第一款或第六十九条中的补偿金的金额之确定有异议的，可在知道裁定（若与第六十七条之二第五款、第六款相关，则为第六十七条第一款的不裁定之决定）确定之日起六个月内提起补偿金金额的增减之诉。

2. 在前款之诉中，若诉讼提起者为作品的使用人的、著作权人为被告；若诉讼提起者为著作权人的、作品的使用人为被告。

【补偿金金额的审查请求之限制】

第七十三条　在第六十七条第一款、第六十八条第一款或第六十九条之裁定决定或不裁定决定的审查请求中，不得以补偿金金额的审查申诉之理由作为裁定或不裁定决定的不服之理由。但当接受了第六十七条第一款裁定或不裁定的作品使用申请人，因著作权人不明或其他类似理由而不能提起前条第一款之诉的，则不受此限。

【补偿金等的提存】

第七十四条　第三十三条第二款（包括该条第四款中的准用情形）、第三十三条之二第二款、第三十三条之三第二款、第六十八条第一款或第六十九条规定的补偿金支付者，在以下所列各种情形下，必须以补偿金的提存代替补偿金的支付。

（一）向著作权人支付补偿金后，著作权人拒绝领受时；

（二）著作权人不能领取补偿金时；

（三）不能确定（除因过失而不能确定外）著作权人时；

（四）就补偿金金额而提起第七十二条第一款之诉时；

（五）以著作权为标的而设定质权时（不包括获得质权人许可的情形）。

2. 对于前款第四项之情形，当著作权人提出请求时，补偿金支付者必须交存其所支付金额与裁定所确定金额间的差额。

3. 根据第六十七条第一款、第六十七条之二第五款以及前二款规定的补偿金提存或者根据该条第一款规定的担保金提存，应以已知著作权人的国内住所、居所最近的机构提存保存，其他情形应以提存金缴纳者的住所、居所最近的机构提存保存。

4. 完成前款提存后，应迅速通知著作权人。但著作权人不明或因其他事由不能通知著作权人的，则不在此限。

第十节　登记

【实名登记】

第七十五条　用假名或不具名方式发表作品的作者，无论现在是否享有著作权，都可以将其真名进行作品登记。

2. 作者可通过遗嘱方式指定他人在其死亡后进行前款登记。

3. 实名登记者，即推定为作品的作者。

【首次发表年月日等的登记】

第七十六条　著作权人或无名、假名作品的发行人，可就其作品的首次发表或该作品的首次发行的年月日进行登记。

2. 对登记的首次发表或发行年月日，则推定其为该作品的首次发行或首次发表。

【创作年月日的登记】

第七十六条之二　计算机程序作品的作者，可进行创作年月日的登记。但自创作后经过六个月未登记的，则不在此限。

2. 前款登记作品的登记年月日，推定为该作品的创作年月日。

【著作权登记】

第七十七条　以下各项未经登记不得对抗第三人。

（一）著作权转移或因信托而限制变更或处分；

（二）以著作权为标的质权设定、转移、变更、消灭（不包括因混同、著作权的担保债权之消灭）或限制处分。

【登记程序等】

第七十八条　第七十五条第一款、第七十六条第一款、第七十六条之二第一款或前条所规定之登记，由文化厅长官在著作权登记簿上登记。

2. 根据政令规定，可利用电磁介质（包括利用该类似方法能够记录一定事实的物质。以下同）制作著作权登记簿（全部或部分）。

3. 根据第七十五条第一款规定，文化厅长官在进行著作权登记后，应利用网络或其他适当方式公布该登记。

4. 任何人皆可请求文化厅长官提供著作权登记的副本、抄本或复印其附件，并可请求阅览著作权登记原簿及其附件或请求交付相关信息的电子文件。

5. 前款之请求人必须缴纳政令规定的、以实际所需费用为标准的手续费。

6. 当前款手续费缴纳者为国家时，则不适用前款之规定。

7. 第一款登记的相关之处分，不适用《行政手续法》① 第二章、第三章规定。

8. 著作权登记簿及其附件，不适用《行政机关信息公开法》。

9. 著作权登记簿及其附件所记载的个人信息（即《个人信息保护法》② 第六十条第一款所要保护的个人信息）不适用《个人信息保护法》第五章第四节之规定。

10. 除本节规定的事项外，第一款规定的登记所需其他必要事项，由政令规定之。

【计算机程序登记的特例】

第七十八条之二 计算机程序的著作权之登记，除根据本节规定外、其他事项由政令规定之。

第三章　出版权

【出版权的设定】

第七十九条 第二十一条或第二十三条第一款规定的权利人（本章中称为"复制权人等"）可设定出版权，允许出版机构以文字、绘画等方式在记录介质上记录出版（包括通过电子计算机、在记录介质上记录作品的影像画面方式记录并发行该作品之复制品的情形。以下称为"出版行为"）该作品、并利用该作品的复制品向公众传播（除播送或有线播送外，在自动公共播送情形下，包括播送可能化。以下称为"公共播送行为"）。

2. 复制权人等以该复制权或公共播送权为标的设定质权时，只有以该质权人的承诺为限才能设定出版权。

【出版权的内容】

第八十条 根据出版权设定行为的约定，出版权人对以出版权为标的的作品享有以下所列全部或部分的专有权利。

---

① 1993 年（平成 5 年）法律第 88 号。

② 2003 年（平成 15 年）法律第 57 号。

（一）以发行为目的，印刷作品原作或利用其他机械或化学方法复制文书或图画的权利（包括利用前条第一款规定之方法，复制记录介质之电磁化记录的权利）。

（二）利用前条第一款之方法，向公共播送该原作之复制品的权利。

2. 除在出版权存续期间作者死亡的或者设定行为有特别约定外，出版权设定后首次出版或向公共播送行为（在第八十三条第二款、第八十四条第三款中称为"出版行为等"）满三年后，不受前款规定限制，复制权人可将该作品收录进全集或其他编辑物（限于该作者的作品编辑物）并予以复制或向公共播送。

3. 仅在获得复制权人等承诺的情况下，出版权人可许可他人复制或向公共播送作为出版权标的的作品。

4. 对于前款之情形，准用第六十三条第二款、第三款以及第六款之规定。准用时，该条第三款中的"著作权人"应替换为"第七十九条第一款规定的复制权人及出版权人"；该条第六款中的"第二十三条第一款"应替换为"第八十条第一款（仅限第二项相关部分）"。

【出版的义务】

第八十一条 对以出版权为标的的作品，出版权人承担以下各项义务。但当设定行为中另有约定的，则不在此限。

（一）与前条第一款第一项所列权利相关的出版权人（在次条中称为"第一项出版权人"），承担以下义务。

①为了复制作品，在收到复制所需的作品原稿、原件或电磁记录之日起六个月内，复制权人等承担出版该作品之义务。

②根据惯例继续出版该作品之义务。

（二）与前条第一款第二项所列权利相关的出版权人（在次条第一款第二项中称为"第二项出版权人"），承担以下义务。

①为了向公众传播，在收到作品所需的原稿、其他原件或电磁记录之日起六个月内，复制权人等承担公共播送之义务。

②根据惯例继续履行向公众传播之义务。

【作品的修改与增减】

第八十二条 在以下所列的情形下，作者可在正当的范围内对其进行修改或增减。

（一）第一项出版人改版复制该作品时；

（二）第二项出版人向公众传播该作品时。

2. 第一项出版人对以出版权为标的作品进行再次复制时，必须事先通知作者该再版事宜。

【出版权的存续期间】

第八十三条 出版权的存续期间由出版设定行为确定之。

2. 当出版设定行为未明确约定出版权存续期间的，其出版权则自设定后从首次出版之日起三年后消灭。

【出版权消灭之请求】

第八十四条 当出版权人违反第八十一条第一项（仅限与①相关部分）或第二项（仅限与①相关部分）规定之义务时，复制权人可通知出版权人，其与第八十条第一款第一项或第二项所列各项与出版权相关之权利消灭。

2. 当出版权人违反第八十一条第一项（仅限与②相关部分）或第二项（仅限与②相关部分）规定之义务时，复制权人可在三个月后催告出版权人限期履行义务，若在期限内不履行，复制权人可通知出版权人，其与第八十条第一款第一项或第二项所列各项与出版权相关之权利消灭。

3. 当复制权人为作者的，在确信作品内容与自己信念不符，可通知出版权人废绝该作品的出版，使出版权消灭。但事先未赔偿因废绝行为给出版权人造成一般损失的，则不在此限。

第八十五条 删除

【出版权的限制】

第八十六条 以出版权为标的的作品之复制，准用第三十条之二至第三十条之四、第三十一条第一款及第三款（仅限与第一项相关部分）、第三十二条、第三十三条第一款（包括该条第四款中的准用情形）、第三十三条之二第一款、第三十三条之三第一款及第四款、第三十四条第一款、第三十五条第一款、第三十六条第一款、第三十七条、第三十七条之二、第三十九条第一款、第四十条第一款及第二款、第四十一条至第四十二条之二、第四十二条之三第二款、第四十六条、第四十七条第一款及第三款、第四十七条之二、第四十七条之四及第四十七条之五的规定。此时，第三十条之二第一款但书及第二款但书、第三十条之三、第三十条之四但书、第三十五条第一款但书、第四十二条第一款但书、第四十七条第一款但书及第三款但书、第四十七条之二、第四十七条之四但书第二款但书及

第四十七条之五第一款但书中的"著作权人"应替换为"出版权人",该条第一款但书中的"著作权"应替换为"出版权","著作权的"应替换为"出版权的"。

2. 以下所列人员,视为第八十条第一款第一项复制的实施者。

(一) 为了第三十条第一款私人使用之目的或第三十一条第五款第一项所规定的目的以外之目的,接受这些规定适用,通过印刷或其他机械、化学等方法进行文字、图画复制著作作品(包括利用第七十九条第一款规定的方法所制作的电磁记录介质的复制品)的公开发行者或向公众展示的展示者。

(二) 在前款准用中,为了第三十条之三、第三十一条第一款第一项及第三款第一项、第三十三条之二第一款、第三十三条之三第一款或第四款、第三十五条第一款、第三十七条第三款、第三十七条之二主文(与该条第二项相关部分)、第四十一条至第四十二条之二、第四十二条之三第二款、第四十七条第一款或第三款、第四十七条之二或第四十七条之五第一款规定的目的以外之目的,接受这些规定适用,著作作品的复制品的发行者或向公众展示的展示者。

(三) 在前款准用第三十条之四规定中,为享受或使他人享受该著作作品所表达的思想或情感,而采取任何方法使用该著作作品的使用者。

(四) 在前款准用中,为了第四十七条之四或第四十七条之五第二款的目的以外之目的,采取任何方法使用该著作作品的使用者。

3. 第三十条之二至第三十条之四、第三十一条第三款前端及第四款、第三十二条第一款、第三十三条之二第一款、第三十三条之三第四款、第三十五条第一款、第三十六条第一款、第三十七条第二款及第三款、第三十七条之二(除第二项外)、第四十条第一款、第四十一条、第四十二条之二、第四十二条之三第二款、第四十六条、第四十七条第二款及第三款、第四十七条之二、第四十七条之四及第四十七条之五,准用于以出版权为标的的作品公共传播。此时,第三十条之二第一款但书及第二款但书、第三十条之三、第三十条之四但书、第三十五条第一款但书、第三十六条第一款但书、第四十七条第二款但书及第三款但书、第四十七条之二、第四十七条之四第一款但书及第二款但书、第四十七条之五第一款但书及第二款但书中的"著作权人"应替换为"出版权人",该条第一款但书中的"著作权"应替换为"出版权","著作权的"应替换为"出版权的"。

【出版权转让等】

第八十七条　在获得复制权人许可的情况下，可转让出版权的全部或一部，或以出版权为标的设置质权。

【出版权之登记】

第八十八条　以下所列事项、未经登记不得对抗第三人。

（一）出版权的设定、转移、变更或消灭（除因混同、复制权或公共传播权的消灭而消灭等情形外）或处分限制。

（二）以出版权为标的的质权设定、转移、变更、消灭（除因混同、出版权或担保债权的消灭而消灭的情形）或处分限制。

2. 前款之登记，准用第七十八条（除第三款外）。此时，该条第一款、第二款、第四款、第八款及第九款中有"著作权登记簿"应替换为"出版权登记簿"。

第四章　著作邻接权

第一节　总则

【著作邻接权】

第八十九条　表演者享有第九十条之二第一款、第九十条之三第一款规定的各项权利（以下称为"表演者人格权"），第九十一条第一款、第九十二条第一款、第九十二条之二第一款、第九十五条之二第一款及第九十五条之三第一款规定的各项权利，并享有获取第九十四条之二及第九十五条之三第三款规定的报酬和第九十五条第一款规定的二次使用费的权利。

2. 录音制品制作者享有第九十六条、第九十六条之二、第九十七条之二第一款及第九十七条之三第一款规定的各项权利，并享有获取第九十七条第一款规定的二次使用费和第九十七条之三第三款规定的报酬之权利。

3. 播送业者享有第九十八条至第一百条规定的各项权利。

4. 有线播送业者享有第一百条之二至第一百条之五规定的各项权利。

5. 前四款规定的各项权利之享有，无履行方式之要求。

6. 第一款至第四款规定的各项权利（除表演者人格权以及第一款、

第二款中获得报酬及二次使用费的权利外）为"著作邻接权"。

【著作权与著作邻接权之间关系】

第九十条　对本章规定的解释不得影响作者的权利行使。

第二节　表演者的权利

【姓名表示权】

第九十条之二　向公众提供或呈现表演的表演者享有将其姓名、艺名或其他名称表示为表演者的姓名或不表示其姓名的权利。

2. 在表演者无特别意思表示的情况下，表演的使用者可根据既存表演的表演者姓名显示方式表示表演者的姓名。

3. 根据表演的使用目的及使用形态，表演者认为不会损害表演者利益或者不违背公正惯例的情况下，可以省略表示表演者的姓名。

4. 属于以下各项规定之情形的，不适用第一款之规定。

（一）根据《行政机关信息公开法》《独立行政法人等信息公开法》以及信息公开条例规定，行政机关长官、独立行政法人、地方公共团体或地方独立行政法人等向公众提供或提示表演的情况下，表示既存表演的表演者之姓名时。

（二）根据《行政机关信息公开法》第六条第二款、《独立行政法人等信息公开法》第六条第二款以及信息公开条例规定，行政机关长官、独立行政法人、地方公共团体或地方独立行政法人等向公众提供或提示表演的情况下，省略该表演的表演者之姓名时。

（三）根据《公文管理法》第十六条第一款以及公文管理条例规定（仅限与该款规定近似的规定），国立公文馆馆长、地方公文馆馆长等向公众提供或提示表演的情况下，表示既存表演的表演者之姓名时。

【同一性保持权】

第九十条之三　表演者享有保持其表演同一性的权利，任何人使用（变更、删减以及其他改变）表演者表演时不得损害表演者的名誉与声望。

2. 因表演的性质、使用表演的目的以及使用形态而不得已改变的，或者使用不违反公平之惯例的，则不适用前款之规定。

【录音权与录像权】

第九十一条　表演者对其表演享有录音、录像的专有权。

2. 经过前款规定的权利人之许可，在电影作品中录音、录像之表演，除将其录制为录音作品（不包括主要与影像同时播放的影视作品）外，不适用前款之规定。

【播送权与有线播送权】

第九十二条 表演者对其表演享有播送、有线播送的权利。

2. 前款之规定，不适用于以下所列各种情形。

（一）有线播送被播送之表演。

（二）播送或有线播送以下所列表演。

①获得前条第一款规定的权利人许可录音、录像的表演；

②在前条第二款表演中，录音、录像所录音以外的表演。

【可传播权】

第九十二条之二 表演者对其表演享有可播送之专有权。

2. 以下所列各项表演不适用前款之规定。

（一）获得第九十一条第一款规定的权利人许可所录制的表演；

（一）第九十一条第二款表演中的录音作品以外所录音或录像的表演。

【为了播送的固定等】

第九十三条 为了播送表演，获得第九十二条第一款规定的权利人许可的播送业者可对该表演进行录音、录像。但另有特别约定或者与该许可相关的播送节目不同、在其他播送节目中使用而进行的录音或录像的，则不在此限。

2. 以下所列人员应视为第九十一条第一款规定的录音、录像者。

（一）以播送前款规定的录音录像作品以外之目的或其但书规定之目的的录音、录像作品使用者或提供者。

（二）为了其他广播电视业者的播送，而接受他人提供的根据前款规定的录音录像作品进行播送的播送业者。

【为了播送的固定介质之播送】

第九十三条之二 若合同无特别约定，第九十二条第一款规定的权利人许可（他人）播送其表演时，除与该许可相关的播送外，亦可播送以下各项作品。

（一）根据前条第一款规定，获得该许可的播送业者制作的录音、录像作品；

（二）根据前条第一款规定，接收并播放获得该许可的播送业者所制作的录音、录像作品；

（三）接受并播送获得该许可的播送业者提供与该许可相关的播送节目（不包括前项播送作品）。

2. 在前款所列播送中播送表演时，其各项播送业者必须向第九十二条第一款规定的权利人支付与该表演相关的一定金额之报酬。

【为了播送的固定介质之播送并同时转播等】

第九十三条之三　除合同另有特别约定外，第九十二条之二第一款规定的权利人（仅限与播放且同时转播相关之权利。在本款及第九十四条之三第一款中相同）（以下称为"特定表演者"）许可播送业者播送并同时转播其表演时（包括与该播送业者有密切关系的播送并同时转播的业者接收播送节目中的表演），在与该许可相关的播送并同时转播外，亦可播送并同时转播以下各项表演（除与该表演相关的第九十二条之二第一款规定的、根据著作权管理机构管理或文化厅长官规定的方法，由文化厅长官所公开的与该表演相关的特定表演者的姓名或名称、播送并同时转播等许可之申请的联系地址以及其他必要信息的表演外）。

（一）根据第九十三条第一款规定，获得该许可的播送业者播送并同时转播所制作的录音、录像作品等。

（二）与获得该许可的播送业者有密切关系的播送并同时转播的业者接收与该许可相关播送节目而进行播送并同时转播等。

2. 在前款规定的情形下，进行该款所列播送并同时转播时，该播送业者或播送并同时转播的业者应当向与演出有关的特定表演者支付相当于正常使用费金额的报酬。

3. 由文化厅指定的、全国唯一的著作权集体管理机构（以下称为"报酬管理指定业者"）行使收取前款规定的报酬之权利。

4. 具备以下各项条件的机构，文化厅长官可为前款之指定。

（一）不以营利为目的；

（二）允许机构成员可自由加入或退出；

（三）机构各个成员的投票权与选举权一律平等；

（四）自身有足够能力可履行第二款规定之收取报酬之机构（在次项及第七项中称为"权利人"）。

5. 为了权利人的利益，被指定的报酬管理指定业者以自己之名义享有诉讼以及诉讼以外之行为的权利。

6. 文化厅长官可根据政令规定要求报酬管理指定业者报告第二款规定的薪酬收取业务，提交账簿、文件及其他材料，或者就其所开展的业务提供必要建议。

7. 为了权利人的利益，报酬管理指定业者应根据第三款规定与播送业者、播送并同时转播的业者或其他组织协商确定表演的年度报酬金额。

8. 当前款之协商不成时，当事人可根据政令规定请求文化厅长官就表演的报酬额作出裁定。

9. 第七十条第三款第六款及第八款、第七十一条（仅限与第二项相关部分）、第七十二条第一款、第七十三条主文、第七十四条第一款（仅限与第四项、第五项相关部分。在第十一款中同）第二款之规定，准用于第二款规定的报酬及前款之裁定。准用时，第七十条第三款中的"著债权人"、第六款中的"通知申请人并在作出第六十八条第一款或前款之裁定时的当事人"应替换为"当事人"；第七十四条第二款中的"著作权人"应替换为"第九十三条之三第三款规定的报酬管理指定业者"。

10. 在前款准用第七十二条第一款的诉讼中，若提起诉讼者为播送业者或播送并同时转播的业者时，被告则为报酬管理指定业者；若提起诉讼者为报酬管理指定业者，被告则为播送业者、播送并同时转播的业者或者其他团体。

11. 第九款中准用第七十四条第一款、第二款的报酬之提存，应在报酬管理指定业者所在地最近的机构提存。在这种情况下，提存提交人应立即通知报酬管理指定业者。

12. 《反垄断法》① 不适用于第七款的协商之行为。但若使用不公平交易之方法以及不当侵害关联业者利益的，则不在此限。

13. 除第二款至前款规定的事项外，有关第二款中报酬支付以及报酬管理指定业者的其他必要事项，由政令规定之。

【未能联系到特定表演者的播送并同时转播等】

第九十四条 除合同另有约定外，在第九十三条之二第一款第一项所列的表演播送中，播送业者或与该播送业者有密切关系的播送并同时转播的业者，即使采取了以下各项措施仍无法联系该表演相关的特定表演者

---

① 1947年（昭和22年）法律第54号。

时，可通过向文化厅长官指定的补偿金管理机构（本条中称为"补偿金指定管理机构"）交付补偿金（即由文化厅长官指定的著作权集体管理机构确定的通常使用费金额），利用该表演的复制品或录像品播送且同时转播该表演。

（一）该特定表演者有联系地址的，以该地址进行了联络的；

（二）照会了管理表演的著作权集体管理机构的；

（三）确认是否根据前条第一款规定进行了公布的；

（四）根据文化厅长官规定的方法公布播送并同时转播的播送节目之名称、特定表演者的姓名以及其他文化厅长官确定的信息。

2. 拟接受前款（补偿金指定管理机构）确认的播送业者或播送并同时转播的业者，必须向补偿金指定管理机构提供其采取了前款规定的各项措施仍无法联系该播送并同时转播表演的特定表演者的证明资料。

3. 根据第一款规定，已收取了补偿金的补偿金指定管理业者，在与该播送并同时转播相关的表演之特定表演者请求的，则应向该特定表演者支付该补偿金。

4. 对于根据第一款之指定以及补偿金和补偿金指定管理机构，分别准用前条第四款以及前条第五款至第十三款之规定。准用时，前条第四款第四项中的"为有权获得第二款之报酬的权利人（在下一款及七款中称为'权利人'）行使该权利"应替换为"下一条第一款之确认以及该款补偿金"、第五款中的"权利人"应替换为"特定表演者"、第六款中的"第二款的补偿金"应替换为"下一条第一款之确认以及该款补偿金"、第七款中的"为了权利人，根据第三款规定可以提出报酬之请求"应替换为"根据第一款规定领取补偿金"。

【被播送之表演的有线播送】

第九十四条之二　有线播送业者有线播送表演（作品）时［不以营利为目的且未向听众或观众收取费用（即不以何名义获取对价。在下一条第一款中同）的除外］，必须向该表演（仅限著作邻接权存续期间的、除第九十二条第二款第二项所列之表演外）的表演者支付一定金额的报酬。

【被录制为商业录音制品之表演（作品）的播送并同时转播】

第九十四条之三　经第九十一条第一款规定的权利人之许可，播送业者、有线播送业者以及播送并同时转播的业者可播送并同时转播被录制为商业录音制品（包括播送可能化的录音制品。在次款、次条第一款、第九十六条之三第一款和第二款、第九十七条第一款和第三款项中同）的表演（除与该表演相关的第九十二条之二第一款规定的、由著作权管理机构管理的表演或利用文化厅长官确定的方法公布与该特定表演者姓名或名称以及相关必要信息的表演外）。

2. 在前款规定的情况下，播送业者、有线播送业者以及播送并同时转播的业者利用商业录音制品播送并同时转播该款表演时，应向与该表演相关特定表演者支付一定金额的补偿金。

3. 收取前款规定补偿金的权利，可由文化厅长官指定的、全国唯一的著作权集体管理机构行使。

4. 前款规定之指定、补偿金以及著作权集体管理机构等准用第九十三条之三第四款、第五款至第十三款规定。准用时，该条第四款第四项中的"第二款之报酬"应替换为"第九十四条之三第二款之补偿金"，第七款及第十款中的"播送业者"应替换为"播送业者、有线播送业者"。

【商业录音制品的二次使用】

第九十五条 经第九十一条第一款规定的权利人之许可，播送业者及有线播送业者（在本条及第九十七条第一款中称为"播送业者等"）在播送或有线播送被录制为商业录音制品的表演时（除不以营利为目的且未向听众或观众收取费用的接收播送并同时转播的情形外），必须向与该表演（包括播送可能化的录音制品。在第九十七条第一款及第三款中同）相关的表演者支付二次使用费。

2. 前款之规定适用于以《保护表演者罗马公约》第十六条第一款第（a）（i）项规定为基础的、不以适用该公约第十二条规定的、缔约国以外国家国民所固定为录音制品的，与表演相关的表演者。

3. 当根据《保护表演者罗马公约》第十二条规定，由《保护表演者罗马公约》缔约国对第八条第一项所列录音制品的保护期限短于第一款规定的保护期限时，该缔约国国民作为录音制品制作者所固定的录音制品、与该表演相关的表演者所接受的保护期限为根据《保护表演者罗马公约》第十二条规定对第八条第一项所列录音制品所保护的期限。

4. 对于保留《表演和录制品公约》（除《保护表演者罗马公约》缔约国外）第十五条第三款规定的缔约国国民制作的，与被固定表演相关之表演者，在该缔约国保留的范围内适用本条第一款之规定。

5. 获得国内以表演为业的团体（包含团体联合体）的同意、经文化厅长官指定，可仅由其行使收取第一款规定的二次使用费之权利。

6. 具备以下所列要件之团体，文化厅长官可作出前款之指定。

（一）团体不以营利为目的；

（二）允许团体成员可自由加入或退出；

（三）团体各个成员的投票权与选举权一律平等；

（四）该团体有足够的能力履行二次使用费的收取（在本条中称为"权利人"）。

7. 当权利人向第五款的指定团体提出申请时，指定团体不得拒绝。

8. 对于前款之请求，为了权利人的利益，第五款团体以自己之名义享有裁判以及行使裁判以外行为之权利。

9. 根据政令规定，文化厅长官可要求第五款的指定团体报告第一款规定的二次使用费的相关业务情况，或要求其提供账簿、文件或其他资料，且就业务改善及执行方法等提出必要建议。

10. 为了权利人的利益，第五款规定的团体应每年就二次使用费的请求金额与播送业者等或其他组织进行协议确定。

11. 当前款协议不成立时，当事人可根据政令规定请求文化厅长官就二次使用费的金额作出裁定。

12. 前款裁定及二次使用费准用第七十条第三款、第六款及第八款，第七十一条（仅限与第二项相关部分）以及第七十二条至七十四条规定。此时，第七十条第三款中的"著作权人"应替换为"当事人"；第七十二条第二款中的"作品的使用人"应替换为"第九十五条第一款的播送业者等"、"著作权人"应替换为"同条第五款规定的团体"；第七十四条中的"著作权人"应替换为"第九十五条第五款规定的团体"。

13. 对于第十款之协议以及基于该协议实施的行为，不适用《反垄断法》。但使用不公平交易之方法并给相关事业者造成损害的，则不受此限。

14. 除第五款至前款所规定的事项外，与第一款规定的二次使用费的支付以及第五款规定的团体的其他必要事项，由政令规定之。

【转让权】

第九十五条之二 表演者就其表演的录音或录像制品享有向公众转让的专有权利。

2. 前款之规定不适用以下所列表演。

（一）获得第九十一条第一款规定的权利人之许可而录制的表演；

（二）在第九十一条第二款的表演中，利用该款规定的录音介质以外之介质的录音、录像的表演。

3. 被转让的表演（除前款列举的各项表演外。在本条以下同）之录音或录像制品属于以下所列情形的，不适用第一款规定。

（一）第一款规定的权利人或获得其许可的被许可人向公众转让的表演之录音或录像制品；

（二）接受根据第一百零三条中准用第六十七条第一款规定所作裁定，向公众转让的表演之录音或录像制品；

（三）接受根据第一百零三条中准用第六十七条之二第一款规定所作裁定，向公众转让的表演之录音或录像制品；

（四）第一款规定的权利人或获得其许可的被许可人向特定少数人群转让的表演之录音或录像制品；

（五）在不损害第一款所规定之权利人的权利的情况下，该款规定的权利人或获得其许可的被许可人在国外转让的表演之录音或录像制品。

【出租权等】

第九十五条之三　表演者对其表演被录音所灌制的商业录音制品享有向公众出租的专有权利。

2. 超过自最初销售之日起、在一个月至十二个月内、由政令规定的期限（包括所有与该商业录音制品同一的复制录音制品。以下称为"超过期限的商业录音制品"）的商业录音制品之出租，不适用于前款之规定。

3. 以出租商业录音制品为业的出租业者（以下称为"录音制品出租业者"）通过出租前款商业录音制品、向公众提供表演的，必须向与该表演（仅限于著作邻接权存续期内的表演）相关的表演者支付一定金额的报酬。

4. 前款规定的收取报酬之权利准用第九十五条第五款至第十四款规定。准用时，该条第十款中的"播送业者等"以及第十二款中的"第九十五条第一款的播送业者"，应替换为"第九十五条之三第三款的录音制品出租业者"。

5. 对于与第一款权利人许可相关之使用费的接收权利，在前款规定的情况下，可由准用第九十五条第五款规定之团体行使。

6. 前款之情形，准用第九十五条第七款至第十四款规定。准用时，准用第四款后段之规定。

第三节　录音制品制作者的权利

【复制权】

第九十六条　录音制品制作者享有复制其录音制品的专有权利。

【播送可能化权】

第九十六条之二　录音制品制作者享有播送其录音制品可能化的专有权利。

【商业录音制品的播送并同时转播等】

第九十六条之三　播送业者、有线播送业者以及播送并同时转播的业者可利用商业录音制品［除与该商业录音制品相关的前条之权利（仅限与播送并同时转播相关的权利）、由著作权管理机构管理或以文化厅长官确定的方法，公开与该商业录音制品相关的该条规定的权利人姓名或名称、播送并同时转播等许可申请时的联络地址以及其他必要信息的商业录音制品外。在次款中同］进行播送并同时转播。

2. 在前款规定的情况下，利用商业录音制品实施了播送并同时转播的播送业者、有线播送业者以及播送并同时转播的业者，必须向与该商业录音制品相关的前款规定的权利人支付相当于通常使用费的补偿金。

3. 收取前款补偿金之权利，可由文化厅长官指定的、全国唯一的著作权集体管理机构行使。

4. 前款之指定、第二款规定的补偿金以及著作权集体管理机构等准用第九十三条之三第四款、第五款至第十三款规定。准用时，该条第四款第四项中的"第二款之报酬"应替换为"第九十六条之三第二款之补偿金"，第七款及第十款中的"播送业者"应替换为"播送业者、有线播送业者"。

【商业录音制品的二次使用】

第九十七条　播送业者等使用商业录音制品进行播送或有线播送时［除不以营利为目的且未向听众或观众收取费用（即无论以何种名义收取与播送录音制品相关之对价）的接收播送并同时转播的情形外］，必须向与该录音制品（仅限第八条第一项至第四项规定的著作邻接权存续期间内的录音制品）相关的录音制品制作者支付二次使用费。

2. 对于前款规定的录音制品制作者，准用第九十五条第二款及第四款规定；前款规定的保护期限，准用第九十五条第三款规定。准用时，该条第二款至第四款中的"与由国民作为录音制品制作者所固定的表演相关的表演者"应替换为"国民作为录音制品制作者"；第三款中的"表演者获得保护的期限"应替换为"录音制品制作者获得保护的期限"。

3. 收取第一款规定的二次使用费之权利，仅由文化厅长官在国内范围内指定唯一的、以制作商业录音制品为业的、由一定成员构成的团体（包括其构成的联合体）行使。

4. 对于第一款规定的二次使用费以及前款之团体，准用第九十五条第六款至第十四款规定。

【转让权】

第九十七条之二 录音制品制作者就其制作的录音制品之复制品享有向公众转让的专有权利。

2. 转让以下所列各项录音制品之复制品时，不适用前款之规定。

（一）前款规定的权利人或获得其许可的被许可人向公众转让录音制品之复制品；

（二）接受第一百零三条中准用第六十七条第一款规定所作之裁定，向公众转让的录音制品之复制品；

（三）适用第一百零三条中准用第六十七条之二第一款之规定，向公众转让的录音制品之复制品；

（四）前款规定的权利人或获得其许可的被许可人向特定少数人群转让的录音制品之复制品；

（五）在不损害前款所规定的权利人之权利的情况下，该款规定的权利人或获得其许可的被许可人在国外转让的录音制品之复制品。

【出租权等】

第九十七条之三 录音制品制作者享有向公众出租其录音制品之复制品的专有权利。

2. 对于超过期间的商业录音制品之出租，不适用前款之规定。

3. 录音制品出租业者以出租方式向公众提供超过期间之商业录音制品的，必须向与该录音制品（仅限著作邻接权存续期内的录音制品）相关的录音制品制作者支付一定金额的报酬。

4. 前款规定的收取报酬之权利，准用第九十七条第三款之规定。

5. 第三款规定的报酬以及前款准用第九十七条第三款规定团体，准用第九十五条第六款至第十四款规定。此时，准用第九十五条之三第四款后段之规定。

6. 对于与第一款权利人许可相关之使用费的接收权利，在第四款规定的情况下，可由第四款中准用第九十七条第三款规定之团体行使

7. 前款之情形，准用第五款规定。准用时，第五款中的"第九十五条第六款"应替换为"第九十五条第七款"。

第四节 播送业者的权利

【复制权】

第九十八条 播送业者享有接收播送或接受播送后进行有线播送、对与播送相关之声音及影像进行录音录像或采取摄影或其他类似方法进行复制的专有权利。

【再播送权及有线播送权】

第九十九条 播送业者享有接收播送并进行再播送或有线播送的专有权利。

2. 根据法令规定，必须由接收播送并进行有线播送的业者实施之播送，不适用前款之规定。

【播送可能化权】

第九十九条之二 播送业者就其播送或接收播送并进行有线播送，享有播送可能化的专有权利。

2. 根据法令规定，必须由接收播送并进行自动公共播送的业者实施的自动公共播送之播送可能化，则不适用前款之规定。

【电视播送的传达权】

第一百条 播送业者享有电视播送或接收电视播送并进行有线播送、利用映像扩大装置进行公共传达的专有权利。

第五节 有线播送业者的权利

【复制权】

第一百条之二 有线播送业者享有接收有线播送并与该有线播送相关的声音或影像进行录音、录像或摄影等其他类似之方法实施复制的专有

【播送权与有线再播送权】

第一百条之三　有线播送业者享有接收有线播送并进行再播送的专有权利。

【播送可能化权】

第一百条之四　有线播送业者享有接收有线播送并进行播送可能化的专有权利。

【有线电视播送的传达权】

第一百条之五　有线播送业者享有接收有线电视播送并利用映像扩大装置进行公共传达的专有权利。

第六节　保护期限

【表演、录音制品、播送或有线播送的保护期限】

第一百零一条　下列作品的著作邻接权的存续期间自其各自规定的时间起算。

（一）表演始于表演行为实施时；

（二）录音制品始于声音的首次固定时；

（三）播送始于播放时；

（四）有线播送始于有线播送时。

2. 下列作品的著作邻接权存续期间的届满时间依据其各自规定。

（一）表演自其表演实施之日所属年份的次年起经过七十年；

（二）录音制品自其发行之日所属年份的次年起经过七十年时（声音首次固定之日所属年份的次年起经过七十年未发行的，自其首次固定之日所属年份的次年起经过七十年）；

（三）播送自其播送之日所属年份的次年起经过五十年时；

（四）有线播送自其有线播送之日所属年份的次年起经过五十年时。

第七节　表演者人格权的人身专属性等

【表演者人格权的人身专属性】

第一百零一条之二　表演者的人格权属于表演者，且不得转让。

【表演者死亡后的人格性利益保护】

第一百零一条之三　向公众提供或展示其表演的表演者，无论表演者在世、还是死亡都不得实施任何侵害表演者人格权之行为。但根据行为性质、程度、社会情势变迁以及其他原因，该行为不被认为损害表演者的，则不受此限。

第八节　权利的限制、转让、行使及登记

【著作邻接权的限制】

第一百零二条　成为著作邻接权之标的的表演、录音制品、播送或有线播送之使用，准用第三十条第一款（除第四项外。在第九款第一项中同）、第三十条之二至第三十二条、第三十五条、第三十六条、第三十七条第三款、第三十七条之二（除第一项外。下一款同）、第三十八条第二款及第四款、第四十一条至第四十三条、第四十四条（除第二款外）、第四十六条至第四十七条之二、第四十七条之四以及第四十七条之五规定；成为著作邻接权之标的的表演、录音制品之使用，准用第三十条第三款及第四十七条之七规定；成为著作邻接权之标的的播送或有线播送之使用，准用第三十三条至第三十三条之三规定；成为著作邻接权之标的的表演、录音制品以及有线播送之使用，准用第四十二条第二款规定。在这种情况下，第三十条第一款第三项中的"自动公共播送（在外国的自动公共播送）"应替换为"与播送可能化（在外国的播送可能化）相关的自动公共播送"；第四十四条第一款中的"第二十三条第一款"应替换为"第九十二条第一款、第九十二条之二第一款、第九十六条之二、第九十九条第一款或第一百条之三"；该条第二款中的"第二十三条第一款"应替换为"第九十二条第一款、第九十二条之二第一款、第九十六条之二或第一百条之三"；该条第三款中的"第二十三条第一款"应替换为"第九十二条之二第一款或第九十六条之二"。

2. 根据前款准用第三十二条、第三十三条第一款（包括该条第四款中的准用情形）、第三十三条之二第一款、第三十三条之三第一款、第三十七条第三款、第三十七条之二、第四十二条或第四十七条之规定以及下一款和第四款之规定，复制与表演、录音制品、播送或有线播送相关的声音或影像（以下总称为"表演等"）时，若有注明出处之惯例的，则必须根据上述复制情况，以公认的合理方法及程度注明出处。

3. 根据第三十三条之三第一款规定，在可以复制登载于教科书上之作品的情况下，可复制依据该规定所录制的相关表演或与该复制品相关的

录音制品，并在符合该规定之目的的情况下，可以以转让方式向公众提供该复制品。

4. 根据第三十七条第三款规定，在该款政令规定的、针对视觉障碍者等的福利机构可复制视觉作品的情况下，可复制适用该规定所录制的表演或与该复制品相关的录音制品，并在符合该规定之目的的情形下，可进行播送可能化及以转让方式向公众提供该复制品。

5. 对于以著作邻接权为标的的表演之播送，可在该播送相关的特定区域内进行特定输入型自动公共播送。但若侵害到与该播送相关的第九十九条之二第一款规定的权利人之权利的，则不在此限。

6. 除第一款中的准用第三十八条第二款规定的情形外，根据前款规定的表演之播送可能化的实施者，应向与该表演相关的、第九十二条之二第一款规定的权利人支付一定金额的补偿金。

7. 关于成为著作邻接权之标的的录音制品之使用，准用前两款之规定。准用时，前款中的"第九十二条之二第一款"应替换为"第九十六条之二"。

8. 根据第三十九条第一款、第四十条第一款或第二款规定，在可播送或有线播送著作作品时，关于该作品的播送或有线播送，可接收并进行有线播送或利用影像扩大装置向公众传播；关于该作品的播送，可在与该播送相关的限定区域内进行特定输入型自动公共播送。

9. 以下所列人员，视为第九十一条第一款、第九十六条、第九十八条或第一百条之二规定的录音、录像或复制的实施者。

（一）为了第一款中准用第三十条第一款、第三十条之三、第三十一条第一款第一项及第三款第一项或第五款第一项、第三十三条之二第一款、第三十三条之三第一款或第四款、第三十五条第一款、第三十七条第三款、第三十七条之二第二项、第四十一条至第四十二条之三、第四十三条第二款、第四十四条第一款至第三款、第四十七条第一款或第三款、第四十七条之二或第四十七条之五第一款所规定目的以外之目的，适用上述规定的表演等的复制品之发行人、向公众提供人、与该表演录音制品相关的声音或与该播送或有线播送相关的声音或影像的提供者。

（二）使用第一款之准用第三十条之四规定的表演等复制物，为了自己享受或让他人享受，无论采用何种方法，该表演等的使用者。

（三）违反第一款之准用第四十四条第三款规定，保存该款规定的录音或录像的播送业者或有线播送业者。

（四）为了第一款中准用第四十七条之四或第四十七条之五第二款所规定目的以外之目的，无论采用何种方法，使用上述表演等的复制品，该表演等的使用者。

（五）为了第三十三条之三第一款或第三十七条第三款所规定目的以外之目的，适用第三款或第四款规定的所完成的表演或录音制品的复制品之发行人；或者利用该复制品向公众表演或提供与该表演、录音制品相关声音的表演者或提供者。

【与表演者人格权之间关系】

第一百零二条之二　对于前条著作邻接权的限制性规定（除该条第七款及第八款规定外）的解释，不得对表演者人格权产生影响。

【著作邻接权的转让、行使等】

第一百零三条　有关著作邻接权的转让，准用第六十一条第一款规定；著作邻接权的消灭准用第六十二条第一款规定；有关表演、录音制品、播送及有线播送的使用许可准用第六十三条及第六十三条之二规定；有关著作邻接权的共有准用第六十五条规定；以著作邻接权为标的设置质权的准用第六十六条的规定；在不能联系上著作邻接权权利人的表演、录音制品、播送、有线播送之使用，准用第六十七条、第六十七条之二（除第一款但书外）、第七十条（除第三款至第五款外）、第七十一条（仅限与第二项相关部分）、第七十二条、第七十三条和第七十四条第三款及第四款之规定；有关请求达成著作邻接权协议但协议未成立或者协议不能情况下的表演、录音制品、播送或有线播送之使用，准用第六十八条、第七十条（除第四款第一项及第七款外）、第七十一条（仅限与第二项相关部分）、第七十二条、第七十三条主文及第七十四条规定；根据第一百零二条第一款中准用第三十三条至第三十三条第三款规定的播送或有线播送的使用准用第七十一条（仅限与第一项相关部分）及第七十四条之规定。准用时，第六十三条第六款中的"第二十三条第一款"应替换为"第九十二条之二第一款、第九十六条之二、第九十九条之二第一款或第一百条之四"、第六十八条第二款中的"第三十八条第二款及第三款"应替换为"第一百零二条第一款中准用第三十八条第二款"。

【著作邻接权的登记】

第一百零四条　著作邻接权的登记准用第七十七条及第七十八条

（除第三款外）规定。准用时，该条第一款、第二款、第四款、第八款以及第九款中的"著作权登记簿"应替换为"著作邻接权登记簿"。

第五章　因著作权等的限制之使用的补偿金

第一节　私人录音录像补偿金

【获得私人录音录像补偿金之权利的行使】

第一百零四条之二　获得第三十条第三款（包括第一百零二条第一款中的准用。在以下本节中相同）规定之补偿金（在以下本节中称为"私人录音录像补偿金"）的权利人（在次款及次条第四项中称为"权利人"）之权利，仅由文化厅长官在全国范围内指定，被指定者接受该指定的，在下列不同领域，以获得私人录音录像补偿金为目的的团体作为其各自唯一的机构（在以下本节中称为"指定管理团体"）行使。

（一）与以私人使用为目的而实施录音（录像时同时录音的除外。在次条第二项第①目及第一百零四条之四中称为"私人录音"）相关的私人录音录像补偿金；

（二）与以私人使用为目的而实施的录像（录音时同时录像的除外。在次条第二项第②目及第一百零四条之四中称为"私人录像"）相关的私人录音录像补偿金。

2. 根据前款规定所指定的指定管理团体享有以自己的名义参与获得私人录音录像补偿金之权利的裁定以及裁定以外之行为的权利。

【指定的基准】

第一百零四条之三　具备以下所列条件之团体，文化厅长官可作出前条第一款之指定。

（一）团体为一般社团法人；

（二）前条第一款第一项所列私人录音录像补偿金的指定团体，应由以下第①目、第③目及第④目所列团体组成；前条第一款第二项所列私人录音录像补偿金的指定团体，则应由以下第②目至第④目所列团体组成。

①由享有与个人录音作品相关的、第二十一条规定之权利的成员组成的团体（包括其联合体）且在国内被认为能够代表前述成员利益的团体；

②由享有与个人录像作品相关的、第二十一条规定之权利的成员组成

的团体（包括其联合体）且在国内被认为能够代表前述成员利益的团体；

③在国内由一定数量、以表演为业所组成的团体（包括其联合体）；

④在国内由一定数量、以商业录音制品制作为业所组成的团体（包括其联合体）。

（三）前项第①目至第④目所列团体应分别具备以下所列条件。

①不以营利为目的；

②允许成员可自由加入或退出；

③各个成员的投票权与选举权一律平等。

（四）团体有正确履行收取私人录音录像补偿金之业务（包括第一百零四条之八第一款规定的相关业务。以下本章称为"补偿金关系业务"）的能力。

【私人录音录像补偿金支付的特例】

第一百零四条之四　在购买第三十条第三款由政令规定的机器设备（以下本章称为"特定机器设备"）或记录介质（以下本章称为"特定记录介质"）时，指定团体请求利用该特定设备或特定记录介质进行私人录音或私人录像的购买者（仅限该特定机器设备或特定记录介质零售的首次购买者）支付第一百零四条之六第一款规定金额的私人录音录像补偿金的，该购买者必须支付该私人录音录像补偿金。

2. 根据前款规定，支付了私人录音录像补偿金的支付者在证明其所购买的特定机器设备或特定记录介质用于私人录音或私人录像以外其他用途的，则可以请求返还其所支付的私人录音录像补偿金。

3. 根据第一款规定，接受支付请求并支付了私人录音录像补偿金、利用特定机器设备或特定记录介质进行私人录音或私人录像的，不受第三十条第三款规定影响，在实施私人录音或私人录像时，无须支付私人录音录像补偿金。但若根据前款规定已获得私人录音录像补偿金返还，又利用该特定机器设备或特定记录介质进行私人录音或私人录像的，则不在此限。

【制造业者等的协助义务】

第一百零四条之五　根据前条第一款规定，指定管理团体要求支付私人录音录像补偿金时，从事特定机器设备或特定记录介质的生产或进口商（在下一条第三款中称为"制造业者"）必须协助该私人录音录像补偿金的支付以及收取等。

【私人录音录像补偿金的金额】

第一百零四条之六 根据第一百零四条之二第一款规定，指定管理团体行使收取私人录音录像补偿金之权利时，指定管理团体所确定的私人录音录像补偿金金额，必须经文化厅长官认可，若要变更该金额也必须获得文化厅长官认可。

2. 根据前款规定所认可之金额，不受第三十条第三款规定影响，为指定管理团体所能收取的私人录音录像补偿金之金额。

3. 根据第一百零四条第一款规定，指定管理团体提出认可私人录音录像补偿金请求时，应事先听取能够代表其制造业者之团体的意见。

4. 文化厅长官在认可第一款中的私人录音录像补偿金之金额时，必须考虑第三十条第一款（包括第一百零二条第一款中的准用情形）以及第一百零四条之四第一款的立法宗旨、录音或录像的普通使用费标准以及其他因素，否则不得认可。

5. 文化厅长官在作出第一款之认可时，必须咨询文化审议会的意见。

【补偿金相关业务的执行规程】

第一百零四条之七 指定管理团体在开始执行补偿金相关业务时，应先制定补偿金相关业务的执行规程，并向文化厅长官报备。变更该执行规程时，应亦向文化厅长官报备。

2. 前款中的规程应包含私人录音录像补偿金（仅限基于第一百零四条之四第一款规定支付的补偿金）的分配方案等事项，指定管理团体应根据第三十条第三款规定之宗旨，确定该补偿金的相关分配事项。

【为保护著作权之相关事业的支出等】

第一百零四条之八 指定管理团体必须在私人录音录像补偿金（仅限基于第一百零四条之四第一款规定支付的补偿金）的两成范围内，根据政令规定的比例用于著作权和著作邻接权的保护、作品创作的振兴及普及等相关事业。

2. 文化厅长官在制定或修改前款之政令时，必须向文化审议会咨询。

3. 为确保第一款相关业务的正常运作，文化厅长官认为必要时可向指定管理团体就该相关业务发出必要的监管命令。

【报告的提交等】

第一百零四条之九 为确保指定管理团体的补偿金相关业务的正常运行，文化厅长官认为必要时可要求指定管理团体提交补偿金业务的报告书、相关账簿、文件以及其他资料等，并就补偿金相关业务的执行方法之改善等提出必要建议。

【授权规定】

第一百零四条之十　除本节规定外，与指定管理团体以及补偿金相关业务的其他必要事项，由政令规定之。

第二节　图书馆等的公共播送补偿金

【获得图书馆等公共播送补偿金的权利之行使】

第一百零四条之十之二　能够获得第三十一条第五款（包括第八十六条第三款以及第一百零二条第一款中的准用情形。在第一百零四条之十之四第二款以及第一百零四条之十之五第二款中相同）规定的补偿金（在本节中称为"图书馆等公共播送补偿金"）的权利人（在本款以及次条第四项中称为"权利人"）之权利，只能由文化厅长官在全国范围内指定的且接受该指定的唯一机构（在本节中称为"指定管理团体"）行使。

2. 为了权利人的利益，指定管理团体有权以自己的名义行使与获取图书馆等公共播送补偿金相关的诉讼或诉讼以外之行为。

【指定的基准】

第一百零四条之十之三　具备以下所列要件的团体，文化厅长官可作出前条第一款之指定。

（一）为一般社团法人。

（二）成员由以下所列团体构成。

①关于与第三十一条第二款（包括第八十六条第三款以及第一百零二条第一款中的准用情形。在次条第四项中相同）规定的公开传播（在本节中称为"图书馆等公共播送"）相关的作品，则为由第二十三条第一款规定的权利人组成的、能够代表在国内与图书馆等公共播送相关的作品的权利人利益的团体（包括其联合体）。

②由享有与该图书馆等公共播送相关的、第二项规定之出版权人构成的且在国内被认为能够代表图书馆等公共播送之作品的出版权人之利益的团体（包括其联合体）。

（三）前项第①目及第②目所列团体应分别具备以下所列条件。

①不以营利为目的；

②允许成员可自由加入或退出；

③各个成员的投票权与选举权一律平等。

（四）为了权利人的利益，确实具备履行图书馆等公共播送补偿金之业务（包括第一百零四条之十之六第一项规定的相关业务。在本节称为"补偿金关联业务"）的能力。

【图书馆等公共播送补偿金之金额】

第一百零四条之十之四　根据第一百零四条之十之二第二款规定，指定管理团体行使收取图书馆等公共播送补偿金之权利时，指定管理团体所确定的图书馆等公共播送补偿金之金额，必须经文化厅长官认可，若要变更该金额也必须获得文化厅长官认可。

2. 获得前款规定之认可的金额，不受第三十一条第五款规定影响，为指定管理团体所能收取的图书馆等公共播送补偿金之金额。

3. 指定管理团体提出第一款之认可申请时，必须事先听取能够代表图书馆等之设立者的意见。

4. 文化厅长官在作出第一款规定的图书馆等公共播送补偿金之金额的认可时，必须考虑第三十一条第二款规定的立法宗旨、图书馆等公共播送的作品之种类和用途对著作权人的影响、通过公共播送给图书馆等利用者所带来的利益以及其他因素。

5. 文化厅长官在作出第一款之认可时，必须咨询文化审议会的意见。

【补偿金相关业务的执行规程】

第一百零四条之十之五　指定管理团体开始执行补偿金相关业务时，应先制定补偿金相关业务的执行规程，并向文化厅长官报备。变更该执行规程时，应亦向文化厅长官报备。

2. 前款规定的规程应包含图书馆等公共播送补偿金的分配方案，指定管理团体必须根据第三十一条第五款规定之宗旨确定该补偿金的相关分配事项。

【为保护著作权之相关事业的支出等】

第一百零四条之十之六　在图书馆等公共播送补偿金总额中，指定管理团体必须根据图书馆等公共播送作品等的利用情况、补偿金分配业务所需资金以及其他支出，由政令确定用于著作权、出版权以及著作邻接权的保护、作品创作的振兴及普及等相关事业的金额。

2. 文化厅长官在制定或修改前款之政令时，必须咨询文化审议会的意见。

3. 为确保第一款相关业务的正常运作，文化厅长官认为必要时可向指定管理团体就该相关业务发出必要的监管命令。

【报告的提交等】

第一百零四条之十之七　为确保指定管理团体的补偿金相关业务的正常运行，文化厅长官认为必要时可要求指定管理团体提交补偿金业务的报告书、相关账簿、文件以及其他资料等，并就补偿金相关业务的执行方法之改善等提出必要建议。

【授权规定】

第一百零四条之十之八　除本节规定的事项外，与指定管理团体及补偿金相关业务的其他必要事项，由政令规定之。

第三节　授课目的的公共播送补偿金

【获取授课目的之公共播送补偿金的权利之行使】

第一百零四条之十一　为了开展以授课为目的的公共播送补偿金业务，获得第三十五条第二款（包括第一百零二条第一款中的准用情形。在第一百零四条之十三第二款以及第一百零四条之十四第二款中相同）之补偿金（在本节中称为"授课目的之公共播送补偿金"）的权利人（在本款以及次条第四项中称为"权利人"）之权利，只能由文化厅长官在全国范围内指定的且接受该指定的唯一机构（在以下本节中称为"指定管理团体"）行使。

2. 根据前款规定被指定后，为了权利人的利益，指定管理团体有权利以自己的名义行使与获取授课目的的公共播送的补偿金相关的诉讼或诉讼以外之行为。

【指定的基准】

第一百零四条之十二　具备以下所列要件的团体，文化厅长官可作出前条第一款之指定。

（一）为一般社团法人。

（二）成员由以下所列团体构成。

①关于与第三十五条第一款（包括第一百零二条第一款中的准用情形。在次条第四项中相同）规定的公开传播（除第三十五条第三款的公共播送情形外。在本节中称为"课程目的的公共播送"）相关的作品，

则为由第二十三条第一款规定的权利人组成的、能够代表授课目的的公共播送相关的作品的权利人利益的团体（包括其联合体）。

②由享有与以授课目的的公共播送之表演相关的、第九十二条第一款以及第九十二条之二第一款规定之权利者组成的且在国内被认为能够代表前述成员利益的团体（包括其联合体）。

③由享有与该授课目的的公共播送之录音制品相关的、第九十六条之二规定之权利者组成的且在国内被认为能够代表前述成员利益的团体（包括其联合体）。

④由享有与该授课目的的公共播送相关的、第九十六条之二第一款规定之权利者组成的且在国内被认为能够代表前述成员利益的团体（包括其联合体）。

⑤由享有与该授课目的的公开有线播送相关的、第一百条之三及第一百条之四规定之权利者组成的且在国内被认为能够代表前述成员利益的团体（包括其联合体）。

（三）前项第①目至第⑤目所列团体应分别具备以下所列条件。

①不以营利为目的；

②允许成员可自由加入或退出；

③各个成员的投票权与选举权一律平等。

（四）为了权利人的利益，确实有履行授课目的的公共播送补偿金之业务（包括第一百零四条之十五规定的相关业务。以下本节称为"补偿金关联业务"）的能力。

【授课目的的公共播送之补偿金的金额】

第一百零四条之十三 根据第一百零四条之十一第一款规定，指定管理团体行使收取授课目的的公共播送补偿金之权利时，指定管理团体所确定的授课目的的公共播送补偿金金额，必须经文化厅长官认可，若要变更该金额也必须获得文化厅长官认可。

2. 根据前款规定所认可之金额，不受第三十五条第二款规定影响，为指定管理团体所能收取的授课目的的公共播送补偿金金额。

3. 指定管理团体提出第一款认可申请时，应事先听取能够代表实施授课目的的公共播送的、第三十五条第一款规定的教育机构设置团体的意见。

4. 文化厅长官在认可第一款中的授课目的的公共播送补偿金金额时，

必须考虑第三十五条第一款规定的立法宗旨、公共播送（包括自动公共播送时的播送可能化情形）的通常使用费标准以及其他因素，否则不得认可。

5. 文化厅长官在作出第一款之认可前，必须咨询文化审议会的意见。

【补偿金相关业务的执行规程】

第一百零四条之十四 指定管理团体开始执行补偿金相关业务时，应先制定补偿金相关业务的执行规程，并向文化厅长官报备。变更该执行规程时，应亦向文化厅长官报备。

2. 前款中的规程应包含授课目的的公共播送补偿金的分配方案等事项，指定管理团体必须根据第三十五条第二款规定之宗旨，确定该补偿金的相关分配事项。

【为保护著作权之相关事业的支出等】

第一百零四条之十五 指定管理团体必须在授课目的的公共播送补偿金总额中，根据授课目的的公共播送作品等的利用情况、该补偿金分配业务所需资金以及其他因素，由政令确定的金额用于著作权及著作邻接权的保护、作品创作的振兴及普及等相关事业。

2. 文化厅长官在制定或修改前款之政令时，必须咨询文化审议会的意见。

3. 为确保第一款相关业务的正常运作，文化厅长官认为必要时可向指定管理团体就该相关业务发出必要的监管命令。

【报告的提交等】

第一百零四条之十六 为确保指定管理团体的补偿金相关业务的正常运行，文化厅长官认为必要时可要求指定管理团体提交补偿金业务的报告书、相关账簿、文件以及其他资料等，并就补偿金相关业务的执行方法之改善等提出必要建议。

【授权规定】

第一百零四条之十七 除本节规定外，与指定管理团体以及补偿金相关业务的其他必要事项，由政令规定之。

第六章　纠纷处理

【著作权纠纷的调解委员】

第一百零五条 为了谋求通过调解方式解决与本法规定的权利之纠

纷，在文化厅设置著作权纠纷的调解委员（在本章中称为"调解委员"）。

2. 调解委员由文化厅长官从具有著作权或著作邻接权相关工作经验的专业人士中选任。每一案件所选调解委员不得超过3人。

【调解申请】

第一百零六条　当本法规定的相关权利发生纠纷时，当事人可向文化厅长官提出调解申请。

【手续费】

第一百零七条　调解申请人必须缴纳政令规定的、考虑了实际支出因素的手续费。

2. 当根据前款规定的手续费之缴纳者为国家等时，则不适用该款规定。

【交付调解】

第一百零八条　根据第一百零六条规定，双方当事人提出调解申请，或者一方当事人提出调解申请另一方也同意调解时，文化厅长官应交付调解委员调解。

2. 提出前款调解申请后，文化厅长官认为根据争议性质不宜调解或者当事人出于不正当目的提出调解时，可决定不交付调解委员调解。

【调解】

第一百零九条　在进行调解时，调解委员必须努力查明当事人双方的主张核心、根据案件事实，努力解决案件。

2. 调解委员认为案件无法达成调解协议时，可终止调解。

【报告等】

第一百一十条　调解终结后，调解委员必须向文化厅长官报告调解结果。

2. 调解委员根据前条规定决定终止调解时，也须向当事人告知决定终止调解的旨意及终止理由，并向文化厅长官提交报告。

【授权规定】

第一百一十一条　除本章规定的条款外，与调解程序和调解委员相关的其他必要事项，由政令另行规定。

第七章　权利侵害

【差止请求权】①

第一百一十二条　作者、著作权人、出版权人、表演者或著作邻接权人可要求侵害其著作人格权、著作权、出版权、表演者人格权、著作邻接权的侵权人或有侵害之虞的行为人停止侵权或采取预防措施。

2. 作者、著作权人、出版权人、表演者或著作邻接权人提出前款请求时，可一并要求侵权人销毁侵权构成侵权行为的半成品、侵权物品、实施侵权行为的专用机械设备和器具以及停止其他侵害或采取其他必要的预防措施。

【视为侵权行为的行为】

第一百一十三条　以下所列各项行为视为侵害作者人格权、著作权、出版权、表演者人格权或著作邻接权的行为。

（一）以在国内发行为目的，进口了同期在国内构成侵害作者人格权、著作权、出版权、表演者人格权或著作邻接权的侵权作品之行为。

（二）明知所发行、以发行为目的的持有或申请、商业出口及以商业为目的出口的持有侵害作者人格权、著作权、出版权、表演者人格权或著作邻接权的行为。

2. 明知或者有充分的理由认为通过以下第一项所列网站等（在同款和第一百一十九条第二款第四项中称为"侵权著作作品等的利用容易化网站等"）或第二项所列程序（在次款及同条第二款第五项中称为"侵害著作作品等的使用容易化程序"），提供源代码、源代码以外其他与源代码具有相同或类似效果的代码或信息（在本款及次款中称为"源代码等"），使得利用他人著作作品等［即侵犯著作权（除第二十八条规定的权利②外。在本款及次款中相同）、出版权或著作邻接权而可能播送的著作作品等，包括在国外传播可能的在国内传播，则属于侵害这些权利的作品。在本款及次款中相同］、进而损害其著作权等变得比较容易（在同款中称为"侵害著作作品等的利用容易化"）的，视为对该作品相关的著

---

① 在日本法中，"差止请求权"不仅包括停止侵权（包括危险）行为请求权，还包括销毁侵权产品及侵权设备请求权，也包括要采取其他预防措施的请求权等。——译者注

② 仅限翻译以外之方法所创作的二次作品的著作权。

作权、出版权或著作邻接权的侵权行为。

（一）以下所列的网站等

①在该网站上所显示的文字有劝诱公众使用与侵权作品等相关的源代码等（在本条及第一百一十九条第二款中称为"侵权的源代码等"）措辞；根据在网站上强调侵权的源代码等以及提供侵权之源代码的方式等，被认为诱导公众使用该源代码侵害著作权的网站等（在本条及第一百一十九条第二款中称为"侵权的源代码等"）。

②除第①目所列网站外，根据在该网站等所提供的侵权源代码等的数量、该数量在该网站等所提供的源代码等总数的占比、有利于使用该侵害源代码等的分类和整理现状以及其他在该网站等提供侵害的源代码等的状况，被认为主要用于公众利用侵害的源代码等侵权著作作品的网站等。

（二）以下所列程序

①在利用该程序提供源代码等时，参考所表示的劝诱使用侵权的源代码等措辞、所强调的侵权源代码等以及其他基于该程序提供侵权源代码等方式，被认为特别诱使公众使用侵害著作作品的程序。

②除第①目所列程序外，根据在该程序所提供的侵权源代码等的数量、该数量在利用该程序所提供的源代码等总数的占比、有利于使用该侵害源代码等的分类和整理现状以及其他利用该程序提供侵害的源代码等的状况等，被认为主要用于公众利用源代码等侵害著作作品的程序等。

3. 提供的网站等使公众更容易使用侵权著作作品等［在包括该侵害著作权易用网站和其他相当数量的侵害著作权易用网站以外的网站中，排除那些仅向公众提供展示机会的网站（除权利人向网站等提出删除侵权源代码之请求、网站等无正当理由久不回应持续一段时间以及其他被认为给著作权人造成特别损害的情形外）］，或者向公众提供容易使用侵权作品等程序的提供者［在为了向公开提供所利用的网站和其他相当数量的网站或著作权侵权作品易用程序以及其他相当数量的著作权侵权作品的易用程序中，排除那些仅向公众提供著作权侵权作品易用程序的机会提供者（除权利人向网站等提出删除侵权源代码之请求、网站等无正当理由久不回应持续一段时间以及其他被认为给著作权人造成特别损害的情形外）］，在其网站或利用其程序提供源代码让他人容易使用著作权侵权作品，且在知道或者有充分理由认为能够知道与该源代码等相关的著作作品是侵权著作作品的情况下，尽管技术上可采取措施防止此类侵权作品的使用变得容易,但未采取此类措施的行为,视为对该著作权、出版权或著作邻接权的侵权行为。

4. 前两款中的网站等,是指互联网上用于识别各个单体计算机的源代码中共通的网页(即由文部科学省政令规定的、利用互联网浏览信息的电磁性记录。在以下本款中同)的集合体(即构成该集合体的多个网页,包括符合政令规定之条件、根据网页间相互关系以及其他因素等,统一向公众展示的被认可的网页)。

5. 在业务用计算机上使用侵犯计算机程序著作权之复制品(包括该复制品所有人根据第四十七条之三第一款规定的复制品、与第一款第一项进口相关的计算机程序的复制品以及由该复制品所有人根据该条第一款规定的复制品)的行为,只有在取得该复制品之初就明知的,视为著作权侵权行为。

6. 除为了研究、技术开发等正当范围内规避〔即通过阻止使用的技术性限制手段,使得作品的视听等功能可能被妨碍(除基于著作权人等意思的妨碍外)。在次款及第一百二十条之二第一项及第二项中同〕技术性限制手段以及其他未侵害著作权人利益的情形外,该技术性限制手段的规避行为视为对该技术性限制手段相关著作权、出版权或著作邻接权的侵害行为。

7. 以转让、出租或向公众转让、出租为目的,制造、进口、持有、向公众提供、向公众传播或可能化播送具有规避技术性保护手段或技术性限制使用手段功能之指令符号(即针对电子计算机的指令,且只能通过该指令符号可获得某种结果)的行为,视为对与该技术性保护手段相关的著作权、出版权或邻接权相关的侵权行为。

8. 以下所列行为,视为侵害与该权利管理信息相关的作者人格权、著作权、出版权、表演者人格权或著作邻接权等的侵权行为。

(一)故意添加权利管理信息之虚假信息的行为。

(二)故意删除或改变权利管理信息的行为(除因记录或传输方式改变而伴随的技术性限制不得不改变,或者根据其他作品或表演等的利用目的及形态等不得不改变的行为外)。

(三)明知前两项行为之意图,发行、为发行而进口、持有、公共播送或播送可能化该作品、表演等之复制品的行为。

9. 关于前款之适用,获取第九十四条之二、第九十五条之三第三款或第九十七条之三第三款规定的报酬或者第九十五条第一款、第九十七条第一款规定的二次使用费的权利等，视为著作邻接权。此时，前条中的"著作邻接权人"应替换为"著作邻接权人（包括根据次条第九款规定视为著作邻接权的权利人）"，该条第一款中的"著作邻接权"应替换为"著作邻接权（包括根据该款规定视为著作邻接权之权利）"。

10. 以在国内发行为目的、著作权人或著作邻接权人亲自或许可他人发行与商业录音制品同一的商业录音制品的（以下本款称为"国内发行的商业录音制品"）、该商业录音制品主要以国外发行为目的的在国外发行时（以下本款称为"国外发行的商业录音制品"），若行为人明知进口该国外发行的商业录音制品到国内发行或者为在国内发行持有该商业录音制品之行为的，只有在著作权人或著作邻接权人的利益因此可能受到不当侵害的情况下，视为对著作权或著作邻接权的侵害行为。但在进口、发行或者以在国内发行为目的而持有自国内首次发行之日起，超过政令规定七年期限的，不受此限。

11. 以损害作者的名誉或声望等方法使用其作品的行为，视为对作者人格权的侵权行为。

【与善意第三人相关的转让权特例】

第一百一十三条之二　在向公众转让作品的原件或复制品（除电影作品的复制品外，在本条中同）、表演的录音录像制品或录音制品的复制品时，行为人不知道该作品的原件或复制件、表演的录音录像制品或录音制品的复制品不属于第二十六条之二第二款各项、第九十五条之二第二款各项以及第九十七条之二第二款各项规定之情形且就该不知情主观无过错的，其行为均不视为对第二十六条之二第一款、第九十五条之二第一款以及第九十七条之二第一款所规定之权利的侵权行为。

【损害金额的推定等】

第一百一十四条　著作权人等可要求因故意或过失侵害其著作权、出版权或著作邻接权的行为人赔偿其因侵权所遭受的损失。在不超过著作权人等的销售能力相应金额限度内，该损失以转让侵权产品数量或实施构成侵害行为的公共传播（包括自动公共播送情形下的播送可能化）著作作品数量或表演的复制品（在本项中称为"接受复制品"）的数量（在本项中称为"转让等数量"）乘以正常销售产品（包括接受复制品）的单价所获金额，视为著作权人等的损害金额。但当著作权人等不能完成销售数量时，在推定损害金额的计算中应予扣除。

2. 著作权人、出版权人或著作邻接权人请求因故意或过失侵犯其著作权、出版权或著作邻接权的侵权人赔偿其所遭受的损失时，侵权人因侵权行为所获收益额视为著作权人、出版权人或著作邻接权人所遭受的损害金额。

3. 著作权人、出版权人或著作邻接权人可要求故意或过失侵犯著作权、出版权或著作邻接权的侵权人，以相当于其行使著作权、出版权或者著作邻接权应得金钱数额作为自己所遭受的损害赔偿额。

4. 著作权人或著作邻接权人根据前款规定请求著作权或著作邻接权的侵权人赔偿损害时，若被侵犯的著作权或著作邻接权为著作权等管理业者基于《著作权等管理事业法》① 所委托管理之权利的，则应根据该法第十三条第一款规定的使用费规程中与侵权行为相关作品的使用形态，计算出适当的著作权、著作邻接权相关的使用费金额（当存在多个计算方法时，则以最高金额为准），视为前款规定金额。

5. 第三款之规定，不妨碍超过该款规定的损害赔偿请求金额。在这种情形下，当著作权、出版权或著作邻接权的侵权人不存在故意或重大过失时，法院在确定损害赔偿的金额时，可酌情考虑。

【具体行为的明示义务】

第一百一十四条之二　在涉及作者人格权、著作权、出版权、表演者人格权或著作邻接权的侵权诉讼中，若否认作者、著作权人、出版权人、表演者或著作邻接权人所主张的侵权行为及其构成侵权行为的具体形态，另一方则必须明示其行为的具体形态。但若有充分理由可以不公开的，则不受此限。

【文件资料的提供等】

第一百一十四条之三　在涉及作者人格权、著作权、出版权、表演者人格权或著作邻接权的相关侵权诉讼中，法院可应当事人的申请，命令当事人提交必要的文件资料，以证明侵权行为或因侵权行为造成的损失金额。但如果该文件资料持有者有充分理由可以不提供的，则不受此限。

2. 法院认为有必要对与前款申请相关的文件资料是否属于该款主文中的文件资料或者是否具备但书中的正当理由进行判断时，可要求该文件

---

① 2000 年（平成 12 年）法律第 131 号。

资料的持有人公开文件资料。在这种情况下，任何人都不得要求披露该提交的文件资料。

3. 在前款规定的情况下，法院认为有必要就与第一款正文的申请相关的文件资料是否属于同款正文的文件资料或者是否构成该款但书中的正当理由，公开前款后段文件资料时，可向当事人［当事人（为法人的则为其法人代表）或者当事人的代理人（除诉讼代理人及辅佐人外）、使用人或者其他从业人员。在第一百一十四条之六第一款中同］、诉讼代理人以及辅佐人等公开该文件资料。

4. 在第二款规定的情况下，法院认为公开该款后段文件资料有必要听取专业意见时，在征得当事人同意后，可向《民事诉讼法》① 第一编第五章第二节第一款规定的专业委员公开该文件资料。

5. 在作者人格权、著作权、出版权、表演者人格权以及著作邻接权的侵权诉讼中，为证明该侵权行为，有关其中的文件资料的必要鉴定、公示等，准用前各款之规定。

【对鉴定人的当事人说明义务】

第一百一十四条之四　在著作权、出版权或著作邻接权的侵权诉讼中，法院可根据当事人的申请，命令对侵权行为所造成的损害结果进行鉴定，当事人必须就所鉴定的相关事项向鉴定人进行说明。

【损害金额的认定】

第一百一十四条之五　在著作权、出版权或著作邻接权的侵权诉讼中，虽能够确定损害确已发生，但却因证据性质很难证明损害金额的情况下，法院可根据法庭口头辩论以及证据调查结果，确定损害金额。

【保密令】

第一百一十四条之六　在作者人格权、著作权、出版权、表演者人格权以及著作邻接权的侵权诉讼中，当事人所有的相关商业秘密（即《反不正当竞争法》② 第二条第六款规定的"商业秘密"。以下同）存在以下任一事由的，经申请（法院）可命令当事人、诉讼代理人或者辅佐人不得向其他人泄露其在该诉讼中所获悉的商业秘密。但在申请保密令前，当事人、代理人或辅佐人通过阅读相当于第一项规定的资料、第一项所规定

---

① 1996年（平成8年）法律第109号。

② 1993年（平成5年）法律第47号。

的调查证据或者公示以外的方法而获取并持有该商业秘密的,则不受此限。

(一)当事人等所持有的商业秘密包括已提出或应该提出的书面记载有当事人所持有商业秘密的,或者已调查或应该调查的证据(包括根据第一百一十四条之三第三款规定所公开的书面文件)内容的商业秘密。

(二)为防止前项商业秘密被用于该诉讼的追诉以外之目的,或者因被披露而可能对当事人基于该商业秘密的各项业务产生影响的,有必要限制该商业秘密的使用或披露。

2. 在提出前款规定的命令(以下称为"保密令")之申请时,其申请书必须记载以下各项事项。

(一)接受该保密令的明确保密者;

(二)成为保密令之对象的特定商业秘密的充分理由;

(三)属于前款所列各项原因的事实。

3. 发布保密令后,必须向相关人员送达保密令裁定书。

4. 保密令的效力自相关人员收到保密令裁定之日起生效。

5. 对驳回保密令申请之裁定可立即提起复议。

【保密令的撤销】

第一百一十四条之七 保密令的申请人或被申请人针对法院庭审记录(若法院无庭审记录,则为作出保密令的法院),可以不具备前条第一款规定之条件或以缺少该条件为理由,申请撤销保密令。

2. 针对审理保密令的撤销申请,法院必须将保密令之裁定结果通知申请人及被申请人。

3. 针对保密令的撤销申请之裁判,可即时抗告。

4. 保密令的撤销申请之裁判,在未确定前不得生效。

5. 在裁定撤销保密令后,除保密令的申请人或被请求人以外,法院也必须就保密令的撤销之宗旨通知其他受保密令约束的被约束人。

【庭审记录的阅览请求之通知等】

第一百一十四条之八 在与保密令相关的诉讼(除所有已撤销保密令的诉讼外)庭审记录中,若存在《民事诉讼法》①第九十二条第一款规定之情形,当事人申请阅览该庭审记录且申请人未接受保密令诉讼中的保

---

① 1996年(平成8年)法律第109号。

密令时，法院书记官应立刻通知除申请人以外的其他当事人（在第三款中同）。

2. 在前款规定的情形下，自该款阅览申请之日起两周内（当该阅览申请人提起阅览申请在保密令申请确定之日以前的，则截至该申请确定之日），法院书记官不得允许申请人阅览庭审记录中的商业秘密部分。

3. 当《民事诉讼法》第九十二条第一款规定的申请的所有当事人都同意阅览记载第一款规定的商业秘密的庭审记录时，则不适用前两款之规定。

【名誉恢复等措施】

第一百一十五条 对于因故意或过失侵害作者或表演者的人格权的侵权人，作者或表演者除可以请求赔偿损失外，还可要求其采取适当措施，确保作者或表演者的身份、修正或恢复作者或表演者的名誉或声望等。

【作者、表演者死亡后的人格权保护措施】

第一百一十六条 作者或表演者死亡后，其近亲属（即已死亡作者或表演者的配偶、子女、父母、孙子女、祖父母或兄弟姐妹。本条以下同）可对违反第六十条或一百零一条之三规定以及存在违反之虞的行为人，提出第一百一十二条规定之请求，并向故意或过失侵犯作者或表演者人格权的行为人或违反第六十条或第一百零三条之规定者，提出前条之请求。

2. 可提起前款之请求的近亲属之顺位，以前款规定的顺位为准。但作者或表演者通过遗嘱另有确定的，则以其确定的顺位为准。

3. 作者或表演者可通过遗嘱指定代替前款近亲属的其他人为请求权人。此时，自作者或表演者死亡之日的当年起经过七十年（当该期限经过后存在近亲属的，则在其死亡后）的，则不能再提起该请求。

【合作作品等的权利侵害】

第一百一十七条 根据第一百一十二条规定，合作作品的各个作者或著作权人可不经其他合作作者或著作权人同意，就其自己持有份额的权利侵权提起损害赔偿或请求返还其持有份额的不当得利。

2. 与共有相关的著作权或著作邻接权的损害赔偿，准用前款之规定。

【无名或假名作品的权利保全】

第一百一十八条 为了保护无名或假名作品的作者或著作权人，该无名或假名作品的发行人可以自己的名义提起第一百一十二条、第一百一十五条或第一百一十六条第一款规定之请求，或提起与侵犯该作品的作者人格权、著作权的侵权损害赔偿请求或不当得利返还之请求。但当假名被众所周知以及存在第七十五条第一款实名登记的，则不在此限。

2. 在无名或假名作品的复制品上，以一般方式标注实名或周知假名作为发行人的，则推定其为该作品的发行人。

第八章　罚则

第一百一十九条　侵害著作权、出版权或著作邻接权的［第三十条第一款（包括第一百零二条第一款中的准用情形。以下第三款中同）规定的私人使用之目的的作品或表演复制品的个人使用者，视为侵害第一百一十三条第二款、第三款或第六款至第八款规定的著作权、出版权或著作邻接权（包括根据该条第九款规定视为著作邻接权的权利。在以下第一百二十条之二第五款中同）的侵权人，根据第一百一十三条第十款规定，视为著作权、著作邻接权的侵权行为者或者下一款第三项或第六款所列举的行为人除外］，处十年以下有期徒刑或一千万日元以内罚金，或者二者并处。

2. 以下所列各项行为人，处五年以下有期徒刑或五百万日元以内罚金，或者二者并处。

（一）作者或表演者的人格权之侵权人（第一百一十三条第八款规定的、视为作者或表演者之人格权的侵权行为的行为者除外）。

（二）以营利为目的，允许他人利用第三十条第一款第一项规定的自动复制设备复制侵害著作权、出版权或著作邻接权的作品的行为人。

（三）根据一百一十三条第一款规定，实施了被视为著作权、出版权或者著作邻接权侵权行为的行为人。

（四）向公众提示著作权侵权作品利用容易化之网站的提示者［仅向公众提供利用侵害著作权之作品容易化网站以及其他相关网站等（即第一百一十三条第四款规定的网站等。在以下本项中及此项中同）或机会提供者（著作权人等请求该网站删除侵权播送识别源代码、网站等在一定时间内不删除或无正当理由不会回应而被认为不当侵害著作权人等利益等特殊情况除外）除外］。

（五）向公众提供便于使用侵权作品之程序的提供者［包括用于向公

众提供的网站以及其他相关网站或用于向公众提供便于使用侵权作品之计算机程序的网站以及其他相关计算机程序之网站等，仅便于公众有机会使用该侵权作品之计算机程序的提供者（著作权人等请求该网站删除侵权源代码、程序等，被请求人在一定时间内不删除或无正当理由不回应而被视为不当侵害著作权人等利益的特殊情况除外）除外]。

（六）根据第一百一十三条第五款规定，实施了被视为著作权侵权行为的行为人。

3. 以下所列各项行为人，处两年以下有期徒刑或二百万日元以内罚金，或者二者并处。

（一）以第三十条第一款规定的私人使用为目的，侵害有偿的录音录像作品等［即为录音录像的作品或表演等（仅限与著作权或著作邻接权相关之作品或表演）且有偿向公众提供或提示（仅限提供或提示行为并不侵害著作权或著作邻接权）的作品]或在国内公众自动播送（包括在国外实施的自动公共传播、但在国内应属于著作权侵权行为的情况）或与侵犯著作邻接权的播送可能化（包括在国外实施的播送可能化、但在国内应属于著作权侵权行为的情况）相关的、接收自动公共传播并以数字方法进行录音录像（在以下本项及次款中称为"有偿作品等的特定侵权录音录像"），实施了录音录像特定侵权之行为的著作权及著作邻接权的侵权人。

（二）以第三十条第一款规定的私人使用之目的，侵害了向公众有偿提供著作作品（仅限以著作权之标的作品。在本款中同）或提示著作作品的著作权［除第二十八条规定的权利（仅限与利用翻译以外之方法所创作的二次作品相关权利）外。在以下本项及第五款中同]、接受自动公共播送（包括在国外自动公共播送、但在国内属于著作权侵权行为的情况）并以数字方法进行复制（录音录像除外。在以下本项中同）（根据该作品被复制部分的占比、向公众自动播送时表述的精准程度以及其他因素等，排除情节轻微的情形。在本项及第五款中称为"有偿作品的特定侵权复制"）、持续并反复实施有偿作品的特定侵权复制的著作权侵权行为（根据该著作作品的种类、用途以及该有偿著作权的特定侵权行为的侵权形态等，排除因特别事由不认为构成对著作权人构成侵权的情形）的著作权及著作邻接权之侵权人。

4. 前款第一项所列举的侵权行为人，不得以重大过失而不知情为由，解释其自己实施的有偿作品等的特定侵权录音录像行为对著作权或著作邻接权的侵害。

5. 第三款第二项所列举的侵权行为人，不得以重大过失而不知情为由，解释其自己持续或反复实施的有偿作品等特定侵权复制行为对著作权或著作邻接权的侵害。

第一百二十条 违反第六十条或第一百零一条之三规定者，处以五百万日元以下的罚金。

第一百二十条之二 以下所列各项行为人，处三年以下有期徒刑或三百万日元以内罚金，或者二者并处。

（一）公开转让、出租具有规避技术性及规避或限制之功能的机械设备（包括具备该功能且容易组装的零部件）或计算机程序复制品，或者以出租、向公众转让或出租为目的制造、进口、持有、向公众提供具备规避技术性及规避或限制之功能的机械设备或计算机程序的复制品，或实施向公众传播具备前述功能的计算机程序复制品或使传播可能化（当该设备或计算机程序既具备前述功能也具备其他功能的情况下，仅限可以规避技术性及规避或限制之功能的机械设备或根据第一百一十三条第三款规定视为侵害著作权、出版权或著作邻接权行为的规避使用限制可能的设备或计算机程序）的行为人。

（二）为满足公众需求，以营利为目的实施规避技术保护措施或规避技术性利用限制手段的行为人。

（三）实施第一百一十三条第二款规定的，被视为侵害著作权、出版权或著作邻接权之行为的行为人。

（四）实施第一百一十三条第七款规定的，规避技术保护措施或规避技术性利用限制手段相关的，被视为侵害著作权、出版权或著作邻接权之行为的行为人。

（五）以营利为目的，实施第一百一十三条第八款规定的，被视为侵害作者人格权、著作权、出版权、表演者人格权或著作邻接权之行为的行为人。

（六）以营利为目的，实施第一百一十三条第十款规定的，被视为侵害著作权或著作邻接权之行为的行为人。

第一百二十一条 以非作者的真实姓名或他人被周知的笔名作为作者姓名署名于作品之复制品（包括以原作非作者的真实姓名或他人被周知

的笔名作为原作作者姓名署名于二次作品的复制品）的发行者，处一年以下有期徒刑或一百万日元以内罚金，或者二者并处。

第一百二十一条之二　复制、发行、以发行为目的持有或者以发行为目的申请发行以下各项所列商业录音制品者［包括该商业录音制品的复制品（含二次以上复制品的复制品）］（除该录音制品的母带最初固定之日起超过七十年的复制者、发行者、持有或申请人外），处一年以下有期徒刑或一百万日元以内罚金，或者二者并处。

（一）国内的商业录音制品制造业者从录音制品制作者手中获取录音制品（第八条规定的各项情形除外）的母带进行商业录音制品制作的。

（二）国外的商业录音制品制造业者从《保护表演者罗马公约》缔约国国民、世界贸易组织成员方国民或《保护录音制品制作者公约》缔约国国民（含基于缔约国法令所设立的法人以及主营业地位于缔约国的法人）录音制品制作者手中获取录音制品（第八条规定的各项情形除外）的母带进行商业录音制品制作的。

第一百二十二条　违反第四十八条或第一百零二条第二款规定者，处五十万日元以下罚金。

第一百二十二条之二　违反保密令者，处五年以下有期徒刑或五百万日元以下罚金，或者二者并处。

2. 前款之罪名，适用于在国外犯有该款之罪者。

第一百二十三条　第一百一十九条第一款至第三款、第一百二十条之二第三项至第六项、第一百二十一条之二以及前条第一款所规定的犯罪，不告诉的则不得提起公诉。

2. 前款规定不适用于第一百一十九条第一款所述罪名中以获得利益为目的且获得财产对价或通过有偿提供、有偿提示等而损害著作权人的预期利益的以下各项所列行为。

（一）关于有偿作品等，向公众出让原件的复制品或向公众传播（若为自动公共传播的，含播送可能化。在下一款中同）原作品的行为（仅限根据该有偿作品等的种类及用途、该出让的数量，通过该有偿作品的提供或提示等行为而损害著作权人的预期利益的情形）。

（二）关于有偿作品等，为了向公众出让原件的复制品或向公众传播原作品，而复制该有偿作品的行为（仅限根据该有偿作品等的种类及用途、该复制的数量以及形态，通过该有偿作品的提供或提示等行为而损害著作权人的预期利益的情形）。

3. 前款规定的有偿作品特指有偿向公众提供或提示的作品或表演（仅限以著作权、出版权以及著作邻接权为标的的作品或表演等）［提供或提示之行为侵害著作权、出版权或著作邻接权的除外（在国外提供或提示之行为，若在国内发生则构成侵权）］等。

4. 无名或假名作品的发行者可对与该作品相关的第一款之犯罪提起告诉。但第一百一十八条第一款但书规定的情形以及作者明确反对的，则不在此限。

第一百二十四条 法人的法定代表人（含无法人人格的社团或财团之管理人）、法人或自然人的代理人、使用人及其他从业者，就法人或自然人的业务行为违反以下各项之规定的，除处罚行为人外，对该法人应并处以下各项罚金。

（一）违反第一百一十九条第一款、第二款第三项至第六项或者第一百二十条之二第一款规定的，处三亿日元以下罚金。

（二）违反第一百一十九条第二款第一项或第二项、第一百二十条至第一百二十二条规定的，处以其各自规定的罚金。

2. 对不具法人人格的社团或财团适用前款规定时，除其代表人或管理人代表该社团或财团实施诉讼行为外，法人作为被告人或嫌疑人的，准用《刑事诉讼法》的规定。

3. 在第一款规定的情形下，针对该行为人的控告或撤销控告，其效力不仅适用于该法人或自然人，对该行为人亦有效。

4. 根据第一款规定，对违反第一百一十九条第一款、第二款或第一百二十二条之二第一款之规定的法人或自然人处以罚金刑的时效期间，应以其各条规定之罪名的时效期间为准。

附则 抄

【施行日期】

第一条 本法自1971年（昭和46年）1月1日起施行。

【适用范围的过渡措施】

第二条 在本法施行时根据修改前的《著作权法》（以下称为"旧法"）的著作权已经全部消灭的作品，不适用改正后的《著作权法》（以下称为"新法")的作品之规定。

2. 在本法施行时，对于根据旧法规定部分著作权已经消灭之作品，不适用新法中相关著作权之规定。

3. 本法实施前之表演（除属新法第七条各项规定的表演外）或在本法实施前首次将声音固定的录音制品（除属新法第八条各项规定的录音制品外），在本法施行时依据旧法的既存著作权，不受新法第七条第八条的规定影响，适用《著作权法》中著作邻接权的规定（含第九十四条之二、第九十五条、第九十五条之三第三款及第四款、第九十七条及第九十七条之三第三款至第五款规定）。

【国家等完成的翻译作品的过渡措施等】

第三条 新法第十三条第四项规定的作品，在本法施行时根据旧法所设定的著作权，在出版权有效存续期内，不受该项规定的限制。

【法人作品等的作者之过渡措施】

第四条 新法第十五条、第十六条之规定不适用于本法施行前创作完成的作品。

【电影作品等的著作权归属之过渡措施】

第五条 本法施行前所创作完成的、新法第二十九条规定的电影作品之著作权归属，依先例执行。

2. 新法之规定，不影响本法实施前在作品中插入照片或因委托创作的肖像摄影作品依旧法第二十四条或二十五条规定的著作权归属效力。

【自动复制设备的过渡措施】

第五条之二 《著作权法》第三十条第一款第一项以及第一百一十九条第二款第二项的适用，其中的自动复制设备暂不包括用于文字、图画的自动复制设备。

【公开场所之美术作品的过渡措施】

第六条 本法实施时，新法第四十五条第二款规定的、设置在室外固定场所的美术作品，视为获得该作者许可展示的公开美术作品。

【著作保护期的过渡措施】

第七条 本法施行前公开发表作品的著作权期限，若根据旧法长于本法第二章第四款规定期限的，依前例执行。

【翻译权存续期限的过渡措施】

第八条 对于本法施行前出版发行的作品，旧法第七条及第九条规定仍然有效。

【关于著作权处置的过渡措施】

第九条　本法施行前，依据旧法对著作权的转让或其他处置等，除附则第十五条第一款规定的情形外，视为根据新法的著作权转让或其他处置。

【合作作品的过渡措施】

第十条　本法施行前由两人或两人以上共同创作的作品，合作作者的著作权可就其各自完成部分单独使用，旧法第十三条第一款及第三规定仍然有效。

2. 前款规定的作品，在适用新法第五十一条第二款或第五十二条第一款规定时，视为合作作品。

【根据裁定的作品使用之过渡措施】

第十一条　本法施行前，以在国内销售的商业唱片所录制的音乐作品的其他商业唱片的录音，不适用新法第六十九条之规定。

2. 根据旧法第二十二条之五第二款、第二十七条第一款或第二款规定的作品使用者，仍可根据旧法规定使用。

3. 文化厅长官根据旧法第二十二条之五第二款或第二十七条第二款规定作出的补偿金额之裁定，视为文化厅长官根据新法第六十八条第一款或第六十七条第一款规定所作出的补偿金之裁定，适用新法第七十二条及第七十三条之规定。

4. 在前款规定的情况下，若对补偿金金额提起异议的当事人在本法实施前已知时，新法第七十二条第一款规定的期限，自本法施行之日起计算。

【登记的过渡措施】

第十二条　对于本法实施前、根据旧法第十五条登记的著作权、实名登记以及首次代表日期登记等的处置及程序，除属于附则第十五条第三款规定事项外，视为根据新法第七十五条至第七十七条规定的登记处置及程序。

2. 本法施行时，关于旧法第十五条第三款的作品的登记年月日，旧法第三十五条第五款规定仍有效。

【出版权的过渡措施】

第十三条　本法施行前根据旧法设定的出版权，在本法施行时依然存在的，视为根据新法的出版权。

2. 本法施行前根据旧法第二十八条之十规定的出版权登记或程序，应视为根据新法第八十八条的出版权登记或程序。

3. 第一款之出版权，不受新法第八十条至第八十五条影响，根据旧法第二十八条之三至第二十八条之八的规定仍然有效。

第十四条　删除

【著作邻接权的过渡措施】

第十五条　本法施行前根据旧法的著作权转让或者其他处分、本法施行前完成的表演或者本法施行前完成声音首次固定的唱片，自本法施行之日起适用新法中著作邻接权的规定的，视为新法上的著作邻接权的转让或其他处分。

2. 前款规定的表演或唱片，在本法施行时根据旧法之著作邻接权的存续期间，据旧法规定的著作权期限届满之日（若该日期自本法生效之日起超过七十年的，为该七十年经过之日期）在新法第一百零一条规定的届满之日以后的，则不受该规定影响，以旧法规定的著作权届满期限为准。

3. 本法施行前，根据旧法第十五条第一款规定的表演或唱片著作权登记的相关处分或程序，视为根据新法第一百零四条的著作邻接权登记相关处分或程序。

4. 第一款规定的表演或唱片，准用附则第十条第一款及第十二条第二款之规定。

【复制品发行等的过渡措施】

第十六条　本法施行前完成的作品、表演或唱片之复制品，符合新法第二章第三节第五款（含新法第一百零二条第一款中的准用情形）之规定，则应在该规定的目的范围内使用或发行之。

【权利侵害的过渡措施】

第十七条　本法施行前，实施违反旧法第十八条第一款或第二款规定之行为，或旧法第三章规定的伪作行为（含侵害出版权行为），不受新法第十四条及第七章规定影响，仍以旧法第十二条、第二十八条之十一、第二十九条、第三十三条、第三十四条、第三十五条第一款至第四款、第三十六条及第三十六条之二的规定处理。

【罚则的过渡措施】

第十八条　对于本法施行前的行为之罚则，依旧法处理之。

附则 1978年（昭和53年）5月18日法律第49号

【施行日期】
第一条 本法中的未获许可的唱片复制，自《唱片制作者保护公约》在日本生效之日起施行。

【过渡措施】
第二条 修改后《著作权法》中的著作邻接权之规定，不适用于本法施行前最初固定声音的著作权法第八条第六项所列唱片。

附则 1981年（昭和56年）5月19日法律第45号 抄

【施行日期】
第一条 本法自公布之日起施行。

附则 1983年（昭和58年）12月2日法律第78号

第一条 本法（除第一条外）自1984年（昭和59年）7月1日起施行。
第二条 本法施行前根据法律规定设立的机构等，在本法施行后根据《国家行政组织法》或本法修订后相关法律的配套政令（以下称为"相关政令"）所设置之机构的过渡措施，则由其相关法律的实施所伴随的配套相关政令规定的过渡措施规定之。

附则 1984年（昭和59年）5月4日法律第23号 抄

【施行日期】
第一条 本法自公布之日起20日后施行。

附则 1984年（昭和59年）5月25日法律第46号

【施行日期】
1. 本法自1985年（昭和60年）1月1日起施行。

【暂行措施的废除】

2. 废除《商业唱片公共租赁的著作权保护暂行措施法》①（以下称为"暂行措施法"）。

【伴随暂定措施法废除的过渡措施】

3. 本法施行前，根据暂行措施法的规定商业唱片公共租赁许可的获得者，不受修订后《著作权法》第二十六条之二、第九十五条之二、第九十七条之二规定影响，可在其被许可的条件与范围内以出租商业唱片的方式向公众提供商业产品的复制品、表演以及唱片。

4. 本法施行前实施的、违反暂行措施法第四条第一款规定之行为，其效力以暂行措施法（含基该法的政令）确定之。

附则　1985年（昭和60年）6月14日法律第62号　抄

【施行日期】

1. 本法自1986年（昭和61年）1月1日起施行，但第七十六条项下增加的一条之修改规定、七十八条第一款的修改规定以及附则第六条规定、修改后《著作权法》第七十八条之二的规定，则自法律施行之日起施行。

【职务作品的过渡措施】

2. 修订后的《著作权法》第十五条规定适用于本法施行后创作的作品，本法施行前创作的作品仍依前例。

【创作年月日登记的过渡措施】

3. 修订后的《著作权法》第七十八条之二规定的、于法律生效前六个月内创作的计算机软件作品相关的《著作权法》第七十六条之二第一款的登记，自新法生效之日起经过三个月的期间内，不适用该款但书之规定。

【计算机软件作品的复制品使用之过渡措施】

4. 对于本法施行前完成的计算机程序作品之复制品，若适用修订后的《著作权法》第四十七条之二且应该得到保护的则不适用修订后《著作权法》第一百一十三款的规定。

---

① 1983年（昭和58年）法律第76号。

【罚则的过渡措施】

5. 对于本法施行前行为的罚则，依前例处理之。

附则　1986年（昭和61年）5月23日法律第64号

【施行日期】

1. 本法自1987年（昭和62年）1月1日起施行。

【为了有线播送的电影作品著作权归属的过渡措施】

2. 本法施行前创作的、修改后的《著作权法》第二十九条第三款规定的电影作品之著作权归属，仍依前例。

【为了有线播送的播送业者或表演者相关的著作邻接权之过渡措施】

3. 《著作权法》中与有线播送业者或表演者相关的著作邻接权规定（含第九十五条和第九十五条之三第三款和第四款规定）、不适用于本法施行前实施的有线播送或在其有线播送中播送的表演（除本法第七条第一项至第三项规定的表演外）。

【罚则的过渡措施】

4. 对本法施行前行为的罚则，依前例处理之。

附则　1986年（昭和61年）5月23日法律第65号　抄

【施行日期】

第一条　本法自1987年（昭和62年）4月1日起施行。

附则　1988年（昭和63年）11月1日法律第87号

【施行日期】

第一条　本法自公布之日起，经过二十日后施行。

【过渡措施】

第二条　修订后的《著作权法》第一百二十一条第二项规定，不适用于本法实施后的以下各项行为。

（一）国内的商业唱片业者接收唱片（除第八条各项规定的唱片外）制作者提供的母带、制作商业唱片（在下一项中称为"特定外国母带商业唱片"），自该母带最初将声音固定日期的次年起经过20年（在下一项中称为"修正前的禁止经过期间日期"）、在本法施行前作为商业唱片进行复制或发行该复制品的行为。

（二）在修订前的禁止期间经过以前，进行特定外国母带商业唱片复制并发行的行为。

附则　1989年（平成1年）6月28日法律第43号

【施行日期】
1. 本法自《表演和录音制品公约》在日本生效之日起施行。
【负条约保护义务之表演等的过渡措施】
2. 修订后《著作权法》（以下称为"新法"）中的著作邻接权之规定（含第九十五及第九十七条之规定），不适用于下列各种情形。
（一）本法施行前实施的新法第七条第五项所列之表演。
（二）除本法施行前首次将声音固定的新法第八条第三项所列的、次款规定的唱片以外之唱片。
（三）本法施行前、实施的新法第九条第三项所列举的播送。
3. 在本法施行前，声音首次被固定的、未获得新法第九条第三项所列播送第八条第三项规定的唱片之复制许可的唱片之复制，根据《表演和录音制品公约》所承担的保护义务，适用旧法之规定。
【在日本无惯常居所地之外国表演者的过渡措施】
4. 《著作权法》中的著作邻接权规定（含第九十五条、第九十五条之三第三款及第四款规定），不适用于本法施行前实施表演的在国内无居所地的外国人。但《著作权法》施行前实施的表演在该法施行时根据旧《著作权法》[①]依然享有著作权的表演者，则不受此限。

附则　1991年（平成3年）5月2日法律第63号

【施行日期】
1. 本法自1992年（平成4年）1月1日起施行。

[①]　1899年（明治32年）法律第39号。

【过渡措施】

2.《著作权法》第九十五条之三规定，不适用于1989年《著作权法修订法》（平成1年法律第43号。在下一款第二项中称为"平成元年修订法"）施行前举行的《著作权法》第七条第五项规定之表演。

3.《著作权法》第九十七条之三的规定不适用于下列各项唱片。

（一）在《著作权法修订法》① 施行前首次固定声音的、承担《唱片制作者保护公约》（在次款及附则第五项第三项中称为"《唱片公约》"）规定之国家保护义务的唱片（除《著作权法》第八条第一项或第二项所列唱片外）。

（二）《著作权法》第八条第三项所列的、在平成元年修订法施行前已经首次固定声音的唱片（除根据《唱片公约》承担国家保护义务的唱片外）。

4. 首次销售日在本法施行前的商业唱片（仅限对第七条第一项至第四项所列表演录制以及第八条第一项或第二项所列唱片的复制的唱片），其表演者或唱片制作者通过出租向公众提供之权利的第九十五条之三第二款规定的与商业唱片相关的期限日期的起算日，依旧法规定之。

5. 对于本法施行后实施的下列行为，不适用修订后的第一百二十一条之二。

（一）国内的商业唱片业者接收唱片（除第八条规定的各项唱片外）制作者提供的母带、制作商业唱片（在下一项中称为"特定外国母带商业唱片"），自该母带最初将声音固定日期的次年起经过20年（在下一项中称为"修正前的禁止经过期间日期"）、在1988年《著作权法修订法》（昭和63年法律第87号，在次项及第三项中称为"昭和63年修改法"）施行前作为商业唱片［含该商业唱片的复制品（含超过第二项所规定期间的复制品之复制品）］进行复制或发行该复制品的行为。

（二）在经过了20年的禁止期间、昭和63年修订法生效前，以发表或发行为目的持有并复制特定外国商业唱片之母带的商业唱片之复制行为。

（三）在《著作权法》施行地域外的商业唱片业者利用《表演和录音制品公约》或《唱片公约》缔约国国民（含基于缔约国法律和政令成立的法人以及住营业地在该缔约国的法人）的唱片制作者提供的母带、制作商业唱片

---

① 1970年（昭和45年）法律第49号。

（第八条规定的各项唱片除外），自该母带的声音最初固定的次年起经过 20 年、在昭和 63 年修改法施行前作为商业唱片［含该商业唱片的复制品（含超过第二项所规定期间的复制品之复制品）］进行复制或发行的行为。

6. 对于本法施行前行为的罚则，依前例处理之。

附则 1992 年（平成 4 年）12 月 16 日法律第 106 号

【施行日期】

1. 本法自公布之日起，在不超过六个月的范围内由政令规定施行日期。但目录的修改、第七章改为第八章、第六章改为第七章、第五章改为第六章、第四章之后增加一章（除第一百零四条之四、第一百零四条之五、第一百零四条之八第一款及第三款相关部分外）以及附则第十七条的修改，则自本法公布之日起施行。

【过渡措施】

2. 修订后的《著作权法》（以下称为"新法"）之规定，不适用于本法施行之日（以下称为"施行日"）前购入的（仅限零售后首次购买。以下同）、新法第一百零四条之四第一款之特定设备，实施新法第一百零四条之二第一款第一项及第二项规定的私人使用及私人录像。

3. 利用施行日前购买的新法第一百零四条之四第一款规定的特定机器设备，在施行日后购买的该款特定记录介质上、实施新法第一百零四条之二第一款或第二款规定的私人录音或录像时，该特定机器设备的购入行为视为已支付新法第一百零四条之四第一款规定的私人录音录像补偿金。利用施行日后购买的特定设备在施行日之前购买的特定记录介质上进行新法第一百零四条之二第一款第一项或第二项规定私人录音或私人录像时，视为该特定记录介质的购入行为，亦视为已支付该私人录音录像补偿金。

附则 1993 年（平成 5 年）11 月 12 日法律第 89 号 抄

【施行日期】

第一条 本法自《行政手续法》① 施行之日起施行。

---

① 1993 年（平成 5 年）法律第 88 号。

【授权立法】

第十五条 除附则第二条至前条规定事项外，与本法施行相关的其他必要措施由政令规定之。

附则 1994 年（平成 6 年）12 月 14 日法律第 112 号

【施行日期】

1. 本法自《建立世界贸易组织之马拉喀什协议》在日本生效之日起，在不超过一年的范围内由政令规定施行日期。

【著作邻接权相关规定之适用】

2. 根据第一条规定，关于修订后的《著作权法》（以下称为"新法"）第七条第四项、第五项所列表演（除该条第一项至第三项所列表演外）的著作邻接权（含第九十五条之三第三款及第四款规定）适用于以下所列各项表演，不适用《著作权修订法》① 附则第三项、1989 年《著作权修订法》（平成 1 年法律第 43 号。以下称为"平成 1 年修订法"）附则第二款以及 1991 年的《著作权修订法》（平成 3 年法律第 63 号。以下称为"平成 3 年修订法"）附则第二项规定。

（一）在世界贸易组织成员方实施的表演。

（二）在以下所列录音制品上所固定之表演。

①录音制品制作者为世界贸易组织成员方国民（包含基于加盟国之法令所设立的法人以及在加盟国有主营业地的法人）的录音制品。

②声音最初固定是在世界贸易组织成员方境内完成的录音制品。

（三）在以下所列播送中的表演（除获得表演者承诺、在播送前已录音录像的表演外）。

①世界贸易组织成员方国民为播送业者的播送。

②利用世界贸易组织成员方播送设备进行的播送。

3. 当与前款各项所列表演相关表演者是在国内无惯常居所地的外国人时，对其表演的著作邻接权的规定（含第九十五条之三第三款及第四款规定）不适用平成 1 年修订法第四条规定。

4. 对以下所列录音制品适用《著作权法》中的著作邻接权相关规定

---

① 1986 年（昭和 61 年）法律第 64 号。

（含第九十七条之三第三款至第五款规定）时，不适用平成1年修正法附则第二款及第三款、平成3年修正法附则第三款规定。

（一）新法第八条第三项款规定的以下录音制品。

①录音制品制作者为世界贸易组织成员方国民的录音制品。

②声音的最初固定是在世界贸易组织成员方境内完成的录音制品。

（二）根据《保护录音制品制作者公约》（在附则第六款中称为"唱片保护公约"）的我国保护义务，《著作权法》第八条第五项规定的录音制品。

5. 关于新法第九条第三项规定的下列播送的著作邻接权，不适用平成1年修正法附则第二款之规定。

（一）世界贸易组织成员方的播送业者的播送。

（二）利用位于世界贸易组织成员方境内的播放设备进行的播送。

【外国母带的商业录音制品之复制的过渡措施】

6. 利用《著作权法》施行地域外、国际贸易组织成员国国民［《保护表演者罗马公约》或《保护录音制品制作者公约》缔约国国民（含基于缔约国法律和政令成立的法人以及主要营业地在该缔约国的法人）除外］的录音制品制作者提供的母带、制作商业录音制品（除第八条各项规定的唱片外），自该母带最初将声音固定日期的次年起经过20年、在《著作权法修订法》①施行前作为商业录音制品［含该商业录音制品的复制品（含二次以上复制的复制品）］进行复制、发行或以复制、发行为目的持有该复制品的行为，属于本法施行前的，不适用新法第一百二十一条之二的规定。

附则 1995年（平成7年）5月12日法律第91号 抄

【施行日期】

第一条 本法自公布之日起二十日后施行。

附则 1996年（平成8年）12月26日法律第117号 抄

【施行日期】

第一条 本法自公布之日起、在不超过三个月的范围内由政令规定施

---

① 1988年（昭和63年）法律第87号。

行日期。

【摄影作品保护期限的过渡措施】

第二条 修订后《著作权法》中的作品保护期限之规定，在本法施行时根据修订前著作权法完成之摄影作品的著作权的存在、消灭等的法律适用，仍依先例为准。

第三条 本法施行前创作的摄影作品的著作权存续期间，该摄影作品依据修订前著作权法的权利期限届满之日在新法规定的届满之日之后的，不受新法规定影响，仍依旧法的届满日期为准。

附则 1997年（平成9年）6月18日法律第86号

【施行日期】

1. 本法自1998年（平成10年）1月1日起施行。

【置于自动公共播送状态中的作品等的过渡措施】

2. 本法施行时实际处于自动公共播送状态中的作品、表演［仅限于修订前《著作权法》（以下称为"旧法"）第九十二条第二款第二项所列表演］或录音制品，其中的自动公共播送处在播送可能化状态时，该实施者（当该自动公共播送可能化的实施者与公开播送本法实施时该作品、表演或录音制品可能化相关的新法第二条第一款第九项之五规定的、置于自动公共播送状态的行为人不同时，该自动公共播送状态的行为人）则不适用修订后的《著作权法》（以下称为"新法"）第二十三条第一款、第九十二条之二第一款或第九十六条之二的规定。

3. 本法施行时实际处于自动公共播送状态中的表演（旧法第九十二条第二款第二项所列表演除外），在本法施行后，该条第一款规定仍然有效。

【罚则的过渡措施】

4. 对于本法施行前实施的行为之罚则，依旧法处理之。

附则 1998年（平成10年）6月12日法律第101号 抄

【施行日期】

第一条 本法自1999年（平成11年）4月1日起施行。

附则　1999年（平成11年）5月14日法律第43号　抄

【施行日期】

第一条　本法自《政府信息公开法》①（以下称为"信息公开法"）施行之日起施行。

【伴随《著作权法》部分修改的过渡措施】

第二条　根据第十一条规定，修改后《著作权法》第十八条第三款之规定，不适用于本法施行前作者向《信息公开法》第二款第一款规定的行政机关或者地方公共团体提供的未公开发表的作品（含未获得作者同意公开的已发表作品）。

附则　1999年（平成11年）6月23日法律第77号　抄

【施行日期】

1. 本法自2000年（平成12年）1月1日起施行。但第二条第一款第十九项之后增加的二项的修订规定、第三十条第一款的修订规定、第一百一十三条的修订规定、第一百一十九条的修订规定、第一百二十条之下增加的一条的修订规定、第一百二十三条第一款的修订规定、附则第五条之二的修订规定以及附则第五款之规定，则自2000年（平成11年）10月1日起生效。

【过渡措施】

2. 修订后的《著作权法》第二十六条之二第一款、第九十五条之二第一款以及第九十七条之二第一款的规定，不适用于本法施行时既存作品的原件或复制件、表演的录音录像物复制品（出版权人在不损害《著作权法》第二十一条、第九十一条第一款、第九十六条规定之权利的作品之复制品除外）的转让。

3. 修订后的《著作权法》第二十六条之二第一款之规定，不适用于本法施行前设定的出版权且在该出版权存续期间以出版为目的的发行作品之复制品的行为。

---

① 1999年（平成11年）法律第42号。

4. 出版权（仅限本法施行前设定的出版权）消灭后，原出版权人发行其在出版权存续期间制作的作品之复制品的，依前例处理之。

5. 从1999年（平成11年）11月1日至本法施行的前一日，修订后的《著作权法》第一百一十三条第四款中的"第九十五条之三第三款"应为"第九十五条之二第三款"，"第九十七条之三第三款"应为"第九十七条之二第三款"。

6. 当《伴随政府信息公开法修改法的关系法律整备法》①（以下称为"整备法"）施行日晚于本法施行日时，在截至整备法施行日的期间，修订后的《著作权法》第四十七条之三中的"第四十二条、第四十二条之二"应为"第四十二条"，"第四十二条或第四十二条之二"应为"或第四十二条"。

7. 对于本法施行前实施之行为以及因附则第四款规定，根据旧法在本法施行后实施之行为的罚则，仍依前例处理之。

附则　1999年（平成11年）12月22日法律第160号　抄

【施行日期】

第一条　本法（除第二条、第三条外）自2001年（平成13年）1月6日起施行。但以下各项规定自其各自规定的日期起施行。

（一）第九百九十五条（除《核原料、核燃料以及核反应堆规制法修改法》附则修订相关部分外）、第一千三百零五条、第一千三百零六条、第一千三百二十四条、第一千三百二十六条以及第一千三百四十四条，自公布之日起施行。

附则　1999年（平成11年）12月22日法律第220号　抄

【施行日期】

第一条　本法（除第一条外）自2001年（平成13年）1月6日起施行。

【委托立法】

第四条　除前二条规定事项外，关于本法施行的其他必要事项，由政

---

① 1999年（平成11年）法律第43号。

令规定之。

附则 2000年（平成12年）5月8日法律第56号

【施行日期】

第一条 本法自2001年（平成13年）1月1日起施行。但第一条中《著作权法》第五十八条之修订规定以及第二条规定，自WIPO公约在日本生效之日起施行。

【损害金额之认定的过渡措施】

第二条 根据第一条规定，修订后《著作权法》第一百一十四条之四的规定，不适用于本法施行前在二审为高等法院或在地方法院进行口头辩论结束的案件、对简易法院的判决或地方法院的一审判决合意不提起上诉的案件。

【罚则的过渡措施】

第三条 对于本法施行前行为的罚则，依旧法处理之。

附则 2000年（平成12年）11月29日法律第131号 抄

【施行日期】

第一条 本法自2001年（平成13年）10月1日起施行。但附则第九条之规定自公布之日起施行。

附则 2001年（平成13年）12月5日法律第140号 抄

【施行日期】

第一条 本法自公布之日起在不超过一年的范围内，由政令规定施行日期。

【著作权法修订法的过渡措施】

第七条 根据前款规定，修订后的《著作权法》第十八条第三款（仅限与二项相关）规定，不适用于作者在前条规定施行前向独立行政法人等提供的作品或尚未公开的作品（含未获得作者同意公开的作品）。

附则 2002年（平成14年）6月19日法律第72号 抄

【施行日期】

1. 在以下所列各项规定的范围内，依其各自规定施行日期施行。

（一）第七条修订规定、第八条修订规定、第九十五条修订规定、第九十五条之三修订规定、第九十七条修订规定、第九十七条之三修订规定、附则第二款至第四款、第六款、第七款以及第九款规定，自《表演和录音制品公约》在日本生效之日起施行。

（二）目录修订规定（仅限将"第一百条之四"改为"第一百条之五"）、第八十九条第四款的修订规定、第九十九条之后增加一条的修订规定、第四章第五节中将第一百条之四改为第一百条之五、第一百条之三之后增加一条的修订规定、第一百零三条的修订规定，自2003年（平成15年）1月1日起施行。

（三）前二项规定以外之规定，自《表演和录音制品公约》在日本生效之日或2003年（平成15年）1月1日起施行。

【著作邻接权相关规定的适用】

2. 对于修订后的《著作权法》（以下称为"新法"）第七条第四项（属于该条第一项至第三项所列表演除外）或第五项所列以下各项表演的新法著作邻接权的相关规定（含第九十五条以及九十五条之三第三款及第四款规定），不适用1986年《著作权法修订法》[①] 附则第三款、1989年《著作权法修订法》（平成元年法律第43号。以下称为"平成元年修改法"）附则第二款以及1991年《著作权法修订法》（平成3年法律第63号。以下称为"平成3年修改法"）附则第二款之规定。

（一）在《表演和录音制品公约》缔约国所实施的表演。

（二）在以下所列唱片上固定的表演。

①录音制品制作者为《表演和录音制品公约》成员国国民（含基于成员国法令成立的法人或主要机构所在地在该成员国的法人。以下同）的录音制品。

②声音的最初固定是在《表演和录音制品公约》成员国境内完成的

---

① 1986年（昭和61年）法律第64号。

录音制品。

3. 当前款所列各项表演的表演者是在国内无惯常居所地的外国人时，对其表演的著作邻接权的规定（含第九十五条、第九十五条之三第三款及第四款规定）不适用平成元年修改法附则第四款规定。

4. 对以下所列录音制品适用《著作权法》上著作邻接权相关规定时（含第九十七条、第九十七条之三第三款至第五款规定），不适用平成元年修改法附则第二款第三款和平成3年修改法附则第三款之规定。

（一）新法第八条第三项所列以下录音制品。

①制作者为《表演和录音制品公约》缔约国国民的录音制品。

②录音制品等声音的最初固定是在《表演和录音制品公约》成员国境内完成的录音制品。

（二）根据《保护录音制品制作者公约》的我国保护义务，新法第八条第五项所列的未获得复制之许可的录音制品。

【表演者人格权的过渡措施】

5. 本法施行前获得表演者许可所制作的录音录像，不适用新法第九十条之二第一款及第九十条之三第一款之规定。但本法施行后，删除、修改或者改变该表演中表演者姓名表示的，则不受此限。

【商业录音制品二次使用的过渡措施】

6. 作为《保护表演者罗马公约》缔约国、《表演和录音制品公约》缔约国国民的录音制品制作者所固定的表演，在《保护表演者罗马公约》在日本生效之前所固定表演的表演者适用新法第九十五条第一款的规定，不受该条第二款规定影响，适用该条第四款之规定。

7. 《保护表演者罗马公约》缔约国、《表演和录音制品公约》缔约国国民的录音制品制作者所制作的录音制品，于《保护表演者罗马公约》在日本生效之前首次固定录音制品的录音制品制作者适用新法第九十五条第一款的规定，不受该条第二款中准用新法第九十五条第二款规定影响，适用新法第九十七条第二款中的准用新法第九十五条第四款规定。

【录音制品保护期限的过渡措施】

8. 本法施行时根据旧法之录音制品著作邻接权的存续期间适用新法第一百零一条第二款第二项之规定；本法施行时根据旧法的录音制品著作邻接权存续期间已经消灭的，则依前例处理之。

附则 2003年（平成15年）5月30日法律第61号 抄

【施行日期】

第一条 本法自《行政机构信息公开法》施行之日起施行。

【其他过渡措施的立法授权】

第四条 除第二条规定外，本法施行的必要过渡措施由政令规定之。

附则 2003年（平成15年）6月18日法律第85号

【施行日期】

第一条 本法自2004年（平成16年）1月1日起施行。

【电影作品保护期限的过渡措施】

第二条 修订后的《著作权法》（在下一条中称为"新法"）第五十四条第一款之规定适用于本法施行时根据旧法之电影作品著作权；本法施行时根据旧法的电影作品著作权已经消灭的，则依前例之规定。

第三条 在《著作权法》施行前创作完成的电影作品，根据该法附则第七条规定依旧法的电影作品存续期间，若以旧著作权法的著作权存续期间届满日晚于新法第五十四条第一款规定的著作权存续期间届满日时，则不受该款规定影响，应以旧著作权法规定届满日为该电影作品的著作权届满日。

【罚则的过渡措施】

第四条 对于本法施行前行为的罚则，依旧法处理之。

附则 2003年（平成15年）7月16日法律第119号 抄

【施行日期】

第一条 本法自《地方独立法人法》① 施行之日起施行。

【其他过渡措施的立法授权】

第六条 除本附则规定外，伴随本法施行的必要过渡措施由政令规定之。

---

① 2003年（平成15年）法律第118号。

附则　2004 年（平成 16 年）6 月 9 日法律第 84 号　抄

【施行日期】

第一条　本法自公布之日起在不超过一年的范围内由政令规定施行日期。

附则　2004 年（平成 16 年）6 月 9 日法律第 92 号　抄

【施行日期】

第一条　本法自 2005 年（平成 17 年）1 月 1 日起施行。

【商业录音制品进口的过渡措施】

第二条　修订后的《著作权法》第一百一十三条第五款规定，不适用于本法施行前进口的、本法施行时以发行为目的持有该款规定的在外国发行的商业录音制品。

第三条　对于以国内发行为目的、在本法施行时发行的商业录音制品，适用修订后《著作权法》第一百一十三条第五款规定时，该款但书中的"在国内首次发行的日期"应替换为"当以在国内发行为目的、施行《著作权法修订法》[①] 而发行商业录音制品时，该施行日"，"已经过"应替换为"已经过、当该"。

【出租书籍等的过渡措施】

第四条　对于在本法的公布日期所在月份的第三个月的首日，为向公众出租而实际持有的书籍或杂志（不包括主要由乐谱组成的书籍或杂志），在本法施行后，修订前的《著作权法》附则第四条第二款之规定，其仍然有效。

附则　2004 年（平成 16 年）6 月 18 日法律第 120 号　抄

【施行日期】

第一条　本法自 2005 年（平成 17 年）4 月 1 日起施行。

[①] 2004 年（平成 16 年）法律第 92 号。

【过渡措施的原则】

第二条 除本法附则另有规定外，本法规定的修订后的《法院法》《民事诉讼法》《民事诉讼费用法》《专利法》《实用新型法》《外观设计法》《商标法》《反不正当竞争法》和《著作权法》之规定（除罚则外）适用于本法实施前发生的事项。但这并不妨碍根据本法修订前实施该法律行为的效力。

【伴随《专利法》等修改的过渡措施】

第三条 以下所列规定，不适用于本法施行前已经完结的诉讼、二审为高等法院或地方法院进行口头辩论已结束之案件、简易法院的判决或地方法院的一审判决合意不提起上诉的案件。

（一）至（四）删除

（五）根据第九条的规定，修订后《著作权法》第一百一十四条之六至第一百一十四条之八的规定。

附则 2004年（平成16年）12月1日法律第147号 抄

【施行日期】

第一条 本法自公布之日起、在不超过六个月的范围内由政令规定施行日期。

附则 2005年（平成17年）6月29日法律第75号 抄

【施行日期】

第一条 本法自公布之日起、在不超过一年的范围内由政令规定施行日期。

【授权立法】

第四条 除附则第二条规定外，本法施行的其他必要过渡措施由政令规定之。

附则 2006年（平成18年）6月2日法律第50号 抄

【施行日期】

本法自《一般社团、财团法人法》施行之日起施行。

附则 2006年（平成18年）12月22日法律第121号 抄

【施行日期】
第一条 本法自2007年（平成19年）7月1日起施行。但第一条及附则第四条规定则自公布之日起二十日后施行。

【为播放的电影作品著作权归属的过渡措施】
第二条 本法施行前所创作的、本法修订后《著作权法》（在下一条中称为"新法"）第二十九条第二款规定电影作品的著作权归属，以前例为准。

【表演的有线播送之过渡措施】
第三条 新法第九十四条之二的规定，不适用于1986年《著作权法修订法》附则第三款、1989年《著作权法修订法》附则第二款规定的、不接收适用新法著作邻接权的表演，或者1989年《著作权法修订法》附则第四款规定的、不接收适用新法著作邻接权的与表演者相关的表演。

【罚则的过渡措施】
第四条 对于本法（附则第一条但书规定的，该规定）施行前行为的罚则，依前例处理之。

附则 2008年（平成20年）6月18日法律第81号 抄

【施行日期】
第一条 本法自公布之日起在不超过三个月的范围内由政令规定日期施行，并适用于2009年（平成21年）度的鉴定教科书图书以及教科用特定图书等。

【罚则的过渡措施】
第五条 对于前条规定施行前行为的罚则，依前例处理之。

附则 2009年（平成21年）6月19日法律第53号 抄

【施行日期】
第一条 本法自2010年（平成22年）1月1日起施行。但第七十条第二款、第七十八条、第八十八条第二款、第一百零四条的修订规定以及附则第六条规定，则自本法公布之日起，在不超过两年的范围内由政令规定之。

【为视觉障碍者的录音作品之使用的过渡措施】

第二条　本法施行前，根据本法复制或自动公共播送使用修订前《著作权法》（以下称为"旧法"）第三十七条第三款（含旧法第一百零二条第二款中的准用）规定所制作的录音作品［除根据本法的修订后《著作权法》（以下称为"新法"）第三十七条第三款（含新法第一百零二条第一款中的准用）可以复制或自动公共播送（含播送可能化）作品、表演、唱片、公广播或有线广播外］，不受新法第三十七条第三款以及第四十七条之九（含新法第一百零二条第一款中的准用）规定约束，仍依前例处理之。

【有关著作权利用等裁定的过渡措施】

第三条　新法第六十七条及第六十七条之二（含新法第一百零三条中准用）的规定适用于本法施行后提起新法第六十七条第一款（含新法第一百零三条中准用）规定之裁决的申请人；本法施行前提出旧法第六十七条第一款规定之裁决的申请人，仍按前例处理之。

【申请发行商业录音制品之复制品的过渡措施】

第四条　关于新法第一百二十一条之二的规定不适用于本法施行后、根据1991年《著作权法修订法》①附则第五款或1994年《著作权法修订法》②附则第六款规定的发行或以发行为目的持有商业录音制品的发行之申请行为。

【罚则的过渡措施】

第五条　对于本法施行前实施之行为的罚则，依前例处理之。

附则　2009年（平成21年）7月10日法律第73号　抄

【施行日期】

第一条　本法自2010年（平成22年）4月1日起施行。

---

① 1991年（平成3年）法律第63号。
② 1994年（平成6年）法律第112号。

附则 2010年（平成22年）12月3日法律第65号 抄

【施行日期】

第一条 本法自公布之日起在不超过九个月的范围内由政令规定施行日期。

附则 2011年（平成23年）6月24日法律第74号 抄

【施行日期】

第一条 本法自公布之日起经过二十日后施行，但以下各项则依其各自规定的日期施行。

（一）至（四）略

（五）附则第六十二条之规定依《反不正当竞争法修订法》公布日或施行日晚者日期为施行日。

附则 2012年（平成24年）6月22日法律第32号 抄

【施行日期】

第一条 本法自2013年（平成25年）7月1日起施行。

【条款调整】

第五条 本法施行日期中的《著作权法修订法》[①]，在原"第四十二条之二"后、"第四十二条之三"前增加一条；原"第四十二条之三"改为"第四十二条之四"。

附则 2012年（平成24年）6月27日法律第43号 抄

【施行日期】

第一条 本法自2013年（平成25年）1月1日起施行，但以下各项则依其各自规定的日期施行。

---

① 2012年（平成24年）法律第43号。

（一）附则第七条、第八条以及第十条规定，自公布之日起施行。

（二）第二条第一款第二十项、第十八条第三款及第四款的修订规定、第十九条第四款中增加第一项的修订规定、第三十条第一款第二项的修订规定、第四十二条之三修改为第四十二条之四、第四十二条之二后增加一条的修改规定、第四十七条之九的修订规定（仅限将"或第四十六条"改为"、第四十二条之三第二款或第四十六条"部分）、该条但书的修订规定（仅限在"至第四十二条之二"下增加的"、第四十二条之三第二款"部分）、第四十九条第一款第一项的修订规定（仅限将"第四十二条之二"改为"第四十二条之三"、"第四十二条之三第二款"改为"第四十二条之四第二款"部分）、第八十六条第一款及第二款的修订规定（仅限在"至第四十二条之二"下增加的"、第四十二条之三第二项"部分）、第九十条之二第四款中增加第一项的修订规定、第一百零二条第一款的修订规定（仅限将"第四十二条之三"改为"第四十二条之四"部分）及该条第九款第一项的修订规定（仅限将"第四十二条之二"改为"第四十二条之三"、"第四十二条之三第二款"改为"第四十二条之四第二款"部分）、第一百一十九条第一款的修订规定及该条增加一款的修订规定、第一百二十条之二第一项的修订规定以及下一条和附则第四条至第六条、第九条之规定，自 2012 年（平成 24 年）10 月 1 日起施行。

【过渡措施】

第二条 本法规定的修订后的《著作权法》（以下称为"新法"）第十八条第三款第一项至第三项之规定，不适用于前款第二款规定的施行前、由作者向行政机关（即《行政机关信息公开法》[①] 第二条第一款规定的行政机关）、独立行政法人等（即《独立行政法人信息公开法》[②] 第二条第一款规定的独立行政法人）或地方公共团体或地方独立行政法人（即《地方独立行政法人法》[③] 第二条第一款规定的地方独立行政法人。以下同）提供的、尚未公开发表的作品（含未经作者同意公开发表之作品）以及依《档案管理法》[④] 第八条第一款或第十一条第四款规定，移交至国家档案馆等（即《档案管理法》第二条第三款规定的国家

---

① 1999 年（平成 11 年）法律第 42 号。
② 2001 年（平成 13 年）法律第 140 号。
③ 2003 年（平成 15 年）法律第 118 号。
④ 2009 年（平成 21 年）法律第 66 号。

档案馆等。以下同）或基于《档案管理条例》（即以保存和利用《档案管理法》第二条第六款规定的地方公共团体或地方独立行政法人所保有的历史档案等地方公共团体条例。以下同）被移交给地方档案馆等（即以保护、利用历史档案为目的，由档案管理条例规定的设施。以下同）管理的作品。

2. 新法第十八条第三款第四项及第五项规定不适用于前条第二项规定的施行前作者向国立档案馆、地方档案馆等提供的尚未公开发表的作品（含未经作者同意公开发表的作品）。

第三条　本法施行时，对于以本法的修正前《著作权法》第三十一条第二款规定，在记录于记录介质上的、与绝版资料等（即新法第三十一条第一款第三项规定的"绝版资料等"）相关的作品，可依照新法第三十一条第三款规定，利用该作品的复制品向公众自动传播。

【适用罚则的过渡措施】
第四条　对于本法（附则第一条第二项之规定，当该规定）施行前行为的罚则，依前例处理之。

【授权立法】
第五条　除前三条规定外，本法施行的必要过渡措施由政令规定之。

【国民的公众意识之提高等】
第七条　为加深并防止侵犯著作权或著作邻接权的行为之重要性的理解，国家及地方公共团体必须采取必要措施、促使国民意识到其在私人使用（新法第三十条第一款规定。含第一百零二条第一款中的准用情形）过程中接收侵害有偿作品等的著作权或著作邻接权的自动播放并以数字方式擅自进行录音录像（即该法第一百一十九条第三款第一项规定的有偿作品的特定侵害的录音录像。以下同）的行为或明知仍实施侵权行为（以下称为"特定侵害行为"）的危害性。

2. 为强化未成年人对防止侵权行为发生之重要性的理解，国家和地方公共团体必须利用一切机会、通过学校及其他各种场所教育未成年人、防止特定侵害行为的发生。

【相关业者的措施】
第八条　根据《著作权法》第一百一十九条第三款第一项规定，向公众提供或展示录音录像有偿制品等的经营者，必须努力采取措施防止特定侵权行为的发生。

【运用上的考量】

第九条　在适用新法第一百一十九条第三款（仅限第一项相关部分）规定时，必须注意确保利用网络收集信息以及网络利用行为不会受到其他不合理限制。

附则　2013年（平成25年）11月27日法律第84号　抄

【施行日期】

第一条　本法自公布之日起在不超过一年的范围内由政令规定施行日期，但附则第六十四条、第六十六条及第一百零二条规定，自公布之日起施行。

【处分的效力等】

第一百条　在本法施行前，根据修订前的各项法律（含政令。以下同）规定的处分、程序或其他行为，除本附则另有规定外，视为根据修订后各法律规定的处分、程序或其他行为。

【罚则的过渡措施】

第一百零一条　对于本法施行前实施之行为的罚则，依前例处理之。

【授权立法】

第一百零二条　除附则规定事项外，本法施行的其他必要过渡措施（含罚则的过渡措施）由政令规定之。

附则　2013年（平成25年）12月13日法律第103号　抄

【施行日期】

第一条　本法自公布之日起在不超过六个月的范围内由政令规定施行日期，但以下各项规定则自其各自规定的日期起施行。

（一）略

（二）附则第十七条，自《药品管理法修订法》[①] 公布日或本法公布日二者晚的日期起施行。

---

① 2013年（平成25年）法律第84号。

附则　2014年（平成26年）5月14日法律第35号　抄

【施行日期】

第一条　本法自2015年（平成27年）1月1日起施行，但第七条的修订以及次条规定则自《视听表演北京公约》在日本生效之日起施行。

【著作邻接权规定的适用】

第二条　根据本法，修订后《著作权法》（以下称为"新法"）第七条第四项或第五款所列的表演（除与第一项至第三项所列类似的表演外）以及《视听表演北京公约》成员国国民或在成员国有惯常居所地的表演者之表演著作邻接权（含第九十五条之三第三款和第四款规定），不适用1986年《著作权法修订法》① 附则第三款、1989年《著作权法修订法》② 附则第二款以及1991年《著作权法修订法》③ 附则第二款的规定。

2.《视听表演北京公约》成员国国民或在成员国有惯常居所地的表演者（仅限在国内无惯常居所地的外国表演者）相关的新法上的表演著作邻接权（含第九十五条之三第三款和第四款规定），不适用1989年《著作权法修订法》附则第四款之规定。

【出版权的过渡措施】

第三条　在本法施行前设定、本法施行时依然存在的出版权，依先例处理之。

【授权立法】

第四条　除前二条规定外，本法施行的其他必要过渡措施由政令规定之。

附则　2014年（平成26年）6月13日法律第69号　抄

【施行日期】

第一条　本法自《行政不服审查法》④ 施行之日起施行。

---

① 1986年（昭和61年）法律第64号。
② 1989年（平成元年）法律第43号。
③ 1991年（平成3年）法律第63号。
④ 2014年（平成26年）法律第68号。

【过渡措施的原则】

第五条 除本法附则另有规定外,针对本法施行前行政机关的处分、作为或不作为行为,在本法施行前提出不服申请的,依旧例处理之。

【关于诉讼的过渡措施】

第六条 本法修订前的行政不服申请的裁决、决定以及其他行为是行政诉讼的前提,对于本法施行前未超过提起诉讼期限的不得提起诉讼的事项,未提起该不服申请在本法施行前已超过应提出诉讼期限的(含在该行政不服申请为其他行政不服申请的裁决、决定以及其他行为,在未超过提起期限的不得提起诉讼,因未提起该不服申请在本法施行前已超过应提出诉讼期限的情形),依前例处理之。

2. 根据修订前的法律规定(含依照前款的前例),行政机关对行政异议申请的处分或其他行为,若以未超过诉讼期限的不得提起诉讼为由提起撤销诉讼的,则以先例处理之。

3. 若行政机关对不服申诉的裁决、决定和其他行为的撤销之诉,是在本法施行前提出的,仍依前例处理之。

【罚则的过渡措施】

第九条 对于本法施行前行为以及根据附则第五条及第二条规定的依先例在本法施行后实施行为的罚则,依前例处理之。

【其他过渡措施的委托立法】

第十条 除附则第五条至前条规定外,本法施行有关的其他必要过渡措施(含罚则的过渡措施),由政令规定之。

附则 2015 年(平成 27 年)6 月 24 日法律第 46 号 抄

【施行日期】

第一条 本法自 2016 年(平成 28 年)4 月 1 日起施行。

附则 2016 年(平成 28 年)5 月 27 日法律第 51 号 抄

【施行日期】

第一条 本法自公布之日起在不超过一年六个月的范围内由政令规定施行日期。

附则　2016年（平成28年）12月16日法律第108号　抄

【施行日期】

第一条　本法自《环太平洋经济合作协定》在日本生效之日（即第三项中的"生效日"）起施行，但以下所列各项规定则自其规定的日期起施行。

（一）附则第九条之规定，自公布之日起施行。

【伴随著作权法修订的过渡措施】

第七条　根据第八条规定的修订后的《著作权法》（以下称为"新法"）第五十一条第二款、第五十二条第一款、第五十三条第一款、第五十七条、第一百零一条第二款第一项和第二项规定，在施行日前对于具备依第八条规定的修订前的《著作权法》（以下称为"旧法"）规定的作品、表演以及唱片的著作权及著作邻接权法律适用，在该施行日以旧法其著作权、著作邻接权已消灭的法律适用，依先例处理之。

2. 新法第一百一十六条第三款之规定适用于自作者或表演者死亡之日的次年起50年之日晚于施行日的，其经过的日期在施行日之前的，依先例处理之。

3. 新法第一百二十一条之二的规定不适用于该条各项所列商业录音制品（含该商业录音制品的复制品以及该复制品的复制品）的母带的声音首次固定日的次年起超过五十年且于施行日以前的录音制品［含固定日在1967年（昭和42年）12月31日以前的录音制品］。

【罚则的过渡措施】

第八条　对于本法施行前实施之行为以及根据附则第五条及依先例在本法施行后实施行为的罚则，依先例处理之。

【委托立法】

第九条　除附则规定外，本法施行有关的其他必要过渡措施（含罚则的过渡措施），由政令规定之。

附则　2017年（平成29年）6月2日法律第45号

本法自《民法修订法》施行日起施行，但第一百零三条之二、第一百零三条之三、第二百六十七条之二、第二百六十七条之三以及第三百六十二条之规定，自公布之日起施行。

附则　2018年（平成30年）5月25日法律第30号

【施行日期】

第一条　本法自2019（平成31年）1月1日起施行，但以下所列各项则自其规定的日期起施行。

（一）第一百一十三条第四款的修订规定以及附则第四条、第七条至第十条之规定，自公布之日起施行。

（二）目录的修订规定、第三十五条的修改规定、第四十八条第一款第三项的修改规定（仅限将"三十五条"改为"第三十五条第一款"的部分）、第八十六条第三款前段的修改规定（仅限将"三十五条第二款"改为"第三十五条第一款"的部分）、同款后段的修改规定（仅限将"三十五条第二款"改为"第三十五条第一款"的部分）以及第五章的修改规定，自本法公布之日起在不超过三年的范围内由政令规定施行日期。

【复制品使用的过渡措施】

第二条　本法施行前根据修订前的《著作权法》（以下称为"旧法"）第三十条之四或第四十七条之四至第四十七条之九的规定所创作作品的复制品，适用旧法第四十三条的规定，依旧法第三十条第一款、第三十一条第一款第一项或第三款后段、第三十三之二第一款、第三十五条第一款、第三十七条第三款、第三十七条之二主文、第四十一条或第四十二条规定所制作的二次作品的复制品，或根据旧法第三十条之三或第四十七条之三第一款规定的二次作品之复制品的使用，不受本法修订后《著作权法》（以下称为"新法"）第四十九条规定的影响，以先例处理之。在这种情形下，旧法第四十九条第一款第一项中的"已向公众提供"应替换为"的已向观众提供（含播送可能化。以下同）"、第三项以及该条第二款第一项和第二项中的"已向公众提供"应替换为"的已向观众提供）"。

2. 使用本法施行前、旧法第一百零二条第一款中的准用旧法第三十条之四、第四十七条之四至第四十七条之九规定的、所制作的与表演或唱片、播送或有线播送相关的音像复制品，不受新法第一百零二条第九款规定影响，依先例处理之。在这种情形下，旧法第一百零二条第九款第一项中的"已向公众提供"应替换为"已向公众提供（含播送可能化。在第八项中同）"，该项第八项中的"已向公众提供"应替换为"的已向公众提供）"。

【关于根据裁定的作品使用等的过渡措施】

第三条　关于新法第六十七条及第六十七条之二（含这些规定中《著作权法》第一百零三条的准用规定）的规定之适用，在于施行日后根据新法第六十七条第一款（含《著作权法》第一百零三条中的准用规定）的裁决申请人，但对于施行日前根据旧法第六十七条第一款（含《著作权法》第一百零三条中的准用规定）的裁定申请人，则以先例处理之。

【准备行为】

第四条　新法第一百零四条之十一第一款规定的指定、新法第一百零四条之十三条第一款规定的认定，以及第五款规定的咨询、新法第一百零四之十四第一款规定的申报、新法第一百零四之十五第二款规定的咨询以及与之相关的程序性行为等，不仅可根据新法第五章第二节的规定处理之，亦可在附则第一条第二项所规定的施行日（以下称为"第二项施行日"）之前实施。

【截至第二项施行日之前的法条替代】

第五条　在施行之日至第二项施行日之间，关于新法第四十七条之六第一款第一项和第四十七条之七规定的适用中，该项中的"第三十五条第一款"替换为"第三十五条"，该条中的"（第三十一条第一款或第三款后段）或"替换为"（第三十一条第一款或第三款后段、第三十五条第一款"）。

【罚则的过渡措施】

第六条　对于本法（附则第一条第二项所列各项规定的，该规定）施行前行为的罚则，依先例处理之。

【委托立法】

第七条　除附则第一条至前条的规定外，有关本法施行的其他必要过渡措施，由政令规定之。

【规定调整】

第八条　当附则第一条第一项所规定的施行日早于《缔结环太平洋

经济合作协定的相关法律整备法》①（以下称为"整备法"）施行日的，第一百一十三条第五款的修订规定及附则第一条第一项中"第一百一十三条第五款"应替换为"第一百一十三条第四款"。

第九条　本法的施行日早于整备法施行日的，第二条第一款的修订规定中的"删除、该款第二十一项中的'利用'改为'实行'"应替换为"删除"。

2. 在前款情况下，整备法第八条中《著作权法》第二条第一款中的"第二十三项"调整为"第二十四项"，"第二十二项"调整为"第二十一项"，"第二十项"调整为"第二十一项"；在第二十项下增加一项的修订规定中将"利用"替换为"实施"。

第十条　当第二项施行日早于整备法施行日的，对于在第二项施行日至整备法施行日期间的《著作权法》第二条第一款第二十项的适用，该项中的"有线播送（次项）"应替换为"有线播送（次项及第一百零四条之十五第一款）"。

附则　2018年（平成30年）6月1日法律第39号　抄

【施行日期】

第一条　本法自2019（平成31年）4月1日起施行。

【罚则的过渡措施】

第六条　对于本法施行前行为的罚则，依先例处理之。

【委托立法】

第七条　除前条规定外，有关本法施行的其他必要过渡措施，由政令规定之。

附则　2018年（平成30年）7月6日法律第70号　抄

【施行日期】

第一条　本法自公布之日起施行，但以下所列各项则自其规定的日期起施行。

---

① 2016年（平成28年）法律第108号。

（一）略

（二）附则第四条及第五条之规定，自本法公布日或《著作权法修订法》公布日的晚者为施行日。

【伴随著作权法修订的过渡措施】

第五条 若施行日晚于《著作权法修正法》附则第一条第一项所列规定的施行日的，则不适用前条之规定，且《著作权法修订法》附则第八条中的"。以下称为'整备法'的"应替换为"）的"，第九条第一款中的"整备法"应替换为"《缔结环太平洋经济合作协定的相关法律整备法》①（以下称为'整备法'）"。

附则 2018年（平成30年）7月13日法律第72号 抄

【施行日期】

第一条 本法自公布之日起在不超过一年的范围内由政令规定施行日期，但以下所列各项则自其规定的日期起施行。

（一）附则第三十条及第三十一条之规定，自公布之日起施行。

【伴随著作权法修订的过渡措施】

第二十条 根据前条之规定，施行日后著作权、出版权以及著作邻接权或以此为标的的质权（以下称为"著作权等"）的转移，适用修订后的《著作权法》第七十七条（含该法第一百零四条中的准用）及第八十八条第一款之规定；对于施行日前的著作权等的转移，则以先例处理之。

【委托立法】

第三十一条 除附则规定外，有关本法施行的其他必要过渡措施，由政令规定之。

附则 2020年（令和2年）6月12日法律第48号 抄

【施行日期】

第一条 本法自2021年（令和3年）1月1日起施行，但以下所列各项规定则自其各自规定的日期起施行。

---

① 2016年（平成28年）法律第108号。

（一）第三条（仅限《计算机程序作品登记特例法》第二十条第一项的修订规定）、第四条及附则第三条、第六条、第七条、第十二条、第十三条（仅限《偷拍电影防止法》① 第四条第一款的修订规定中"包含"下增加的"。在第三款中同"部分）之规定，自公布之日起施行。

（二）第一条及附则第四条、第八条、第十一条和第十三条（不包括前项所列修改规定）之规定，自2020年（令和2年）10月1日起施行。

【国民意识的提高等】

第二条 国家及地方公共团体必须采取措施让国民认识到防止以私人使用［即根据第二条规定的修订后《著作权法》（以下称为"第二条修订后著作权法"）第三十条第一款规定的私人使用］为目的的特定侵害之复制（即该第四号规定的特定侵害之复制。以下同）或故意侵害著作权之行为（以下称为"特定侵害行为"）的重要性，并提高国民防止特定侵害行为的意识。

2. 国家及地方公共团体必须采取措施通过一切机会增强未成年人防止特定侵害行为的意识、在学校以及其他各种场合加强防止特定侵害行为的教育。

【相关业者的措施】

第三条 向公众提供或展示受著作权保护之作品（仅限于著作权标的物）的经营者，必须努力采取措施防止发生特定侵害行为。

【适用罚则的注意事项】

第四条 在根据第一条规定适用修订后《著作权法》（附则第八章中称为"第一条修订后著作权法"）第一百一十九条第二款（仅限与第四项、第五项相关部分）及第一百二十条之二（仅限与第三项相关部分）的规定时，必须考虑确保互联网提供信息或其他利用互联网之行为不会受到不当之限制。

第五条 在适用第二条的修订后《著作权法》第一百一十九条第三款（仅限与第二项相关部分）规定时，必须考虑确保互联网提供信息或其他利用互联网之行为不会受到不当之限制。

【验证】

第六条 政府应在本法实施后一年内，检验第二条修订后《著作权

---

① 2007年（平成19年）法律第65号。

法》第三十条第一款（仅限与第四项相关部分）以及第一百一十九条第三款（仅限与第二项相关部分）的实施情况，并根据检验结果适时采取调整措施。

第七条 政府应在验证的基础上采取必要措施，以防止通过播送可能化侵害著作权、出版权以及著作邻接权，并强化该必要措施。

【使用权抗辩的过渡措施】

第八条 第一条修订后《著作权法》第六十三条之二（含第一条修订后《著作权法》第八十条第四款以及第一百零三条中的准用）的规定，适用于附则第一条第二项所规定的施行日（以下称为"第二项施行日"）前现存的，与根据第一条规定的修订修改前《著作权法》（以下称为"第一条修订前《著作权法》"）第六十三条第一款（含第一条修订前《著作权法》第一百零三条中的准用）及第八十条第三款许可相关的著作作品等（即作品、表演、唱片或有线广播。以下同）。但该权利不得对抗已取得第二项施行日后与该权利相关作品的著作权、出版权、著作邻接权的权利人及其他第三人。

【手续费交付的过渡措施】

第九条 对于本法施行前的独立行政法人（《独立行政法人通则法》① 第二条第一款规定的独立法人。以下同）[仅限依修订前《著作权法》（以下称为"修订前《著作权法》"）第七十条第二款政令规定的独立行政法人]收取修订前《著作权法》第六十七条第一款（含修订前《著作权法》第一百零三条中的准用情形）之裁决申请以及修订前《著作权法》第一百零六条之调解申请相关的手续费，不受修订后《著作权法》第七十条第二款以及第一百零七条第二款规定影响，适用先例处理之。

2. 在实行日前，国家及独立行政法人（仅限根据修订前《计算机程序登记特例法》第二十六条规定的独立行政法人）收取修正后《著作权法》第七十五条第一款、第七十六条第一款、第七十六条之二第一款、第七十七条的登记申请以及第七十八条第四款（仅限修订前《著作权法》第一百零四条中的准用情形）的申请相关的手续费，不受修订后《著作权法》第七十八条第六款以及修订后《计算机程序登记特例法》（以下称为"新《计算机程序登记特例法》"）第二十六条规定影响，依先例处

---

① 1999 年（平成 11 年）法律第 103 号。

理之。

【罚则的过渡措施】

第十一条 对于第二项施行前之行为的罚则，依先例处理之。

【委托立法】

第七条 除附则第八条至前条规定外，有关本法施行的其他必要过渡措施（含罚则的过渡措施），由政令规定之。

附则 2021年（令和3年）5月19日法律第37号 抄

【施行日期】

第一条 本法自2021年（令和3年）9月1日起施行，但以下所列各项则自其规定的日期起施行。

（一）第二十七条（仅限《居民基本台账法》附表一至表五的修订规定）、第四十五条、第四十七条、第五十五条（仅限《行政程序中识别特别个人的番号之利用等法律》附表一及附表二的修订规定，除该表第二十七项的修订规定外）以及附则第八条第一款、第五十九条至第六十三条、第六十七条及第七十一条至第七十三条之规定自公布之日起施行。

（二）至（三）略

（四）第十七条、第三十五条、第四十四条、第五十条、第五十八条及第五十九条，附则第三条、第五条、第六条、第七条（除第三款外）、第十三条、第十四条、第十八条［仅限《户籍法》第一百二十九条的修订规定（除"户籍的"之下增加的"原件及"增加部分外）］、第十九条至第二十一条、第二十三条、第二十四条、第二十七条、第二十九条（除《居民基本台账法》第三十条之十五第三款的修订规定外）、第三十条、第三十一条、第三十三条至第三十五条、第四十条、第四十二条、第四十四条至第四十六条、第四十八条、第五十条至第五十二条、第五十三条（除《行政程序中识别特别个人的番号之利用等法律》第四十五条之二第一款、第五款、第六款、第九款的修订规定以及该法第五十二条之三的修订规定外）、第五十五条（仅限删除《癌症登记等推进法》[1]第三十五条修订规定部分）、第五十六条、第五十八条、第六十四条、第六十五

---

[1] 2013年（平成25年）法律第111号。

条、第六十八条及第六十九条规定自本法公布之日起在不超过一年范围内，由政令规定施行日期。

【罚则的过渡措施】

第七十一条 对于本法（若为附则第一条各项规定的则为该规定。以下同）施行行为的罚则，依先例处理之。

【委托立法】

第七十二条 除附则规定外，有关本法施行的其他必要过渡措施（含罚则的过渡措施），由政令规定之。

附则 2021年（令和3年）6月2日法律第52号

【施行日期】

第一条 本法自2022年（令和4年）1月1日起施行，但以下所列各项则自其规定的日期起施行。

（一）附则第七条规定自公布之日起施行。

（二）附则第三条及第四条规定自2021年（令和3年）10月1日起施行。

（三）第一条中《著作权法》第三条第一款的修订规定、该法第四条第一款的修订规定、第三十一条的修订规定、第三十八条第一款的修订规定、第四十七条之六第一款第二项的修订规定、第四十七条之七的修订规定、第四十九条第一款第一项的修订规定（仅限将"或第三款后段"改为"第三款第一项或第五款第一项"的部分）、第四十九条第二款第一项的修订规定、第八十六条的修订规定、第一百零二条第九款第一项的修订规定（仅限将"或第三款后段"改为"第三款第一项或第五款第一项"的部分）以及附则第五条之规定，则自公布之日起在不超过两年的范围内由政令规定其施行日期。

（四）第二条之规定，自公布之日起在不超过两年的范围内由政令规定其施行日期。

【过渡措施】

第二条 根据第一条规定（前条第三项所列修订规定除外），修订后《著作权法》（以下简称"修订后《著作权法》"）第二十九条第二款及第三款之规定，适用于本法施行日（以下称为"施行日"）以后创作的电影作品的著作权之归属，但对施行日前创作的电影作品的著作权之归属，则以先例处理之。

【不作为播送并同时转播之对象的自动公共播送的准备行为】

第三条　在施行日之前，文化厅长官可就存在不当损害修订后《著作权法》第二条第一款第九项之七规定的著作权人、出版权人或著作邻接权人利益之虞的自动公共播送或广大国民难以利用的自动公共播送，与总务大臣进行协商。

【关于著作权等管理业者之指定等的准备行为】

第四条　在施行日之前，文化厅长官可根据修订后《著作权法》第九十三条之三第三款、第九十四条第一款、第九十四条之三第三款、第九十六条之三第三款及第四款（含修订后《著作权法》第九十条第四款、第九十四条之三第四款以及第九十六条之三第四款中的准用情况）规定，指定著作权等管理业者（即修订后《著作权法》第二条第一款第二十三项规定的著作权等管理业者。以下同）。在这种情况下，该指定被视为根据修订后《著作权法》第九十三条之三第三款、第九十四条第一款、第九十四条之三第三款、第九十六条之三第三款规定的指定。

2. 在施行日前，获得前款指定的著作权等管理业者可根据修订后《著作权法》第九十三条之三第七款至第十二款（含修订后《著作权法》第九十条第四款、第九十四条之三第四款及第九十六条之三第四款中的准用情形，以下同）规定，就2021年（令和4年）修订后《著作权法》第九十三条之三第七款规定的报酬金额、补偿金金额等事项与播送业者、有线播送业者、播送且同时转播的业者（即修订后《著作权法》第二条第一款第九项之八规定的播送且同时转播的业者。在附则第八条第一款中同）或其他团体进行协商确定。

【关于团体指定等的准备行为】

第五条　在附则第一条第四项所列规定的施行日（以下称为"施行日"）前，文化厅长官可根据修订后《著作权法》（以下称为"修订后《著作权法》"）第一百零四条之十二第一款及第一百零四条之十之三的规定指定团体。在这种情况下，视该指定为在施行日后、根据修订后《著作权法》第一百零四条之十二第一款之规定的指定。

2. 在施行日前，根据前款规定获得指定的团体，可根据修订后《著作权法》第一百零四条之十四第一款及第三款规定，听取意见、提起该条第一款的认可申请。

3. 在提出前款认可申请时，文化厅长官可根据修订后《著作权法》第一百零四条之十之五的规定，就认可申请咨询文化审议会的意见，并作出是否认可的决定。在这种情况下，该认可被视为施行日后根据该条第一款规定的认可。

4. 在施行日前，获得认定的团体可根据修订后《著作权法》第一百零四条之十之五的规定，制定该条第一款补偿金业务规程时应向文化厅长官报告。在这种情况下，该报告被视为施行日后，根据该款规定的报告。

5. 在施行日前，为了修订后《著作权法》第一百零四条之十之六的政令制定草案，文化厅长官可咨询文化审议会的意见。

【罚则的过渡措施】

第六条 对于本法（若为附则第一条第三项及第四项所规定的，则为该规定）施行前行为的罚则，依先例处理之。

【授权立法】

第七条 除附则第二条至前条规定外，有关本法施行的其他必要过渡措施（含罚则的过渡措施），由政令规定之。

【验证等】

第八条 以本法施行三年为目标，政府应在参照播送业者、有线播送业者或者播送且同时转播的业者的实际播送且同时转播等（即第一条修订后《著作权法》第二条第一款第九项之七规定的播送且同时转播。以下同）的现实情况，考虑向著作邻接权人支付报酬、补偿金等现状以及修订后《著作权法》的实施现状，并验证播送且同时转播中作品、表演以及唱片的公平使用、确保著作权人以及著作邻接权人的合理保护所采取的措施的基础上，采取必要措施。

第九条 政府应在验证的基础上采取并强化必要措施，以防止利用播送可能化措施侵害著作权、出版权以及著作邻接权。

附则 2022年（令和4年）5月25日法律第48号 抄

【施行日期】

第一条 本法自公布之日起在不超过四年的范围内由政令规定施行日期，但以下所列各项规定则自其各自规定的日期起施行。

（一）第三条、附则第六十条中《商业登记法》① 第五十二条第二款的修订规定以及附则第一百二十五条规定自公布之日起施行。

【授权立法】

第一百二十五条 除附则规定外，有关本法施行的其他必要过渡措施，由政令规定之。

附则 2022 年（令和 4 年）6 月 17 日法律第 68 号 抄

【施行日期】

1. 本法自《刑法修订法》施行之日起施行，但以下所列各项规定则自其各自规定的日期起施行。

（一）第五百零九条之规定，自公布之日起施行。

---

① 1963 年（昭和 38 年）法律第 125 号。

十六 计算机软件著作权登记法

1986年（昭和61年）5月23日法律第65号［制定］
1993年（平成5年）11月12日法律第89号
　［根据行政程序法之相关法律整备法第84条之修改］
1999年（平成11年）12月22日法律第160号
　［根据中央省厅改革关系法施行法第57条之修改］
1999年（平成11年）12月22日法律第220号
　［根据独立行政法人业务正常化的相关法律整备法第17条之修改］
2006年（平成18年）6月2日法律第50号
　［根据法人法之相关法律整备法第274条之修改］
2009年（平成21年）6月19日法律第53号
　［根据著作权法修改法附则第6条之修改］
2011年（平成23年）6月24日法律第74号
　［根据情报信息处理相关刑法修改法附则第35条之修改］
2014年（平成26年）6月13日法律第69号
　［根据行政复议法之相关法律整备法第115条之修改］
2020年（令和2年）6月12日法律第48号
　［根据著作权法修改法第3条之修改］
2022年（令和4年）6月17日法律第68号
　［根据刑法修改法之相关法律整备法第217条之修改］

目　　录

第一章　总则（第一条）
第二章　登记程序等的特别规定（第二条至第四条）
第三章　登记机关等的特别规定（第五条至第二十八条）
第四章　罚则（第二十九条至第三十一条）

附则

第一章　总则

【目的】

第一条　为规范《著作权法》① 特别规定的计算机软件著作权登记行为，特制定本法。

第二章　登记程序等的特别规定

【登记申请】

第三条　根据政令规定，与计算机软件相关的、《著作权法》第七十五条第一款、第七十六条第一款、第七十六条之二第一款以及第七十七条规定的著作权登记（以下称为"计算机软件著作权登记"）之申请，必须在明确计算机软件内容的前提下向文化厅长官提起，并添附该计算机软件的副本。但当该计算机软件作为其他计算机软件一部分已登记的，则不受此限。

【计算机软件著作权登记之公示】

第三条　文化厅长官在完成《著作权法》第七十六条第一款或第七十六条之二第一款规定的计算机软件著作权登记后，应依照文部科学省政令之规定予以公告。

【计算机软件著作权登记的证明请求】

第四条　根据政令之规定，已登记计算机软件著作权的著作权人或其利害关系人，可请求文化厅长官证明其所拥有的、在记录介质上所记录的计算机软件为登记的计算机软件。

2. 前款请求人应当支付参照实际费用的、由政令规定的手续费。

3. 若根据前款规定，支付手续费的为国家时，则不适用前款之规定。

第三章　登记机关等的特别规定

【登记机关的指定】

第五条　文化厅长官可指定根据《著作权法》第七十八条第四款之

---

① 1970 年（昭和 45 年）法律第 48 号。

规定的申请人为登记人（以下称为"指定登记机关"），实施计算机软件的著作权登记事务（以下称为"登记事务"）。

2. 根据文部科学省政令之规定，前款的指定应以从事登记事务的申请人申请为前提。

3. 文化厅长官实施的指定登记机关之登记事务，指定登记机关不得实施。

4. 指定登记机关适用本法第三条、前款和《著作权法》第七十八条第一款、第三款以及第四款规定实施登记事务时，其中（除第三款外）"文化厅长官"应替换为"指定登记机关"；第三款中的"实施第七十五条第一款之登记时"应替换为"指定登记机关实施第七十五条第一款规定的登记事务"。

【失格条款】

第六条 属于下列情形之一的，不得接受前条第一款之指定。

（一）根据本法或《著作权法》规定，受到罚金刑以上处罚且未满两年者；

（二）根据本法第二十条规定，被撤销指定且未满两年者；

（三）实施业务的管理者为以下人员之一的；

①被处以罚金刑以上处罚且未满两年者；

②因本法第十五条之规定被免职且未满两年者。

【指定的基准】

第七条 文化厅长官认为第五条第一款之申请不符合以下条件的不得指定。

（一）符合文部科学省政令规定之条件、由有经验的专业人士实施的计算机软件著作权之登记，其登记数量超过文部科学省政令规定上限的；

（二）具备准确、顺利实施登记事务的必要的财务与技术能力；

（三）为一般社团法人或一般财团法人的，其董事或职员等无妨碍实施公正登记之可能；

（四）在实施登记事务以外的其他业务时，不会对登记事务产生不公正之影响；

（五）因指定不会对登记事务的准确、顺利实施产生影响。

【实施登记的义务等】

第八条 除有正当理由外，指定登记机关必须针对计算机软件著作权登记之申请，予以登记，不得延迟。

2. 指定登记机关在进行计算机软件著作权登记时，必须由前条第一款规定的有经验的专业人士（以下称为"登记执行人"）实施。

【实名登记的报告义务】

第九条 指定登记机关在实施《著作权法》第七十五条第一款规定之登记时，必须向文化厅长官报告该法第七十八条第三款项规定的必要之事项。

【办公场所的变更】

第十条 指定登记机关在变更登记事务办公场所时，必须在变更前两周向文化厅长官报告。

【登记规程】

第十一条 指定登记机关必须制定登记规程（以下称为《登记规程》）并获文化厅长官认可；变更《登记规程》时，也必须获得文化厅长官的认可。

2. 《登记规程》应规定的事项由文部科学省政令规定之。

3. 文化厅长官认为第一款所认可的《登记规程》在登记事务的实施上存在不妥之处，可命令指定登记机关修改其《登记规程》。

【登记事务的停止与废止】

第十二条 指定登记机关未经文化厅长官许可，不得停止或废止其实施的登记事务的全部或一部分。

【事业规划等】

第十三条 指定登记机关自获得第五条第一款认可之日的会计年度开始，必须制定年度事业发展规划以及收支预算，并需要获得文化厅长官的认可。

2. 指定登记机关应在每一会计年度结束后三个月内完成年度业务报告以及收支决算报告，并提交给文化厅长官。

【管理者的任命与罢免】

第十四条 未经文化厅长官认可、指定登记机关的管理者或登记事务执行人任命与罢免，无效。

【免职命令】

第十五条 指定登记机关的管理者或登记事务执行人违反本法（包括基于本法的命令或处分）或《登记规程》，或者实施登记行为明显不当的，文化厅长官可命令指定登记机关免去管理者或登记事务执行人的职务。

【保密义务等】

第十六条　指定登记机关的管理者及其职员对在登记事务实施过程中获取的相关信息，负有保密之义务。

2. 在对从事登记事务的指定登记机构的管理者或职员适用《刑法》[①] 及其他罚则时，应视其为依据法令从事公务的工作人员。

【其他命令等】

第十七条　文化厅长官认为指定登记机关从事的登记事务不符合本法第七条第一项至第四项之规定时，可命令指定登记机关采取必要的适当措施。

2. 除前款规定外，为实施本法，文化厅长官认为必要时，可向指定登记机关就其登记事务的实施作出必要监督之命令。

【登记簿等】

第十八条　指定登记机关必须准备登记簿，并登记文部科学省政令规定的登记事项。

2. 前款规定的登记簿，必须根据文部科学省政令之规定予以妥善保存。

【报告及现场检查】

第十九条　对于本法的施行情况，文化厅长官认为必要时可要求指定登记机关报告其业务及财务状况，或派遣职员进入指定登记机关检查其业务、登记簿以及其他书面材料或询问相关人员等。

2. 前款之职员进入现场进行检查时，必须携带并出示其身份证明。

3. 第一款的现场检查之权限，不得理解为刑事侦查权。

【指定的撤销等】

第二十条　指定登记机关出现下列情形之一的，文化厅长官可以撤销其指定，或者命令指定登记机关停止其全部或部分登记事务。

（一）指定登记机关违反第八条至第十条、第十一条第一款、第十二条、第十三条、第十六条第一款及第十八条之规定；

（二）出现第六条第一项或第三项规定之情形的；

[①] 1907 年（明治 40 年）法律第 45 号。

(三）未根据第十一条第一款规定的《登记规程》，实施登记事务的；

(四）违反第十一条第三款、第十五条或第十七条规定之命令的；

(五）通过不正当手段获得认定的。

【复议的特别规定】

第二十一条 第十五条的免职命令或前条的指定撤销之复议，必须公开进行。

2. 根据《行政程序法》① 第十七条第一款规定，利害关系人申请参加前款行政复议的，复议机关必须同意。

【文化厅长官实施的登记事务等】

第二十二条 当指定登记机关在获得第十二条之许可后被暂停全部或部分登记事务、因第二十条规定被命令暂停全部或部分登记事务，或者因天灾等其他事由实施全部或部分登记事务困难时，如有必要文化厅长官可亲自实施该全部或部分登记事务。

2. 根据前款规定，文化厅长官实施全部或部分登记事务时，获得第十二条许可的指定登记机关被暂停全部或部分登记事务或因第二十条规定被命令暂停全部或部分登记事务等的继承以及其他必要事项，由文部科学省政令规定之。

【对指定登记机关之决定的审查请求】

第二十三条 根据《行政不服审查法》② 第二十五条第二款及第三款、第四十六条第一款及第二款、第四十七条以及第四十九条第三款之规定，对指定登记机关的相关登记事务之决定或不作为不服的，可请求文化厅长官予以审查。此时，应视文化厅长官为指定登记机关的上级机关。

【公告】

第二十四条 发生以下情况的，文化厅长官应根据文部科学省政令之规定，在《官报》上公告之。

(一）第五条第一款的登记机关之指定；

(二）第十条规定的办公场所变更之报告；

(三）第十二条规定的停止或废止登记事务之许可；

(四）第二十条规定的指定之撤销或暂停全部或部分登记事务之

---

① 1993 年（平成 5 年）法律第 88 号。

② 2014 年（平成 26 年）法律第 68 号。

命令；

（五）根据第二十二条第一款规定，文化厅长官亲自实施或不再实施全部或者部分登记事务时。

【登记费】

第二十五条　登记申请人在指定登记机关申请计算机软件著作权注册登记时，必须缴纳政令规定的登记费。

第二十六条　指定登记机关应第四条第一款或《著作权法》第七十八条第四款之请求实施登记事务时，则不适用第四条第三款或《著作权法》第七十八条第五款之规定。

第二十七条　根据第二十五条或《著作权法》第七十八条第五款之规定，指定登记机关收取的登记费为指定登记机关的收入。

第二十八条　除本章规定的内容外，有关指定登记机关的登记事务的其他必要事项，由政令规定之。

第四章　罚则

第二十九条　违反第十六条第一项之规定，处一年以下有期徒刑或三十万日元以下罚金。

第三十条　违反第二十条暂停登记事务之命令的指定登记机关的管理者或职员，处一年以下有期徒刑或三十万日元以下罚金。

第三十一条　出现下列情形之一的，处被指定登记机关的管理者或职员、二十万日元以下罚金。

（一）未获第十二条之许可，停止登记事务的；

（二）违反第十八条第一款规定，未备有登记簿、未在登记簿上记载或虚假记载以及违反该条第二款规定，不保存登记簿的；

（三）未根据第十九条第一款规定报告或虚假报告的，拒绝、妨碍或回避检查的，不陈述或虚假陈述的。

附则　抄

【施行日期】

第一条　本法自1986年（昭和62年）4月1日起施行，但第五条至第七条、第十条、第十一条、第十三条第一款、第十四条至第十七条、第十九条、第二十条（除第三项外）、第二十一条、第二十四条、第二十九条、第三十一条第三项以及次款之规定，自 1987 年（昭和 62 年）10 月 1 日起施行。

【过渡措施】

第二条　被指定的登记机关在本法施行前至施行日之间，不得实施登记事务，且不受第五条第一款规定的影响。

附则　1993 年（平成 5 年）11 月 12 日法律第 89 号　抄

【施行日期】

第一条　本法自《行政诉讼法》施行之日起施行。

【咨询等不利处分的过渡措施】

第二条　本法施行前，根据《行政诉讼法》第十三条作出的针对审议会及其他合议制机构质询、听证等程序以及陈述意见程序等的不利处分，不受修改后相关规定的限制，适用旧法。

【罚则的过渡措施】

第十三条　对本法施行前的行为之处罚，适用旧法。

【听证规则的过渡措施】

第十四条　本法施行前的咨询、质询以及听证（除不利处分相关规则外）及其程序，应被视为本法施行后的咨询、质询以及听证（除不利处分相关规则外）及其程序。

【委托立法】

第十五条　除附则第二条至前条规定外，本法施行的其他过渡措施由政令规定之。

附则　1999 年（平成 11 年）12 月 22 日法律第 160 号　抄

【施行日期】

第一条　本法（除第二条、第三条外）自 2001 年（平成 13 年）1 月 6 日起施行，但以下各项规定自其各自规定的日期起施行。

（一）第九百九十五条（仅限于《核材料及核反应堆规制法修改法》附则的相关修改部分）、第一千三百零五条、第一千三百零六条、第一千三百二十四条第二款、第一千三百二十六条第二款以及第一千三百四十四条自公布之日起施行。

附则 1999年（平成11年）12月22日法律第220号 抄

【施行日期】
第一条 本法（除第一条外）自2001年（平成13年）1月6日起施行。
【委托立法】
第四条 除前两条规定外，本法施行的其他必要事项由政令规定之。

附则 2006年（平成18年）6月2日法律第50号 抄

本法自《一般社团、财团法人法》施行日起施行。

附则 2009年（平成21年）6月19日法律第53号 抄

【施行日期】
第一条 本法自2010年（平成22年）1月1日起施行，但第七十条第二款、第七十八条、第八十八条第二款、第一百零四条的修改规定以及附则第六条之规定，则在两年内由政令规定施行日期。

附则 2011年（平成23年）6月24日法律第74号 抄

【施行日期】
第一条 本法自公布之日起二十日后施行。

附则 2014年（平成26年）6月13日法律第69号 抄

【施行日期】
第一条 本法自《行政不服审查法》[①] 施行之日起施行。

---

① 2014年（平成26年）法律第68号。

【过渡措施之原则】

第五条　对行政机关的处分及其他行为或不作为行为，在本法施行前提起复议申请的，除附则有特别规定外，适用旧法。

【与诉讼相关的过渡措施】

第六条　根据本法规定，依据修订前的法律规定，对于未经复议作出裁决、决定或者其他行为后，不得起诉之事项，在未提起复议且在本法施行前已超过期限（包括该行政复议之外的、其他行政复议未经裁决、决定或其他行为不得起诉，但未申请复议且在本法施行前已经超过期限的情形）又提起诉讼的，适用旧法。

2. 根据本法规定的依据修订前法律之规定（包括根据前款适用旧法）的异议申请之裁决，在修订后未提起异议审查不得请求撤销裁决、提起撤销之诉的，适用旧法之规定。

3. 行政机构对行政复议的裁决、决定以及其他行为等的撤销之诉，在本法施行前提出的，适用旧法之规定。

【罚则的过渡措施】

第九条　对本法施行前的行为，根据附则第五条以及前两条规定适用旧法的行为，在本法施行后的处罚，适用旧法。

【其他过渡措施的委托立法】

第十条　除附则第五条至前条规定外，本法施行的其他必要过渡措施（包括罚则的过渡措施），由政令规定之。

附则　2022 年（令和 4 年）6 月 17 日法律第 68 号　抄

【施行日期】

第一条　本法自《刑法修订法》施行之日起施行，但以下所列各项规定则自其各自规定的日期起施行。

（一）第五百零九条之规定，自公布之日起施行。

十七 著作权等管理事业法

2000年（平成12年）11月29日法律第131号[制定]
2001年（平成13年）12月5日法律第138号
　[根据刑法修改法附则第3条之修改]
2002年（平成14年）6月19日法律第72号
　[根据著作权法修改法附则第9条之修改]
2004年（平成16年）6月2日法律第76号
　[根据破产法的相关法律整备法第126条之修改]
2004年（平成16年）6月18日法律第124号
　[根据不动产登记法的相关法律整备法第20条之修改]
2004年（平成16年）12月3日法律第154号
　[根据信托业法附则第98条之修改]
2008年（平成20年）5月2日法律第28号
　[根据黑社会防止法修改法附则第3条之修改]
2012年（平成24年）8月1日法律第53号
　[根据黑社会防止法修改法附则第22条、第23条之修改]
2013年（平成25年）11月27日法律第86号
　[根据机动车肇事处罚法附则第8条之修改]
2019年（令和1年）6月14日法律第37号
　[根据成年人监护权限制法相关法律整备法第73条之修改]
2022年（令和4年）6月17日法律第68号
　[根据刑法修改法之相关法律整备法第217条之修改]

目　　录

第一章　总则（第一条、第二条）
第二章　登记（第三条至第十条）

第三章　业务（第十一条至第十八条）

第四章　监督（第十九条至第二十二条）

第五章　使用费规则的协议与裁定（第二十三条、第二十四条）

第六章　杂则（第二十五条至第二十八条）

第七章　罚则（第二十九条至第三十四条）

附则

第一章　总则

【目的】

第一条　为确保著作权及著作邻接权的管理事业机构实施著作权登记、明确著作权委托管理合同条款、申报著作权使用费规则以及承担公示之义务，保护著作权及著作邻接权的委托管理人，促进作品、表演、唱片、播送以及有线播送等使用、推进文化事业发展，特制定本法。

【定义】

第二条　本法中的"委托管理合同"，是指以下各项合同，即由受托人有偿许可使用委托人的作品、表演、唱片、播送以及有线播送（以下称为"受著作权保护的作品等"）并约定支付金额的协议以外的合同。

（一）委托人向受托人转移其著作权或著作邻接权（以下称为"著作权等"），以作品等的利用许诺以及管理其他著作权等为目的的信托合同；

（二）受托人与委托人之间就作品等的利用许可以及与之相关的著作权管理的委托代理合同。

2. 本法中的"著作权管理业务"，是指基于委托管理合同（除文部科学省政令规定的、委托人与受托人之间密切的人事、资本合同外）、实施作品的许可使用以及管理著作权等的事业。

3. 本法中的"著作权等管理业者"，是指获得下一条登记注册、从事管理著作权等事业的机构。

第二章　登记

【登记】

第三条　从事著作权等管理事业的，必须获得文化厅长官的注册登记。

【登记申请】

第四条　要获得前款注册登记，必须向文化厅长官提交记载以下事项的登记注册申请。

（一）名称；

（二）负责人（第六条第一款第一项规定的无人格社团的，其代表人。在该款第五项、第九条第四款中同）的姓名；

（三）事务所的名称及所在地；

（四）管理的作品种类及作品等的利用方法；

（五）文部科学省政令规定的其他事项。

2. 在前款登记申请中，必须添附以下材料。

（一）书面承诺不属于第六条第一款第三项至第六项所列事项；

（二）登记事项的证明书、资产负债表以及文部科学省政令规定的其他材料。

【注册登记的实施】

第五条　除下一条第一款规定拒绝登记事由外，文化厅长官在收到根据前条规定的登记之申请，必须将以下所列事项登记在著作权等管理业者名簿上。

（一）前条第一款所列事项；

（二）登记的日期及登记号。

2. 文化厅长官在进行前款之登记后，应立即通知登记申请人，不得延迟。

3. 文化厅长官必须公开著作权等管理业者名簿以便公众查阅。

【拒绝登记】

第六条　当登记申请人属于下列情形之一、登记申请书或添附的资料存在虚假记载或者缺少重要事实记载时，文化厅长官必须拒绝登记。

（一）非法人（包括非营利无法人资格的社团、有代表人规则，且直接或间接基于管理委托合同实施著作权管理业务的组织。以下称为"无人格法人"）；

（二）与其他著作权等管理业者现在所使用的名称相同或近似，有被误认之可能的法人；

（三）根据第二十一条第一款、第二款之规定被撤销登记且未满五年的法人；

（四）违反本法或《著作权法》① 规定，被处以罚金刑、已执行完毕，或者被处罚未满五年的法人；并处以罚款，自判决结束或不再执行之日起五年内未服刑的法人实体

（五）责任人中有下列情形之一的法人。

①文部省政令规定的、因健康原因不能履行其责任人职责的；

②已经破产且未能复权的；

③根据第二十一条第一款、第二款规定被撤销登记三十日前的著作权管理事业机构负责人，自撤销登记之日起未满五年的；

④被处以监禁以上刑罚、已执行完毕，或者被处罚未满五年的；

⑤违反本法、《著作权法》《计算机软件著作权登记法》② 或《黑社会成员不法行为防止法》③ 的规定（除该法第三十二条之三第七款以及第三十二条之十一第一款外），或者触犯《刑法》④ 第二百零四条、第二百零六条、第二百零八条、第二百零八条之二、第二百二十二条第二百四十七条之罪名或者《对犯罪或暴力行为的处罚法》⑤ 上的罪名，被处以罚金刑、已执行完毕，或者被处罚未满五年的。

（六）不具备为履行著作权等管理事业所被认可的、由文部科学省政令规定的财产标准的法人。

2. 根据前款规定，文化厅长官拒绝登记后，必须立即以书面形式通知并告知申请人理由，不得延误。

【变更之报告】

第七条 著作权等管理业者变更第四条第一款所列事项的，必须自变更之日起两周内向文化厅长官报告。

2. 文化厅长官收到前款报告后，必须在著作权等管理业者登记簿上就变更事项进行变更登记。

【继承】

第八条 著作权等管理事业者转让其全部著作权管理业务或其合并，

---

① 1970 年（昭和 45 年）法律第 48 号。
② 1986 年（昭和 61 年）法律第 65 号。
③ 1991 年（平成 3 年）法律第 77 号。
④ 1907 年（明治 40 年）法律第 45 号。
⑤ 1926 年（大正 15 年）法律第 60 号。

或著作权等管理事业者合并、分割时（仅限于继承著作权管理事业的全部的情形），著作权等管理事业的受让人（包括无人格法人）、合并后存续的法人（除著作权等管理事业者的法人与非著作权等管理事业者的法人合并后、继续从事著作权等管理事业的法人外。以下同）、通过合并而设立的新法人或通过分割继承了全部著作权管理业务的法人，取得该著作权管理事业者的地位。但当受让该著作权全部管理事业的受让人（包括无人格的社团组织）、合并后存续的法人、因合并而设立的法人或者通过分割而继承著作权管理全部事业的法人，属于本法第六条第一款第二项至第六项规定情形的，则不受此限。

2. 根据前款规定，继承著作权等管理事业者地位的，必须自继承之日起三十日内向文化厅长官报告。

3. 前款之报告，准用前条第二款之规定。

【歇业等报告】

第九条 著作权管理事业者出现下列情形之一的，其各项规定的人员必须在事发之日起三十日内向文化厅长官报告。

（一）因合并而终止的，终止法人的法人代表；

（二）决定开始破产程序的，破产财产管理人；

（三）因合并、破产以外其他理由解散（无人格社团的，类似解散之行为）的，清算人（无人格社团的，其代表人）；

（四）著作权管理业务歇业的，著作权管理事业者（包括无人格社团）的法定代表。

【注销登记】

第十条 当前条规定之报告或本法第二十一条第一款、第二款规定的情形发生时，文化厅长官必须注销该著作权管理事业者的登记。

第三章 业务

【委托管理合同的条款】

第十一条 著作权等管理业者必须制定包含以下条款的委托管理合同，并事先向文化厅长官申报。若要变更，也必须事先申报。

（一）委托管理合同的类型（包括第二条第一款第二项委托合同中的中介或代理类合同）；

（二）合同期限；

（三）著作权等的使用费及其分配方法；

（四）著作权等管理业者的报酬；

（五）文部科学省政令规定的其他事项。

2. 根据前款后段规定，著作权等管理业者进行变更申报时，必须立刻通知委托人，告知其与申报相关的委托管理合同的条款，不得延迟。

3. 根据第一款之规定，著作权等管理业者若未依据委托管理合同条款则不得缔结委托管理合同。

【委托管理合同条款内容的说明】

第十二条　在签订委托管理合同时，著作权等管理业者必须向委托管理的委托人解释、说明委托管理合同的内容。

【使用费之规则】

第十三条　著作权等管理业者应制定包括以下事项的著作权使用费规则，并必须事先向文化厅长官申报。若要变更使用费，亦必须事先向文化厅长官申报。

（一）在文部科学省政令规定的标准范围内，确定不同种类著作权的使用费金额标准（即以作品种类及利用方法之类别的分类。在第二十三条中同）；

（二）实施日期；

（三）文部科学省政令规定的其他事项。

2. 著作权等管理业者在制定或变更使用费规则时，必须事先听取用户或其他组织的意见。

3. 著作权等管理业者根据第一款规定提出申报后，必须公布与申报相关的使用费规则的基本内容。

4. 著作权等管理业者收取的著作权使用费不得超过根据第一款规定申报的使用费规则规定的金额。

【使用费规则的实施禁止期】

第十四条　自文化厅长官收到前条第一款规定申报之日起三个月内，提起申报的著作权等管理业者不得实施所申报的使用费之规则。

2. 文化厅长官认为著作权等管理业者申报的前条第一款之使用费规则存在阻碍著作权利用之可能时，可在申报之日起三个月的范围内延长前款实施禁止期。

3. 被指定的著作权等管理业者（第二十三条第一款规定的被指定的著作权等管理业者。以下同）根据前条第一款规定申报后，著作权的用户代表（第二十三条第二款规定的用户代表。在第五款中同）就全部或部分使用费规则条款申请协商时，文化厅长官可在受理协商申请之日起六个月内，延长第一款规定的期限。

4. 根据前款规定延长第一款规定期限的，当著作权等管理业者就该期限的全部或部分主张无延长之必要或根据第二十四条第二款裁决无延长之必要时，文化厅长官可缩短已经延长的第一款之期限。

5. 根据第二款或者第三款规定，文化厅长官决定延长第一款期限后，必须通知著作权等管理业者及用户代表，并公告之。

【委托管理合同条款及使用费规则的公示】

第十五条 根据文部科学省政令之规定，著作权等管理业者必须公示第十一条第一款所申报的委托管理合同条款以及第十三条第一款规定的使用费规则。

【拒绝许可的限制】

第十六条 无正当理由，著作权等管理业者不得拒绝许可使用其所管理的作品等。

【信息的提供】

第十七条 著作权等管理业者必须努力向用户提供有关作品标题或名称、其他所管理的作品之信息，以及所管理各种作品的利用方法等信息。

【财务报表的编制与阅览等】

第十八条 著作权等管理业者必须在每一会计年度结束后三个月内，编制与该年度的著作权管理的资产负债表、业务报告以及其他文部科学省政令规定的书面报告（在下一款、第三十四条第二款中称为"财务报表等"）并保留五年。

2. 委托人可在著作权等管理业者工作时间内随时申请查阅财务报表等。

第四章 监督

【报告的征收与现场检查】

第十九条 在本法实施过程中，文化厅长官可要求著作权等管理业者报告其业务或财产状况，并派遣工作人员进入著作权等管理业者的办公场所、检查其业务状况，查阅账簿、文件资料以及其他物件，或询问相关人员。

2. 依照前款规定，进行现场检查的工作人员，必须携带并出示其身份证明。

3. 第一款规定的现场检查的权限不得理解为犯罪搜查之权限。

【改善业务之命令】

第二十条　文化厅长官认为著作权等管理业者的经营管理行为存在损害委托人及用户利益的，为了在必要限度内保护委托人及用户的利益，可命令著作权等管理业者采取必要措施，变更委托管理合同条款或使用费规则、改善经营管理及其他业务。

【撤销登记等】

第二十一条　著作权等管理业者发生以下情形之一的，文化厅长官可以撤销其登记，或者命令其在六个月内暂停全部或部分著作权管理业务。

（一）违反本法、基于本法之命令或者行政决定；

（二）以不正当手段取得第三条登记的；

（三）出现第六条第一款第一项、第二项、第四项以及第五项中任意一项时。

2. 著作权管理业者在获得登记后一年内未开始著作权管理业务或者连续一年以上未实施著作权管理业务的，文化厅长官可以撤销其登记。

3. 第六条第二款规定，准用于前两款之情形。

【监督决定之公告】

第二十二条　文化厅长官根据前条第一款、第二款规定作出决定后，必须依据文部科学省政令规定的方式公告之。

第五章　使用费规则的协商与裁定

【协商】

第二十三条　在著作权等管理业者的使用费规则中的任何区分利用（根据区分使用中作品的利用情况，细分作品的利用种类更合理时的该细分种类。以下同）中，所有著作权等管理业者收取的使用费总额与其各自收取的使用费金额的比例相当且出现下列情形的，文化厅长官可指定其为任何区分利用的著作权等管理业者。

（一）该区分利用中所收取使用费总额占所有著作权等管理业者收取使用费的总额的比例达到一定水平时；

（二）除前项所列情况外，当该著作权等管理业者的使用费规则成为基准而被广泛使用，且有利于该区分利用中的作品利用。

2. 当区分利用的用户代表（指在某种区分使用中，能够代表用户利益、被承认的团体或个人。本章以下同）就第十三条第一款申报的使用费规则（仅限与区分使用相关部分。本章以下同）提起协商请求时，被指定的著作权等管理业者必须回应。

3. 用户代表在提请前款协商时（以下称为"协商"），必须事先认真听取该区分使用领域用户（当该用户代表为团体时，则不包括其成员）的意见。

4. 在用户代表提起了协商请求、但被指定的著作权等管理业者未响应，或者协商未成的情况下，用户代表申请时，文化厅长官可命令被指定的著作权等管理业者开始协商或者进行再次协商。

5. 协商成立后（除协商结果认为使用费规则无变更之必要外。下一款同），被指定的著作权等管理业者必须根据协商结果变更使用费规则。

6. 在使用费规则实施（根据第十四条第三款规定，第一款之延长期已届满。下一条第三款同）前，已经协商成立时，第十三条第一款规定的变更申报，应视为未发生。

【裁决】

第二十四条　在前条第四款之命令后协商依然未成立时，当事人可就使用费规则申请文化厅长官裁决。

2. 文化厅长官在受理前款裁决（以下称为"裁决"）申请后，必须通知其他当事人，并限期各方在规定的期间内陈述并发表意见。

3. 在使用费规则实施前提起的第一款裁决申请，或在收到前款通知后、第十四条规定不得实施的期限已经届满的，被指定的著作权等管理业者，在文化厅长官未做出裁决之前不得实施该使用费规则。

4. 文化厅长官在作出裁决时，必须咨询文化审议会意见。

5. 文化厅长官作出裁决后，必须通知当事人。

6. 文化厅长官裁决使用费规则有变更之必要的，（被指定的著作权等管理业者）必须根据裁决内容变更使用费规则。

第六章　杂则

【适用除外】

第二十五条　本法第十一条第一款第三项、第十三条、第十四条、第十五条（仅限与使用费规则相关部分）、第二十三条及前条之规定，不适用于以下所列团体行使第三条登记的、各项与著作权等管理相关业务的使用费。

（一）《著作权法》第九十五条之三第四款中，准用该法第九十五条第五款的团体行使该法第九十五条之三第一款之权利；

（二）《著作权法》第九十七条之三第四款中，准用该法第九十七条第三款的团体行使该法第九十七条之三第一款之权利。

【信托业法的适用除外等】

第二十六条　《信托业法》① 第三条之规定，不适用于本法第二条第一款第一项所列举的、仅以著作权信托为业的经营者。

【授权立法】

第二十七条　除本法规定的事项外，本法实施所需的其他必要事项，由文部科学省政令规定之。

【过渡措施】

第二十八条　伴随制定或废除基于本法规定的文部科学省政令的合理且必要的过渡措施，由其各自的文部科学省政令规定之。

第七章　罚则

第二十九条　属下列情形之一的，处一百万日元以下罚金。

（一）违反本法第三条规定，从事著作权等管理业务的；

（二）以不正当手段取得第三条之登记的。

第三十条　违反第二十一条第一款规定的停止著作权等管理业务之命令的，处五十万日元以下罚金。

第三十一条　属于下列情形之一的，处三十万日元以下罚金。

---

① 2004年（平成16年）法律第154号。

（一）违反第十一条第三款规定，缔结委托管理合同的；

（二）违反第十三条第四款规定，收取所请求之使用费的；

（三）违反第二十条规定之命令的。

第三十二条 属于下列情形之一的，处二十万日元以下罚金。

（一）根据第七条第一款或第八条第二款规定，未申报或虚假申报的；

（二）违反第十五条规定，缔结委托管理合同或未公示使用费规则的；

（三）根据第十九条第一款规定未报告或虚假报告，拒绝、妨碍或回避检查或者针对质询不陈述、虚假陈述的。

第三十三条 法人（包括无法人人格的社团或财团。以下同）的代表人、管理者或者法人或自然人的代理人、雇员或其他职员，就其业务违反第二十九条至前款规定，除处罚行为人外，对法人或自然人也处以罚金刑。

2. 对无法人人格的社团或财团适用前款规定时，其代表人或管理人除代表该社团或财团实施诉讼行为外，在法人作为刑事被告人或嫌疑人时准用刑事诉讼的相关法律规定。

第三十四条 属于下列情形之一的，处二十万日元以下罚款。

（一）违反第九条规定，未申报或虚假申报的；

（二）违反第十八条第一款规定，未准备并保管财务报表、未在债务报表上记载该记载事项、虚假记载、无正当理由拒绝利害关系人查阅财务报表或拒绝提供副本的。

附则　抄

【施行日期】

第一条 本法自2001年（平成13年）10月1日起施行。

【《著作权中介业务法》废止】

第二条 《著作权中介业务法》[①] 废止。

【与旧著作权中介业务相关的过渡措施】

第三条 本法施行时根据废止前《著作权中介业务法》（以下称为

---

① 1939年（昭和14年）法律第67号。

"旧中介业务法")第二条规定，获得许可实施著作权等管理业的旧中介业务（"旧中介业务法"第一条规定的与著作权相关的中介业务。以下同）中属著作权等管理业务的机构，应视为本法施行时获得第三条之登记的著作权等管理业者。

2. 根据前款规定，被视为获得第三条之登记的著作权等管理业者（以下称为"旧中介人"）必须在本法施行后三十日内，向文化厅长官提交第四条第一款各项规定的文件资料。

3. 文化厅长官在收到前款规定的文件资料后，应将其以及第五条第一项、第二项内容登载于著作权等管理业者的登记簿上。

4. 对旧中介人适用第十一条第三款、第十二条及第十五条（仅限与委托管理合同相关部分）规定时，截至2002年（平成14年）3月31日或第十一条第一款规定的委托管理合同条款申报日之间，根据"旧著作权中介法"第二条、第四条规定获得许可的业务执行方法应被视为根据本法第十一条第一款规定的已申报的委托管理合同条款。

5. 对旧中介人适用第十三条第四款及第十五条（仅限与适用费规则相关部分）规定时，截至2002年（平成14年）3月31日或第十三条第一款规定的适用费规则申报日之间，根据"旧著作权中介法"第三条第一款规定获得认可的使用费规则（以下称为"旧使用费规则"）应被视为根据本法第十三条第一款规定的已申报的使用费规则。

6. 旧中介人根据第十三条第一款规定重新申报使用费规则，在2002年（平成14年）3月31日以前出现以下各项事由时，截至其各自规定的日期，全部或部分旧著作权使用费规则被视为根据该条第一款规定的已申报的使用费规则，而不受前款规定的影响，

（一）根据第十四条第二款至第四款规定，该条第一款的期限发生变更（除下一项规定的情况外）截至被变更期限的届满日；

（二）其施行日（根据第二十四条第三款规定，当该条第一项期限被延长时，该延长期届满日）之前，提起第二十四条第一款的裁决申请时，截至施行日的前一日或裁决日较晚的日期。

【非著作权等管理业务的过渡措施】

第四条 本法施行时，尚未获得第三条登记的著作权等管理业务（不包括旧中介业务中相关部分，以下同）的实施者，截至2002年（平成14年）3月31日，可以持续从事著作权等管理业务。

2. 前款规定的著作权管理业务在 2002 年（平成 14 年）3 月 31 日前获得登记的，截至该日或第十一条第一款规定委托管理合同条款实施日，不适用本法第三款、第十二条规定。

3. 前款规定的著作权管理业务，截至 2002 年（平成 14 年）3 月 31 日或第十三条第一款规定的使用费规则实施日，不适用本条第四款之规定。

4. 2002 年（平成 14 年）3 月 31 日前实施的使用费规则的全部或部分，出现前条第六款所列各项事由时，截至其各自规定的日期，不适用第十三条第四款规定，不受前款规定的影响。

【拒绝登记的过渡措施】

第五条　有关第六条第一款第三项及第五项第③目的适用，视"旧中介法"第九条规定的撤销"旧中介法"第二条之许可的法人为本法第二十一条第一款之规定的撤销登记之法人。

2. 有关第六条第一款第四项及第五项第⑤目的适用，自被处罚之日起，根据"旧中介法"被处以罚金刑的法人，被视为违反本法之规定、被处以罚金刑的法人。

【罚则的过渡措施】

第六条　对本法施行前行为的罚则，适用旧法。

【评估】

第七条　本法施行三年后，政府认为必要时应对其施行状况进行评估，并在评估的基础上采取必要措施，对本法规定加以修正。

附则　2001 年（平成 13 年）12 月 5 日法律第 138 号　抄

【施行日期】

第一条　本法自公布之日起二十日后施行。

附则　2002 年（平成 14 年）6 月 19 日法律第 72 号　抄

【施行日期】

第一条　本法以下各项规定，自其各自规定的日期起施行。

（一）第七条、第八条、第九十五条、第九十五条之三、第九十七条、第九十七条之三的修改规定以及附则第二项至第四项、第六项、第七项以及第九项规定,自《保护表演者、录音制品制作者和播送组织的国际公约》(以下称为"《保护表演者罗马公约》") 在日本生效之日起施行。

附则 2004 年（平成 16 年）6 月 2 日法律第 76 号 抄

【施行日期】

第一条 本法自《破产法》①（在下一条第八款以及附则第三条第八款、第五条第八款、第十六款、第二十一款、第八条第三款以及第十三条中称为"新破产法"）施行之日起施行。

【罚则的过渡措施】

第十二条 针对本法施行前的行为以及根据附则第二条第一款,第三条第一款,第四条,第五条第一款、第九款、第十七款、第十九款、第二十一款以及第六条第一款及第三款规定的施行后的行为之罚则适用旧法。

5. 针对本法施行前因《破产之宣告、重整程序的开始决定以及外国破产承认的申请、通知以及报告义务等法律》修改前之《证券交易法》《测量法》《国际酒店整备法》《建筑师法》《信托投资法》《电信业法》《利用电信服务广播法》《水洗煤业法》《不动产评估鉴定法》《外国证券业法》《集资建房销售业法》《银行法》《贷款业规制法》《净化槽法》《证券投资顾问业规制法》《抵押证券业规制法》《金融期货交易法》《游渔船业规范化法》《预付票证规制法》《商品投资业规制法》《不动产特定共同事业法》《保险业法》《资产的流动化法》《债权回收业特别措施法》《创业促进法》《建筑材料回收利用化法》《著作权管理业法》《公寓规范化管理推进法》《企业年金确定给付法》《氟利昂回收法》《公司债的转换法》《确定核发年金法》《报废汽车回收利用法》《信托业法》以及《特殊公司的特定资产流动法修改法》的相关罚则,适用旧法。

【委托立法】

第十四条 除附则第二条至前条规定的事项外,有关本法施行的其他必要过渡措施,由政令规定之。

---

① 2004 年（平成 16 年）法律第 75 号。

附则　2004 年（平成 16 年）6 月 18 日法律第 124 号　抄

【施行日期】
第一条　本法自新《不动产登记法》施行之日起施行。

附则　2004 年（平成 16 年）12 月 3 日法律第 154 号　抄

【施行日期】
第一条　本法自公布之日起六个月内，由政令规定施行日期（以下称为"施行日"）。

【处分的效力】
第一百二十一条　除本附则有特别规定外，本法施行前根据各自法律（包括基于本法的命令。以下同）的行政处分、程序以及其他行为，应视为根据修改后各自规定的行政处分、程序以及其他行为。

【罚则的过渡措施】
第一百二十二条　对本法施行前的行为以及根据本附则规定适用旧法中的本法施行后的行为之罚则，适用旧法。

【其他过渡措施的委托立法】
第一百二十三条　除附则规定的事项外，本法施行所需的其他必要过渡措施，由政令规定之。

附则　2008 年（平成 20 年）5 月 2 日法律第 28 号　抄

【施行日期】
第一条　本法自公布之日起施行。

附则　2012 年（平成 24 年）8 月 1 日法律第 53 号　抄

【施行日期】
第一条　本法自公布之日起三个月内，由政令规定其施行日期。但以下各项规定则自其各自规定的日期起施行。

（一）第二条以及附则第五条、第七条、第十条、第十二条、第十四条、第十六条、第十八条、第二十条、第二十三条、第二十八条和第三十一条第二款的规定，自公布之日起六个月内，由政令规定施行日期。

附则　2013年（平成25年）11月27日法律第86号　抄

【施行日期】
第一条　本法自公布之日起六个月内，由政令规定施行日期。
【罚则的过渡措施】
第十四条　对本法施行前的行为之处罚，适用旧法。

附则　2019年（令和1年）6月14日法律第37号　抄

【施行日期】
第一条　本法自公布之日起三个月后施行，但以下各项规定则自其各自规定的日期起施行。
（一）第四十条、第五十九条、第六十一条、第七十五条（仅限《儿童福利法》第三十四条之二十的修改规定）、第八十五条、第一百零二条、第一百零七条（仅限《民间机构收养儿童保护法》第二十六条的修改规定）、第一百一十一条、第一百四十三条、第一百四十九条、第一百五十二条、第一百五十四条（仅限《不动产鉴定评估法》第二十五条第六款的修改规定）、第一百六十八条、次条、附则第三条、第六条之规定，自公布之日起施行。
【行政行为的过渡措施】
第二条　在本法（前条各项所列规定，该规定。以下同）施行前的行政行为及其效力，适用旧法。
【罚则的过渡措施】
第三条　对本法施行前行为的处罚，适用旧法。
【评估】
第七条　对于《公司法》①《一般法人法》② 的董事因无行为能力或

---

① 2005年（平成17年）法律第86号。
② 2006年（平成18年）法律第48号。

限制行为能力被限制资格的规定，政府应在本法施行一年后，对其施行状况进行评估，并在评估的基础上删除该规定或采取其他必要措施。

附则　2022年（令和4年）6月17日法律第68号　抄

【施行日期】

第一条　本法自《刑法修订法》施行之日起施行，但以下所列各项规定则自其各自规定的日期起施行。

（一）第五百零九条之规定，自公布之日起施行。

十八　同盟国及其国民著作权特别法[*]

1952 年（昭和 27 年）8 月 8 日法律第 302 号［制定］

1967 年（昭和 42 年）6 月 12 日法律第 36 号

　　［根据执照登记免税法的相关法律整备法第 34 条之修改］

1970 年（昭和 45 年）5 月 6 日法律第 48 号

　　［根据著作权法附则第 24 条之修改］

【目的】

第一条　为保护同盟国及其国民的著作权，根据《对日和平条约》第十五条 c 款以及《著作权法》①的特别规定，制定本法。

【定义】

第二条　本法中的"同盟国"，是指根据《对日和平条约》第二十五条规定，与日本缔结和平条约的所有国家。

2. 本法中的"同盟国国民"，是指以下所列主体。

（一）具有同盟国国籍的自然人；

（二）根据同盟国的法律成立的法人或准法人；

（三）除前项所列法人或准法人外，以营利为目的的法人或其他组织，持有前项或本项所列法人的全部股份或份额（除该法人及其他团体的管理者持有的股份或份额）的社会组织；

（四）除第二项所列法人外，前项或本项所列宗教法人或其他不以营利为目的的法人或团体。

3. 本法中的"著作权"，是指旧《著作权法》②上的全部或部分权利（除旧法第二十八条之三规定的出版权外）。

---

*　该法出台针对的是日本投降后国内出版行业存在的严重侵害同盟国民著作权的现象。

①　1970 年（昭和 45 年）法律第 48 号。

②　1899 年（明治 32 年）法律第 39 号。

【战时的著作权】

第三条　日本与同盟国签订条约或协定，不受 1941 年（昭和 16 年）12 月 7 日战争爆发、日本或同盟国各自废除或停止执行的影响。自该日起至《对日和平条约》生效期间，同盟国及其国民根据该条约或协定应该取得的著作权，自其应该取得著作权之日起予以保护。

【著作权存续期限的特别规定】

第四条　同盟国及其国民所有的、《著作权法》所规定的著作权存续期间，应加上 1941 年（昭和 16 年）12 月 8 日至《对日和平条约》生效的期间（除同盟国及其国民以外的其他人的著作权存续期间）。

2. 同盟国及其国民在 1941 年（昭和 16 年）12 月 8 日至《对日和平条约》生效之日的期间取得的著作权（包括根据前款规定有效取得并受保护的著作权），其著作权法上的著作权存续期间，应加算其取得著作权至《对日和平条约》生效期间（除同盟国及其国民以外的其他人的著作权存续期间）。

【翻译权存续期间的特别规定】

第五条　根据《著作权法》附则第八条之规定，将著作作品翻译为日本语的权利依然有效且针对旧《著作权法》第七条第一款规定的（翻译权）期间适用前条第一款或第二款规定的情况下，该期间应增加六个月。

【同盟国及同盟国国民以外者的著作权】

第六条　自日本国与同盟国之间的《对日和平条约》生效后，前两条之规定仅适用于同盟国及同盟国国民的著作权（包括因前两条规定的著作权存续期加算后、持续存续的情形）。

【申请及手续费等免除】

第七条　适用第三条至第五条的规定时，无须提交申请书、支付任何手续费以及其他任何条件，但不得妨碍《著作权法》第七十七条（著作权登记）、第七十八条（登记注册程序等）以及《注册许可税法》之规定的适用。

附则

本法自公布之日起施行、自《对日和平条约》首次生效之日起适用。

附则 1967年（昭和42年）6月12日法律第36号 抄

第一条 本法自《执照登记免税法》的施行之日起施行。

附则 1970年（昭和45年）5月6日法律第48号 抄

【施行日期】
第一条 本法自1971年（昭和46年）1月1日起施行。
【实施《同盟国及其国民著作权特别法修改法》的过渡措施】
第二十五条 根据前款之规定，《同盟国及其国民著作权特别法修改法》（以下称为"修改后《特别法》"）不适用于本法施行时已消灭的、修改后《特别法》第二条第三款所规定的著作权。

2. 根据前款规定，对于本法施行前已发表、属于修改后《特别法》第二条第三款规定之作品的著作权存续期限，若修改前《特别法》第四条规定的权存续期限长于修改后《特别法》第四条规定的著作权存续期限时，适用修改前《特别法》。

十九　世界版权公约实施之特别法

1956年（昭和31年）4月18日法律第86号［制定］
1962年（昭和37年）3月29日法律第35号
　［根据文部省设置法修改法附则第4条之修改］
1968年（昭和43年）6月15日法律第99号
　［根据总理府设置法修改法第25条之修改］
1970年（昭和45年）5月6日法律第48号
　［根据著作权法附则第26条之修改］
1983年（昭和58年）12月2日法律第78号
　［根据国家行政组织法的相关法律整备法第74条之修改］
1994年（平成6年）12月14日法律第112号
　［根据著作权法修改法第2条之修改］
1999年（平成11年）12月22日法律第160号
　［根据中央政府机构关系改革法施行法第539条之修改］
2000年（平成12年）5月8日法律第56号
　［根据著作权法修改法第2条之修改］

【目的】
第一条　为实施《世界版权公约》、协调其与《著作权法》[①]之间关系，特制定该特别法。

【定义】
第二条　本法中的《版权公约》，是指《世界版权条约》。
2. 本法中的"出版"，是指《版权公约》第六条定义的"出版"。
3. 本法中的"翻译权"，是指《版权公约》第五条定义的"翻译权"。

---

① 1970年（昭和45年）法律第48号。

【著作权保护期限的特别规定】

第三条 根据《版权公约》第二条规定，缔约国国民未出版的作品或首次在缔约国出版的作品，受《著作权法》保护。但当基于缔约国法令的著作权保护期届满、不再受保护时，该著作权的保护期限以缔约国法律规定为准，不受《著作权法》规定影响。

2. 根据缔约国的法令，《版权公约》缔约国国民未出版的作品或首先在《版权公约》缔约国出版的作品，不属于保护的作品之类型的，基于《版权公约》第二条规定，亦不受《著作权法》保护。

第四条 《版权公约》缔约国国民的作品在非缔约国首先出版、适用前条之规定时，视为在该缔约国首先出版。

2. 在两个或两个以上《版权公约》缔约国同时出版的作品，适用前款规定时，视保护期间最短的缔约国出版为首先出版。当一部作品自首先出版之日起三十日内，在两个或两个以上缔约国出版的，视为在缔约国同时出版。

【翻译权的特别规定】

第五条 根据《版权公约》，受《著作权法》保护的文书，自出版之日的次年起七年内，由拥有翻译权或获得其许可的人，未翻译出版日本语版的作品或者虽已出版却为绝版的，出现下列情形之一时，日本国民应根据政令之规定、获得文化厅长官许可后可进行翻译，但必须向翻译权人支付或提存符合国际惯例的、公平的补偿费的全部或部分。

（一）向翻译权享有者提出翻译出版发行翻译作品的出版之请求被拒绝时；

（二）尽了最大之努力仍未能联系上翻译权人时。

2. 在前款第二项中，被许可的申请人必须向原作品的出版人、翻译权人国籍判明时期国籍国的外交代表、领事或其国家政府指定机构，提交申请书，并抄送文化厅长官。

3. 自前款申请书发送之日起未超过两个月的，文化厅长官不得根据第一款规定给予许可。

4. 文化厅长官在实施第一款之许可时，必须与文化审议会进行协商。

第六条 获得前条第一款之许可的申请人，不得转让与该许可相关的翻译作品的出版权。

第七条 根据政令之规定，与第五条第一款许可相关的翻译作品，必须标明原作作品的名称、原作作者的姓名及其他相关事项。

第八条　根据政令之规定，与第五条第一款许可相关的翻译作品，不得向缔约国以外其他国家出口。

【无国籍人及流亡者】

第九条　对于在《版权公约》第一议定书之缔约国有经常居住地的无国籍人或流亡者之作品适用本法第三条至第五条规定时，其作品应被视为缔约国国民之作品。

【受《伯尔尼公约》等保护的作品】

第十条　本法不适用于依据《保护文学和艺术作品伯尔尼公约》《世界知识产权组织版权条约》以及《与贸易有关的知识产权协定》而作为本国的作品，但对其已获得第五条第一款之许可且与之相关的翻译作品，在适用本法第五条至第八条的规定时，则不受此限。

【受《对日本和平条约》第十二条保护的作品】

第十一条　本法施行时，《对日本和平条约》第二十五条规定的同盟国也是《版权公约》缔约国的国民，基于《对日本和平条约》第十二条规定、受旧《著作权法》[①]保护的作品，在本法施行后持续予以同样保护（《著作权法》施行时受保护作品，仍受《著作权法》保护）。

【委托立法】

第十二条　除本法规定的内容外，为本法实施所需的其他必要事项，由政令规定之。

附则　抄

【施行日期】

第一条　本法自《版权公约》在日本生效之日起施行。

【过渡措施】

第二条　本法（除第十一条外）不适用于本法生效前未出版、已完成创作的作品以及本法施行前已出版的作品。

---

① 明治 32 年法律第 39 号。

附则 1962年（昭和37年）3月29日法律第35号 抄

本法自1962年（昭和37年）4月1日起施行。

附则 1968年（昭和43年）6月15日法律第99号 抄

【施行日期】
第一条 本法自公布之日起施行。
【过渡措施】
第三条 在本法施行时，根据修改前的《文化遗产保护法》《著作权法》《著作权中介业务法》《著作权法实施法》《世界版权公约实施之特别法》《枪械刀剑管理法》以及《国立剧场法》的文化遗产保护委员会或文部大臣之许可、认可、指定以及其他处分或者通知以及其他程序等，视为根据修改后各自法律的许可、认可、指定以及其他处分或者通知以及其他程序。

第四条 在本法施行时，根据修改前的《文化遗产保护法》《著作权法》《著作权中介业务法》《著作权法实施法》《世界版权公约实施之特别法》《枪械刀剑管理法》以及《国立剧场法》，向文化遗产保护委员会或文部大臣提出的申请、申报以及其他程序，视为根据修改后各自法律的申请、申报以及其他程序。

附则 1970年（昭和45年）5月6日法律第48号 抄

【施行日期】
第一条 本法自1971年（昭和46年）1月1日起施行。

附则 1983年（昭和58年）12月2日法律第78号 抄

【施行日期】
第一条 本法（除第一条外）自1984年（昭和59年）7月1日起施行。

第二条　在本法施行的前一日、根据法律规定所设置的机构等，在本法施行后根据《实施国家行政组织法修改法的相关法律整备法》所设置的机构之间的必要过渡措施以及伴随相关政令的制定、修改以及废除等必要过渡措施，由政令规定之。

附则　1994年（平成6年）12月14日法律第112号　抄

【施行日期】

本法（除第一条外）自《与贸易有关的知识产权协定》在日本生效之日起一年内，由政令规定施行日期。

附则　1999年（平成11年）12月22日法律第160号　抄

【施行日期】

第一条　本法（除第二条、第三条外）自2000年（平成12年）1月6日起施行，但以下各项规定则自其各自规定的日期起施行。

（一）第九百九十五条（仅限于《核材料及核反应堆管理法修改法》附则的修改部分）、第一千三百零五条、第一千三百零六条、第一千三百二十四条第二款、第一千三百二十六条第二款以及第一千三百四十四条自公布之日起施行。

附则　2000年（平成12年）5月8日法律第56号　抄

【施行日期】

第一条　本法自2001年（平成13年）1月1日起施行。

二十　电影的偷拍防止法

2007年（平成19年）5月30日法律第65号［制定］
2020年（令和2年）6月12日法律第48号
［根据著作权法之修改法附则第14条之修改］

【目的】
第一条　有鉴于在电影院等放映场所的电影偷拍并大量复制使得电影产业蒙受巨大损失，确定为防止上映电影的偷拍行为的必要事项，以振兴电影文化、促进电影产业健康发展，特制定本法。

【定义】
第二条　本法以下各项中的用语之定义，依据各项规定确定之。

（一）"上映"，是指1970年《著作权法》①第二条第一款第十七项规定的"上映"。

（二）"电影院等"，是指上映电影的电影院或者向其他不特定多数人提供电影上映的被管理的场所等。

（三）"电影的偷拍"，是指在收取观众费用的电影院等，对正在播放的电影（除获得著作权人许可外的）（包含以著作权为目的收取费用和不收取费用的首映式）实施录像（即《著作权法》第二条第一款第十四项规定的录像）、录音（即《著作权法》第二条第一款第十三项规定的录音）之行为。

【电影产业关系者的防止电影偷拍】
第三条　在电影院等放映电影的放映者以及其他电影产业的关系者必须努力采取措施以防止电影的偷拍行为。

【电影的偷拍之著作权法特例】
第四条　有关电影的偷拍行为，不适用《著作权法》第三十条第一

---
① 1970年（昭和45年）法律第48号。

款；对偷拍者适用《著作权法》第一百一十九条第一款规定时，该款中的"第三十条第一款（含准用第一百零二条第一款）规定的以个人使用目的的著作物或表演等的复制行为，第一百一十三条第二款"替换为"第一百一十三条第二款"。

2. 初次在日本国内电影院等放映且向观众收取费用的，自放映之日起八个月后的电影的偷拍行为，不适用前款之规定。

附则

本法自公布之日起经过三个月后施行。

附则　2020年（令和2年）6月12日法律第48号　抄

【施行日期】

第一条　本法自2021年（令和3年）1月1日起施行，但以下所列各项规定则自其各自规定的日期起施行。

（一）第三条（仅限《计算机软件著作权登记法》第二十条第一项的修订规定）、第四条及附则第三条、第六条、第七条、第十二条、第十三条（仅限《电影的偷拍防止法》①第四条第一款的修订规定中"包含"项下增加的"。在第三款中同"部分）之规定，自公布之日起施行。

（二）第一条及附则第四条、第八条、第十一条和第十三条（不包括前项所列修改规定）之规定，自2020年（令和2年）10月1日起施行。

---

① 2007年（平成19年）法律第65号。

第四部分
艺术文化法群

二十一　美术品公开促进法*

1998 年（平成 10 年）6 月 10 日法律第 99 号［制定］
1999 年（平成 11 年）12 月 22 日法律第 160 号
　［根据中央省厅改革关系法施行法第 583 条之修改］
2000 年（平成 12 年）5 月 31 日法律第 91 号
　［根据商法修改法的相关法律整备法第 138 条之修改］
2022 年（令和 4 年）4 月 15 日法律第 24 号
　［根据博物馆法修改法附则第 5 条之修改］

【目的】

第一条　通过实施美术品登记制度并在美术馆公开所登记的美术品等，以扩大向国民提供美术品鉴赏之机会，从而推动国家文化艺术的繁荣与发展，特制定本法。

【定义】

第二条　本法中的各项用语定义如下：

（一）"美术品"，是指绘画、雕刻工艺品以及其他有形文化所产的动产等。

（二）"美术馆"，是指《博物馆法》① 第二条第一款规定的博物馆或者被指定的第二十九条规定的相关博物馆的实施中可以公开和保管美术品的场所。

（三）"登记美术品"，是指获得下条第一款之登记的美术品。

---

* 该法的日文名称为『美術品の美術館における公開の促進に関する法律』，在日本通常简称为『美術品公開促進法』。该法的汉译版本为 2000 年版法律的刘睿译本（闵亦冰、李轶豪审校）［载中共中央宣传部政策法规研究室编《外国文化法律汇编》（第二卷）（上），学习出版社 2015 年版，第 155—158 页］。

① 1951 年（昭和 26 年）法律第 285 号。

（四）"登记美术品公开契约"，是指登记美术品的所有者与美术馆经营管理者约定交付自己持有的登记美术品，在美术馆公开展出的合同。该合同应具备以下条件：

①合同有效期为五年以上；

②双方当事人不得解约。

（五）"公开"，是指公开展出以便公众参观、鉴赏。

【美术品登记】

第三条 美术品的所有者，可以就其所有的美术品向文化厅长官提出登记申请。

2. 对于前款登记申请，所要登记的美术品必须符合以下各项条件，且有可能签订公开展出合同的，文化厅长官必须予以登记。

（一）根据《文化遗产保护法》① 第二十七条第一款之规定，被指定的重要文化遗产；

（二）除前项规定的指定重要文化遗产外，在世界历史上、艺术上以及学术上，具有卓越价值的美术品。

3. 文化厅长官根据前款之规定给予登记后，必须立刻将登记之结果告知申请人，不得延误。

4. 除前三款规定外，与登记申请相关的其他必要事项由文部科学省政令规定之。

【签约美术馆经营管理者的义务】

第四条 已经缔约登记美术品公开展出合同的美术馆经营者（以下简称"签约美术馆经营者"）必须积极公开展出登记美术品，并履行善管注意义务。

【继承】

第五条 当登记美术品的所有者出现继承、合并或者分割（仅限于登记美术品的继承者）等情况时，继承人、合并后的法人或者因合并成立的法人或者因分割继承登记美术品的法人，继承该登记美术品所有者的地位。

2. 依据前款规定的登记美术品继承者，必须及时向文化厅长官报告其继承的事实，不得延误。

---

① 1950 年（昭和 25 年）法律第 214 号。

【注销登记】

第六条 当出现以下各项情形或者出现第三条第一款规定的取消登记之申请的，文化厅长官必须注销该登记美术品之登记。

（一）当登记美术品不符合第三条第二款各项条件时；

（二）根据第三条第三款规定，美术品所有者在获得登记通知后三个月内，未与美术馆经营管理者签订登记美术品公开展出合同的，或者虽签订了公开展出合同却不将登记美术品转交美术馆经营管理者的；

（三）被认定为登记美术品未在美术馆公开展出的；

（四）登记美术品公开展出合同终了后（除公开展出合同终了后，登记美术品所有者与美术馆经营管理者签订登记美术品公开展出合同，且登记美术品已交付的）；

（五）登记美术品所有者采取不当手段，获得第三条第一款之登记的。

2. 依据前款规定，注销登记美术品登记后，文化厅长官必须就注销登记之决定，通知登记美术品所有者和公开展出签约美术馆的经营管理者。

【登记美术品所有者的报告】

第七条 根据文部科学省政令之规定，当登记美术品发生以下各项情况时，登记美术品所有者必须立刻向文化厅长官报告，不得延误。

（一）在登记美术品（除第三条第二款第一项规定的登记美术品外）交付签约美术馆的管理经营者之前，该登记美术品全部或者部分灭失、损毁，丢失或者被盗时；

（二）已经缔结登记美术品公开展出合同时。

【签约美术馆经营管理者的报告等】

第八条 根据文部科学省政令之规定，当登记美术品发生以下各项情况时，签约美术馆经营管理者必须立刻向文化厅长官报告，不得延误。

（一）已经接受登记美术品时；

（二）在接受了所交付的登记美术品后，该登记美术品全部或者部分灭失、损毁，丢失或者被盗时；

（三）变更登记美术品公开展出合同内容后；

（四）登记美术品公开展出合同终了后。

2. 根据文部科学省政令之规定，签约美术馆的经营管理者，必须制订登记美术品公开展出和保管年度计划，并将该计划上报文化厅长官。变更年度计划也必须上报文化厅长官。

3. 根据文部科学省政令之规定，签约美术馆的管理经营者，必须每年向文化厅长官报告登记美术品公开展出和保管的情况。

【美术馆管理经营者的介绍】

第九条　为促成登记美术品公开展出合同的签订，文化厅长官认为必要时，可努力向登记美术品所有者介绍美术馆经营管理者。

【情报信息的提供等】

第十条　为增加和扩大国民鉴赏登记美术品的机会，文化厅长官应采取必要措施，努力提供与登记美术品相关的情报与信息。

【登记美术品公开的指导等】

第十一条　文化厅长官可以就登记美术品的公开展出或保管等，向签约美术馆的管理经营者提供指导、帮助和建议等。

【国家所有的登记美术品的公开展出】

第十二条　在取得了登记美术品所有权后，国家应积极努力在美术馆公开展出该登记美术品。

【文化遗产保护法的特例】

第十三条　根据第八条第二款规定的公开展出和保管计划（根据该款后段规定，变更上报计划后也必须上报，下一款同），签约美术馆的管理经营者在公开展出登记美术品时（仅限于第三条第二款第一项规定的指定重要文化遗产，下一款同），在适用《文化遗产保护法》的问题上，已经上报计划或已经上报变更计划的，视为已获得《文化遗产保护法》第五十三条第一款正文规定的许可。在此情况下，该条第三款中的"进行第一款规定之许可时，作为许可条件，该许可"替换为"签约美术馆的经营管理者（《美术品公开促进法》第四条的规定美术馆经营管理者，下一款同）根据该法第八条第二款，上报登记美术品公开展出及保管计划（包含根据该款后段的上报变更计划），该上报"；该条第四款中的"获得第一款之许可，而不服从前款之指示"替换为"签约美术馆经营管理者针对前款之指示"，"命令停止公开之许可或者撤销许可"替换为"命令停止公开"。

2. 当签约美术馆为《文化遗产保护法》第五十三条第一款但书规定的承认公开展示之机构时，根据本法第八条第二款规定提出公开展出和保管计划的签约美术馆的管理经营者，就实施登记美术品公开展出，则不适用《文化遗产保护法》第五十三条第二款之规定。

附则　抄

【施行日期】

第一条　本法自公布之日起六个月后施行。

【研究讨论】

第二条　本法实施五年后，政府必须在考虑法律实施情况、美术品登记及公开展出情况的基础上，研究讨论与美术品登记相关的制度，认为必要时可采取必要的改进措施。

附则　1999年（平成11年）12月22日法律第160号　抄

【施行日期】

第一条　本法（除第二条及第三条外）自2001年（平成13年）1月6日起施行。但以下各项则另行规定。

（一）《核材料等规则法附则规定修改法》第九百九十五条、第一千三百零五条、第一千三百零六条、第一千三百二十四条第二款、第一千三百二十六条第二款以及第一千三百四十四条之规定，自公布之日起施行。

附则　2000年（平成12年）5月31日法律第91号　抄

【施行日期】

第一条　本法自《商法修改法》① 实施之日起施行。

附则　2022年（令和4年）4月15日法律第24号　抄

【施行日期】

第一条　本法自2023年（令和5年）4月1日起施行。

---

① 2000年（平成12年）法律第90号。

二十二　海外美术品公开促进法*

2011 年（平成 23 年）4 月 1 日法律第 15 号［制定］

【目的】

第一条　为促进海外美术品等在我国公开展出，在确立海外美术品禁止强制执行等措施的同时，国家通过整备和完善美术馆等设施，扩大国民接触世界多样文化的机会、振兴国际文化交流，以实现国家文化艺术的发展，特制定本法。

【定义】

第二条　本法中的"海外美术品等"，是指除在我国境内公开展出期间，存在于海外的以下物品。

（一）绘画、雕刻、工艺品以及其他有形的可移动之文化成果。

（二）除前项所列举的内容外，由政令规定的、对学术研究具有卓越价值的动产。

【海外美术品的强制执行之禁止】

第三条　从振兴国际文化交流的角度出发，为推进海外美术品等在我国境内顺利公开展出，在我国公开展出的海外美术品中符合其他政令规定之条件、由文部科学大臣指定的，不得强制执行、扣押或采取临时禁止措施。但若与该指定相关的海外美术品等公开展出的出借方提出强制执行、扣押或采取临时禁止措施之申请的，或者其他政令有规定的则不受此限。

2. 前款之"指定"（以下仅为单纯"指定"）由试图在我国公开展出海外美术品者申请。

---

*　该法的日文名称为『海外の美術品等の我が国における公開の促進に関する法律』，在日本通常简称为『海外美術品公開促進法』或『海外美術品等公開促進法』。该法目前的汉译版本为王玉华译本（王颖颖核校、傅颖审校）［载中共中央宣传部政策法规研究室编《外国文化法律汇编》（第一卷），学习出版社 2015 年版，第 399—400 页］。

3. 文部科学大臣在指定前，必须与外务大臣进行协商。

4. 在文部科学大臣指定后，必须就所指定的海外美术品等事项，根据文部科学省政令之规定公示之。

5. 与指定相关的海外美术品等，在第一款主文中的政令所规定之条件丧失时，或者其他政令有规定的情况下，文部科学大臣可以撤销该指定。在这种情况下，准用前两款之规定。

6. 以上各款规定之外的其他与指定或者撤销指定相关的必要事项，由文部科学省政令规定之。

【国家美术馆等设施的完善与充实等】

第四条　为促进海外美术品等在我国境内公开展出，国家应该采取必要措施，完善和充实国家美术馆等文化设施，以增加国民接触和鉴赏美术品等的机会。

【专业人才的培育以及国民素质的提高等】

第五条　为促进海外美术品等在我国境内公开展出，国家应采取必要措施培育掌握海外美术品等专业知识的学艺员，并为其素质提高创造条件，且为民间团体积极从事海外美术品公开展出活动提供情报信息等。

【财税措施等】

第六条　国家应努力采取必要的财税政策或其他措施，以进一步促进海外美术品等在我国境内公开展出。

附则

自本法公布之日起，在不超过六个月范围内，由政令规定施行日期。

二十三　美术品损害补偿法*

2011年（平成23年）4月4日法律第17号［制定］
2017年（平成29年）6月2日法律第45号
　　［根据实施民法修改法的相关法律整备法第155条之修改］
2022年（令和4年）4月15日法律第24号
　　［根据博物馆法修改法附则第5条之修改］

【目的】

第一条　为支持美术品展览主办方举办展览，政府设立借展美术品损害补偿制度，以扩大公众通过展览会欣赏艺术品的机会、推动文化艺术发展，特制定本法。

【定义】

第二条　本法中的以下专业用语包含其各自内容。

（一）美术品，是指绘画、雕刻、工艺品以及其他可移动的有形文化成果。

（二）展览会，是指在以下设施中举办向公众展示艺术品供公众欣赏的活动。

①独立行政法人国立美术馆设置的美术馆；

②独立行政法人国立文化财机构设立的博物馆；

③除第①目第②目规定的设施外，《博物馆法》① 第二条第一款规定的博物馆或第三十一条第二款规定的类似博物馆的设施。

---

* 该法的日文名称为『展覧会における美術品損害の補償に関する法律』，在日本通常简称为『美術品損害補償法』或『美術品補償法』。该法目前的汉译版本为2011年版法律的王颖文译本（闵亦冰、李轶豪审校）［载中共中央宣传部政策法规研究室编《外国文化法律汇编》（第二卷）（上），学习出版社2015年版，第159—161页］。

① 1951年（昭和26年）法律第285号。

【补偿协议】

第三条 政府可与展览主办方签订协议（以下称为"补偿协议"）约定当主办方借展的美术品在展览中发生损害时，政府给予美术品所有人一定经济补偿。此时的补偿应考虑有助于前条第二项③目所规定设施主办展览。

2. 前款前段的展览会，必须符合文部科学省政令规定的规模、内容和其他要求，以扩大国民欣赏美术品之机会。

3. 第一款的展览主办方，应当具备能够适当、顺利地举办展览的基本的管理、策划以及技术之能力。

【补偿金】

第四条 政府根据补偿协议所给予的补偿金额，应为以下各种情况计算后的金额，但不得超过政令规定的补偿上限额（以下称为"补偿上限额"）。此时，受补偿的损害金额（根据补偿协议，作为补偿的标的物之损害为补偿协议所规定的损害，除展览主办方违反第六条而发生的损害外。以下同）是在对展出艺术品（为主办方所展览的艺术品中，作为补偿协议的补偿标的物，为补充协议所约定的艺术品。以下同）的约定评估价格（为补偿协议中所约定的艺术品价格。以下同）的基础上的预算金额。

（一）作为补偿协议标的物的美术品受到损害（除地震、政令规定的其他特定损害外）的总额，超过政令规定的金额的，其超出部分。

（二）作为补偿协议标的物的美术品受到损害（仅限地震、政令规定的其他特定损害外）的总额，超过政令规定的金额的，其超出部分。

2. 在通过政令确定前款第一项、第二项中损害总金额时，必须考虑有助于推进各种展览的举办。

3. 与补偿协议相关的每件艺术品的补偿金额计算方法等必要事项，由文部科学省政令规定之。

【补偿协议的缔结之限制】

第五条 政府应在每一财政年度内所缔结的补偿协议相关的约定评估价值总额（即补偿协议约定的艺术品的约定评估价值总额，当该总额超过补偿上限的则称为补偿上限）、不超过每一财政年度国会决定通过的范围内，缔结补偿协议。

【美术品的管理】

第六条 作为补偿协议的另一方，展览主办方必须遵守文部科学省政令规定的美术品展示、运输以及其他管理之标准，采取其他必要之方法，以防止损害发生。

【报告的征收】

第七条 在本法施行的必要限度内，政府可要求补偿协议中的展览主办方报告展览的实施情况。

【时效】

第八条 获取补偿金之权利，三年内不行使的，因时效而消灭。

【残存物代位】

第九条 当标的物艺术品全部灭失、已支付补偿金后，政府根据补偿金额占约定评估价的比例，当然取得该艺术品的所有权、其他物权的代位权。

【请求权代位】

第十条 在支付补偿金后，政府在以下所列金额中较少金额的额度内取得艺术品所有人因艺术品受损害获得债权（为第二项中的"所有人取得的债权"）的代位请求权。

（一）政府支付的补偿金金额；

（二）所有人取得的债权金额。

【补偿协议的撤销】

第十一条 出现以下任一情形的，政府可撤销补偿协议。

（一）与补偿协议相关的展览会不再符合第三条第二款所规定之要件时；

（二）作为补偿协议另一方的展览主办方出现以下任一情况时：

①不再满足第三条第二款规定之要件的；

②违反第六条之规定的；

③未履行第七条规定的报告义务或虚假报告的；

④违反补偿协议规定的。

【业务主管】

第十二条 本法规定的政府业务由文部科学大臣负责。

2. 文部科学大臣在签订补偿协议时，必须事先听取文化审议会的意见，并与财务大臣协商。

【业务委托】

第十三条 文部科学大臣可通过政令将补偿协议的相关业务委托给

《保险业法》① 第二条第四款规定的财产损害保险公司或第九款规定的外国财产保险公司。

【委托立法】

第十四条 除本法规定的事项外，补偿协议的缔结程序以及实施本法的其他必要事项，由文部科学省政令规定之。

附则

【施行日期】

1. 本法自公布之日起两个月内，由政令规定施行日期。

【验证】

2. 在本法施行三年后，政府应就本法的实施情况、结合社会经济形势的变化等，从进一步扩大公众欣赏艺术品的机会的角度，验证政府的补偿范围，如有必要可采取措施调整补偿范围。

附则 2017 年（平成 29 年）6 月 2 日法律第 45 号

本法自民法修改法施行之日起施行，但第一百零三条之二、第一百零三条之三、第二百六十七条之二、第二百六十七条之三以及第三百六十二条之规定，自公布之日起施行。

附则 2022 年（令和 4 年）4 月 15 日法律第 24 号 抄

本法自 2023 年（令和 5 年）4 月 1 日起施行。

---

① 1995 年（平成 7 年）法律第 105 号。

二十四　为振兴音乐文化的学习环境整备法*

1994年（平成6年）法律第107号［制定］

【目的】

第一条　鉴于音乐文化在丰富国民生活、促进国际理解及文化交流上的作用，通过制定整备作为终身学习的重要环节之一的音乐学习环境之措施，实现国家音乐文化之振兴、促进世界文化进步、实现世界和平之目的，特制定本法。

【定义】

第二条　本法中的"音乐文化"，是指音乐创作、演奏、鉴赏以及其他与音乐相关的国民娱乐，与音乐相关并由《文化遗产保护法》① 规定的文化遗产、与出版及著作权相关由《著作权法》② 所规定的权利以及与之相关的、提升国民文化生活的各种活动等。

2. 本法中的"音乐学习"，是指与音乐相关的学校教育、家庭教育或社会教育以及与之相关的学习与文化活动和其他终身学习的各种活动。

3. 本法中的"学习环境"，是指学习音乐的必要的设施（含设备，以下同）等物质条件，教授者、顾问以及咨询者等人才条件以及其他能

---

*　该法的日文名称为『音楽文化の振興のための学習環境の整備等に関する法律』。国内目前该法的汉译版本有陈博译本《音乐发展法》（傅颖审校）［载中共中央宣传部政策法规研究室编《外国文化法律汇编》（第一卷），学习出版社2015年版，第415—416页］和李竟爽、李妍译本《日本为振兴音乐文化而整顿学习环境法》（载李竟爽、李妍主编《外国促进文化艺术繁荣政策法规读本》，中国文联出版社2016年版，第437—439页）。

① 1950年（昭和25年）法律第214号。

② 1970年（昭和45年）法律第48号。

顺利进行音乐学习的各种条件。

【施政方针】

第三条 国家和地方公共团体为振兴音乐文化而整备学习环境时，应持续协助国民间自发性音乐活动，努力整备为国民提供各种能够适应其自主的、个性化音乐学习的机会与场所等体系性条件与设施。

2. 国家和地方公共团体为振兴音乐文化而整备学习环境时，应考虑幼儿、少年儿童、老人以及残障人士的各种特殊需求。

【地方公共团体的事务】

第四条 地方公共团体应根据辖区实际情况，通过自主判断努力整备以下各项学习环境，以实现地域音乐文化的振兴。

（一）举办以音乐演奏及鉴赏为主的相关活动；

（二）开设与音乐相关的社会教育公开讲座；

（三）除以上两项活动外，还应为民众提供音乐学习之机会的必要事务；

（四）在不妨碍辖区公立学校正常教学秩序的前提下，将学习设施提供给住民进行音乐学习之用；

（五）收集、整理以及提供音乐学习等相关信息；

（六）培训音乐学习的师资力量（指导者以及咨询师）；

（七）推进音乐文化的调查研究事业；

（八）通过音乐促进国际文化交流。

2. 地方公共团体实施前款事务、整备音乐学习环境时，必须将我国传统音乐以及地域特色音乐的音乐学习纳入其中。

3. 国家应努力为地方公共团体实施上述措施给予必要建议和协助。

【振兴民间团体实施的各项事务】

第五条 国家通过提供意见和建议的方式，积极应对为振兴音乐文化而从事音乐学习事业的民间团体的音乐学习环境之整备事业的函询与协商，以促进音乐文化的振兴。

【表彰】

第六条 国家及地方公共团体对音乐文化与音乐学习的振兴有突出贡献的个人或组织予以表彰。

【国际音乐节】

第七条 为了加强国民对音乐的关心与理解、提高国民学习音乐的积极性，遵循《联合国教科文组织章程》① 之宗旨，通过音乐促进国际相互理解，特设立"国际音乐节"。

2. "国际音乐节"为每年的 10 月 1 日。

3. 国家和地方公共团体应努力推广和普及"国际音乐节"的宗旨。

<h2 style="text-align:center">附则</h2>

本法自公布之日起实施。

---

① 1951 年（昭和 26 年）条约第 4 号。

二十五　文字、活字文化振兴法

2005年（平成17年）7月29日法律第91号［制定］

【目的】

第一条　鉴于文字、活字文化在人类知识的积累、智慧的传承与提高、人性与涵养的丰富以及民主的健全发展过程中的作用，为确立促进文字、活字文化的基本原则，明确国家及地方公共团体在振兴文字、活字文化的责任与义务，全面推进我国文字、活字文化政策的实施，以丰富和繁荣国民的精神生活使得整个社会充满活力，特制定本法。

【定义】

第二条　本法中的"文字、活字文化"，是指使用活字或者其他文字之表达（以下称为"文章"）以供民众阅读、书写的精神活动、出版活动以及基于该活动的文化产出。

【基本理念】

第三条　文字、活字文化的振兴措施，应在尊重全体国民及其自主性的同时，创造一种不受居住地域、身体条件等其他因素影响的，使全体国民能终身在社区、学校、家庭以及其他场所平等地享受丰富的文字、活字文化之惠泽的环境。

2. 在推进文字、活字文化振兴措施实施时，必须充分考虑"国语"作为日本文化基础的这一事实。

3. 为了使所有国民都能享受文字、活字文化的惠泽，必须在学校的所有教育课程中充分考虑以阅读、书写能力以及以此为基础的语言能力（以下称为"语言能力"）的培养。

【国家的责任与义务】

第四条　国家有责任和义务根据前条基本理念（以下称为"基本理念"），制定并执行文字、活字文化的振兴措施。

【地方公共团体的责任与义务】

第五条 地方公共团体有责任和义务根据基本理念，与国家合作，制定并实施符合其辖区实际情况的文字、活字文化的振兴措施。

【强化与相关机构的协作】

第六条 国家和地方公共团体应努力加强与图书馆、教育机构、其他机构和民间组织间的协作，建立必要体制，以确保促进文字、活字文化振兴的措施得以顺利实施。

【区域文字活字文化的振兴】

第七条 市、町、村应努力设立和适当安排必要数量的公共图书馆，以满足住民对图书馆服务的需求。

2. 为了使公共图书馆能够为住民提供适当的图书馆服务，国家和地方公共团体应采取必要措施，完善图书馆管理员制度、充实图书馆的馆藏资源、促进图书馆信息化、提高并改善公共图书馆的运行环境。

3. 国家和地方公共团体应努力采取必要措施，促进大学和其他教育机构向公众开放图书馆，开设与文字、活字文化相关的公共讲座，以有利于地域文字、活字文化的振兴。

4. 除前三款外，为地域文字、活字文化的振兴，国家和地方公共团体应采取必要措施，支持民间团体从事文字、活字文化振兴活动。

【学校教育中的语言能力培养】

第八条 国家和地方公共团体应当采取有效手段、改进教学方法，通过培训等提高教师的素质，以确保学校教育中的语言能力的培养。

2. 国家和地方政府应采取必要措施，确保教师以及学校图书馆管理员人数、充实学校图书馆的图书资料、推动图书资料信息化等，创造一个有利于语言能力培养的学校教育环境。

【文字、活字文化的国家交流】

第九条 为了能向国民提供更多国家的文字、活字文化，并促进日本文字、活字文化的海外传播，国家应采取必要措施，支持将外国出版物翻译成日语、将日语出版物翻译成外国语等文字、活字文化的国际交流。

【学术出版物的传播】

第十条 鉴于学术出版物的出版困难之事实，国家应采取必要措施支持学术研究成果的出版。

【文字、活字文化日】

第十一条 为了能加深国民之间对文字、活字文化的兴趣和理解，设立文字、活字文化日。

2. 10月27日为文字、活字文化日。

3. 国家和地方公共团体应努力在文字、活字文化日举办各种适合其目的的活动。

【财政措施等】

第十二条 国家和地方公共团体应努力采取必要的财政措施以及其他措施，实施文字、活字文化的振兴措施。

附则

本法自公布之日起施行。

二十六　残疾人文化艺术活动促进法[*]

2018年（平成30年）6月13日法律第47号［制定］

目　录

第一章　总则（第一条至第六条）
第二章　基本计划（第七条、第八条）
第三章　基本措施（第九条至第十九条）
第四章　残疾人文化艺术活动推进会议（第二十条）
附则

第一章　总则

【目的】

第一条　鉴于文化艺术是丰富国民精神、促进相互理解的重要路径，身体的残疾并不影响文化艺术的创造与享受。为全面、有计划地推动残疾人的文化艺术活动，结合《文化艺术基本法》[①] 和《残疾人基本法》[②] 的立法宗旨，确立残疾人文化艺术活动的基本理念、制订基本计划以及其他基本事项等，以保障残疾人的个性与能力得以发挥并促使其能积极参与社会活动，特制定本法。

---

[*] 该法的日文名称为『障害者による文化芸術活動の推進に関する法律』，在日本通常简称为『障害者文化芸術活動推進法』或『障害者文化芸術推進法』。

[①] 2001年（平成13年）法律第148号。

[②] 1970年（昭和45年）法律第84号。

【定义】

第二条　本法中的"残疾人",是指《残疾人基本法》第二条第一款规定的残疾人。

【基本理念】

第三条　所推进的残疾人文化艺术活动必须以以下事项为宗旨。

（一）鉴于创造和享受文化艺术为国民基本权利,无论残疾与否（国民）都能够鉴赏、创作文化艺术,参与文化艺术活动,广泛促进残疾人开展文化艺术活动。

（二）加强支持残疾人创作具有较高艺术价值的作品。

（三）通过在地域社会发表残疾人创作的文化艺术作品等（以下称为"残疾人作品等"）推动残疾人文化艺术活动,促进相互交流、丰富住民的精神世界,实现宜居社区建设。

2. 在制定残疾人文化艺术活动相关推进措施时,必须以残疾人文化艺术活动为对象,并在促进文化艺术振兴的一般措施中特别考虑残疾人的文化艺术活动。

【国家的责任与义务】

第四条　国家有责任和义务根据前条基本理念制定并全面实施残疾人文化艺术活动推进措施。

【地方公共团体的责任与义务】

第五条　地方公共团体有责任和义务根据第三条基本理念,在协助国家的同时,作为主体积极主动制定和实施适合本辖区地域特点的残疾人文化艺术活动推进措施。

【财政措施等】

第六条　为了残疾人文化艺术活动之推进措施的实施,政府必须采取必要的财政措施和其他措施。

第二章　基本计划等

【基本计划】

第七条　为了全面、有计划地实施残疾人文化艺术活动之推进措施,文部科学大臣和厚生劳动大臣必须制订推进残疾人文化艺术活动的基本计划（以下称为"基本计划"）。

2. 基本计划应规定以下事项。

（一）残疾人文化艺术活动推进措施的基本方针；

（二）政府应全面且有计划地实施推进残疾人文化艺术活动的措施；

（三）除前两项外，为全面且有计划推进残疾人文化艺术活动的其他必要事项。

3. 基本计划中的前两项措施，原则上应该明确实施措施的具体目标以及达成时间。

4. 文部科学大臣和厚生劳动大臣在制订基本计划时，必须事先与经济产业大臣以及其他有关行政机构负责人进行协商。

5. 文部科学大臣和厚生劳动大臣在制订基本计划后，必须立即通过互联网或其他适当方式予以公布，不得延迟。

6. 文部科学大臣和厚生劳动大臣必须适时调查第三款规定的具体目标的达成情况，并通过互联网或其他适当方式予以公布。

7. 基本计划的变更，准用第四款、第五款之规定。

【地方公共团体的计划】

第八条 地方公共团体必须根据国家的基本计划、努力制订地方公共团体的残疾人文化艺术活动推进计划。

2. 地方公共团体在制订、变更前款计划后，应当立即公布，不得延迟。

第三章 基本措施

【欣赏文化艺术之机会的扩大】

第九条 为扩大残疾人欣赏文化艺术之机会，国家和地方公共团体应采取必要措施，提供文化艺术作品的声音、文字、手语等说明，完善文化艺术设施的构造，使残疾人能够便利地利用文化艺术设施（剧场、音乐厅、美术馆、电影院等），创造便于欣赏文化艺术的环境。

【创造文化艺术之机会的扩大】

第十条 为扩大残疾人创造文化艺术之机会，国家和地方公共团体应当采取必要措施，在持续支持残疾人社会福利设施、学校等的建设的同时，完善残疾人能够创造文化艺术的环境。

【确保残疾人文化艺术作品等的发表机会】

第十一条　为确保残疾人的文化艺术作品之发表机会，国家和地方公共团体应在文化艺术设施或其他公共设施举办（含）发表会、向海外介绍高艺术价值的残疾人创作作品以及采取其他措施。

【对艺术价值较高作品的评价等】

第十二条　为了能恰当地评价具有较高艺术价值的残疾人的文化艺术作品等，国家和地方公共团体应采取积极措施完善残疾人作品等的调查与专业评价等的环境条件。

2. 为了能恰当记录、保存具有较高艺术价值的残疾人的文化艺术作品，国家和地方公共团体应确保保存场所以及采取其他必要措施。

【权利保护的推进】

第十三条　为了保护残疾人作品等创作者的所有权、著作权以及其他权利，国家和地方公共团体应普及相关制度、制作并公布缔结相关契约的准则，并在缔约时为残疾人提供帮助以及其他措施。

【为具有较高艺术价值作品的销售提供帮助等】

第十四条　为了使具有较高艺术价值的残疾人之作品等能被快速销售、顺利公演以及其他经营活动顺利进行等，国家及地方公共团体应采取必要协调措施，以完善相关规划、解决对价销售等联络协调机制。

【通过文化艺术活动促进交流】

第十五条　为了通过残疾人文化艺术活动促进交流，国家及地方公共团体应支持残疾人进入小学校、特殊学校与其他学校学生开展文化艺术活动，为相互交流提供场所，主办残疾人参加的国际文化交流活动以及其他必要措施。

【咨询体制的完善等】

第十六条　国家及地方公共团体应完善残疾人文化艺术活动的咨询体制，以对应残疾人、残疾人家属、其他关系人的咨询，建立亲民的地域咨询协商制度以及其他必要措施。

【人才培育等】

第十七条　为培育并确保第九条规定的专业知识和技术人才、第十条规定的支援者、第十二条第一款规定的评价专家、前条规定的咨询专家以及文化艺术活动的其他推进者等，国家及地方公共团体应采取必要措施推进研修制度，或在大学开设相关教育课程。

【情报信息的收集等】

第十八条　为了有助于残疾人文化艺术活动的推进取得实际效果,国家应采取必要措施收集、整理以及提供国内外残疾人文化艺术活动的相关情报信息,开展相关调查研究并推广研究成果。

【相互协作】

第十九条　为了顺利、有效地推进第九条至前条规定的各项措施,国家及地方公共团体应采取必要措施加强国家及地方公共团体相关机关、支持残疾人文化艺术活动的社会福祉法人以及其他团体、大学等教育研究机构以及事业单位之间的相互协作机制。

第四章　残疾人文化艺术活动推进会议

第二十条　政府应设置由文化厅、厚生劳动省、经济产业省以及其他相关行政机构职员构成的残疾人文化艺术活动会议,为全面、有效地推进残疾人文化艺术活动的实施,联络协调各方关系。

2. 前款之机关应设立由具有推进残疾人文化艺术活动的学识经验者组成的残疾人文化艺术活动推进专家会议,该机关在联络协调各方关系时,应听取该专家会议的意见。

附则　抄

本法自公布之日起施行。

二十七　古典日法

2012年（平成24年）9月5日法律第81号［制定］

【目的】

第一条　有鉴于古典在我国文化中占有的重要地位以及卓越价值，通过设定"古典日"等，促进国民在不同社会层面喜爱古典，让古典成为精神寄托并扎根于国民的思想之中、丰富国民的生活与文化、增加社会活力等，特制定本法。

【定义】

第二条　本法中的"古典"，是指在文学、音乐、美术、戏曲、传统艺能、演艺、生活文化以及其他文化艺术、学术或思想领域中自古以来的、被公认具有卓越价值的文化产物。

【古典日】

第三条　为加深国民对我国古典的广泛关注与理解，设定"古典日"。

2. 古典日为每年11月1日。

3. 在古典日，国家及地方公共团体必须努力创造各种适当条件以促进在古典日开展各项文化艺术活动。

4. 除前款规定外，国家及地方公共团体还应当努力采取必要措施，在家庭、学校、职场、社区以及其他各种场所，创造更多让国民可以亲近古典、学习古典、利用古典的教育机会，并积极推动有关古典的调查研究并促进这些调查研究成果得到普及。

附则

本法自公布之日起施行。

二十八　国际文化交流盛典促进法[*]

2018年（平成30年）法律第48号［制定］

目　录

第一章　总则（第一条至第六条）
第二章　基本计划（第七条）
第三章　基本措施
　第一节　国家措施（第八条至第十八条）
　第二节　地方公共团体措施（第十九条）
第四章　国际文化交流盛典推进会议（第二十条）
附则

第一章　总则

【立法目的】

第一条　鉴于国际文化交流事业的繁荣可为我国的国际文化交流提供重要场所，为推进国际文化交流、确立国际文化交流的基本理念、明确国家以及地方公共团体的责任与义务、有计划地推进国际文化交流措施的综合实施，在通过国际文化交流丰富国民精神世界、增进地域社会的活力的同时，为世界文化艺术发展作出贡献，以提高我国在国际社会的地位，特制定本法。

---

[*] 该法的日文名称为『国際文化交流の祭典の実施の推進に関する法律』，在日本通常简称为『祭典法』。

【定义】

第二条 本法中的"国际文化交流盛典"是指,为国际文化交流,在我国境内举办(除第十二条、第十四条外)的与文化艺术相关的国际公演、国际展览等。

【基本理念】

第三条 实施和推进国际文化交流盛典活动,必须遵守以下各项基本理念。

(一)通过提供国际文化交流场所,为世界多样化的文化艺术发展积极贡献,同时深化世界各国对我国的了解、以增进国际的相互理解。

(二)通过规划创意内容,举办不同国家或地区的优秀艺术家参与的、具有重大国际影响力的国际文化交流活动。

(三)充分利用各地的地域人文历史风貌、举办各种国际文化交流活动、确保地域住民以及其他多种主体的参与和合作。

(四)充实和扩大青少年接触国际高水准文化艺术的机会。

(五)采取措施以确保国际文化交流盛典活动的推进措施、国际旅游推进措施、地域振兴措施以及其他相关措施能够有机结合。

【国家的责任与义务】

第四条 国家有责任和义务根据前条基本理念制定和实施国际文化交流盛典活动的综合性实施措施。

【地公共团体的责任与义务】

第五条 根据第三条基本理念,地方公共团体有责任和义务在国际文化交流盛典活动的推进实施中与国家合作,自主制定并实施适应其地域特征的国际文化交流活动之措施。

【财税措施等】

第六条 为推进和实施国际文化交流盛典活动,政府必须采取必要的财政、税收及其他措施。

第二章 基本计划

第七条 为全面地、有计划地推进国际文化交流盛典活动的实施措施,政府必须制订推进国际文化交流盛典活动的基本计划(以下简称"基本计划")。

2. 基本计划应规定以下事项：

（一）有关实施推进国际文化交流盛典活动措施的基本方针；

（二）推进和实施国际文化交流盛典活动，政府采取的综合性、有计划的措施；

（三）除了以上两项内容外，为推进和实施国际文化交流盛典活动采取的其他必要事项。

3. 文部科学大臣及外交大臣应制订基本计划，并请求内阁决定之。

4. 文部科学大臣及外交大臣在制订基本计划时，必须事先与经济产业大臣、国土交通大臣以及其他相关行政机构负责人协商。

5. 内阁作出第三款决定时，文部科学大臣及外交大臣必须立即公布基本计划。

6. 基本计划之变更，准用前三款之规定。

第三章　基本措施

第一节　国家措施

【持续、稳定地举办大型盛典活动】

第八条　为持续、稳定地举办大型盛典活动（指第3条第2款规定的国际文化交流活动以及以此为目的大型国际文化交流活动。以下至第13条同），国家应采取必要措施，确保具备策划大型盛典活动的专业能力、公开演出或展示的设施以及可圆满接受海外艺术家的接待体制等。

【大型盛典活动之专业建议制度的完善等】

第九条　国家应采取必要措施，完善大型盛典活动举办方之活动规划的外部建议、信息提供以及其他合作等制度。

【大型盛典活动的国际评价及其提高】

第十条　为确立和提高大型盛典活动的国际评价，国家应加强大型盛典活动在海外的介绍与宣传、邀请能够有效向国际传播信息的海外知名人士参加大型盛典活动以及采取其他必要措施。

【为大型盛典活动到访者提高便利度】

第十一条　为提高大型盛典活动到访者的便利度，国家应采取必要措施，向到访者提供多样的交通手段、确保有良好的住宿条件，包括大型盛典活动（展示、公演）期间的外语通告服务等。

【大型盛典活动举办者的海外交流】

第十二条　国家应采取必要措施，确保大型盛典活动的举办者能够与海外大型盛典活动的举办者之间进行交流与合作。

【与大型盛典活动相关机构的合作】

第十三条　国家应与外国国家、地方政府机关、独立行政法人国际交流基金以及其他国内外机构以及民间团体协作，推进、实施大型盛典活动。

【情报信息的收集等】

第十四条　国家应采取必要措施，收集、整理、分析国内外有关国际文化交流盛典活动的实施情况以及其他情报信息，并提供相关成果。

【专业人员的确保等】

第十五条　国家应采取必要措施，确保、培养具备策划运营国际文化交流盛典之能力的专业人员，并提高其资质。

【促进志愿者活动等】

第十六条　国家应采取必要措施，促进、充实志愿者积极参加国际文化交流盛典活动。

【国际文化交流盛典活动的相互合作】

第十七条　为确保国际文化交流盛典活动的顺利实施、提高盛典质量，国家应采取必要措施强化相互合作。

【对地方公共团体、民间团体等的支持】

第十八条　国家应采取必要措施，支持地方公共团体、民间团体等举办、参加以及实施推进国际文化交流盛典活动。

第二节　地方公共团体措施

第十九条　地方公共团体应参考前节国家措施，采取适合其地域情况的国际文化交流盛典的推进实施措施。

第四章　国际文化交流盛典推进会议

第二十条　为全面、有效地推进国际文化交流盛典活动的实施，协调文部科学省、外务省、经济产业省、国土交通省以及其他行政机关的关系，政府设置国际文化交流盛典活动推进会议。

附则

本法自公布之日起施行。

第五部分
公共文化设施及独立行政法人法群

二十九　图书馆法[*]

1950 年（昭和 25 年）4 月 30 日法律第 118 号［制定］
1950 年（昭和 25 年）6 月 12 日法律第 185 号［第一次修改］
1952 年（昭和 27 年）7 月 31 日法律第 270 号
　［根据大藏省设置法的相关法律整备法第 24 条之修改］
1952 年（昭和 27 年）8 月 14 日法律第 305 号
　［根据日本红十字会法附则第 18 项之修改］
1952 年（昭和 27 年）6 月 12 日法律第 148 号
　［根据地方自治法的相关法律整备法第 45 条之修改］
1956 年（昭和 31 年）6 月 30 日法律第 163 号
　［根据地方教育组织法的相关法律整备法第 8 条之修改］
1959 年（昭和 34 年）4 月 30 日法律第 158 号
　［根据社会教育法修改法第 2 条之修改］
1961 年（昭和 36 年）6 月 17 日法律第 145 号
　［根据学校教育法的相关法律整备法第 18 条之修改］
1962 年（昭和 37 年）5 月 15 日法律第 133 号
　［根据地方自治法修改法附则第 12 项之修改］
1965 年（昭和 40 年）3 月 31 日法律第 15 号
　［根据国立学校设置法修改法附则第 3 项之修改］
1967 年（昭和 42 年）8 月 1 日法律第 120 号
　［根据行政许可、认可等整备法第 11 条之修改］
1985 年（昭和 60 年）7 月 12 日法律第 90 号

---

[*] 根据掌握的资料，该法的汉译版本有 1967 年版法律的满达人译本（叶焕民校）（满达人：《日本图书馆法》，《宁夏图书馆通讯》1980 年第 1 期）和郑森萌译本［郑森萌：《日本图书馆法》，《四平师院学报》（哲学社会科学版），1983 年第 2 期］、1985 年版法律的满达人译本（林台校）（载满达人译《文化教育法》，兰州大学出版社 1990 年版，第 83—95 页）、1999 年版法律（第 160 号）的李农译本（李农：《日本〈图书馆法〉》，《江苏图书馆学报》2001 年第 3 期）以及 2011 年版法律的谢东译本（周莉、傅颖审校）［载中共中央宣传部政策法规研究室编《外国文化法律汇编》（第二卷）（上），学习出版社 2015 年版，第 124—137 页］。

[根据国家参与地方公共团体事务合理化法第 9 条之修改]

1998 年（平成 10 年）6 月 12 日法律第 101 号

　　[根据学校教育法等修改法附则第 22 条之修改]

1999 年（平成 11 年）7 月 16 日法律第 87 号

　　[根据推进地方分权的相关法律整备法第 134 条之修改]

1999 年（平成 11 年）12 月 22 日法律第 160 号

　　[根据中央省厅改革关系法实施法第 521 条之修改]

2002 年（平成 14 年）5 月 10 日法律第 41 号

　　[根据独立行政法人国立印刷局法附则第 13 条之修改]

2006 年（平成 18 年）6 月 2 日法律第 50 号

　　[根据公益社团法人认定法之相关法律整备法第 264 条之修改]

2007 年（平成 19 年）6 月 27 日法律第 96 号

　　[根据学校教育法等修改法附则第 4 条之修改]

2008 年（平成 20 年）6 月 11 日法律第 59 号

　　[根据社会教育法等修改法第 2 条之修改]

2011 年（平成 23 年）6 月 24 日法律第 74 号

　　[根据刑法修改法附则第 35 条之修改]

2011 年（平成 23 年）8 月 30 日法律第 105 号

　　[根据提高地方自立性之相关法律整备法第 18 条之修改]

2017 年（平成 29 年）5 月 31 日法律第 41 号

　　[根据学校教育法修改法附则第 14 条之修改]

2019 年（令和 1 年）6 月 7 日法律第 26 号

　　[根据提高地方自立性之相关法律整备法第 6 条之修改]

目　　录

第一章　总则（第一条至第九条）
第二章　公立图书馆（第十条至第二十三条）
第二章　私立图书馆（第二十四条至第二十九条）

第一章　总则

【立法目的】

第一条　为了有助于国民教育以及文化发展，根据《社会教育法》① 的立法精神，规范图书馆的设置与运营管理，以实现其健康发展，特制定本法。

【定义】

第二条 本法中的"图书馆"，是指以收集、整理和保存图书、记录以及其他必要资料，提高民众教养，供民众调查研究、娱乐等为目的，由地方公共团体、日本红十字会以及一般社团法人或一般财团法人设立的公共设施。

2. 前款中由地方公共团体设立的图书馆为公立图书馆；由日本红十字会、一般社团法人或一般财团法人（不包含学校附属图书馆或图书室）设立的为私立图书馆。

【图书馆的服务】

第三条 为更好地向公众提供服务，图书馆必须考虑地缘因素、回应民众希望，并积极努力地采取以下各项措施援助学校教育及家庭教育。

（一）充分留意并收集乡土资料、本地行政资料、美术品、唱片及照片；收集书籍、记录、视听觉教育资料以及其他必要资料（包括电磁记录，以下称为"图书馆资料"），并提供给一般民众利用；

（二）合理分类排列图书馆资料，并整备完善其目录；

（三）图书馆的职员应具备相应知识、能为图书馆资料的利用者提供帮助；

（四）与其他图书馆、国立国会图书馆、地方公共团体议会附属的图书室以及学校附属的图书馆或图书室保持紧密联系与协作，进行馆际通借通还；

（五）设置分馆、阅览处、借阅点等，开展流动借阅车、出借文库等活动；

（六）举办读书会、研讨会、鉴赏会、观影会和资料展示会等，并奖励积极主办者；

（七）向民众介绍、提供时事信息及参考资料；

（八）利用社会教育的学习机会以及学习成果，向民众提供举行教育活动以及其他活动的机会，并奖励该提供行为；

（九）与学校、博物馆、公民馆、研究所等保持紧密联系，相互

---

① 1949 年（昭和 24 年）法律第 207 号。

协助。

【司书及司书候补】

第四条 图书馆配备的专业工作人员为司书以及司书候补。

2. 司书处理图书馆的专业事务。

3. 司书候补则协助司书开展工作。

【司书以及司书候补的资格】

第五条 满足以下任意一项条件者，可获得司书的资格。

（一）在校期间履修了文部科学省政令规定的图书馆相关课程的大学毕业生；

（二）履修了第六条规定的司书讲习课程的大学毕业生或高等专门学校毕业生；

（三）以下职位的累计在职期间超过三年并履修了第六条规定的司书讲习课程的；

①司书候补者；

②在国立国会图书馆、大学或高等专科学校附属图书馆担任相当司书候补职位的；

③除第②目外，在官方公署、学校或社区教育机构担任社区教育主干、学艺员以及其他文部科学大臣指定的、与司书候补同等以上之职位的。

2. 满足以下任意一项条件者，可获得司书候补的资格。

（一）拥有司书资格者；

（二）根据《学校教育法》第九十条第一款规定有资格进入大学学习并履修本法第六条规定的司书候补讲习课程者。

【司书及司书候补的讲习课程】

第六条 司书及司书候补的讲习课程，由文部科学大臣委托大学实施。

2. 司书及司书候补讲习课程的必修科目、学分以及其他必要事项，均由文部科学省政令规定之，但所修学分不得低于15个学分。

【司书及司书候补的研修培训】

第七条 为提高司书及司书候补的业务素质，文部科学大臣及各都、道、府、县教育委员会应积极努力地组织司书及司书候补培训研修。

【设置及运营的理想标准】

第七条之二 为促进图书馆的健全发展，文部科学大臣应制定图书馆的设置及运营的理想标准，并予以公布。

【运营状况的评估等】

第七条之三　图书馆必须对其运营状况进行评估，并在该评估结果的基础上，采取必要措施积极努力地改善图书馆的运营状况。

【运营状况的信息公开】

第七条之四　为加深与当地住民及其他关系人的协作，图书馆必须致力于服务当地、促进民众及其他关系人的理解，积极努力地公开其运营状况。

【协助之请求】

第八条　为促进辖区内图书馆的公共服务，都、道、府、县教育委员会可要求市（包含特别区，以下同）、町、村教育委员会［根据《地方教育行政组织及运营法》①第二十三条第一款之规定，由（市、町、村教育委员会）负责人指定地方公共团体（在第十三条第一款中，称为"特定地方公共团体"）负责图书馆的设立、管理以及运营的，为该负责人或教育委员会］协助制作综合目录、实施文库的流动出借以及馆际的通借通还等。

【公开出版物的收集】

第九条　政府应向都、道、府、县设立的图书馆提供两部《官报》及其他由独立行政法人国立印刷局印刷的公众宣传之刊物。

2. 应公立图书馆的请求，国家及地方公共团体应向公立图书馆免费提供其发行的刊物及其他资料。

第二章　公立图书馆

【设置】

第十条　公立图书馆的设置事项，必须由设置该公立图书馆的地方公共团体通过条例规定之。

第十一条及第十二条　删除

【职位】

第十三条　公立图书馆应设置馆长职位；设立该公立图书馆的地方公共团体教育委员会［由特定地方公共团体长官设立、运营、管理图书馆

---

① 1956 年（昭和 31 年）法律第 162 号。

（在第十五条中称为"特定图书馆"）的，则因该特定地方公共团体长官〕认为必要，可设置相应的专业职位、事务职位以及技术职位。

2. 馆长负责图书馆的管理事务、监督管理所属职员，努力实现图书馆的公共服务之功能。

【图书馆协议会】

第十四条　公立图书馆可设立图书馆协议会。

2. 图书馆协议会应就图书馆的运营事项向馆长提供咨询、就图书馆的公共服务等向馆长提供意见和建议。

第十五条　图书馆协议会的委员由设置该图书馆的地方公共团体教育委员会任命。

第十六条　图书馆协议会的设立及其委员的任命标准、定额、任期以及其他有关图书馆协议会的必要事项，必须由设置图书馆的地方公共团体通过条例确定之。其中的委员任命标准，应参照文部科学省政令规定的标准。

【门票等】

第十七条　公立图书馆不得征收入馆费及任何利用图书馆资料的费用。

第十八条及第十九条　删除

【对图书馆的补助】

第二十条　国家可在预算的范围内就图书馆设施、设备等所需经费以及其他必要经费，向设置图书馆的地方公共团体给予部分补助。

2. 有关前款补助金交付的必要事项，由政令规定之。

第二十一条及第二十二条　删除

第二十三条　根据第二十条规定，已交付的补助金、若发生下列情形之一的，国家必须停止后续补助金的交付，同时必须返还已交付的补助金。

（一）图书馆违反《图书馆法》的；

（二）地方公共团体违反补助金交付条件的；

（三）地方公共团体以虚假方式套取补助金的。

第三章　私立图书馆

第二十四条　删除

【与都、道、府、县教育委员会的关系】

第二十五条　为制作指导资料和调查研究，都、道、府、县教育委员会可要求私立图书馆提交必要报告。

2. 应私立图书馆之请求，都、道、府、县教育委员会可就私立图书馆的设立以及运营管理等，给予专业、技术性的指导与建议。

【与国家及地方公共团体的关系】

第二十六条　国家及地方公共团体不得干涉私立图书馆的事务，也不得向设立图书馆的法人提供补助金。

第二十七条　应私立图书馆之请求，国家及地方公共团体可在必要物资的确保上向私立图书馆提供援助。

【门票等】

第二十八条　私立图书馆可收取入馆费及利用图书馆资料的相关费用。

【图书馆的同类设施】

第二十九条　任何人均可设立类似图书馆的设施。

2. 前款之设施，准用第二十五条第二款之规定。

附则　抄

1. 本法自公布之日起三个月后施行，但第十七条之规定自1951年（昭和26年）4月1日起施行。

2. 废除《图书馆令》①《公立图书馆职员令》②以及《公立图书馆司书资格考试章程》③。

4. 本法施行时，根据旧《图书馆令》第四条或第五条之规定设置的图书馆、国立国会图书馆或学校附属图书馆的馆长或司书或相当司书候补职位的职员（仅限大学以外学校的附属图书馆的职员中拥有《教师资格法》④第四条所规定的普通资格与临时资格者或拥有《教师资格法施行

---

① 1933年（昭和8年）敕令第175号。
② 1933年（昭和8年）敕令第176号。
③ 1936年（昭和11年）文部省政令第18号。
④ 1949年（昭和24年）法律第147号。

法》① 第一条所规定的普通资格与临时资格者），不受新法第五条规定限制，自本法施行五年后视为获得司书、司书候补之资格。

5. 本法施行时，公私立图书馆的馆长、司书与司书候补等，未收到任免书的则继续任原职。

6. 根据第四条规定有司书、司书候补资格者，在本法施行后五年间接受第六条规定的研修培训的，在本法施行后经过五年的，不受新法第五条规定限制，视为获得司书、司书候补之资格。但根据第四条规定有司书候补资格者（除大学毕业者外）接受司书研修培训的，则适用于第五条第一款第三项之规定。

7. 从旧图书馆职员养成所毕业者，不受新法第五条规定限制，视为有司书资格者。

8. 从旧国立图书馆附属图书馆职员养成所、旧文部省图书馆讲习所毕业者以及根据通过旧公立图书馆司书资格考试者，接受本法第六条规定的研修培训，不受第五条规定限制，视为有司书的资格。

10. 第五条第一款以及附则第四项、第六项中的大学，包括旧《大学令》②、旧《高等学校令》③、旧《专门学校令》④ 以及旧《教员养成诸学校官制》⑤ 所规定的大学、大学预科、高等学校高等科、专门学校、教员养成学校以及文部科学省政令规定的与之同级别的学校。第五条第二款第二项规定的根据《学校教育法》第九十条第一款规定的有大学入学资格者，包括根据旧《中等学校令》⑥、旧《高等学校令》或旧《青年学校令》⑦ 所规定的中等学校、高等学校普通科或青年学校本科、文部科学省政令规定的同等级别学校的学生。

11. 本法施行时，若市、町、村设立的图书馆的职员在《地方自治法》⑧ 施行时为政府官吏的，若未收到任免书的，则被视为设置图书馆的

---

① 1949 年（昭和 24 年）法律第 148 号。
② 1918 年（大正 7 年）敕令第 388 号。
③ 1918 年（大正 7 年）敕令第 389 号。
④ 1903 年（明治 36 年）敕令第 61 号。
⑤ 1946 年（昭和 21 年）敕令第 208 号。
⑥ 1943 年（昭和 18 年）敕令第 36 号。
⑦ 1939 年（昭和 14 年）敕令第 254 号。
⑧ 1947 年（昭和 22 年）法律第 67 号。

市、町、村的职员。

附则 1952年（昭和27年）6月12日法律第185号 抄

本法自公布之日起施行。

附则 1952年（昭和27年）7月31日法律第270号 抄

第一条 本法自1952年（昭和27年）8月1日起施行。

附则 1952年（昭和27年）8月14日法律第305号 抄

【施行日期】

第一条 除附则第六项、第十六项至第二十六项的规定外，本法自公布之日起施行。附则第六项、第十六项至第二十六项的规定，自公布之日起六个月内由政令规定施行日期。

附则 1956年（昭和31年）6月12日法律第148号 抄

第一条 本法自《地方自治法修改法》① 施行之日起施行。

附则 1956年（昭和31年）6月30日法律第163号 抄

【施行日期】

第一条 本法自1956年（昭和31年）10月1日起施行。但第一条中的《地方自治法》第二十条、第一百二十一条以及附则第六条的改正规定，第二条、第四条中的《教育公务员特例法》第十六条、第十七条以及第二十一条之四的改正规定，第五条中的《文部省设置法》第五条第一款第十九项后增加的第十九项之三以及第八条的改正规定，第七条、第十五条、第十六条及第十七条中《教育职员资格法修改法》附则第三

---

① 1956年（昭和31年）法律第147号。

项、第四项的改正规定（包括附则第五项中与教育长或是指导主干相关的改正部分）以及附则第六项至第九项的规定等，自《地方教育行政组织及运营法》①附则第一条规定的与教育委员会设立相关规定的施行之日起施行。

附则 1959 年（昭和 34 年）4 月 30 日法律第 158 号 抄

【施行日期】
第一条 本法自公布之日起施行。

附则 1961 年（昭和 36 年）6 月 17 日法律第 145 号 抄

本法自《学校教育法修改法》②施行之日起施行。

附则 1962 年（昭和 37 年）5 月 15 日法律第 133 号 抄

【施行日期】
第一条 本法自公布之日起施行。

附则 1965 年（昭和 40 年）3 月 31 日法律第 15 号 抄

【施行日期】
第一条 本法自 1965 年（昭和 40 年）4 月 1 日起施行。

附则 1967 年（昭和 42 年）8 月 1 日法律第 120 号 抄

【施行日期】
第一条 本法自公布之日起施行。

---

① 1956 年（昭和 31 年）法律第 162 号。
② 1956 年（昭和 36 年）法律第 144 号。

附则　1985年（昭和60年）7月12日法律第90号　抄

【施行日期】
第一条　本法自公布之日起施行。

附则　1998年（平成10年）6月12日法律第101号　抄

【施行日期】
第一条　本法自1999年（平成11年）4月1日起施行。

附则　1999年（平成11年）7月16日法律第87号　抄

【施行日期】
第一条　本法自2000年（平成12年）4月1日起施行，但以下各项规定则由其各自规定的日期起施行。

（一）第一条中的《地方自治法》第二百五十条之后增加的五条、节名、两款及款名的改正规定（仅限第二百五十条之九第一款、获得两议院同意的部分），第四十条中《自然公园法》附则第九项、第十项的改正规定（仅限附则第十项相关部分），第二百四十四条规定（除与《农业改良助长法》第十四条之三改正规定相关部分外）、第四百七十二条规定（除与《市、町、村合并特例法》第六条、第八条及第十七条改正规定相关部分外）以及附则第七条、第十条、第十二条、第五十九条但书、第六十条第四款及第五款、第七十三条、第七十七条、第一百五十七条第四款至第六款、第一百六十条、第一百六十三条、第一百六十四条以及第二百零二条之规定，自公布之日起施行。

【国家等事务】
第一百五十九条　除根据本法修改前各部法律规定的事项外，本法施行前，地方公共团体机构根据法律或政令管理或执行国家、其他地方公共团体事务（在附则第一百六十一条中称为"国家等事务"），在本法施行后，视为地方公共团体根据法律或政令管理或执行的地方公共团体之事务。

【与处分、申请等相关的过渡措施】

第一百六十条　对于本法（附则第一条各项规定的，则为该各项规定。在本条及附则第一百六十三条中同）施行前，根据修改前各相关法律的许可等处分及其他行为（以下称为"处分等行为"）或在本法施行时根据修改前的各相关法律的许可等申请及其他行为（以下称为"申请等行为"），在本法施行日应有不同主体完成这些行政事务的，除附则第二条至前条或改正后各自法律所规定（包括基于本法之命令）的过渡措施外，视为本法施行后根据修改后各相关法律的处分等行为或申请等行为。

2. 对于本法施行前根据修改前各相关法律规定必须向国家或地方公共团体等机构报告、备案、申请以及其他手续的事项，在本法施行日之前尚未实施的，除本法或基于本法之政令有特别规定外，视为未实施根据修改后各相关法律必须向国家或地方公共团体等机构报告、备案、申请以及其他手续，适用修改后的各相关之法律。

【不服申诉的过渡措施】

第一百六十一条　对本法施行日之前被确定的，与国家事务相关的行政处分（以下称为"处分厅"）决定不服，根据《行政不服审查法》规定向上级行政机关（以下称为"上级行政厅"）提起的申诉，视为本法施行日之后提起之申诉、适用《行政不服审查法》。在此情况下，被视为该处分厅的上级行政机关应为施行日前的处分厅的上级行政机关。

2. 当前款中被视为上级行政厅的行政机关为地方公共团体机关时，该机关根据《行政不服审查法》规定处理的事务，应为新《地方自治法》第二条第九款第一项规定的法定受托事务。

【其他过渡措施的委托立法】

第一百六十四条　除本附则规定的事项外，伴随本法施行的其他必要过渡措施（包含罚则的过渡措施），由政令规定之。

【评估】

第二百五十条　有关新《地方自治法》第二条第九款第一项规定的第一项法定委托事务，应尽可能不设定新内容，同时对新《地方自治法》附表一所列事项以及基于新《地方自治法》的政令所示事项，应从推进地方分权的角度重新评估更适当、合理的制度设计。

第二百五十一条　为保障地方公共团体能独立、自主地执行各项事务，政府应采取必要措施与方法，充分确保国家与地方公共团体分担其各自职责所需的地方税之财源。

第一千三百四十四条　除第七十一条至第七十六条、第一千三百零一条至前条以及《中央机构改革法》的规定外，执行与改革有关的法律等的必要过渡措施，由政令规定之。

附则　1999年（平成11年）12月22日法律第160号　抄

【施行日期】

第一条　本法（除第二条、第三条外）自2002年（平成14年）1月6日起施行，但以下各项规定则由其各自规定的日期起施行。

（一）第九百九十五条（仅限《核原料、核燃料以及核反应堆规制法之修改法》附则修改规定相关事项）、第一千三百零五条、第一千三百零六条、第一千三百二十四条第二款、第一千三百二十六条第二款及第一千三百四十四条之规定，自公布之日起施行。

附则　2002年（平成14年）5月10日法律第41号　抄

【施行日期】

第一条　本法自2003年（平成15年）4月1日起施行，但第二十一条、附则第四条及第二十二条之规定，自公布之日起施行。

第二十二条　除附则第二条至第四条、第六条、第七条、第十条、第十二条、第十五条至第十七条以及第十九条外，伴随印刷局设立相关的必要过渡措施以及其他法律施行的相关必要过渡措施，由政令规定之。

附则　2006年（平成18年）6月2日法律第50号　抄

【施行日期】

本法自《一般社团、财团法人法》施行之日起施行。

附则　2007年（平成19年）6月27日法律第96号　抄

【施行日期】

第一条　本法自公布之日起，在不超过六个月的范围内由政令规定施行日期。

附则 2008年（平成20年）6月11日法律第59号 抄

【施行日期】

第一条 本法自公布之日起施行，但第二条中删除《图书馆法》第五条第一款第二项的改正规定以及该款第一项改为该款第二项、增加一项作为该款第一项的改正规定以及附则第三项、第四项的规定，自2010年（平成22年）4月1日起施行。

第二条 附则第一项但书规定的施行日之前，根据第二条之规定，完成旧《图书馆法》第五条第一款第二项规定的司书资格相关课程之履修的，依然适用旧法。

第三条 附则第一项但书规定施行后，继续履修图书馆大学专业课程、取得司书资格者的过渡措施，由文部科学省政令规定之。

附则 2011年（平成23年）6月22日法律第70号 抄

【施行日期】

第一条 本法自2012年（平成24年）4月1日起施行，但次条之规定自公布之日起施行。附则第十七条之规定则自《推进地域自主性、自立性改革法之相关法律整备法》[①] 或本法公布较晚的公布日起施行。

附则 2011年（平成23年）6月24日法律第74号 抄

【施行日期】

第一条 本法自公布之日起二十日后开始施行。

附则 2011年（平成23年）8月30日法律第105号 抄

【施行日期】

第一条 本法自公布之日起施行，但以下各项规定则由其各自规定期

---

① 2011年（平成23年）法律第105号。

日起施行。

（一）略

（二）第二条、第十条（仅限《构造改革特别区域法》第十八条的修改规定）、第十四条（仅限《地方自治法》第二百五十二条之十九，第二百六十条及附表一中的《噪声规制法》①《城市规划法》②《城市再开发法》③《环境基本法》④以及《集市街区防灾促进法》⑤ 相关事项和附表二中的第二《城市再开发法》⑥《公有土地扩展推进法》⑦《大城市的住宅及住宅用地供给促进特别法》⑧《集市街区防灾促进法》⑨《公寓改建协调法》⑩ 相关的改正规定）、第十七条至第十九条、第二十二条（仅限《儿童福利法》第二十一条之五、之六、之十五、之二十三，第二十四条之九、之十七、之二十八及之三十六的改正规定）、第二十三条至第二十七条、第二十九条至第三十三条、第三十四条（仅限《社会福祉法》第六十二条、第六十五条和第七十条的改正规定）、第三十五条、第三十七条、第三十八条（除《水道法》第四十六条、第四十八条之二、第五十条以及第五十条之二的改正规定）、第三十九条、第四十三条（仅限《职业能力开发促进法》第十九条、第二十三条、第二十八条以及第三十条之二的改正规定）、第五十一条（仅限《传染性疾病预防法》第六十四条的改正规定）、第五十四条（除《残疾人自立援助法》第八十八条和第八十九条的改正规定）、第六十五条（除《农地法》第三条第一款第九项、第四条、第五条及第五十七条的改正规定）、第八十七条至第九十二条、第九十九条（仅限《道路法》第二十四条之三及第四十八条之三的改正规定）、第一百条（仅限《土地区划整理法》第七十六条的改正规定）、第一百零二条（仅限《道路整备特别措施法》第十八条至第二十一条、

---

① 1968年（昭和43年）法律第98号。
② 1968年（昭和43年）法律第100号。
③ 1969年（昭和44年）法律第38号。
④ 1993年（平成5年）法律第91号。
⑤ 1997年（平成9年）法律第49号。
⑥ 1969年（昭和44年）法律第38号。
⑦ 1972年（昭和47年）法律第66号。
⑧ 1975年（昭和50年）法律第67号。
⑨ 1997年（平成9年）法律第49号。
⑩ 2002年（平成14年）法律第78号。

第二十七条、第四十九条和第五十条的改正规定)、第一百零三条、第一百零五条（除《停车场法》第四条的修改规定)、第一百零七条、第一百零八条、第一百一十五条（仅限《都市圈近郊绿地保护法》第十六条及第十八条的改正规定)、第一百一十六条（除《物流业务市街区整备法》第三条之二的改正规定)、第一百一十八条（仅限《近畿保护区域整备法》第十六条及第十八条的改正规定)、第一百二十条（除《城市规划法》第六条之二、第七条之二、第八条、第十条之二至第十二条之二、第十二条之四、第十二条之五、第十二条之十、第十四条、第二十条、第二十三条、第三十三条及第五十八条之二的改正规定)、第一百二十一条（仅限《城市再开发法》第七条之四至第七条之七、第六十条至第六十二条、第六十六条、第九十八条、第九十九条之八、第一百三十九条之三、第一百四十一条之二及第一百四十二条的改正规定)、第一百二十五条（除《公有土地扩大促进法》第九条的改正规定)、第一百二十八条（除《城市绿地法》第二十条及第三十九条的改正规定)、第一百三十一条（仅限《大城市住宅及住宅用地供给促进法》第七条、二十六条、第六十四条、第六十七条、第一百零四条及第一百零九条之二的改正规定)、第一百四十二条（仅限《地方城市的区域整备及产业设施再配置促进法》第十八条及第二十一条至第二十三条的改正规定)、第一百四十五条、第一百四十六条（除《受灾街区复兴特别措施法》第五条及第七条之三的改正规定)、第一百四十九条（仅限《集市街区防灾促进法》第二十条、第二十一条、第一百九十一条、第一百九十二条、第一百九十七条、第二百三十三条、第二百四十一条、第二百八十三条、第三百一十一条及第三百一十八条的改正规定)、第一百五十五条（仅限《城市再生特别措施法》第五十一条第四款的改正规定)、第一百五十六条（除《公寓改建协调法》第一百零二条的改正规定)、第一百五十七条、第一百五十八条（仅限《景观法》第五十七条的改正规定)、第一百六十条（除《地域多元公租住宅整备特别措施法》第六条第五款的改正规定以及该法第十一条及第十三条的修改规定)、第一百六十二条（仅限《高龄人、残疾人等运动促进法》第十条、第十二条、第十三条、第三十六条第二款及第五十六条的改正规定)、第一百六十五条（仅限《地域历史风貌维持提高法》第二十四条和第二十九条的改正规定)、第一百六十九条、第一百七十一条（仅限《废弃物处理及清洁法》第二十一条的改正规定)、第一百七十四条、第一百七十八条、第一百八十二条（仅限《环境基本法》第十六条及第四十条之二的改正规定）以及第一百八十七条（仅限《鸟兽保护及狩猎法》第十五条、第二十八条第九款、第二十九条第四款、第三十四条以及第三十五条的改正规定）及附则第十三条、第十五条至第二十四条、第二十五条第一款、第二十六条、第二十七条第一款至第三款、第三十条至第三十二条、第三十八条、第四十四条、第四十六条第一款及第四款、第四十七条至第四十九条、第五十一条至第五十三条、第五十五条、第五十八条、第五十九条、第六十一条至第六十九条、第七十一条、第七十二条第一款至第三项、第七十四条至第七十六条、第七十八条、第八十条第一款和第三款、第八十三条、第八十七条（除《地方税法》第五百八十七条之二及附则第十一条的改正规定）、第八十九条、第九十条、第九十二条（仅限《高速公路法》第二十五条的改正规定）、第一百零一条、第一百零二条、第一百零五条至第一百零七条、第一百一十二条、第一百一十七条（仅限《地域多样性保存促进法》第四条第八款的改正规定）、第一百一十九条、第一百二十一条之二以及第一百二十三条第二款的规定，自2012年（平成24年）4月1日起施行。

【委托立法】

第八十二条　除附则规定的事项外，伴随本法施行的其他相关必要过渡措施（包括罚则的过渡措施）可通过政令规定之。

附则　2011年（平成23年）12月14日法律第122号　抄

【施行日期】

第一条　本法自公布之日起，在不超过两个月的期限内由政令规定施行日期，但以下各项规定则按各自规定的日期起施行。

（一）附则第六条、第八条、第九条和第十三条之规定，自本法公布之日起施行。

附则　2017年（平成29年）5月31日法律第41号　抄

【施行日期】

第一条　本法自2019年4月1日起施行，但下一条以及附则第四十八条之规定，则自本法公布之日起施行。

【委托立法】

第四十八条　除附则规定事项外，有关本法施行的相关其他必要过渡措施，由政令规定之。

附则　2019年（令和1年）6月7日法律第26号　抄

【施行日期】

第一条　本法自公布之日起施行。

【委托立法】

第四条　除前两条规定的事项外，有关本法施行的相关其他必要过渡措施（包括罚则的过渡措施），由政令规定之。

三十　国立国会图书馆法[*]

1948年（昭和23年）2月9日法律第5号［制定］
1949年（昭和24年）6月6日法律第194号［第一次修改］
1955年（昭和30年）1月28日法律第3号
　［根据国会法修改法附则第8项之修改］
1994年（平成6年）7月1日法律第82号［第二次修改］
1999年（平成11年）4月7日法律第31号［第三次修改］
2000年（平成12年）4月7日法律第37号［第四次修改］
2002年（平成14年）3月31日法律第6号［第五次修改］
2004年（平成16年）12月1日法律第145号［第六次修改］
2005年（平成17年）4月13日法律第27号［第七次修改］
2005年（平成17年）7月6日法律第82号
　［根据独立行政法人住宅金融机构法附则第24条之修改］
2005年（平成17年）10月21日法律第102号
　［根据邮政民营化的相关法律整备法第16条之修改］
2007年（平成19年）3月31日法律第10号［第八次修改］
2007年（平成19年）3月31日法律第16号
　［根据摩托艇竞赛法修改法附则第8条之修改］
2007年（平成19年）6月6日法律第76号
　［根据赛马法修改法附则第14条之修改］
2007年（平成19年）6月13日法律第82号
　［根据自行车竞赛法修改法附则第21、25条之修改］

---

[*] 为建设"文化国家"，日本以美国议会图书馆为原型，建立了帮助国会议员履行职务、具备国家中央图书馆之职能的"国立国会图书馆"，并制定《国立国会图书馆法》。根据掌握的资料，该法的汉译版本有1955年版法律的满达人译本（林台校）（载满达人译《文化教育法》，兰州大学出版社1990年版，第141—150页）、2011年版法律的刘睿琳译本（谢东、李轶豪审校）［载中共中央宣传部政策法规研究室编《外国文化法律汇编》（第二卷）（上），学习出版社2015年版，第138—151页］。

2007年（平成19年）6月27日法律第100号
　　［根据综合研究开发机构法的废除法附则第31条之修改］
2008年（平成20年）4月25日法律第20号［第九次修改］
2009年（平成21年）3月31日法律第10号
　　［根据社会教育法等修改法第2条之修改］
2009年（平成21年）7月10日法律第73号［第十次修改］
　　［根据社会教育法等修改法第2条之修改］
2011年（平成23年）5月2日法律第39号
　　［根据株式会社国际协力银行法附则第22条之修改］
2012年（平成24年）6月22日法律第32号［第十一次修改］
2014年（平成26年）5月21日法律第40号
　　［根据原子能损害赔偿机构法修改法附则第4条之修改］
2015年（平成27年）7月17日法律第59号
　　［根据贸易保险法修改法附则第28条之修改］
2016年（平成28年）5月18日法律第40号
　　［根据核废料再处理资金管理法修改法附则第17条之修改］
2016年（平成28年）11月28日法律第89号
　　［根据外国人技能实习生保护法附则第9条之修改］
2018年（平成30年）6月8日法律第41号
　　［根据独立法人邮政储蓄法修改法附则第11条之修改］
2022年（令和4年）5月27日法律第54号
　　［根据福岛复兴再生特别措施法修改法附则第5条之修改］
2022年（令和4年）6月1日法律第57号
　　［根据国立国会图书馆法等修改法第1、2条之修改］
2023年（令和5年）5月19日法律第32号
　　［根据脱碳增长型经济结构法附则第12条之修改］
2023年（令和5年）6月7日法律第44号
　　［根据电力事业法修改法附则第19条之修改］
2023年（令和5年）6月7日法律第47号
　　［根据国立健康危机管理研究机构法的法律整备法第3条之修改］

　　基于真理为我们带来自由，以信守宪法将有益于日本之民主化和世界和平为使命，特设置国立国会图书馆。

第一章　设立及设立的目的

第一条　根据本法所设图书馆为"国立国会图书馆"，本法为《国立国会图书馆法》。

第二条　国立国会图书馆收集图书及其他图书馆资料，帮助国会议员履行职务，同时向行政、司法机关乃至日本国民提供本法规定的图书馆服务。

第三条　国立国会图书馆由中央图书馆、本法所规定的支部图书馆以及今后设立的支部图书馆构成。

第二章　馆长

第四条　国立国会图书馆设馆长一名，由参众两院议长与两院的议院运营委员会协商、经国会承认后方可任命。

2. 馆长若无职务执行上的重大过失不得任意解除任命。馆长在政治活动上应谨言慎行、不因政治理由被罢免。馆长由两院议长共同提议方可罢免。

第五条　馆长统一管理图书馆事务、监督所属职员与雇员执行职务。

2. 馆长应事先或适时制定必要的诸项图书馆管理规程，并获得两院议院运营委员会的承认。

3. 前款诸规程公示后方可施行。

第六条　馆长应在每一会计年度之初向参众两院议长报告前一会计年度图书馆的经营、财政状况。

第七条　馆长应每年制作前一年日本国内出版发行的出版物的目录或索引，并以方便利用之方式向国民提供。

第八条　馆长应以适合出版的方式，制作日本法律的索引。

第三章　副馆长及其他职员与雇员

第九条　国立国会图书馆设副馆长一名。副馆长在获得参众两院议长承认后，由馆长任免。副馆长辅佐馆长管理图书馆事务。当馆长发生事故或馆长缺位时，由副馆长履行馆长职务。

第十条 根据《国会职员法》的规定，国立国会图书馆的其他职员与雇员，由馆长任命，其职责由馆长决定。

2. 图书馆职员不得兼任国会议员，亦不得在行政、司法各部门任职，但可成为行政、司法各部门的支部图书馆馆员。

第四章 议院运营委员会及国立国会图书馆联络委员会

第十一条 参众两院的议院运营委员会应至少每六个月召开一次会议，审查馆长的图书馆运营报告、馆长制定的诸项管理规程、图书馆预算以及其他事务。

2. 前款审查结果由各议院运营委员会委员长向议院报告。

第十二条 国立国会图书馆设立联络委员会。委员会由4名委员组成，分别为参众两院的各议院运营委员会委员长、最高裁判所长官任命的1名最高裁判所大法官以及内阁总理大臣任命的1名国务大臣。联络委员会委员长由委员互选产生。

2. 联络委员会委员长及委员的职位不收取报酬。

3. 馆长可以出席联络委员会会议，但无表决权。

第十三条 联络委员会可建议参众两议院运营委员会改善国立国会图书馆对国会以及各行政、司法部门的服务。

第五章 图书馆的布局

第十四条 馆长应以效率为原则对图书馆的馆内进行必要布局设置和部门安排。

第六章 调查与立法考查局

第十五条 馆长在国立国会图书馆内设立调查与立法考查局，该局履行以下职务。

（一）根据要求，分析评价参众两院的委员会未决的立法草案或提交国会的内阁议案，在向两议院委员会辅佐、进言的同时，为能够作出妥当决定提供依据。

（二）根据要求或自发预测、收集、分类、分析、翻译、索引、摘录、编辑、报告立法资料以及其他的准备立法资料或其相关资料，在保持无党派和官僚偏见的中立立场上，向参众两院、委员会或议员提供可能有用的资料。

（三）在立法的准备阶段，辅佐参众两院、委员会以及议员，提供议案的起草服务，但仅限于委员会或议员提出之要求。在任何情况下，调查与立法考查局的职员都不得发起议案或督促立法。

（四）在不妨碍参众两院、各专业委员会以及议员之需求的前提下，应允许行政、司法部门以及普通民众利用馆藏图书资料。

第十六条 馆长根据《国会职员法》任命适合人选担任调查与立法考查局局长、次长以及其他职员，无论其是否加入某一政党。

2. 馆长还可在调查与立法考查局的职员中任命参众两院常任委员会必要的各领域专业调查员。

第六章之二　关西馆

第十六条之二 在中央图书馆中设立关西馆。
2. 关西馆的位置及所管事务，由馆长决定之。
3. 关西馆设馆长一名，由国立国会图书馆馆长从职员中选任。
4. 接受馆长命令的关西馆馆长，总理关西馆的事务。

第七章　向行政及司法各部门提供服务

第十七条 馆长必须在图书馆服务上与行政及司法各部门联系，为此，馆长拥有以下权利。

（一）根据代表行政及司法各部门的联络委员会委员之推荐，任命行政及司法各部门的图书馆馆长。但若为公务员，则应服从《国家公务员法》，且必须获得该部门长官的同意。

（二）为行政及司法各部门图书馆，制定包括目录法、馆际通借通还、资料交换、综合目录以及综合一览表等图书馆运营方法与制度。

（三）要求行政及司法各部门图书馆馆长提交年报或特报。

第十八条　行政及司法各部门的图书馆预算，应在相应部门预算的"图书馆"项下明确计入。未获得代表行政及司法各部门的联络委员会委员及馆长的承认，不得挪用或减额该资金。

第十九条　行政及司法各部门的图书馆馆长必须向所在部门提供充分的图书馆服务。根据《国会职员法》《国家公务员法》或《裁判所法》的规定，行政及司法各部门的图书馆馆长可以任免图书馆职员。根据国立国会图书馆规程规定，行政及司法各部门的图书馆馆长可建议行政及司法各部门的长官或国立国会图书馆馆长购买或采取其他方法接收图书及其他图书资料，或者自己直接购买或采取其他方法接收图书及其他图书资料。

第二十条　馆长被首次任命六个月内，行政及司法各部门现存的所有图书馆都将成为根据本章之规定的国立国会图书馆的支部图书馆。而且，现在尚未设置图书馆的各厅，应在一年以内设立支部图书馆。

第八章　向一般民众、公立或其他图书馆提供服务

二十一条　在不妨碍参众两院、委员会及议员以及行政及司法各部门要求的情况下，国立国会图书馆必须直接或通过公立及其他图书馆面向日本国民提供图书馆服务，使其最大限度地享受图书馆服务。为此，馆长拥有以下各项权利。

（一）根据馆长制定的规程，在国立国会图书馆馆内或以馆际通借通还的方式出借、复印或展示国立国会图书馆收集的图书资料以及利用网络阅读的相关情报信息，为一般民众利用或研究提供方便，并适时提供其他必要服务以提高图书馆服务质量。

（二）采取一切适当之方法，协助都、道、府、县议会以及其他地方议会、公务员或图书馆员改善图书馆组织以及图书馆服务。

（三）其他图书馆或个人购买国立国会图书馆制作或印刷的出版物时，馆长可确定出版物出售价格。

（四）为实现日本图书馆资料的综合目录及全国图书馆资料的利用，采取一切措施制定其他必要的图书目录或一览表。

2. 在参照实际费用的基础上，可确定前款第一项中资料复印的收费标准。

3. 根据馆长制定的规程，对于第一款第一项中资料复印事务（以下

称为"复印事务"），可委托其他法人施行，但不得以营利为目的。

4. 根据前款规定，接受复印事务委托的法人可直接向复印申请者收取第二款规定的复印费。

5. 接受复印事务委托的法人收取的前款复印费为其自身收入，但必须承担所委托复印事务的所需费用。

第二十二条 设置国际儿童图书馆，作为支部图书馆主要以十八岁以下利用者为对象收藏相关图书及图书资料，并在图书馆服务上加强国际协作。

2. 国际儿童图书馆设馆长一名，由国立国会图书馆馆长职员中选任。

3. 接受馆长任命后，国际儿童图书馆馆长总理国际儿童图书馆的事务。

第九章 收集资料

第二十三条 国立国会图书馆的图书资料，馆长可通过下一章和第十一章规定的出版物呈缴，第十一章之二规定的记录、购买、接受捐赠、交换以及其他方法，或者由行政及司法各部门移交等方式进行收集。行政及司法各部门长官认为其部门并不必要、但馆长认为在国立国会图书馆能够得到充分利用的图书以及其他图书馆资料，可移交给国立国会图书馆。馆长可将国立国会图书馆认为并不必要的图书以及其他图书馆资料移交给行政及司法各部门，或用于交换甚至处分。

第十章 国家、地方公共团体、独立行政法人等的出版物呈缴

第二十四条 由国家各级机关或为国家各级机关出版发行以下各项出版物（除涉密、版式等极为简易的出版物。以下同）的，为了公用或与外国的政府出版物进行交换，根据馆长制定的规程，该出版者必须立刻向国立国会图书馆呈缴三十部以内出版物。

（一）图书；

（二）小册子；

（三）期刊；

（四）乐谱；

（五）地图；

（六）电影胶片；

（七）除以上各项出版物外，通过印刷或者其他方法复制的文书或图画；

（八）留声机唱片；

（九）通过电子、电磁以及其他无法感知方式记录的文字、影像、声音或程序。

2. 由以下所列法人或为该法人出版发行前款出版物的，为了前款之目的，根据馆长制定的规程，该出版者必须立刻向国立国会图书馆呈缴五部以内出版物。

（一）《独立行政法人通则法》① 第二条第一款规定的独立行政法人；

（二）《国立大学法人法》② 第二条第一款规定的国立大学法人或第三款规定的大学共同利用机构法人；

（三）特殊法人（即根据法律直接设立的法人、根据特别法律的特别设立行为而设立的法人或根据特别法律而设立的法人，并设立行为需要行政许可的法人。以下同）中，附表一所列举之法人。

3. 前两款之规定也适用于前两款规定的出版物再版，但再版与初版或前版在内容上未增减或未变更，且该初版或前版在该法规定前已经呈缴的，则不受此限。

第二十四条之二　由地方公共团体各级机关或为地方公共团体各机关出版发行前条第一款出版物的，为了前条第一款之目的，根据馆长制定的规程，都、道、府、县或市（包括特别区以及与之相当的特别地方公共团体。以下同）机关应立刻呈缴五部以内出版物；町、村（包括与之相当的特别地方公共团体。以下同）机关应立刻呈缴三部以内出版物。

2. 以下所列法人或为该法人出版发行前条第一款规定之出版物的，为了前条第一款之目的，根据馆长制定的规则，都、道、府、县或市设立的法人或其他相当于都、道、府、县或市各级机关的法人应立刻呈缴四部

---

① 1999 年（平成 11 年）法律第 103 号。

② 2003 年（平成 15 年）法律第 112 号。

以内出版物；町、村设立的法人或其他相当于町、村各级机关的法人则应立刻呈缴两部以内出版物。

（一）《港湾法》① 第四条第一款规定的港务局；

（二）《地方住宅供给公社法》② 第一条规定的地方住宅供给公社；

（三）《地方道路公社法》③ 第一条规定的地方道路公社；

（四）《公有土地扩大促进法》④ 第十条第一款规定的土地开发公社；

（五）《地方独立行政法人法》⑤ 第二条第一款规定的地方独立行政法人；

（六）特殊法人中附表二所列举的出版者

3. 前两款之情形，准用前条第三款之规定。

第十一章　其他人的出版物呈缴

第二十五条　前两条以外的其他人出版发行第二十四条第一款规定的出版物的，除前两条规定的情况外，为了有助于文化遗产的积累与利用，必须自出版发行之日起三十日内，向国立国会图书馆呈缴出版物一部。但发行人已经寄赠、遗赠或有馆长认可的特别事由的，则不在此限。

2. 前款之情形，准用第二十四条第三款之规定。在此情况下，该条第三款中"呈缴"替换为"呈缴、寄赠或遗赠"。

3. 馆长应按规定，向第一款规定的呈缴者交付出版物的出版与呈缴所需的通常费用。

第二十五条之二　出版发行者无正当理由违反前条第一项规定未呈缴出版物的，将处以该出版物零售价格五倍罚款。

2. 出版发行者为法人的，前款处罚对象为法人代表。

---

① 1950 年（昭和 25 年）法律第 218 号。
② 1965 年（昭和 40 年）法律第 125 号。
③ 1970 年（昭和 45 年）法律第 82 号。
④ 1972 年（昭和 47 年）法律第 66 号。
⑤ 2003 年（平成 15 年）法律第 118 号。

第十一章之二　国家、地方公共团体、独立行政法人等的网络资料记录

第二十五条之三　为向公众提供服务，馆长可在国立国会图书馆使用记录介质记录的方式收集整理第二十四条及第二十四条之二规定的出版物或网络资料（即通过网络向公众提供利用电子、电磁以及其他无法感知的方式所记录的文字、影像、声音或程序等。以下同）以便民众能够利用。

2. 对于第二十四条及第二十四条之二规定的出版发行者直接向公众提供利用图书资料或通过网络提供利用的网络资料（有鉴于网络资料的性质以及被公众利用的可能，排除馆长认为的、可能会影响民众的网络资料。以下同），根据馆长的规程，馆长必须采取必要手段施行前款之记录。

3. 为了使民众利用成为可能，馆长可要求第二十四条及第二十四条之二规定的出版发行者将其符合第一款之目的的图书资料、网络资料提供给国立国会图书馆。在此情况下，除有正当事由外，出版发行者必须响应馆长的请求。

第十一章之三　在线资料的记录

第二十五条之四　第二十四条及第二十四条之二规定的出版发行者以外的其他人，提供网络资料（利用电子、电磁以及其他无法感知的方式所记录的文字、影像、声音或程序，通过网络传播或向民众提供利用、被馆长认可的相当于图书或期刊。以下同）供民众利用或传播时，为了有助于文化遗产的积累与利用，除符合前条规定的情况外，根据馆长的规定，必须将该网络资料提供给国立国会图书馆。

2. 以下各种情况，不适用前款之规定。

（一）第二十四条以及第二十四条之二规定的出版发行者以外的其他人，根据前款规定未向国立国会图书馆提供，但向馆长提出记录申请并获得馆长认可的；

（二）网络资料的内容与该条规定之前的相比没有增减或变更的；

（三）有鉴于网络资料的性质、被公众利用的可能以及被传播的目的，馆长认为可能影响前款目的之实现的；

（四）馆长认为有其他特别事由的。

3. 馆长可利用国立国会图书馆的记录媒介记录、收集与第一款提供或承认相关的网络资料。

4. 根据规则，馆长应向第一款规定的网络资料提供者（以下称为"提供者"）交付提供网络资料所需的通常费用，但提供者明示不需要的则不受此限。

第十二章　金钱收支与预算

第二十六条　与国立国会图书馆的服务或资料收集相关的即付现金捐赠，馆长可立刻决定接受。

2. 前款规定的情形，必须获得承认。

第二十七条　国立国会图书馆的所有经费收支，由馆长监督，并由其任命的收支人员来完成。

第二十八条　国立国会图书馆的预算，由馆长制定、调整，并提交给参众两院议院运营委员会。经委员会审查后，呈交参众两院的议长。

附则

第二十九条　本法自公布之日起施行。

2. 《国会图书馆法》废除。

第三十条　自本法施行之日起，终止参众两院图书馆分设的现状，其各自所藏图书资料一并移交至国立国会图书馆。

第三十一条　国立国会图书馆的各种职位之任命，若未获得相应任职资格的，馆长可在不超过两年的期限内临时任命。临时任命期限届满时，若该职位上已有更优秀并获得任职资格的，该临时任命期限则不得更新。

附则　1949 年（昭和 24 年）6 月 6 日法律第 194 号

第一条　本法自 1949 年（昭和 24 年）7 月 1 日起施行。

第二条　本法施行前已发行出版物的呈缴，适用旧法。

附则　1955 年（昭和 30 年）1 月 28 日法律第 3 号　抄

第一条　本法自第二十二届国会召集日起施行。

附则　1994 年（平成 6 年）7 月 1 日法律第 82 号

第一条　本法自公布之日起施行。
第二条　根据本法修改前《国立国会图书馆法》第二十二条规定，国立国会图书馆的支部图书馆视为根据修改后《国立国会图书馆法》第二十二条规定的支部上野图书馆。

附则　1999 年（平成 11 年）4 月 7 日法律第 31 号　抄

第一条　本法自 2000 年（平成 12 年）1 月 1 日起施行，但第二十一条以及第二十一条第一项、第三项以及第四项的修订规定，自公布之日起施行。

附则　2000 年（平成 12 年）4 月 7 日法律第 37 号　抄

第一条　本法自 2000 年（平成 12 年）10 月 1 日起施行。
第二条　根据本法修改后《国立国会图书馆法》第二十四条第一款第六项规定的出版物，根据馆长的规定，可不受该条至第二十五条规定的影响，暂时可不呈缴。
第三条　本法施行前已发行出版物的呈缴，适用旧法之规定。

附则　2002 年（平成 14 年）3 月 31 日法律第 6 号　抄

第一条　本法自 2002 年（平成 14 年）4 月 1 日起施行，但第二十一条中增加的四款修改中与第三款至第五款相关部分，自 2002 年（平成 14 年）10 月 1 日起施行。

附则 2004年（平成16年）12月1日法律第145号 抄

【施行日期】

第一条 本法自2005年（平成17年）1月1日起施行，但第二条自《法律综合援助法》第十三条规定的"日本司法援助中心"成立之日起施行。

【过渡措施】

第二条 本法施行前已发行的出版物之呈缴，适用旧法。

第三条 截至《日本道路公团等民营化关系法施行法》[1] 施行的前一日，根据本法修正后的《国立国会图书馆法》（以下称为"新法"）第二十四条第二项规定的适用，新法附表一中的

| 住宅金融公库 | 《住宅金融公库法》[1950年（昭和25年）法律第156号] |

改为：

| 住宅金融公库 | 《住宅金融公库法》[1950年（昭和25年）法律第156号] |
| 首都高速道路公团 | 《首都高速道路公团法》[1959年（昭和34年）法律第133号] |

| 日本中央赛马会 | 《日本中央赛马会法》[1954年（昭和29年）法律第205号] |

改为：

| 日本中央赛马会 | 《日本中央赛马会法》[1954年（昭和29年）法律第205号] |
| 日本道路公团 | 《日本道路公团法》[1956年（昭和31年）法律第6号] |

| 农林渔业金融公库 | 《农林渔业金融公库法》[1952年（昭和27年）法律第355号] |

改为：

---

[1] 2004年（平成16年）法律第102号。

农林渔业金融公库	《农林渔业金融公库法》［1952年（昭和27年）法律第355号］
阪神高速道路公团	《阪神高速道路公团法》［1962年（昭和37年）法律第43号］
本州四国联络桥公团	《本州四国联络桥公团》［1970年（昭和45年）法律第81号］

第四条 截至《年金公积金管理运用独立行政法人法》①施行日（平成18年4月1日）的前一日，新法第二十四条第二项规定的适用，新法附表一中的

日本邮政公社	《日本邮政公社法》［2002年（平成14年）法律第97号］

改为：

日本邮政公社	《日本邮政公社法》［2002年（平成14年）法律第97号］
年金资金运用基金	《年金公积金资金运用基金法》［2000年（平成12年）法律第19号］

附则 2005年（平成17年）4月13日法律第27号 抄

本法自公布之日起施行，但附表一的改正规定，自2005年（平成17年）10月1日起施行。

附则 2005年（平成17年）7月6日法律第82号 抄

【施行日期】

第一条 本法自2007年（平成19年）4月1日起施行。

附则 2005年（平成17年）10月21日法律第102号 抄

【施行日期】

第一条 本法自《邮政民营化法》施行之日起施行。

---

① 2004年（平成16年）法律第105号。

【罚则的过渡措施】

第一百一十七条　本法施行前的实施的行为、根据附则规定旧法施行后实施的行为、本法施行后根据附则第九条第一款规定依然有效的旧《邮政汇率法》第三十八条之八（仅限第二项、第三项相关部分）失效前实施的行为、本法施行后附则第十三条第一款规定的依然有效的旧《邮政汇款法》第七十条（仅限第二项、第三项相关部分）失效前实施的行为、本法施行后附则第二十七条第一款规定的依然有效的旧《邮政汇款捐款委托法》第八条（仅限第二项相关部分）失效前实施的行为、本法施行后附则第三十九条第二款规定的依然有效的旧《公司法》第七十条（仅限第二项相关部分）失效前实施的行为、本法施行后附则第四十二条第一款规定的依然有效的旧《公司法》第七十一条及第七十二条（仅限第十五项相关部分）失效前实施的行为、适用附则第二条第二款的《邮政民营化法》第一百零四条规定的与邮政储蓄相关的特定日之前实施行为的罚则，适用旧法之规定。

附则　2007年（平成19年）3月31日法律第10号　抄

第一条　本法自2007年（平成19年）4月1日起施行，但第七条的改正规定自同年7月1日起施行。

第二条　本法施行前，与国立国会图书馆接受图书捐赠或遗赠相关的改正前的《国立国会图书馆法》第二十五条第四款规定的全日本出版物目录的出版物呈缴，仍适用旧法。

附则　2007年（平成19年）3月31日法律第16号　抄

【施行日期】

第一条　本法自2007年（平成19年）4月1日起施行，但以下各项规定则自其各自规定日期施行。

（一）第二条、附则第四条第一款及第五款、附则第五条至第十二条以及附则第十三条第二款至第四款的规定，自2007年（平成19年）10月1日起施行。

【罚则的过渡措施】

第十八条　本法（附则第一条各项所列规定，该规定）施行前实施的行为以及根据附则规定适用旧法而在本法施行后实施的行为之罚则,适用旧法之规定。

【委任立法】
第十九条 除附则规定的事项外,有关本法施行的其他必要过渡措施,由政令规定之。

附则 2007年(平成19年)6月6日法律第76号 抄

【施行日期】
第一条 在本法自公布之日起一年内,由政令规定施行日期。

附则 2007年(平成19年)6月13日法律第82号 抄

【施行日期】
第一条 本法自公布之日起施行,但以下各项规定则自其各自规定日期施行。

(一)第二条及附则第七条、第八条、第十六条、第二十一条至第二十四条、第二十九条、第三十一条、第三十三条、第三十五条以及第三十七条规定,截至2008年(平成20年)1月31日,由政令规定施行日期。

(二)第四条及附则第十四条、第十五条、第十七条、第二十五条至第二十八条、第三十条、第三十二条、第三十四条、第三十六条以及第三十八条规定,截至2008年(平成20年)4月30日,由政令规定施行日期。

附则 2007年(平成19年)6月27日法律第100号 抄

【施行日期】
第一条 本法自公布之日起在不超过两个月的期限内,由政令规定施行日期。

【国立国会图书馆法等部分改正后的过渡措施】
第三十四条 附则第三十一条及第三十二条规定修改前的以下各项法律,在旧法适用期间,依然有效。

（一）《国立国会图书馆法》附表一中综合研究开发机构一项。

附则　2008 年（平成 20 年）4 月 25 日法律第 20 号

本法自 2008 年（平成 20 年）10 月 1 日起施行，但附表一中的日本中央赛马会一项中增加的改正规定，自《日本年金机构法》施行之日起施行；附表二中的改正规定自公布之日起施行。

附则　2009 年（平成 21 年）3 月 31 日法律第 10 号　抄

【施行日期】

第一条　本法自 2009 年（平成 21 年）4 月 1 日起施行，但第五条、附则第五条第三款至第六款以及第七条至第十五条的规定，自公布之日起在不超过三个月的期限内由政令规定施行日期。

附则　2009 年（平成 21 年）7 月 10 日法律第 73 号　抄

【施行日期】

第一条　本法自 2010 年（平成 22 年）4 月 1 日起施行。

【过渡措施】

第二条　根据本法规定，改正后的《国立国会图书馆法》第二十五条之三第三款之规定适用于本法施行时、民众利用可能的该条第一款的网络资料以及本法施行后的网络资料。

附则　2011 年（平成 23 年）5 月 2 日法律第 39 号　抄

【施行日期】

第一条　本法自公布之日起施行，但第五条第一款、第四十七条以及附则第二十二条至五十一条的规定，自 2012 年（平成 24 年）4 月 1 日起施行。

【株式会社日本政策金融公库法等部分改正后的过渡措施】

第五十条　除前款规定的事项外，伴随该法施行的其他必要过渡措施，由政令规定之。

【罚则的过渡措施】

第五十一条　附则第一条但书规定的本法施行前实施的行为之罚则，适用旧法之规定。

附则　2012年（平成24年）6月22日法律第32号　抄

【施行日期】

第一条　本法自2014年（平成25年）7月1日起施行，但附表一中的改正规定，自公布之日起施行。

【过渡措施】

第三条　新法第二十五条第四款之规定适用于本法施行后可能被民众利用或被传播的该款规定的网络资料。

附则　2014年（平成26年）5月21日法律第40号　抄

【施行日期】

第一条　本法自公布之日起，在不超过三个月的期限内，由政令规定施行日期。

附则　2015年（平成27年）7月17日法律第59号　抄

【施行日期】

第一条　本法自2017年（平成29年）4月1日起施行。

附则　2016年（平成28年）5月18日法律第40号　抄

【施行日期】

第一条　本法自公布之日起，在不超过六个月的期限内，由政令规定施行日期。

附则 2016年（平成28年）11月28日法律第89号 抄

【施行日期】

第一条 本法自公布之日起在不超过一年的期限内，由政令规定施行日期，但第一章、第三章、第一百零三条、第一百零六条、第一百零七条、第一百一十条（仅限与第八十六条相关部分）、第一百一十二条（仅限与第十二项相关部分）、第一百一十四条、第一百一十五条的规定以及附则第五条至第九条、第十一条、第十四条至第十七条、第十八条（仅限《登录许可税法》[①] 附表三的改正规定）、第二十条至第二十三条以及第二十六条之规定，自从公布之日起施行。

【罚则的过渡措施】

第二十五条 本法施行前实施的行为以及根据本法规定适用旧法在本法施行后实施的行为之罚则，适用旧法之规定。

【委任立法】

第二十六条 除附则规定的事项外，有关本法施行的其他必要过渡措施（包括罚则的过渡措施），由政令规定之。

附则 2022年（令和4年）5月27日法律第54号 抄

【施行日期】

第一条 本法自公布之日起，在不超过三个月的期限内，由政令规定施行日期。

附则 2022年（令和4年）6月1日法律第57号 抄

【施行日期】

第一条 本法自公布之日起施行。但第二条以及此款之规定，自2023年（令和5年）1月1日起施行。

第二条 《国立国会图书馆法》第二十五条之四第一款规定的网络资

---

① 1967年（昭和42年）法律第35号。

料（以下称为"网络资料"）中可能有偿向公众提供的或被播送以及利用技术性限制手段（即利用电子、电磁方法阅读网络资料或记录等手段，用于查看或记录网络资料的设备在记录介质上与在线材料一起记录或传输引起特定反应的信号的方法，或将在线材料转换并在记录介质上记录或传输的方法，以便用于查看的设备所需的特定转换介质），在第二条规定施行前向公众提供或播送的，应继续遵循先例。

附则 2023年（令和5年）6月7日法律第44号 抄

【施行日期】

第一条 本法自2024年（令和6年）4月1日起施行，但以下各项之规定，则自其各自规定的日期起施行。

（一）第五条之规定（除《原子能基本法》第六章增加一条的修改规定外）以及附则第十三条、第十六条及第二十六条之规定，自公布之日起施行。

【委托立法】

第二十六条 除附则规定的事项外，本法施行的其他必要过渡措施（含罚则的过渡措施），由政令规制之。

附则 2023年（令和5年）6月7日法律第47号 抄

【施行日期】

第一条 本法自《国立健康危机管理研究机构法》[①] 施行日施行，但附则第五条之规定，自公布之日起施行。

【委托立法】

第五条 除前三条规定的事项外，本法施行的其他必要过渡措施，由政令规制之。

[①] 2023年（令和5年）法律第46号。

三十 国立国会图书馆法

附表一 （与第二十四条相关）

名　称	法律依据
冲绳振兴开发金融公库	《冲绳振兴开发金融公库法》［1972年（昭和47年）法律第31号］
外国人技能实习机构	《外国人技能实习措施及保护法》［2016年（平成28年）法律第89号］
株式会社国际协力银行	《株式会社国际协力银行法》［2011年（平成23年）法律第39号］
株式会社日本政策金融公库	《株式会社日本政策金融公库法》［2007年（平成19年）法律第57号］
株式会社日本贸易保险	《贸易保险法》［1950年（昭和25年）法律第67号］
原子能损害赔偿支援机构	《原子能损害赔偿支援机构法》［2011年（平成23年）法律第94号］
核废料再处理机构	《核废料再处理资金管理法》［2005（平成17年）法律第48号］
日本银行	《日本银行法》［1997年（平成9年）法律第89号］
日本司法援助中心	《综合法律援助法》［1941年（平成16年）法律第74号］
日本私立学校振兴共济事业团	《日本私立学校振兴共济事业团法》［1997年（平成9年）法律第48号］
日本中央赛马会	《日本中央赛马会法》［1954年（昭和29年）法律第205号］
日本年金机构	《日本年金机构法》［2007年（平成19年）法律第109号］
农水产业协同储蓄保险机构	《农水产业协同储蓄保险法》［1973年（昭和48年）法律第53号］
福岛国际研究教育机构	《福岛复兴再生特别措施法》［2012年（平成24年）法律第25号］
储蓄保险机构	《储蓄保险法》［1971年（昭和46年）法律第34号］

附表二 （与第二十四条之二相关）

名称	法律依据
地方赛马全国协会	《赛马法》［1948年（昭和23年）法律第158号］
地方公共团体金融机构	《地方公共团体金融机构法》［2007年（平成19年）法律第64号］
地方公共团信息系统机构	《地方公共团信息系统机构法》［2013年（平成25年）法律第29号］
地方税共同机构	《地方税法》［1950年（昭和25年）法律第226号］
日本下水道事业团	《日本下水道事业团法》［1972年（昭和47年）法律第41号］

三十一　国立国会图书馆支部图书馆法[*]

1949 年（昭和 24 年）5 月 24 日法律第 101 号[制定]
1949 年（昭和 24 年）5 月 24 日法律第 103 号
　[根据通商产业省设置法的相关法律整备法第 17 条之修改]
1953 年（昭和 28 年）2 月 13 日法律第 5 号[第一次修改]
1956 年（昭和 31 年）3 月 31 日法律第 47 号[第二次修改]
1957 年（昭和 32 年）3 月 29 日法律第 8 号[第三次修改]
1960 年（昭和 35 年）6 月 30 日法律第 113 号
　[根据自治厅设置法修改法附则第 10 条之修改]
1960 年（昭和 35 年）7 月 28 日法律第 130 号[第四次修改]
1962 年（昭和 37 年）4 月 16 日法律第 77 号
　[根据总理府设置法修改法附则第 8 款之修改]
1962 年（昭和 37 年）5 月 15 日法律第 132 号
　[根据防卫厅设置法修改法附则第 15、22 款之修改]
1974 年（昭和 49 年）4 月 30 日法律第 35 号[第五次修改]
1975 年（昭和 50 年）4 月 2 日法律第 25 号[第六次修改]
1976 年（昭和 51 年）5 月 18 日法律第 21 号[第七次修改]
1978 年（昭和 53 年）7 月 5 日法律第 87 号
　[根据农林省设置法修改法附则第 2 条之修改]
1983 年（昭和 58 年）12 月 2 日法律第 80 号
　[根据总理府设置法修改法第 13 条之修改]
1984 年（昭和 59 年）5 月 25 日法律第 41 号[第八次修改]
1985 年（昭和 60 年）4 月 6 日法律第 21 号[第九次修改]
1999 年（平成 11 年）7 月 30 日法律第 114 号[第十次修改]
2001 年（平成 13 年）3 月 30 日法律第 2 号[第十一次修改]

---

　[*] 该法的日文名称为『国立国会図書館の規定により行政各部門に置かれる支部図書館及びその職員に関する法律』，在日本通常简称为『国立国会図書館支部図書館法』。

2003年（平成15年）3月31日法律第3号［第十二次修改］
2003年（平成15年）4月9日法律第23号
［根据公正交易委员会的相关法律整备法第6条之修改］
2004年（平成16年）4月14日法律第29号
［根据日本学术会议法修改法附则第9条之修改］
2006年（平成18年）12月22日法律第118号
［根据防卫厅设置法修改法附则第17、30条之修改］
2010年（平成22年）4月7日法律第22号［第十三次修改］

第一条 根据《国立国会图书馆法》①的规定，下表为在各行政机构内设立的国立国会图书馆支部图书馆（以下称为"支部图书馆"）。

国立国会图书馆会计检查院支部图书馆	会计检查院
国立国会图书馆人事院支部图书馆	人事院
国立国会图书馆内阁法制局支部图书馆	内阁法制局
国立国会图书馆内阁府支部图书馆	内阁府
国立国会图书馆日本学术会议支部图书馆	内阁府
国立国会图书馆宫内厅支部图书馆	宫内厅
国立国会图书馆公正交易委员会支部图书馆	公正交易委员会
国立国会图书馆警察厅支部图书馆	警察厅
国立国会图书馆金融厅支部图书馆	金融厅
国立国会图书馆消费者厅支部图书馆	消费者厅
国立国会图书馆总务省支部图书馆	总务省
国立国会图书馆总务省统计支部图书馆	总务省
国立国会图书馆法务省支部图书馆	法务省
国立国会图书馆外务省支部图书馆	外务省
国立国会图书馆财务省支部图书馆	财务省
国立国会图书馆文部科学省支部图书馆	文部科学省
国立国会图书馆厚生劳动省支部图书馆	厚生劳动省
国立国会图书馆农林水产省支部图书馆	农林水产省
国立国会图书馆林野厅支部图书馆	林野厅
国立国会图书馆经济产业省支部图书馆	经济产业省

---

① 1948年（昭和23年）法律第5号。

续表

国立国会图书馆特许厅支部图书馆	特许厅
国立国会图书馆国土交通省支部图书馆	国土交通省
国立国会图书馆气象厅支部图书馆	气象厅
国立国会图书馆海上保安厅支部图书馆	海上保安厅
国立国会图书馆环境省支部图书馆	馆环境省
国立国会图书馆防卫省支部图书馆	防卫省

第二条　各支部图书馆，各设馆长一名。

2. 各支部图书馆馆长根据《国立国会图书馆法》的规定，掌管各支部图书馆的事务。

第三条　各支部图书馆设专职职员。

2. 根据《国立国会图书馆法》第十九条之规定，前款之职员从各自行政机关职员中任免。

第四条　第一条规定的行政机关长官必须在行政机构人员编制的范围内、参照支部图书馆的状况，确定其适当的职员人数，并就此与国立国会图书馆馆长协议。

附则

本法自1949年（昭和24年）6月1日起施行，但通商产业省设置的支部图书馆自1949年（昭和24年）5月25日起施行

附则　1949年（昭和24年）5月2日法律第103号

本法自1949年（昭和24年）5月25日起施行。

附则　1953年（昭和28年）2月13日法律第5号

本法自公布之日起施行。

附则　1956年（昭和31年）3月31日法律第47号

第一条　本法自1956年（昭和31年）4月1日起施行。

第二条　关于国立国会图书馆防卫省支部图书馆的馆长及其职员之任免，《国立国会图书馆法》① 第十七条第一项中的"但书"以及第十九条中的"《国家公务员法》"应替换为"《自卫队法》② "。

附则　1957年（昭和32年）3月29日法律第8号

本法自1957年（昭和32年）4月1日起施行。

附则　1960年（昭和35年）6月30日法律第113号　抄

【施行日期】

第一条　本法自1960年（昭和35年）7月1日起施行。

附则　1960年（昭和35年）7月28日法律第130号

本法自公布之日起施行。

附则　1962年（昭和37年）4月16日法律第77号　抄

【施行日期】

第一条　本法自公布之日起施行，但第六条及附则第五款至第十一款的规则自1962年（昭和37年）7月1日起施行。

---

① 1948年（昭和23年）法律第5号。
② 1954年（昭和23年）法律第165号。

附则　1962年（昭和37年）5月15日法律第132号　抄

【施行日期】

1. 本法自公布之日起在不超过十个月的范围内，由政令规定施行日期。

附则　1974年（昭和49年）4月30日法律第35号

本法自公布之日起施行。

附则　1975年（昭和50年）4月2日法律第25号

本法自公布之日起施行。

附则　1976年（昭和51年）5月18日法律第21号

本法自公布之日起施行。

附则　1978年（昭和53年）7月5日法律第87号　抄

【施行日期】

第一条　本法自公布之日起施行。

附则　1983年（昭和58年）12月2日法律第80号　抄

【施行日期】

第一条　本法自《总务厅设置法》的施行日起施行。

附则　1984年（昭和59年）5月25日法律第41号

本法自公布之日起施行。

附则　1985 年（昭和 60 年）4 月 6 日法律第 21 号

本法自公布之日起施行。

附则　1999 年（平成 11 年）7 月 30 日法律第 114 号　抄

第一条　本法第一条及次款之规定自 2000 年（平成 12 年）4 月 1 日起施行，第二条之规定自《内阁法之修改法》的施行日起施行。

附则　2001 年（平成 13 年）3 月 30 日法律第 2 号

本法自公布之日起施行。

附则　2003 年（平成 15 年）3 月 31 日法律第 3 号

本法自公布之日起施行。

附则　2003 年（平成 15 年）4 月 9 日法律第 23 号　抄

【施行日期】
第一条　本法自公布之日起施行。

附则　2004 年（平成 16 年）4 月 14 日法律第 29 号　抄

【施行日期】
第一条　本法自 2005 年（平成 17 年）10 月 1 日起施行，但以下各项规定则自其各自规定日期施行。
（一）略
（二）第一条第二款、第六条之二第二款、第十六条第三款的改正规定以及附则第五条第一款（仅限与内阁总理大臣推荐的相关部分）、第七条以及第九条至第十一条规定，自 2005 年（平成 17 年）4 月 1 日起施行。

附则 2006年（平成18年）12月22日法律第118号 抄

【施行日期】

第一条 本法自公布之日起在不超过三个月的范围内，由政令规定施行日期。

附则 2010年（平成22年）4月7日法律第22号 抄

本法自公布之日起施行。

三十二　学校图书馆法[*]

1953年（昭和28年）8月8日法律第185号［制定］
1958年（昭和33年）5月16日法律第136号
　［根据义务教育费国库负担法修改法第3条之修改］
1966年（昭和41年）6月30日法律第98号
　［根据审议会等整理法第18条之修改］
1997年（平成9年）6月11日法律第76号［第一次修改］
1998年（平成10年）6月12日法律第101号
　［根据学校教育法修改法附则第24条之修改］
1999年（平成11年）12月22日法律第160号
　［根据中央省厅改革关系法施行法第529条之修改］
2001年（平成13年）3月30日法律第9号
　［根据地方税法之修改法附则第12条之修改］
2003年（平成15年）7月16日法律第117号
　［根据国立大学法人法相关法律整备法第16条之修改］
2006年（平成18年）6月21日法律第80号
　［根据学校教育法修改法附则第12条之修改］
2007年（平成19年）6月27日法律第96号
　［根据学校教育法修改法第6条之修改］
2014年（平成26年）6月27日法律第93号［第二次修改］
2015年（平成27年）6月24日法律第46号
　［根据学校教育法修改法附则第9条之修改］

---

[*] 根据掌握的资料，该法的汉译版本有1958年版法律的谈维新译本（谈维新：《（日本）学校图书馆法》，《广东图书馆学刊》1987年第1期）、1966年版法律的郑森萌译本（郑森萌：《学校图书馆法》，《四平师院学报》（哲学社会科学版）1983年第2期）和满达人译本（林台校）（载满达人译《文化教育法》，兰州大学出版社1990年版，第96—99页）、2007年版法律的王颖文译本（闵亦冰、李轶豪审校）［载中共中央宣传部政策法规研究室编《外国文化法律汇编》（第二卷）（上），学习出版社2015年版，第152—154页］。

【目的】

第一条 鉴于学校图书馆是学校教育不可或缺的基础设施，为健全和发展学校图书馆、充实学校教育，特制定本法。

【定义】

第二条 本法中的"学校图书馆"，是指小学校（含义务教育学校前期课程以及特别支援学校的小学部）、中学校（含义务教育学校后期课程、中学教育前期课程以及特别支援学校的高等部）以及高等学校（含中等教育学校后期课程以及特别支援学校的高等部）（以下简称"学校"）收集、整理以及保存图书、视听教育资料以及其他学校教育必要资料（以下简称"图书馆资料"），并将其提供给儿童或学生以及教员利用，有助于学校教育课程的展开，培育具有健全教养的儿童或学生之目的设施。

【设置义务】

第三条 学校必须设置学校图书馆。

【学校图书馆的运营】

第四条 学校应按照以下所列之方法，让儿童、学生以及教员利用学校图书馆。

（一）收集图书馆资料，以供儿童、学生以及教员利用。

（二）将图书馆资料进行适当分类排列，并编制目录。

（三）举办读书会、研究会、鉴赏会、上映会、资料展示会等。

（四）指导儿童、学生如何利用学校图书馆以及图书馆资料。

（五）与其他学校的学校图书馆、图书馆、博物馆、公民馆等密切联系，并努力相互协作。

2. 在不影响实现学校图书馆之目的的前提下，允许一般公众可以利用学校图书馆。

【图书管理训导】

第五条 学校必须设置专职的图书管理训导掌管学校图书馆。

2. 前款图书馆训导由主干教师（除主管保健或营养指导和管理的教务主任外）、指导教师或者教师（以下简称"主干教师等"）担任。在这种情况下，主干教师等必须接受图书管理训导培训。

3. 前款规定的图书管理训导培训，由文部科学大臣委托大学及其他教育机构承担。

4. 除前款规定外，有关图书管理训导培训的必修科目以及学分等必要事项，由文部科学省政令规定之。

【学校图书管理员】

第六条　除前条第一款规定的图书管理训导外，为提高和改善学校图书馆的运营环境，进一步促进儿童、学生以及教师利用学校图书馆，必须努力设置专职的学校图书馆管理员（以下简称"学校图书管理员"）。

2. 为提高学校图书管理员的素质，国家及地方公共团体必须努力进行培训或采取其他必要措施。

【设置者的责任】

第七条　为实现本法之目的，学校设置者必须努力充实和完善学校图书馆设施。

【国家责任】

第八条　除第六条第二款规定外，为充实和完善学校图书馆，国家必须努力采取以下措施。

（一）确立学校图书馆的完善与充实以及图书管理训导培育的综合性计划；

（二）提供有关学校图书馆的设置以及运营的专业性、技术性指导与建议；

（三）除前两款外，其他为充实和完善学校图书馆的必要措施。

附则　抄

【施行日期】

第一条　本法自1954年（昭和29年）4月1日起施行。

【图书管理训导的设置特例】

第二条　截至2003年（平成15年）3月31日（政令规定的一定规模以下学校，暂时）不受第五条第一款规定约束，可以不设图书管理训导。

附则　1978年（昭和33年）5月16日法律第136号抄

本法自公布之日起施行，1954年（昭和33年）4月1日起适用。

附则 1966年（昭和41年）6月30日法律第98号抄

【施行日期】
第一条 本法自1966年（昭和41年）7月1日起施行。

附则 1997年（平成9年）6月11日法律第76号

本法自公布之日起施行。

附则 1998年（平成10年）6月12日法律第101号 抄

【施行日期】
第一条 本法自1999年（平成11年）4月1日起施行。

附则 1999年（平成11年）12月22日法律第160号 抄

【施行日期】
第一条 本法（除第二条、第三条外）自2001年（平成13年）1月6日起施行。但以下各项规定则自各项所定之日起施行。
（一）第九百九十五条（仅限于《核原料法改正法》）、第一千三百零五条、第一千三百零六条、第一千三百二十四条第二款、第一千三百二十六条第二款以及第一千三百四十四条之规定，自公布之日起施行。

附则 2003年（平成15年）7月16日法律第117号 抄

【施行日期】
第一条 本法自2004年（平成16年）4月1日起施行。
【其他过渡措施】
第八条 除附则第二条至前条的规定外，有关本法施行的其他过渡措施由政令规定之。

附则 2006年（平成18年）6月21日法律第80号 抄

【施行日期】
第一条 本法自2007年（平成19年）4月1日起施行。

附则 2007年（平成19年）6月27日法律第96号 抄

【施行日期】
第一条 本法自公布之日起在不超过六个月的范围内，由政令规定施行日。但以下各项规定则自其各自规定的日期起施行。
（一）第二条至第十四条以及附则第五十条之规定，自2012年（平成20年）4月1日起施行。

附则 2014年（平成26年）6月27日法律第93号

【施行日期】
第一条 本法自2015年（平成27年）4月1日起施行。
【研究】
第二条 鉴于学校图书管理员（根据本法改正后的《学校图书馆法》第六条第一款的学校图书管理员，以下本款同）的职务内容有专业性和技术性，国家应在本法施行后，迅速考虑本法的实施状况，研究学校图书管理员的资格现状、培育方案等，并在研究的基础上制定必要措施。

附则 2015年（平成27年）6月24日法律第46号 抄

【施行日期】
第一条 本法自2016年（平成28年）4月1日起施行。

三十三　博物馆法*

1951年（昭和26年）12月1日法律第285号［制定］
1952年（昭和27年）8月14日法律第305号
　　［根据日本红十字会法附则第19条之修改］
1953年（昭和28年）8月15日法律第213号
　　［根据地方自治法的相关法律整备法第19条修改］
1955年（昭和30年）7月22日法律第81号［第一次修改］
1956年（昭和31年）6月30日法律第163号
　　［根据地方教育行政组织法的相关法律整备法第1条之修改］
1959年（昭和34年）4月30日法律第158号
　　［根据社会教育法的修改法第3条之修改］
1971年（昭和46年）6月1日法律第96号
　　［根据许可、认可等整备法第13条之修改］
1983年（昭和58年）12月2日法律第78号
　　［根据国家行政组织法的相关法律整备法第71条之修改］
1986年（昭和61年）12月4日法律第93号
　　［根据国有铁路改革法等施行法第99条之修改］
1991年（平成3年）4月2日法律第23号
　　［根据国立学校设置法修改法附则第8款之修改］
1991年（平成3年）4月2日法律第25号
　　［根据学校教育法修改法附则第8条之修改］
1993年（平成5年）11月12日法律第89号
　　［根据行政手续法的相关法律整备法第80条之修改］
1999年（平成11年）7月16日法律第87号

---

* 根据掌握的资料，该法的汉译版本有1971年版法律的满达人译本（林台校）（载满达人译《文化教育法》，兰州大学出版社1990年版，第175—187页）、2011年版法律的周莉译本（傅颖审校）（载中共中央宣传部政策法规研究室编《外国文化法律汇编》（第二卷）（上），学习出版社2015年版，第109—123页）。

［根据推进地方分权的相关法律整备法第137条之修改］

1999年（平成11年）12月22日法律第160号

［根据中央省厅关系改革法施行法第527条之修改］

1999年（平成11年）12月22日法律第220号

［根据独立行政法人法的相关法律整备法第13条之修改］

2001年（平成13年）7月11日法律第105号

［根据学校教育法修改法附则第5条之修改］

2006年（平成18年）6月2日法律第50号

［根据公益法人认定法之法律整备法第267条之修改］

2007年（平成19年）6月27日法律第96号

［根据学校教育法修改法附则第8条之修改］

2008年（平成20年）6月11日法律第59号

［根据社会教育法修改法第3条之修改］

2011年（平成23年）6月24日法律第74号

［根据刑法修正法附则第267条之修改］

2011年（平成23年）8月30日法律第105号

［根据提高地方自主性的相关法律整备法第19条之修改］

2014年（平成26）6月4日法律第51号

［根据提高地方自主性的相关法律整备法第7条之修改］

2017年（平成29年）5月31日法律第41号

［根据学校教育法修改法附则第20条之修改］

2019年（令和1年）6月7日法律第26号

［根据提高地方自主性的相关法律整备法第7条之修改］

2022年（令和4年）4月15日法律第24号［第二次修改］

目　　录

第一章　总则（第一条至第十条）

第二章　登录（第十一条至第二十二条）

第三章　公立博物馆（第二十三条至第二十八条）

第四章　私立博物馆（第二十九条、第三十条）

第五章　准博物馆设施（第三十一条）

附则

第一章　总则

【立法目的】

第一条　根据《社会教育法》①及《文化艺术基本法》②的立法精神，为促进国民教育以及学术文化发展，就博物馆的设置、运营管理以及健全发展等，特制定本法。

【定义】

第二条　本法中的"博物馆"，是指根据本法下一章规定登录注册的，从事征集、保管（包括培育。以下同）及展示与历史、艺术、民俗、产业、自然科学等相关的馆藏资料，以推动国民社会教育，提高国民教养，供民众调查研究、娱乐等，并对馆藏资料进行研究的机构（除《社会教育法》规定的公民馆以及《图书馆法》③规定的图书馆外）。

2. 本法中的"公立博物馆"，是指由地方公共团体或地方独立行政法人（即《地方独立行政法人法》④第二条第一款规定的地方独立行政法人。以下同）设置的博物馆。

3. 本法中的"私立博物馆"，是指除公立博物馆以外的博物馆。

4. 本法中的"馆藏资料"，是指博物馆征集、保管以及展示的材料［包括电磁记录（即利用电子、磁性或其他人类感知无法识别的方法所制作的记录。在次条第一款第三项中同）］。

【博物馆的业务范围】

第三条　为实现前条第一款之目的，博物馆应主要开展以下业务。

（一）广泛征集、保管以及展示实物、标本、摹本、模型、文献、图表、照片、底片、唱片等馆藏资料；

（二）设置博物馆分馆，或将馆藏资料在博物馆之外的地方展出；

（三）将馆藏资料制作为电磁记录并予以公开；

（四）就民众利用馆藏资料开展必要说明、建议和指导，并使其能够利用博物馆设置的研究室、实验室、工作室、图书室等；

---

① 1949年（昭和24年）法律第207号。
② 2001年（平成13年）法律第148号。
③ 1950年（昭和25年）法律第118号。
④ 2003年（平成15年）法律第118号。

（五）对馆藏资料进行专业性、技术性调查研究；

（六）对馆藏资料的保管、展示等进行技术性研究；

（七）制作并公布发行博物馆利用指南、馆藏资料说明书、馆藏资料目录、馆藏资料图录、博物馆年报、调查研究报告等；

（八）主办有关馆藏资料的演讲会、讲习会、放映会、研究会以及开展其他支援活动；

（九）制作博物馆所在地以及周边地区中受《文化遗产保护法》① 保护的文化遗产的说明书，并编制目录，以便一般民众利用；

（十）在社会教育中，向民众提供学习以及参与教育之活动的机会，并对此提供行为进行奖励；

（十）与其他博物馆以及和博物馆有相同目的的国家设施等密切联系、合作、发行刊物、交换信息、相互借展馆藏资料；

（十一）学艺员及其他从事博物馆事业的人才培育与研修；

（十二）与学校、图书馆、研究机构、公民馆等教育、学术或文化机构合作，并相互支持。

2. 为了加强前款各项业务，博物馆应努力通过馆藏资料的相关借展、职员交流、交换出版物、分享信息以及其他活动，与其他博物馆、第三十一条第二款规定的指定设施以及其他类似设施之间相互密切协作。

3. 博物馆应在利用第一款所列各项业务之成果的同时，努力与地方公共团体、学校、社会教育设施以及其他相关组织和民间团体相互合作，为促进博物馆所在地的教育、学术、文化振兴、文化观光［即通过观览有形或无形文化遗产以及其他文化资源（以下称为"文化资源"）、文化资源等的体验活动以及其他活动，以加深对文化的理解为目的的观光］以及其他活动，以提高博物馆所在地域的活力。

【馆长、学艺员以及其他职员】

第四条 博物馆设置馆长一职。

2. 馆长负责博物馆的管理事务、监督所属职员、努力实现博物馆之目的；

3. 博物馆设置专业的学艺员之职；

4. 学艺员承担馆藏资料的征集、保管、展示以及调查研究和与之相

---

① 1950 年（昭和 25 年）法律第 214 号。

关的专业业务；

5. 除馆长、学艺员外，博物馆可以设置助理学艺员和其他职员；

6. 助理学艺员协助学艺员工作。

【学艺员资格】

第五条 符合以下任何一项者，有资格成为学艺员。

（一）取得学士学位［包括《学校教育法》①第一百零四条第二款规定的、文部科学大臣授予的学位（仅限毕业于专门职业大学所授予的学位）］，并在大学获得文部科学省政令规定的、博物馆专业科目学分者；

（二）属于下一条各项任何一项且任职助理学艺员三年以上者；

（三）根据文部科学省政令之规定，文部科学大臣认定的、具有前两项者同等及以上的学力者与经验者。

2. 前款第二项中的助理学艺员之职位，包括在文部科学大臣指定的行政机构、学校以及社会教育设施（包括类似博物馆的机构）中，从事社会教育的主管、图书管理员以及其他与助理学艺员同等以上之职位者。

【助理学艺员资格】

第六条 符合以下任何一项者，都有成为助理学艺员的资格。

（一）拥有准学士学位［包括《学校教育法》第一百零四条第二款规定的、文部科学大臣授予的学位（仅限毕业于专门职业大学所授予的学位）以及该条第六项规定的学位］，并在大学获得前条第一款第一项、文部科学省政令规定的博物馆专业科目学分者；

（二）文部科学省政令规定的、具有与前项所列者同等及以上的学力者与经验者。

【馆长、学艺员与助理学艺员等的研修】

第七条 文部科学大臣以及都、道、府、县教育委员会应努力开展必要的业务研修活动，以提高馆长、学艺员、助理学艺员以及其他职员的业务水平。

【博物馆设置、运营上的理想标准】

第八条 以博物馆的健全发展为目的，文部科学大臣应制定博物馆的设置与运营的理想标准，并予以公布。

【运营状况的相关评价等】

第九条 博物馆应对博物馆的运营状况进行评价，并针对评价结果采

---

① 1947 年（昭和 22 年）法律第 26 号。

取必要措施努力改善博物馆的运营状况。

【有关运营状况的信息提供】

第十条 博物馆应在文博事业上加强与当地居民相互理解的同时，积极地向民众提供博物馆的运营信息，以促进与住民之间的相互提携与合作。

第二章 登录

【登录】

第十一条 博物馆的设置者应在设置的博物馆所在地都、道、府、县教育委员会［当博物馆（除都、道、府、县设置的博物馆外）所在地为指定城市（即《地方自治法》第二百五十二条之十九第一款规定的指定城市）时，则为该指定城市的教育委员会。第三十一条第一款第二项除外，以下同］进行登录。

【登录申请】

第十二条 提起前条博物馆登录（以下称为"登录"）的申请者，应根据都、道、府、县教育委员会制定的规则，向都、道、府、县教育委员会提交登载以下各项资料的登录申请书。

（一）申请设置博物馆的设置者的名称及住所；

（二）登录博物馆的名称及所在地；

（三）都、道、府、县教育委员会要求的其他事项。

2. 在前款规定的登录申请书中应添附以下文件资料。

（一）博物馆章程（即规定博物馆的运营目的、开放日期、管理组织和其他事项的博物馆规则）的副本；

（二）符合次条第一款各项所列标准的文件资料；

（三）都、道、府、县教育委员会要求的其他文件资料。

【登录的审查】

第十三条 都、道、府、县教育委员会认为博物馆登录申请符合以下所列条件的，应予以登录。

（一）与申请相关的博物馆设置者，属于以下①②所列任一法人。

①地方公共团体或地方独立行政法人。

②满足以下条件的法人［除①中所列法人以及国家和独立行政法人

(即《独立行政法人通则法》① 第二条第一款规定的独立行政法人。在第三十一条第一款及第六款中同）外]。

甲　具备运营博物馆所需的财务基础；

乙　与该申请相关的博物馆运营的人员必须具有运营博物馆所需的知识与经验；

丙　负责与该申请相关的博物馆运营之官员必须具有社会声誉。

(二) 与该申请相关的博物馆设立者，不是根据第十九条第一款规定的博物馆登录被撤销且未满两年者。

(三) 博物馆馆藏资料的收集、保管、展示以及调查研究之体制，符合都、道、府、县教育委员会制定的、为开展第三条第一款所列各项事业所必需的标准。

(四) 学艺员及其他职员的配置符合实施第三条第一款所列各项业务所必需的、都、道、府、县教育委员会制定的标准。

(五) 设施和设备符合实施第三条第一款所列各项业务所必需的，都、道、府、县教育委员会制定的标准。

(六) 博物馆每年开放时间不得少于150天。

2. 都、道、府、县教育委员会在制定前款第三项至第五项规定的标准时，应参考文部科学省政令规定的标准。

3. 都、道、府、县教育委员会对于该申请决定予以登录时，必须事先听取博物馆学识者与经验者的意见。

【登录的实施】

第十四条　博物馆的登录，由都、道、府、县教育委员会在博物馆登录簿上登录以下事项。

(一) 第十二条第一款第一项、第二项所列事项；

(二) 登录的年月日。

2. 博物馆登录后，都、道、府、县教育委员会必须立刻通知登录申请人，并通过互联网或其他方法公布前款各项所列事项。

【登录事项的变更申请】

第十五条　博物馆设置者变更第十二条第一款第一项或第二项所列事项时，必须事先向都、道、府、县教育委员会申请登录事项变更。

---

① 1999年（平成11年）法律第103号。

2. 都、道、府、县教育委员会收到前款申请后，必须进行登录的变更，并通过互联网或其他方法公布登录的变更之内容。

【向都、道、府、县教育委员会定期报告】

第十六条　博物馆的设置者必须定期向都、道、府、县教育委员会报告博物馆的运营状况。

【提交报告或资料】

第十七条　为确保博物馆的正常运作，都、道、府、县教育委员会认为必要时，可要求博物馆设置者就博物馆运营状况提交相关报告或资料。

【建议及命令】

第十八条　当都、道、府、县教育委员会认为已登录的博物馆不再符合第十三条第一款各项规定之条件时，可建议该博物馆设置者采取必要措施。

2. 当收到前款建议的博物馆设置者无正当理由未根据都、道、府、县教育委员会的建议采取措施时，都、道、府、县教育委员会可命令该博物馆限期采取措施。

3. 根据第一款规定的建议以及根据前款的命令，准用第十三条第三款之规定。

【登录的撤销】

第十九条　当登录之博物馆的设置者出现以下任一情形时，都、道、府、县教育委员会可撤销该博物馆的登录。

（一）通过欺骗或其他不法手段获得登录的；

（二）根据第十五条第一款规定，未提出申请或虚假申请的；

（三）违反第十六条之规定的；

（四）未提交第十七条之报告或资料，或者提交虚假报告或资料的；

（五）违反前条第二款规定之命令的。

2. 根据第一款规定的博物馆登录之撤销，准用第十三条第三款之规定。

3. 根据第一款规定的博物馆的登录被撤销后，都、道、府、县教育委员会必须立刻通知该博物馆的设置者，并通过互联网或其他方法公布该撤销。

【博物馆的废止】

第二十条　博物馆设置者决定废止其博物馆时，应尽快向都、道、府、县教育委员会申报。

2. 都、道、府、县教育委员会收到前款申请后，必须注销该博物馆的登录，并通过互联网或其他方法公布该注销。

【对都、道、府、县或指定城市设立的博物馆之特例】

第二十一条　都、道、府、县或指定城市设立的博物馆，不适用第十五条第一款、第十六条至第十八条以及前条第一款之规定。

2. 对都、道、府、县或指定城市设立的博物馆适用第十五条第二款，第十九条第一款、第三款以及前条第二款的规定时，其中第十五条第二款中的"收到前款申请后"应替换为"对于设置的博物馆，若第十二条第一款第一项或第二项所列事项发生变更时，该事项"；第十九条第一款中的"当登录之博物馆的设置者出现以下任一情形时"应替换为"认为所设置的博物馆不再符合第十二条第一款第一项或第二项之条件时"；第三款中的"通知该博物馆的设置者"应替换为"该撤销"；前条第二款中的"收到前款申请后"应替换为"注销所设置的博物馆后，该"。

【授权制定规则】

第二十二条　除本章规定的事项外，有关博物馆登录的其他必要事项之规定，由都、道、府、县教育委员会制定之。

第三章　公立博物馆

【博物馆协议会】

第二十三条　公立博物馆可以设置博物馆协议会。

2. 博物馆协议会为咨询顾问机构，可以就博物馆运营向博物馆馆长提供咨询和顾问意见。

第二十四条　地方公共团体设立的博物馆，其博物馆协议会的委员由地方公共团体教育委员会（根据《地方教育行政组织法》①第二十三条第一款规定，若地方公共团体长官负责该博物馆的设置、管理以及废止的，则为该地方公共团体长官）任命；地方独立行政法人设立的博物馆，其博物馆协议会的委员由地方独立行政法人的理事长任命。

第二十五条　有关博物馆协议会的设置、委员的任命标准、委员人数

---

① 1956 年（昭和 31 年）法律第 162 号。

和任期以及其他博物馆协议会相关必要事项，若该博物馆由地方公共团体设立，则必须由该地方公共团体条例规定之；若该博物馆由地方独立行政法人设立，则由该地方独立行政法人的规程规定之。在这种情况下，博物馆协议会委员的任命条件可参考文部科学省政令所规定的标准。

【门票等】

第二十六条　公立博物馆不得通过门票以及其他馆藏资料费的方式获取对价。但如果为了博物馆的运营而不得已的情况下，可征收必要的对价。

【博物馆补助金】

第二十七条　对于设置博物馆的地方公共团体或地方独立行政法人，国家可在年度预算范围内，对博物馆设施、设备所需经费以及其他必要经费等给予部分补助。

2. 前款补助金交付的必要事项由政令规定之。

【补助金的交付中止与返还】

第二十八条　根据前条规定，国家已经开始向设置博物馆的地方公共团体或地方独立行政法人交付补助金，若出现以下任意一种情形时，应立刻停止补助金的发放。如若以下第一项撤销登录的资料虚假被认定属实、符合第三项以及第四项之规定情形的，则必须向国家返还该年度已交付的补助金。

（一）该博物馆因违反第十九条规定、登录被注销的；

（二）地方公共团体或地方独立行政法人撤销该博物馆的；

（三）地方公共团体或地方独立行政法人违反了补助金交付条件的；

（四）地方公共团体或地方独立行政法人以造假的方式获取补助金的。

第四章　私立博物馆

【与都、道、府、县教育委员会之间关系】

第二十九条　为了编写博物馆的相关指导资料、出于调查研究之目的，都、道、府、县教育委员会可要求私立博物馆进行必要报告。

2. 应私立博物馆之请求，都、道、府、县教育委员会可以就博物馆的设置、运营等给予专业的、技术性指导和建议。

【与国家、地方公共团体之间关系】

第三十条　应私立博物馆之请求，国家以及地方公共团体可以给予必要的物资援助。

第五章　准博物馆设施

第三十一条　根据文部科学省政令之规定，可将下列各项所列机构设置的、开展与博物馆类似之业务的机构设施，指定为准博物馆设施。

（一）国家或独立行政法人设置、由文部科学大臣指定的；

（二）在都、道、府、县辖区内设置的[除在指定城市辖区内的设施（除都、道、府、县设置的设施外）外]，由都、道、府、县教育委员会指定的；

（三）在指定城市辖区内设置的、除国家或独立行政法人以及都、道、府、县设置的设施外，由指定城市的教育委员会指定的。

2. 根据前款规定被指定的准博物馆之机构（以下称为"指定设施"），若不再属于从事准博物馆业务之设施或者文部科学省政令规定的其他事由时，可以依照前款之规定撤销其指定设施之指定。

3. 根据第一款规定所作出的指定或撤销指定的，指定者必须通过互联网或者其他方式进行公告。

4. 根据第一款规定的准博物馆之指定者，应指定设施的设置者之请求，可就指定设施之运营提供专业性建议以及技术性指导。

5. 指定设施在开展博物馆业务时，应根据第三条第二款、第三款之规定，努力采取措施与博物馆、其他指定设施、地方公共团体、学校、社会教育设施及其他相关组织和民间团体合作。

6. 国家或独立行政法人设置的指定设施，应出借馆藏资料给博物馆及其他指定设施展出、积极开展员工培训，并强化与博物馆和其他指定设施的必要合作。

附则

【施行日期】

第一条　本法自公布之日起三个月后施行。

附则 1952年（昭和27年）8月14日法律第305号 抄

【施行日期】

第一条 除附则第六款、第十六款至第二十六款外，本法自公布之日起施行；附则第六款、第十六款至第二十六款，自本法公布之日起六个月内，由政令规定施行日期。

附则 1955年（昭和30年）7月22日法律第81号 抄

【施行日期】

第一条 本法自公布之日起三个月后施行。

【过渡措施】

第二条 属于修改前《博物馆法》（以下称"旧法"）第五条第一款第二项、第四项以及第五项中规定的人员，不受修改后《博物馆法》（以下称"新法"）第五规定的影响，视为具有学艺员资格的人员。

第三条 根据旧法附则第六款规定，已经拥有有人文学学艺员或自然科学学艺员资格者，不受新法第五规定之影响，自本法施行之日起一年内可视为具有成为学艺员之资格。

第四条 新法第五条第二款中的助理学艺员之职，相当于旧法附则第四款中的助理学艺员之职或同等以上职位。

附则 1956年（昭和31年）6月30日法律第163号 抄

【施行日期】

第一条 本法自1956年（昭和31年）10月1日起施行。

附则 1959年（昭和34年）4月30日法律第158号 抄

【施行日期】

第一条 本法自公布之日起施行。

附则 1971年（昭和46年）6月1日法律第96号 抄

【施行日期】
第一条 本法自公布之日起施行。
【过渡措施】
第五条 本法施行前根据第十三条规定的依据修改前《博物馆法》第二十九条规定的文部大臣的指定，视为根据第十三条规定的依据修改后《博物馆法》第二十九条规定的文部大臣或都、道、府、县教育委员会之指定。

附则 1983年（昭和58年）12月2日法律第78号 抄

【施行日期】
第一条 本法（除第一条外）自1984年（昭和59年）7月1日起施行。

附则 1986年（昭和61年）12月4日法律第93号 抄

【施行日期】
第一条 本法自1987年（昭和62年）4月1日起施行。
【委任立法】
第四十二条 除附则第二条至前条规定内容外，本法施行的必要事项，由政令规定之。

附则 1991年（平成3年）4月2日法律第25号 抄

【施行日期】
第一条 本法自1991年（平成3年）7月1日起施行。

附则　1993年（平成5年）11月12日法律第89号　抄

【施行日期】

第一条　本法自《行政手续法》①施行之日起施行。

【有关听证等行政处分的过渡措施】

第二条　本法施行前，审议会以及其他合议制机构根据《行政手续法》第十三条规定的听证程序作出的不利处分之救济程序，不受修改后相关法律的影响，适用旧法之规定。

【委托立法】

第十五条　除附则第二条至前条规定内容外，本法施行的其他必要过渡措施，由政令规定之。

附则　1999年（平成11年）7月16日法律第87号　抄

【施行日期】

第一条　本法自2000年（平成12年）4月1日起施行，但以下各项规定自其各自规定的日期起施行。

（一）　第一条中《地方自治法》第二百五十条之后的五条、节名以及二款款名修改规定（仅限于该法第二百五十条之九第一款相关部分）、第四十条中《自然公园法》附则第九款以及第十款的修改规定（仅限该法附则第十款相关部分）、第二百四十四条的规定（除《农业改良助长法》第十四条之三的修改相关部分外）、第四百七十二条之规定（除《市、町、村合并特例法》第六条、第八条以及第十七条修改规定外）以及附则第七条、第十条、第十二条、第五十九条但书、第六十条第四款及第五款、第七十三条、第七十七条、第一百五十七条第四款至第六款、第一百六十条、第一百六十三条、第一百六十四条以及第二百零二条规定，自公布之日起施行。

【国家等的行政事务】

第一百五十九条　除根据本法修改前各种法律中的规定外，在本法施

---

①　1993年（平成5年）法律第88号。

行前，地方公共团体根据法律以及政令管理与执行的国家、其他地方公共团体之行政事务（附则第一百六十一条中称为"国家等的行政事务"），视为在法律施行后，地方公共团体根据法律以及政令管理与执行的国家等行政事务。

【处分、申请等的过渡措施】

第一百六十条　本法（关于附则第一条各项之规定，该各项规定。在本条及附则第一百六十三条中同）施行前，根据修改前各项法律规定的行政许可等行政行为（本条中称为"处分行为"），或者本法施行期间，根据修改前各项法律的行政许可之申请行为（本条中称为"申请行为"），自本法施行之日起，若由不同行政机关行使的，除附则第二条至前条或修改后的各项法律（包含基于这些法律的行政命令）规定的过渡措施外，有关本法施行后根据修改后的各项法律之适用，视为根据修改后的各项法律而做出的处分行为等或者申请行为等。

2. 本法施行前，根据修改前的各项法律必须向国家或地方公共团体报告、申请、提交资料等尚未完成的，除本法或基于本法的法令有特别规定外，视为未向国家或地方公共团体报告、申请、提交资料等，根据本法适用修改后的各项法律。

【有关申诉的过渡措施】

第一百六十一条　有关本法施行前的与国家等事务相关之处分，如果对决定处分的行政厅（以下称为"处分厅"）不服、在本法施行前，根据《行政不服审查法》向上级机关（以下简称"上级行政厅"）提起申诉的，视为本法施行后提起的申诉、适用《行政不服审查法》之规定。在此情况下，该上级行政厅应为本法施行前的该处分厅的上级行政厅。

2. 如果前款之情况是上级行政厅为地方公共团体时，根据《行政不服审查法》所施行的相关事务，视为根据新《地方自治法》第二条第九款第一项规定的法定委托事务。

【其他过渡措施的委托立法】

第一百六十四条　除本附则规定的事项外，本法施行时其他必要的过渡措施（包含有关罚则的过渡措施）由政命规定之。

【检验】

第二百五十条　应尽量避免在新《地方自治法》第二条第九款第一项规定的委托立法之外新设委托立法，同时，从推进地方分权的观点出发，不断研究和完善新《地方自治法》附表一中所列事项以及根据新《地方自治法》的政令所确定的事项。

第二百五十一条　政府应根据经济发展现状，在确保国家和地方有充足税源的前提下，采取必要措施以促进地方公共团体可以独立、自主地施行各项事务。

附则　1999年（平成11年）12月22日法律第160号　抄

【施行日期】

第一条　本法（除第二条、第三条外）自2000年（平成12年）1月6日起施行，但以下各项规定则由其各自规定的日期起施行。

（一）第九百九十五条（仅限于与《核能安全法修改法》附则修改相关部分）、第一千三百零五条、第一千三百零六条、第一千三百二十四条第二款、第一千三百二十六条第二款以及第一千三百四十四条规定，自公布之日起施行。

附则　1999年（平成11年）12月22日法律第220号　抄

【施行日期】

第一条　本法（除第一条外）自2001年（平成13年）1月6日起施行。

【委托立法】

第四条　除前两条规定的事项外，有关本法施行的其他必要过渡事项，由政令规定之。

附则　2001年（平成13年）7月11日法律第105号　抄

【施行日期】

第一条　本法自公布之日起施行，但以下各项规定则依其各自规定的日期起施行。

（一）略

（二）第五十六条增加的一款的修改规定、第五十七条第三款的修改规定、第六十七条增加的一款以及第七十三条之三、第八十二条之十的修改规定以及附则第五条至第十六条之规定，自 2002 年（平成 14 年）4 月 1 日起施行。

附则 2006 年（平成 18 年）6 月 2 日法律第 50 号 抄

【施行日期】

第一条 本法自《一般社团、财团法人法》施行之日起施行。

附则 2007 年（平成 19 年）6 月 27 日法律第 96 号 抄

【施行日期】

第一条 本法自公布之日起六个月内，由政令规定施行日期。

附则 2008 年（平成 20 年）6 月 11 日法律第 59 号 抄

【施行日期】

第一条 本法自公布之日起施行。

附则 2011 年（平成 23 年）6 月 22 日法律第 70 号 抄

【施行日期】

第一条 本法自 2012 年（平成 24 年）4 月 1 日起施行。但次条自公布之日起施行，附则第十七条规定，自《以提高地域自主、自立性为目的的相关法律整备法》①公布之日起施行。

附则 2011 年（平成 23 年）6 月 24 日法律第 74 号 抄

【施行日期】

第一条 本法自公布之日起二十日后开始施行。

---

① 2011 年（平成 23 年）法律第 105 号。

附则　2011年（平成23年）8月30日法律第105号　抄

【施行日期】
第一条　本法自公布之日起施行，但以下各项规定则依其各自规定的日期起施行。
（一）略
（二）第二条、第十条（仅限于《构造改革特别区域法》第十八条修改规定）、第十四条（仅限《地方自治法》第二百五十二条之十九、第二百六十条以及附表一中的《噪声规制法》①《都市规划法》②《都市再开发法》③《环境基本法》④《高密度地区防灾街区整备法》⑤部分以及附表二中的《城市再开发法》⑥《公有用地扩大推进法》⑦《促进大都市住宅及住宅用地供给特别措施法》⑧《高密度地区防灾街区整备法》⑨以及《促进公寓楼重建法》⑩的修改规定）、第十七条至第十九条、第二十二条（仅限《儿童福利法》第二十一条之五之六、第二十一条之五之十五、第二十一条之五之二十三、第二十四条之九、第二十四条之十七、第二十四条之二十八、第二十四条之三十六的修改规定）、第二十三条至第二十七条、第二十九条至第三十三条、第三十四条（仅限《社会福利法》第六十二条、第六十五条至第七十一条的修改规定）、第三十五条、第三十七条、第三十八条（仅限《水道法》第四十六条、第四十八条、第五十条至第五十条之二的修改规定）、第三十九条、第四十三条（仅限《职业能力开发促进法》第十九条、第二十三条、第二十八条至第三十条之二的修改规定）、第五十一条（仅限《传染病防治法》第六十四条的修改规

---

① 1968年（昭和43年）法律第98号。
② 1968年（昭和43年）法律第100号。
③ 1969年（昭和44年）法律第38号。
④ 1993年（平成5年）法律第91号。
⑤ 1997年（平成9年）法律第49号。
⑥ 1969年（昭和44年）法律第38号。
⑦ 1972年（昭和47年）法律第66号。
⑧ 1975年（昭和50年）法律第67号。
⑨ 1997年（平成9年）法律第49号。
⑩ 2002年（平成14年）法律第78号。

定)、第五十四条（除《障碍者自立支援法》第八十八条及第八十九条的修改规定外）、第六十五条（除《农地法》第三条第一款第九项、第四条、第五条及第五十七条的修改规定外）、第八十七条至第九十二条、第九十九条（仅限《道路法》第二十四条之三及第四十八条之三的修改规定）、第一百零一条（仅限《土地规划整理法》第七十六条的修改规定）、第一百零二条（仅限《道路整备特别措施法》第十八条至第二十一条、第二十七条、第四十九条及第五十条的修改规定）、第一百零三条、第一百零五条（除《停车场法》第四条的修改规定外）、第一百零七条、第一百零八条、第一百一十五条（仅限《首都圈绿地保全法》第十五条及第十七条的修改规定）、第一百一十六条（除《流通业务街区整备法》第三条之二的修改规定外）、第一百一十八条（仅限《近畿圈保全区域整备法》第十六条及第十八条的修改规定）、第一百二十条（除《城市规划法》第六条之二、第七条之二、第八条、第十条之二至第十二条之二、第十二条之四、第十二条之五、第十二条之十、第十四条、第二十条、第二十三条、第三十三条至第五十八条之二的修改规定外）、第一百二十一条（仅限《城市再开发法》第七条之四至第七条之七、第六十条至第六十二条、第六十六条、第九十八条之八、第一百三十九条之三、第一百四十一条之二及第一百四十二条的修改规定）、第一百二十五条（除《公有地扩大促进法》第九条的修改规定外）、第一百二十八条（除《城市绿地法》第二十条及第三十九条的修改规定外）、第一百三十一条（仅限《大城市住宅及住宅用地供给促进法》第七条、第二十六条、第六十四条、第六十七条、第一百零四条及第一百零九条之二的修改规定）、第一百四十二条（仅限《地方城市据点产业设施配置法》第十八条及第二十一条至第二十三条的修改规定）、第一百四十五条、第一百四十六条（除《受灾地区复兴特别措施法》第七条第三款的修改规定外）、第一百四十九条（仅限《密集城市防灾街区整备促进法》第二十条、第二十一条、第一百九十一条、第一百九十二条、第一百九十七条、第二百三十三条、第二百四十一条、第二百八十三条、第三百三十一条及第三百三十八条的修改规定）、第一百五十五条（仅限《城市再生特别措施法》第五十一条第四款的修改规定）、第一百五十六条（除《公寓重建法》第一百零二条的修改规定外）、第一百五十七条、第一百五十八条（仅限《景观法》第五十七条的修改规定）、第一百六十条［仅限《地域多元房屋租赁整备法》第六条第五款的修改规定（除将"第二款第二项①"改为"第二款第一项①"部分外）以及第该法第十一条、第十三条的修改规定］、第一百六十二条（仅限《高龄者、障碍者移动便利促进法》第十条、十二条、第十三条、第三十六条第二款及第五十六条的修改规定）、一百六十五条（仅限《地域历史风貌维持法》第二十四条及第二十九条的修改规定）、第一百六十九条、第一百七十一条（仅限《核废料处理法》第二十一条的修改规定）、第一百七十四条、第一百七十八条、第一百八十二条（仅限《环境基本法》第十六条及第四十二条之二的修改规定）、第一百八十七条［除《鸟兽保护法》第十五条的修改规定、第二十八条第九项的修改规定（除将"第四条第三款"改为"第四条第四款"部分外）、第二十九条第四款的修改规定（除将"第四条第三款"改为"第四条第四款"部分外）以及第三十四条及第三十五条的修改规定］的规定以及附则第十三条、第十五条至第二十四条、第二十五条第一款、第二十六条、第二十七条第一款至第三款、第三十条至第三十二条、第三十八条、第四十四条、第四十六条第一款以及第四款、第四十七条至第四十九条、第五十一条至第五十三条、第五十五条、第五十八条、第五十九条、第六十一条至第六十九条、第七十一条、第七十二条第一款至第三款、第七十四条至第七十六条、第七十八条、第八十条第一款和第三款、第八十三条、第八十七条（除《地税法》第五百八十二条之二以及附则第十一条的修改规定外）、第八十九条、第九十条、第九十二条（仅限《高速公路法》第二十五条的修改规定）、第一百零一条、第一百零二条、第一百零五条至第一百零七条、第一百一十二条、第一百一十七条（仅限《地域生物多样性保全法》①第四条第八款的修改规定）、第一百一十九条、第一百二十一条以及第一百二十三条第二款的规定，自2012年（平成24年）4月1日起施行。

【委托立法】

第八十二条 除附则规定的事项外，有关本法施行的必要过渡措施（含罚则）由政令规定之。

---

① 2010年（平成22年）法律第72号。

附则　2011 年（平成 23 年）12 月 14 日法律第 122 号　抄

【施行日期】

第一条　本法自公布之日起两个月内由政令规定施行日期，但以下各项规定则依其各自规定的日期起施行。

（一）附则第六条、第八条、第九条以及第十三条的规定，自公布之日起施行。

附则　2014 年（平成 26 年）6 月 4 日法律第 51 号　抄

【施行日期】

第一条　本法自 2015 年（平成 27 年）4 月 1 日起施行。

【处分、申请等的过渡措施】

第七条　本法（关于附则第一条各项所列规定，则为该各项规定。以下同）施行前，根据修改前各项法律规定的行政许可等行政行为（以下称为"处分行为"），或者在本法施行期间，根据修改前各项法律的行政许可之申请行为（以下称为"申请行为"），自本法施行之日起，若由不同行政机关行使的，除附则第二条至前条或修改后的各项法律（包含基于这些法律的行政命令）规定的过渡措施外，有关本法施行后根据修改后的各项法律之适用，视为根据修改后的各项法律而做出的处分行为或者申请行为。

2. 本法施行前，根据修改前的各项法律必须向国家或地方公共团体报告、申请、提交资料等手续尚未完成的，除本法或基于本法的法令有特别规定外，视为未向国家或地方公共团体报告、申请、提交资料等，根据本法适用修改后的各项法律。

【委托立法】

第九条　除附则第二条至前条规定的事项外，有关本法施行的其他过渡措施（含罚则的过渡措施）由政令规定之。

附则　2017 年（平成 29 年）5 月 31 日法律第 41 号　抄

【施行日期】

第一条　本法自 2019 年（平成 31 年）4 月 1 日起施行。但次条及附则第四十八条之规定，自公布之日起施行。

【委托立法】

第四十八条　除附则规定的事项之外，有关本法施行的其他过必要渡措施，由政令规定之。

附则　2019 年（令和 1 年）6 月 7 日法律第 26 号　抄

【施行日期】

第一条　本法自公布之日起施行。

【委托立法】

第四十八条　除前两条规定的事项之外，有关本法施行的其他过渡措施（含罚则的过渡措施）由政令规定之。

附则　2022 年（令和 4 年）4 月 15 日法律第 24 号　抄

【施行日期】

第一条　本法自 2023 年（令和 5 年）4 月 1 日起施行，但附则第三条之规定，自公布之日起施行。

【过渡措施】

第二条　本法施行前已拥有学艺员资格者，视为拥有修改后新《博物馆法》（以下称为"新《博物馆法》"）第五条的规定的学艺员之资格。

2. 本法施行前任职于博物馆的助理学艺员，其所拥有的助理学艺员资格，不受新《博物馆法》第六条规定影响，在本法施行日（以下称为"施行日"）后，可在该博物馆内作为助理学艺员持续任职。

3. 对于根据修改前《博物馆法》（以下称为"旧《博物馆法》"）第十一条规定的登录申请，在本法施行日之前，尚未作出登录之决定的，应仍以先例处理之。

4. 在本法施行时已根据旧《博物馆法》第十条规定登录的博物馆或在本法施行日后根据该条规定登录的博物馆，自施行日起五年内，视为根据新《博物馆法》第十一条规定登录的博物馆。当该博物馆的设置者在该期限内根据该条规定申请登录的，在该期间经过后，其登录申请之处分，视为根据新《博物馆法》的处分。

5. 根据前款之规定，视为根据新《博物馆法》第十一条的博物馆之登录，在获得登录的期间适用新《博物馆法》第十八条第一款以及第二十一条第二款时，第十八条第一款中的"第十三条第一款各项"、第二十一条第二款中的"第十三条第一款第三项至第六项"应替换为"根据《博物馆法修改法》①修改前第十二条各项"。

6. 在本法施行时，根据旧《博物馆法》第二十九条的指定设施，应视为新《博物馆法》第三十一条第一款之指定设施。

【委托立法】

第三条 除前条规定的事项之外，有关本法施行的其他过渡措施由政令规定之。

---

① 2022 年（令和 4 年）法律第 24 号。

三十四　剧场法[*]

2012年（平成24年）6月27日法律第49号［制定］
2017年（平成29年）6月23日法律第73号
［根据文化艺术基本法修改法附则第3条之修改］

目　录

序言
第一章　总则（第一条至第九条）
第二章　基本措施（第十条至第十六条）
附则

序　言

　　随着时代的发展，在国民的不断努力下，以剧场、音乐厅等为代表的我国文化基础设施，形成了适应不同的地域特点并得到了充实与完善。

　　剧场、音乐厅等作为文化传承、创作以及宣传的场所，是聚集民众、为人们带来感动与希望的地域文化中心，更是培育国民的创造性、形成人们共存纽带的地域文化据点。此外，无论个人的年龄、性别以及生活状况如何，剧场、音乐厅等都发挥着丰富国民精神生活的作用，并让所有公民都能感到充实和自豪。在此意义上，剧场、音乐厅等在建设充满活力的社会方面始终发挥着重要作用。

　　在现代社会，剧场、音乐厅等有望通过获得人们的共感和参与来发挥"新广场"的作用，并通过地域社区的创建与再生来支持地域社会的发

---

　　[*] 该法的日文名称为『劇場、音楽堂等の活性化に関する法律』，在日本通常简称为『劇場法』。

展。同时，在国际化的进程中，剧场、音乐厅等，也被寄予促进国际文化交流、成为国际社会发展的"世界之窗"的作用。

因此，在这一意义上，剧场、音乐厅等就是所谓国民生活中的"公共财产"。此外，在剧场、音乐厅等创作、传达的舞台表演艺术属于无形文化遗产，可以说保护、培育并继续创造这样的表演艺术是我们当今一代人的责任。

截止到现在，我国的剧场、音乐厅等主要以设施建设为主，今后则有必要充分利用这些设施从事有关舞台表演艺术活动，并强化为推进剧场、音乐厅等行业的专业人才培养。同时，考虑到从事舞台表演艺术活动团体的活动据点主要集中在大城市，而在地方接触多彩的舞台表演艺术的机会则较少，对此必须采取措施加以改善。

为解决围绕我国剧场、音乐厅等的相关难题，特别是，为了让国民意识到包含其个人在内的社会全体是振兴国家文化艺术的责任主体，剧场、音乐厅等的经营管理者、舞台表演艺术团体、艺术家、国家及地方公共团体、教育机构等有必要相互协作共同努力。

此外，基于文化艺术的特质，国家及地方公共团体必须从长期、可持续的角度出发制定剧场、音乐厅等的相关利用制度，而非只考虑短期的经济效益。

现在，基于《文化艺术基本法》的基本理念，在明确剧场、音乐厅等文化设施的社会作用的基础上，综合地推进能面向未来的剧场、音乐厅等的利用制度，以丰富国民的精神世界、提升地域社会活力、调和与国际社会的关系，特制定本法。

第一章　总则

【目的】

第一条　根据《文化艺术基本法》[①] 的基本理念，为充分利用剧场、音乐厅等文化设施，振兴表演艺术、提高我国表演艺术水平，明确剧场、音乐厅等行业、经营管理者以及国家和地方公共团体的责任，以期待丰富国民的精神世界、提升地域社会活力、调和国际社会关系，特制定本法。

---

① 2001年（平成13年）法律第148号。

【定义】

第二条 本法中的"剧场、音乐厅等",是指由开展文化艺术活动的设施以及与该设施运营相关的人事制度所构成的机构,旨在通过策划或实施具有创造力的艺术表演,以让公众欣赏为目的的设施(含附属设施,除《风俗业规制法》① 第二条第一款规定的风俗业以及第五款规定的与性风俗关联的特殊营业外机构外)。

2. 本法中的"表演艺术",即通过舞台表演的方式表现音乐、舞蹈、戏剧、传统艺能、文艺表演以及其他艺术或艺能等。

【剧场、音乐厅等的事业】

第三条 剧场、音乐厅等的事业大致包括以下各项:

(一)策划舞台表演或舞台表演;

(二)向舞台表演的公演者或发布者提供服务;

(三)有关舞台表演的普及与启蒙;

(四)与其他剧场、音乐厅或关联机构的合作;

(五)与舞台表演相关的国际交流;

(六)有关舞台表演的调查研究、资料收集以及信息情报提供;

(七)为实施以上各项的必要的人才培训;

(八)除以上各项外,在维系和强化与地域社会的关系的同时,为实现社会共生所进行的事业。

【剧场、音乐厅等的设置者、运营者的职责】

第四条 剧场、音乐厅等的设置者或运营者,应当根据自己的实际情况,自主地实施前条各项剧场、音乐厅等事业(以下简称"前条规定的剧场、音乐厅等的事业"),并在提高舞台表演水平上,积极努力地发挥作用。

【舞台表演的艺术团体等的任务】

第五条 舞台表演的艺术团体以及艺术家等(以下简称"舞台表演的艺术团体等"),应根据其各自的实际情况,在充实舞台表演艺术的同时,积极主动地协助剧场、音乐厅等的事业,努力提高舞台表演水平。

【国家的责任】

第六条 为实现本法之立法目的,国家应制定必要措施以整备完善剧

---

① 1948年(昭和23年)法律第122号。

场、音乐厅等设施以及其他必要附属设施。

【地方公共团体的职责】

第七条　为实现本法之立法目的，地方公共团体应自主制定适用本辖区特点的政策，充分利用辖区内的剧场、音乐厅等设施，努力使其发挥应有的作用。

【剧场、音乐厅等相关者之间的相互协作】

第八条　为实现本法之立法目的，剧场、音乐厅等设施的设置者或经营者，舞台表演的艺术团体及其关系者（在下款以及第十六条第二款中，称为"剧场、音乐厅等设施的关系者"）以及国家和地方公共团体，应该相互努力协作相互支持。

2. 国家及地方公共团体基于本法制定并实施相关措施时，应当尊重剧场、音乐厅等设施的关系者的自主性。

【国家及地方公共团体的措施】

第九条　为实现本法之立法目的，国家及地方公共团体应该努力提供必要建议、情报信息以及财税金融上的优惠措施。

第二章　基本措施

【国际高水平舞台表演艺术的振兴等】

第十条　为振兴国际高水平舞台表演艺术，以及继承和发扬我国历史上或艺术上有较高价值的表演艺术，国家必须采取以下必要措施：

（一）通过独立行政法人实施剧场、音乐厅等的事业；

（二）支持地方公共团体采取剧场、音乐厅等相关措施和设置剧场、音乐厅等；支持剧场、音乐厅等的民间运营组织（在下款以及第十二条第二款中，称为"民间组织"）从事剧场、音乐厅等事业以及支持舞台表演艺术团体在剧场、音乐厅等进行的舞台表演艺术活动。

2. 除前款规定外，为提高我国舞台表演艺术的水平，应地方公共团体以及民间组织之请求，国家应努力为其提供必要的知识和技术支持。

【促进国际交流】

第十一条　在向国民提供鉴赏外国多彩的舞台表演艺术的同时，为促进我国舞台表演艺术的对外传播，国家应采取必要措施支持我国剧场、音乐厅等进行国际交流。

【地域舞台表演艺术的振兴】

第十二条　为振兴具有地域特色的地域舞台表演艺术，地方公共团体应采取必要措施支持辖区剧场、音乐厅等事业。

2. 为了国民无论居住何处，都能有机会鉴赏、参加或创造舞台表演艺术，国家应采取必要措施支持基于前款规定的地方公共团体采取的措施，支持民间组织从事剧场、音乐厅等事业，支持舞台表演艺术团体在剧场、音乐厅等开展舞台表演艺术活动。

【人才的确保及培育等】

第十三条　在确保和培育舞台表演艺术的制作人、技术人员、经营者、表演艺术家以及其他从事剧场、音乐厅等事业的必要专业人员的同时，为提高剧场、音乐厅等职员的素质，国家及地方公共团体还应采取必要措施促进剧场、音乐厅等与大学等教育机构协作、进行人才培训等。

【增进国民的关心与理解】

第十四条　国家及地方公共团体应通过教育、启蒙以及其他必要措施，加深国民对剧场、音乐厅等舞台表演艺术的关心与理解。

2. 国家及地方公共团体在实施基于本法的相关措施时，应当努力获得国民的理解。

【与学校教育之间的协作】

第十五条　国家及地方公共团体应采取必要措施，在学校教育中，为学生提供鉴赏或参加舞台表演艺术的机会等。

【剧场、音乐厅等事业活性化准则】

第十六条　文部科学大臣可制定有关剧场、音乐厅等的设置准则，或为促进运营者从事的剧场、音乐厅等事业活性化的准则。

2. 文部科学大臣在制定、变更前款准则时，必须事先听取剧场、音乐厅等关系者的意见。

3. 文部科学大臣在制定、变更前款准则后，必须及时公布，不得延迟。

附　则

【施行日期】

第一条　本法自公布之日起施行。

【探讨研究】

第二条　在本法施行后一定期限内，政府必须调查研究本法的实施状况，认为必要时，可就剧场、音乐厅等事业以及通过活性化的舞台表演艺术之振兴的应有形态进行综合性研究，基于该研究成果而采取必要的改进措施。

附则　2017年（平成29年）6月23日法律第73号　抄

【施行日期】

第一条　本法自公布之日起施行。

三十五　独立行政法人国立美术馆法

1999年（平成11年）12月22日法律第177号［制定］
2000年（平成12年）5月26日法律第84号
　［根据儿童津贴法修改法附则第5条之修改］
2006年（平成18年）3月31日法律第24号
　［根据独立行政法人改革推进法文部科学省相关法律整备法第10条之修改］
2006年（平成18年）6月21日法律第80号
　［根据学校教育法修改法附则第47条之修改］
2007年（平成19年）3月30日法律第7号
　［根据国立博物馆法修改法附则第13条之修改］
2008年（平成20年）12月26日法律第95号
　［根据公务员退休津贴法修改法附则第14条之修改］
2009年（平成21年）3月31日法律第18号
　［根据独立行政法人改革的相关法律整备法附则第19条之修改］
2010年（平成22年）5月28日法律第37号
　［根据独立行政法人通则法修改法附则第11条之修改］
2014年（平成26年）6月13日法律第67号
　［根据独立行政法人通则法的相关法律整备法第82、98条之修改］
2015年（平成27年）7月8日法律第51号
　［根据放射医学综合研究所法修改法附则第10条之修改］

目　录

第一章　总则（第一条至第五条）
第二章　管理者及职员（第六条至第十条）
第三章　业务等（第十一条至第十三条）
第四章　杂则（第十四条）

第五章　罚则（第十五条）
附则

第一章　总则

【目的】

第一条　为确定独立行政法人国立美术馆的名称、目的以及业务范围等相关事项，特制定本法。

【名称】

第二条　根据本法及《独立行政法人通则法》①（以下称为"《通则法》"）规定设立的、《通则法》第二条第一款的独立行政法人，其名称为"独立行政法人国立美术馆"。

【设立国立美术馆的目的】

第三条　设立独立行政法人国立美术馆（以下称为"国立美术馆"）的目的在于通过设置美术馆，收集、保管与美术（包括电影等，以下同）相关的作品及其他资料，供公众参观；并开展调查、研究以及教育宣传等，以谋求艺术以及其他文化的振兴。

【中期目标管理法人】

第三条之二　国立美术馆为《通则法》第二条第二项中规定的中期目标管理法人。

【事务所】

第四条　国立美术馆的主要事务所设置于东京都。

【资本金】

第五条　国立美术馆的资本金金额为附则第五条第二款规定的政府出资的资金之和。

2. 政府认为必要时，可在预算的范围内向国立美术馆追加资本金。

3. 政府认为必要时，可不受前款规定限制，以出资为目的将土地、土地上的其他附着物、建造物以及建造物的附属建筑（在第五款中称为"土地等"），向国立美术馆追加出资。

4. 根据前二款及附则第六条第一款规定的政府出资，应为国立美术

---

① 1999年（平成11年）法律第103号。

馆资本金的增加额。

5. 第三款中的土地等的价格，由估价委员以出资时的时价为标准确定之。

6. 前款估价委员与估价相关事项，由政令确定之。

第二章　管理者及职员

【管理者】
第六条　国立美术馆设理事长一名、监事两名。
2. 国立美术馆可设三名以内的理事。
【理事的职责与权限等】
第七条　理事应根据理事长的指示，协助理事长执掌国立美术馆的日常业务。
2. 根据《通则法》第十九条第二款特别法所任命的管理者为理事，但不设理事时则应设监事。
3. 前款但书中的监事在根据《通则法》第十九条第二款规定代理或履行理事长职务时，则不得履行其监事之职务。
【理事的任期】
第八条　理事的任期为四年。
【管理者失格条款的特别规定】
第九条　不受《通则法》第二十二条规定的影响，可通过政令在教育公务员中任命兼职理事或监事。
2. 在根据《通则法》第二十三条第一款规定解任机构兼职理事、监事时，该款中的"前条"替换为"前条及《独立行政法人国立美术馆法》第九条第一款"。
【管理者及职员的地位】
第十条　在对国立美术馆的管理者及职员适用《刑法》[①] 及其他罚则上，应视其为根据法令从事公务的职员。

[①] 1907年（明治40年）法律第45号。

第三章　业务等

【业务范围】

第十一条　为实现第三条之目的，国立美术馆实施以下各项业务。

（一）设置美术馆；

（二）收集、保管美术作品及其他资料，供公众参观；

（三）开展与前项业务相关的调查与研究；

（四）收集、整理以及提供与第二项业务相关的情报信息与资料；

（五）主办与第二项业务相关讲座、出版发行刊物及其他教育宣传工作；

（六）利用第一项美术馆开展振兴艺术及其他文化之活动；

（七）对美术馆及其他与之类似机构的职员开展第二项至第五项的业务培训；

（八）应美术馆及其他与之类似机构之请求，在第二项至第五项业务上给予帮助及建议；

（九）以上各项业务的附带性业务。

【剩余资金的处理】

第十二条　根据《通则法》第四十四条第一款或者第二款规定，在经过该法第二十九条第二款第一项规定的中期目标期间（以下称为"中期目标期间"）的最后年度核算后，国立美术馆有剩余资金的，该资金中的相当金额在获得文部科学大臣承认后、可转入《通则法》第三十条第一款认可的下一中期目标期间（若有变更且获得认可的，则为变更后的中期目标期间）。

2. 文部大臣在决定认可前款剩余资金之处理时，必须与财务大臣进行协商。

3. 在扣除第一款中获得承认的金额后，国立美术馆仍有剩余资金的则必须上缴国库。

4. 除了前三款规定事项外，资金的缴纳程序以及与资金处理相关的其他必要事项，由政令规定之。

【与美术相关作品的处理限制等】

第十三条　文部科学大臣认为，国立美术馆转让其所有的、与美术相关之作品（仅限《通则法》第三十条第二款第五项规定的财产或第六项规定的重要财产、第四十六条之二第一款规定的政府出资但不用的财产或第四十八条规定的重要财产。以下同）或提供担保，有助保护和利用该美术作品时，必须予以《通则法》第三十条第一款、第四十六条之二第一款之认可。

第四章 杂则

【主管大臣等】

第十四条 在与国立美术馆相关的、《通则法》上的主管大臣与主管政令分别为文部科学大臣和文部科学省政令。

第五章 罚则

第十五条 违法以下各项规定的国立美术馆的管理者，处二十万日元以下罚款。

（一）实施第十一条规定的业务以外之行为的；

（二）根据第十二条第一款规定，必须获得文部科学大臣承认，但未获得承认的。

附则 抄

【施行日期】

第一条 本法自2001年（平成13年）1月6日起施行。

【职员的续职等】

第二条 在国立美术馆成立时，根据政令已任命的职员，若无新任免则自国立美术馆成立之日起为国立美术馆的相应职员。

第三条 国立美术馆成立时，由前条政令任命的机构职员自国立美术馆成立之日起为国立美术馆职员（以下称为"继任职员"），其获得文部科学大臣根据《儿童津贴法》① 第七条第一款（包括该法附则第六条第二

---

① 1971年（昭和46年）法律第73号。

款、第七条第四款或第八条第四款中的准用。以下同）自国立博物馆成立的前一日起领取儿童津贴或附则第六条第一款、第七条第一款或第八条第一款规定的各种补贴（以下称为"特别津贴等"）的认定，视为市、町、村长官（含特区区长官）的认定。此时，儿童津贴或特别津贴等的支付，不受该法第八条第二款（包括附则第六条第二款、第七条第四款或第八条第四款中的准用）规定的限制，自国立美术馆成立的前一日所属月份起开始支付。

【国立美术馆之职员团体的过渡措施】

第四条 国立美术馆成立时存在的《国家公务员法》① 第一百零八条之二第一款规定的职员团体，若其过半数成员仍继任的则视为适用《国营企业及特定独立行政法人的劳动关系法》② 的工会组织。此时，若该职员团体为法人的，则应视为法人工会。

2. 根据前款规定的法人工会，自国立美术馆成立之日起六十日内，应取得《工会法》③ 第二条、第五条第二款规定的工会委员会的证明，且在主要事务所在地完成登记，否则应予解散。

3. 根据第一款规定，成为工会的团体，自国立美术馆成立之日起六十日内，不适用《工会法》第二条但书（仅限第一项相关部分）之规定。

【权利义务的继承等】

第五条 在第十一条第一款规定的各项业务中，由政令规定的国家权利及义务，自国立美术馆成立之日起，由国立美术馆继承。

2. 根据前款规定，国立美术馆在继承国家的权利与义务时，所继承的权利中涉及土地、建造物及其他财产（由政令确定的价格之合计金额），视为政府向国立美术馆的出资。

3. 根据前款规定，政府出资的财产之价格，以国立美术馆成立之日的市价为标准，由评估委员评估之。

4. 前款评价委员及评估的必要事项，由政令规定之。

第六条 除前条规定事项外，政府应通过政令规定国立美术馆成立时，实际在建的建造物等（指建造物及建造物附属建筑。以下同）作为向国立美术馆的追加出资。

---

① 1947年（昭和22年）法律第120号。
② 1948年（昭和23年）法律第257号。
③ 1949年（昭和24年）法律第174号。

2. 根据前款规定，政府以出资为目的的建造物的价额之确定，以出资之日的时价为标准，由评价委员评估确定之。

3. 前款评价委员及评估的必要事项，由政令规定之。

【国有财产的无偿使用】

第七条　国立美术馆成立时，由附则第二条之政令规定供使用的国有财产，可通过政令无偿供国立美术馆使用。

【委托立法】

第八条　除附则第二条至前条规定的事项外，伴随国立美术馆设立的必要过渡措施以及法律实施的其他必要过渡措施，由政令规定之。

附则　2000年（平成12年）5月26日法律第84号　抄

【施行日期】

第一条　本法自2000年（平成12年）6月1日起施行。

附则　2006年（平成18年）3月31日法律第24号　抄

【施行日期】

第一条　本法自2006年（平成18年）4月1日起施行，但附则第十条第三款、第四款及第十四条之规定自公布之日起施行。

【职员的续职等】

第二条

2. 除另有任免外，独立行政法人国立特殊教育综合研究所、独立行政法人大学入学考试中心、独立行政法人国立奥林匹克纪念青少年中心、独立行政法人国立女性教育会馆、独立行政法人国立国语研究所、独立行政法人国立科学博物馆、独立行政法人物质材料研究机构、独立行政法人防灾科学技术研究所、独立行政法人放射线医学综合研究所、独立行政法人国立美术馆、独立行政法人国立博物馆及独立行政法人文化财研究所的职员，自本法施行之日起视为各自独立行政法人（独立行政法人国立奥林匹克纪念青少年综合中心、独立行政法人国立青少年教育振兴机构）的职员。

第三条

2. 根据前条第二款规定、已成为独立行政法人国立特殊教育综合研究所、独立行政法人大学入学考试中心、独立行政法人国立青少年教育振兴机构、独立行政法人国立女性教育会馆、独立行政法人国立国语研究所、独立行政法人国立科学博物馆、独立行政法人物质材料研究机构、独立行政法人防灾科学技术研究所、独立行政法人放射线医学综合研究所、独立行政法人国立美术馆、独立行政法人国立博物馆及独立行政法人文化财产研究所（以下称为"施行日后的研究所等"）职员，自施行之日起，适用《国家公务员法》第八十二条第二款规定，成为施行日后的研究所的特别国家公务员等，同时因成为特别国家公务员而视为从国家公务员退休。

第四条

4. 对附则第二条第二项规定的、施行日后的研究所职员等，不支给《退职津贴法》规定的退职津贴。

5. 施行日后的研究所对前款规定的施行日后的研究所职员等支付退休津贴时，应将《退休津贴法》第二条第一款规定的职员（包括该第二款规定的被视为职员的职员）续职期间视为施行日后的研究所职员的在职期间。

6. 根据附则第二条第二款规定，施行前的独立行政法人国立特殊教育综合研究所、独立行政法人大学入学考试中心、独立行政法人国立奥林匹克纪念青少年中心、独立行政法人国立女性教育会馆、独立行政法人国立国语研究所、独立行政法人国立科学博物馆、独立行政法人物质材料研究机构、独立行政法人防灾科学技术研究所、独立行政法人放射线医学综合研究所、独立行政法人国立美术馆、独立行政法人国立博物馆及独立行政法人文化财产研究所（以下称为"施行日前的研究所等"）的在职职员在施行日后的研究所等续职，且根据《退休津贴法》第二条第一款规定，作为续职研究所（包括根据《独立行政法人国立特别支援教育综合研究所、国立研究开发法人物质材料研究机构、国立研究开发法人防灾科学技术研究所、国立研究开发法人放射线医学综合研究所法修改法》[①] 修改前的《国立研究开发法人放射线医学综合研究所法》[②] 第二条的国立研究开发法人放射线医学综合研究所、国立研究开发法人量子科学技术研究

---

① 2015 年（平成 27 年）法律第 51 号。
② 1999 年（平成 11 年）法律第 176 号。

开发机构及独立行政法人国立文化财机构。以下同）职员的工作年限，视为其施行日后所在研究所的工作年限。但其从该施行日后的研究所退休后已经领取退休津贴（包括类似此项津贴）的则不受此限。

7. 根据附则第二条第二款规定，在施行日后的研究所等续职的职员获得《雇用保险法》① 上的失业金领取资格的期间，属施行日后的研究所退休职员，可根据《退休津贴法》第十条规定计算其领取退休津贴的金额。

【适用《退休津贴法》的过渡措施】

第五条 根据《国家公务员退休津贴法修改法》② 附则第二条规定，施行日前退休的研究所职员的退休津贴仍按前例处理。此时的独立行政法人国立特别援助教育综合研究所、独立行政法人大学入学考试中心、独立行政法人国立青少年教育机构、独立行政法人国立女性教育会馆、大学共同利用机关法人人间文化研究机构、独立行政法人国立科学博物馆、国立研究开发法人物质材料研究机构、国立研究开发法人防灾科学技术研究所、国立研究开发法人量子科学技术研究开发机构、独立行政法人国立美术馆、独立行政法人国立文化财机构负责人，被视为旧《退休津贴法》第十二条之二第一项规定的各省、厅长官。

【工会的过渡措施】

第六条 本法施行前研究所中存在的《特定独立行政法人劳动关系法》③（以下称为"特劳法"）第四条第二款之工会成为附则第二条第二款规定的施行日后研究所工会（以下称为"旧工会"）时应适用本法施行时的《工会法》④。当旧工会为法人时，则其应为法人工会。

2. 根据前款规定，若为法人工会，自施行日起六十日内，应取得《工会法》第二条以及第五条第二款规定的劳动委员会的证明，并在主要事务所所在地进行登记，否则应予解散。

3. 根据第一款规定，适用《工会法》的工会组织，在本法施行之日起六十日内不适用本法第二条但书（仅限第一项相关事项）之规定。

【不法劳动行为之申诉的过渡措施】

第七条 根据"特劳法"第十八条规定，在施行日之前因解雇向中

---

① 1974 年（昭和 49 年）法律第 116 号。
② 2008 年（平成 20 年）法律第 95 号。
③ 1948 年（昭和 23 年）法律第 257 号。
④ 1949 年（昭和 24 年）法律第 174 号。

央劳动委员会提起的申诉以及中央劳动委员会作出的命令期限，依照前例。

2. 本法施行时，就中央劳动委员会的施行日前的研究所与其职员之间劳动关系，适用"特劳法"第三章（除第十二条及第十六条外）、第六章规定的斡旋、调停或仲裁等，依照前例。

【罚则的过渡措施】

第十三条　对施行日之前的行为及根据附则第九条第九款之规定依照前例的施行日之前的行为之罚则，依照前例。

【委托立法】

第十四条　除附则第二条至第十一条以及前条规定的事项外，本法施行的其他必要过渡措施，由政令规定之。

附则　2006年（平成18年）6月21日法律第80号　抄

【施行日期】

第一条　本法自2007年（平成19年）4月1日起施行。

附则　2007年（平成19年）3月30日法律第7号　抄

【施行日期】

第一条　本法自2007年（平成19年）4月1日起施行。

附则　2008年（平成20年）12月26日法律第95号　抄

【施行日期】

第一条　本法自公布之日起六个月内，由政令规定施行日期。

附则　2009年（平成21年）3月31日法律第18号　抄

【施行日期】

第一条　本法自2009年（平成21年）4月1日起施行，但以下各项规定则自其各自规定的日期起施行。

（一）略

（二）第一条、第二条（仅限于与第一项相关事项）以及下一条第一款至第三款、第五款至第九款（仅限与独立行政法人国立国语研究所相关事项）、第十款、第十二款（仅限与独立行政法人国立国语研究所相关事项）、附则第三条第一款、第六条第一款及第二款（仅限与独立行政法人国立国语研究所相关事项）、第十条、第十一条（仅限与独立行政法人国立国语研究所相关事项）、第十五条、第十六条（仅限《国家公务员互助法》[①] 附表三修改的删除与独立行政法人国立国语研究所相关项目）、第十九条、第二十条（仅限《雇用保险法修改法》[②] 第四条中《船员保险法》[③] 附表一删除与独立行政法人国立国语研究所相关项目）以及第二十二条之规定，自2009年（平成21年）10月1日起施行。

附则 2010年（平成22年）5月28日法律第37号 抄

【施行日期】

第一条 本法自公布之日起六个月内，由政令规定施行日期（以下称为"施行日"）。

【罚则的过渡措施】

第三十四条 对施行日之前的行为之处罚，适用前例。

【其他过渡措施的委托立法】

第三十五条 除附则规定的事项外，有关本法施行的其他必要过渡措施由政令规定之。

附则 2014年（平成26年）6月13日法律第67号 抄

【施行日期】

第一条 本法自《独立行政法人通则法修改法》[④]（以下称为"《通则修改法》"）实施之日起施行，但以下各项规定则自其各自规定的

[①] 1958年（昭和33年）法律第128号。

[②] 2007年（平成19年）法律第30号。

[③] 1939年（昭和14年）法律第73号。

[④] 2014年（平成26年）法律第66号。

日期起施行。

（一）附则第十四条第二款、第十八条以及第三十条之规定，自公布之日起施行。

【处分的效力等】

第二十八条　除法律（含命令）有特别规定外，本法施行前根据修改前各项法律（含命令）的行政处分、程序及其他行为，在修改后的各项法律（包括基于各项法律的命令，以下称为"新法令"）有相应规定的，则视其为根据新法令的行政处分、程序及其他行为。

【罚则的过渡措施】

第二十九条　对本法施行前的行为以及根据附则规定仍具效力的、在本法施行后处罚的，适用修改前的罚则。

【其他过渡措施的委托立法】

第三十五条　除附则第三条至前条规定的事项外，有关本法施行的其他必要过渡措施（含罚则的过渡措施）由政令（涉及人事院主管事项的则为人事院规则）规定之。

附则　2015年（平成27年）7月8日法律第51号　抄

【施行日期】

第一条　本法自2016年（平成28年）4月1日起施行。

三十六　独立行政法人国立文化财机构法

1999年（平成11年）12月22日法律第178号［制定］
2000年（平成12年）5月26日法律第84号
　［根据儿童津贴法修改法附则第5条之修改］
2006年（平成18年）3月31日法律第24号
　［根据独立行政法人改革的法律整备法第11条之修改］
2006年（平成18年）6月21日法律第80号
　［根据学校教育法修改法附则第47条之修改］
2007年（平成19年）3月30日法律第7号［第一次修改］
2008年（平成20年）12月26日法律第95号
　［根据公务员退休津贴法修改法附则第14条之修改］
2009年（平成21年）3月31日法律第18号
　［根据行政法人改革的法律整备法附则第19条之修改］
2010年（平成22年）5月28日法律第37号
　［根据独立行政法人通则法修改法附则第12条之修改］
2014年（平成26年）6月13日法律第67号
　［根据独立行政法人通则法的法律整备法第83、98条之修改］
2015年（平成27年）7月8日法律第51号
　［根据放射医学综合研究所法修改法附则第10条之修改］
2022年（令和4年）6月17日法律第68号
　［根据刑法修改法的相关法律整备法第217条之修改］

目　录

第一章　总则（第一条至第五条）
第二章　管理者及职员（第六条至第十一条）
第三章　业务等（第十二条至第十四条）

第四章　杂则（第十五条、第十六条）
第五章　罚则（第十七条、第十八条）
附则

第一章　总则

【目的】

第一条　为确定独立行政法人国立文化财机构的名称、目的以及业务范围等相关事项，特制定本法。

【名称】

第二条　根据本法及《独立行政法人通则法》①（以下称为"《通则法》"）规定设立的《通则法》第二条第一款的独立行政法人，其名称为"独立行政法人国立文化财机构"。

【设立的目的】

第三条　设立独立行政法人国立文化财机构（以下称为"机构"）的目的在于通过设置的博物馆，收集、保管有形文化遗产（《文化遗产保护法》②第二条第一款第一项规定为有形文化遗产。以下同）供公众参观，调查、研究作为国家财产的贵重的文化遗产（同款规定的文化遗产。以下同）等，并加以有效保护和利用。

【中期目标管理法人】

第三条之二　根据《通则法》第二条第二款规定，机构应为中期目标管理法人。

【事务所】

第四条　机构的主要事务所设置于东京都。

【资本金】

第五条　机构的资本金额为附则第五条第二款以及《独立行政法人国立博物馆法修改法》③附则第三条第一款规定的政府出资的资金之和。

2. 政府认为必要时，可在预算的范围内向机构追加资本金。

---

① 1999 年（平成 11 年）法律第 103 号。
② 1950 年（昭和 25 年）法律第 214 号。
③ 2007 年（平成 19 年）法律第 7 号。

3. 政府认为必要时，可不受前款规定限制，以出资为目的将土地、土地上的其他附着物、建造物以及建造物的附属建筑（在第五款中称为"土地等"），向机构追加出资。

4. 根据前两款规定的政府出资额应为机构资本金的增加额。

5. 第三款中的土地等的价格，由估价委员以出资时的时价为标准确定之。

6. 前款估价委员与估价相关事项，由政令确定之。

第二章　管理者及职员

【管理者】

第六条　机构设理事长一名、监事两名。

2. 机构可设三名以内的理事。

【理事的职责与权限等】

第七条　理事应根据理事长的指示，协助理事长执掌机构的日常业务。

2. 根据《通则法》第十九条第二款特别法所任命的管理者为理事，但不设理事时则应设监事。

3. 前款但书中的监事在根据《通则法》第十九条第二款规定代理或履行理事长职务时，则不得履行其监事之职务。

【理事的任期】

第八条　理事的任期为四年。

【管理者失格条款的特别规定】

第九条　不受《通则法》第二十二条规定影响，可通过政令在教育公务员中任命兼职理事或监事。

2. 在根据《通则法》第二十三条第一款规定解任机构兼职理事、监事时，该款中的"前条"替换为"前条及《独立行政法人国立文化财机构法》[①] 第九条第一款"。

【管理者及职员的保密义务】

第十条　机构的管理者及职员不得泄露其履行第十二条第一款第五

[①] 1999年（平成11年）法律第178号。

项、第六项职务所获之秘密，退职后亦然。

【管理者及职员的地位】

第十一条　在对机构的管理者及职员适用《刑法》① 及其他罚则时，应视其为根据法令从事公务的职员。

第三章　业务等

【业务范围】

第十二条　为实现第三条之目的，机构实施以下各项业务。

（一）设置博物馆；

（二）收集、保管有形文化遗产，供公众参观；

（三）举办与前项相关的讲座、刊行出版物以及其他教育与宣传等事业；

（四）以保护和利用文化遗产为目的，利用第一项博物馆等活动；

（五）文化遗产的调查与研究；

（六）普及前项成果、促进成果利用；

（七）收集、整理并提供文化遗产情报信息及资料；

（八）与第二项、第三项以及前三项相关的地方公共团体、博物馆、与文化遗产相关的研究所以及其他类似机构（下一项中称为"地方公共团体等"）的职员培训；

（九）应地方公共团体等的请求，在第二项、第三项以及第五项至第七项上予以援助并提供建议；

（十）以上各项业务的附带性业务。

2. 除前款各项业务外，在不影响前款各项业务履行的情况下，机构可主办以振兴国际文化交流为目的的展览会以及其他会展，或将第一项博物馆作为举办场所。

【剩余资金的处理】

第十三条　根据《通则法》第四十四条第一款或者第二款规定，在经过该法第二十九条第二款第一项规定的中期目标期间（以下称为"中期目标期间"）的最后年度核算后，机构有剩余资金的，该资金中的

---

① 1907 年（明治 44 年）法律第 45 号。

相当金额在获得文部科学大臣承认后、可转入《通则法》第三十条第一款认可的下一中期目标期间（若有变更且获得认可的，则为变更后的中期目标期间）。

2. 文部大臣在决定认可前款剩余资金之处理时，必须与财务大臣进行协商。

3. 在扣除第一款中获得承认的金额后，机构仍有剩余资金的则必须上缴国库。

4. 除了前三款规定事项外，资金的缴纳程序以及与资金处理相关的其他必要事项，由政令规定之。

【有形文化财产的处分限制等】

第十四条　文部科学大臣认为，机构转让其所有的有形文化财产（仅限《通则法》第三十条第二款第五项规定的财产或第六项规定的重要财产、第四十六条之二第一款规定的政府出资但不用的财产或第四十八条规定的重要财产。以下同）或提供担保，有助于该有形文化遗产的保护与利用，则必须予以《通则法》第三十条第一款、第四十六条之二第一款之认可。

第四章　杂则

【主管大臣等】

第十五条　在与机构相关的、《通则法》上的主管大臣与主管政令分别为文部科学大臣、文部科学省政令。

【其他法律适用的特别规定】

第十六条　适用《火枪刀剑持有管理法》[①] 第三条第一款（仅限第二项以及第二项之二相关部分）规定时，其中的"机构"应替换为"国家"。此时，该款第二项以及第二项之二中的"职员"应替换为"管理者或职员"。

2. 适用《古都保护法》[②] 第七条第三款、第八条第八款规定时，其中的"机构"应替换为"国家"。

---

① 1958 年（昭和 33 年）法律第 6 号。

② 1966 年（昭和 41 年）法律第 1 号。

第五章　罚则

第十七条　违反第十条规定泄露秘密的，判处一年以下有期徒刑或处五十万日元以下罚金。

第十八条　违反以下各项规定的机构管理者，处二十万日元以下罚款。

（一）实施第十二条规定以外业务的。

（二）根据第十三条第一款规定，必须获得文部科学大臣承认，但未获得承认的。

附则　抄

【施行日期】

第一条　本法自 2001 年（平成 13 年）1 月 6 日起施行。

【职员的续职等】

第二条　在国立博物馆成立时，由文部科学省政令任命的机构职员，在无新任免的情况下，自国立博物馆成立之日起为国立博物馆相应之职员。

第三条　国家博物馆成立时，由前条政令任命的机构职员自国立博物馆成立之日起成为国立博物馆职员（以下称为"继任职员"），其获得文部科学大臣根据《儿童津贴法》①第七条第一款（包括该法附则第六条第二款、第七条第四款或第八条第四款中的准用。以下同）自国立博物馆成立之日的前一日起领取儿童津贴或附则第六条第一款、第七条第一款或第八条第一款规定的各种补贴（以下称为"特别津贴等"）的认定，视为市、町、村长官（含特别区长官）的认定。此时，儿童津贴或特别津贴等的支付，不受该法第八条第二款（包括附则第六条第二款、第七条第四款或第八条第四款中的准用）规定的限制，自国立博物馆成立之日的前一日所属月份起开始支付。

---

①　1971 年（昭和 46 年）法律第 73 号。

【国立博物馆之职员团体的过渡措施】

第四条 国立博物馆成立时存在的《国家公务法》① 第一百零八条之二第一款规定的职员团体，若其过半数成员仍继任的则视为适用《国营企业及特定独立行政法人的劳动关系法》② 的工会组织。此时，当该职员团体为法人的，则应为法人工会。

2. 根据前款规定的法人工会，自国立博物馆成立之日起六十日内，应取得《工会法》③ 第二条、第五条第二款规定的工会委员会的证明，且在主要事务所在地完成登记，否则应予解散。

3. 根据第一款规定，成为工会的团体，自国立博物馆成立之日起六十日内，不适用《工会法》第二条但书（仅限第一项相关部分）之规定。

【权利义务的继承等】

第五条 在第十一条第一款规定的各项业务中，由政令规定的国家权利及义务自国立博物馆成立之日起，由国立博物馆继承。

2. 根据前款规定，国立博物馆在继承国家的权利与义务时，所继承的权利中涉及土地、建造物及其他财产（由政令确定的价格之合计金额），视为政府向国立博物馆的出资。

3. 根据前款规定，政府出资的财产之价格，以国立博物馆成立之日的市价为标准，由评价委员评估之。

4. 前款评价委员及评估的必要事项，由政令规定之。

第六条 除前条规定的事项外，政府应通过政令规定国立博物馆成立时实际在建的建造物等（指建造物及建造物附属建筑。以下同）作为向国立博物馆的追加出资。

2. 根据前款规定，政府以出资为目的的建造物的价格之确定，以出资之日的时价为标准，由评价委员评估确定之。

3. 前款评价委员及评估的必要事项，由政令规定之。

【国有财产的无偿使用】

第七条 国立博物馆成立时，由附则第二条之政令规定供机构使用的国有财产，可通过政令无偿供国立博物馆使用。

---

① 1947 年（昭和 22 年）法律第 120 号。
② 1948 年（昭和 23 年）法律第 257 号。
③ 1949 年（昭和 24 年）法律第 174 号。

【委托立法】

第八条 除附则第二条至前条规定的事项外，随着国立博物馆设立的必要过渡措施以及法律实施的其他必要过渡措施，由政令规定之。

附则 2000年（平成12年）5月26日法律第84号 抄

【施行日期】

第一条 本法自2000年（平成12年）6月1日起施行。

附则 2006年（平成18年）3月31日法律第24号 抄

【施行日期】

第一条 本法自2006年（平成18年）4月1日起施行，但附则第十条第三款、第四款及第十四条之规定，自公布之日起施行。

【职员的续职等】

第二条

2. 除另有任免外，独立行政法人国立特殊教育综合研究所、独立行政法人大学入学考试中心、独立行政法人国立奥林匹克纪念青少年中心、独立行政法人国立女性教育会馆、独立行政法人国立国语研究所、独立行政法人国立科学博物馆、独立行政法人物质材料研究机构、独立行政法人防灾科学技术研究所、独立行政法人放射线医学综合研究所、独立行政法人国立美术馆、独立行政法人国立博物馆及独立行政法人文化财研究所的职员，自本法施行之日起视为各自独立行政法人（独立行政法人国立奥林匹克纪念青少年综合中心、独立行政法人国立青少年教育振兴机构）的职员。

第三条

2. 根据前条第二款规定、已成为独立行政法人国立特殊教育综合研究所、独立行政法人大学入学考试中心、独立行政法人国立青少年教育振兴机构、独立行政法人国立女性教育会馆、独立行政法人国立国语研究所、独立行政法人国立科学博物馆、独立行政法人物质材料研究机构、独立行政法人防灾科学技术研究所、独立行政法人放射线医学综合研究所、独立行政法人国立美术馆、独立行政法人国立博物馆及独立行政法人文化财研究所（以下称为"施行日后的研究所等"）职员，自施行之日起，适用《国家公务员法》第八十二条第二款规定，成为施行日后的研究所的特别国家公务员等，同时因成为特别国家公务员而以国家公务员身份退休。

第四条

4. 对附则第二条第二项规定的、施行日后的研究所职员等，不支给《退职津贴法》规定的退职津贴。

5. 施行日后的研究所对前款规定的施行日后的研究所职员等支付退休津贴时，应将《退休津贴法》第二条第一款规定的职员（包括该第二款规定的被视为职员的职员）续职期间视为施行日后的研究所职员的在职期间。

6. 根据附则第二条第二款规定，施行前的独立行政法人国立特殊教育综合研究所、独立行政法人大学入学考试中心、独立行政法人国立奥林匹克纪念青少年中心、独立行政法人国立女性教育会馆、独立行政法人国立国语研究所、独立行政法人国立科学博物馆、独立行政法人物质材料研究机构、独立行政法人防灾科学技术研究所、独立行政法人放射线医学综合研究所、独立行政法人国立美术馆、独立行政法人国立博物馆及独立行政法人文化财研究所（以下称为"施行日前的研究所等"）的在职职员在施行日后的研究所等续职，且根据《退休津贴法》第二条第一款规定，作为续职研究所（包括根据《独立行政法人国立特别支援教育综合研究所、国立研究开发法人物质材料研究机构、国立研究开发法人防灾科学技术研究所、国立研究开发法人放射线医学综合研究所法修改法》[1] 修改前的《国立研究开发法人放射线医学综合研究所法》[2] 第二条的国立研究开发法人放射线医学综合研究所、国立研究开发法人量子科学技术研究开发机构及独立行政法人国立文化财机构。以下同）职员的工作年限，视为其施行日后所在研究所的工作年限。但其从该施行日后的研究所退休后已领取退休津贴（包括类似此项津贴）的则不受此限。

7. 根据附则第二条第二款规定，在施行日后的研究所续职的职员获得《雇用保险法》[3] 上的失业金领取资格的期间，属施行日后的研究所退

---

[1] 2015年（平成27年）法律第51号。
[2] 1999年（平成11年）法律第176号。
[3] 1974年（昭和49年）法律第116号。

休职员，可根据《退休津贴法》第十条规定计算其领取退休津贴的金额。

【适用《退休津贴法》的过渡措施】

第五条 根据《国家公务员退休津贴法修改法》①附则第二条规定，施行日前退休的研究所职员的退休津贴仍按前例处理。此时的独立行政法人国立特别援助教育综合研究所、独立行政法人大学入学考试中心、独立行政法人国立青少年教育机构、独立行政法人国立女性教育会馆、大学共同利用机关法人人间文化研究机构、独立行政法人国立科学博物馆、国立研究开发法人物质材料研究机构、国立研究开发法人防灾科学技术研究所、国立研究开发法人量子科学技术研究开发机构、独立行政法人国立美术馆、独立行政法人国立文化财机构负责人，被视为旧《退休津贴法》第十二条第二第一项规定的各省、厅长官。

【工会的过渡措施】

第六条 本法施行前研究所中存在的《特定独立行政法人劳动关系法》②（以下称为"特劳法"）第四条第二款之工会成为附则第二条第二款规定的施行日后研究所工会（以下称为"旧工会"）时应适用本法施行时的《工会法》③。当旧工会为法人时，则其应为法人工会。

2. 根据前款规定，若为法人工会，自施行日起六十日内，应取得《工会法》第二条以及第五条第二款规定的劳动委员会的证明，并在主要事务所所在地登记，否则应予解散。

3. 根据第一款规定，适用《工会法》的工会组织，在本法施行之日起六十日内不适用本法第二条但书（仅限第一项相关事项）之规定。

【不法劳动行为之申诉的过渡措施】

第七条 根据"特劳法"第十八条规定，在施行日之前因解雇向中央劳动委员会提起的申诉以及中央劳动委员会作出的命令期限，依照前例。

2. 本法施行时，就中央劳动委员会的施行日前的研究所与其职员之间劳动关系，适用"特劳法"第三章（除第十二条及第十六条外）、第六章规定的斡旋、调停或仲裁等，依照前例。

---

① 2008年（平成20年）法律第95号。

② 1948年（昭和23年）法律第257号。

③ 1949年（昭和24年）法律第174号。

【罚则的过渡措施】

第十三条　对施行日之前的行为及根据附则第九条第九款之规定依照前例的施行日之前的行为之罚则，依照前例。

【委托立法】

第十四条　除附则第二条至第十一条以及前条规定的事项外，本法施行的其他必要过渡措施，由政令规定之。

附则　2006年（平成18年）6月21日法律第80号　抄

【施行日期】

第一条　本法自2007年（平成19年）4月1日起施行。

附则　2007年（平成19年）3月30日法律第7号　抄

【施行日期】

第一条　本法自2007年（平成19年）4月1日起施行，但附则第三条第二款、第三款，第五条及第九条之规定自公布之日起施行。

【研究所解散等】

第二条　独立行政法人文化财研究所（以下称为"研究所"）自本法施行时解散。除下款规定由国家继承的资产外，其他一切权利和义务均由独立行政法人国立文化财机构（以下称为"机构"）继承。

2. 在本法施行时研究所所有的权利中，除为确保机构履行其职务所必需的资产外资产，自本法施行时由国家继承。

3. 根据前款规定，国家继承的资产范围及其他与该继承相关的必要事项，由政令规定之。

4. 根据《独立行政法人通则法》[①]（以下称为"《通则法》"）第三十八条规定，从2006年（平成18年）4月1日开始，研究所的年度财务报表、事业报告书及决算报告书的制作等由机构来完成。

5. 从2006年（平成18年）4月1日开始，研究所的业绩考核由机构承担。根据《通则法》第三十二条第三款规定，机构成为被通知、被建

[①] 1999年（平成11年）法律第103号。

议的对象。

6. 从 2006 年（平成 18 年）4 月 1 日开始，研究所的收支平衡由机构处理。

7. 与《通则法》第三十三条规定相关的机构中期目标期间的业绩报告及其公开，应包括研究所在本法施行日以前的中期目标期间的业绩报告应载事项。

8. 根据《通则法》第三十四条第一款规定，对机构中期目标期间的业绩评价，应包括研究所施行日之前的中期目标期间的业绩内容。

9. 根据《通则法》第四十四条第一款及第二款规定，在处理上述第六款中的收支问题后，仍有该条第一款规定的结余资金时，应将其作为本法施行前的研究所中期目标期间终止的结余资金，由机构继承。在此情况下，根据附则第六条规定，应保持已废止的前《独立行政法人文化财产研究所法》①（以下称为"旧《文化财产研究所法》"）第十三条规定（包含与该条相关的罚则）之效力，并将该条第一款中的"该中期目标期间的下一期间"替换为"包括《独立行政法人国立文化财机构之独立行政法人国立博物馆法修改法》②的施行日"、"下一中期目标期间的前一条"替换为"中期目标期间内的《独立行政法人国立文化财机构法》③第十二条"。

10. 根据第一款规定，研究所解散时的解散登记事项，由政令规定之。

【对机构的出资】

第三条 根据前条第一项规定，机构继承研究所的权利及义务时，其所继承的资产金额（除基于前条第九款中的旧《文化遗产研究所法》第十三条第一项承认的金额外）应扣除负债额后的剩余金额，为政府的出资。

2. 前款规定的资产金额以市价为基准由评估委员评估决定。

3. 前款评估委员的评估之必要事项，由政令规定之。

【研究所职员续职机构职员的退休津贴过渡措施】

第四条 施行日之前的研究所在职职员（仅限《为推进独立行政法

---

① 1999 年（平成 11 年）法律第 179 号。
② 2007 年（平成 19 年）法律第 7 号。
③ 1999 年（平成 11 年）法律第 178 号。

人改革的文部科学省相关法律整备法》① 附录第四条第四款规定的职员）续职机构后退休的，应以《国家公务员退休金法》② 第二条第一款规定的职员（包括该条第二款规定职员）的继续在职时间视为机构职员在职期间。但职员在整备法施行后从研究所退休的，其退休金支付，则不受此限。

2. 施行日之前的研究所在职职员（仅限于整备法附录第四条第四款规定的职员）续职机构且作为机构职员退休，符合《国家公务员退休金法》第二条第一款规定，其工作年限的计算在《整备法》施行后作为研究所职员的在职期间与作为机构职员的在职期间视为续职在职期间。但职员在《整备法》施行后从研究所或机构获得退休金的，则不受此限。

【国有财产的无偿使用】

第五条 在本法施行时，文部科学大臣可通过政令将研究所的国有财产无偿供机构使用。

【《独立行政法人文化财研究所法》的废除】

第六条 废除《独立行政法人文化财研究所法》。

【《独立行政法人文化财研究所法》废除后的过渡措施】

第七条 研究所的管理者或职员的保密义务，在本法施行后，参照前例处理。

【罚则的过渡措施】

第八条 对施行日之前的行为以及根据前条规定适用前例、在施行后处罚的适用前法。

【委托立法】

第九条 除附则规定的事项外，本法实施的其他必要过渡措施由政令规定之。

附则 2008年（平成20年）12月26日法律第95号 抄

【施行日期】

第一条 在本法自公布之日起六个月内，由政令规定施行日期。

---

① 2006年（平成18年）法律第24号。
② 1953年（昭和28年）法律第182号。

附则 2009 年（平成 21 年）3 月 31 日法律第 18 号 抄

【施行日期】

第一条 本法自 2009 年（平成 21 年）4 月 1 日起施行，但以下各项规定则自其各自规定的日期起施行。

（一）略

（二）第一条、第二条（仅限于与第一项相关事项）以及下一条第一款至第三款、第五款至第九款（仅限与独立行政法人国立国语研究所相关事项）、第十款、第十二款（仅限与独立行政法人国立国语研究所相关事项）、附则第三条第一款、附则第六条第一款及第二款（仅限与独立行政法人国立国语研究所相关事项）、附则第十条、附则第十一条（仅限与独立行政法人国立国语研究所相关事项）、附则第十五条、附则第十六条（仅限《国家公务员互助法》[①] 附表三修改的删除与独立行政法人国立国语研究所相关事项）、附则第十九条、附则第二十条（仅限《雇用保险法修改法》[②] 第四条中《船员保险法》[③] 附表一删除与独立行政法人国立国语研究所相关事项）以及附则第二十二条之规定，自 2009 年（平成 21 年）10 月 1 日起施行。

附则 2010 年（平成 22 年）5 月 28 日法律第 37 号 抄

【施行日期】

第一条 本法自公布之日起六个月内，由政令规定施行日期。

【罚则的过渡措施】

第三十四条 对施行日之前的行为之处罚，适用前例。

【其他过渡措施的委托立法】

第三十五条 除附则规定的事项外，有关本法施行的其他必要过渡措施由政令规定之。

---

① 1958 年（昭和 33 年）法律第 128 号。
② 2007 年（平成 19 年）法律第 30 号。
③ 1939 年（昭和 14 年）法律第 73 号。

附则 2014年（平成26年）6月13日法律第67号 抄

【施行日期】

第一条 本法自《独立行政法人通则法修改法》①（以下称为"《通则法修改法》"）实施之日起施行，但以下各项则自其各自规定日期起施行。

（一）附则第十四条第二款、第十八条以及第三十条之规定，自公布之日起施行。

【处分的效力等】

第二十八条 除法律（含命令）有特别规定外，本法施行前根据修改前各项法律（含命令）的行政处分、程序及其他行为，在修改后的各项法律（包括基于各项法律的命令，以下称为"新法令"）有相应规定的，则视其为根据新法令的行政处分、程序及其他行为。

【罚则的过渡措施】

第二十九条 对本法施行前的行为以及根据附则规定仍具效力的、在本法施行后处罚的，适用修改前的罚则。

【其他过渡措施的委托立法】

第三十五条 除附则第三条至前条规定的事项外，有关本法施行的其他必要过渡措施（含罚则的过渡措施）由政令（涉及人事院主管事项的则为人事院规则）规定之。

附则 2015年（平成27年）7月8日法律第51号 抄

【施行日期】

第一条 本法自2016年（平成28年）4月1日起施行。

---

① 2014年（平成26年）法律第66号。

附则　2022年（令和4年）6月17日法律第68号　抄

【施行日期】

第一条　本法自《刑法修改法》施行日起施行，但以下各项规定，则自其各自规定的日期起施行。

（一）第五百零九条，自公布之日起施行。

三十七　独立行政法人日本艺术文化振兴会法

2002年（平成14年）12月13日法律第163号［制定］

2004年（平成16年）6月18日法律第126号

　［根据厚生年金保险特别法附则第42条之修改］

2004年（平成16年）6月18日法律第127号

　［根据厚生年金保险特别法附则第3条之修改］

2004年（平成16年）6月23日法律第130号

　［根据国家公务员互助法修改法附则第57条之修改］

2004年（平成16年）6月23日法律第135号

　［根据医药基础研究所法附则第17条之修改］

2014年（平成26年）6月13日法律第67号

　［根据独立行政法人通则法的法律整备法第90条之修改］

目　　录

第一章　总则（第一条至第六条）

第二章　管理者及职员（第七条至第十一条）

第三章　评议员会议（第十二条、第十三条）

第四章　业务等（第十四条至第十七条）

第五章　杂则（第十八条至第二十条）

第六章　罚则（第二十一条、第二十二条）

附则

第一章　总则

【目的】

第一条　为明确独立行政法人日本艺术文化振兴会的名称、目的以及业务范围等事项，特制定本法。

【名称】

第二条　根据本法及《独立行政法人通则法》①（以下称为"《通则法》"）第二条第一款规定设立的独立行政法人之名称为"独立行政法人日本艺术文化振兴会"。

【振兴会的设立目的】

第三条　独立行政法人日本艺术文化振兴会（以下称为"振兴会"）的设立目的在于，通过支持艺术家、艺术团体的艺术创作；援助艺术文化的普及与振兴；展示我国自古以来的传统艺能（第十四条第一款中称为"传统艺能"）、培育传承人以实现对其保护与振兴；公开展示我国现代舞台艺术（以下称为"现代舞台艺术"）、培育表演艺术家；开展各种调查研究等活动，以促进国家艺术及其他文化之繁荣。

【中期目标管理法人】

第三条之二　振兴会为《通则法》第二条第二款规定的中期目标管理法人。

【事务所】

第四条　振兴会主要事务所设于东京都。

【资本金】

第五条　根据附则第二条第六款规定，振兴会的资本金为政府出资之金额。

2. 政府认为有必要时，可在预算规定的金额范围内向振兴会追加出资。此时，当该出资金额的全部或一部分进入第十六条第一款艺术文化振兴基金时，应明确该金额。

3. 前款规定之外，政府认为有必要时，可以土地以及附着物、建造物及其附属建筑（在第五款中称为"土地等"）向振兴会追加出资。

4. 根据前两款规定，政府向振兴会出资时，其出资额为资本金增加部分。

5. 政府以出资为目的的土地等价值以出资时的市场价格基准，由评估委员估价决定。

6. 前款评估委员及估价的必要事项由政令规定之。

---

① 1999年（平成11年）法律第103号。

【名称的使用限制】

第六条　任何机构未经许可不得使用"日本艺术文化振兴会"这一名称。

第二章　管理者及职员

【管理者】

第七条　振兴会设理事长一名、监事两名。

2. 振兴会可设理事，但不超过三名。

【理事的职责与权限等】

第八条　理事听从理事长的指示、辅佐理事长管理振兴会的工作。

2.《通则法》第十九条第二款个别法规定的管理者为理事，但不设理事时，该管理者则为监事。

3. 根据《通则法》第十九条第一款规定，前款但书中的监事在代理理事长履行职务期间不得履行其监事之职务。

【理事的任期】

第九条　理事的任期为四年。

【管理者失格条款之特别规定】

第十条　通过政令，教育公务员可成为兼职受聘的理事或监事，而不受《通则法》第二十二条规定之限制。

2. 根据《通则法》第二十三条第一款规定，解聘振兴会兼职理事或监事时，该款中的"前条"应替换为"前条及《独立行政法人日本艺术文化振兴会法》第十条第一款"。

【管理者及职员的地位】

第十一条　依据法令，振兴会的管理者及职员被视为从事公务之职员、适用《刑法》[①]及其他罚则之规定。

第三章　评议员会议

【评议员会议】

第十二条　振兴会设置评议员会议。

[①] 1907年（明治40年）法律第45号。

2. 评议员会议由不超过二十名的评议员组成。

3. 评议员会议将接受理事长的咨询，就振兴会的事业运营等相关重要事项进行审议。

【评议员】

第十三条　评议员从有运营振兴会之必要经验的学者中产生、获得文部科学大臣认可、由理事长任命。

2. 评议员的任期定为两年。

3.《通则法》第二十一条第三款、第四款和第二十三条第二款之规定准用于评议员。

4. 理事长根据前款准用《通则法》第二十三条第二款之规定解任评议员时，必须事先获得文部科学大臣的认可。

第四章　业务等

【业务范围】

第十四条　为达成本法第三条之目的，振兴会开展以下各项业务。

（一）对以下活动支付资金、并提供必要的援助。

①艺术家、艺术团体的艺术创作或为推广普及艺术的演出、展览等活动。

②在文化设施举行公演、展示等活动，或为振兴地域文化而利用文化遗产之活动。

③除第①目、第②目所列活动外，文化团体举办的公演、展示活动；文化遗产工艺技术传承人的培训活动、为保护文化遗产的传统技术或技能的传承人培训活动以及其他文化振兴或普及之活动。

（二）设置剧场设施（为公开传统艺能或现代舞台艺术之演出的设施），举行传统艺能公开及现代舞台艺术的公演。

（三）在所设置的设施中、举行传统艺能传承人、现代舞台艺术表演者及其他相关人员的培训活动。

（四）对传统艺能及现代舞台艺术进行调查研究、收集整理及利用相关资料。

（五）以保护或振兴传统艺能、振兴或推广普及现代舞台艺术为目的，利用第二项剧场设施之活动。

(六) 以上各项业务的其他附带业务等。

2. 除前款规定的各项业务外，在不妨碍履行相关业务的范围内，振兴会可将前款第二项中的剧场设施提供给一般公众使用。

【剩余资金的处理】

第十五条 根据《通则法》第四十四条第一款、第二款规定，在经过该法第二十九条第二款第一项规定的中期目标期间（以下称为"中期目标期间"）最后事业年度核算后，振兴会有剩余资金的，其中的相当金额经过文部科学大臣的承认，可转入《通则法》第三十条第一款认可的下一中期目标期间（若有变更且获得认可的，则为变更后的中期目标期间）。

2. 文部大臣在决定认可前款剩余资金的处理时，必须与财务大臣进行协商。

3. 在扣除第一款中获得承认的金额后，机构仍有剩余资金的必须上缴国库。

4. 除了前三款规定外，资金的缴纳程序以及资金处理相关的其他必要事项由政令规定之。

【艺术文化振兴基金】

第十六条 振兴会设立艺术文化振兴基金（以下称为"基金"），其资金由第十四条第一款第一项规定的业务以及附带业务（以下称为"收益业务"）所获资金、附则第二条第十款规定的政府出资、第十一款规定的民间出资以及本法第五条第二款后段政府明示的金额构成。

2. 艺术文化振兴基金的使用，准用《通则法》第四十七条、第六十七条（仅限与第七项相关部分的）规定。准用时，《通则法》第四十七条第三项中的"金钱信托"应替换为"金钱信托（本金填补契约）"。

【《补助金等预算执行合理化法》的准用】

第十七条 振兴会根据第十四条第一款第一项规定支付资金的，准用《补助金等预算执行合理化法》[①] 的规定（包括罚则）。准用时，该法（除第二条第七款外）中的"各省各厅"应替换为"独立行政法人日本艺术文化振兴会"，"各省各厅长官"替换为"独立行政法人日本艺术文化振兴会理事长"；该法第二条第一款（除第二项外）及第四款、第七条第

[①] 1955 年（昭和 30 年）法律第 179 号。

二款、第十八条第一款第二款、第二十四条以及第三十三条中的"国家"替换为"独立行政法人日本艺术文化振兴会";该法第十四条中的"国家的会计年度"替换为"独立行政法人日本艺术文化振兴会的事业年度"。

第五章　杂则

【主管大臣等】

第十八条　与振兴会相关的《通则法》的主管大臣以及主管省政令分别为文部科学大臣以及文部科学省政令。

第十九条　删除

【《国家公务员宿舍法》的适用除外】

第二十条　振兴会的管理者及职员不适用《国家公务员宿舍法》[①]。

第六章　罚则

第二十一条　振兴会管理者及职员的行为属于以下情况者,处二十万日元以下罚款。

(一) 根据本法规定,必须获得文部科学大臣认可或承认,但未获得认可或承认的;

(二) 实施第十四条规定的业务以外之业务的;

(三) 违反第十六条第二款中准用《通则法》第四十七条之规定使用基金的。

第二十二条　违反第六条规定的,处以十万日元以下罚款。

附则　抄

【施行日期】

第一条　本法自公布之日起施行,但以下各项则自其各自规定的日期起施行。

(一) 附则第三条至第五条、第七条之规定自 2003 年（平成 15

[①]　1949 年（昭和 24 年）法律第 117 号。

年）10月1日起施行。

【日本艺术文化振兴会的解散等】

第二条 自振兴会成立之日起日本艺术文化振兴会（以下称为"旧振兴会"）解散，旧振兴会的一切权利义务由振兴会继承，但根据下一款规定由国家继承的资产除外。

2. 振兴会成立时，旧振兴会所有权利中，确定振兴会为履行其业务的必要资产以外的资产由国家继承。

3. 前款规定的、由国家继承的资产之范围以及其他国家继承的必要事项，由政令规定之。

4. 旧振兴会2003年（平成15年）4月1日开始的事业年度（以下称为"最终事业年度"）应在其解散的前一日结束。

5. 旧振兴会的最终事业年度的决算、财产目录、资产负债表以及损益计算书等，适应旧法。此时，其清算应在解散后两个月内完成。

6. 根据第一款规定，振兴会在继承旧振兴会的权利义务后，其继承的资产金额（除以下所列资金的总额外）在扣除负债后应视为政府向振兴会的出资额。

（一）根据废除前《日本艺术文化振兴会法》[①]（以下称为"旧振兴会法"）第十九条第一款第二项至第五项的业务以及附带业务、根据第三款规定业务以及其他业务的剩余资金，分别与文部科学大臣、财务大臣协议后决定的金额。

（二）作为补充旧振兴会法第二十九条第二款的艺术文化振兴基金（以下简称"旧基金"）资金的民间出资金额。

7. 前款资产价值应由评价委员以振兴会成立之日的市价标准评估决定。

8. 前款评价委员及评估的必要事项，由政令规定之。

9. 根据第一款规定，振兴会在继承旧振兴会的权利义务时，第六款第一项规定的与文部科学大臣、财务大臣协商后确定的金额，作为与振兴会相关的《通则法》第四十四条第一款规定的剩余资金。

10. 根据第一款规定，振兴会在继承旧振兴会的权利义务时，政府之前的出资金额（除第二款规定的政府出资金额外）自振兴会成立之日起，

[①] 1966年（昭和41年）法律第88号。

视为第十五条第一款规定的政府向振兴会的出资。

11. 根据第一款规定，振兴会在继承旧振兴会的权利义务时，民间的出资自振兴会成立之日起，视为第十六条第一款规定的民间向振兴会的出资。

12. 根据第一款规定，旧振兴会解散时的解散登记，由政令规定之。

【《日本艺术文化振兴会法》的废止】

第三条　《日本艺术文化振兴会法》废止。

【《日本艺术文化振兴会法》废除后的过渡措施】

第四条　根据旧振兴会法（除第九条、第十八条第一款外）的行政行为、程序以及其他行为，视为根据《通则法》或本法相关规定的行政行为、程序以及其他行为。

【罚则适用的过渡措施】

第五条　针对附则第三条规定的施行前实施的行为以及根据附则第二条第五款规定的施行后的行为，适用修改前的罚则。

【委托立法】

第六条　除附则第二条、第四条以及前条规定的事项外，有关振兴会成立以及本法实施的其他必要过渡措施由政令规定之。

附则　2004年（平成16年）6月18日法律第126号　抄

【施行日期】

第一条　本法自协定生效之日起施行，但以下各项则自其各自规定的日期起施行。

（一）省略

（二）省略

（三）本法与《国家公务员互助会法修改法》[①] 公布之日较晚的，为附则第四十二条的施行日期。

附则　2004年（平成16年）6月18日法律第127号　抄

【施行日期】

第一条　本法自协定生效之日起施行，但以下各项则自其各自规定的

---

① 2004年（平成16年）法律第130号。

日期起施行。

（一）省略

（二）本法与《国家公务员互助会法修改法》① 公布之日较晚的，为附则第三条的施行日期。

附则　2004年（平成16年）6月23日法律第130号　抄

【施行日期】

第一条　本法自2004年（平成16年）10月1日起施行，但以下各项则自其各自规定的日期起施行。

（一）省略

（二）第二条、第七条、第十条、第十三条、第十八条以及附则第九条至第十五条、第二十八条至第三十六条、第三十八条至第六十七条之二、第七十九条以及第八十一条，则自2005年（平成17年）4月1日起施行。

附则　2004年（平成16年）6月23日法律第135号　抄

【施行日期】

第一条　本法自公布之日起施行，但以下各项则自其各自规定的日期起施行。

（一）省略

（二）本法与《国家公务员互助会法修改法》② 公布之日较晚的，为附则第十七条的施行日期。

附则　2014年（平成26年）6月13日法律第67号　抄

【施行日期】

第一条　本法自《独立行政法人通则法修改法》③（以下称为《通则

---

① 2004年（平成16年）法律第130号。
② 2004年（平成16年）法律第130号。
③ 2014年（平成26年）法律第66号。

法修改法》）施行之日起施行，但以下各项则自其各自规定的日期起施行

（一）附则第十四条第二款、第十八条以及第三十条，自公布之日起施行。

【处分的效力等】

第二十八条　本法施行前根据修改前各项法律（含命令）的行政处分、程序及其他行为，在修改后的各项法律（包括基于各项法律的命令，以下称为"新法令"）有相应规定的，则视其为根据新法令的行政处分、程序及其他行为。

【罚则的过渡措施】

第二十九条　对本法施行前的行为以及根据附则规定仍具效力的，在本法施行后处罚的，适用修改前的罚则。

【其他过渡措施的委托立法】

第三十五条　除附则第三条至前条规定的事项外，有关本法施行的其他必要过渡措施（含罚则的过渡措施）由政令（涉及人事院主管事项的则为人事院规则）规定之。

三十八　日本艺术院令

1949 年（昭和 24 年）7 月 23 日政令第 281 号［颁布］
1961 年（昭和 36 年）6 月 2 日政令第 171 号［第一次修改］
1968 年（昭和 43 年）6 月 15 日政令第 170 号
　［根据文部省组织令修改令附则第 5 条之修改］
2000 年（平成 12 年）6 月 7 日政令第 308 号
　［根据文部省政令的整备令第 4 条之修改］

内阁根据《文部省设置法》① 第二十三条第三款规定，制定本政令。

【日本艺术院的性质】

第一条　日本艺术院，是艺术上功绩显著的艺术家之荣誉机构。

【组织机构】

第二条　日本艺术院由院长一名、会员（院士）不超过一百二十名构成的组织。

2. 日本艺术院设置以下三个部会。

第一部　美术部会；

第二部　文艺部会；

第三部　音乐、戏曲及舞蹈部会。

3. 会员（院士）分属各部会。

第三条　会员（院士）由部会推荐、获得日本艺术院总会承认的候选人，经院长申请、由文部科学大臣任命之。

2. 前款之部会推荐（院士候选人），由部会从艺术上功绩显著的艺术家中选举产生并获得部会过半数会员（院士）投票同意。

3. 在前款投票中，因病或其他事由不能参加者，可通过邮递方式进行投票。

---

① 1949 年（昭和 24 年）法律第 146 号。

第四条 会员（院士）为终身制，但会员（院士）自己申请退出的，在获得总会承认后、可退出。

第五条 院长由会员（院士）从对艺术有卓越见识者中选举产生，获半数以上会员（院士）选票并由文部科学大臣任命之。

2. 前款选举无人获得过半数选票时，由获得选票的前两位，进行第二轮投票，获票多者当选。但当二人获得选票相同时，年长者当选。

3. 第三条第三款之规定，准用前两款之规定。

4. 院长任期为三年。

5. 院长为非在编人员。

6. 院长总理日本艺术院事务。

7. 院长因故不能行使职务时，由部会长中年长者代理行使。

第六条 各部会长由各部会员选举产生，部会长主持各部会事务。

2. 部会长每三年改选一次。

【会议】

第七条 日本艺术院的会议，分总会、部会以及联合部会三种。

2. 总会每年召开两次，由院长召集。但必要时也可临时召集。

3. 部会由部会长召集。

4. 联合部会，根据相关部会长的申请，由院长召集。

5. 总会必须有过半数的会员（院士）参加，否则不能形成决议。但事先已通知议题并允许书面表意的，仅就该议题视为出席总会。

6. 总会之决议，采取出席会员（院士）多数决。

7. 部会及联合部会准用前两款之规定。

【职员】

第八条 日本艺术院下设事务长以及其他所需职员。

2. 事务长受院长领导、处理日本艺术院日常事务；其他职员接受上司指挥，从事具体事务。

【杂则】

第九条 除本政令规定外，有关日本艺术院运营的其他必要事项，经总会审议、由院长决定之。

附则

本政令自公布之日起施行，1949年（昭和24年）6月1日起适用。

附则　1961年（昭和36年）6月2日政令第171号　抄

本政令自公布之日起施行，本政令根据修改后的《日本艺术院令》第八条第一款之规定，1961年（昭和30年）4月1日起适用。

附则　1968年（昭和43年）6月15日政令第170号　抄

【施行日期】

第一条　本政令自公布之日起施行。

附则　2000年（平成12年）6月7日政令第308号　抄

【施行日期】

第一条　本政令自《内阁法修改法》[①] 施行之日（2002年1月6日）起施行。

[①]　1999年（平成11年）法律第88号。

第六部分
民族及宗教事务法群

三十九　阿伊努民族支援法*

2019年（平成31年）4月26日法律第16号［制定］
2019年（平成31年）12月14日法律第95号
　［根据渔业法等的修改法附则第80条之修改］
2021年（令和3年）5月19日法律第36号
　［根据数字厅设置法附则第25条之修改］
2022年（令和4年）6月17日法律第68号
　［根据刑法修改法的法律整备法第79条之修改］

目　录

第一章　总则（第一条至第六条）
第二章　基本方针（第七条、第八条）
第三章　民族共生象征空间之设施的管理措施（第九条）
第四章　阿伊努措施地域推进计划之认定等（第十条至第十四条）
第五章　被认定地域推进计划之事业的特别措施（第十五条至第十九条）
第六章　指定法人（第二十条至第三十一条）
第七章　阿伊努政策推进本部（第三十二条至第四十一条）
第八章　杂则（第四十二条至第四十五条）
附则

---

* 该法目前的汉译版本为2021年版法律的译本（载周超《日本文化艺术法研究》，中国社会科学出版社2023年版，第388—405页）。

第一章 总则

【立法目的】

第一条 鉴于日本列岛、特别是聚居北海道的原住民——阿伊努民族自豪感之源泉的阿伊努传统与文化（以下称为"阿伊努传统文化"）的现状以及近年来原住民的国际情势，为实现阿伊努人能以其原住民身份自豪地生活、其自豪感被尊重、构建一个国民相互尊重民族共生之社会，为明确（阿伊努措施的）基本原则、基本方针、国家的责任义务、民族共生象征空间之管理措施、阿伊努措施地域计划及其特别措施，设置阿伊努政策推进本部等，特制定本法。

【定义】

第二条 本法中的"阿伊努文化"，是基于阿伊努人的语言以及在阿伊努人继承下来的生活方式、音乐、舞蹈、手工艺及其他文化基础上发展而来的文化成果。

2. 本法中的"阿伊努措施"，是指阿伊努文化振兴、阿伊努传统知识的普及和启蒙（以下称为"阿伊努文化振兴措施"）以及为构建一个阿伊努人拥有民族自豪感之社会的文化环境的完善措施。

3. 本法中的"民族共生象征空间之设施"，是指构成民族共生象征空间的、由国土交通省和文部科学省政令规定的、作为阿伊努文化振兴基地的《国有财产法》① 第三条第二款规定的行政财产（包括建筑物及其地基）。

【基本理念】

第三条 为了阿伊努人的民族自豪感能够得到尊重，加强国民对阿伊努民族自豪感之源泉的阿伊努传统、文化的多元发展以及国际社会多民族共生之理解，必须推行阿伊努措施。

2. 为了使阿伊努人作为一个民族能够生活在其民族自豪感中，国家在推动阿伊努措施的实施时，必须尊重阿伊努人的自主意志。

3. 在推进、实施阿伊努措施时，国家、地方公共团体以及其他相关主体必须密切协作，并以生活在全国范围内的阿伊努人为对象，而不仅限

---

① 1948年（昭和23年）法律第73号。

于生活在北海道的阿伊努人。

第四条　任何人不得歧视阿伊努人、不得侵犯阿伊努人的权利和利益。

【国家及地方公共团体的责任义务】

第五条　根据前两条规定的基本原则，国家及地方政府负有制定、实施阿伊努措施之责任。

2. 国家及地方公共团体必须努力采取适当措施，培育阿伊努文化的继承者。

3. 国家和地方公共团体应通过教育、宣传以及其他活动，努力加深公众对阿伊努的理解与认识。

4. 国家应努力资助阿伊努文化的振兴与研究，并就阿伊努措施的实施与推进努力向地方公共团体提供必要建议或采取其他措施。

【国民的努力】

第六条　国民应尊重阿伊努民族自豪感，并努力参与构建一个能够让阿伊努人拥有民族自豪感的民族共生之社会。

第二章　基本方针等

【国家的基本方针】

第七条　为全面、有效地实施阿伊努措施，政府必须制定国家基本方针（以下称为"基本方针"）。

2. 前款基本方针应包括以下各项内容：

（一）阿伊努措施的意义及目标；

（二）政府实施的阿伊努措施的基本方向；

（三）民族共生象征空间及设施的基本管理事项；

（四）第十条第一款规定的阿伊努措施地域推进计划以及第十条第九款规定的地域推进计划之认定等事项；

（五）除以上各项之外的其他必要事项。

3. 由阿伊努政策推进本部制定的阿伊努措施基本方针（草案），必须经由内阁总理大臣提请、内阁会议决议通过。

4. 根据前款规定，内阁决议通过后，内阁总理大臣必须公开基本方针，不得延迟。

5. 因情势变迁，政府认为有必要时，可变更基本方针。

6. 基本方针之变更，准用第三款、第四款之规定。

【都、道、府、县方针】

第八条　都、道、府、县应根据国家基本方针努力制定其各自辖区内的阿伊努措施之施行方针（以下称为"都、道、府、县方针"）。

2. 都、道、府、县方针应大致包括以下各项内容：

（一）阿伊努措施的目标事项；

（二）在辖区内实施阿伊努措施的方针；

（三）除前两项之外，为实施阿伊努措施的其他必要事项。

3. 当都、道、府、县方针中的相关事项涉及其他公共团体时，都、道、府、县知事必须事前听取该公共团体长官的意见。

4. 都、道、府、县知事在制定都、道、府、县方针后，必须公开，并通知相关市、町、村长，不得延迟。

5. 都、道、府、县方针之变更，准用前二款之规定。

第三章　民族共生象征空间之设施的管理措施

【民族共生象征空间的管理】

第九条　根据本法第二十条第一款规定，获得国土交通大臣、文部科学大臣指定的指定法人（以下称为"指定法人"）为民族共生象征空间及其相关设施的委托管理人。

2. 为确保民族共生象征空间及其相关设施的管理拥有充足的资金，根据前款规定，接受委托管理的指定法人可收取入场费或其他费用（在第二十二条第二款中称为"入场费等"）。

3. 除前款规定的事项外，本条第一款规定的其他必要委托事项，由政令规定之。

第四章　阿伊努措施地域推进计划之认定等

【阿伊努措施地域推进计划的认定】

第十条　根据基本方针（若有都、道、府、县方针的，参考该方针）、内阁府命令，市、町、村可单独或共同制定辖区内的阿伊努措施地域推进计划（以下称为"阿伊努措施地域推进计划"），并向内阁总理大臣申请认定。

2. 阿伊努措施地域推进计划应当记载以下事项：

（一）阿伊努措施地域推进计划的目标。

（二）所推进的阿伊努措施中应包括以下必要事业：

①有益于阿伊努文化的保存和继承的事业；

②有益于理解阿伊努传统的事业；

③有益于观光以及其他产业振兴的事业；

④有益于地域内、地域间或者国际交流的事业；

⑤内阁府政令规定的其他事项。

（三）计划的实施期间。

（四）内阁府政令确定的其他事项。

3. 市、町、村在制订阿伊努措施地域推进计划时，必须事先就地域推进计划所载事项听取前款第二项所规定的事业实施者的意见。

4. 在第二款第二项（除第④目外）所规定的事业中，为举行阿伊努传统仪式、推进其他振兴阿伊努文化，地域推进计划中可载明在国有森林（即《国有森林管理经营法》① 第二条第一款规定的国有森林。在第十六条第一款中同）中进行采伐作业。

5. 除前款规定的事项外，为利用阿伊努所传承、保存的各种仪式、渔法（以下称为"仪式等"）以及与之相关传统知识的普及和启蒙等，第二款第二项（除第④目外）所规定的事业事项中，可载明允许在内水水域（即《渔业法》② 第八条第三款规定的"内水水域"）实施捕捞鲑鱼、鳟鱼等事项（以下称为"内水水域鲑鱼捕捞事项"）。此时，内水水域鲑鱼捕捞事项应载明实施水域。

6. 除前两款规定的事项外，可在第二款第二项（仅限与第④目相关部分）所规定的事项中，记载使用包含市、町、村辖区内的地名、称谓之商标，或者准备使用此类商标开发商品或用于服务的，应按照不同类型分别记载并明确各项商标的目标以及商标的使用期间。

7. 要实施第二款第二项第①目至第⑤目规定之事项者，可根据基本

---

① 1951年（昭和26年）法律第246号。

② 1949年（昭和24年）法律第267号。

方针向市、町、村建议制订阿伊努措施地域推进计划，并提交与建议相关的阿伊努地域推进措施（草案）。

8. 收到前款之建议的市、町、村，在决定是否依据该建议制订阿伊努措施地域推进计划后，应立刻通知建议者、不得延迟。在决定不制定的，则必须明确告知建议者理由。

9. 对阿伊努措施地域推进计划的认定申请，内阁总理大臣认为计划内容符合以下标准的则应予以认定：

（一）地域推进计划符合基本方针；

（二）地域推进计划的实施被认为对当地阿伊努措施的推进具有相当的促进作用；

（三）预计地域推进计划能够得到顺利实施。

10. 内阁总理大臣在作出前款认定之决定时，可征求阿伊努政策推进本部的意见。

11. 内阁总理大臣在作出前款认定决定前，必须将要认定之决定通知制订地域推进计划的市、町、村所在都、道、府、县知事；如果都、道、府、县制定有阿伊努措施实施方针的，都、道、府、县知事可就相关事项向内阁总理大臣陈述意见。

12. 若被认定的地域推进计划涉及其他特别行政领域的，内阁总理大臣还必须征得该领域国家行政长官的同意。

13. 当地域推进计划中明确记载需要在内水捕获鲑鱼的，在认定地域推进计划时，内阁总理大臣必须听取市、町、村（地域推进计划为市、町、村共同制订的，则仅限捕获鲑鱼的内水水域所在市、町、村）申请者所在都、道、府、县知事的意见。

14. 内阁总理大臣在作出认定后，必须立刻公布，不得延迟。

【已获认定的阿伊努措施地域推进计划之变更】

第十一条 市、町、村要变更前条第九款已获认定的阿伊努措施地域推进计划（除内阁府政令规定的轻微变更外）的，必须获得内阁总理大臣的认定。

2. 已获前条第九款之认定的阿伊努措施地域推进计划的变更之认定，准用前条第三款至第十四款之规定。

【书面报告】

第十二条 为确保被认定的地域推进计划得以实施，内阁总理大臣可以要求获本法第十条第九款之认定的市、町、村书面报告其地域推进计划（若存在前条第一款变更之认定的，则为变更后的地域推进计划。以下称为"获认定的阿伊努措施地域推进计划"）的实施情况。

2. 当获认定的阿伊努措施地域推进计划中记载有特定行政领域相关事务的，该领域国家行政长官可要求获认定市、町、村书面报告相关特定领域的实施情况。

【措施要求】

第十三条　为确保阿伊努措施地域推进计划能够正确地得到实施，内阁总理大臣认为必要时，可要求获认定的市、町、村采取措施实施地域推进计划。

2. 当获认定的地域推进计划记载有特定领域事业的，与该领域相关的国家行政长官可要求获认定的市、町、村在该特定领域采取必要措施。

【认定的撤销】

第十四条　总理大臣认为被认定的阿伊努措施地域推进计划不再符合法律规定之条件时，可以撤销其认定。当被撤销的地域推进计划中记载特定行政领域的，总理大臣必须事前告知该领域的行政长官。

2. 该领域的行政长官对于前款认定撤销可向总理大臣陈述意见。

3. 除前款外，当阿伊努措施地域推进计划中记载特定行政领域事业的，该行政领域的国家行政机关长官，可就第一款之认定撤销向总理大臣陈述意见。

4. 根据第一款之规定的认定撤销，准用第十条第十四款之规定。

第五章　被认定地域推进计划之事业的特别措施

【交付金的交付等】

第十五条　对被认定的市、町、村而言，阿伊努措施地域推进计划中有益于阿伊努文化保存与继承事业、有益于理解阿伊努传统的事业、有益于观光以及其他产业振兴的事业以及地域内、地域间或者国际交流的事业的相关经费，在内阁府的政府预算的范围内，以支付金的方式支付。

2. 但如果根据其他法令，该事业经费已由国家开支、获得财政补贴或交付金的，则不得适用该规定。

3. 除前两款规定外，与第一款交付金相关的必要事项由内阁府政令规定之。

【国有森林中共用林地的设定】

第十六条 为协调国有森林的经营与被认定市、町、村（仅限于制定了记载了第十条第四款规定事项的被认定阿伊努措施地域推进计划的市、町、村，以下本项同）的住民利用之间关系、提高土地利用程度，农林水产大臣认为必要时，可通过契约方式允许被认定市、町、村之住民或者该市、町、村一定区域内的住民共同采集、共同使用林产品之权利。

2. 视前款契约为《国有森林经营管理法》第十八条第三款规定的共有林地契约，准用该法第五章（除第十八条第一款、第二款外）之规定。此时，该条第三款中的"第一款"应替换为"《阿伊努民族支援法》① 第十六条第一款"；"市、町、村"应替换为"被认定市、町、村（本法第十二条第一款规定的被认定市、町、村，以下同）"；同款但书以及该法第十九条第五款、第二十二条第一款以及第二十四条中的"市、町、村"应替换为"被认定市、町、村"，本法第十八条第四款中"第一款"以及该法第二十一条之二中的"第十八条"应替换为"《阿伊努民族支援法》第十六条第一款"。

【关于《渔业法》《水产资源保护法》上的许可之特别考量】

第十七条 当被认定的地域推进计划中载有在内水水域实施捕捞作业，须根据《渔业法》第一百一十九条第一款、第二款或《水产资源保护法》② 第四条第一款、第二款规定取得捕捞许可时，农林水产大臣或都、道、府、县知事应就该申请适当调整捕捞的许可制度，以确保地域推进计划的实施。

【《商标法》上的特例】

第十八条 当地域推进计划中涉及阿伊努民族商品开发的，在该民族商品开发事业实施期间（下一款以及第四款中称为"实施期间"）内，适用下一款至第六款之规定。

2. 当《商标法》③ 第四十条第一款、第二款或者第四十一条之二第一款、第七款规定的注册费缴纳主体为该民族商品或服务的开发事业的实施主体时，通过政令，特许厅长官可减轻、免除被认定阿伊努措施地域推

---

① 2019 年（平成 31 年）法律第 16 号。
② 1946 年（昭和 21 年）法律第 313 号。
③ 1959 年（昭和 34 年）法律第 127 号。

进计划中所记载的、需要开拓的商品或服务的地域性集体商标之商标注册（即《商标法》第七条之二第一款规定的地域集体商标的注册，以下同）的注册费（仅限于实施期间内取得地域集体商标的注册或者实施期间内地域集体商标的续展注册）。在此情形下，《商标法》第十八条第二款以及第二十三条第二款中的"缴纳时"应替换为"缴纳或免除缴纳时"。

3. 对于被认定阿伊努措施地域推进计划中所记载的、需要开拓的商品或服务的地域性集体商标之商标注册，当获得该地域集体商标的主体为该民族商品或服务的开发事业的实施主体时，通过政令，特许厅长官可减轻或免除《商标法》第六十七条第二款规定的地域商标注册的申请费（仅限于实施期间内提出的商标注册申请）。

4. 当（该地域集体商标的）商标权为本条第二款之主体与其他主体共有时，《商标法》第四十条第一款、第二款或者第四十一条之二第一款、第七款规定的注册费，在除去减免部分外，必须依照占比缴纳。

5. 当通过商标注册申请而产生之权利为本条第三款之权利主体与其他主体共有时，《商标法》第六十七条第二款规定的注册申请费，在除去减免部分外，必须依照占比缴纳。

6. 根据前两款之规定，在计算注册费或注册申请费时，尾数未满十日元则舍去。

【地方债的发行】

第十九条 为筹集实施地域推进计划所需资金，国家应特别考虑允许市、町、村在财政状况允许的范围内发行地方债，并在资金情况允许范围内能够利用财政融资资金给予兑现保证。

第六章 指定法人

【指定】

第二十条 国土交通大臣和文部科学大臣可以根据申请，对于符合本条规定之条件的、以振兴阿伊努文化为宗旨的一般社团法人或一般财团法人，指定为象征空间相关设施的全国唯一管理人。

2. 前款之申请者出现以下各项情形之一的，国土交通大臣和文部科学大臣不得根据该款之规定指定之。

（一）根据本法规定被处以罚金、已执行完毕或者执行终结后未满两年的。

（二）根据本法第三十条第一款规定被撤销指定且被撤销指定未满两年的。

（三）一般社团法人或一般财团法人的董事出现以下情形的：

①被处以有期徒刑或者根据本法被处以罚金、已执行完毕或执行终结后未满两年的；

②根据本法第二十七条第二款之命令被解聘，且被解聘未满两年的。

3. 根据第一款规定，国土交通大臣和文部科学大臣指定了指定法人后，必须公示被指定的指定法人（以下称为"指定法人"）的名称、住所以及主要事务所所在地。

4. 指定法人变更其名称、住所以及主要事务所所在地时，必须事先向国土交通大臣和文部科学大臣提起申告。

5. 国土交通大臣和文部科学大臣收到前款申告后，必须就申告事项公示之。

【主要事务】

第二十一条 指定法人承担以下各项事务。

（一）根据第九条第一款规定，接受委托、管理象征空间的相关设施；

（二）培育阿伊努文化传承人以及其他与阿伊努文化振兴的相关工作；

（三）阿伊努传统等的推广活动以及普及与启蒙阿伊努传统知识等；

（四）支持和帮助与阿伊努文化振兴等相关的调查与研究；

（五）针对阿伊努文化振兴、阿伊努传统知识的普及与启蒙以及阿伊努文化振兴等的调查研究者，提供建议、给予帮助等；

（六）除以上各项外的其他为振兴阿伊努文化的必要事务等。

【民族共生象征空间之相关设施的管理规程】

第二十二条 指定法人必须就前条第一项所列事务（以下称为"民族共生象征空间相关设施的管理事务"）制定相关规程，并得到国土交通大臣和文部科学大臣的认可。指定法人变更相关规程的，也必须获得国土交通大臣和文部科学大臣的认可。

2. 在民族共生象征空间相关设施的管理规程中，必须规定民族共生象征空间相关设施的管理事务的实施方法、民族共生象征空间相关设施的门票以及其他国土交通省、文部科学省政令规定的事项。

3. 当国土交通大臣和文部科学大臣认为被认可的民族共生象征空间相关设施的管理规程实施不当时,可命令指定法人变更民族共生象征空间相关设施的管理规程。

【计划等】

第二十三条 指定法人每一会计年度必须制订年度工作计划书和收支预算书,并在工作年度开始前(根据第二十条第一款规定的指定之日所属年度则为获指定后不得延迟)获得国土交通大臣和文部科学大臣的认可。指定法人变更的,也必须获得认可。

2. 指定法人每一会计年度必须制定年度工作报告以及收支决算书,并在会计年度终结后三个月内提交给国土交通大臣和文部科学大臣。

【财务区别】

第二十四条 根据国土交通省、文部科学省政令之规定,指定法人必须分别处理民族共生象征空间相关设施管理事务与民族共生象征空间相关设施管理事务以外的其他事务的财务,不得混同。

【国家派遣职员的特别规定】

第二十五条 《国家公务员法》① 第一百零六条之二第三款规定的退休补贴通算法人应包括指定法人。

2. 在适用《国家公务员退休补助法》② 第七条之二、第二十条第三款规定时,应视国家派遣职员［属《国家公务员法》第二条规定的一般职位公务员,但应任命权人或接受委托者的要求,作为指定法人的职员(除不要求全日工作外,仅限从事第二十一条规定的工作,以下同)而退休、又被返聘为指定法人的职员。以下同］为该法第七条之二第一款规定的"公库等职员"。

3. 针对指定法人或国家派遣职员适用《国家公务员共济会法》③ 第一百二十四条之二规定时,分别视为该条第一款规定的"公库等"或"公库等职员"。

---

① 1947 年(昭和 22 年)法律 120 号。
② 1953 年(昭和 28 年)法律第 182 号。
③ 1958 年(昭和 33 年)法律第 128 号。

【职员派遣的特别考量】

第二十六条　除前条规定外，为确保指定法人能够确实有效地实施本法第二十一条规定的各项业务，必要时国家应采取措施向指定法人派遣职员或给予其他适当的人力帮助。

【董事的选任与解任】

第二十七条　从事本法第二十一条规定之事务的指定法人之董事的选任与解任，未经国土交通大臣和文部科学大臣认可不得生效。

2. 从事本法第二十一条规定之事务的指定法人之董事违反本法、基于本法之命令或者民族共生象征空间相关设施之管理规程，或其行为明显不符合本条规定之业务时；或者因其在任内造成指定法人出现本法第二十条第二款第三项规定之情形的，国土交通大臣和文部科学大臣可命令指定法人解任该董事。

【报告征收与现场检查】

第二十八条　根据本法的实施情况，国土交通大臣和文部科学大臣可在必要的限度内命令指定法人书面报告其业务情况或者派遣职员进入指定法人的办公场所检查其业务、账簿、文件以及其他物件或质问关系人等。

2. 根据前款规定现场检查的职员必须携带身份证明，在关系人要求时必须出示之。

3. 不得将第一款规定的现场之检查理解为犯罪搜查。

【监督命令】

第二十九条　为了本法的实施，国土交通大臣和文部科学大臣认为必要时，可对指定法人第二十一条规定的各项业务发出监督命令。

【指定的撤销等】

第三十条　当指定法人出现以下情形之一的，国土交通大臣及文部科学大臣可撤销指定法人之指定。

（一）指定法人违反本法或根据本法之命令的；

（二）指定法人存在不能履行第二十一条法定管理事务之虞的；

（三）未根据被认可的民族共生象征空间相关设施管理规程管理民族共生象征空间相关设施的；

（四）违反第二十二条第三款、第二十七条第二款或前条之命令的；

（五）不当履行民族共生象征空间相关设施管理工作的。

2. 国土交通大臣及文部科学大臣根据前款之规定撤销根据第二十条第一款之指定的，必须公示之。

【撤销指定后的过渡措施】

第三十一条　根据前条第一款规定，撤销根据第二十条第一款之指定法人之指定，国土交通大臣及文部科学大臣指定新的指定法人后，涉及民族共生象征空间相关设施之财产，归属新的指定法人。

2. 除前款规定外，根据前条第一款规定撤销第二十条第一款之指定后有关民族共生象征空间相关设施之财产管理的其他过渡措施（包括罚则的过渡措施），在合理、必要的范围内，由政令规定之。

第七章　阿伊努政策推进本部

【设置】

第三十二条　为综合有效地推进阿伊努措施，在政府内阁中设置"阿伊努政策推进本部"。

【主管事务】

第三十三条　阿伊努政策推进本部承担以下责任：

（一）制定基本方针；

（二）推动基本方针的实施；

（三）除前两项外，其他阿伊努措施规划、立法草案的起草的综合协调等。

【组织机构】

第三十四条　阿伊努政策推进本部由本部长、副本部长以及本部组员组成。

【阿伊努政策推进本部长】

第三十五条　阿伊努政策推进本部的本部长由内阁官房长官担任。

2. 本部长总领本部事务，指挥、监督、管理本部职员。

【阿伊努政策推进副本部长】

第三十六条　阿伊努政策推进本部的副本部长由国务大臣担任。

2. 副本部长协助本部长工作。

【阿伊努政策推进本部委员】

第三十七条　本部设置阿伊努政策推进本部委员若干名。

2. 本部委员由以下（第一项至第八项所列人员，除副本部长外）人员构成。

（一）法务大臣；

（二）外务大臣；

（三）文部科学大臣；

（四）厚生劳动大臣；

（五）农林水产大臣；

（六）经济产业大臣；

（七）国土交通大臣；

（八）环境大臣；

（九）除以上各项所列人员外，内阁总理大臣认为必要时指定的除本部长、副本部长以外的其他官员。

【资料提出及其他协助】

第三十八条　阿伊努政策推进本部可要求相关国家行政机关、地方公共团体、国家（《独立行政法人通则法》① 第二条第一款）与地方（《地方独立行政法人法》② 第二条第一款）独立行政法人负责人以及特殊法人（根据法律直接设立的法人或者根据特别法特别设立的、受《总务省设置法》③ 第四条第一款第九项规定的法人）负责人，提供相关资料、发表意见、予以说明以及其他必要协助。

2. 必要时，阿伊努政策推进本部也可要求除前款以外的任何机关提供资料、发表意见、予以说明和其他协助。

【事务】

第三十九条　本部的具体事务由内阁官房处理，官房副长官接受命令可辅助掌管本部工作。

【主任大臣】

第四十条　与本部相关事项，《内阁法》④ 上的主任大臣为内阁总理大臣。

【委托立法】

第四十一条　除本法规定的事项外，有关本部的其他必要事项，通过政令规定之。

---

① 1999 年（平成 11 年）法律第 103 号。

② 2003 年（平成 15 年）法律第 118 号。

③ 1999 年（平成 11 年）法律第 91 号。

④ 1947 年（昭和 22 年）法律第 5 号。

第八章　杂则

【权限委托】

第四十二条　本法规定的国土交通大臣之权限，可通过国土交通省政令之规定委托北海道开发局局长行使。

2. 本法第十六条规定的农林水产大臣之权限，可通过农林水产省政令之规定委托森林管理局局长部分行使。

3. 根据前款规定，接受委托的森林管理局局长之权限，可通过农林水产省政令之规定委托森林管理署长行使。

【命令委托】

第四十三条　除本法有规定外，为本法实施的其他必要事项，由政令规定之。

【罚则】

第四十四条　违反本法第二十八条第一款之规定，未履行报告义务或虚假报告；或拒绝、阻碍或回避检查；或不陈述和虚假陈述的，处三十万日元以下罚金。

3. 当法人的法定代表人或者法人、自然人的代理人，雇员以及其他从业者等，实施违反前款规定之行为的，除对行为人处罚外，对其法人或自然人处以同款之处罚。

第四十五条　指定法人违反国土交通大臣、文部科学大臣有关指定法人履行相关工作之命令的，处以五十万日元以下罚款。

附则　抄

【施行日期】

第一条　本法自公布之日起一个月内，由政令规定施行日期。但附则第四条、第八条规定自公布之日起施行。

【《阿伊努文化振兴法》的废止】

第二条　《阿伊努文化振兴法》① 废止。

---

① 1997年（平成9年）法律第52号。

【《阿伊努文化振兴法》废止的过渡措施】

第三条　对本条规定施行前的违法行为之处罚，适用旧法。

【准备行为】

第四条　根据本法第二十条第一款规定，想要获得指定的法人，可在本法施行前提起指定申请。

【政令授权】

第八条　除附则第三条第四条规定外，有关本法施行的其他必要过渡措施，由政令规定之。

【检验】

第九条　在本法施行五年后，政府应对本法实施效果进行检验，必要时可在检验结果的基础上采取适当措施予以改进。

附则　2019 年（平成 31 年）12 月 14 日法律第 95 号　抄

【施行日期】

第一条　本法自公布之日起二年内，由政令规定施行日期。

附则　2021 年（令和 3 年）5 月 19 日法律第 36 号　抄

【施行日期】

第一条　本法自 2021 年（令和 3 年）9 月 1 日起施行。

【罚则的过渡措施】

第五十九条　对本法施行前的违法行为之处罚，适用旧法。

附则　2022 年（令和 4 年）6 月 17 日法律第 68 号　抄

【施行日期】

1. 本法自《刑法修改法》施行之日起施行。但以下各项规定，则自其各自规定的施行日施行。

（一）第五百零九条，自公布之日起施行。

四十　宗教法人法[*]

1951年（昭和26年）4月3日法律第126号［制定］
1952年（昭和27年）7月31日法律第271号
　［根据文部省设置法修改法附则第2项之修改］
1962年（昭和37年）5月16日法律第140号
　［根据行政诉讼法的法律整备法第37条之修改］
1962年（昭和37年）9月15日法律第161号
　［根据行政不服审查法的法律整备法第63条之修改］
1963年（昭和38年）7月9日法律第126号
　［根据商业登记法的法律整备法第24条之修改］
1966年（昭和41年）4月5日法律第47号
　［根据文部省设置法之修改法附则第2款之修改］
1968年（昭和43年）6月15日法律第99号
　［根据总理府设置法修改法第24条之修改］
1983年（昭和58年）12月2日法律第78号
　［根据国际机构组织法的法律整备法第69条之修改］
1988年（昭和63年）6月11日法律第81号
　［根据不动产登记法修改法附则第4条、第8条之修改］
1989年（平成1年）12月22日法律第91号
　［根据民事保全法附则第35条之修改］
1993年（平成5年）11月12日法律第89号
　［根据行政手续法的法律整备法第79条之修改］
1995年（平成7年）12月15日法律第134号［第一次修改］
1997年（平成9年）6月6日法律第72号
　［根据商法修改法的法律整备法第13条之修改］

---

* 根据掌握的资料，目前该法的汉译版本为2014年版法律的黄晓林译本（载黄晓林《日本宗教法人制度》，北京大学出版社2019年版，第209—232页）。

1999年（平成11年）7月16日法律第87号
　　[根据地方分权促进法的法律整备法第136条之修改]
1999年（平成11年）7月16日法律第102号
　　[根据中央组织机构改革法律整备法第71条之修改]
1999年（平成11年）12月8日法律第151号
　　[根据民法修改法的法律整备法第63条之修改]
1999年（平成11年）12月22日法律第160号
　　[根据中央组织机构改革法第524条之修改]
2001年（平成13年）11月28日法律第129号
　　[根据商法修改法的法律整备法第38条之修改]
2004年（平成16年）5月12日法律第43号
　　[根据商品交易法修改法附则第33条之修改]
2004年（平成16年）6月2日法律第76号
　　[根据破产法的法律整备法第51条之修改]
2004年（平成16年）6月18日法律第124号
　　[根据不动产登记法的法律整备法第32条之修改]
2004年（平成16年）12月1日法律第147号
　　[根据民法修改法附则第46条之修改]
2004年（平成16年）12月3日法律第154号
　　[根据信托业法附则第31条、第117条之修改]
2005年（平成17年）7月26日法律第87号
　　[根据公司法的法律整备法第301条之修改]
2006年（平成18年）6月2日法律第50号
　　[根据公益法人认定法的法律整备法第365条之修改]
2011年（平成23年）5月25日法律第53号
　　[根据非诉讼手续法的法律整备法第57条之修改]
2011年（平成23年）6月24日法律第74号
　　[根据刑法修改法附则第35条之修改]
2014年（平成26年）6月13日法律第69号
　　[根据行政不服审查法的法律整备法第109条之修改]
2019年（令和1年）6月14日法律第37号
　　[根据成年人监护之权利限制的法律整备法第70条之修改]
2019年（令和1年）12月11日法律第71号
　　[根据公司法修改的法律整备法第67条之修改]
2022年（令和4年）6月17日法律第68号

[根据刑法修改法的法律整备法第215条之修改]

目 录

第一章　总则（第一条至第十一条）
第二章　设立（第十二条至第十七条）
第三章　管理（第十八条至第二十五条）
第四章　规则的变更（第二十六条至第三十一条）
第五章　合并（第三十二条至第四十二条）
第六章　解散（第四十三条至第五十一条之四）
第七章　登记
　第一节　宗教法人的登记（第五十二条至第六十五条）
　第二节　礼拜用建筑物及土地的登记（第六十六条至第七十条）
第八章　宗教法人审议会（第七十一条至第七十七条）
第九章　补则（第七十八条至第八十七条之二）
第十章　罚则（八十八条、第八十九条）
附则

第一章　总则

【立法目的】

第一条　为了有助于宗教团体利用其所有的礼拜设施及相关其他财产，开展宗教事务、实现宗教之目的，赋予宗教团体法律上的能力，特制定本法。

2. 宪法保障信仰自由、国民的宗教自由必须在所有国政事务中得到尊重。因此，本法的任何规定均不得解释为限制任何个人、集团或团体在其所保障的自由基础上传播教义、举行礼仪仪式或进行其他宗教活动。

【宗教团体的定义】

第二条　本法中的所谓"宗教团体"，是指从事教义传播、举行宗教仪式以及或教化信众为目的的以下团体。

（一）拥有礼拜设施的神社、寺院、教会、修道院以及其他与之类似的团体；

（二）包括前项所列团体的教派、宗派、教团、教会、修道会、天主教区以及与之类似的团体。

【宗教建筑及宗教土地的定义】

第三条 本法中的"宗教建筑"，是指为实现宗教法人的前条之目的，以下第一项所列的宗教法人所必要的固有建筑及其附属建筑。"宗教土地"，是指为实现宗教法人的前条之目的，以下第二项至第七项所列的宗教法人所必要的固有土地。

（一）正殿、前殿、正堂、教堂、禅堂、寺院、修行场所、神社教堂教团的事务所、主持僧侣等神职人员住所及厨房以及为实现前条之目的所利用的建筑及其附属建筑；

（二）前项所列建筑及其附属建筑所占土地（包括地上林木以及建筑及其附属建筑以外的其他物件。以下同）；

（三）参拜道路所占土地；

（四）举行宗教仪式所占用的土地（包括供神、供佛以及修道用地等）；

（五）庭院、山林以及其他为保持神圣或风景所占用之土地；

（六）根据历史、古籍等（与宗教团体）有密切亲缘性的土地；

（七）为以上所列建筑及其附属建筑或土地的灾害防治所占用的土地。

【法人人格】

第四条 根据本法规定，宗教团体可成为法人。

2. 本法中的"宗教法人"是根据本法成为法人的宗教团体。

【主管机关】

第五条 宗教法人的主管机关为管辖该宗教法人主要事务所所在地的都、道、府、县知事。

2. 不受前款规定限制，以下所列宗教法人的主管机关为文部科学大臣：

（一）在其他都、道、府、县境内拥有宗教建筑的宗教法人；

（二）前项所列宗教法人以外的宗教法人。

【公益事业以及其他事业】

第六条 宗教法人可从事公益事业。

2. 只要不违反宗教法人的成立之目的，宗教法人可从事公益事业以外的其他事业，所获收益必须用于该援助宗教法人（包括宗教团体）或公益事业。

【宗教法人的住所】

第七条　宗教法人的住所为其主要事务所在地。

【登记的效力】

第八条　有关宗教法人必须登记之事项，根据第七章第一节规定，除因登记发生效力的事项外，若未登记则不得对抗第三人。

【登记申请】

第九条　宗教法人在根据第七章之规定申请登记（除根据主管机关的委托登记外）时，必须添附登记事项的证明文件，向主管机关提出申请，不得延迟。

【宗教法人的能力】

第十条　宗教法人应根据法律政令之规定，在宗教法人章程所规定的目的范围内，享有权利并承担义务。

【宗教法人的责任】

第十一条　宗教法人的法定代表人或其他代表者在履行职务时对第三人造成损害的，宗教法人承担赔偿责任。

2. 因宗教法人目的范围外的行为造成第三人损害的，由实施该行为的法人代表、在决议中投赞成票的董事或代行董事职务的临时董事等承担连带赔偿责任。

第二章　设立

【设立的程序】

第十二条　设立宗教法人的申请人，必须制定记载以下事项的法人章程，并获得主管机关的认证。

（一）目的；

（二）名称；

（三）事务所所在地；

（四）宗教法人的设立申请人包括宗教团体的，该宗教团体的名称以及是否为宗教法人；

（五）法定代表人、理事、临时代表人或理事的姓名、资格以及任免、任期以及职务权限、临时代表人或理事的职务权限；

（六）除前项机构外，若设有决议、咨询、监察等机构的，有关该机构之事项；

（七）从事第六条规定的相关事业的，其所从事相关事业的种类及运营管理（包括该条第二款的收益处分方法）事项；

（八）基本财产、宝物以及其他财产的设定、管理以及处分（包括第二十三条但书规定的事项）、预算、决算、会计以及其他财务事项；

（九）章程的变更事项；

（十）解散事由、清算人的选任以及剩余财产归属等事项；

（十一）公告方法；

（十二）对于第五项至前项所列事项，若有制约其他宗教团体或被其他宗教团体制约的，该事项；

（十三）与以上各项所列事项相关联的其他事项。

2. 宗教法人的公告方式为报纸或该宗教法人机关报、该宗教法人事务所的揭示板、公告栏以及其他能够通知宗教法人的信众、其他利害关系人的合适方法。

3. 宗教法人的设立申请人必须在第十三条规定的认证申请一个月前，通过前款公告之方法将章程草案的要旨通知信众及其他利害关系人。

【章程的认证申请】

第十三条 根据前条第一款规定，要获取认证的申请人必须向主管机构提交认证申请书和章程各两份，并添附以下各项文件。

（一）该团体为宗教团体的书面证明；

（二）根据前条第三款规定，已经公开的书面证明；

（三）认证申请人有权利代表该团体的书面证明；

（四）法定代表人以及过半数的理事同意就任的证明。

【章程的认证】

第十四条 主管机关收到前款规定的认证申请后，应书面告知申请人其申请已被受理及受理日期，并对所提交的申请材料是否符合以下条件进行审查，若符合条件应对章程予以认证，若不符合条件或是否符合条件不能确定的则不予认证。

（一）该团体为宗教团体；

（二）章程符合本法以及其他法令之规定；

（三）设立程序符合第十二条规定。

2. 根据前款规定，主管机关决定不予认证的，必须在一定期限内给予申请人亲自或其代理人陈述意见的机会。

3. 当第一款之情况的主管机关为文部科学大臣时，根据该款规定决定不予认证的，必须事先听取宗教法人审议会的咨询意见。

4. 根据前条规定，主管机关受理认证申请后，必须在三个月内决定是否予以认证，决定予以认证的必须向申请人交付认证书以及附记有认证宗旨的章程；决定不予认证的则书面通知申请人并告知其不予认证之理由。

5. 主管机关根据第一款规定在决定是否予以认证时，不得要求申请人在章程中记载第十二条第一款所要求记载事项外的其他事项。

【成立的时期】

第十五条　宗教法人应在其主要事务所所在地注册登记后成立。

第十六条　删除

第十七条　删除

第三章　管理

【法定代表人及理事】

第十八条　宗教法人应设三名理事，其中一人为法定代表人。

2. 法人章程无特别规定的，法定代表人由理事互选产生。

3. 法定代表人代表宗教法人、总理法人事务。

4. 根据章程规定，理事共同决定宗教法人的事务。

5. 法定代表人和理事应遵守法律政令、章程以及宗教法人与宗教团体之间的协议。在不违反法律政令、章程以及宗教法人与宗教团体之间协议的情况下，法定代表人和理事应充分考虑宗教教规、宗教习惯以及宗教传统采取适当措施管理和运营宗教法人的宗教事业或宗教事务，管理及使用宗教财产，不得滥用。

6. 法定代表人、理事在宗教法人事务上的权限，不包括宗教上的任何控制权与其他权限。

【事务的决定】

第十九条　章程无特别规定的，宗教法人的事务由过半数的理事表决决定，各理事的表决权平等。

【职务代理人】

第二十条　出现以下第一项情形的，必须由法人章程规定，设置职务代理人。

（一）法定代表人或理事死亡或因其他事由缺位，且不能快速选任继任者的；

（二）法定代表人或理事生病或因其他事由三个月以上不能行使职务的。

2. 根据章程规定，职务代理人代行法定代表人或理事的职务。

【临时法定代表人及临时理事】

第二十一条　在与违反宗教法人利益相反的事项上，法定代表人无代表权。此时，根据法人章程规定，必须选任临时法定代表人。

2. 在与理事有特别利害关系的事项上，该理事无表决权。此时，若法人章程无特别规定，当拥有表决权的理事未超过理事人数一半时，必须选任临时理事，使得拥有表决权的理事人数超过理事人数一半。

3. 就第一款规定之事项，临时法定代表人代法定代表人行使职务；就第二款规定之事项，临时理事根据法人章程之规定代理事行使职务。

【理事的资格缺陷】

第二十二条　符合以下各项中的任何一项者，不能成为法定代表人、理事、职务代理人、临时法定代表人或临时理事。

（一）未成年人；

（二）成年的无行为能力人或限制行为能力人；

（三）被处以禁锢以上刑罚且尚在执行期或尚未执行者。

【财产处分等公告】

第二十三条　宗教法人（除包括宗教团体的宗教法人外）在实施以下行为时，除根据法人章程规定（若章程无特别规定时，根据第十九条）外，必须在实施该行为前一个月向信众及其他利害关系人公告所实施行为的主要内容。但当第三项至第五项所列行为紧急或轻微，或第五项所列行为为短期性的，则不受此限。

（一）处分不动产或财产清单上所列宝物或提供担保的；

（二）借款（除用会计年度内的收入偿还的短期借款外）或用于保证的；

（三）新建、改建、增建、移建、拆除主要宗教建筑或明显改变主要宗教建筑样式的；

（四）明显改变宗教土地形态的；

（五）改变主要宗教建筑或宗教土地用途，或使用宗教建筑或宗教土地的目的与第二条规定的目的不一致的。

【行为无效】

第二十四条　违反前条规定，针对宗教法人的宗教建筑、宗教土地上的不动产或宗教法人财产清单上的宝物的行为无效，但不得对抗善意第三人。

【财产清单等的作成、备附、查阅以及提出】

第二十五条　宗教法人必须在每一会计年度结束后三个月内制作其设立（包括因合并而设立）时的财产清单和会计账簿。

2. 宗教法人的事务所必须日常备附、保管以下各项材料及账簿。

（一）宗教法人章程及认证书；

（二）理事名单；

（三）财产清单、会计账簿，若有负债表的则为该负债表；

（四）与宗教建筑（除计入财产清单的建筑外）相关的各种权利证书；

（五）理事以及其他章程规定的议事会议记录；

（六）根据第六条规定与所实施相关事业的各种书面材料。

3. 阅览前款各项材料及账簿是信众及其他利害关系人的正当权益，只要不能证明阅览申请的目的不当，宗教法人则必须允许其阅览。

4. 宗教法人必须在每一会计年度结束后四个月内将第二款第二项至第六项资料的副本呈缴给其主管机关。

5. 主管机关在处理和对待前款所提交的资料时，必须尊重宗教法人的宗教特性以及习惯，须特别留意不得妨碍宗教自由。

第四章　章程的变更

【章程的变更程序】

第二十六条　宗教法人变更法人章程时，必须履行章程规定的变更程序，变更后的章程也必须获得主管机关的认证。此时，宗教法人要废除其与包含宗教法人的宗教团体之间关系（以下称为"被包括关系"）时，即便章程规定包括宗教法人的宗教团体也有一定权限的，也无须根据章程规定来处理。

2. 宗教法人要变更的章程涉及被包括关系的设定或废除的，必须至少在提出第二十七条的认证申请前两个月就变更方案向信众以及其他利害关系人公告。

3. 宗教法人要变更的章程涉及被包括关系的设定或废除的，当该关系为设定的则必须根据第二十七条规定在认证申请前，获得设定关系的宗教团体之承认；当该关系为废除的则必须根据前款之规定通知该宗教团体。

4. 就涉及废除与包括宗教法人的被包括关系的章程变更之程序违反前三款规定的，宗教团体可通知宗教法人主管机关以及文部科学大臣。

【章程变更的认证申请】

第二十七条 根据前条第一款规定，宗教法人提出认证申请的，必须向主管机关提交认证申请书以及以下所要变更事项的相关材料，一式两份。

（一）变更章程的决定，经过了章程规定的决策程序的证明材料；

（二）章程变更涉及被包括关系设定的，根据前条第二款规定已经公告以及获得第三款规定之承认的证明材料；

（三）章程变更涉及被包括关系废除的，根据前条第二款规定已经公告以及根据第三款规定已经通知的证明材料。

【章程的变更之认证】

第二十八条 主管机关受理根据前款规定的认证申请后，应书面告知申请人其认证申请已被受理及受理日期，并对所提交的申请材料是否符合以下条件进行审查，参照第十四条第一款之规定，对章程之变更是否予以认证。

（一）所变更的事项符合本法及其他法令之规定；

（二）变更程序符合第二十六条之规定。

2. 根据前款规定的认证决定，准用第十四条第二款至第五款之规定。准用时，第十四条第四款中的"附记有认证宗旨的章程"应替换为"附记有认证宗旨的变更事项"。

第二十九条　删除

【章程变更的生效日期】

第三十条　宗教法人变更法人章程的，自章程变更的认证证书交付时生效。

【合并的特例】

第三十一条　因合并后所存续的宗教法人章程变更，不拘于本章规定，受第五章规定约束。

第五章　合并

【合并】

第三十二条　两个以上宗教法人可合并为一个宗教法人。

【合并程序】

第三十三条　宗教法人合并时，在履行了第三十四条至第三十七条规定的手续后，必须获得主管机关的认证。

第三十四条　宗教法人要合并时，除根据法人章程规定（章程无特别规定时根据第十九条之规定）还必须向信众及其他利害关系人公告合并合同的主要内容。

2. 要合并的宗教法人必须在前款规定的公告日起两周内，制作财产清单以及与根据第六条规定的与事业相关的财务负债表。

3. 要合并的宗教法人必须在前款规定的期限内告知债权人，若对合并有异议，则应在公告日起不超过两个月的期限内陈述意见，且必须逐一告知已知债权人。

4. 债权人在前款规定的期限内提出异议的，要合并的宗教法人必须提前偿还或提供相应的担保，或向信托公司或经营信托业务的金融机构信托一定财产用于偿还债权人的债权。但如果合并不会损害债权人债权的则不在此限。

第三十五条　在因合并一方宗教法人要存续、另一方要解散的情况下，法人章程有必要变更时，合并后存续的宗教法人必须根据其章程规定履行章程变更程序。

2. 因合并设立宗教法人的，由要合并的各宗教法人的选任者参照第十二条第一款、第二款规定，制定宗教法人章程。

3. 根据第三十八条第一款规定，前款规定的各宗教法人的选任者必须至少在认证申请前两个月、依照第十二条第二款规定的方法，向信众及其他利害关系人公告前款制定的章程的主要内容以及合并设立宗教法人的相关情况。

第三十六条　要合并的宗教法人在设定或废除被包括关系的，准用第二十六条第一款后段以及第二款至第四款的规定。此时，以下各项规定作相应的修改。

（一）第一款后段中的"与该关系废除相关的章程变更"应替换为"与该关系废除相关的章程变更及其他该关系的废除"；

（二）第二款中的"第二十七条"应替换为"第三十八条第一款"、"该章程的变更草案"应替换为"被包括关系的设定或废除的相关事项"；

（三）第三款中的"第二十七条"应替换为"第三十八条第一款"、"前款"应替换为"第三十四条第一款"；

（四）第四款中的"与废除被包括关系相关的章程的变更程序"应替换为"伴随废除被包括关系的合并程序"、"前三款"应替换为"第三十四条至第三十七条"。

第三十七条　在第三十五条第三款或前条中，根据准用第二十六条第二款规定的必须公告的情况下，不妨碍与根据第三十四条第一款规定的公告共同进行。此时，在将第三十五条第三款的公告与其他公告合并时，视为要合并的宗教法人与该款规定的各宗教法人的选任者共同发布的公告。

【合并的认证申请】

第三十八条　宗教法人在根据第三十三条规定获取认证时，必须向主管机关提交认证申请书并添附第三十五条第一款规定的要变更事项相关资料两份、该条第二款规定的法人章程两份以及以下各项书面材料。

（一）合并之决定已履行章程所规定的决策程序（章程无特别规定时，根据第十九条规定的程序）的书面证明；

（二）第三十四条第一款规定已公告的书面证明；

（三）已履行第三十四条第二款至第四款规定之程序的书面证明；

（四）属于第三十五条第一款或第二款所规定之情况的，已履行该条第一款或第二款规定之程序的书面证明；

（五）属于第三十五条第二款所规定之情形的，合并后成立的团体为宗教团体的书面证明；

（六）根据第三十五条第三款或第三十六条中准用第二十六条第二款之规定的必须公告的，已公告的书面证明；

（七）在因合并而设定或废除被包括关系的情况下，第三十六条中准用第二十六条第三款的获取承认或已通知的书面证明。

2. 依据前款规定的认证申请，由要合并的各宗教法人联名提出，若各宗教法人的主管机关不同，应由合并后存续的宗教法人或因合并所设立的宗教法人向其主管机关提出申请。

【合并的认证】

第三十九条　主管机关收到前款规定的认证申请后，应书面告知申请人其申请已被受理及受理日期，并对所提交的申请材料是否符合以下条件进行审查，参照第十四条第一款的规定，决定该合并是否应予认证。

（一）该合并的程序符合第三十四条至第三十七条的规定；

（二）该合并属于第三十五条第一款或第二款规定之情形的，其各自要变更之事项或章程，符合本法及其他法令之规定；

（三）在该合并属于第三十五条第二款所规定之情形的，该合并后成立的团体为宗教团体。

2. 根据前款规定的认证之决定，准用第十四条第二款至第五款之规定。此时，第十四条第四款中的"附记已认证的章程"应替换为"在该合并属于第三十五条第一款或第二款所规定之情形的，附记已认证的要变更事项的书面材料或法人章程"。

3. 根据第一款或前款中准用第十四条第四款之规定，主管机关对宗教法人的通知或认证证书之交付等，只需面向该申请认证的宗教法人中的一方即可。

第四十条　删除

【合并的有效时间】

第四十一条　合并后存续的宗教法人或因合并设立的宗教法人，根据第五十六条规定，在其事务所所在地登记注册后，宗教法人的合并才具有效力。

【权利义务的继承】

第四十二条　合并后存续的宗教法人或因合并设立的宗教法人继承因合并解散的宗教法人的权利义务（包括基于行政许可、认可以及其他处分的权利义务）。

第六章　解散

【解散的事由】

第四十三条　宗教法人可任意解散。

2. 除前款解散外，宗教法人可因以下事由解散。

（一）出现法人章程中规定的解散事由的；

（二）合并（除合并后存续的宗教法人或因合并设立的宗教法人）；

（三）决定开始破产程序的；

（四）根据第八十条第一款规定，主管机关取消认证的；

（五）根据第八十一条第一款规定，法院命令解散的；

（六）包括宗教团体的宗教法人，其宗教团体缺失的。

3. 宗教法人根据前款第三项所列事由解散的，必须呈报主管机关、不得延迟。

【任意解散的程序】

第四十四条　宗教法人根据前条第一款规定要解散时，必须获得主管机关的认证；根据第二款、第三款规定履行相关手续后，必须获得主管机关的认证。

2. 宗教法人根据前条第一款规定要解散时，除根据章程规定外（章程无特别规定的，第十九条规定），必须向信众及其他利害关系人公告，并允许其自公告之日起至少两个月内陈述意见。

3. 宗教法人必须充分考虑信众及其他利害关系人在前款期限内所陈述的意见，就是否推进解散程序慎重研究。

【任意解散的认证申请】

第四十五条　宗教法人根据前条第一款规定要获取认证时，必须向主管机关提交认证申请书并添附以下各项资料。

（一）已履行章程规定的解散决定程序（章程无特别规定的，根据第十九条规定的程序）的书面证明；

（二）已公告（根据前条第二款规定的公告）的书面证明。

【任意解散的认证】

第四十六条　主管机关收到前款规定的认证申请后，应书面告知该宗教法人其申请已被受理及受理日期，并对所提交的解散申请材料是否符合

第四十四条规定进行审查，参照第十四条第一款的规定，决定该解散是否应予认证。

2. 根据前款规定的认证之决定，准用第十四条第二款至第四款之规定。此时，第十四条第四款中的"认证证书以及附记已认证的章程"应替换为"认证证书"。

【任意解散的有效时间】

第四十七条 第四十三条第一款规定的宗教法人之解散，因该解散的认证证书交付而发生法律效力。

【破产程序的开始】

第四十八条 宗教法人资不抵债时，法院应根据宗教法人的法定代表人或其事务代理人、债权人的申请或其职权决定开始破产程序。

2. 针对前款规定之情形，宗教法人的法定代表人或其事务代理人必须立刻申请开始破产程序。

【清算中的宗教法人之能力】

第四十八条之二 已解散宗教法人在清算之目的的范围内，至清算终了，视为持续存在。

【清算人】

第四十九条 宗教法人解散时（除因合并或破产程序开始之决定的解散外），除章程另有规定以及解散时已经选任法定代表人或其事务代理人以外的为清算人的，法定代表人或其事务代理人为清算人。

2. 根据前款规定未能选任出清算人或因清算人缺位可能会产生损害时，法院可以职权或利害关系人、检察官之请求选任清算人。

3. 宗教法人因第四十三条第二款第四项或第五项所列事由解散时，法院可不受前二款规定限制，根据职权或宗教法人的主管机关、利害关系人、检察官的请求选任清算人。

4. 宗教法人的清算人，准用第二十二条之规定。

5. 若有重要事由，法院可根据职权或利害关系人、检察官的请求解任清算人。

6. 若章程无特别规定，宗教法人的理事以及事务代理人应在宗教法人解散时退任。未被选任为清算人的法定代表人或事务代理人也应在宗教法人解散时退任。

7. 若属于第三项规定情形的，宗教法人的法定代表人、理事以及事务代理人不受前款规定限制，应因宗教法人解散而退任。

【清算人的职责与权限】

第四十九条之二　清算人履行以下职责。

（一）结束现任职务；

（二）代收债权以及偿还债务；

（三）剩余财产的交还。

2. 为履行前款各项所列职责，清算人可采取一切其他必要措施。

【债权的登记催告等】

第四十九条之三　自清算人就任之日起两个月内，清算人必须至少公告三次、催告债权人在一定期限内申报其债权。其中的一定期限不得低于两个月。

2. 在前款公告中，必须明确标记债权人未在期限内申报债权的将在清算中被除斥，但清算人知道债权人的则不受此限。

3. 清算人必须个别催告自己知道的债权人进行债权申报。

4. 第一款之公告应该登载于《官报》。

【未在期限内申报的债权之申报】

第四十九条之四　未在前条第一款的期限内申报债权的债权人，仅可在债务清偿结束后、尚未交付归属权人的剩余财产上主张权利。

【有关清算中宗教法人的破产程序开始】

第四十九条之五　当清算中的宗教法人明显资不抵债时，清算人必须立刻申请进入破产程序，并就开始破产程序进行公告。

2. 当决定清算中的宗教法人进入破产程序时，清算人继续就任破产财产管理人，其作为清算人的职责就此终止。

3. 在进入前款破产程序后，对于清算中的宗教法人已向债权人清偿或向剩余财产归属人交付剩余财产的，破产财产管理人可要求返还。

4. 第一款之公告应该登载于《官报》。

【法院选任的清算人的报酬】

第四十九条之六　法院根据第四十九条第二款或第三款规定选任清算人的，可决定宗教法人向该清算人支付的报酬金额。此时，必须听取该清算人（当该宗教法人章程中明确设置监察机关的，则为该清算人及该监察机关）的意见。

【剩余财产的处分】

第五十条　已解散宗教法人的剩余财产，除因合并及破产程序开始之决定而解散的情形之外，根据章程规定处分之。

2. 前款之处分，章程中无规定的，剩余财产可用于其他宗教团体或公益事业。

3. 根据前两款规定未能处分掉的财产，应上缴国库。

【法院之监督】

第五十一条　宗教法人的解散及清算，由法院监督之。

2. 法院依据职权可在任何时候以检查的方式行使前款监督权。

3. 为了行使第一款之监督权而进行必要调查，法院可选任监事。

4. 根据前款规定的法院已选任的监事，准用第四十九条之六的规定。此时，该条中的"清算人（当该宗教法人章程规定设置监察机关的，该清算人以及该监察机关）"应替换为"宗教法人及监事"。

5. 监督宗教法人解散及清算的法院，可征求主管机关意见或委托主管机关进行调查。

6. 前款中的主管机关可向该款中的法院陈述意见。

【与解散及清算的监督相关案件之管辖】

第五十一条之二　与宗教法人解散及清算的监督以及清算人相关的纠纷，由主要事务所所在地的地方法院管辖。

第五十一条之三　废除

【不服上诉的限制】

第五十一条之四　有关清算人或监事选任的法院之裁决，不得上诉。

第七章　登记

第一节　宗教法人的登记

【设立登记】

第五十二条　宗教法人必须在收到章程认证书之日起两周内，在主要事务所所在地完成设立登记。

2. 设立登记必须登记以下事项。

（一）目的（包括第六条规定之事业的事业种类）；

（二）名称；

（三）事务所所在地；

（四）包括宗教法人的宗教团体之名称及其类别；

（五）有基本财产的，该基本财产之总额；

（六）有代表权者的姓名、住所及资格；

（七）与章程中记载的宗教建筑或宗教土地等不动产以及财产清单中的宝物相关的第二十三条第一项所列事项；

（八）章程中有规定解散事由的，该事由；

（九）公告之方法。

【变更登记】

第五十三条 前条第二款各项所列各项事项发生变更时，宗教法人应自事项变更之日起两周内在主要事务所所在地的登记机关变更其登记。

【主要事务所迁至其他登记机关辖区的迁址登记】

第五十四条 宗教法人的主要事务所迁至其他登记机关辖区的，必须两周内在旧址所在地进行迁出登记，并在新址所在地进行迁入登记第五十二条第二款所列事项。

【停止执行职务之临时命令等的登记】

第五十五条 在决定、变更或撤销停止法定代表人执行职务或职务代理人选任的临时命令时，必须在主要事务所所在地的登记机关进行登记。

【合并登记】

第五十六条 宗教法人合并后，必须在合并认证证书交付之日起两周内，就合并后存续的宗教法人进行变更登记、合并后解散的宗教法人进行解散登记、因合并设立的宗教法人进行设立登记。

【解散登记】

第五十七条 根据第四十三条第一款或第二款（除第二项、第三项外。以下各条同）规定宗教法人解散时，第一款中的自解散的认证证书交付之日、第二款中的自解散事由发生之日起两周内，必须在主要事务所所在地的登记机关进行解散登记。

【清算的终结登记】

第五十八条 宗教法人清算终结后，必须在清算终结之日起两周内，在主要事务所所在地进行清算终结登记。

第五十九条至第六十一条 删除

【管辖登记机关及登记簿】

第六十二条 宗教法人的登记事务由宗教法人事务所所在地的法务

局、地方法务局或地方法务局分支或派出机构负责。

2. 各登记机关应保存宗教法人登记簿档案。

【登记申请】

第六十三条 宗教法人的设立登记由能够代表宗教法人的人员书面申请。

2. 宗教法人的设立登记申请，必须添附获得主管机关认证的宗教法人章程之副本、能够代表宗教法人的相关人员的资格证明。

3. 第五十二条第二款所列事项的变更登记申请，必须添附该事项的变更证明材料。但拥有代表权的责任人姓名、住所之变更则不在此限。

4. 在根据合并的变更或设立的登记申请书中，除应添附前二款所规定的书面材料外，还必须添附第三十四条第三款及第四款规定的已经履行相关程序的书面证明、因合并解散的宗教法人（除主要事务所在该登记机关所辖区域内的宗教法人外）的登记事项证明。

5. 在根据第五十七条规定的解散登记申请书中，必须添附解散事由的书面证明材料。

6. 在本法规定的、与主管机关认证相关的登记之申请，除应添附第三款至前款规定的书面文件外，还必须添附认证书的副本。

第六十四条 删除

【商业登记法的准用】

第六十五条 本章之登记，准用《商业登记法》①第二条至第五条（登记机关及登记官）、第七条至第十五条、第十七条、第十八条、第十九条之二至第二十三条之二、第二十四条（除第十五项以及第十六项外）、第二十六条、第二十七条（登记簿、登记程序通则以及同一场所同一商号的登记禁止）、第四十八条至第五十三条、第七十一条第一款以及第三款、第七十九条、第八十二条、第八十三条（股份公司之登记）以及第一百三十二条至第一百四十八条（变更登记、撤销登记以及杂则）之规定。准用时，该法第四十八条第二款中的"会社法第九百三十条第二款各项"应替换为"宗教法人法第五十九条第二款各项"、第七十一条第三款但书中的"会社法第四百七十八条第一款第一项所规定的公司清算人（根据该法第四百八十三条第四款规定的公司清算人代表）"

---

① 1963 年（昭和 38 年）法律第 125 号。

应替换为"宗教法人法第四十九条第一款的清算人"。

第二节 礼拜用建筑物及其土地之登记

【登记】
第六十六条 宗教法人的礼拜用建筑物及其土地可按其性质予以登记。

2. 与前款规定相关的土地登记，也可仅限于土地之上的建筑物之登记。

【登记申请】
第六十七条 根据前条第一款之规定的登记由该宗教法人申请之。

2. 前款登记之申请，必须提供能够证明其礼拜用建筑物或其土地等用途的相关文件资料。

【登记事项】
第六十八条 登记官在收到前条第一款登记申请后，必须在其建筑物或土地登记的权利部分，明确记载礼拜用途的宗教法人礼拜用建筑物或用于礼拜用建筑物的土地的范围。

【因礼拜用途废止的注销登记】
第六十九条 根据前条登记的建筑物不再用于礼拜用途时，宗教法人必须根据本条规定申请注销登记。前条登记的土地不再用于礼拜用途时，亦同。

2. 登记官在收到前款前段登记注销申请时，所申请注销建筑物之土地也有登记的，一并注销该建筑物与土地之登记。

【因所有权变更的登记注销】
第七十条 第六十八条规定的登记的建筑物及土地所有权发生移转登记时，登记官必须注销与该建筑物及土地相关的该条所规定之登记。

2. 前条第二款之规定准用于前款规定的建筑物的注销登记。

3. 前二款之规定不适用于宗教法人之合并。

第八章 宗教法人审议会

【设置及主管事务】
第七十一条 文部科学省设置宗教法人审议会。

2. 宗教法人审议会的权限及处理事项由本法规定之。

3. 宗教法人审议会可就主管机关行使本法规定之职权（仅限与前款规定相关事项）时所应注意之事项，向文部科学大臣陈述意见。

4. 宗教法人审议会不得以任何形式影响或干涉宗教团体的信仰、规律、习惯等宗教上的相关事项。

【审议会委员】

第七十二条　宗教法人审议会由十名以上二十名以内的委员组成。

2. 委员由文部科学大臣从宗教家以及宗教领域的学者专家中任命。

【任期】

第七十三条　委员的任期为两年。

2. 委员可连任。

【会长】

第七十四条　宗教法人审议会设置会长一名。

2. 会长由委员互选产生，由文部科学大臣任命之。

3. 会长总理宗教法人审议会事务。

【对委员的经济补偿】

第七十五条　委员为兼职。

2. 委员之职位无报酬，但可根据委员职务的履行情况，给予适当经济补偿。

3. 前款经济补偿的金额及其支付方法，由文部科学大臣与财务大臣协商决定之。

第七十六条　删除

【机构运营之事项】

第七十七条　除本章规定的事项外，宗教法人审议会的议事程序以及运营事项，由宗教法人审议会决定，并得到文部科学大臣的承认。

第九章　补则

【因被包括关系废除的不当处分之禁止】

第七十八条　宗教团体不得为防止宗教法人与宗教团体之间被包括关系、在第二十六条第三款（包括第三十六条中的准用情形）规定的通知前或通知后两年内，解任该宗教法人的法定代表人、主要负责人、其他责任人以及章程所规定职位的责任人之职务，不得限制其权限，不得采取不利于前述责任人的相关措施。

2. 违反前款规定的行为，无效。

3. 宗教法人在与其他宗教团体之间的包括关系已经废除的，对于关系废除前针对该宗教团体的债务不得免除履行义务。

【报告及质询】

第七十八条之二 主管机关认为宗教法人属于以下各项事项时，在本法实施的必要限度内，可要求该宗教法人报告其业务、管理运营等事项，或者向其法定代表人、主要负责人以及其他关系人提出质询。当该质询需要职员进入该宗教法人设施的，必须获得该法定代表人、主要负责人以及其他关系人的同意。

（一）当该宗教法人违反第六条第二款规定、所实施的事业超出公益事业范围的；

（二）在获得本法第十四条第一款或第三十九条第一款认证的情况下，该宗教法人缺少本法第十四条第一款第一项或第三十九条第一款第三项所列要件的；

（三）当该宗教法人出现本法第八十一条第一款第一项至第四项所规定之事由的。

2. 根据前款规定要求报告或被质询时，主管机关为文部科学大臣时，应事先咨询宗教法人审议会并听取其意见；若为都、道、府、县知事时，则必须通过文部科学大臣，听取宗教法人审议会的意见。

3. 前款之情况，文部科学大臣必须就所要求报告或质询的事项及理由，征求并听取宗教法人审议会之意见。

4. 根据第一款之规定，要求宗教法人报告或由职员质询时，主管机关必须充分尊重其宗教上的特性及习惯、不得妨碍信教自由。

5. 根据第一款规定进行质询的职员，必须随身携带其身份证明，并必须向宗教法人的法定代表人、主要责任人以及其他关系人出示。

6. 不得将第一款所规定之权限解释为犯罪调查所认可之权限。

【公益以外事业的停止之命令】

第七十九条 宗教法人从事公益事业以外之事业违反本法第六条第二款规定时，主管机关可命令该宗教法人在不超过一年的期限内、停止该事业。

2. 根据前款规定的停止之命令，应载明停止理由以及命令停止之期限，并书面通知该宗教法人。

3. 对前款规定的停止之命令，主管机关应给予申辩机会，除宗教法人书面申辩外，也应允许口头申辩。

4. 前条第二款之规定，准用于第一款的事业准备停止之命令。

【认证的撤销】

第八十条　在判明根据本法第十四条第一款或第三十九条第一款之规定已获认证、不再满足第十四条第一款第一项或第三十九条第一款第三项之要件时，主管机关可在认证证书交付之日起一年以内撤销该认证。

2. 前款的认证撤销，应载明撤销理由并书面通知宗教法人。

3. 宗教法人若有第一款规定之事由的，可通知主管机关并添附相关证据。

4. 根据《行政程序法》① 第二十条第三款规定，对于第一款认证撤销之听证，当宗教法人的法定代表人、代理人与其助理申请出庭时，听证会主持者必须同意，但当主持者认为必要时，可将助理的人数限定在三人以内。

5. 第七十八条之二第二款之规定，准用于第一款规定的认证之撤销。

6. 根据第一款之规定，主管机关撤销认定后，必须在宗教法人主要机构所在地的登记所完成撤销登记。

【审查请求程序的咨询等】

第八十条之二　除驳回审查请求外，本法第十四条第一款、第二十八条第一款、第三十九条第一款以及第四十六条第一款所规定的认证之决定，第七十九条第一款所规定的事业停止之命令以及前条第一款所规定的认证撤销审查请求之裁决，必须在事先咨询宗教法人审议会后为之。

2. 对于前款审查之请求的裁决，必须在请求之日起四个月之内作出。

【解散命令】

第八十一条　当宗教法人出现以下任一事由的，经主管机关、利害关系人或检察官的请求或以其职权，法院可命令解散该宗教法人。

（一）实施的行为明显违反了法令、严重危害公共福祉；

（二）实施的行为显著超越第二条所规定的宗教团体之目的，或一年

---

① 1993年（平成5年）法律第88号。

以上未实施该目的之行为的；

（三）当该宗教法人为第二条第一项所列举的宗教团体，其礼拜设施灭失、无正当理由由灭失后两年以上仍无该设施的；

（四）法定代表人及其代理人缺位一年以上的；

（五）根据第十四条第一款或第三十九条第一款之规定，认证证书交付一年以上的，明显缺乏第十四条第一款第一项或第三十九条第一款第三项所列举之要件的。

2. 前款所规定的解散命令之案件，由宗教法人主要事务所在地法院管辖。

3. 在第一款所规定的裁判中，必须添附理由。

4. 根据第一款规定，法院作出裁决时，必须事先要求宗教法人的法定代表人、事务代理人或代理人以及请求裁判的主管机关、利害关系人、检察官陈述其意见。

5. 对于第一款之裁判，只有宗教法人或请求裁判的主管机关、利害关系人或检察官可以上诉。上诉期间，解散命令不得执行。

6. 根据第一款规定，法院在裁判后，必须嘱托被解散宗教法人的主要事务所所在地登记机关注销登记。

7. 除第二款至前款规定的事项外，第一款规定的裁判之程序依据《非诉讼事件程序法》① 规定。

【陪同人员的意见陈述】

第八十二条 文部科学大臣以及都、道、府、县知事应为本法规定的被认证宗教法人的代表者、代理人或本法第十二条第一款规定的将要被撤销认证者及其代理人提供意见陈述场所；当根据本法第七十九条第一款规定，被命令停业的宗教法人的代表人或代理人口头提出申辩的，必须给予其代表人、代理人以及其助言者、律师等随行人员陈述意见的机会，但可将随行人员限定在三人以内。

【禁止查封扣押礼拜用建筑物等】

第八十三条 除行使不动产先取特权、抵押权或质权等优先权以及决定进入破产程序外，宗教法人所有的、根据本法第七章第二节规定已登记的与礼拜相关的建筑物以及土地，不得因私法上的金钱债权关系而查封

---

① 2011年（平成23年）法律第51号。

扣押。

【宗教上的特性以及习惯之尊重】

第八十四条　国家及公共团体机关在制定、修改、废除宗教法人相关公共税赋，或决定宗教建筑、宗教土地及其他宗教法人的财产征税范围，或根据其他宗教法人相关法令调查、检查宗教法人时，必须特别注意尊重宗教法人的宗教特性以及宗教习惯，不得妨碍信教自由。

【解释规定】

第八十五条　不得以任何形式将本法中的规定解释为赋权文部科学大臣，都、道、府、县知事或法院可协调、干涉宗教团体的信仰、戒律、习惯，或者建议、诱导或干涉神职人员之任免等。

第八十六条　宗教团体实施违反公共福祉之行为的，不得以解释本法而妨碍适用其他法令。

【审查请求与诉讼之间的关系】

第八十七条　第八十条之二第一款规定的处分撤销之诉，不得在处分审查请求裁定前提起。

【事务之区分】

第八十七条之二　根据第九条，第十四条第一款、第二款（包括第二十八条第二款、第三十九条第二款以及第四十六条第二款中的准用）以及第四款（包括第二十八条第二款、第三十九条第二款以及第四十六条第二款中的准用），第二十五条第四款，第二十六条第四款（包括第三十六条中的准用），第二十八条第一款，第三十九条第一款，第四十三条第三款，第四十六条第一款，第四十九条第三款，第五十一条第五款以及第六款，第七十八条之二第一款以及第二款（包括第七十九条第四款以及第八十条第五款中的准用），第七十九条第一款至第三款，第八十条第一款至第三款以及第六款，第八十一条第一款，第四款以及第五款，第八十二条规定，都、道、府、县所处理的相关事务，视为根据《地方自治法》①　第二条第九款第一项规定的法定委托事务。

第十章　罚则

第八十八条　宗教法人的法定代表人、责任人、临时法定代表人或清

---

①　1947年（昭和22年）法律第67号。

算人，实施以下行为中任何一项者，处十万日元以下罚款。

（一）根据本法规定，申请认证（除第十二条第一款规定的认证外）时所添附的书面材料存在虚假记载的；

（二）根据第九条或第四十三条第三款规定，未及时申请或虚假申请的；

（三）违反第二十三条规定，未按规定进行公告、实施该条各款所列行为的；

（四）违反第二十五条第一款或第二款规定，未制作或妥善管理相关书面材料或账簿，或者在该条第二款各项所列书面材料或账簿上虚假记载的；

（五）未及时提交第二十五条第四款规定的书面材料副本的；

（六）未及时申请第四十八条第二款或第四十九条之五第一款规定的破产程序的；

（七）未根据第四十九条之三第一款或第四十九条之五第一款规定及时公告或不当公告的；

（八）妨碍法院根据第五十一条第二款规定检查的；

（九）未根据第七章第一节规定及时登记的；

（十）未根据第七十八条之二第一款规定报告、虚假报告，或者对工作人员的质询不予答复或未如实答复的；

（十一）违反第七十九条第一款规定的停业整顿之命令，持续开展事务的。

第八十九条 宗教法人的设立申请人，向主管机关提交的认证申请中添附了虚假记载的书面材料的，对该申请相关团体的代表人处以十万日元以下罚款。

附　则　抄

1. 本法自公布之日起施行。
2. 《宗教法人令》[①] 以及《宗教法人令实施章程》[②]，废除。

[①] 1945 年（昭和 20 年）敕令第 719 号。

[②] 1945 年（昭和 20 年）司法省、文部省政令第 1 号。

3. 根据《宗教法人令》成立的宗教法人，在本法施行后可持续存续。

4. 对于前款宗教法人（以下称为"旧宗教法人"），第二款《宗教法人令》在本法施行后依然具有法律效力。此时，《宗教法人令》第五条第一款以及第十四条第一款中的"命令"应为"法务省政令、文部科学省政令"。

5. 旧宗教法人可根据本法中的宗教法人设立规定（包括罚则），通过制定法人章程、获取主管机关认证、完成设立登记，而成为根据本法成立的宗教法人（以下称为"新宗教法人"）。

6. 两个以上旧宗教法人可根据本法中的宗教法人设立规定（包括罚则），可共同制定法人章程、获取主管机关认证、完成设立登记，而合并为一个根据本法成立的宗教法人。

7. 第三十四条第二款至第四款之规定准用于根据前款规定的两个以上旧宗教法人合并为一个新宗教法人的情形。此时，该条第二款中的"根据前款规定之公告"应替换为"根据附则第六款规定的两个以上旧宗教法人合并为一个新宗教法人的决定"，"根据第六条规定的事务"应替换为"公共事业及其他事业"。

8. 除设立登记外，根据第五款、第六款规定，在旧宗教法人成为新宗教法人的设立登记申请书中，必须添附旧宗教法人的登记副本。

9. 根据第六款规定，在两个以上旧宗教法人合并为一个新宗教法人的设立登记申请书中，添附第七款中根据准用第三十四条第三款、第四款规定的履行了相关手续的书面证明。

10. 根据第六款规定，试图成为一个新宗教法人的旧宗教法人未履行第七款中准用第三十四条第二款至第四款规定之手续，向主管机关申请法人章程认证的，处该旧宗教法人的责任人或代理人一万日元以下罚款。

11. 根据第五款、第六款规定，决定成为新宗教法人的旧宗教法人应履行其法人章程变更程序。

12. 为了使前款之决定能够体现信徒及其他利害关系人的意见，旧宗教法人中的神社、寺院或教会可在作出前款之决定时，不受旧宗教法人章程规则的约束，通过信徒协会、信众协会等机构选任与现任代表人数相同的代表参与决策。

13. 废除旧宗教法人、与该旧宗教法人有包含关系的宗教团体包括关系的，仅限于该旧宗教法人根据第五款或第六款规定成为新宗教法人情况。

14. 根据前款规定，旧宗教法人解除被包括关系的相关手续，不受第十一款规定的限制，依据以下各项规定实施之。

（一）无须履行旧宗教法人令第六条后段所规定的程序；

（二）即使该旧宗教法人章程中规定了宗教团体具有解除被包括关系的权利，也无须根据该章程来处理；

（三）在第十二条第三款规定的公告之同时，必须通知包括旧宗教法人的宗教团体将要废除该被包括关系的意见。

15. 根据第五款、第六款规定，旧宗教法人在成为新宗教法人的，必须在本法施行之日起一年六个月内提起第十三条规定的认证申请。

16. 在根据前款规定提起认证申请的，第十四条第四款中"三个月"应替换为"一年六个月"。

17. 旧宗教法人未在第十五款规定的期限内提起认证申请或提起了申请但未获认证的，应自该认证的申请届满之日或未获认证确定之日起（若该日期在认证申请期届满前的，则该申请期届满日）解散。但在期届满日之前已经解散的除外。

18. 根据第五款或第六款规定，旧宗教法人已成为新宗教法人的，自登记之日起，旧宗教法人解散，其权利义务（包括旧宗教法人基于相关行政许可、认可以及其他处分等的权利义务）由新宗教法人继承。但该规定不适用于宗教法人解散、清算等《民法》以及《非诉讼事件程序法》的规定。

19. 根据第五款或第六款规定，旧宗教法人为成为新宗教法人进行登记时，登记官不得使用旧宗教法人登记申请书。

20. 根据第五款或第六款规定，旧宗教法人成为新宗教法人时，以旧《宗教法人令》第十五条规定登记的建筑物或土地（包括根据旧《宗教法人令》视为登记的建筑物或土地）自该宗教法人成为新宗教法人之日起，应视为该宗教法人根据本法第六十八条规定之登记。

21. 对于前款建筑物及土地，第八十三条中的"其登记后"应替换为"根据旧《宗教法人令》或旧《宗教团体法》规定登记后"。

22. 根据第五款或第六款规定，旧宗教法人中的教派、宗派或教团的主管机关为文部科学大臣，不受第五条第一款规定限制。

23. 在一定期限内，当宗教法人未实施第六条第二款规定的公益事业以外其他事业的，其会计年度收入额在文部科学大臣规定的范围之内的，不受第二十五条第一款规定的限制，可不制作会计年度收入报表。

24. 文部科学大臣在确定前款规定的收入额时，必须事先听取宗教法人审议会的意见。

25. 附则第二十三款的会计年度收入报表，不受第二十五条第二款（除第一项、第二项以及第四项至第六项外）规定的限制，宗教法人制作该款第三项所列会计账簿的，由宗教法人事务所妥善保管。

附则　1952年（昭和27年）7月31日法律第271号　抄

第一条　本法自1952年（昭和27年）8月1日起施行。

附则　1962年（昭和37年）5月16日法律第140号　抄

1. 本法自1962年（昭和37年）10月1日起施行。
2. 除本附则有特别规定外，根据改正后规定适用于本法施行前的行为，但并不影响根据改正前之法律所规定之效力。
3. 根据修改后的法律，本法施行时正在进行的诉讼为不得提起诉讼的，则不受改正后规定影响，可依据旧法继续进行诉讼。
4. 根据修改后的法律，本法施行时正在进行诉讼之管辖为专属管辖的，则不受改正后规定影响，依据旧法规定处理。
5. 根据修改后的法律，本法施行时正在进行的依据旧法的除斥期间依旧法规定处理，但仅限于新法规定的除斥期间短于旧法规定。
6. 针对本法实施前的当事人诉讼，新法所规定的除斥期间自本法施行之日起计算。
7. 针对本法实施时的处分或裁决的撤销之诉，适格被告的确定不受改正后法律规定的影响，依照旧法确定，但允许法院通过原告申请，决定诉讼当事人的变更。
8. 前款但书准用《行政诉讼法》第十八条后段以及第二十一条第二款至第五款规定。

附则　1962年（昭和37年）9月15日法律第161号　抄

1. 本法自1962年（昭和37年）10月1日起施行。

2. 除本附则有特别规定外，改正后的规定适用于本法施行前的行政行为，但不得影响根据修正前规定已生效行为的效力。

3. 本法施行前提起的诉愿、审查请求、异议申请以及其他申诉（以下称为"诉愿等"），在本法实施后仍依据施行前的法律。针对本法施行前提起的诉愿等裁决、决定以及其他处分（以下称为"裁决等"）或对本法施行前提起、本法施行后裁决等不服的诉愿等，同样依施行前的法律处理。

4. 针对前款规定的诉愿等、在本法施行后根据《行政复议法》提起的行政复议事项，适用该法以外其他法律，视为根据《行政复议法》提起的行政复议。

5. 不得将第三款规定的、针对本法施行后的审查请求、复议申请以及其他不服申请的裁决等，视为根据《行政复议法》的复议申请。

6. 对本法施行前主管机关的行政处分，虽根据改正前的规定提起诉愿等却未规定诉愿等提起期限的，可根据《行政复议法》的复议申请期限自本法施行之日起计算。

7. 对本法施行前行为的罚则，适用修改前的法律。

8. 除前八款规定外，有关本法施行的其他必要过渡措施，由政令规定之。

附则　1963年（昭和38年）7月9日法律第126号　抄

本法自《商业登记法》施行之日[①]起施行。

附则　1966年（昭和41年）4月5日法律第47号　抄

第一条　本法自1966年（昭和41年）5月1日起施行。

---

① 1964年（昭和39年）4月1日

附则　1968年（昭和43年）6月15日法律第99号　抄

【施行日期】
第一条　本法自公布之日起施行。

附则　1983年（昭和58年）12月2日法律第78号　抄

第一条　本法（除第一条外）自1984年（昭和59年）7月1日起施行。

附则　1988年（昭和63年）6月11日法律第81号　抄

【施行日期】
第一条　本法自公布之日起二十日后施行，但以下各项则按其各自规定的日期起施行。

（一）第一条中的《不动产登记法》第四章后增加一章的改正规定中的第一百五十一条之三第二款至第四款、第一百五十一条之五及第一百五十一条之七规定的相关部分、第二条中的《商业登记法》的目录改正规定以及该法第三章后增加一章改正规定中的第一百一十三条之二，第一百一十三条之三，第一百一十三条之四第一款、第四款以及第五款和第一百一十三条之五相关部分，附则第八条至第十条之规定，自公布之日起一年内由政令规定施行日期。

【登记簿制式的修改等过渡措施】
第十一条　根据本法规定的伴随《不动产登记法》《商业登记法》以及其他法律改正的登记簿制式修改的相关过渡措施，由法务省政令规定之。

附则　1989年（平成1年）12月22日法律第91号　抄

【施行日期】
第一条　本法自公布之日起两年内，由政令规定施行日期。

附则 1993年（平成5年）11月12日法律第89号 抄

【施行日期】

第一条 本法自《行政程序法》① 施行之日起施行。

【不当处分的过渡措施】

第二条 本法施行前，根据《行政程序法》第十三条规定向审议会以及其他审议机关听证、申明的相关程序，不受改正后相关法律的限制，依然适用旧法之规定。

【罚则的过渡措施】

第十三条 对本法施行前实施行为之罚则，适用改正前的法律之规定。

【与征询相关的过渡措施】

第十四条 本法施行前的意见征询、听证会（除不利处分外的）以及相关程序，视为改正后的意见征询、听证会以及相关程序等。

【委托立法】

第十五条 除附则第二条至前条规定的事项外，与本法施行相关的其他必要过渡措施，由政令规定之。

附则 1995年（平成7年）12月15日法律第134号 抄

【施行日期】

1. 本法自公布之日起一年以内由政令规定施行日期，但附则第二十三款至第二十五款的改正规定，与附则第二十四款相关事项以及下一款规定事项，自公布之日起施行。

【宗教建筑物的登记】

2. 在本法施行日，根据改正前的《宗教法人法》（以下称为"旧法"）第五条、附则第二十二款规定，主管机关（以下称为"旧法主管机关"）为都、道、府、县知事的宗教法人若在其他都、道、府、县境内持有宗教建筑物的，必须自本法公布之日起六个月内，通过其旧法主管

---

① 1993年（平成5年）法律第88号。

机关向文部大臣书面申报。申报材料须载明宗教建筑物的名称、所在地以及面积等（以下称为"宗教建筑相关材料"）。

3. 在本法施行日，前款规定的宗教法人若因灭失或其他事由而失去其所有的其他都、道、府、县境内的宗教建筑物的，必须自本法施行之日（以下称为"施行日"）起六个月内，通过其旧法主管机关向文部大臣申报。

4. 在本法施行日，旧法主管机关为都、道、府、县知事的宗教法人（除根据附则第二款规定已申报的宗教法人外）若在其他都、道、府、县境内拥有宗教建筑物时，必须在施行日起六个月内，通过其旧法主管机关向文部大臣书面申报。

【会计账簿制作的相关过渡措施等】

5. 改正后的《宗教法人法》（以下称为"新法"）第二十五条第一款规定的会计账簿制作部分以及新法附则第二十三款之规定适用于施行日以后开始的宗教法人会计年度（以下称为"施行日以后的会计年度"）相关的年度会计账簿作成。

6. 新法第二十五条第二款规定会计账簿的妥善保管部分以及新法附则第二十五款之规定适用于施行日以后的年度会计账簿的保管；施行日以前已开始的年度会计账簿则适用旧法之规定。

7. 新法第二十五条第四款规定适用于施行日以后的年度会计账簿副本的上交。

【主管机关处分的相关过渡措施等】

8. 旧法主管机关根据旧法作出的行政处分、程序以及其他行为应被视为根据新法第五条、新法附则第二十二款规定，由主管机关（以下称为"新法主管机关"）作出的行政处分、程序以及其他行为。

9. 旧法主管机关根据《宗教法人法》第十四条第四款（包括第二十八条第二款、第三十九条第二款以及第四十六条第二款中的准用。以下同）规定，已交付的认证证书、已标注认证的法人章程或者试图要变更的事项等书类，视为由新法主管机关根据《宗教法人法》第十四条第四款规定交付的书类。

附则　1997年（平成9年）6月6日法律第72号　抄

【施行日期】
第一条　本法自《商法等部分修改法》① 的施行日起施行。
【过渡措施】
第二条　本法施行前已缔结合并契约的相关合并，在本法施行后依然适用合并前的法律。
【罚则适用的过渡措施】
第三条　对本法施行前所实施行为以及前款规定的在本法施行后实施行为的罚则，适用旧法之规定。

附则　1999年（平成11年）7月16日法律第87号　抄

【施行日期】
第一条　本法自2000年（平成12年）4月1日起施行。但以下各项则按其各自规定的日期施行。
（一）第一条中的《地方自治法》第二百五十条以下五条、节名以及第二小节及小节名的改正规定（仅限该法第二百五十条之九第一款、获得参众两院同意的相关部分），第四十条中的《自然公园法》附则第九款、第十款的改正规定，第二百四十四条规定（除与《农业改良助长法》第十四条之三的改正规定相关部分），第四百七十二条规定（除与《市、町、村合并特别法》第六条、第八条以及第十七条改正规定相关部分）以及附则第七条、第十条、第十二条、第五十九条但书、第六十条第四款及第五款、第七十三条、第七十七条、第一百五十七条第四款至第六款、第一百六十条、第一百六十三条、第一百六十四条以及第二百零二条规定，自公布之日起施行。
【国家事务等】
第一百五十九条　除本法改正前各自法律规定的事项之外，地方公共团体基于法律或政令管理或执行国家、其他地方公共团体或其他公共团体

---

① 1997年（平成9年）法律第71号。

事务（在附则第一百六十一条中称为"国家事务等"），在本法施行后，视为地方公共团体基于法律或政令管理或执行的地方公共团体的事务。

【处分、申请等的过渡措施】

第一百六十条 本法（附则第一条各款规定。在本条及附则第一百六十三条中同）施行前，各自法律所规定的许可等行为以及其他行政行为（以下称为"处分等行为"）或本法施行时根据改正前法律的申请许可等行为（以下称为"申请等行为"），在本法施行日实施的，除附则第二条至前条的规定或改正后的各自法律（包括基于法律的命令）的相关过渡措施规定外，本法施行后以及修改后各自法律的适用，视为根据修改后各自法律所规定的处分等行为或申请等行为。

2. 根据本法施行前各自法律规定，必须向国家或地方公共团体机关报告、登记、提起以及其他程序之事项，在本法施行时尚未完成的，除本法或基于本法的法令有特别规定外，应根据改正后本法各自法律规定向国家或地方公共团体机关报告、登记、提起等，应适用改正后各自的法律。

【行政复议的过渡措施】

第一百六十一条 对本法施行前的国家事务等行政行为，作出该处分的行政机关（以下称为"行政机关"），在施行日之前根据《行政复议法》规定向上级机关（以下称为"上级行政机关"）提起复议的，视为施行日之后前根据《行政复议法》规定，向上级机关提起的复议，在施行日之后，仍由该上级行政机关处理；此时，当该行政复议的上级行政机关被视为行政机关时，施行日之前的行政机关的上级机关则应被视为行政机关。

2. 在前款中被视为上级行政机关的行政机关为地方公共团体机关的情况下，根据《行政复议法》规定，该机关所处理的事务为新《地方自治法》第二条第九款第一项所规定法定受托事务。

【罚则适用的过渡措施】

第一百六十三条 对本法施行前行为的处罚，适用施行前法律。

【其他过渡措施的委托立法】

第一百六十四条 除本附则规定的事项外，伴随本法施行的其他必要过渡措施（包括罚则的过渡措施），由政令规定之。

【研究】

第二百五十条 在新《地方自治法》第二条第九款第一项所规定的

第一项法定受托事务上，尽可能不增设新事项。同时，应从推动地方分权的视角去研究讨论新《地方自治法》附表一所列举事项以及基于新《地方自治法》的政令所规定事项，使其能得到切实可行的改进。

第二百五十一条　为保障地方公共团体能独立自主地执行公共事业，（中央）政府应采取必要措施，确保适合国家与地方公共团体的地方财源制度。

附则　1999年（平成11年）7月16日法律第102号　抄

【施行日期】

第一条　本法自《内阁法修改法》①的施行日起施行，但以下各项则按其各自规定的日期施行。

（一）略

（二）附则第十条第一款及第五款、第十四条第三款、第二十三条、第二十八条以及第三十条规定，自公布之日起施行。

【伴随《宗教法人法》部分改正的过渡措施】

第十七条　本法施行时的前文部省宗教法人审议会的委员，自本法施行日起被视为根据改正后的《宗教法人法》（以下称为"新《宗教法人法》"）第七十二条第二款规定被任命的文部科学省宗教法人审议会委员，其任期为原任期，不受新《宗教法人法》第七十三条第一款规定的影响。

2. 本法施行时的前文部省宗教法人审议会会长，自本法施行日起应视为由前款所选委员互选产生，且根据新《宗教法人法》第七十四条第二款规定，被任命的文部科学省宗教法人审议会会长。

【其他过渡措施】

第三十条　除第二条至前条规定的事项外，伴随本法施行的其他必要过渡措施，由其他法律规定之。

附则　1999年（平成11年）12月8日法律第151号　抄

【施行日期】

第一条　本法自2000年（平成12年）4月1日起施行。

---

①　1999年（平成11年）法律第88号。

【过渡措施】

第三条 除以下所列修改规定外，根据《民法修改法》① 附则第三条第三款规定，有关旧法所认定的准禁治产人及其监护人，则适用旧法。

（一）至（二十五）省略

第四条 对本法施行前的行为的罚则，适用实施前的法律。

附则 1999年（平成11年）12月22日法律第160号 抄

【施行日期】

第一条 本法（除第二条、第三条外）自2001年（平成13年）1月6日起施行，但以下各项则按其各自规定的日期起施行。

（一）第九百九十五条（仅限《核原料管理法修改法》附则的修改规定部分）、第一千三百零五条、第一千三百零六条、第一千三百二十四条第二款、第一千三百二十六条第二款以及第一千三百四十四条之规定，自公布之日起施行。

附则 2001年（平成13年）11月28日法律第129号 抄

【施行日期】

第一条 本法自2002年（平成14年）4月1日起施行。

【罚则适用的过渡措施】

第二条 对本法施行前发生的行为以及根据本法规定适用旧法的，在本法施行后的行为之处罚，适用施行前法律。

附则 2004年（平成16年）5月12日法律第43号 抄

【施行日期】

第一条 本法自公布之日起一年内、由政令规定施行日期，但以下各项则按其各自规定的日期起施行。

（一）及（二）省略

（三）附则第三十条及第三十三条之规定，自公布之日起九个月内，

---

① 1999年（平成11年）法律第149号。

由政令规定施行日期。

附则　2004年（平成16年）6月2日法律第76号　抄

【施行日期】

第一条　本法自《破产法》①（在下一条第八款和附则第三条第八款、第五条第八款第十六款第二十一款、第八条第三款以及第十三条中，称为"新《破产法》"）的施行日起施行。

【罚则适用的过渡措施】

第十二条　对本法施行前发生的行为以及根据本法附则第二条第一款、第三条第一款、第四条、第五条第一款、第九款、第十七款、第十九款、第二十一款以及第六条第一款、第三款规定适用旧法的，在本法施行后的行为之处罚，适用施行前法律。

【委托立法】

第十四条　除附则第二条至前条规定的事项外，伴随本法施行的其他必要过渡措施，由政令规定之。

附则　2004年（平成16年）6月18日法律第124号　抄

【施行日期】

第一条　本法自新《不动产登记法》施行之日起施行。

附则　2004年（平成16年）12月1日法律第147号　抄

【施行日期】

第一条　本法自公布之日起六个月内由政令规定施行日期。

附则　2004年（平成16年）12月3日法律第154号　抄

【施行日期】

第一条　本法自公布之日起六个月内，由政令规定施行日期。

---

① 2004年（平成16年）法律第75号。

【行政处分等的效力】

第一百二十一条　除附则有特别规定外，根据本法施行前各项法律（包括基于该法律的命令。以下本条同）规定的行政处分、程序以及其他行政行为，视为根据改正后各法律规定的行政处分、程序以及其他行政行为。

【罚则适用的过渡措施】

第一百二十二条　在本法施行前发生的行为以及根据附则规定适用旧法的情况下，对本法施行后的行为之处罚，适用施行前法律。

【其他过渡措施的委托立法】

第一百二十三条　除附则规定的事项外，伴随本法施行的其他必要过渡措施由政令规定之。

附则　2005年（平成17年）7月26日法律第87号　抄

【施行日期】

第一条　本法自《公司法》施行之日起施行。

附则　2006年（平成18年）6月2日法律第50号　抄

【施行日期】

第一条　本法自《一般社团、财团法人法》施行之日起施行。

附则　2011年（平成23年）5月25日法律第53号　抄

【施行日期】

第一条　本法自新《非诉讼事件程序法》施行之日起施行。

附则　2011年（平成23年）6月24日法律第74号　抄

【施行日期】

第一条　本法自公布之日起二十日后开始施行。

附则 2014年（平成26年）6月13日法律第69号 抄

【施行日期】

第一条 本法自《行政复议法》①施行日起施行。

【过渡措施的原则】

第五条 除附则有特别规定外，对本法施行前的行政处分、行政行为以及行政不作为的行政复议等，适用本法施行前的法律。

【与诉讼相关的过渡措施】

第六条 根据本法规定，未经行政主管机关依据改正前的法律对复议作出的裁决、决定以及其他行为不得提起诉讼，对于因未提起复议且在本法施行前提起复议的期限已经经过的（包括申请该复议前必须经过其他复议裁决、决定或行为、在本法施行前复议提起期限内未提起且经过复议期限的情形）的起诉问题，适用修改前法律。

2. 根据本法规定，对改正前提起的异议申请之处分以及其他行为、只能在改正后提起审查请求之裁决的撤销之诉的，适用修改前法律。

3. 在本法施行前提起的撤销行政机关复议裁决、决定以及其他行政行为的诉讼，适用修改前法律。

【罚则适用的过渡措施】

第九条 在本法施行前发生的行为以及根据附则第五条以及前两条规定适用旧法的情况下，对本法施行后的行为之处罚，适用施行前法律。

【其他过渡措施的委托立法】

第十条 除附则第五条至前条规定的事项外，伴随本法施行的其他必要过渡措施（包括罚则的过渡措施）由政令规定之。

附则 2019年（令和1年）6月14日法律第37号 抄

【施行日期】

第一条 本法自公布之日起三个月后施行，但以下各项则由其各自规定的日期起施行。

---

① 2014年（平成26年）法律第68号。

（一）第四十条、第五十九条、第六十一条、第七十五条（仅限《儿童福利法》第三十四条之二十修改规定）、第八十五条、第一百零二条、第一百零七条（仅限《民间中介机构收养儿童保护法》第二十六条之修改规定）、第一百一十一条、第一百四十三条、第一百四十九条、第一百五十二条、第一百五十四条（仅限《不动产评估鉴定法》第二十五条第六项之修改规定）、第一百六十八条以及下一条和附则第三条、第六条之规定，自公布之日起施行。

【行政行为的过渡措施】

第二条　本法施行前（前款各项所列举之规定的，为该规定。以下本条以及下一条中同），依据旧法或行政命令之行政行为的有效、无效之判断，遵从旧法之规定。

【罚则的过渡措施】

第三条　对本法施行前之行为的处罚，适用旧法。

【研究】

第七条　对于《公司法》①、《一般社团法人与一般财团法人法》② 中的董事资格因成为被监护人、被保佐人为理由而被限制的，政府应在本法公布一年内进行研究探讨，并就删除该规定之必要性采取必要措施。

附则　2019 年（令和 1 年）12 月 11 日法律第 71 号　抄

【施行日期】

本法自公布之日起施行，但以下各项则由其各自规定日期起施行。

（一）第九条中的《公司债券、股票转移法》第二百六十九条（仅限"第六十八条第二款"改为"第八十六条第一款"）、第二十一条中的《促进民间资本公共设施整备法》第五十六条第二款以及附则第四条、第四十一条中的《保险业法》附则第一条之二十四第一款、第四十七条中的《保险业法修改法》附则第十六条第一款、第五十一条中的《株式会社海外通信、播送、邮递事业支援法》第二十七条、第七十八条及第七十九条、第八十九条中的《农林中央金库及特定农水产业协会之信用事业强化法》附则第二十六条第一款、第一百二十四条以及第一百二十五

---

① 2005 年（平成 17 年）法律第 86 号。
② 2006 年（平成 18 年）法律第 48 号。

条，自公布之日起施行。

（二）以下各条，自公布之日起，在一年三个月内由政令规定施行日期：第一条中的《外国法人以及夫妻财产契约之登记法》第四条（除下一项所列内容）、第六条（除该《商业登记法》第九十条之后增加一条、第九十一条第二款的修订规定所列修正规定外）、第七条、第十五条中的《一般社团法人与一般财团法人法》第三百三十条之修改（除该所列内容外）、第十六条第五款、第十七条中的《信托法》第二百四十七条之修改（除该所列内容外）、第十八条中的《职员团体人格法》第五十八条之修改规定（除增加、修改和删除部分外）、第二十六条、第二十七条（除下一项所列内容）、第二十八条、第三十二条中的《投资信托以及投资法人法》第一百七十七条之修改规定第三十四条中的《信用金库法》第八十五条之修改、第三十五条第四款、第三十六条中的《劳动金库法》第八十九条之修改、第三十七条第三款、第四十一条中的《保险业法》第六十七条之修改、第四十二条第十一款、第四十五条中的《资产流动化法》第一百八十三条第一款之修改、第四十六条第九款、第五十条、第五十六条中的《酒税保全法》第七十八条之修改、第五十七条第三款、第六十七条中的《宗教法人法》第六十五条之修改、第六十八条、第六十九条中的《消费者协会法》第九十二条之修改、第七十条第三款、第八十条中的《农村负债治理协会法》第二十四条第一款之修改、第八十五条中的《渔船损害补偿法》第八十三条之修改、第八十六条、第九十三条中的《中小企业协会法》第一百零三条之修改、第九十四条第三款、第九十六条中的《商品期货交易法》第二十九条之修改、第九十七条、第九十九条、第一百零一条。

（三）以下各条，自《公司法修改法》附则第一条但书规定的施行日起施行：第一条中的《外国法人登记及夫妻财产契约登记之法律》第四条之修改；第三条至第四条；第六条中的《商业登记法》第七条之二、第十一条之二、第十五条以及第十八条之修改、第四十八条至第五十条、第八十二条第二款至第四款之修改、第八十七条第一款、第九十一条第一款之修改、第九十五条、第一百一十一条、第一百一十八条以及第一百三十八条之修改；第九条中的《公司债券股票交易法》第一百五十一条第二款第一项之修改、第一百五十五条第二款之修改、第一百五十九条之二、第二百二十八条第二款之修改、第二百三十五条第一款第二款之修改、第二百三十九条第二款之修改；第十条第二款至第二十三款；第十一条中的《公司重整法》第二百六十一条第一款之修改；第十四条中的《实施公司法修改法之法律整备法》第四十六条之修改；第十五条中的《一般社团法人及一般财团法人法》目录之修改、第四十七条之修改，第三百零一条第二款第四项之修改、第三百一十五条及第三百二十九条之修改、第三百三十条以及第三百四十二条之修改；第十七条中的《信托法》第二百四十七条之修改；第十八条；第二十二条及第二十三条；第二十五条中的《金融商品交易法》第八十九条之三的修改、第八十九条之四第二款之修改、第九十条之修改、第一百条之四、第一百零一之二十第一款、第一百零二条第一款、第一百零二条之十的修改、第一百零二条之十一的修改、第一百四十五条第一款及第一百四十六条之修改；第二十七条中的《损害保险精算团体法》第二十三条至二十四条之二的修改、第二十五条修改、第九十条之修改、第一百条之四、第一百零一之二十第一款、第一百零二条第一款、第一百零二条之十的修改、第一百零二条之十一的修改、第一百四十五条第一款及第一百四十六条之修改；第三十二条中的《投资信托及投资人法》第九十四条第一款的修改、第一百六十四条第四款之修改、第一百六十六条第二款、第一百七十七条之修改、第二百四十九条之修改；第三十四条中的《信用金库法》目录之修改、第四十六条第一款之修改、第四十八条之八的修改、第六十五条第二款、第七十四条至第七十七条之修改、第八十五条、第八十七条及第九十一条之修改；第三十六条中的《劳动金库法》第七十八条至八十条以及第八十一条之修改、第八十九条之修改；第三十八条中的《金融机构合并法》第六十四条第一款之修改；第四十条；第四十一条中的《保险业法》第四十一条第一款之修改、第四十九条第一款之修改；第四十三条中的《金融机构重组程序特例法》第一百六十二条第一款之修改、第三百三十五条及第三百五十五条第一款之修改；第四十五条中的《资产的流动化法》第二十二条第二款之修改、第六十五条第三款之修改、第一百八十三条第一款以及第三百一十六条第一款之修改；第四十八条；第五十条中的《政党补助金法》第十五条之三的修改；第五十二条至第五十四条；第五十六条中的《酒税保全法》第二十二条之修改、第五十七以及第六十七条至第六十九条之修改、第七十八条之修改、第八十条之修改；第六十九条中的《消费者协会法》第八十一条至第八十三条之修改、第九十条第四款之修改、第九十二条之修改；第七十一条中的《中医治疗法》第四十六之三之六以及第七十条之二十一第六款之修改、第九十三条之修改；第七十七条之修改；第八十条中的《农村负债治理协会法》第二十四条第一款之修改；第八十一条中的《农业合作社法》第三十六第七款之修改、第四十三条之六及第四十三条之七的修改；第八十三条中的《水产合作社法》第四十条之七的修改、第六十八条第二款之修改、第一百三十条第一款第三十八项之修改；第八十三条中的《水产合作社法》第四十条之七的修改、第六十八条第二款之修改、第一百三十条第一款第三十八项之修改；第八十五条中的《渔船损害补偿法》第七十一条之七十三条之修改、第八十三条之修改；第八十七条中的《森林合作社法》第五十条第七款之修改、第六十条之三的修改、第六十条之四的修改、第一百条第二款之修改、第一百二十二条第一款之修改；第八十九条中的《中央金库及特定农业合作社信用事业强化法》第二十二条第二款之修改；第九十条中的《林业中央金库法》第四十六条之三的修改、第四十七条之三的修改、第一百条第一款第十六项之修改；第九十三条中的《中小企业协会法》的目录之修改、第九十三条至第九十五条、第九十六第四款以及第九十七条第一款之修改、第一百零三条之修改；第九十六条之修改；第九十八条中的《进出口交易法》第十九条第一款之修改；第一百条；第一百零二条中的《技术研究协会法》的目录之修改、第一百五十九条第三款至第五款、第一百六十条第一款以及第一百六十八条之修改；第一百零七条；第一百一十一条。

附则 2022 年（令和 4 年）6 月 17 日法律第 68 号　抄

【施行日期】

第一条　本法自《刑法修改法》施行之日起施行。但以下各项规定，则自其各自规定的施行日施行。

（一）第五百零九条，自公布之日起施行。

第七部分
与文化艺术相关的其他法律

四十一　内容产业促进法[*]

2004 年（平成 16 年）6 月 4 日法律第 81 号［制定］
2015 年（平成 27 年）9 月 11 日法律第 66 号
　［根据国家行政机构组织法修改法附则第 17 条之修改］
2017 年（平成 29 年）6 月 23 日法律第 73 号
　［根据文化艺术振兴基本法修改法附则第 3 条之修改］
2021 年（令和 3 年）5 月 19 日法律第 35 号
　［根据数字社会形成法附则第 6 条之修改］
2021 年（令和 3 年）5 月 19 日法律第 36 号
　［根据数字厅设置法附则第 25 条之修改］

目　录

第一章　总则（第一条至第八条）
第二章　基本措施（第九条至第十六条）
第三章　振兴内容产业的必要措施等（第十七条至第二十二条）
第四章　行政机关的措施（第二十三条至第二十七条）
附则

第一章　总则

【目的】

第一条　为了全面有效地促进内容的创作、保护和使用之措施，振兴

---

[*] 该法的日文名称为『コンテンツの創造、保護及び活用の促進に関する法律』，在日本通常简称为『コンテンツ促進法』。根据掌握的资料，该法现有汉译版本为 2004 年版法律的刘睿译本《原创内容创造、保护及利用促进法》（陈博核校、李轶豪审校）（载中共中央宣传部政策法规研究室编《外国文化法律汇编》（第一卷），学习出版社 2015 年版，第 401—406 页）。

内容产业，提高国民生活、促进国民经济健康发展，根据《知识产权基本法》① 所确定的基本理念，规范内容的创作、保护和使用之基本原则、基本措施以及国家、地方公共团体和内容创作者等的责任与义务，特制定本法。

【定义】

第二条 本法中的"内容"，是指在人类创造活动中产生的、属于教养或娱乐范围的电影、音乐、戏剧、文学、摄影、漫画、动画、电脑游戏以及其他通过电子计算机提供的文字、图形、色彩、声音、动作、影像及其组合而成或与之相关的程序等。

2. 本法中的"内容创作等"，是指以下所列各项行为。

（一）内容的创作；

（二）内容的复制、上映、公演、公开播送以及其利用行为（包括内容复制品的转让、租借以及展示等）；

（三）与内容相关的知识产权（即《知识产权基本法》第二条第二款规定的知识产权。以下同）管理。

3. 本法中的"内容产业"，是指所从事的事业为内容创作等；"内容产业者"是指以内容事业为主要事业的法人和自然人。

【基本原则】

第三条 鉴于推动内容的创作、保护及使用之措施，不仅可通过信息记录介质、先进的信息网络以及其他手段，向民众提供内容以丰富国民生活，而且也有助于增进海外对日本文化的理解，因此必须通过充分展示内容创作者的创造力、在国内外适当地保护与内容相关的知识产权、促进内容的顺利流通等，使得民众能够享受内容之惠泽、扩大民众开展文化活动之机会，从而提高国民的生活水平、实现创作文化的多样化发展。

2. 鉴于内容产业在未来有望得到快速增长与发展，为推动内容的创作、保护及使用之措施必须在促进提高经济、社会活力及可持续发展的基础上进行，通过推动内容业者的自律性发展，实现内容产业的创出、健康与多样化发展，提高内容产业的效率化与高水平化，以强化（国家的）国际竞争力。

3. 在推动内容的创作、保护及使用之措施时，必须考虑《数字社会

---

① 2002 年（平成 14 年）法律第 122 号。

形成基本法》①《文化艺术基本法》② 以及《消费者基本法》③ 所确立的基本原则。

【国家的责任与义务】

第四条 国家有责任和义务根据前条促进内容的创作、保护及使用的基本原则（以下称为"基本原则"），制定并实施促进内容的创作、保护及使用之措施。

【地方公共团体的责任与义务】

第四条 地方公共团体有责任和义务根据本法的基本原则（以下称为"基本原则"），在与国家适当分工的基础上，制定并实施适应其辖区特点的内容创作、保护及使用自主性措施。

【内容创作者的责任与义务】

第六条 内容的创作者，在内容创作过程中，应通过加深对知识产权的理解，努力尊重与内容相关的其他人的知识产权。

2. 内容的创作者，在内容创作过程中，必须充分考虑其所制作之内容对青少年等受众之影响。

【加强协作】

第七条 国家应采取必要措施加强国家、地方公共团体与参与内容创作等相关业者间的相互合作，以促进内容的有效创造、保护及使用。

【法制上的措施】

第八条 政府必须采取必要的法制、财政金融以及其他措施，以实施内容的创作、保护及使用之促进措施。

第二章 基本措施

【人才培育等】

第九条 为了培育、提高和确保能够创造出有魅力、有效利用之内容的人才，国家应采取以下必要措施，即通过高等教育机构实现内容创作等教育、促进国内外内容创作者之间的相互交流、举办内容展示会或品评会

---

① 2021 年（令和 3 年）法律第 35 号。
② 2001 年（平成 13 年）法律第 148 号。
③ 1968 年（昭和 43 年）法律第 78 号。

等类似活动以及其他必要措施。

【推进尖端技术等的相关研发】

第十条 为了能够使用电影制作、放映及播送等领域的最先进技术创制出高质量的内容，国家应采取必要措施，促进先进技术的研发、振兴教育。

【与内容相关的知识产权之保护】

第十一条 为应对因互联网的普及以及社会经济情势之变化所导致的内容的利用方法的多样化，并适当保护与内容相关的知识产权，国家在采取适当措施时，应当考虑内容的公正合理使用的同时，慎重处理内容的权利范围。

【促进顺利流通等】

第十二条 为提高互联网和其他先进信息网络通信的便利性，并在确保其安全性与可靠性的同时，利用多样手段促进内容的顺利流通，国家应采取必要措施，支持开发和利用内容的互联网相关技术认证、技术性保护手段、高速稳定的电信可能化之技术以及与内容流通相关的其他技术。

2. 为方便内容的使用，国家应在考虑保护个人及法人的权利利益的同时，采取必要措施支持开发并完善与内容相关的知识产权权利人之信息及其内容的权利范围的信息数据库。

【促进合理保存等】

第十三条 为了确保通过使用互联网及其他先进的信息通信网络、合理并有效地传输内容，国家及地方公共团体应采取必要措施，完善内容的创作、收集、保护、播送或既存内容的数字化等体制。

【使用机会等格差的消除】

第十四条 为了使国民能普遍享受内容之惠泽，国家及地方公共团体应采取必要措施，消除因年龄、身体状况以及其他因素造成国民在内容的使用机会或能力方面的差异。

【独具特色的地域社会之形成】

第十五条 为通过促进独具特色和富有活力的地域社会之内容的创作、保护及使用，构建一个充满个性与活力的地域社会，国家及地方公共团体应采取必要措施，以支持具有地域魅力的内容产出活动、地域电影等内容的创作活动。

【增进国民的理解与关心】

第十六条 为促进内容的创作、保护及使用，加深国民对内容创作者之重要性的理解与关心，国家及地方公共团体应采取必要措施，充实并加强与内容相关的宣传活动、促进内容的教育振兴。

第三章　振兴内容产业的必要措施等

【为实现多元资金筹集的制度构建】
第十七条　鉴于内容创作业者（以下称为"内容产业者"）难以顺利获得内容创作所需的必要资金，为了内容产业者有稳定的资金来源，国家应构建多元的资金筹集制度以及采取其他必要措施。

【权利侵害的对应措施】
第十八条　为保护内容产业者的合法利益，对于在国内外的内容非法复制行为以及其他与内容相关的知识产权侵权行为，国家应与内容产业者和内容产业相关团体密切合作，完善与内容相关的知识产权侵权行为的规制制度、建立处理境外内容相关知识产权侵权责任制度以及采取其他必要措施。

【促进海外内容产业的发展】
第十九条　为了在扩大内容产业规模的同时，通过向海外普及日本内容以促进对日本文化的理解，国家应采取必要措施支持并向海外介绍我国具有魅力之内容，为实现内容交易的活性化，支持积极参与国际内容产业活动、刺激内容交易，收集并提供海外市场的内容产业信息。

【公平交易关系的构筑】
第二十条　鉴于大部分内容创作业者为中小企业，且其大部分业务是通过委托或承包合同来进行，为了通过构建与内容创作的委托者、承包者之间公平的交易关系，保护内容创作业者的利益，国家应制定内容的基本交易规则以及采取其他必要措施。

【对中小企业的特别考量等】
第二十一条　鉴于中小企业在内容产业成长与发展中所扮演的重要角色，在采取措施促进内容产业发展时，国家必须特别考量确保中小企业的内容业务得到顺利发展。

2. 在采取措施促进内容产业发展时，国家必须注意保护消费者的利益。

【内容产业者应采取的措施】
第二十二条　在开展内容业务时，内容产业者应根据基本原则自主

（自律）开展业务，努力通过最有效的方式充分发挥其能力，以提高业务效率和业务水平，同时采取措施促进内容得到充分流通，以便其能够被广泛使用，收集并管理国内外与内容相关的知识产权侵权信息并采取其他必要措施。

2. 内容产业者应努力确保内容从业者（包括根据承包合同、为内容产业者出演、提供其他内容创作服务的人员等。以下称为"内容从业者"）有符合其职务的适当待遇，使得内容从业者的职务具有吸引力并与其重要性相称。

第四章 行政机关的措施等

【行政机关之间的密切协作】

第二十三条 在促进内容的创作、保护及使用时，各相关行政机关必须密切合作，采取必要措施以确保所采取的内容创作、保护及使用措施适当。

2. 知识产权战略本部（以下称为"本部"）与相关行政机关长官应相互密切协助，加强促进《知识产权基本法》第二十三条第一款规定的推进计划（以下称为"推进计划"）中的内容创作、保护及使用之措施。

【国家等提供的内容】

第二十四条 鉴于整个社会使用高质量之内容将有助于促进内容的创作、保护及使用，国家及地方公共团体应采取必要措施积极提供内容，以便公众可以广泛使用该内容。

2. 独立行政法人（即《独立行政法人通则法》[①] 第二条第一款规定的独立行政法人）、特殊法人（即根据法律直接设立的法人或根据特别规定的特别设立行为设立的法人，适用《总务省设置法》[②] 第八条第一款第八项规定的法人）、国立大学法人（即《国立大学法人法》[③] 第二条第一款规定的国立大学法人）以及大学共同利用机关法人（即该条第三款规定的大学共同利用机关法人）应当积极提供优质内容，并采取其他必要措施，使公众能够广泛使用该优质内容。

---

① 1999年（平成11年）法律第103号。
② 1999年（平成11年）法律第91号。
③ 2003年（平成15年）法律第112号。

【与国家委托之内容相关的知识产权】

第二十五条 在委托他人或承包制作内容时，为促进与该委托或承包相关的内容的有效使用，与内容相关的知识产权属下列情形之一的，国家不得从受托人或承包人（以下称为"受托人等"）那里受让该知识产权。

（一）受托人等承诺向国家报告与内容相关的知识产权、种类以及其他信息；

（二）为了公共利益，受托人等承诺授予国家免费使用该内容之权利；

（三）在相当长的时间内、无正当理由未使用内容的情况下，为促进该内容之使用有明确必要之理由时，受托人等承诺许可第三人利用该内容的权利。

2. 国家提供资金、由法人制作的内容，且该法人制作的全部或一部为委托或承包的，其中该法人与制作受托人等之间关系，准用前款之规定。

3. 根据第一款第二项或第三项规定，前款之法人提起承诺之申请时，应符合国家的要求行事。

【向本部报告】

第二十六条 为了促进推进计划中内容的创作、保护及使用之措施的实施，本部可以要求各相关行政机关长官报告第九条至第二十条以及第二十四条所规定的政策与措施。

【对推进计划的反思】

第二十七条 本部必须定期验证前条报告之内容，并将该验证结果充分体现在促进推进计划中的内容创作、保护及使用之措施中。

附则

【施行日期】

第一条 本法自公布之日起施行。但第二十五条之规定，自公布之日起三个月后施行。

【过渡措施】

第二条 当《消费者保护基本法之修改法》[①] 的施行日晚于本法施行

[①] 2004 年（平成 16 年）法律第 70 号。

日时，至《消费者保护基本法之修改法》施行日的前一日的第三条第三款之适用，该款中的"、《文化艺术振兴基本法》① 以及《消费者基本法》② "应替换为"以及《文化艺术振兴基本法》③ "。

附则　2015 年（平成 27 年）9 月 11 日法律第 66 号　抄

【施行日期】

第一条　本法自 2016 年（平成 28 年）4 月 1 日起施行。但以下各项规定，自其各自规定的日期起施行。

附则　2017 年（平成 29 年）6 月 23 日法律第 73 号　抄

【施行日期】

第一条　本法自公布之日起施行。

附则　2021 年（令和 3 年）5 月 19 日法律第 35 号　抄

【施行日期】

第一条　本法自 2021 年（令和 3 年）9 月 1 日起施行。

附则　2021 年（令和 3 年）5 月 19 日法律第 36 号　抄

【施行日期】

第一条　本法自 2021 年（令和 3 年）9 月 1 日起施行。

---

① 2001 年（平成 13 年）法律第 148 号。
② 1968 年（昭和 43 年）法律第 78 号。
③ 2001 年（平成 13 年）法律第 148 号。

四十二　以文化旅游基地为核心的地域文化旅游促进法[*]

2020 年（令和 2 年）4 月 17 日法律第 18 号［制定］
2021 年（令和 3 年）2 月 23 日法律第 22 号
［根据文化遗产保护法修改法附则第 3 款之修改］

目　　录

第一章　总则（第一条、第二条）

第二章　基本方针（第三条）

第三章　以文化旅游基地为核心的地域文化旅游促进措施

　第一节　基地计划的认定等（第四条至第七条）

　第二节　针对被认定文化旅游基地计划之事业的特别措施（第八条至第十条）

　第三节　地域规划的认定等（第十一条至第十五条）

　第四条　针对被认定地域规划之事业的特别措施（第十六条、第十七条）

　第五节　国家等的援助（第十八条至第二十一条）

第四章　杂则（第二十二条、第二十三条）

第五章　罚则（第二十四条）

附则

---

[*] 该法的日文名称为『文化観光拠点施設を中核とした地域における文化観光の推進に関する法律』，在日本通常简称为『文化観光推進法』。

第一章 总则

【立法目的】

第一条 为扩大并强化对文化的理解、促进文化与旅游业振兴、建设一个富有个性并充满活力的地域社会，吸引国内外游客，推动以地域文化旅游为核心的区域性文化旅游事业，主管大臣应制定基本方针、采取措施认定地域旅游核心设施以及地域文化旅游计划，以丰富国民生活、实现国家经济发展，特制定本法。

【定义】

第二条 本法中的"文化旅游"，是指通过观览有形或无形文化遗产以及其他文化资源（以下称为"文化资源"）、参与文化资源体验活动以及其他活动，以深刻理解文化为目的的旅游。

2. 本法中的"文化旅游基地设施"，是指根据主管省政令之规定、与促进外国游客深刻理解我国文化资源、解说并介绍文化资源以及推动文化资源所在地文化旅游机构（以下称为"文化旅游事业单位"）协作，成为推动地域文化旅游事业发展之核心的机构。

3. 本法中的"文化旅游基地设施机能强化项目"，是指作为文化旅游核心的文化资源保护利用设施所从事的以下各项业务。

（一）在文化资源保护利用设施中实施文化资源魅力强化业务；

（二）利用情报信息技术在文化资源保护利用设施中展示（日本）文化、利用外语向国内外游客提供文化信息，并采取措施加强国内外游客对日本文化的理解；

（三）为来访的国内外游客提供住行便利，并强化与文化资源保护利用设施相关之文化旅游的便利性；

（四）文化资源保护利用设施提供、销售与文化资源相关的工艺品、食品以及其他物品；

（五）在国内外开展文化资源保护利用设施之宣传；

（六）开展以上各项业务之必要设施、设备的完善事项；

（七）主管省政令规定的、作为文化旅游基地设施的文化资源保护和利用设施的其他强化事项。

4. 本法中的"地域文化旅游促进项目"，是指以文化旅游基地设施为中心、综合推动的以下各项地域文化旅游项目。

（一）能够增强地域文化资源整体魅力的项目；

（二）增强国内外游客在地域内移动的便利性以及地域内文化旅游的便利性；

（三）增进地域内文化旅游核心与其他文化资源保护利用设施、餐厅、商店、住宿设施以及为国内外游客提供便利的设施之间的协作；

（四）在国内外开展地域文化旅游宣传之业务；

（五）开展以上各项业务之必要设施、设备的完善事项；

（六）主管省政令规定的、作为文化旅游基地设施的文化资源保护和利用设施的其他推动事项。

第二章　基本方针

【地域文化旅游促进基本方针】

第三条　主管大臣应制定以文化旅游基地设施为中心的地域文化旅游促进基本方针（以下称为"基本方针"）。

2. 前款基本方针应包括以下各项内容。

（一）发展以文化旅游基地设施为中心的地域文化旅游的意义与目标；

（二）文化旅游基地设施强化事业的基本事项；

（三）地域文化旅游促进事业的相关基本事项；

（四）次条第一款规定的基地计划以及第三款规定的该基地计划之认定事项；

（五）第十二条第一款规定的地域规划以及第四款规定的该计划认定等事项；

（六）文化繁荣的相关措施与促进旅游业发展之措施及其结合之事项；

（七）其他文化旅游基地设施、促进地域文化旅游的重要事项。

3. 主管大臣要制定或要变更基本方针时，必须事先与相关行政机关负责人协商。

4. 主管大臣制定、变更基本方针后，应立刻公布、不得延迟。

第三章　以文化旅游基地为核心的地域文化旅游促进措施

第一节　基地计划的认定等

【基地计划的认定】

第四条　根据基本方针及主管部门的政令，文化资源的保护利用设施的设置者，可与试图强化文化旅游基地设施之功能的文化旅游促进业者合作，制订强化所设置的文化资源旅游设施的文化旅游基地功能的计划（以下称为"基地计划"），并申请主管大臣予以认定。

2. 基地计划应包括以下内容：

（一）加强文化资源保护利用设施作为文化旅游基地设施之功能的基本政策；

（二）基地计划的目标；

（三）为达成前项目标，实施强化文化旅游基地设施之功能的项目内容、实施主体和实施的时间；

（四）为强化文化旅游基地设施之功能所需资金的金额及募集方法；

（五）计划的实施期间；

（六）其他部门政令规定的事项。

3. 收到第一款认定之申请后，主管大臣认为所申请的基地计划符合以下条件的，应予以认定。

（一）比照基本方针，所申请认定基地计划的内容适当；

（二）认为该基地计划的实施将有助于强化文化资源的保护利用设施作为文化旅游基地设施而发挥作用；

（三）该基地计划被认为能够顺利且可靠地得到实施；

（四）获得第十二条第四款之认定（含第十三条第一款的变更认定）的第十二条第一款之地域规划（如有变更则为变更后的地域规划。以下同）所确定的地域文化资源保护利用设施，适合该地域规划的。

4. 主管大臣认定基地计划时，必须事先听取与该基地计划相关的文化旅游基地设施所在地的市、町、村（含特别区。以下同）及都、道、府、县的意见。

5. 根据主管部门政令之规定，主管大臣在作出第三款之认定的，应公布与认定相关的基地计划之内容。

【获认定基地计划的变更】

第五条 变更（除主管部门政令规定的轻微变更外）前条第三款规定的已认定之基地计划的，文化资源保护利用设施的设置者必须与强化文化旅游基地设施之机能的文化旅游促进业者一同，取得主管大臣的认定。

2. 前款之认定准用前条第三款至第五款之规定。

【被认定基地计划的实施状况之报告的征收】

第六条 主管大臣可要求获得第四条第三款之认定（含前条第一款变更认定）的被认定者，报告其获认定之基地计划（若有更改则为更改后的计划。以下称为"认定的基地计划"）的实施情况。

【认定的撤销】

第七条 主管大臣认为所认定的基地计划不再符合第四条第三款各项条件的，可撤销其认定。

2. 根据前款规定，主管大臣撤销认定后应立刻公告、不得延迟。

第二节 针对被认定文化旅游基地计划之事业的特别措施

【车（船）票的共用】

第八条 为便于并增进外国游客利用文化资源保存利用设施，拟强化文化旅游基地设施之功能的项目实施者可在基地计划中记载以该旅客为对象的共用车（船）票（即由两种以上运输业者共同发行的、有确定的运输期间和区间以及其他条件的乘车或乘船票据。持票人可通过出示方式享受各种运输服务）的票价以及优惠幅度等事项，并在获得第四条第三款之认定、实施该项目时，根据国土交通省政令之规定，应事先向国土交通大臣报备。

2. 依照前款规定的报备人，应遵守《铁路业法》① 第十六条第三款后段或第三十六条后段、《轨道法》② 第十一条第二款、《道路运输法》③ 第九条第三款后段、《海上运输法》④ 第八条第一款后段（含该法

---

① 1986年（昭和61年）法律第92号。
② 1921年（大正10年）法律第76号。
③ 1951年（昭和26年）法律第183号。
④ 1949年（昭和24年）法律第187号。

第二十三条中的准用情形）或《航空法》① 第一百零五条第一款后段规定的报备之规定。

【《道路运输法》的特别规定】

第九条 为了增进外国游客利用文化资源保存利用设施、便于其空间移动，拟实施文化旅游基地设施功能强化项目的，《道路运输法》第三条第一项第二目所列的一般团体运输业者，在其基地计划中增加运营次数以及其他国土交通省政令规定的事项，要获得第四条第三款规定之认定的，应根据被认定基地计划实施该项目时，必须获得该法第十五条第一款规定的认定，对此，只需根据该条第三款或第十五条之三第一款认可的，必须向国土交通大臣报备，不得延误。

【《海上运输法》的特别规定】

第十条 为了增进外国游客利用文化资源保存利用设施、便于其空间移动，拟实施文化旅游基地设施功能强化项目的，《海上运输法》第十九条之五第一项所列的货物定期运输业者或第二十条第二款所列的旅客不定期运输业者，在开始实施其基地计划记载的以及其他国土交通省政令规定的事项，在获得第四条第三款规定之认定时，必须获得该法第十九条之五第一款或第二十条第二款规定的必须报备的，即视为向国土交通大臣报备。

2. 为了增进外国游客利用文化资源保存利用设施、便于其空间移动，拟实施文化旅游基地设施功能强化项目的，《海上运输法》第二条之第五款规定的一般旅客定期运输业者，在其基地计划中增加运营次数以及其他国土交通省政令规定的事项，要获得第四条第三款规定之认定的，应根据被认定基地计划实施该项目时，必须获得该法第十一条之二第一款规定的认定必须报备或根据该条第二款必须获得认可的，则不受该规定影响，即刻向国土交通大臣报备，不得延误即可。

第三节　地域规划的认定等

【协议会】

第十一条 市、町、村或都、道、府、县可单独或共同组建其辖区内的文化旅游协议会（以下称为"协议会"），以其辖区内的文化旅游基地

---

① 1952 年（昭和 27 年）法律第 231 号。

设施为中心，全面综合性协商促进区域的文化旅游事业发展。

2. 协议会由以下组织机构组成：

（一）该市、町、村或都、道、府、县；

（二）该市、町、村或都、道、府、县辖区内的文化旅游基地设施和其他文化资源保存利用设施的设置者；

（三）与该市、町、村或都、道、府、县相关的文化旅游推动业者；

（四）相关住民、学者、工商团体以及市、町、村或都、道、府、县认为必要的其他相关者。

3. 如果文化旅游基地设施（若该文化旅游基地设施并非文化资源保护利用设施的，包含该文化资源保护利用设施的设置者。以下同）的所在地没有协议会，文化旅游基地设施的设置者，可请求市、町、村或都、道、府、县组织成立协议会。

4. 根据前款规定，市、町、村或都、道、府、县决定组建协议会后，应根据主管部门政令规定予以公布、不得延迟。

5. 第二款第二项以及第三项所列的、非协议会成员，可根据第一款规定向组建协议会的市、町、村或都、道、府、县申请加入协议会。

6. 市、町、村或都、道、府、县受理前款申请后，除有正当理由外，必须应对该申请。

7. 协议会认为必要时，可请求相关行政机关提供材料、表明意见、给予说明以及其他必要之合作。

8. 协议会协议的所有事项，协议会成员必须尊重其协商之结果。

9. 除以上各款规定的事项外，协议会运营的其他事项，由协议会规定之。

【地域规划的认定等】

第十二条 根据主管部门政令之规定，协议会可基于基本方针，以协议会成员所在市、町、村或都、道、府、县境内的、以文化旅游基地设施为中心所制定的该地域的全面、统一的地域文化旅游规划（以下称为"地域规划"）。该市、町、村或都、道、府、县可与该地域规划中的文化旅游基地设施的设置者以及促进地域文化旅游事业的团体一同向主管大臣申请认定该地域规划。

2. 前款地域规划应包括以下事项。

（一）地域规划的区域（以下称为"规划区域"）；

（二）文化旅游基地的核心设施之名称和位置；

（三）规划区域内文化旅游基地核心设施的综合性、整体性促进文化旅游的基本计划；

（四）地域规划的目标；

（五）为实现前项目标所实施的、促进地域文化旅游事业的内容、实施主体以及实施时间；

（六）为促进地域文化旅游事业所必需的资金金额及其筹集方法；

（七）地域规划的实施期间；

（八）主管部门政令规定的其他事项。

3. 区域规划必须与国土规划、其他法律规定的地域振兴规划、《城市规划及城市规划法》① 第十八条之二规定的市、町、村的城市规划的基本方针政策等保持一致。

4. 针对第一款规定的地域规划认定申请，主管大臣认为符合下列条件的，则应予认定。

（一）地域规划内容符合基本方针要求；

（二）认为所实施的地域规划将有助于全面整体地促进规划区域内以文化旅游基地设施为核心的文化旅游事业发展；

（三）预计地域规划能够确实、顺利地得以实施。

5. 主管大臣作出前款规定的认定后，应根据主管部门政令之规定，必须公布所认定的地域规划之内容。

【被认定之地域规划的变更之认定等】

第十三条 要变更前条第四款被认定的区域规划时（不包括主管政令规定的轻微变更。以下同），应由协议会制定变更后的地域规划，经市、町、村或都、道、府、县地域规划中的核心文化旅游基地设施的设置者以及该地域规划中所载促进文化旅游项目的实施主体（即文化旅游促进业者）共同向主管大臣申请变更认定。

2. 对于前款之认定，准用前条第四款、第五款之规定。

【地域规划实施状况之报告的征收等】

第十四条 主管大臣可要求获得第十二条第四款之认定（含前条第一款的变更之认定。以下同）的被认定者，就被认定的地域规划（如有

---

① 1968 年（昭和 43 年）法律第 100 号。

变更则为变更后的地域规划。以下称为"认定地域规划")的实施情况提交书面报告。

【认定的撤销】

第十五条 主管大臣认为所认定的地域规划不再符合第十二条第四款规定之条件的,可撤销其认定。

2. 根据前款规定,主管大臣撤销认定后应立刻公布、不得延迟。

第四节 针对被认定地域规划之事业的特别措施

【文化遗产的登录之提案】

第十六条 为促进市、町、村或都、道、府、县地域文化资源的综合吸引力,拟实施促进地域文化旅游项目的市、町、村或都、道、府、县应对规划区域内的文化遗产进行专业调查,并根据调查结果采取必要的保护和利用之措施,进而在获得第十二条第四款认定的情况下,该市、町、村或都、道、府、县的教育委员会(仅限设置地方文化遗产审议会的教育委员会。以下同)(根据《地方教育行政组织法》① 第二十三条第一款之规定,教育委员会的委员长负责管理文化遗产的保护相关业务以及执行管理业务的地方公共团体负责人。以下同)认为辖区的文化遗产符合《文化遗产保护法》② 第五十七条第一款、第七十六条之七第一款、第九十条第一款、第九十条之五第一款以及第一百三十二条第一款规定的登录条件的,可根据文部科学省政令规定,向文部科学大臣申请将该文化遗产登录在文化遗产登录名单上。

2. 根据前款之规定,市、町、村或都、道、府、县的教育委员会在提起前款登记提案时,应事先听取地方文化遗产保护审议会的意见。

3. 针对前款之提案,文部科学大臣根据《文化遗产保护法》第五十七条第一款、第七十六条之七第一款、第九十条第一款、第九十条之五第一款或第一百三十二条第一款规定决定不予登录的,必须立刻通知市、町、村或都、道、府、县的教育委员会并告知其不予登录的理由,不得延迟。

【规定的准用】

第十七条 促进地域文化旅游事业项目的实施者在其获得第十二条第

---

① 1956 年(昭和 31 年)法律第 162 号。
② 1950 年(昭和 25 年)法律第 214 号。

四款之认定的地域规划中，针对外国游客移动的便利措施之实施，准用第八条至第十条之规定。

第五节 国家等的援助等

【国家等的援助及提携】

第十八条 国家及地方公共团体应努力向获得第四条第三款、第十二条第四款规定之认定的被认定者提供必要的建议和其他帮助，以确保被认定的基地计划和地域规划能够得到顺利、可靠的实施。

2. 除前款规定外，国家、地方公共团体、文化资源保存利用设施的设置者以及文化旅游事业促进者，必须相互协作促进以文化旅游基地设施为中心的区域文化旅游事业。

【为加深对文化的理解而采取的必要援助措施】

第十九条 获得第四条第三款认定的文化资源保存利用设施的设置者，或获得第十二条第四款认定的市、町、村或都、道、府、县或文化资源保存利用设施的设置者，可请求独立行政法人国立科学博物馆、独立行政法人国立美术馆、独立行政法人国立文化遗产机构以及独立行政法人日本艺术文化振兴会，就利用信息技术展示以及利用外国语宣传认定基地计划或认定地域规划相关的文化资源保护利用设施、加强的信息技术提供必要的建议和其他援助，以强化外国游客对日本文化的理解。

【扩大海外宣传等措施】

第二十条 为促进海外游客的来访，获得第四条第三款或第十二条第四款之认定的被认定者可请求独立行政法人国际旅游振兴机构，就被认定的基地计划的相关文化旅游基地设施、被认定地域规划的规划区域的海外宣传提供必要建议或其他措施，被请求机构必须努力予以必要协助。

【协助国家等公开相关资料】

第二十一条 为促进以文化旅游基地设施为中心的地域文化旅游事业的发展，当文化旅游基地设施的设置者请求国家、独立行政法人国立科学博物馆、独立行政法人国立美术馆以及独立行政法人国立文化遗产机构等，就其所拥有的文化资源提供给文化旅游基地设施使用的，被请求机构必须努力予以协助。

第四章 杂则

【主管大臣等】

第二十二条 本法中的主管大臣为文部科学大臣以及国土交通大臣。

2. 本法中的主管部门政令为主管大臣颁布的政令。

3. 本法规定的国土交通大臣之权限由国土交通省政令规定,其部分权限可委托地方交通局局长行使。

【委托立法】

第二十三条 除本法规定的事项外,执行本法的程序以及其他与本法实施相关的必要事项,由主管部门政令规定之。

第五章 罚则

第二十四条 违反第六条、第十四条规定不报告或者虚假报告者,处三十万日元以下的罚金。

2. 法人的法定代表人或者法人或个人的代理人、使用人以及其他从业人员违反前款规定的,除对行为者处罚外,该法人或自然人将科以同样金额的罚金。

附则 抄

【施行日期】

第一条 本法自公布之日起,在不超过一个月范围内,由政令规定施行日期。

【检验】

第二条 鉴于促进适合所有有形、无形以及其他文化资源性质的文化旅游事业的重要性,政府应在本法施行后三年内,进一步检验促进地域文化旅游事业的相关信息共享措施,并在此基础上采取必要改进措施。

附则　2021年（令和3年）4月23日法律第22号　抄

【施行日期】

第一条　本法自公布之日起，在不超过三个月范围内，由政令规定施行日期。

四十三　日本语教育促进法

2019 年（令和 1 年）6 月 28 日法律第 48 号［制定］
2023 年（令和 5 年）6 月 16 日法律第 26 号
［根据出入境管理法修改法附则第 33 条之修改］

目　　录

第一章　总则（第一条至第九条）
第二章　基本方针（第十条、第十一条）
第三章　基本措施
　第一节　扩大国内日本语教育机会（第十二条至第十七条）
　第二节　扩大海外日本语教育机会（第十八条、第十九条）
　第三节　日本语教育水平的维持与提高等（第二十条至第二十三条）
　第四节　有关日本语教育的调查研究等（第二十四条、第二十五条）
　第五节　地方公共团体的措施（第二十六条）
第四章　日本语教育促进会议（第二十七条、第二十八条）
附则

第一章　总则

【目的】

第一条　鉴于促进日本语教育不仅有助于居住在我国境内的外国人等能快速融入日本社会，也是加深各国相互理解与相互关心的重要手段。为确立日本语教育的基本理念、明确国家及地方公共团体的责任与义务、制定日本语教育基本方针以及其他促进措施，全面有效地促进日本语教育、构建以尊重文化多样性且富有生命力的共生之社会、维系和发展友好的国际交流关系，特制定本法。

【定义】

第二条 本法中的"外国人等"，是指无法用日本语交流的外国人以及拥有日本国籍的日本人。

2. 本法中的"日本语教育"，是指为外国人等学习日本语而实施的教育活动（包括对外国人等的日本语普及活动）。

【基本理念】

第三条 促进日本语教育必须最大限度地确保希望接受日本语教育的外国人等，有获得适应其状况与能力的日本语语言的教育机会。

2. 促进日本语教育必须以维持和提高日本语教育水平为目的。

3. 促进日本语教育必须全面实施并与外国人教育、劳动、出入境管理、外交以及其他相关政策等有机结合。

4. 促进日本语教育必须在寄希望通过国内日本语教育增强地域活力的认识下进行。

5. 促进日本语教育必须在寄希望通过海外日本语教育加深外国对我国的理解与关心、促进国际交流、维持和发展对外友好关系的前提下进行。

6. 促进日本语教育必须注意强化外国人等学习日本语的意义在于对日本的理解与关心。

7. 促进日本语教育必须关注在我国居住的外国人家庭教育中幼儿期或学龄期（六岁至十五岁）所使用语言的重要性。

【国家的责任与义务】

第四条 根据前条规定的本法基本理念（以下称为"基本理念"），国家承担着制定、实施推行日本语教育综合性措施的责任与义务。

【地方公共团体的责任与义务】

第五条 根据基本理念，地方公共团体应结合辖区的实际情况，承担制定和实施本辖区日本语教育措施的责任与义务。

【企业主的责任】

第六条 雇用外国人等的企事业单位应根据基本理念，协助国家或地方公共团体实施日本语教育促进措施，同时努力向被雇佣的外国人及其家人提供学习日本语的机会，并支持其他与日本语相关的学习。

【强化协作】

第七条　为了能适当地在国内进行日本语教育，国家及地方公共团体应当完善相关主管机关与其他相关机构、日本语教育机构（指《学校教育法》[①] 第一条、第一百二十四条、第一百三十四条第一款规定的学校、专修学校以及其他各类学校）、雇佣外国人的企事业单位、外国人等的生活支援团体之间的协作体制。

2. 为了能持续、切实地在国外进行日本语教育，国家应努力加强我国独立行政法人国际交流基金、实施日本语教育的机构与诸外国的行政机构与教育机构的合作，并建立必要的协作制度。

【法制上的措施等】

第八条　为实施日本语教育的促进措施，政府应在法律制度上、财政上采取必要措施以及其他措施。

【资料的制作及公布】

第九条　政府应制作国家日本语教育现状以及为促进日本语教育所采取之措施等的相关宣传材料，并及时以适当方式予以公布。

第二章　基本方针

【国家的基本方针】

第十条　为全面、有效地实施日本语教育的促进措施，政府必须制定日本语教育基本方针（以下称为"基本方针"）。

2. 基本方针应规定以下事项：

（一）有关日本语教育的基本方向之事项；

（二）有关促进的日本语教育之内容事项；

（三）促进日本语教育的其他重要事项。

3. 文部科学大臣和外务大臣起草基本方针，由内阁决定之。

4. 文部科学大臣和外务大臣在起草基本方针时，必须事先与相关行政机关负责人协商。

[①] 1947年（昭和22年）法律第26号。

5. 根据第三款规定，内阁决议通过基本方针后，文部科学大臣及外务大臣必须立即公布，不得延迟。

6. 根据日本语教育环境的变化，政府应在调查、分析及评估日本语教育措施的实施状况的基础上，每五年对基本方针进行审查，并在认为必要时予以修改。

7. 基本方针的变更，准用第三款至第五款的规定。

【地方公共团体的基本方针】

第十一条 地方公共团体应根据本地区情况、参照国家基本方针，制定本地区的基本方针，全面有效地促进地方公共团体日本语教育之措施。

第三章 基本措施

第一节 扩大国内日本语教育机会

【对外国人幼儿、儿童及学生的日本语教育】

第十二条 为加强外国人幼儿、儿童及学生的日常日本语以及其他日本语的教育，国家应采取必要措施配备适当的教师（称为教师及学校之必要支援者，以下同）、加强教师的培养训练、完善就学条件等。

2. 为了能加深外国人幼儿、儿童及学生的监护人对外国人幼儿、儿童及学生掌握日常日本语之重要性的理解与关心，国家应努力采取必要的宣传教育措施。

【对外国留学生的日本语教育】

第十三条 为了在日本大学、大学院就读的外国人留学生（即《出入境管理及难民认定法》①附表一之四中拥有留学在留资格的滞留者以及拥有日本国籍在我国的留学者。以下同）拥有（就业、教育研究等）理解、使用日本语的能力，国家应采取必要措施加强其以就业、教育研究等目的的日本语教育。

2. 为了希望在日本就职或升学的外国人留学生（除大学及大学院在籍的留学生外）学习必要的日本语，国家应采取必要措施加强以就业、教育研究为目的的日本语教育。

---

① 1951年（昭和26年）政令第319号。

【对被雇佣的外国人的日本语教育等】

第十四条 国家应向企事业单位雇佣的外国人等（不包括次款规定的技术实习生）提供学习日本语的机会，并采取必要措施支持通过研修方式，强化其专业领域的日本语教育。

2. 为了促使雇佣单位的技术实习生（即拥有《出入境管理及难民认定法》附表一之二中的技能实习在留资格者）能够提高其日本语能力，国家应开发日本语学习的教材并对其日本语学习给予必要支持。

3. 国家应采取必要措施，使定居者等（即拥有《出入境管理及难民认定法》附表二中所列在留资格者）能够习得在日本就业之水平的日本语。

【对难民的日本语教育】

第十五条 根据政府的方针，为了使获得《出入境管理及难民认定法》第六十一条之二第一款认定的难民及其家人或者被短期庇护的外国人能够习得必要的基础日本语，国家应采取措施，为其提供学习日本语的机会。

【社区的日本语教育】

第十六条 为充实、扩大社区的日本语教育机会，国家应采取必要措施支持社区开设并运营日本语教室（主要以居住在本社区的外国人住民为对象、开展日本语教育的组织）、帮助培育日本语教师和开发日本语教材、完善日本语教室的日本语学习环境等。

【增进国民的理解与关心】

第十七条 为提高国民对外国人日本语教育的理解与关心，国家应从国内的外国人日本语能力的提高、有助于实现社会共生的角度出发，采取必要措施扩大日本语教育之宣传。

第二节　扩大海外日本语教育机会

【在海外对外国人等的日本语教育】

第十八条 鉴于在海外的日本语语言教育不仅有助于增进外国人对我国的理解与关心，也有利于当地住民在我国海外企业的就业，国家应采取各种措施完善海外日本语教育体制与基础，支持海外日本语教师的培训、开发并提供日本语教材（包括网络教材）、完善海外日本语教育机构以及针对日本语学习者的支援措施。

2. 国家应采取必要措施努力帮助希望到我国大学等学习的外国人提高其日本语水平。

【对海外居留国人子女的日本语教育】

第十九条　为强化对居留海外国人子女、移民海外的国人子孙等的日本语教育，国家应当采取必要措施完善相应的日本语教育支援体制。

第三节　日本语教育水平的维持与提高等

【日本语教育机构之教育水平的维持与提高】

第二十条　为维持、提高日本语教育机构的日本语教育水平，国家应采取必要措施促进建立健全日本语教师培训制度、确保日本语教育机构能积极组织培训活动。

【提高日本语教育者的能力与素质等】

第二十一条　为提高日本语教育者的能力与素质并改善其待遇，国家应采取必要措施完善日本语教育者的培养训练制度、国内的日本语教师（即拥有从事日本语教育知识与技能的从业者，以下同）资格制度以及其他日本语教师专业知识与能力的培训制度。

2. 为维持、提高海外日本语教育水平，国家应采取必要措施支持在海外培育外国人日本语教师。

【日本语教学大纲的制定等】

第二十二条　为确保日本语教育的教学效果与教学计划的有效实施，国家应采取必要措施帮助制定日本语教学大纲、编撰教材、开发指导方法并予以普及与推广。

【日本语能力的评价】

第二十三条　为准确评价接受日本语教育者的日本语能力，国家应开发日本语能力的评价方法与评价标准。

第四节　有关日本语教育的调查研究等

【有关日本语教育的调查研究等】

第二十四条　为确保能够制定出合适的日本语教育促进措施并能得到切实实施，国家应对日本语教育的现状（包括海外日本语教育）、教学方法、考试以及能力评价方法与标准等进行调查研究并收集相关情报信息等。

【有关日本语教育的情报信息之提供等】

第二十五条 为了让外国人等能获得日本语教育的相关情报与信息，国家应收集整理与外国人日本语教育相关的情报信息，并通过网络提供之，以便外国人检索，建立咨询建议制度等。

第五节 地方公共团体的措施

第二十六条 地方公共团体应参照本章（除第二节外）规定的国家措施，结合辖区地域状况，制定促进地域日本语教育的必要措施。

第四章 日本语教育促进会议等

【日本语教育促进会议】

第二十七条 为综合、全面、有效地推动日本语教育事业，协调文部科学省、外务省以及其他相关机关（以下称为"相关行政机关"）在日本语教育事业上的关系，政府应设置日本语教育促进会议。

2. 日本语教育促进会议由日本语教育的专家、日本语教育的从业者以及接受日本语教育的人员组成。在协调前款关系时，相关行政机关应听取各方成员的意见。

【地方公共团体的日本语教育审议会之设置等】

第二十八条 为调查审议第十一条规定的基本方针以及其他促进日本语教育的重要事项，地方公共团体可通过条例设置审议会或其他合议制机构。

附则

【施行日期】

第一条 本法自公布之日起施行。

【研究】

第二条 在完善以下各项制度时，国家应以维持、提高日本语教育水平为目的研究设置日本语教育机构的合理性与适当性，并基于研究结果采取必要措施。

（一）日本语教育机构的类型与范围；

（二）在掌握外国人留学生之在留资格情况的前提下，维持和协调日本语教育机构的责任义务形态；

（三）维持、提高日本语教育机构之教育水平的评价制度等；

（四）针对日本语教育机构的支援形态是否适当及其适当方式。

四十四　儿童读书活动推进法*

2001年（平成13年）12月12日法律154号［制定］

【立法目的】

第一条　为促进儿童读书活动的开展、确定基本原则、明确国家和地方公共团体的责任，通过确定与促进儿童读书活动的相关必要事项，全面系统地促进儿童读书活动相关措施之实施，以儿童的健康成长为目的，特制定本法。

【基本原则】

第二条　鉴于儿童（一般指18周岁以下者。以下同）的读书活动不仅有助于其学习语言、磨炼感受力、提高表现力、丰富创造力，而且也是其获得更高生活能力所必不可少，因此应确保所有儿童在任何场合、任何地点都能独立地开展读书活动，并以此为目的积极完善儿童的阅读环境。

【国家的责任与义务】

第三条　根据前条基本原则，国家应全面制定儿童读书活动的促进政策，并有责任与义务确保该政策能得以实施。

【地方公共团体的责任与义务】

第四条　根据第三条基本原则，地方公共团体有责任基于其辖区的实际情况，与国家合作制定和实施促进儿童阅读环境等完善之措施。

【经营者的努力】

第五条　经营者在开展其业务活动时，应根据基本原则，努力推进儿童的读书活动、为儿童提供有助于其健康成长的书籍及其他相关产品。

【监护人的作用】

第六条　父母及其他监护人应充分保障儿童参加读书活动的机会，并

---

* 该法的日文名称为『子どもの読書活動の推進に関する法律』，在日本通常简称为『子ども読書活動推進法』。

促使其养成阅读的习惯。

【强化与相关机构的协作等】

第七条　为确保儿童读书活动的促进措施得到顺利实施，国家及地方公共团体应努力加强与学校、图书馆及其他相关机构以及民间团体协作，并努力强化该儿童读书活动促进措施的协作机制。

【儿童读书活动促进基本计划】

第八条　为了全面、有计划地推动与儿童读书活动相关促进措施之实施，政府必须制订儿童读书活动促进基本计划（以下称为"儿童读书活动促进基本计划"）。

2. 政府制订儿童读书活动促进基本计划后，必须立刻向国会报告，不得延误。

3. 变更儿童读书活动促进基本计划的，准用前款之规定。

【都、道、府、县儿童读书活动促进计划等】

第九条　在促进儿童阅读基本计划的基础上，都、道、府、县应根据辖区内儿童读书活动的实际情况，努力制订都、道、府、县内儿童读书活动促进计划（以下称为"都、道、府、县儿童读书活动促进计划"）。

2. 在儿童阅读促进基本计划（若都、道、府、县制订有都、道、府、县儿童读书活动促进计划的，则为该儿童阅读促进基本计划及都、道、府、县儿童读书活动促进计划）的基础上，市、町、村应根据辖区内儿童读书活动的实际情况，努力制订市、町、村儿童读书活动促进计划（以下称为"市、町、村儿童读书活动促进计划"）。

3. 都、道、府、县或市、町、村在制订都、道、府、县儿童读书活动促进计划或市、町、村儿童读书活动促进计划后，必须公之于众。

4. 变更都、道、府、县儿童读书活动促进计划或市、町、村儿童读书活动促进计划的，准用前款之规定。

【儿童读书日】

第十条　除加深公众对儿童读书活动的广泛关注与理解外，为激励儿童积极参与读书活动，特设立"儿童读书日"。

2. 儿童读书日，为每年的4月23日。

3. 国家及地方公共团体必须努力开展和举办适合儿童读书日之宗旨的各种活动。

【财政上的措施等】

第十一条　国家及地方公共团体应努力采取必要的财政和其他措施，

落实儿童读书活动促进措施的实施。

附则

本法自公布之日起施行。

四十五　无障碍阅读环境整备法[*]

2019年（令和元年）6月28日法律第49号［制定］

目　　录

第一章　总则（第一条至第六条）
第二章　基本计划等（第七条、第八条）
第三章　基本措施（第九条至第十七条）
第四章　协商的场所等（第十八条）
附则

第一章　总则

【立法目的】

第一条　为确立促进视障者阅读环境完善的基本理念，在明确国家和地方公共团体的责任和义务的基础上，通过制订基本计划和改善视障者阅读环境的基本措施等事项、全面系统地推动视障者阅读环境改善，创造一个所有国民、无论是否残疾，都可以平等地享有阅读与文字和活字文化（即《文字、活字文化振兴法》[①]第二条规定的文字、活字文化）所带来的惠泽之社会，特制定本法。

【定义】

第二条　本法中的"视障者等"，是指因视力障碍、发育障碍、身体

---

[*] 该法的日文名称为『視覚障害者等の読書環境の整備の推進に関する法律』，在日本通常简称为『読書バリアフリー法』。

[①] 2005年（平成17年）法律第91号。

不自由以及其他残疾等造成阅读书籍（含杂志、报纸以及其他刊物。以下同）困难的视觉认知困难者。

2. 本法中的"视障者等易用图书"，是指盲文（点字）图书、大字版书籍和其他能容易被视障者认识的书籍、刊物等。

3. 本法中的"视障者等易用电子图书等"，是指电子书籍以及其他类似书籍的文字、声音、点字等的电磁记录（即利用电子电磁方式以及他人无法用认识的方式所作的记录。在第十一条第二款以及第十二条第二款中同），并利用电子计算机能让视障者等认识其内容的书籍等。

【基本原则】

第三条　为促进视障者等的阅读环境之完善，必须以下事项为基本原则。

（一）鉴于电子书籍等具有显著地使视障者更易阅读等便利性特征，应根据视障者的需求，利用电子信息通信等领域的尖端技术、普及视障者易用的电子书籍并持续不断地提供其易用图书。

（二）努力提高视障者等易用图书以及电子图书（以下称为"视障者等易用图书等"）的质与量。

（三）应充分考虑视障者的残疾类型以及程度，并做出应对。

【国家的责任】

第四条　根据前条基本原则，国家有责任制定并全面实施促进视障者阅读环境改善之措施。

【地方公共团体的责任】

第五条　根据第三条基本原则，地方公共团体有责任根据其辖区的实际情况，与国家政府合作制定和实施促进视障者阅读环境等改善之措施。

【财政上的措施等】

第六条　政府应采取必要的财政措施和其他措施，以促进视障者阅读环境的完善。

第二章　基本计划等

【基本计划】

第七条　为全面、系统地促进视障者阅读环境等的完善，文部科学大臣与厚生劳动大臣必须制订视障者阅读环境的完善基本计划（以下称为

"基本计划")。

2. 基本计划应规定以下事项：

（一）关于促进视障者阅读环境的完善措施之基本方针；

（二）政府为改善视障者阅读环境而采取的全面系统的促进措施；

（三）除前两款所列事项外，为促进视障者阅读环境之完善所实施的其他措施等。

3. 文部科学大臣及厚生劳动大臣在制订基本计划时，必须事先与经济产业大臣、总务大臣以及其他相关行政机构的负责人进行协商。

4. 文部科学大臣与厚生劳动大臣在制订基本计划时，应采取必要措施事先听取视障者等及其他相关各方意见并在基本计划中有所体现。

5. 文部科学大臣及厚生劳动大臣在制订了基本计划后，必须立即通过互联网或其他适当方式予以公布。

6. 基本计划的变更，准用前三款之规定。

【地方公共团体的计划】

第八条　地方公共团体应参考基本计划，根据当地视障者等阅读环境的改善之情况，努力制订地方公共团体改善视障者阅读环境之计划。

2. 地方公共团体在制订前款地方公共团体计划时，应当事先采取必要措施、使得计划能体现视障者和其他相关方的意见。

3. 地方公共团体在制订第一款之计划后，必须立即予以公布，不得延迟。

4. 第一款的计划之变更，准用前两款之规定。

第三章　基本措施

【视障者等的图书馆使用体制之完善等】

第九条　国家和地方公共团体应利用公共图书馆、大学及高等专科学校附属图书馆以及学校图书馆（以下称为"公立图书馆等"）以及国立国会图书馆的优势，采取必要措施与盲文图书馆合作，为视障者容易并顺利地利用馆藏图书、加强图书馆相关利用体制的完善。

2. 关于盲文图书馆，国家和地方公共团体应采取必要措施，增加视障者的易用图书等，而且向公共图书馆等提供视障者容易利用的图书的信息以及确保视障者能够充分、顺利地使用无障碍图书和其他资料。

【利用网络服务的提供体制之强化】

第十条 为确保全国各地视障者能够充分、顺利地利用网络使用易用图书，国家和地方公共团体应采取下列措施及其他必要措施。

（一）根据《著作权法》① 第三十七条第二款或第三款正文规定制作的、从盲文图书馆等接收视障者容易使用且可以通过互联网传输的信息，以及盲文图书馆等拥有的易于视障者使用的书籍等，支持通过互联网向视障者提供这些服务的全国性网络。

（二）强化国立国会图书馆、前款中的网络运营商、公共图书馆等、盲文图书馆以及特定电子图书制造商之间的合作，提供与视障者易用图书等相关的网络服务等。

【支持特定图书以及特定电子图书等的制作】

第十一条 为支持制作《著作权法》第三十七条第一款或第三款主文规定的、易于视障者使用之图书（以下称为"特定图书"）和特定电子图书等，国家和地方公共团体应采取措施制定制作标准、努力提高所制作的图书之质量。

2. 为了促进特定图书及特定电子图书等的高效生产，国家应采取措施改善环境、促进出版业者（以下称为"出版商"）向特定书籍或特定电子图书等的制作者提供便于视障者阅读之书籍的相关电磁记录。

【促进视障者易用电子图书等的销售等】

第十二条 为促进视障者易用电子图书等的销售，国家应采取措施促进视障者易用电子图书等相关技术标准的进步、为著作权人与出版商提供签署出版契约的相关信息。

2. 为鼓励出版商应购买图书的视障者之请求而向其提供与该图书相关的电磁记录以及鼓励其他出版商向视障者提供与图书有关的电磁记录等，国家应支持及采取其他必要措施就视障者阅读环境的完善与相关机构进行协商讨论。

【从国外获得视障者易用电子图书等的环境之完善】

第十三条 在《马拉喀什公约》的框架下，为保障视障者和其他人能够利用互联网从国外获取视障者易用的电子图书等，国家应采取必要措施完善获取的相关协商机制与制度环境。

---

① 1970年（昭和45年）法律第48号。

【获取终端设备等及其相关信息的支持】

第十四条 国家及地方公共团体应采取必要措施，支持视障者获取易用电子图书等终端设备以及获得与之相关之信息。

【信息通信技术的习得支持】

第十五条 为支持视障者能习得使用视障者易用电子图书等所需之必要的信息通信技术，国家及地方公共团体应积极举办讲习班、实施巡回指导以及采取其他必要措施。

【促进研究开发等】

第十六条 为便于视障者利用终端设备阅读电子书籍、提高视障者阅读的便利性，国家必须采取必要措施以促进与之相关的先进技术的开发研究以及成果普及。

【人才培育等】

第十七条 为加强特定书籍和特定电子图书等的制作，培育国立国会图书馆、公立图书馆等以及盲文图书馆辅助视障者阅读的相关人才，提高并确保人才质量，国家及地方公共团体应促进实施研修、充实并扩大宣传以及采取其他必要措施。

第四章　协商场所等

第十八条 为有效地促进改善视障者阅读环境，国家应设置包含文部科学省、厚生劳动省、经济产业省、总务省和其他相关行政机构、国立国会图书馆、公共图书馆、盲文图书馆、第十条第一款规定的网络服务商、特定图书或特定电子图书的制造商、出版商、视障者以及其他相关各方的协商场所，并采取其他必要的各方协调措施。

附则

本法自公布之日起施行。

四十六　特定公演入场券的倒卖禁止法[*]

2018年（平成30年）12月14日法律第103号［制定］
2022年（令和4年）6月17日法律第68号
［根据刑法修改法的法律整备法第217条之修改］

目　　录

第一章　总则（第一条、第二条）
第二章　特定公演入场券的非法倒卖之禁止（第三条、第四条）
第三章　特定公演入场券合法流转的保障措施（第五条至第八条）
第四章　罚则（第九条）
附则

第一章　总则

【目的】
第一条　为振兴文化体育事业、稳定国民消费水平以丰富国民精神生活，禁止、预防非法倒卖特定公演入场券，确保特定公演入场券的适当流通，特制定本法。

【定义】
第二条　本法中的"公演"，是指不特定多数人观赏或倾听的（仅限于日本国内上演的）电影、戏剧、表演、音乐、舞蹈以及其他艺术、娱

---

[*] 该法的日文名称为『特定興行入場券の不正転売の禁止等による興行入場券の適正な流通の確保に関する法律』，在日本通常简称为『チケット不正転売禁止法』或『入場券不正転売禁止法』。

乐或体育运动等。

2. 本法中的"入场券",是指通过出示票证方可进入公演场所的证明(包括具有相同功能的数字、号码以及其他符号)。

3. 本法中的"特定公演入场券",是指向不特定多数人销售且满足以下各项条件中任何一项的入场券。

（一）公演的主办方或取得主办方同意、以销售入场券为业的单位（以下称为"主办方等"),在签订公演入场券销售契约时,明确约定禁止未经公演主办方同意的有偿销售且在入场券上标注或通过网络终端（包括输入装置）画面上标注的入场券。

（二）公演的时间、地点、入场证资格或座位被明确指定。

（三）公演的主办方等在缔结入场券销售契约时,应区分不同情况分别采取以下各项措施,且根据第一项规定该措施被标示在入场券上。

①入场资格被限定的入场券,应载明入场者的姓名、电话号码、电子邮件地址（《电子邮件适当发送法》①第二条第三款规定的电子邮件地址）以及其他联络方式（在下一目中称为"联络方式"）。

②座位被指定的入场券（除前目外）,应载明购买者的姓名及联系方式。

4. 本法中的"非法倒卖",是指未事先获公演主办方同意、以有偿销售特定公演入场券为业或以高价倒卖入场券的行为

第二章 特定公演入场券的非法倒卖之禁止

【特定公演入场券的非法倒卖之禁止】
第三条 任何人不得擅自倒卖特定公演的入场券。
【禁止以倒卖为目的、购买特定公演入场券】
第四条 任何人不得以倒卖为目的、购买特定公演入场券。

第三章 特定公演入场券合法流转的保障措施

【公演主办方的预防措施】
第五条 为防止非法倒卖特定公演的入场券,公演的主办方等可努力

---

① 2002 年（平成 14 年）法律第 26 号。

采取实名制以及其他必要措施。

2. 除前款规定的措施外，公演的主办方等应努力采取措施，使得其他机构可在许可的前提下获得销售公演入场券的机会，以确保公演入场券的合法流转。

3. 国家和地方公共团体应努力协助公演举办方等防止特定公演入场券非法倒卖、确保其他公演入场券正常流通，并就采取的必要措施提供建议。

【强化协商体制等】

第六条　国家和地方公共团体应努力强化协商体制、以规制特定公演入场券非法倒卖之行为。

2. 为确保特定公演入场券能正常流通，公演举办方等应努力提供公演入场券的正确信息，并妥善应对入场券购买者及其他人的协商。

【提高国民的关心与理解】

第七条　国家、地方公共团体以及公演的主办方等，应采取必要措施确保特定公演入场券的合法流通，加强宣传使国民关心和理解公演入场券的合法流通对公演行业的重要性，并拒绝购买非法倒卖的公演入场券。

【实施措施时的注意事项】

第八条　在制定、实施公演事业振兴措施时，国家和地方公共团体应注意考虑确保公演入场券的合理、公平流通。

第四章　罚则

第九条　违反本法第三条或第四条规定的，单处或并处一年以下有期徒刑或一百万日元以下罚金。

2. 前款的罪名之确定，适用《刑法》[①] 第三条之规定。

附则

【施行日期】

第一条　本法自公布之日起六个月后施行。但附则第三条之规定则自

---

① 1907 年（明治 40 年）法律第 45 号。

公布之日起施行。

附则　2022年（令和4年）6月17日法律第68号　抄

【施行日期】

第一条　本法自《刑法修改法》施行日起施行。但以下各款各项规定自其各自规定的日期起施行。

（一）第五百零九条规定，自公布之日起施行。

四十七　文化功劳者年金法

1951年（昭和26年）4月3日法律第125号［制定］
1964年（昭和39年）3月27日法律第10号［第一次修改］
1971年（昭和46年）5月6日法律第56号［第二次修改］
1974年（昭和49年）12月27日法律第113号［第三次修改］
1975年（昭和50年）5月30日法律第33号［第四次修改］
1999年（平成11年）7月16日法律第102号
［根据国家行政组织关系法的法律整备法第70条之修改］

【目的】
第一条　为了替那些在国家文化发展与繁荣过程中具有突出贡献的功劳者支付年金、以表彰其贡献行为，特制定本法。

【文化功劳者的决定】
第二条　文化功劳者由文部科学大臣决定之。
2. 根据前款之规定，文部科学大臣在决定文化功劳者时，必须就候选人名单咨询文化审议会的意见，并通过筛选决定之。

【年金】
第三条　文化功劳者可以终生领取由政令规定金额的年金。
2. 在确定前款规定的年金金额时，必须参照功劳者在文化发展与繁荣过程中的功绩，考虑社会、经济效益等，并适合表彰文化功劳者。
3. 根据第一款之规定的年金支付之方法，由政令规定之。

附则　抄

本法自公布之日起施行。

附则 1964年（昭和39年）3月27日法律第10号

本法自1964年（昭和39年）4月1日起施行。

附则 1971年（昭和46年）5月6日法律第56号 抄

本法自公布之日起施行，1971年（昭和46年）4月1日起适用。

附则 1974年（昭和49年）12月27日法律第113号

【施行日期】
第一条 本法自公布之日起施行，1974年（昭和49年）4月1日起适用。

【年金的部分支付】
第二条 本法施行前已支付的1974年（昭和49年）度年金，视为根据修改后的《文化功劳者年金法》规定的同年度年金部分支付。

附则 1975年（昭和50年）5月30日法律第33号

本法自公布之日起施行，1975年（昭和50年）4月1日起适用。

附则 1999年（平成11年）7月16日法律第102号 抄

【施行日期】
第一条 本法自1999年（平成11年）《内阁法修改法》[①] 的施行之日起实施。但以下各项则自规定之日起施行。
（一）省略
（二）附则第十条第一款及第五款、第十四条第三款、第二十三条、第二十八条以及第三十条之规定，自公布之日起施行。

---

① 1999年（平成11年）法律第88号。

【委员等的任期之过渡措施】

第二十八条 本法施行前,以下各项中有关审议会及其他机构的会长、委员以及其他职员(除任期未规定者)的任期,无论其各自法律如何规定,自本法施行之日起任期届满。

(一)至(二十三)省略

(二十四)文化功劳者遴选审查会

【其他规定的过渡措施】

第三十条 除第二条至前条的规定外,有关本法施行的其他必要性过渡措施,由其他法律规定之。

四十八　国民祝日法[*]

1948 年（昭和 23 年）7 月 20 日法律第 178 号［制定］
1966 年（昭和 41 年）6 月 25 日法律第 86 号［第一次修改］
1973 年（昭和 48 年）4 月 12 日法律第 10 号［第二次修改］
1985 年（昭和 60 年）12 月 27 日法律第 103 号［第三次修改］
1989 年（平成 1 年）2 月 17 日法律第 5 号［第四次修改］
1995 年（平成 7 年）3 月 8 日法律第 22 号［第五次修改］
1998 年（平成 10 年）10 月 21 日法律第 141 号［第六次修改］
2001 年（平成 13 年）6 月 22 日法律第 59 号
［根据国民祝日法修改法第 1 条之修改］
2005 年（平成 17 年）5 月 20 日法律第 43 号［第七次修改］
2014 年（平成 26 年）5 月 30 日法律第 43 号［第八次修改］
2017 年（平成 29 年）6 月 16 日法律第 63 号
［根据皇室典范特例法附则第 10 条之修改］
2018 年（平成 30 年）6 月 20 日法律第 57 号［第九次修改］

第一条　为培育善良的风习、建设更美好的社会和更富足的生活，本法确定追求自由与和平的全体日本国庆祝、感恩或纪念日的节假日，名曰"国民祝日"。

第二条　日本的国民祝日如下：

元旦：1 月 1 日，庆祝新一年的开始。

成人日：1 月的第二个星期一，庆祝已成年并能独立生存。

建国纪念日：由政令规定日期，以庆祝建国、培养爱国心。

天皇生日：2 月 23 日，庆祝天皇诞生。

---

[*] 该法的日文名称为『国民の祝日に関する法律』，在日本通常简称为『祝日法』或『国民祝日法』。现有汉译版本为 2018 年法律译本（载周超《日本文化艺术法研究》，中国社会科学出版社 2023 年版，第 384—387 页）。

春分日：立春，歌颂自然，热爱自然。

昭和日：4月29日，回顾经历动荡、复兴的昭和时代，思考国家未来。

宪法纪念日：5月3日，纪念日本国宪法的实施，期待国家繁荣昌盛。

绿日：5月4日，亲近自然、感谢自然的恩泽，丰富精神世界。

儿童节：5月5日，感谢母亲，重视儿童人格培养、珍惜儿童幸福。

海洋日：7月的第三个星期一，感谢海洋的恩泽，祝愿海洋国家日本的繁荣。

山岳日：8月11日，感谢大山的恩泽，获取走近大山的机会。

敬老日：9月的第三个星期一，祝贺长寿，尊敬爱护老人。

立秋日：立秋，尊敬先祖、缅怀故人。

体育日：10月的第二个星期一，亲近运动，锻炼健康的身心。

文化日：11月3日，热爱自由、和平，促进文化繁荣。

感谢劳动日：11月23日，尊重劳动、庆祝生产、国民相互感谢。

第三条　国民祝日为休息日。

2. 国民祝日的当天适逢星期日的，该日之后最近的非国民祝日为休息日。

3. 当前一日和次日为国民祝日的（仅限非国民祝日），该日为休息日。

附则

第一条　本法自公布之日起施行。

第二条　废除1913年（昭和2年）敕令第25号。

附则　1966年（昭和41年）6月25日法律第86号　抄

【施行日期】

第一条　本法自公布之日起施行。

【确定建国纪念日的政令之制定】

第二条　修改后第二条规定的确定建国纪念日的政令，应在自本法公布之日起六个月内制定。

第三条 内阁总理大臣在拟制定前款政令草案时，必须咨询建国纪念日审议会、并尊重其意见。

附则 1973年（昭和48年）4月12日法律第10号 抄

【施行日期】
第一条 本法自公布之日起施行。

附则 1985年（昭和60年）12月27日法律第103号 抄

本法自公布之日起施行。

附则 1989年（平成1年）2月17日法律第5号 抄

本法自公布之日起施行。

附则 1995年（平成7年）3月8日法律第22号 抄

本法自1996年（平成8年）1月1日公布之日起施行。

附则 1998年（平成10年）10月21日法律第141号 抄

本法自2000年（平成12年）1月1日起施行。

附则 2001年（平成13年）6月22日法律第59号 抄

本法自2003年（平成15年）1月1日起施行。

附则 2005年（平成17年）5月20日法律第43号 抄

本法自2007年（平成19年）1月1日起施行。

附则 2014 年（平成 26 年）5 月 30 日法律第 43 号 抄

本法自 2016 年（平成 28 年）1 月 1 日起施行。

附则 2017 年（平成 29 年）6 月 16 日法律第 63 号 抄

【施行日期】

第一条 本法自公布之日起，在三年内由政令规定施行日期。但本条、次条、附则第八条、第九条规定自公布之日起施行，附则第十一条规定自本法施行的次日起施行。

2. 在制定前款政令时，内阁总理大臣必须事先听取皇室会议的意见。

【本法的失效】

第二条 在本法施行前根据《皇室典范》第四条规定出现天皇继承时，本法失去其效力。

附则 2018 年（平成 30 年）6 月 20 日法律第 57 号 抄

第一条 本法自 2020 年（平成 32 年）1 月 1 日起施行。

后 记

作为国家社科基金艺术学一般项目"日本文化艺术振兴基本法研究"（批准号：18BH154）的结题成果之一。本书收集、整理并翻译了现行日本文化艺术领域的法律法令四十八部，按照这些法律法令的性质以及所涉及的领域将其划分为"基本法令""文化遗产保护利用法群""著作权法群""艺术文化法群""公共文化设施及独立行政法人法群""民族及宗教事务法群"以及"与文化艺术相关的其他法律"七个部分。如此划分，除参照日本文化艺术行政主管机关——文化厅和文部科学省的职责范围以及所负责实施的法律外，编者还根据我国学界对文化艺术法律的分类，收集了一些在日本未被纳入、但在我国却属于文化艺术法律范畴内的法律，如《儿童读书活动促进法》（2001）、《内容产业促进法》（2004）、《无障碍阅读环境整备法》（2019）以及《以文化旅游基地为核心的地域文化旅游促进法》（2020）等。

本书所收集的所有法律均通过日本国立国会图书馆的"日本法令索引"（https：//hourei.ndl.go.jp）予以了确认，截至2023年5月1日为日本最新法律。针对这些法律，国内目前虽已有其中十六部法律的汉译译本、个别重要的甚至有多个译本，但多数因法律的适时修改而使得相应汉译版本"时过境迁"。另外，本书中的个别法律译本，也曾作为附录收录在其他相关著作之中。对于这些国内既存的汉译版本的相关信息，编者通过脚注对其进行了必要梳理。

从实用的角度出发，国内既存的日本法律汉译译本往往不太重视，甚至会直接略去对日本法律的历次修改以及附则条款等重要信息的翻译，考虑到二者不仅是法律的重要构成部分，且其再现了日本法律的频繁修改以及新旧法律之间的过渡措施等，本书完整地保留了上述内容、使日本法律呈现出原有形态。对于条文中大量括号内的内容，根据不同情况进行了适当处理，即将所有"法律番号"置于当页的脚注之中；所有说明和解释等，则根据层级用"［］"内加"（）"处理；个别第三级括号，则以脚注方式处理。在法律的章、节以及条文的款、项、目的层次顺序安排上，除个别"目"的"伊吕波"（イロハ）顺序的翻译使用了①②③外，其他则完全保留了日本法律原有的序号顺序。另外，本书还将部分法律附则条文的"款项"改为"条款"，以保持条文排版上的统一。

  翻译日本的法律是一项极其复杂、烦琐和艰辛的工作。受编者学识、日语及汉语能力的水平限制，仅以一己之力完成这四十八部日本法律的翻译难免会出现"中式"思维与"日式"表达并存、意思表达暧昧、翻译不准确等缺点。因此，恳请各位翻译界和学界的前辈以及广大读者给予批评指正。

  在完成相应最新法律的翻译时，编者也或多或少地参考了国内既存的汉译版本，在此对各位前辈的辛苦付出表示感谢！在本书相关法律文本的收集、整理以及翻译过程中也得到了日本神奈川大学国际日本学部周星教授的帮助，在此表示感谢！另外，本书能得以出版还与重庆大学法学院的全额资助以及中国社会科学出版社梁剑琴编辑的辛勤付出密不可分，在此深表谢意！

周　超

2023 年 10 月 2 日于重庆沙坪坝

제1편